经济学其实很有用

图解 经济学

张体 连山/编著

中国华侨出版社
北京

图书在版编目(CIP)数据

图解经济学 / 张体，连山编著. — 北京：中国华侨出版社，2017.4（2020.8重印）

ISBN 978-7-5113-6711-2

Ⅰ.①图… Ⅱ.①张…②连… Ⅲ.①经济学—图解 Ⅳ.①F0-64

中国版本图书馆CIP数据核字（2017）第080469号

图解经济学

编　　著：	张　体　连　山
责任编辑：	晓　涛
封面设计：	李艾红
文字编辑：	于海娣　黎　娜
美术编辑：	李丹丹
经　　销：	新华书店
开　　本：	720mm×1020mm　1/16　印张：29　字数：870千字
印　　刷：	北京德富泰印务有限公司
版　　次：	2017年6月第1版　2020年8月第2次印刷
书　　号：	ISBN 978-7-5113-6711-2
定　　价：	68.00元

中国华侨出版社　北京市朝阳区西坝河东里77号楼底商5号　邮编：100028
法律顾问：陈鹰律师事务所
发 行 部：(010) 58815874　　传　　真：(010) 58815857
网　　址：www.oveaschin.com　　E-mail: oveaschin@sina.com

如果发现印装质量问题，影响阅读，请与印刷厂联系调换。

前言

经济学家加里·贝克尔认为："经济学是研究人们如何进行各种具体活动以及他们如何合理安排更宏观的事务，比如国家大事乃至全球经济。它的理想是帮助人们做决定，让人们生活更理性……经济学有解决一切问题的潜质。"经济学所涉及的范畴既包括政策制定者如何"经国济世"的大谋略，也包括一家一户怎样打醋买盐的小计划。所以无论你是鲜衣华盖之辈，还是引车贩浆之人，经济学都与你息息相关。可以说，经济学是一门生活化的学问。懂得一些经济学知识，可以帮助你在生活中轻松地做出决策，过上有清晰思路的生活。

事实上，经济学并不是一门艰涩难懂的学问。在经济学大师米尔顿·弗里德曼眼中，"经济学是一门迷人的科学，最令人着迷的是，经济学的基本原理是如此简单，只要一张纸就可以写完，而且任何人都可以了解"。经济学家斯蒂格利茨在其著作《经济学》中曾用一辆汽车解释全部的经济学道理。萨缪尔逊则开玩笑说，如果能教会鹦鹉说"需求"和"供给"这两个词，这只鹦鹉就可以成为一个经济学家。

由此看来，经济学并不像我们想象中的那么可怕。经济学研究的是我们身边的世界，它揭示的是复杂世界背后的简单道理。经济学，其基本的功能就在于给人们提供了一种认识世界的平台、分析世界的方式和改造世界的方法。我们今天处在一个扑朔迷离而又快节奏的社会里，用经济学的眼光和方法去思考问题、分析问题，会让一切事物真实地呈现在自己面前。

本书选取经济学发展史中具代表性的人物和事件作为端口，记录经济学大师的人生历程，阐释经济学的主要理论，图文全解，注重科学性、文化性和趣味性的统一，营造一个具有丰富文化信息的多彩阅读空间，清晰呈现经济学的发展脉络，并将经济学与社会生活的各个方面灵活地联系起来，让读者在轻松的氛围中明白深奥的经济学理论。无论是对经济学感兴趣的普通读者，还是专业学者，都可以从中汲取经济学的智慧与灵感，进而以经济学的视角指引生活，拥有美好人生。

　　本书采用生活化的语言，将经济学内在的深刻原理与奥妙之处娓娓道来，让读者在快乐和享受中，迅速了解经济学的全貌，轻轻松松地获得经济学的知识，学会像经济学家一样思考，用经济学的视角和思维观察、剖析种种生活现象，指导自己的行为，解决生活中的各种难题，更快地走向成功。读过本书，你就会发现，经济学一点也不枯燥难懂，而是如此贴近生活，如此有趣，同时又是如此实用。

目录

上篇
经济学的故事

第一章　经济学起源 /2

　　经济起源——生活就是这样开始的 /2

　　分工——一个人不能什么都做 /4

　　产品交易——猎物与罐子的"偶遇" /5

　　经济合同——刻在泥板上的协议 /8

　　钱币的产生——交换行为的产物 /9

　　市场的产生——价格取决于供求关系 /11

　　隋唐盛世——一个伟大的经济时代 /14

　　世贸的普及——航海者的远洋贸易 /15

　　银行汇兑——充满风险的信任业务 /17

　　布尔斯——交易所的来历 /19

　　投机狂热——"郁金香根茎时代" /21

第二章　古典经济学 /23

　　布阿吉尔贝尔——土地是一切财富的源泉 /23

　　《经济表》——魁奈的经济循环系统 /25

　　大卫·休谟——自动均衡国际贸易论 /27

　　亚当·斯密——不朽巨著《国富论》 /29

　　马尔萨斯——特殊的古典经济学家 /34

边沁——最大限度的幸福 /36

资本主义造就的对立——最富有的和最贫穷的 /37

第三章　政治经济学 /41

威廉·配第——"政治经济学之父" /41

萨伊——"阐述财富的科学" /43

李嘉图——政治经济学的实践者 /46

李嘉图学派的解体——新陈葡萄酒价格之争 /49

巴斯夏寓言——服务价值论 /51

西尼尔——"节欲论" /53

约翰·穆勒——"无可置辩的圣经" /55

第四章　社会主义思潮 /59

路易·布朗——国家社会主义创始人 /59

圣西门——实业制度代替资本主义制度 /61

傅立叶——和谐的"法郎吉" /62

西斯蒙第——为人类谋幸福的学说 /63

欧文——新拉纳克试验田 /65

马克思的《资本论》——点亮人类幸福的圣火 /66

第五章　边际主义 /72

门格尔——吃第一块牛肉与第三块牛肉的感觉不同 /72

庞巴维克——价值论与市场价格 /74

克拉克——边际生产力 /77

帕累托最优——苹果与梨的组合 /79

马歇尔——划时代著作《经济学原理》/80

庇古——"福利经济学之父" /85

第六章　凯恩斯主义 /88

凯恩斯革命序曲——罗斯福新政 /88

理论的准备——"投机家"凯恩斯 /89

凯恩斯的《通论》——经典著作 /91

凯恩斯定律——有效需求 /92

相对收入说——消费比较 /95

利息——放弃流动偏好的报酬 /97

投资——利率与实际 GDP /98

"经济人"的追求——利益最大化 /100

效率与公平——神父分粥 /102

萨缪尔森——用教科书引导几代学子 /103

格林斯潘——"他一打喷嚏，全球都得下雨" /105

第七章　货币主义 /109

弗里德曼——货币主义的代表 /109

货币数量论——关闭货币水龙头 /112

国际货币体系——黄金美元金本位制 /113

奥肯定律——失业率与 GDP 的增长率 /117

国家的资本流向——对外举债与债务危机 /119

橡胶股票风潮——举债投机 /122

第八章　新制度经济学 /125

凡勃伦——制度是一种"社会习惯" /125

康蒙斯——"法院的看得见的手" /127

加尔布雷思——"开放式的经济学" /130

缪尔达尔——循环积累因果联系 /132

科斯定理——牛走失后的设想 /134

德姆塞茨——狩猎权的私有化 /136

机会主义行为——不完全契约 /138

奥尔森——《集体行动的逻辑》 /139

下篇

生活中的经济学

第一章　不可不知的经济学原理 /142

鱼和熊掌之间的权衡取舍 /142

两堆稻草间饿死的驴子：机会成本 /144

我们只看最后或新增的一个 /148

朝三暮四与朝四暮三的区别 /151

猎狗追兔子的启示 /153

生活中的黄金搭档 /156

开放比封闭更美好 /158

第二章 供需：推动价格变化的神奇力量 /160

供需机制：经济学的永恒话题 /160

欲望与供给的永恒矛盾 /162

生产多少，市场说了算 /164

价格越高，需求越少 /165

薄利不一定能够多销 /167

能源供给紧张的背后 /169

躲不开的刚性需求 /170

丰产不丰收，其实并不奇怪 /172

真的过剩了吗 /174

第三章 价值："值不值"与"贵不贵" /177

价值规律，商品经济的基本规律 /177

有用的物品，为什么不值钱 /179

价值悖论，钻石比水更有价值 /181

有了你我之别，商品才有价值 /182

你认为它贵重，它就是无价之宝 /185

饭是最后一口才吃饱的 /186

第四章 价格：买卖双方的妥协 /188

在讨价还价中走向均衡 /188

是什么决定了商品的价格 /189

在售价之外，你注意到了什么 /193

最高限价，价格天花板 /195

支持价格给谁带来了实惠 /197

东西越贵，越愿意去买 /198

第五章 市场：看不见的手 /201

分工与交换催生了市场 /201

目 录

不是所有的物品都是商品 /203

市场的神奇作用 /204

分工合作带来效率革命 /205

经济学有只"看不见的手" /208

从商品经济到市场经济 /209

真实总是隐藏在我们背后 /211

市场并不能解决所有问题 /213

人无信不立，商无信不兴 /215

第六章　消费品：享受有差别的生活 /217

认识消费品 /217

无处不在的替代效应 /219

买得起车，却用不起油 /220

不求最好，只求最贵 /222

第七章　消费心理：花钱买满意 /225

面子很值钱 /225

价格低于预期的购买喜悦 /227

□图解经济学

　　满意是可以衡量的 /229

　　花钱如流水，都是冲动的错 /230

　　不做出头鸟，永远不吃亏 /233

　　你对价格敏感吗 /235

　　商品必须符合你的档次 /237

　　由俭入奢易，由奢入俭难 /240

第八章　货币：金钱如粪土吗 /242

　　认识"孔方兄"——货币的起源 /242

　　货币为什么能买到世界上所有的商品——货币的功能 /244

　　为什么货币符号能当钱花 /247

　　货币的"规矩" /249

　　"钱"也能惹出大祸 /252

　　装钱的筐比钱更值钱 /254

　　钞票增加，财富缩水 /256

　　通货膨胀也有可爱的一面 /258

　　通货紧缩比通货膨胀更可怕 /259

第九章　银行：货币经济发展的产物 /262

　　银行，金融机构家族的"老大哥" /262

　　商业银行的"本钱" /264

　　在稳定中增值 /267

　　贷款也有好坏之分 /268

　　银行减少风险的手段 /271

　　借款为什么会存在风险 /273

　　银行的致命"软肋" /274

　　可怕的"多米诺骨牌效应" /277

第十章　利率：神奇的指挥棒 /279

　　神奇的指挥棒 /279

　　利息收入赶不上物价上涨 /281

　　最神奇的财富增值工具 /283

　　储蓄也要收税 /286

　　利率变动影响了谁 /288

　　预期通货膨胀率与利率的关系 /290

第十一章　证券市场：创造价值的虚拟经济 /292

　　随时可能倒塌的空中楼阁 /292

　　风云变幻的"大舞台" /294

　　成也投资银行，败也投资银行 /296

　　"钱"的供给与需求 /298

　　认识证券经纪人 /300

　　经济发展的助推器 /302

　　证券市场的发展新趋势 /304

　　上帝欲使人灭亡，必先使其疯狂 /306

第十二章　理财：用今天的钱打理明天的生活 /308

　　你不理财，财不理你 /308

　　个人理财，理性第一 /310

　　如何才能惬意地生活 /313

　　不把鸡蛋放在一个篮子里 /315

　　合理避税也是一种理财方式 /318

　　丰足不奢华，惬意不张扬 /320

　　选择最合适的理财计划 /322

　　不做投资的大傻瓜 /324

图解经济学

第十三章　投资：在风险中淘金 /326

股票，最热门的投资主题 /326
基金，最省心的投资方式 /329
期货，创造价值的"买空卖空" /330
黄金，保值增值的宝贝 /332
债券，稳中求"利" /334
套汇，真正以钱赚钱的投资 /336
风险与风险社会下的明智选择 /339
房产，"黄土"也能变成黄金 /341

第十四章　民生：居民的钱袋与宏观经济息息相关 /343

街头巷尾讨论的经济话题 /343
衡量生活水平的尺度 /345
气候是全球"最大的公共产品" /347
青山绿水与生活改善同步 /348
让低碳成为生活方式 /350
农村人越来越少 /351

第十五章　社会福利：从摇篮到摇椅的幸福护照 /354

一元钱帮助千万人 /354
瑞士人为什么如此"懒惰" /355
带薪休假去旅游 /358
每个老人都会老有所养 /359
从此不再怕看病 /361
安得广厦千万间 /362
社会保障体系 /363

第十六章　就业：民生之本 /366

女大学生为什么会"急嫁" /366
可预知的人口红利枯竭 /369
个人的价值有多大 /371
经济增长与失业 /373
物价上涨与失业的关系 /375

换工作之前先算一笔账 /377

第十七章　收入分配：你是否已达到了小康 /380
　　做大蛋糕与均分蛋糕有矛盾吗 /380
　　把精力放在提高居民收入上 /381
　　尽力减少贫富差距 /382
　　老百姓的幸福是可以衡量的 /384

第十八章　劳动力市场：供求方的博弈 /387
　　21世纪最珍贵的是人才 /387
　　劳动力市场是经济发展的幕后推手 /389
　　同样打工，差别为何那么大 /391
　　效率工资的妙处 /392
　　学历是一个优先信号 /395
　　白领下岗，保姆天价 /396
　　你为什么原地踏步 /397
　　补齐个人能力的短板 /399

第十九章　公共财政：国家的钱要怎么花 /401
　　认识政府的钱袋子 /401
　　政府的钱应该怎么花 /403
　　每年一度的财务规划 /405
　　政府也会入不敷出 /407
　　财政补贴的双重作用 /408
　　以国家信用为担保发行的债券 /410
　　政府购买有什么好处 /411
　　财政资金的无偿转移 /412

第二十章　竞争：生存压力下的商业交锋 /414
　　没有竞争对手的生活是一种幸福吗 /414
　　竞争是进步之源 /416
　　降价是唯一的出路吗 /418
　　创新是发展的法宝 /420
　　在"红海"中寻找新的出路 /421

突出产品的差别性 /424

第二十一章 垄断：独占鳌头的诱惑 /426

不用过分痛恨垄断 /426

几个人说了算的市场 /428

企业扩张的快捷方式 /429

价格协议为什么会成为一纸空文 /431

垄断竞争市场的竞争与垄断 /432

与对手竞争不如结盟 /435

第二十二章 市场失灵：信息不对称下的副作用 /437

一不留神，市场失灵了 /437

劣币驱逐良币的背后 /439

保险的道理：委托代理的风险 /441

身边的正外部性与负外部性 /443

市场并不能解决所有问题 /444

科斯定理的引入 /446

上篇
经济学的故事

第一章 经济学起源

经济起源——生活就是这样开始的

新石器时代是人类文明的诞生时期，也是人类文明新的开端。生活在黄河流域、印度河流域、两河流域的人们首先开创了新的历史篇章。

人类最初的发展都是依靠消费大自然的产出而维持的，而到了后期，人们通过自己的手，利用和改造自然，从而获取生存资料，提高生存质量。其中，农业种植可谓是人类做出转变的最早尝试。

在中国有这样一个传说。早出晚归的人们每天采食果实、捕猎动物，通过接受大自然的赐予来生存。可是时间长了，人口多了，便出现食物不足的现象，加上植被破坏、环境恶化，树上结的果实开始变少、变坏，森林中奔跑的动物也因为食物的减少而大量死亡，人与自然间的矛盾逐渐深化。

《磨光石器时代，猎熊归来》是画家科尔梦 1844 年创作的描写新石器时代人类生活的作品。

有个人名叫神农氏，他长得又高又大，箭法很好。有一次，在他射猎时，一只周身通红的鸟向他丢下了一棵五彩九穗谷。神农氏便将这棵五彩九穗谷埋在土里。不时地给这棵五彩九穗谷浇水、松土。没过多久，那些种子都发芽长叶结籽儿了，长成密集茂

在西班牙东部发现的中石器时代的穴画，早期人类以狩猎为主要生存方式。

盛的一片。神农氏把结出的种子放在嘴里咀嚼，发现很好吃。神农氏由此得到启发：是不是谷子可以年年种植，源源不断呢？若人们能够多多种植可用的植物，大家的吃饭问题不就解决了吗？于是，神农氏教人们种植五谷。他还教人们打井汲水、改革工具、饲养牲畜、精耕土地。

人们在田地里种植农作物，还在家里养殖马、牛、羊、猪等家畜，这些家畜除了能为人们提供食物外，还是人们耕田的主要工具。这种农业耕种文化对部落人民的生活产生了巨大的影响，他们从逐水草而居变成了农业定居，从靠天生活变成了靠双手而活。于是，人类通过劳动有了富足的食物。这不仅解决了人们的温饱问题，也让原始农业种植初具雏形，为将来的商品交易打下基础。

事实上，世界各地、各民族有着不同的农业起源的神话传说，如埃及的农神艾西斯女神、罗马的克瑞斯农业女神等。不同的国度，不同的时期，相同的情节，这些生动的农神传说，在世界各地绽放异彩。这些神话故事反映出的核心思想便是人与大自然之间的关系的调整——由过去单纯依靠大自然调

该示意图标记了最早的种植庄稼的地点，今天所知道的多数早期作物的种植都开始于肥沃的新月地带，这个地区的富饶得益于它温暖的气候和充足的冬季雨水。

□图解经济学

繁殖女神
后人把她尊为种子和生育女神。

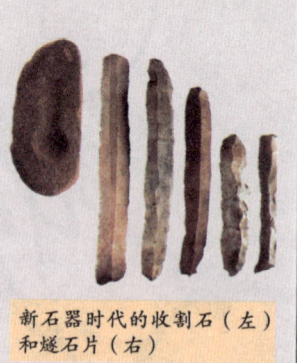

知识点击

新石器时代是石器时代发展的最后一个阶段，它取代了上一个阶段的打制石器文化，进入了以使用磨制石器为标志的人类物质文化发展新时期。同时，这个时代的人们还挑选了一些动植物，通过劳动促进它们的驯化和生长。作为生产者的人类，与作为创造者的大自然展开竞争，给自然的景色留下了不可磨灭的印迹。

新石器时代的收割石（左）和燧石片（右）

整为人类有目的地通过自身的劳作来创造和获取资源。这种从大自然选取动植物进行培养的行为，成为农业产品交易、自然经济产生和发展的催化剂。人类发明了农业，也发明了"经济"。一切就是这样开始的——经济的起源。

分工——一个人不能什么都做

耕种饲养保证了人们能够得到基本的食物，维持生存。在劳动过程中，由于天赋、需要、偶然性的存在，自发的分工意识在部落中体现并深化。古希腊哲学家色诺芬曾对分工做过如下描述："一个人什么都做，而且都做得好，这是不可能的。显而易见，只有在一个小的领域里劳动的人，才能做到最好。"

人类的分工是天然的。比如，每个人身高的不同，个子高的可能就被派去采摘高处的果实，矮个子就专门负责低处的采摘工作；由于体质差异，男人比女人在体质力量方面明显有优势，男人能长时间奔跑和负重，所以男人就去捕猎，女人们则多数留在家里负责繁衍后代、管理家务、耕地饲养，做一些轻体力活；同样，老人和年轻人体质的不同，也很自然地有了分工，老人主要是照顾部族年幼的孩子，青壮年则负责更多的体力活。这种由天赋不同促进的分工行为，称不上是职业，却产生了模糊的牧人、农民、猎人等概念。

偶然分工也会促进分工的出现。我们可以试想这样的场景——有一天，有个专门负责打猎的男人生病了，于是他请求邻居渔夫："您今天能帮我狩猎吗？我今天病了，无法起来。"渔夫很热情地答应下来。结果，渔夫打起猎来得心应手，一天过去了，渔夫把收获的猎物带给生病的男人看，生病的男人惊叹道："没想到您狩猎的技术这么好，收获的猎物比我平时的都多。"就是这样一个偶然的机会，让渔夫发现自己在狩猎方面的能力可能比打鱼更好，效率更

色诺芬头像
色诺芬认为一个人不可能精通一切技艺，所以社会分工是必要的。

4

上篇 经济学的故事

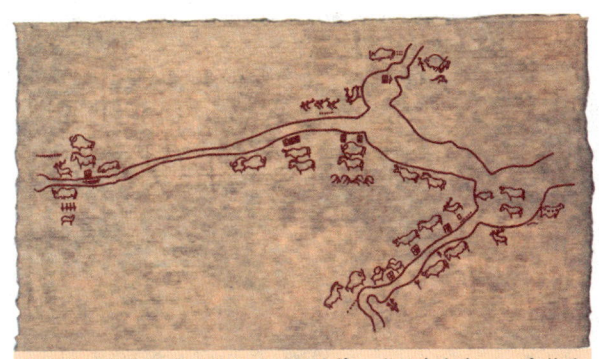

拉斯科洞穴中的原始放牧图。经过第一次社会大分工，畜牧业已经从农业中分离出来。

高，能获得更多的生活资料。于是，渔夫放弃打鱼，开始转向狩猎。这种偶然发现的能力差异、优势差异，也成为分工产生的重要原因。

分工时间长了，熟能生巧。部落里面的人发现，打猎人的技术越来越好，熟悉哪个山头有什么动物，知道哪个时间什么动物出没，射击命中率也更高；耕种的人，对植物的生长培育愈发有心得，什么时候播种、什么时候浇灌、有了病虫害要如何治理等，丰富的专业知识使他们能够更好地保证作物收成。人们发现分工可以提高生产效率和生产总量后，分工模式被人们重视并得到更加深化的发展。

在重视分工作用的基础上，人们开始注意到个人的内在优势差异对比。有人勤奋，有人懒惰；有人笨拙，有人聪明；有人擅长种植，有人擅长狩猎。于是，按照比较优势和分工协作的原则，部落里面的分工逐渐扩大，单个的人不再从事整个谋生的事情，而是变成了生存过程中的一个方面、一个步骤。将这些单个步骤集中起来便是整个生存的总过程。

很明显，分工使个人劳动技能熟练度提高，单位时间内完成数量增多，甚至还能创造和改进一些生产工具，进一步提高劳动生产率。协作使部落总体收获远超以往，每个人的分配数量也增多了，对个人和整个部落都产生了良好的效益。自然分工的发展为以后的社会分工奠定了基础。

延伸阅读

劳动分工的形成——我们生活在一个由劳动者组成的社会中，因为只有劳动才能为人类生存提供源源不断的物质。人们将劳动分步骤进行，使之成为一个个细小的部分，最终形成劳动分工。即使是最简单的劳作活动，在劳动分工的作用下，这种活动也具备一种共同的标准，提高了劳动效率和专业质量。

产品交易——猎物与罐子的"偶遇"

尽管远古时期的人们掌握了一些农业种植技术，可以满足一定的生活需求，但显然，当时的人们每天都要进行高强度的劳动，五谷粮食所提供的营养成分远远不能满足人体的需求，肉类依然是人们食谱中不可或缺的一部分。可是，部落人们开始定居后，不能随着动物的迁徙而迁徙，慢慢地，居住地附近的动物数量变少了。无奈，强壮的部落男子只能去更远的地方捕猎。

我们可以试想这样的场景——有一天，几个在山脚下居住的部落男子追赶着一只硕大的野鹿，他们随着野鹿一直向前跑，不知不觉跑到了陌生的湖边。此时，强壮的男子稍显疲劳，不过这只野鹿也是气喘吁吁，加上受到男子们的围猎，野鹿已经满身伤痕。眼看马上就要抓住这只野鹿的时候，从野鹿背后猛地出来几个身手敏

原始人所制的陶器

5

□ 图解经济学

原始制陶图
这些罐子的生产总是少量的，磨光和装饰好后就开始风干和焙烧——这幅雕刻画没有把这个步骤表现出来。

捷的异族男子，眨眼间，几支木箭飞快射过来，直插野鹿体内，野鹿应声倒下。

虽然野鹿是异族男子猎杀的，但没有前面山脚部落男子们的追击，要想制服这只鹿，还是需要花费很大力气的。所以，异族男子们很礼貌地走上前去，虽然相互之间语言不通，但依靠肢体动作、表情和手势，异族男子终于将自己的意思传达给山脚部落的男子们。异族男子的意思是：这只野鹿能被成功猎杀，双方都付出了劳动，你们把野鹿追赶到这里，我们才能碰巧把精力消耗很多的野鹿猎杀掉。我们能不能平分这只野鹿呢？

山脚部落的男子想了想，觉得这个方案可行，只是己方付出的劳动要多一些，对方付出的少一些，平分不太合适，毕竟自己部落的食物也非常紧张。

异族部落的男子看出了对方的疑虑，回过头来跟自己的同伴商量：不然这样，我们再附加一些产品，让对方将鹿分给我们一半。同伴们表示同意。于是，一个异族部落男子拿了一个物件过来，这个东西形状高高的，中间鼓着向外凸出，顶端光滑、圆圆的口径，表面还绘制了一些图案花纹，很好看。

山脚部落没有这种东西，所以部落的男子也没见过这种东西，不明白这个东西是干什么用的。异族男子看出他们的疑惑，就带他们来到湖边，俯下身子，用这个物件盛了一些水，并举到嘴边喝起来。山脚部落的男子马上明白其中的意思，爽快地答应了对方男子的请求——双方将野鹿平均分

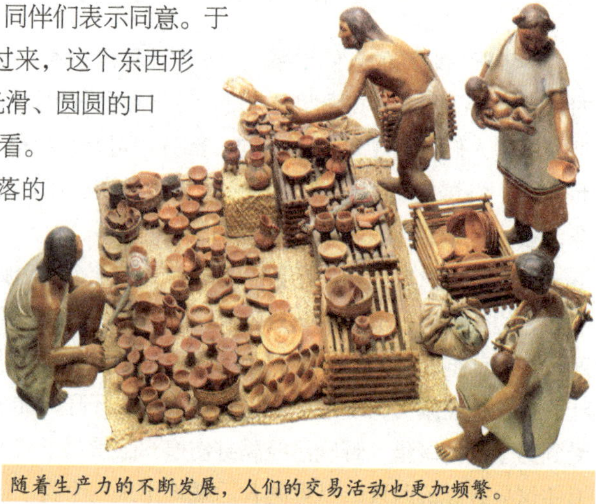

随着生产力的不断发展，人们的交易活动也更加频繁。

上篇　经济学的故事

陆上运输
发明了车子和驯化了动物之后，人们就可以长距离地运输笨重的货物了，这也促进了贸易的发展。

割，带好猎物回了各自的部落。

　　回到山脚的男子们，把猎物放下，赶紧把从异族男子那里得来的东西拿出来给族人看，大家好奇地围着看。打猎归来的男子给大家演示这个东西怎么用，同样，族人也十分惊奇和喜欢，于是这个神奇的东西被族长命名为罐子，并让做饭最好的人用来装水和粮食。显然，这个罐子很有实用性，可是山脚部落的人们自己不会制作罐子，所以罐子就无法被更多地利用到生产生活中。这时，有人提议，不如拿着猎物回到当时与异族部落男子相遇的地方，看看是否有机会能与他们进行交换，拿回来更多的罐子。这个意见得到大家的认可，第二天，还是上次打猎的几个男子，背着一些猎物按照原来的方向，去往了湖边部落。

　　很快，他们就来到离湖边不远的小树林中，在这里开始静静地等待异族部落的人们。可是，他们等了整整一天，也没有看见一个人，如果长时间等不到人，食物就可能腐烂掉。好在第二天下午，就有几个人头上顶着罐子慢慢地走向湖边。看到罐子的山脚部落男子顿时来了精神，他们从树林后面激动地跑出来，更巧的是，头顶罐子的男子中就有上次狩猎要求平分的男子，山脚部落的男子认出了他，并兴奋地比画自己此次前来的目的。有过一次沟通，这次的交流就变得极其容易，最终，山脚部落的人们换来了需要的罐子，高兴地回到了自己的部落。

　　而同时，他们约定把湖边作为交换场地，并由专门的人定时来这里查看，如果有交换的需要，就可以拿着自己的物品在这里等候，直到有人来与他们商谈。

　　可以说，除了人们亲自劳动来生产生活用品之外，这种偶然产生的交换行为就成为丰富物品的重要途径。山脚部落和异族部落的交换是物物交换，物物交换可能最早出现在部落内部，随着生活半径的扩大，在部落外部也产生了物物交换。当时，受到物品稀缺的限制，物物交换就成了资源配置的重要方式，同时，物物交换的发展也为货币交换埋下了伏笔。

延伸阅读

　　文明的兴起——随着农业、社会组织的出现，原始人们改变了以往四处漂泊、茹毛饮血的生活方式，在土地肥沃的沿河流域定居下来，进行农业生产。这些流域土地开阔平坦，气候适宜，很适合农业种植和饲养动物，世界各地的文明最早就诞生于沿河流域，包括尼罗河、底格里斯河、幼发拉底河、印度河和黄河。人们在这些地方制作工具、陶瓷、工艺品，并用这些产品与邻近部落进行交易。

7

□ 图解经济学

经济合同——刻在泥板上的协议

两河流域是人类文明重要的起源地，在考古学者的努力下，很多深藏的秘密一点一点被揭开，人们也被其中瑰丽的文化深深吸引。位于幼发拉底河和底格里斯河下游的苏美尔民族尤其受到人们的关注。人们认为，文字的出现是人类由蒙昧走向文明的分水岭，是人类文明发展的里程碑，而在苏美尔这片古老的土地上，发现了人类历史上已知的最早文字。

在苏美尔民族生活的年代，平原地区石材和森林木材较少，苏美尔人便用泥板做砖堆砌墙体，建成了大规模的城邦。人们结束了四处漂泊的生活，得以在城邦内定居。

这种球饰又称土球，是用来记录交易情况的。交易双方先在土球柔软的黏土表面压上记号，再把它们放入球内。万一发生纠纷，可打开土球仔细检查其内的记号。学者们认为这一制度促使了文字的产生。

当时的苏美尔人已经在农业种植和动物驯养方面有了充足的经验和实践，他们种植扁豆、黍子、小麦、大蒜和韭菜等植物，为了保证收成，人们还建成了巨大的灌溉系统。人们饲养牛、羊和猪，是为了满足长途负重运输和饮食的需要。牛可以负重，便成了人们运输重物的好工具。借助牛车，人们把剩余的农作物和手工制作的陶器等产品运输到其他地方进行交换。考古资料显示，在两河流域存在着很广的贸易网，因为当地出现了产自阿富汗的青金石、产自安那托利亚的黑曜石和产自巴林的珠串，这些贸易事实也被《吉尔伽美什》史诗证明，诗中提到相隔很远的国家会进行贸易，换取美索不达米亚木头。

试想，如此发达的贸易系统势必要求社会做出相适应的变化和进步，因为现在已经不是两个部落简单交换猎物和罐子的问题了，每天来自各个国家的商人，相互之间交换成百上千的货物，一个普通人是很难记忆这么庞大的数据的，人们急需用一种工具来记录贸易数据。

商业的发展在一定程度上成为促使文字产生的因素。果真如此吗？考古学者给出了肯定的答案，他们发现，公元前2500年，苏美尔地区的人们就已经发明了象形文字，并将其记录在黏土板上，这是当时比较完善的文字系统。如今，已经发掘出来的苏美尔文章有数十万之多，经过人们的解读，发现其中大约90%的文字记录的是商业和行政事件，剩余10%的文字

苏美尔人的青铜器
这个人举着苏美尔特有的平凸砖。铸造青铜器用的铜和锡不会产在同一个地方，所以，要想铸造青铜器，就必须经过交换。

8

上篇　经济学的故事

右图为苏美尔人建造的大城市——乌尔，城内商业十分繁荣，这块泥板（上图）被用于记录当时的交易情况。

记录的内容是对话、谚语、赞美诗和神话传说。远古时候因为没有可以用来记录的纸张、绢布等工具，商人只能把协议记录在泥板上，并以此来约定双方之间的行为。不难想象，有了文字的记录，商人们的生意会变得更加有条理。后来，象形文字发展成楔形文字，并在以后的2000多年间一直被美索不达米亚地区的人们使用，到了公元前500年左右，这种文字甚至还成了西亚大部分地区商业交流的通用文字。

我们无法得知文字产生的真正原因，可我们知道文字就是为了方便生活，而商业贸易自古以来就是人类生活中的重头戏，商业的快速发展一定会促使文字产生和完善，而文字的出现也使商业贸易走向新的阶段，两者相互作用，共同催生了人类璀璨的文明。

> **延伸阅读**
>
> 除了记录乏味的商业流水账，在苏美尔泥板上还记录着充满智慧的谚语和幽默。分享如下：
> 1. 勿以牙还牙，公正对待你的敌人；行善事，一辈子做个善良的人。
> 2. 仓促说出的话可能会使你日后后悔。
> 3. 尚无妻子或孩子养活的人鼻子上还未系上缰绳。
> 4. 敬畏上帝、不做坏事不会招致毁灭。

钱币的产生——交换行为的产物

人类已经经过了百余万年的发展，而货币却是几千年前才出现的事物。关于货币是如何产生的，众说纷纭，有人认为货币是国家或者先哲创造出来的，这些聪明的人们试图通过创造货币来管理好国家。也有人认为是因为贪婪的人们希望保存财富才发明货币的，他们挑选出自认为价值最高的产品，作为财富的象征。还有人认为，随着交换形式的增多，早期简单的物物交换已经不能满足人们的生活需求，为了使交换更加方便，人们才发明货币，并将其作为交换媒介。

我们更倾向于最后一种说法，亚里士多德也曾说过，一地的居民在生活上会依赖他处居民的货物，因为人们从他处购买当地没有的货物，并将当地多余的货物外售，购进和卖出就使买

□ 图解经济学

古希腊金银币

卖交易出现均衡,而作为中间媒介的货币也就应运而生了。

无产阶级的伟大导师马克思对货币起源也做出了自己的论证。他认为,劳动分为私人劳动和社会劳动,私人劳动产生的产品应该归私人所有,但是私人劳动者是远远不能消费掉自己生产的产品的,这些产品就被纳入社会总产品中供其他社会成员一起消费,而私人劳动产品在转化为社会劳动产品的过程中,就需要用一种衡量工具来界定其价值,这样货币就产生了。马克思这种推理的本质还是价值学说,早期,一头羊换两只兔子,后来交易范围扩大,一头羊不仅可以换两只兔子,还可以换取一袋粮食或者两把斧头。发展再扩大之后,人们可以用羊和任何产品交换,羊也就成为交换媒介。后来,由于羊不易携带,不好分割,人们将交换媒介固定在最具价值的贵金属上面,金银成为商品交换的固定媒介,货币也就出现了。

事实也的确像马克思所言,人类文明发展史上,货币以形形色色的形式存在于世界各地,比如,《荷马史诗》中,就曾提到用牛角来衡量物品的价值。另外,在远古时期的欧洲和中南亚的古波斯、印度地区,都有过用牛羊做货币进行交换的记载。除了牲畜被用作交换等价物,古老的埃塞俄比亚还曾用盐作为货币,美洲用当地盛产的可可豆、烟草做古老货币,古代中国用贝壳做货币。人们利用不同媒介交换物品的行为还进一步影响到文字,如拉丁文中"金钱"这一单词的原型就来源于牲畜,印度现代货币的名称同样和古文"牲畜"有关,中国关于钱财的很多字都有贝壳的影子等。

马克思给货币重新下了定义,他认为货币和其他商品的本质一样,只是货币多了一项功能,那就是等价交换,是一种特殊的商品而已。这和西方传统看待金银货币的观点很不相同,有西方学者认为货币只是数字符号、计算单位;也有学者认为金银货币就是财富象征,而且是唯一的象征,货币就等同于贵金属。与这两种观点相比,马克思的学说无疑是科学的。

马克思认为,金银之所以能在众多交换媒介中脱颖而出成为货币,还因为它同时有着几个其他物品没有的特征:一,金银的价值比较高,这样就可以用较少的货币完成与大额产品的交换;二,金属容易分割,而且分割之后也不会使它的价值发生变动;三,它不像牛羊那样不易携带,金银便于携带的特性,可以使人们在更大区域开展交易;四,金银易保存,不会腐烂变质。尽管金银天然有着充当货币的特性,不过在后期,人们还是将金银分割、称重、铸造,制作出了更加利于流通的铸币,并在上面铸造了花纹、文字、数字等符号。

吕底亚硬币

10

市场的产生——价格取决于供求关系

钱币的发明在人类发展史上具有里程碑意义,它的发明和流通极大地推动了商业的发展。伴随着交易的大范围展开,交易市场成了困扰商人的症结。当时存在这样的情况,比如葡萄庄园的人们缺少酒桶,可能就会向邻近的有富余酒桶的人购买。可一旦附近的人也没有呢?远方的人也许有多余的酒桶,但因为距离远,没有什么信息传播工具,因此葡萄庄园的人们无法获知哪里有他们需要的酒桶。这时候就需要产生一个相对固定的地点,在固定的时间开设市场,方便人们将多余的产品拿来交易,换取自己需要的产品。

一个担着一篮葡萄,挑着一只野兔的乡村农民,正赶着他的牛去赶集。交易已经成为人们生活不可缺少的部分。

此时,市场相当于一个固定的信息源发射地,很大程度上降低了人们换物的盲目性。

那么,选择什么地方做市场合适呢?当时的交通状况很差,不像现在四通八达,加上强盗和窃贼的破坏,很多道路被阻,也很不安全。考虑到这些因素,交易场所不能设置太远,地势也要开阔平坦,要设置在人数众多的民居地带才可以。

基于这样一个理念,公元744年,法兰克国王小丕平(也就是后来的查理大帝的父亲)下令,在其帝国中的每个大居民点都设立周末集市,在固定的时间和地点开放,进行交易买卖,并对卖主的买卖行为做出了规定。卖主被安排在道路两边,搭棚的搭棚,有的直接在地上摊开来买卖,活鸡、活鸭类的商品需要关在小笼子里出售。

类似的市场在世界各地先后开设,比如阿拉伯城市的集市、跳蚤市场,甚至是现代的交易市场等。时代不同,规模不同,交易的产品也不同,但是它们的本质都没什么两样,永远都是买卖两方的博弈。也许有人说,不是还有中介吗?其实,中介也是受到委托才进行出售的,相当于中介代理者在与买方进行博弈。

可以说,集市在人类的发展中是一个十分惊人的创造。任何买家卖家都可以进入市场,自由的买卖行为展示了最基本的经济规律,想出售物品的卖家,会尽可能以高价出售,想购买某种物品的买家,则想尽量减少支付。经济学家指出,价格越高,需求越小,进而供应就越多;

> **延伸阅读**
>
> 相传,世界上最早铸造的钱币来自小亚细亚的吕底亚王国,当时的国王克利萨斯发明了一种用琥珀金制成的货币——用天然金银合金制成。最初,这种货币没有标注面额,只为每一枚货币称重。公元前7世纪,地中海盆地出现了最初的货币。公元前3世纪罗马开始铸造金银币。公元前248年安息开始铸铜币。

□ 图解经济学

贵霜帝国地处"丝绸之路"必经之地，当时中国的对外贸易十分频繁，人们骑着骆驼，载着货物，促进了东西方经济与文化的交流。

如果价格越低，供应就越少，而需求就变大。如果一个集市运作正常，那么供货者就不必到了晚上再把货物带回家去。

　　政府不仅可以利用权力开设集市，还会对经济的其他方面进行干预，而价格和数量的制约关系就是国家对集市干预很明显的印证。比如，若是国王下令调低葡萄酒的价格，普通人就可以买得起更多的葡萄酒，但可想而知，葡萄酒制造者会因为盈利太少而减少葡萄酒的供应量，甚至改行生产别的商品。这样就导致集市上越来越多的客户排长队购买葡萄酒，由于数量少，集市上的葡萄酒可能很快就会被买光，排在后面的客户也许根本就买不到。相反，如果国王满足酿酒师的愿望，提高葡萄酒的价格，那么集市上葡萄酒的供应量就会大幅度增加，可是面对高额的价格，能负担得起的客户就越来越少了。如此便产生这样的结果：酿酒师可能一整天也不会卖出多少葡萄酒，无奈之下，只得把剩余的葡萄酒拿回家。可见，在自由竞争中，商贩对一种商品可以索要的价格，很大程度上取决于市场的供求关系。

　　短距离的市场贸易取得很大成功，远途贸易也逐渐展开。据资料记载，在中世纪初期，即公元 8 世纪，就有了远程贸易的影子，从当时留下的文献中我们可以看到商人把货物从中国运往印度、阿拉伯，以及从拜占庭和意大利向德国运输货物的记录。

市场根据价格调节生产

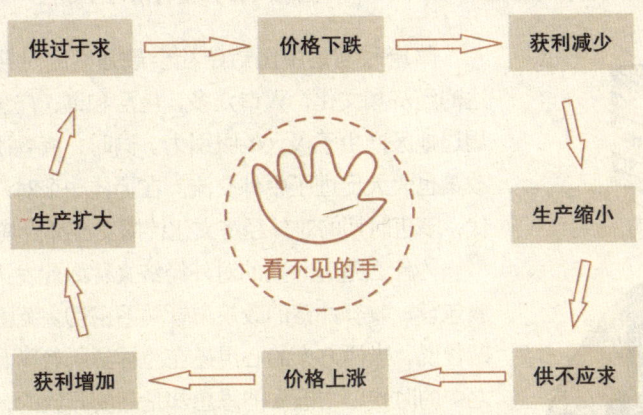

在市场经济中,产品生产的数量不需要提前计划好,根据商品的价格的变动,从而引起供求的变化,在生产上根据供求变化改变生产数量。由此可见,在市场经济中,价格是一种经济信号。

市场运行依靠的因素

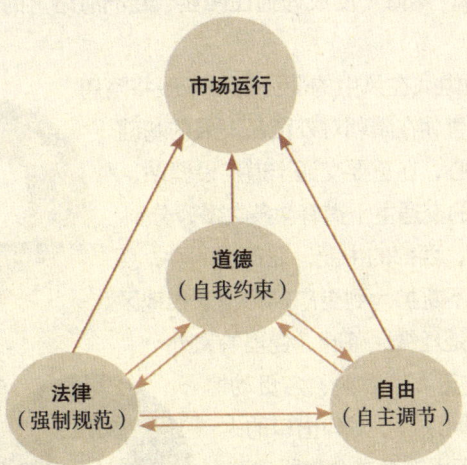

由图可见,市场经济运行的三要素,是紧密配合,缺一不可的。自由因素,能确保市场发挥自主调节作用;道德因素,能要求参与的个体进行自我道德约束;法律因素,能发挥强制规范作用。

□图解经济学

隋唐盛世——一个伟大的经济时代

隋炀帝像

隋唐时期是中国封建社会最强盛的时期。隋唐有着发达的经济和文化，人口众多，生活和谐，广袤富饶的地域对周边地区产生了极大的吸引力。同时，唐朝比较开放的对外政策也大大促进了中外交流。在那样一个对外开放的伟大时代，隋唐时期的对外经济文化传播交流都极其活跃。

为什么隋唐时期的对外经济文化如此发达？恐怕这和开放包容、兼容并蓄的政策方针关系密切。英国著名学者威尔斯曾说，当西方人的心灵还在为神学所蒙昧而处于蒙昧黑暗之中的时候，中国人的思想却是高度开放的，兼收并蓄而好探求。

隋朝的对外贸易主要有西北陆上和东南海上两路，其中，西北陆上交通便捷，商业发达。隋炀帝甚至还派遣裴矩驻扎管理张掖地区，以便更好地发展西北陆上的商业贸易。这条西北陆路以敦煌为总的出发点，向西可到达西亚和欧洲东部地区。通过东南海路，隋朝就可以与东亚以及南洋诸国保持政治友好和贸易交往的关系。日本就曾多次派遣使臣赴隋拜访，与隋朝建立了密切的政治、经济、文化联系。根据历史记载，隋炀帝曾赐日本"民锦线冠，饰以金玉，文布为衣"。这也是日本人采用汉人衣冠的开始。同时随着海上交通的发展，南海在海上贸易中的重要性愈加明显，南海一度成为通往西亚、欧洲海路上的主要港口。

四通八达的便利交通像飞在风中的蒲公英种子般将隋唐文化传播到世界更远处。唐朝在隋朝对外贸易发展的基础上更进一步，以长安为中心，在重要交通干道广设驿站，通往周边民族地区和域外的交通主干道有7条之多，分别通向东部的高句丽和日本，西部的中亚，北部的北欧，西南的天竺等地，交往半径不断扩大到更广阔的国家和地区。隋唐时期对外运输的主要是丝绸、茶叶、瓷器等，外商运进中国的商品有珠宝玉石、香料、名贵动植物以及一些土特产。唐中期以后，对外出口的大件逐渐以瓷器为主了。海运因有着减少瓷器破碎的有利条件，成为运输瓷器的主要交通方式。于是，有人便将海上丝绸之路称为"瓷器之路"。

每年，都有大批商人和使节沿着丝绸之路来中国进行贸易，他们用骆驼作为运输工具，行走在苍茫的大漠上，带着从西方贩运来的香料、药

五铢钱　隋
隋代手工业发达，经济繁荣，铸币延续汉以来五铢钱的风格，但铸造工艺更加先进，币样规整，结实耐用。

上篇　经济学的故事

> **延伸阅读**
>
> 隋唐是中国封建社会的极盛时期。隋唐尤其是唐朝的伟大并不在于强大的军事实力和有效的行政能力，而在于开放和进取的姿态。唐帝国高度开放，在当时那个文化技术大输出的时代，唐以兼容并蓄的社会风气，为各个民族提供一个空前的交流融合环境。周边的国家和地区深深折服于唐帝国发达的文化和经济发展水平。国强不怕外侮，唐朝边关大开，规定只要持有通行证，不论中外人士都可自由往来，丝绸之路畅行无阻，交往贸易空前繁荣。

隋唐时期的阿拉伯商人头像

材、珠宝等来交换中国的丝织品、瓷器、茶叶、金银铁器、镜子等豪华制品。葡萄、核桃、胡萝卜、胡椒、菠菜、黄瓜、石榴等就是通过这条逾7000公里的丝绸之路传播到中国的，丰富了人们的日常饮食。

除了陆路，海路也一直是隋唐进行海外经济交流的重要方式，尤其是在唐朝安史之乱，陆路交通受阻之后，海上交通承担的任务更重。据《新唐书·地理志》记载，"广州通海夷道"，说明当时的唐朝已经能通往印度洋，直达波斯湾了，整个路程有1万多公里。广州成为重要的外贸港口，唐朝政府还在这里设置了市舶司，专门管理对外贸易。沿着海上航线，南亚、东南亚甚至是非洲地区的商船时常出现在港湾里，隋唐和这些地方的经济文化交流得到不断加深。

伴随着商品的进出交易，客商的来往也是隋唐国际经济交流繁荣的重要表现之一。当时有"市肆多贾客胡人"的说法，这些外来商人中，有以国家朝贡名义开展交易的，有开设店铺做生意的，还有游走在民间的私商，形式多样，人数众多。在一些大城市，还专门设置了接待外商的地方。

此外，对外贸易对百姓生活影响也很深远，一些日常用品的名称的变化，就很好地展示了这些影响，如胡饼、胡姬等。发达的国内外经济也促使柜房的产生，这是中国最早的银行雏形，比欧洲地中海的金融机构要早六七百年。"盛唐气象"成为当时的象征，长安成为当时世界的经济交流大中心。

世贸的普及——航海者的远洋贸易

随着人类认知能力的不断提高，人类的足迹走向更远的地方。进入中世纪后，各种侵略战争客观上促进了人类文明的融合。除了战争无意的促进外，人类的探险精神也促进了文明的融合。人们开始主动探险，去发现新世界，这些勇敢的人主要来自西方，包括商人、探险家、传教士等。不过当时这些人的海上冒险行为，明显带有传播文化、发展贸易的迹象。不论是客观上受到战争的影响，还是主动探索世界，人们慢慢从天圆地方的观念中走出来，对世界有了全新的认识，而地域上的大融合也成为经济贸易交流的基础，世界范围的贸易开始出现了。

在海外探险的一系列人物中，一位意大利人进行了一次漫长的海外探险。他把自己的经历

□ 图解经济学

讲述给家乡人,这在他的家乡威尼斯引起了很大的轰动。在这股思潮的带动下,邻近地中海的威尼斯人凭借便利的交通,组织了强大的商船队,把威尼斯货物运抵君士坦丁堡和埃及的亚历山大,然后再从那里把印度、波斯和中国出产的宝石、布匹、丝绸、香料、胡椒、肉豆蔻和丁香等运回威尼斯。这些货物中,香料和肉豆蔻在中世纪算是很珍稀和昂贵的物品。威尼斯人远途贸易的成功,不仅使他们获得了丰厚的贸易利润,也使他们获得了本地没有的商品,丰富和改善了当地的生活。

这个商人就是马可·波罗,他在1271年开始了一场传奇的旅行。他和父亲及叔叔从威尼斯进入地中海,然后横渡黑海,经过两河流域来到中东古城巴格达,后又从霍尔木兹向东,越过荒凉恐怖的伊朗沙漠,跨过险峻寒冷的帕米尔高原,一路上跋山涉水,克服了疾病、饥渴的困扰,终于来到了中国的新疆地区。又经过一段时间的行路,马可·波罗终于到达了上都——元朝的都城,也就是现在的北京。在中国居住的17年时间里,马可·波罗深深迷恋上了这个古老的国度。通过这位被誉为世界上最伟大探险家的口述,由他人撰写的《马可·波罗游记》详细地介绍中国广袤的土地、丰富的物产、悠久的历史、繁荣的经济和发达的贸易,从而改变了当时欧洲人对世界的看法,极大激起了人们对东方世界的兴趣。很多国家和地区的人们纷纷效仿威尼斯商人,扬帆远航。

可是,热闹的远洋贸易并没有持续很久,经过长期战争,土耳其占领了小亚细亚,将君士坦丁堡更名为伊斯坦布尔,成为奥斯曼帝国的首都。奥斯曼帝国位于东西方文明交会处,掌握东西方文明陆上交通线的时间长达6个世纪之久。为了削弱欧洲的力量,他们切断连通东西方的商路。这样一来,通过波斯前往印度的路就无法通行了,这给西方国家造成了一片慌乱。为了继续享受印度的豪华商品和香料,他们绕过非洲开辟了新的海上通道,这种无意识的举动,对于世界大发现和世界贸易的展开意义非凡。

当时,葡萄牙这个位于伊比利亚半岛最西端的国家,作为

马可·波罗旅行示意图

马可·波罗像

上篇　经济学的故事

一个鲜为人知的年轻航海民族，从众多欧洲国家中脱颖而出。出于对东方财富的渴望，从15世纪开始，葡萄牙就发展起了航海事业，他们先是沿着非洲的西海岸，寻找前往东方的通道，并在非洲港口成立了商务机构，通过向黑人提供廉价的商品，比如玻璃珠或者酒精，而获得贵重的黄金和宝石。随着航海事业的不断探索，1498年，探险家瓦斯科·达·伽马成为第一个到达非洲最南端好望角的欧洲人，由他带领的人由此进入了印度洋，并到达了印度。随即，亚洲的一些城市如霍尔木兹、马六甲等地就成了葡萄牙的领地。从此，葡萄牙一跃成为当时欧洲的财富中心。

银行汇兑——充满风险的信任业务

人们对货币的狂热追求和货币的流通，促进了贸易和交通的发展。葡萄牙、西班牙等国在殖民地疯狂掠夺金矿珠宝，更是将欧洲货币业的发展推向了高潮。

资本多了，有人就开始在货币方面做生意，这样一来，货币带动金融发展也是早晚的事情。最开始，富裕的人们思考该把巨额的家产存放在什么地方，这个地方必须保证家产的升值和安全。当时，人们信任宗教，认为教堂是善良之地，而且教会具有很大的权力，极具权威性，而且把钱交给上帝保管是不会出现任何问题的，于是，人们纷纷把资产存入教堂。因为教堂做出了存款、贷款和典当的经济行为，所以后人称之为教堂银行，这种形式与当时的社会生产和社会关系相适应，存在了很长时间。

到了公元前6世纪，在古希腊的很多商业城邦和圣殿，人们开始铸造钱币，为了促进商品流通和买卖，城市中出现了很多钱币兑换商。刚开始，这些钱币兑换商们在市场上摆放一张桌子和长凳，就开张营业了，发展到后期，他们才逐渐设立钱币兑换柜台和

西班牙对中南美洲的征服者：埃尔南·利尔泰斯和弗朗西斯科·皮萨罗（右上图）。

17

□ 图解经济学

证券和汇兑票据在欧洲被人们普遍接受。马里纳斯·范·默雷斯韦勒的这幅《钱商和他的妻子》便是当时背景下的产物。

店铺，并正式开始从事钱币借贷活动。人们称这些钱币兑换者为"长凳贩"，如果客户认为自己受了骗，就会把长凳打碎——被打碎的长凳在意大利文中就是"破产"的意思。

教堂银行和长凳贩都是把钱币作为商品而进行买卖的行为，简单说来，他们通过一些手段获得货币，并将货币借给需要的人，从中收取利息。这两种形式都带有私人银行的气息，是国家公共银行的补充形式，只不过教堂面对的客户是贵族、土地所有者与农民，长凳贩面对的是商人和市民。

15～16世纪，西欧的很多国家出现了私人大银行，它与前面的两种私人银行形式最大的区别就是一个"大"字，因为大，就有了强大的抗风险能力和专业操作能力。比较有名的私人大银行包括德国的富格尔家族银行、法国的雅克·科尔银行以及意大利的梅迪契家族银行等。

中世纪末期的金融业发展虽然相对缓慢，但是基本结构已经成型，这种私人银行的业务也逐渐得到正规化发展，意大利银行家认准这个业务并广泛开展汇兑业务。这项业务是这样进行的：假设一个商人在威尼斯交给兑换人一笔钱，如100杜卡特，兑换人则向商人提供一项支付许诺，即所谓的汇票。商人拿着这张汇票可以在另外一个城市，比如热那亚的银行结算，取得他做生意所需要的热那亚货币。

这种汇兑手段极具便利性，受到了商人们的青睐，得到了很大发展，以后商人们甚至不需要事先交一笔钱，而只要得到一份以诚信为基础的汇兑凭证就可以进行交易了。不管是私人银行还是公共银行，都能够开展极具风险的汇兑业务，其核心支撑点就是信任原则。在意大利文中，单词"信贷"就含有"信任"的意思。信贷，即信任的许诺与金钱有同等的价值，实际上等于金钱。信贷产生后，商

延伸阅读

信用资本是信用发展到一定阶段的必然产物，它以诚信、合作、规范为行动准则，以信誉为基础。信用资本的实质是一种社会经济关系，即对人与人之间社会关系的反映，它体现出人们相互信任、相互合作、共赢共荣的社会关系。信用资本的出现能很好地降低成本，增强社会生产力，协调社会关系。它是经济软环境建设的重要内容，但我们在承认它积极作用的同时也不能忽视其存在的风险，毕竟信用是看不见摸不着的，信用融资额度就是对信用资本的衡量尺度和风险限制。

人们就可以用这种方式进行长途航海贸易，然后用赢利偿还兑换人的信贷。而且，这种汇兑不需要本人去结算，也可以转让给另一个业务伙伴去办理。这样一来，汇票就成了一种支付结算手段。汇票可以使本来无法进行的交易成为可能。

汇兑只是银行业务中的一种，但是这集中体现了人们之间的信任关系，基于这种精神，在交易环节出现了更多复杂的信用工具，如远期交易、期货期权贸易；经济领域也得以细分，出现了银行业、保险业、金融证券业等。

布尔斯——交易所的来历

说起"布尔斯"和交易所的关系，资料都指向比利时布鲁日的范·德·布尔森家族，一种说法是 15 世纪中叶，在比利时布鲁日的范·德·布尔森家族有铸造钱币的权力，他们在家族内部的造币所中专门开辟了交易场所，并在门上刻了字：bourse（意为：钱包），这就是"交易所"（bourse）一词的来源。

另外一种说法是，在中世纪和文艺复兴时期，由于交通状况恶劣又缺乏便捷的通信手段，商人们为了谈生意，就必须商定一个固定的地点定期会见，这个交易会的日子大多被定在宗教节日，在一个重要的贸易地点举行，当时著名的举办交易会的城市有莱比锡、法兰克福以及纽伦堡等。14 世纪，范·德·布尔森家族在佛兰德开了一间旅店，专门用以接待参加交易会的各地商人。在这里，人们可以畅谈聚会，可以收集情报，可以得到新商品信息。如果人们想开辟新的商务途径，就得去找这家旅馆。这个说法逐渐成了人们的口头禅，到了后来商人们即使在其他城市定期聚会，也称其为"布尔斯"，德文就是交易所的意思。

布尔斯其实是证券交易所的前身，只不过它的经营模式与现代证券交易所的经营模式有所不同，在当时是以银行界集散场所出现的，直到 1773 年，随着经营项目的发展，才改称证券交易所。在范·德·布尔森家族之后，1487 年，安特卫普市也建立了一个交易所，它被视为第一座真正的交易大厦，并且这个交易所很快变成欧洲最大的交易中心，该交易所向世界开放，这也标志着交易所的正式诞生。

维特创作的这幅画表现了当时阿姆斯特丹证券交易所的情景。

□ 图解经济学

　　布尔斯代表的交易所对前期市场交易习惯做出了很多本质上的变动。以往市场的交易必须要把钱币和货物带到现场，一手交钱一手交货。而新诞生的交易的一个重要特点就是人们进行交易的货物并不需要带到交易所来，只需要带上货物的凭证就可以了。这个措施的优点是把很昂贵也很麻烦的货物交易变成在纸上进行交易，交易成功后再把货物直接运到所需要的地方去。也就是说，凭证本身就是商品，可以进行买卖，比如汇票。早在14世纪，在威尼斯里亚尔托大桥旁就有人买卖汇票，后来又增加了威尼斯共和国的债券。

　　交易所发展后期，人们还可以进行有风险的海外贸易。通过交易，一些商人达成协议共同投资，装备一艘共同所有的商船，以便把越洋航行对每个人的风险局限在一定范围内。当时的海外贸易风险是很大的，一位名叫科内利斯·豪特曼的荷兰商人，作为第一个抵达今日印度尼西亚的荷兰人，出发时船队有249名，等到归来时只剩下了89人。不过，这次航行还是被人看作是一次很成功的航行案例，因为它带回来了巨额丰厚的财物，还探寻到了新的地区，这些

柜台的钱商贸易
15～16世纪意大利繁荣的商业使商人很容易赚取到贸易资本，钱商们开始经营货币，其操作程序非常类似于现在，包括向外贷款、出售保险、处理外汇，以及信用证、转账。

参与者也分配到了不少的利润。可是，反过来说，如果这艘船遇到海难或遭海盗抢劫，那么每个人的财物，甚至生命都会受到很大的威胁。由此，如果多方合作投资的话，就能很好地分散海难等风险。即使发生海难，大家的损失也不至于太过严重。

这种投资方式还非常人性化，比如商人在等待共同投资的商船归来时，如果产生了担忧，可以提前把他的那一部分投资卖出去，但赎回份额的价值要比原来投资时的减少一些。而购买这个份额的人，虽然有一定的风险，但如果商船安全归来，则收益就会很大。

这就是有名的东印度公司，它借助交易所进行海外贸易的做法，不仅对公司结构产生了重大影响，还极大地促进了西方金融业的发展，尤其是交易所的发展。交易所作为一项新的金融发明，它为有形和无形的产品提供交易平台，形成了信息交流中心，还催生了期权和期货两种交易方式。除了东印度公司在交易所留下的深刻印记，在交易所还出现过很多世界闻名的重大事件，如1634~1637年出现的疯狂投机郁金香热潮、1720年英国发生的南海泡沫以及同时期法国发生的约翰劳事件等。可见，交易所已经成为金融大厦不能缺少的支撑台柱，不过，在交易所这种可以无限放大风险的地方，人们可以一夜暴富也可以瞬间倾家荡产，它的利弊、双向作用值得我们高度重视。

投机狂热——"郁金香根茎时代"

我们知道了交易所的投资具有风险和挑战性，投资人需要对未来走势有合理大胆的预测。比如，高风险的商船共同投资，谁要想参与这样的商船生意，就要对未来有一个预测，借此将风险和可能的获利进行综合对比。因为一项投资既可能是风险也可能是机会。

1602年，荷兰人在商船事务中进行了革命性的改革。一批商人组建了一个装备商船的协会，实际上就是将以前投资海船的项目扩大规模，形成专业操作。他们把这个共同的机构称为东印度公司，该公司得到政府的支持，还被赋予了独家经营权，专门负责荷兰前往印度的航运事务。

组建东印度公司所投入的650万荷兰盾中，由6个荷兰城市承担，阿姆斯特丹一地就承担了其中一半的份额。于是，东印度公司的份额很自然地进入阿姆斯特丹交易所交易，通过交易所进行融资。通过在交易所发行股份，东印度贸易的风险不再由荷兰国家承担，而是转嫁到商人和投机者身上。但这些人在承担风险的同时，也可以分享公司所获得的利润。客观上说，交易所是一种十分有效的资源配置手段，通过交易所可以把资金的供求结合起来。在交易所中，股票的价格即行情，上下波动是很厉害的。在1604年，当公司的第一批商船开往印度洋时，股票的价格比票面上涨了1/3。在最高峰时期，即东印度公司成立100周年时，它的股票上升了1000倍。

看到股市能够如此轻易地创造财富，荷兰人开始用其他物品进行投机。而人们万万想不到，正是这种思想的促使下，产生了人类经济发展史上第一起重大投机狂潮，而这场投机狂潮，竟然是由一种小小的植物引发的。这场投机在交易所历史上极为罕见，它使荷兰由一个强盛的殖民帝国走向衰落。

这次投机狂潮的罪魁祸首是什么呢？原来，它就是普通的郁金香根茎。郁金香原产于小亚

□ 图解经济学

这幅当代油画描绘的是17世纪早期，荷兰东印度公司的船队满载香料和其他贵重商品，从东方返回阿姆斯特丹港口的场景。

细亚，在当地极为普通，1554年被荷兰自然科学家在土耳其发现并带回到荷兰。该植物每逢初春乍暖还寒时就含苞待放，开出呈现杯状的花朵，非常漂亮。由于非本土所产，致使郁金香价格昂贵，只有富裕的家庭才有资本种植郁金香。

人们强烈的赌博和投机欲望终于在17世纪的荷兰找到温床。受人们欢迎的郁金香，美丽、迷人而又稀缺，无疑就成为他们投机的首选对象。一些机敏的投机商开始大量囤积郁金香的根茎，并以舆论刺激催生人们对郁金香的倾慕之情。大家开始纷纷效仿，疯狂地抢购郁金香的根茎，希望通过拥有这种花卉而享受贵族般的声誉，一时间，郁金香迅速膨胀为虚幻的价值符号。与股票相比，郁金香的根茎是有形的东西，所以达到了全民参与投机的状态，上自贵族和商人，下至农民、手艺人、仆人和女佣，交易四处蔓延，甚至在各个小酒馆里都出现了郁金香交易活动。

在这种病态举动的推动下，郁金香的价格持续走高，人们整天悠闲地躺着做梦，指望通过这批郁金香发一大笔财。这种疯狂持续了3年，到了1637年，一部分投机者突然觉得郁金香的售价无法达到预期效果，于是就把手中的货物以能得到的最好价格全部抛出。由于抛售份额较大，使郁金香的价格有一定程度的下滑，郁金香投机泡沫开始被戳破。这时，人们才突然意识到，郁金香根茎除了可以种在花园里之外，其实并无其他用途。明白这些后，很多人都纷纷出手，尽量止损。到最后，有人想出售，却再也没有人买进，这跟现在股市上谈的被"套住了"，是一个意思。

历史上所有大的投机生意都有类似这样的过程，开始时是个好的投资主意，然后大家没有目的地疯狂跟进，几乎每个人都参加到这项大买卖中。存在泡沫的经济终究不会长存，待大家醒悟的时候，投机泡沫也彻底破灭了。郁金香根茎时代的投机失败被人们铭记着，同时，投机的狂热也一直被人们延续着。

第二章
古典经济学

布阿吉尔贝尔——土地是一切财富的源泉

布阿吉尔贝尔（1646～1714），法国经济学家。在布阿吉尔贝尔生活的17世纪中叶，经济学日臻发展，古典经济学开始于重农学派，而布阿吉尔贝尔就是重农主义的先驱之一。

布阿吉尔贝尔生于法国鲁昂的一个律师家庭，曾任鲁昂地方议会法官。任职期间，法国经济发展极不景气。因为任职法官的关系，他经常审理与农民相关的案件，使得他对农村衰落的

布阿吉尔贝尔认为农业是社会发展与进步的基础。图为16世纪农民正在从事"七月晒干草"这一年中最重要的农活。

□ 图解经济学

法国画家路易·勒南与他的弟弟们画了许多描绘农民生活的场景，像《农民家庭》这类作品，让人们深刻了解到17世纪欧洲乡村劳动者的生活状况。

经济和农民艰辛穷苦的生活有所了解，对农民的遭遇怀有深切的同情。在案件办理过程中，亦是坚决维护农民的正当权益。正是有与农民深厚的情结，布阿吉尔贝尔的经济主张和经济著作都是以农村为主战场展开的，重在分析农村存在的问题。

在法国仍然以分散落后农业生产为主的时候，英国已经进入资本主义第二阶段——工场手工业。为了加快法国资本主义发展，法国政府开始实施柯尔培尔重商主义政策，法国的工商业得到了一定发展，但是这种以牺牲农业为代价的重商政策给国家经济带来了不利的影响，致使法国土地荒芜、人口减少，到处是凄凉场景。

自称是农民辩护人的布阿吉尔贝尔坚信农业在国民经济发展中的重要性，主张以农业为基础来实现国家经济的均衡发展。在阿吉尔贝尔的作品中，可以看到他反对重商主义把货币作为唯一财富的观点，他主张农业才是创造财富最重要的源泉，并通过以下几个方面来阐述农业的重要性：首先，农业是其他各部门的基础，土地又是其中极其重要的因素。试想，有什么行业能够脱离土地存在，能不靠土地的产出维持生存，寻找原材料呢？其次，农业产出收入为社会各阶级提供了收入，如果农民放弃耕种，地主如何获得地租收入？更关键的是农业收入是国家财政收入的基础。布阿吉尔贝尔甚至认为当时法国财政收入的锐减就是因为农产品生产销售大大减少的缘故。

布阿吉尔贝尔认为，社会各行业都有不同程度的重要性，只要保持合适的比例，就能够实现国家经济均衡发展。而在法国200个行业链条中，农业是最为基础的。这种关于经济相关性协调性的思想，被后人继承发展为"平衡增长论"。

虽然土地产出很重要，但是当时法国农业谷贱伤农的现象一度导致农民放弃农业耕作，农产品价格过低不仅导致农民生活更加窘迫，也使土地所有者停止投资，原来良好的土地变得荒芜。已经生产出的农产品由于价格过低，也被人们丢弃或者用来喂马。因为农业与其他行业的关联性，谷物价格过低也会影响其他产品的价格，破坏经济的整体稳定性。

为了解决这个问题，增加农民、土地所有者和国家收入，提高土地使用度，提高农业产量，布阿吉尔贝尔主张减少对劳动人民的征税，保持税收公平，富人也按照一定比例纳税，富者多缴，贫者少缴。对一些商品征收的重税也要降低，因为重税无形中抬高了商品的价格，影响了销售和购买，给商品流通造成损害，销路受阻，农业自然就没有动力再继续生产。布阿吉尔贝尔还主张国家要加大对农业的建设投入。政府投资不足，直接导致各种水利设施的老化失修，这无疑严重限制了农业的发展后劲，而农民自身是没有能力进行设备更新的。总之，布阿吉尔贝尔主要是采取双管齐下的思路来改善农业现状，一方面降低农民负担，一方面加大国家对农业的扶持。

生活中的布阿吉尔贝尔为人热情，个性倔强，身为法官的布阿吉尔贝尔，同情被压迫的农民阶级，敢于批判统治阶级，替穷苦人民说话，为此甚至曾获刑——这是以后资产阶级经济学家所不及的。布阿吉尔贝尔认为自己具备丰富的财政改革知识，兼有经商和经营农业的实际经历，因而常以经济学界的哥白尼、伽利略、哥伦布自居，以拯救濒于破产的法国财政为己任。

布阿吉尔贝尔为推行他的财政改革，奔走呼号了一生。1714年10月，布阿吉尔贝尔逝世于鲁昂。

《经济表》——魁奈的经济循环系统

弗朗索瓦·魁奈（1694～1774）是重农学派的奠基人和领袖。魁奈出生于巴黎，父亲是大地主，也是一名律师。由于兄弟姐妹多，魁奈少年时未能受到良好的教育，13岁丧父，16岁外出学医谋生，并通过医学和手术技术获得了一笔财富，后回乡做外科医生，声誉日隆。1749年被任命为宫廷御医，负责路易十五和蓬皮杜夫人的健康。1752年，魁奈因治愈王子的疾病被封为贵族。

1750年，魁奈遇到了古尔吉，自此，魁奈对经济学产生了浓厚的兴趣，甚至超过了医学。中世纪的法国对生产管理非常严格，严重阻碍了创新和竞争。同时，对农业的严苛管理使农业发展背负着沉重的包袱。魁奈提出了很多使农民受益的主张，并希望能把国王变成一个开明的君主、和平改革的工具，去除法国现有的社会顽疾。

受当时启蒙运动的影响，魁奈接触到一种全新的观察和认识

弗朗索瓦·魁奈像

□ 图解经济学

17世纪农民自由交易图，魁奈主张农民参与市场交易，认为这样有利于整个国家经济的发展。

世界的方法，受这种方法的影响，人们坚信是自然规律统治人类世界，就像牛顿发现地球引力一样，人类需要依靠自己的头脑去思考，揭示并顺应自然规律的发展，与之相协调。魁奈《经济表》的成型就是基于这样的认识。他从贵族王室的角度去观察，发现包括国王、贵族、公职人员、教会等在内的土地所有者们不直接进行生产，却拥有最终的收入，他们的生活主要依靠承租的农场主、佃农上缴来的物资。所以，这些农场主是真正的生产阶层，他们进行生产不仅要满足自身的需求，还要满足土地所有者和其他的不生产阶级，如制造业和商人的需求。

在魁奈的《经济表》中有3个主体，即土地所有者（国王、贵族、公职人员、教会）、承租的农场主、佃农和非生产阶级（工厂主和商人）。魁奈从收入支出的角度描述这三者通过有序循环生产积累社会产品的过程。首先，土地所有者用上一个循环中所获得的收入从商人和农民手中购买商品和食物。在获得收入后，农民和商人之间也要进行相互的交易，即商人从农民手中购买食物，农民从商人手中购买商品。最后，土地所有者向农民收取租金，这就完成了一个循环。

这个循环流程符合宏观经济运行的均衡状态，但是，魁奈在《经济表》中暗示制造业阶级没有给自己留下任何商业制成品来消费。并且，非生产阶级只有生产阶级一般的生产规模，也就是说，农民有40亿里弗的食物和原材料，商人阶级只有20亿里弗的商品，农民完全可以用20亿里弗的食物与商人20亿的制成品进行交易，剩下的扣除土地租金便是生产剩余。

到这里，我们能够很清晰地看到魁奈《经济表》中存在错误，这也是重农学派共同的错误。魁奈认为工商业和贸易是非生产性的，只有土地才具有生产性。他坚持是自然界而不是工人工作产生剩余，于是他提出要向有剩余的土地所有者征税。这一建议被地主认为是攻击他们的利益，而同时，富有的资本家赞成对地主征税的举措。

当然，魁奈的《经济表》在当时是具有进步意义的。首先，《经济表》有宏观国民收入的推理印记，这就为后期分析统计一个经济体奠定了基础，也为研究国民收入者提供了思想源泉。更重要的是，魁奈的《经济表》是以清晰地投入—产出线来梳理的，后来的诺贝尔奖获得者瓦西里·里昂惕夫就是在魁奈先驱研究的基础上，创作了《投入—产出经济表》这个循环图表，后来进一步演变成为国民收入和生产核算表，被经济学家广泛使用。

魁奈不仅以《经济表》为光环，为经济学做出了杰出的贡献，他还积极将思想付诸实践。魁奈认为"过度奢华的装饰会很快毁掉一个强大、富裕的国家"，相反，这些钱财应该用于原材料生产上。另外，魁奈要求向农民征收统一的、适量的捐税，防止破坏他们的生产力。他还要求自由买卖粮食，希望粮食价格提高，增加农民的净产值，地主亦可获得更高收益。魁奈的这些政策建议在当时贵族热衷奢华消费、轻视投资农业的时代无疑是极富远见的。

大卫·休谟——自动均衡国际贸易论

出生在英格兰的大卫·休谟（1711~1776）与亚当·斯密是很亲密的朋友，休谟12岁的时候就进入爱丁堡大学学习，可惜15岁时就离开该校，没有获得学位。

休谟在多个领域都有重要的建树，《人性论》决定了他哲学家的定位，《英格兰历史》为他赢得了历史学家的名望，《政治论丛》则使他成为经济学界的权威人物，作为古典经济学的先驱，他与斯密的思想最为接近。

作为一位经济学家，他是反对重商主义的，由他提出的国际贸易学说对英国古典政治经济学有很大的影响。休谟对经济学发展做出的最大贡献就是"价格—铸币流动机制"理论，我们也可以把它理解成物价和货币之间的变动关系，该理论体现出一种自然秩序思想，它有一个前提假设，即均衡假设：一旦经济偏离了均衡，就会有自然的力量促使它自动恢复均衡状态，属于国际收支调节平衡的机制。它产生作用的过程是这样的：在金本位制下，当一个国家出现贸易逆差时，这也就意味着该国的产品进口大于出口，黄金储备外流，国内黄金存量下降，货币供给减少，物价水平下降。当国内物价下降时，该国产品的国际市场竞争力就会提高，产品出口自然就会增加，进口减少，这样就能促进黄

大卫·休谟像

□ 图解经济学

休谟是反对重商主义的，他提出的国际贸易学说对英国古典政治经济学有很大影响。图为繁忙的码头交易。商业贸易的推进，使得英国的原料进出口范围更加扩大。

金内流，增加国内黄金储备，国际收支赤字减少或消除。此时，物价也会上涨，但是这种顺差不会长期持续，因为物价上涨不利于出口有利于进口，从而使盈余趋于消失，所以国际收支随着物价水平和进出口产品比例的变动趋向平衡。我们可以这样来表示此循环：国际收支逆差—黄金储备外流—国内货币供应减少—价格水平下降—利于出口，进口减少—国际收支顺差—黄金储备内流—国内货币供应增多—价格水平上涨—不利于出口，进口增多—国际收支逆差。

但是随着后来国家间开始取消金本位制，休谟的"价格—铸币流动机制"就不再起作用了，因为此时，一国的货币量不再由黄金的流通来决定，中央银行在管理经济时基本不受贸易收支平衡的约束，它可以自由控制货币的供应量，如此一来，国内的物价就不会像休谟所说的那样自由浮动了。而休谟本人也注意到这一点，他发现了促进国际贸易平衡的另一个因素，那就是汇率变动。他指出，当一个国家进口大于出口的时候，会导致该国货币价值比他国货币价值低，也就是货币贬值，在这种情况下，贬值就意味着国内产品的价格比他国同样产品的价格要低，这样就利于国内产品出口。同时，就有更多的外汇流入，这些外汇可以用来抵消之前国际收支逆差所产生的外汇缺口，最终达到贸易均衡。这种均衡也不会长期固定保持，它还会随着外汇储备的变化而变动。

可以看出，休谟的"价格—铸币流动机制"与传统重商主义完全相反，重商主义认为要通过贸易顺差来实现资本财富的积累,贸易顺差还能减少人们失去金银财富的恐惧感。"价格—铸币流动机制"则要求市场自由开放,自由竞争,因为有自然力量来帮助实现国际收支的平衡。但休谟只是以货币数量为依据,因而得出货币数量变动与物价水平的关系,却没能联系到产业和就业等其他问题。

休谟在开启古典经济学的序幕中功不可没。虽然未能出版一些完整系统的经济学文集,但是,还是有学者视休谟的经济论文为经济学的起源,这一观点出现在约翰·希尔巴顿的第一部重要著作中。

亚当·斯密——不朽巨著《国富论》

亚当·斯密(1723～1790)是后人公认的古典经济学派卓越创始人。亚当·斯密出生在苏格兰小镇寇克卡迪,这是一个制造业城镇和港口。他的父亲是城镇海关的审计员,可惜在他出生以前就去世了,出生后的斯密便跟着母亲生活。

亚当·斯密14岁考入格拉斯哥大学,17岁时又到牛津的巴利奥尔学院学习道德与政治科学、语言学。在那里,他读到了很多格拉斯哥大学没有的书籍。1748年,斯密接受爱丁堡大学的聘请,到那里讲授修辞学和文学。1751年,他当选为格拉斯哥大学的教授,兼任大学教务长和副校长职务,一直到1764年离开为止。辞职后,他做了查尔斯·汤森德继子的家庭教师。利用做家庭教师的收入,他在法国生活了两年多。在旅居法国的过程中,亚当·斯密遇到了几位重要的重农主义者,受到包括魁奈、休谟、杜尔阁思想的影响,并与之建立了亲密的友谊。这期间,亚当·斯密就开始了《国民财富的性质和原因的研究》(简称《国富论》)的创作工作,斯密用了将近10年的时间,完成了这部经济学的鸿篇巨制,该书于1776年出版,得到大众广泛关注和好评,也为斯密赢得了永久的声望。1787年,斯密担任格拉斯哥大学校长,1790年去世。遵照斯密的遗嘱,其未完成的手稿都被销毁。

成就亚当·斯密一世声誉的不朽著作《国富论》,包括分工、交换、货币、价值、分配、资本积累、资本再生产等理论,系统地展现了斯密的经济学思想。

《国富论》第一章第一节的题目就是"论劳动分工",作为开篇之首,斯密将分工这个陌生的概念解读给世人。小节第一句这样写道:"劳动生产力上的最大提速,以及劳动时所表现出来的熟练技巧和判断力,似乎都是劳动分工的结果。"

书中以制造大头针为例,详细生动地介绍了劳动分工所产生的高效率。他说,如果一个没有受过系统培训的工人,是不懂得怎样使用生产机械的,即使竭尽全力去工作,恐怕一天也制造不出一枚大头针。但是假如能将制作大头针的工作步骤进行细分,各司其职,一个人负责抽铁线,一个人负责拉直,一个人负责切割,一个人负责将尖

亚当·斯密雕像

西方经济学派一览表

重商主义 16 世纪～17 世纪 代表人物：威廉·斯塔福（英）、托马斯·孟（英）

重商主义是西欧封建社会瓦解和资本原始积累时期产生的经济学派，其最基本观点是把金银及货币说成是社会的唯一财富，强调贸易的重要性，倡导贸易改制均衡——出口顺差。

重农主义 18 世纪 代表人物：魁奈·杜邦、维耶尔、杜哥尔

重农主义是主要在法国盛行的视农业为财富的唯一来源和社会一切收入的基础的理论，其理论推论认为仅有土地才应该被课税，强调生产而非贸易是繁荣的基础。

古典经济学 18 世纪末～19 世纪初 代表人物：亚当·斯密、配第、李嘉图

古典经济学主张对资产阶级的经济活动不加任何限制与干涉，因为经济生活是由"自然规律"支配的，国家不应对经济生活进行干预和监督，同时提出了商品价值的来源问题以及剩余价值的性质。

马尔萨斯主义 19 世纪上半期 代表人物：马尔萨斯、普莱斯、卡莱尔

该主义认为人口增长有比生活资料增长更快的趋势是永恒的规律，工人的失业和贫困是人口增长不可避免的结果。

历史学派 19 世纪初期～19 世纪 40 年代 代表人物：罗雪尔、施穆勒、李斯特

该学派反对 19 世纪中叶以前的英法传统经济学，以历史归纳法反对抽象演绎法；以历史反对理论否认经济规律的客观存在，以国家主义反对世界主义，以生产力的培植反对交换价值的追求，以国家干预经济反对自由放任。

奥地利学派 19 世纪 70 年代 代表人物：门格尔、维塞尔、巴维克

该学派的理论核心为边际效用价值论，认为一件东西的价值，除有效用之外，还必须"稀少"，即数量有限，以致它的得失成为物主快乐或痛苦所必不可少的条件，而市场价格无非是根据这种主观价值所做的估价而形成的。

数理经济学派 19 世纪末 70 年代初 代表人物：杰文斯、瓦尔拉斯、帕累托

该学派提倡以数学为分析工具对经济进行研究的学派，是以倡导边际效用价值论和边际分析为特点的边际效用学派。

凯恩斯学派 20 世纪 30 年代 代表人物：凯恩斯

该学派认为生产和就业的水平决定于总需求的水平，总需求是整个经济系统对商品和服务的需求的总量，在微观经济理论中，价格、工资和利息会自动调整使总需求趋向于充分就业的水平。

瑞典学派 19 世纪 20 年代初 代表人物：K. 维克塞尔、G. 卡塞尔、G. 缪达尔

该学派提出累积过程理论，主张控制利息率以维持经济稳定，发展了宏观动态论与均衡方法论，建立了经济周期理论，并提出以宏观货币政策为主，以财政政策、产业政策、工资政策为辅的经济政策主张。

剑桥学派 19 世纪末 20 世纪初 代表人物：马歇尔、庇古、罗伯逊

该学派继承了 19 世纪初以来的英国庸俗经济学传统，兼收并容，用折中主义的方法把供求论、生产费用论、边际效用论等融合在一起，建立了一个以完全竞争为前提，以"均衡价格论"为核心的完整的庸俗经济学体系。

制度学派 19 世纪末 20 世纪初 代表人物：凡勃伦

凡勃伦以研究制度和分析制度而著称。他采用历史方法、社会达尔文主义和职能主义心理学，批评传统经济学的方法论，承认资本主义制度存在各种弊端和缺陷，强调对资本主义各种经济关系的改良，形成制度学派的传统。

伦敦学派 20 世纪三四十年代 代表人物：奥尼尔·罗宾斯、哈耶克、约翰、希克斯

该学派坚持自由放任，反对任何形式的国家干预，主张以货币的私人银行发行取代国家发行。

弗赖堡学派 20 世纪 30 年代 代表人物：瓦尔特·欧根、路德维希·艾哈德

该学派认为，政府的责任不应是直接干预私营企业的经济事务，而必须是制定和执行私人经济活动所应遵守的规则，鼓励竞争，为市场经济的顺利运行创造适宜的环境。

合理预期学派 20 世纪 70 年代 代表人物：卢卡斯

该学派认为人们在充分掌握一切可利用的信息后，经过周密的思考和判断会形成切合未来实际的预期，如果政府对经济或货币加以干预，公众的预期行为和预防措施会抵消政府的政策效果，而使其无效。

供给学派 20 世纪 70 年代 代表人物：J.万尼斯基、P.C.罗伯茨、N.B 图尔

该学派推崇萨伊定律，重新强调供给的重要性，认为在供给和需求的关系上，供给居于首要的、决定性的地位，并提出通过减税、刺激投资增加供给的政策主张。

货币主义 20 世纪 60 年代 代表人物：弗里德曼

货币学派的思想渊源是资产阶级经济学说中的传统货币数量说，其核心是经济生活中货币最重要，提出货币发行增长率要与经济增长率一样，除此以外不要对经济活动有任何干预。并强调恒久性收入对货币需求的主导作用。

新古典综合派 20 世纪 60 年代 代表人物：萨缪尔森、托宾·索洛

该派的特色就在于将凯恩斯的经济理论同马歇尔为代表的新古典经济学的价值论和分配论糅合在一起，从而组成一个集凯恩斯宏观经济学和马歇尔微观经济学之大成的经济理论体系。

新剑桥学派 20 世纪五六十年代 代表人物：琼·罗宾逊、卡尔多、斯拉法

新剑桥学派的经济学家认为，分配论是价值论的引申，为了建立客观的价值理论，就必须批判边际效用学派的主观价值论，回复到古典经济学的传统，从李嘉图的劳动价值论出发进行研究。

熊彼特经济思想 19 世纪末 20 世纪初 代表人物：熊彼特

该思想以一般均衡为出发点，将经济体系内在因素的发展作为推动体系本身发展变化的动源，以"创新"概念为中心，把历史的、统计的与理论的分析紧密结合。从经济、政治、文化心理诸方面论证了资本主义的必然崩溃，强调资本主义是由于它的成就而非失败走向崩溃，并从主客观两方面原因进行了分析。

罗斯托经济思想 20 世纪七八十年代 代表人物：罗斯托

罗斯托经济成长阶段论的主要内容，是把近代史分为一系列的成长阶段。他认为人类社会由低级成长阶段向高级成长阶段的一次过渡是必然规律，并主要说明了以下几个阶段：传统社会、过渡阶段、起飞阶段、向成熟推进阶段、高额群众消费阶段、追求生活质量阶段。

激进经济学派 20 世纪 60 年代后期 代表人物：巴兰、斯威齐、爱德华兹

激进经济学派试图用马克思主义经济学的基本观点和方法来分析、研究当代经济问题，同资产阶级正统学派分庭抗礼，特别是对当代资本主义、发展中国家的贫困根源、不发达国家和发达国家之间的经济关系等重大问题做了有意义的探索。

头磨圆等，将制作大头针分为 18 步。这样，一个人负责一步或几步，相信机械装备简陋的小工厂，一人一天也能完成 4800 枚大头针。

　　通过这个真切的小例子，斯密指出劳动分工能够提高产品数量有 3 个原因：一，长期重复完成某一步任务，技能熟练度日渐提高。二，减少了在不同岗位之间转换所需要的熟悉磨合。三，一旦程序化劳动，就有可能发明有利于提高生产率的机器。在影片《摩登时代》中，卓别林大师也诙谐地将造船厂劳动分工的生活演绎出来。

　　在商品的价值讨论上，斯密注意到价值的两种意义，即使用价值和交换价值。斯密将交换价值作为切入点，考察了早期的经济交换行为，例如，猎杀 1 头海狸所需的劳动和捕杀 2 头鹿所需的劳动相同，那么 1 头海狸就能换 2 头鹿。这两者的劳动是一样的，即劳动是决定产品价值的尺度。到了机器大生产的时代，土地租金和工人工资投入成为必需的项目。他发现，在出售商品后的所得，一部分要支付工人工资，一部分是垫付土地地租的投入，剩下的利润就由工厂主自己保留了。于是，斯密认为商品价值的构成包括工资、地租和利润 3 部分。斯密的这一观点对后来西方经济学的发展产生了很大的影响，为生产费用理论的产生提供了一定的理论支持。事实上，斯密在这一推论过程中忽略了生产资料不变的部分。生产资料的价值一部分是本身所有的不变资本，还有就是新被创造出的价值。其中不变部分没有被斯密考虑进来，这也被

18 世纪 60 年代，工业革命开始于英国，这场空前规模的技术革命，使英国先后建成了纺织、钢铁、煤炭、机器制造和交通运输五大工业部门，到 19 世纪 50 年代取得了世界工业和贸易的垄断地位。经济的发展促进了西方经济学的发展。

后人称为斯密教条。

商品的价值是由货币来衡量的。斯密更多的是将货币作为一种支付方式，认为货币不具有生产性，不强调货币的重要性。他这样比喻货币，说货币有如静止的存货，金和银就像高速公路一样将商品运送到市场上，但是其自身不生产任何东西。这与重商学派的观点正好相反，重商主义者认为作为财富，金银比普通商品的持久性更强。可以看出，斯密对金银这种贵金属的特殊属性没有完全认识，忽视了其能被全球范围内接受，进行交换、存储，甚至充当世界货币的功能。

不过，也正是因为这样，斯密才认为纸币完全可以代替金银进行商品价值度量和流通，而且纸币还能大大降低耗能，便于携带。同样，没有生产性的货币不需要太多，有一个固定的值满足市场流通需求即可。结合前人的观点，他指出货币存量的增加还会引起商品或资源的货币价格上升。

在市场与政府关系方面，斯密主张"大"市场"小"政府，即扩大市场的自由发展，缩小政府的干预程度，最好将政府置身于经济之外。

斯密认为政府是腐败、浪费、低效的，甚至是一些有害集团的垄断者。市场是由众多工厂、雇主、员工、购买者构成的，他们的需求才是市场真正的需求，政府的官员不懂他们的需求。所以，政府的干预是不必要，也是不受欢迎的。

同时斯密指出，经济活动的参与者都倾向于追求自身利益。他说，商人追求利润，"我们每天所需要的食物饮料，不是出自面包师和酿酒师的同情恩赐，而是出于他们自身利益的打算"。在要求收益的前提下，买方会尽量降低价格，卖方尽量抬高价格，隐藏在市场背后的"一只手"会调整买卖双方的矛盾，达到均衡价格。不仅如此，这只"看不见的手"还能促使市场竞争，销售者为了得到超额利润而竞争，雇主为了得到最好的员工而竞争，工人为了得到最好的工作而竞争。竞争的结果就是资源有效地被配置到最有价值的地方。政府的无效性和自利行为，使斯密大力倡导"看不见的手"理论，并进一步扩展到国外贸易中。他反对出口税奖励，认为这会牺牲国内市场，并且这些税最终还是要由大众承担。

斯密并不是完全极端的自由经济主义者，散见于《国富论》中的一些主张，可以看到斯密为政府行为划定的行动线。他强调，政府要维护国家安全稳定，免受他国侵略；同时要关注公共事业，维护那些私人不能从中获利的公共工程。这一切行动都是以为国内、国际市场提供保障为出发点的，这样的政府干预才被斯密认可。

为了持续政府管理，为活动提供资金，斯密也建议征税。他提出赋税要尽显公平、确定征收比例、征收便利的原则。尽显公平就是一国国民应尽可能按其能力上缴，税收应与在政府保护下所得收入成比例。这与当时盛行的累进税制是严重背离的。国民应当缴纳的税捐，须确定并不得随意变更，缴纳时间、缴纳方式、缴纳金额都应该是可预测的、统一的，且都要对纳税人清楚宣示。一切税收，都应在纳税人时间最方便，以及最合适的方式下征收。政府税收征收应尽力降低成本，避免造成征税成本的浪费。

□ 图解经济学

马尔萨斯——特殊的古典经济学家

马尔萨斯像

托马斯·罗伯特·马尔萨斯（1766~1834）是古典经济学的代表人物，他的生活环境很富有学术气息，他的父亲是一名富裕的乡村绅士，并且与当时很多杰出的知识分子（如卢梭和休谟等）有着密切的往来。1784年，马尔萨斯进入耶稣学院，攻读哲学和神学，并开始关注人口问题。

马尔萨斯开始写作时，英国进行了两场大规模的论战，第一个是关于贫困人口增加及如何解决的论战，第二个就是关于谷物的著名论战。从第一个论战中，马尔萨斯提出了他成名的观点——人口论，在第二个谷物论战中，他提出了和李嘉图针锋相对的学术观点。

因为马尔萨斯特殊的人口理论，使经济学显得不再那么沉闷。马尔萨斯认为生活资料是人类生存必需的产品，情欲也是必然的，于是在1798年出版的《人口论》中，他提出了自己发现的人口规律，那就是在不受其他因素影响下，人口数量会呈现几何级数的趋势增长，也就是1、2、4、8、16、32、64……而生活资料却只能按算术级数的方式增长，即1、2、3、4、5、6、7……将这两者进行对比，不难发现生活资料的匮乏，将限制人类的发展。

这一理论立刻引起人们的注意，不过得到的评价多是负面的，人们认为马尔萨斯是一个年轻气盛的鲁莽青年，所以才提出这样极端的观点。可是，直到马尔萨斯出版《人口原理》时，他依然坚持自己当初的观点，强调生活资料的增长远远不能满足人类以几何级数自然增长的需求。对此，马尔萨斯很早地就提出了限制人口增长的两个措施，即"预防性控制"和"积极控制"。他试图双管齐下，从两方面来控制人口数量，只有使人口数量适当，才能合理分配生活资料，才不至于出现那么多穷苦百姓。

预防措施就是减少出生的因素，最终实现降低人口出生率的目标。马尔萨斯也赞成将预防措施变成道德约束，他提倡婚前性行为要受到严格的限制，甚至建议他们不结婚，婚后那些负担不起孩子抚养费的家庭也应该延迟结婚或者生育，已经生育过孩子的家庭也要实行节育，防止有更多新生命的诞生。受到马尔萨斯观念的影响，当时的节育工具得到了很好的推广。积极控制的核心就是增加死亡的因素，他认为饥荒、穷苦、疾病瘟疫和战争能有效提高人口死亡率，这些积极措施主要用到那些不遵守道德约束的人身上。马尔萨斯称，"下等阶层"之所以遭受贫困和困难，那是因为没有控制人口受到的自然惩罚，此时政府不能提供给穷人救济，因为这样会让更多的儿童生产下来，众多的人口最终会使饥饿困苦问题更加恶化。

关于谷物法，他提出了和李嘉图相反的意见——他反对废除谷物法，他还否定李嘉图的价值论。马尔萨斯主要在斯密价值论基础上，进一步区分了"相对交换价值"和"内在的交换价值"的不同，他指出相对交换价值是指交换的比例，而内在的交换价值是指一般购买力，这两者的变动比例是不一致的。此外，马尔萨斯明确提出决定价值的因素，那就是通常情况下，价格是取决于需求和供给的相对状况的。马尔萨斯关于价值的论断,为马克思分析价值与价格关系提供了基础。

马尔萨斯的有效需求论取决于他对价值和财富的看法,他解释说,人们为了获得某种产品,由此产生的购买欲望和购买能力就是价值,财富就是对人类有用且必需的物质。生产产生财富产品,分配消费过程增加产品价值,市场中供给和需求力量的对比就是生产和分配环节的外在表现,只有供求均衡才能既增加财富又不会出现生产剩余的危机。马尔萨斯在《政治经济学原理》中提出了潜在有效需求不足的理论,他认为,有效需求不足是产生危机的原因。因为在市场中,工人生产产品却无力参与到分配过程中去消费产品,而资本家有消费能力,却没有足够的消费欲望,他们更多的是在增加投资,积累财富,使供给变得更多,这样一来危机就很容易出现了。马尔萨斯认为消除危机需要有一种机制,该机制可以有效增加消费,却不会过分增加供给,他还提出地主、军队和仆役群体消费的重要性。

不难发现,马尔萨斯的这些提法和后来的凯恩斯思想极为相似,两者都强调供给和需求比例的均衡性。

> 马尔萨斯认为,如果能够拥有足够的生活资料,没有疾病、战争或者其他残害生命的行为以及自我有意识的遏制,人口将会持续增长下去。图为1789年法国大革命时期,人们攻破位于巴黎东部巴士底狱的情景。像法国大革命这样的战争,会造成人口锐减,没有战争、疾病等因素的影响,人口将会持续增长。

边沁——最大限度的幸福

杰里米·边沁（1748~1832），出生并生活在休谟出版经济论文，斯密出版《国富论》，李嘉图、马尔萨斯和穆勒著书立说的那个自由开放的经济学术时代。受到这些人物的影响，边沁成为一个热情的古典学派追随者，在得到父亲的支持后，他放弃法律专业成为一名学者，这为边沁进行大量的学习研究创造了很多时间，使边沁为经济学和哲学做出了开创性的贡献。

边沁一系列哲学和经济学原理都源于他的功利主义，也就是最大限度幸福原则。用边沁自己的话说，功利主义就是大自然设置的两个权力至上的主人：快乐和痛苦。人们都自动追求可以给他们带来快乐的事物，同时回避带来痛苦的事物，它告诉人们对和错的标准，告诉人们原因和结果的关联，从而指导人们的所思所想所为，使之促进最大多数人的最大幸福。那么，努力追求自己幸福的行为能否增进社会整体的幸福度呢？边沁认为这不一定。边沁把每个人看成社会的一分子，社会全体成员的幸福由每一个个体的幸福总和构成，社会幸福是以最大多数人的最大幸福来衡量的，所以有些人追求的幸福对社会其他人可能形成了伤害，那么这时候它就不能促进社会最大多数人的幸福。边沁认为，社会会通过它自己的方式来促进社会整体的幸福度，最典型的就是法律、道德和制度，比如法律制裁那些追求自己幸福过程中损害他人幸福的人，宗教制裁也有助于调整人们的思想和行动，服从于这些约束，就能促使社会整体的幸福度提高。

边沁从追求最大幸福原则和自利选择原则出发，得出一个结论，那就是人们的一切行为都具有增进幸福或减少幸福的倾向。并且，边沁主张财富是衡量幸福的尺度，也就是说它可以衡量幸福和痛苦，随着财富的增加，财富的边际效用是递减的。举例来说，一个千万富翁，如果他的资产能再增加10倍，那么他的幸福程度可没有10倍那么多。边沁的货币边际效用递减思想也为收入提供了依据，比如政府如果从一个富翁那里拿走10000元，将这些钱给年收入只有1000元的人，那么这对于富翁来说，没有太多损失，可对年收入只有1000元的人来说却是极大的幸福增加。不过边沁并不建议政府实现收入均等化，因为这会剥夺富人的安全感，边沁甚

边沁的一系列哲学和经济学理论都来自他的功利主义。他认为，人们都会自主追求能给他们带来快乐的事物，回避给他们带来痛苦的事物。图中，人们正在举行舞会，尽情地享受快乐。

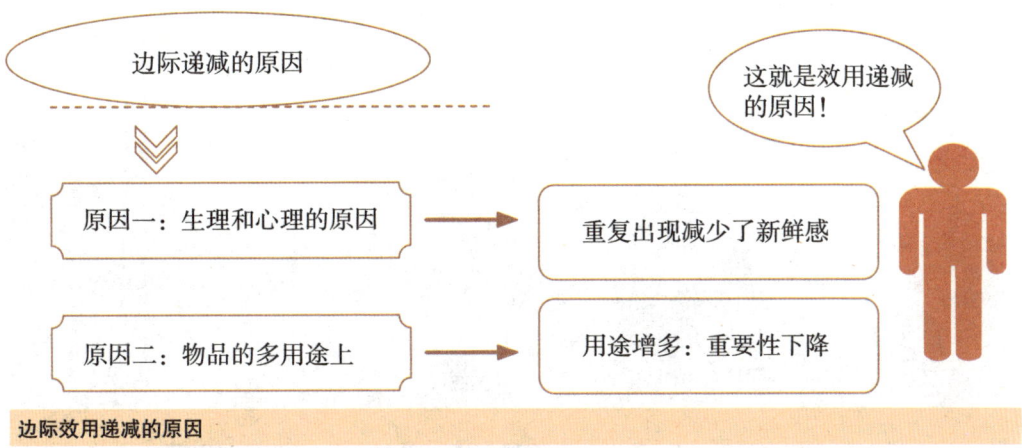

边际效用递减的原因

至说，当平等和安全相对立的时候，平等需要做出让步。

功利主义要求政府要保持安静，国家只需要做好保护个人自由的私有财产安全的工作就够了，对于个人的自由活动不应做任何干涉。当然，这种放任不是无条件的，如果存在特殊原因，政府应该进行干预，因为必要的制度约束，是可以提高社会整体幸福度的。

1832年，边沁去世。按照他的遗愿，他的所有财产都捐赠给了伦敦的大学，他的遗体也被用来做科学解剖。

资本主义造就的对立——最富有的和最贫穷的

早期的资本主义发展促进了西方古典经济学的发展，也造就了社会贫富的巨大差异，并发展成为最突出的社会现实。

19世纪的欧洲新兴工业城市吸引了很多年轻人，他们多是来自相对落后的欧洲国家，希望能在寸土寸金的工业城市掘得一桶金。1780年，有一位年轻小伙子到达英国的曼彻斯特，做起了棉布生意，最开始连英语都不熟练的小伙子，没用多长时间就成了一个著名的商人。他就是内森·罗特希尔德。在他身上，有着一段传奇的经历。内森在英国期间，欧洲正值拿破仑战争，一些德国贵族逃亡到英国，其中就有法兰克福的威廉伯爵。为了保护自己的财产，威廉伯爵委托同样来自法兰克福的内森购买了大批的英国债券，趁此时机，内森开始做起股票和债券生意。

1815年6月18日，拿破仑和威灵顿的两支大军在比利时布鲁塞尔近郊展开一场生死决斗，这就是著名的滑铁卢战役。同时，这场生死攸关的战役也成了投资者们下注的对象，赢家将获得空前的财富，输家将损失惨重。顿时，伦敦股票市场的气氛极度紧张，大家都在焦急等待滑铁卢战役的结果。要知道，如果英国败了，英国的公债价格将跌进深渊；如果英国胜了，英国公债价格将冲上云霄。

同样，内森也购买了英国公债，在大家都焦急等待的时候，他从早先建立的信息传报间谍那里得到了最新战况。内森得知消息后，策马直奔伦敦的股票交易所。内森一脸严肃，快步进入股票交易所，开始抛售英国公债。通过内森的举动，人们似乎意识到威灵顿战败的结果，不

□ 图解经济学

19世纪中叶的自由贸易理论对各资本主义国家经济发展起到了十分重要的作用。

知所措的人们也跟着内森抛售"毫无价值"的英国债券。没多久,数十万美元的英国公债全部被抛向市场,公债价格迅猛下滑并开始崩溃。不为人知的是,在内森抛售英国债券的同时,他的下属却悄悄地大量买入超低价的英国债券。

在内森得到情报一天以后,威灵顿勋爵的信使亨利·波西才抵达伦敦,宣告法国战败的消息。这时候,人们才意识到自己的损失,而内森在这一天之内,本钱将近翻了20倍,远远超过拿破仑和威灵顿几十年战争中所得到的财富的总和。通过这场交易,内森控制了英格兰银行,并迫使英国将货币发行权交由私人银行家控制。此时志得意满的内森骄傲地说:"我不管谁坐在英格兰的王位上,或是谁制定法律,因为他们无法真正控制大英帝国。要真正控制大英帝国,就要控制它的货币供应,毫无疑问,现在我控制着大英帝国的货币供应。"

内森的成功可以说是一个传奇,他之所以能被后人称为最成功的投机商,更多的是依靠罗特希尔德家族。内森的父亲阿姆谢尔·罗特希尔德出生在杂货商家庭中。因为阿姆谢

法国大革命取得了成功,人们在革命广场上烧毁了旧制的象征物。法国大革命对欧洲各国封建统治产生了巨大影响,为资产阶级的进一步发展扫清了道路。

尔下得一手好棋，还对银行钱币知识比较熟悉，由此也得到了亲王的信任，被留在亲王处供职。心思精细的阿姆谢尔跟着亲王，与多个国家的国王进行资本交易，获得了大量资本，并建立了与一般商业银行不同的金融公司。为了扩大和稳固家族产业，他将自己的五个儿子派往欧洲主要国家，发展金融业务，内森是阿姆谢尔的第三个儿子，也是其中胆子最大的一个，其余的四子被他安排在法兰克福、维也纳、那不勒斯和巴黎，将家族势力深深地扎根在欧洲大陆。

资本主义成就了富裕的罗特希尔德家族，但拥有巨额财富的资本家凤毛麟角，资本主义制度造就更多的还是穷苦劳动者。资本主义也有着跟封建君主一样"唯辟作福，唯辟作威，唯辟玉食"的特性，不过这次的主角换成了资本家，他们花天酒地、不务正业，家当却像滚雪球似的，越滚越大。而千千万万的工人，长年累月做牛做马般给资本家干活，创造了大量财富，却依然过着食不饱腹、衣不遮体的悲惨生活。由此，马克思曾形象地称，资本主义社会是资产阶级的天堂、无产阶级的地狱。

资本财富的积累不像现在侧重于高新技术或是服务业，当时的资本家认为只要招聘大量工人，开足马力生产产品就会积累财富，所以，没有原始资本的大多数人沦为工厂工人，其中的辛苦程度不堪言说。孩子们从 12 岁起就当童工，每天的劳动时间要在 12 个小时以上。成人则都在棉纺、织布厂和矿山里工作，他们的工作时长也是难以想象的。资料记载，1833 年，英国颁布了一部工厂法，规定："一般的工厂劳动日，应该从 6 时至 21 时，这是成年人的劳动时长；而对于那些 13～18 岁的年轻人，除了特殊情况外，工作的时间不得超过 12 个小时。"

经济学家托马斯·马尔图斯曾提出了"钢铁工资法则"，他认为只要支付工人维持最低生活的工资就可以了，因为如果他们的收入多了，就会减少劳动，或者不断繁殖后代，直到工人的人数增多到出现了竞争，又得把工资压到最低限度。虽然这个理论很快就被证明是错误的，但工人们的工资待遇并没有发生任何变化。在接下来的几十年中，嗜血的资本家通过榨取工人的劳动剩余来积累财富。工人们每天劳动 15 小时之久，但得到的工资却非常低，连肚子都填不饱，更不要提维持家庭生活了。于是，在英国、德国、比利时和法国等一些工业城市都出现

这幅名为《剥削者》的壁画描绘了资产阶级对工人阶级的残酷剥削，以及工人的艰难处境。

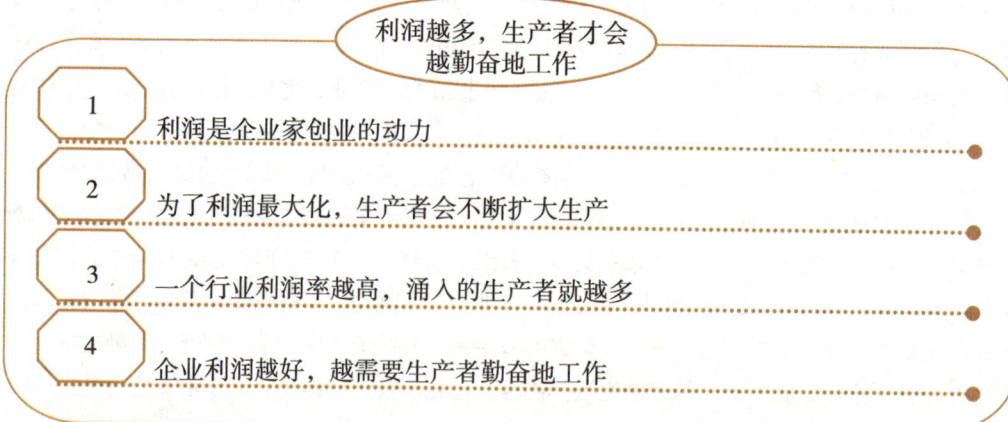

企业追求利润最大化

了贫民区，极度贫困的工人和家人只能住在木板屋和木箱屋中。

伴随着资本家压迫程度的不断加深，工人们开始寻求改善自己恶劣处境的途径。1802年，伦敦发生了一次罢工，工人们要求提高工资，但是罢工受到了政府和资本家的压制，没有取得成功。无奈的人们认为是机器的出现剥夺了他们的生产空间，机器应对他们的苦难承担责任，满怀激愤的工人们砸坏了织机，出现了"破坏机器"运动。可这些举动都无法改变他们生活贫困的现状，最后人们又认为改善贫富差距的最好办法就是提高工人的教育水平。

1818年，伦敦成立了第一个工人教育协会。1849年，英国矿工创立了维护自己共同利益的组织——工会。不得不承认，一系列的工人运动的确让他们窘迫的生活有了一定程度的改变。可在马克思看来，这些都不能撼动资本主义统治的根基，要彻底解决这些问题，就必须建立社会主义社会。

> **知识点击**
>
> 破坏机器运动最早发生在英国，英国工人以破坏机器为手段，反对工厂主的压迫和剥削，属于自发性工人运动。其中著名的有"卢德运动"。相传，莱斯特郡一个名叫卢德的工人，为抗议工厂主的压迫，第一个捣毁织袜机。工业革命时期，机器生产逐渐取代手工劳动，使大批手工业者破产，工人成了机器的附属品，每天跟着机器运转。所以，当时工人把机器视为贫困的根源，用捣毁机器作为反对工厂主，争取改善劳动条件的手段。

第三章
政治经济学

威廉·配第——"政治经济学之父"

威廉·配第（1623～1687）被后人视为古典政治经济学的创始人。配第出生于英国一个小手工业主家庭，小时候只受过2年的早期教育，14岁时便外出谋生。期间做过水手、服务员、医生、音乐教师。后来因航海事故，配第来到戛纳，凭着聪明的头脑和勤奋学习，他学会了拉丁文、希腊文、法文和数学，为其后的经济学研究奠定了基础。同时，拥有冒险投机性格的配第又积极进军渔业、金属行业，创办渔场、冶铁厂，积累了大量资本。后来，配第有幸成为爱尔兰土地分配总监，这让他从中获得约5万英亩的土地。到了晚年时期，配第成为拥有27万英亩土地，并掌管几家手工工场的资产阶级新贵族。

1640年，英国爆发资产阶级革命，革命胜利使得手工工场日益兴盛，资本主义经济迅速发展。一度被马克思称作是"轻浮外科医生和冒险家"的配第凭着广博的学识，兼以在政治经济上的地位，积极为国家经济问题出谋划策，著书立说，为新兴产业资本利益和贵族地主代言，他的主要贡献就在方法论和理论特色上。

对经济学方法的研究是配第最重要的贡献。配第提出的"政治算术"实际上是将数学统计法、实证研究法、归纳法和科学抽象法进行综合。此外，他还将经济学的研究领域进行了延伸和扩展，使之成为包括价值、价格、货币、工资、利息、地租及经济增长在内的系统科学，确定了经济学初步的研究领域。另外，配第从整体入手，开始研究宏观经济，他也是最早研究宏观经济的人，包括计算国民生产总值、收入和支出等。他继承培根、霍布斯的唯物主义思想，试图以自然发展视角，从现象中抽象出政治经济学的一般规律。虽然憎恶配第的人品，

威廉·配第像

□ 图解经济学

配第认为人类劳动是一切财富的源泉，而当时作为农业洲的欧洲，正是占人口绝大多数的农民创造了巨大的财富。

但是马克思还是赞誉这位政治经济学之父，称其在某种程度上也可以说是统计学的创始人。

配第一生创作颇多，有《赋税论》《献给英明人士》《货币略论》《政治算术》和《爱尔兰的政治解剖》等作品，这些作品都明显带有实证研究的影子，均体现出很强的政策建议性，其中的《赋税论》是配第的重要代表作。配第着眼于当时英国的社会经济现状，通过15个章节来阐述公共开支、税收等观点。他将公共开支分为国家公共开支、政府公共开支、神职人员的薪俸、教育开支、社会福利和保障开支等几部分。详细探讨当时英国公共开支增加的原因，并指出3种筹集经费的方法，即征收领地税、估价税和房屋租金税。在《赋税论》和其另外一部作品《政治算术》中，配第系统地阐述了当时英国在税收征收标准、征收方法和一些税种中的利弊。配第认为，英国的税收制度极其混乱，公共经费增加的同时也加重了人民的负担，这主要是由于英国没有制定统一的征收标准。在他看来，英国的各种税种没有遵循公平、方便、节省经济的原则，配第说英国的税收"并不是依据公平无所偏袒的标准来征税，而是听凭某些政党或是派系的一时掌权来决定的。且征收手续既不简便，费用也不节省"。在征税方法上，配第建议政府按照一定比例从所有土地地租中征收，依照配第的主张，这个比例为地租的六分之一。这样一来，能保证有更多的纳税人，也稳定了国家收入。不过，配第也指出了这种方法会花费更多的人力和经费。配第高度重视赋税在分配社会财富、调节经济活动上的作用。在社会财富方面，配第也有着一套理念。配第把劳动看作是财富的来源，这是观察生产过程得出的结论，放到资本主义经济发展过程中也是一样的道理。任何一个国家的富强，都需要人民的团结一致和高素质。换言之，优秀的人力资源将是一个国家富强的关键因素。

此外，配第还提到货币在经济生活中对社会财富的影响。作为流通工具的货币，只有投入流通才能增值，并且多多少少都会损害商业发展，这在他的《赋税论》中有所提及。他还曾把货币形象地比作是国家身体上的脂肪，太少会使它生病，太多也会带来累赘。

配第的《政治算术》的出版也标志着统计学的诞生。我们知道，亚里士多德将统计学带入人们的视野,不过由于时代限制,这些统计数据大多是凭经验做出的判断。此外,人们习惯重视统计的数据,却忽视了分析数据联系的作用。在《政治算术》中,配第以劳动价值论为基础,对英国、法国和荷兰三国的国情及国家经济实力的相关数据进行了对比分析,并以此为依据,用数据统计的方法研究社会问题。

当然,那个时代的配第还没有完全摆脱重商主义的影响,理论还存在一定局限性,如他的税收政策就透露出贸易保护主义,他在政治立场上的表现亦是饱受争议,但这不影响配第成为一位出色的经济学家。作为一个理性人,他的行为是可以理解的。他在经济学上的贡献和影响是有目共睹的,注定会被世人铭记。

萨伊——"阐述财富的科学"

让·巴蒂斯特·萨伊像

让·巴蒂斯特·萨伊(1767~1832),法国政治经济学的创始人。1767年,萨伊在法国里昂出生,1776年进入私塾,但未及一年即辍学,全家迁往巴黎。其后,他便在父亲开设的银行里当学徒。1787年,萨伊加入法国人寿保险公司,从董事那里得到《国富论》,这是他首次接触到《国富论》。1789年,法国大革命爆发,萨伊投笔从戎,参加由学者和文艺界人士组成的"学艺中队",并积极与保皇军作战。1794年,离开军队的萨伊担任《哲学、文艺和政治旬刊》主编,期间,他在该刊物上发表了很多经济学理论。1799年,萨伊被拿破仑元帅任命为法兰西法制委员会委员,但因为拿破仑不喜欢他极端放任自由的思想,这使他的仕途生涯几度受挫。

萨伊的主要作品是《政治经济学概论》(以下简称《概论》),该书于1803年出版。《概论》继承了斯密的一些观点,是一门讲述财富的科学。在书中,萨伊将社会财富的创造积累过程分为生产、分配和消费三部分。除了绪论以外,共分为财富的生产、财富的分配和财富的消费3篇42章。第一篇主讲生产,讨论进行生产所需的生产要素;第二篇对分配原则

法国大革命为资产阶级的发展扫除了阻碍。图为法国大革命期间人民攻占巴士底狱。

43

□ 图解经济学

18世纪在巴黎举行的财政会议，其主要职能是监督法国的财政收入与支出。

进行了剖析；最后一篇消费则讨论的是生产成果的消化问题。生产—分配—消费形成一个严密的逻辑联系。这被后来经济学家称为"三分法"。

但萨伊将交换包含到生产活动中去，否认交换和流通是一个相对独立的环节。同时"三分法"有着这样的特点：否定了生产的决定作用，而是把生产、分配、消费并列，只研究三者之间的外在浅层的联系，强调在生产、分配、消费中人与财富之间的关系，忽视了整个人类社会关系、社会生产关系之间的矛盾对立关系。不过"三分法"作为一种首创，为后来者划分社会经济生活领域提供了科学依据，后来的詹姆斯·穆勒在萨伊的划分基础上添加了一个交换环节，使政治经济学环节划分更加完善。

萨伊时代的法国，资本主义工商业有了一定程度的发展，纺织、冶炼、煤矿、造船等工业

法国18～19世纪繁荣的贸易图

44

萨伊的三要素理论

在萨伊看来，劳动、资本、土地是一切社会生产所不可缺少的三个要素，他认为生产活动创造的不是物质，而是效用。无论是电视、飞机还是茶杯、饮料，都可以认为创造了满足我们需要的效用，而效用是评价产品价值的基础。

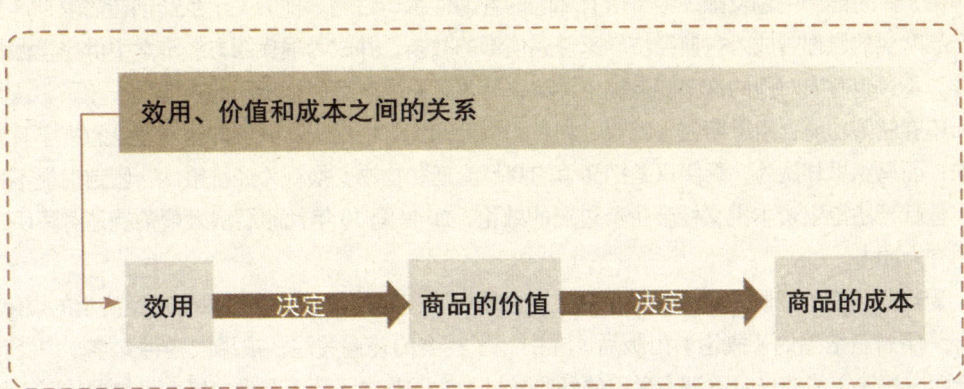

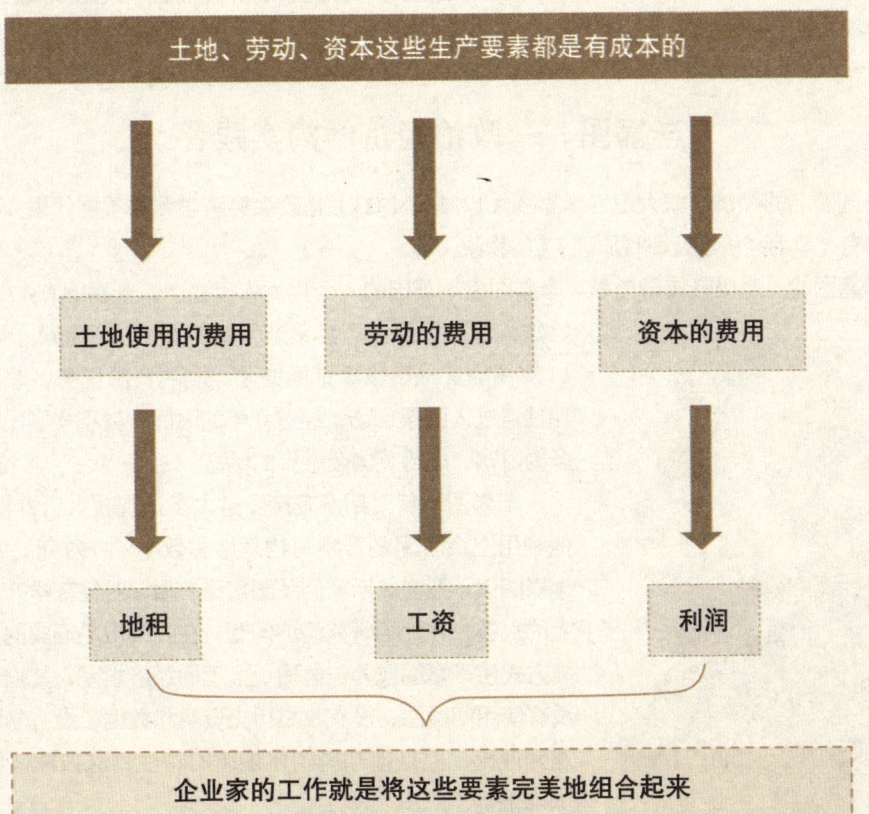

□ 图解经济学

都出现了集中大规模生产；酒类、服饰、家具等行销欧洲各地；对外贸易仅次于英国。此时，萨伊首先想到的是购买商品所需要的货币，在他看来，货币对商品的销售并不会造成太大的影响。相反他提出，交换本质上就是商品和商品的交换，货币只是在交换量扩大之后逐渐稳定下来的交换媒介。所以，商品无法销售出去是由于没有能跟它交换的产品，货币量的多少是不影响销售的。这就是有名的"萨伊定律"。

顺应萨伊的思路，商品生产出来都会被需要的其他商品抵消掉，由于市场经济的自我调节作用，不可能产生遍及国民经济所有部门的普遍性生产过剩。他的关于生产创造需求，产品以产品购买的原理曾成为古典经济学家普遍信奉的教条，并成为现代西方经济学中供应学派的先导。不过也有人对他的这个观点提出异议，马尔萨斯发现萨伊把货币的功能单一化了，认为货币还有储蓄功能；凯恩斯在《就业、利息和货币通论》中指出，萨伊的这一理论忽视了有效需求；而马克思却认为，萨伊只是把简单的商品流通和物物交换视为经济整体，假定前提不正确，也就无法得出资本主义社会生产过剩的结论，20世纪30年代的经济大萧条就是对萨伊定律的有力冲击。

受当时环境的限制，萨伊的观点存在一些错误，但是无法否定萨伊思想对经济学的贡献。饱含萨伊智慧结晶的《概论》出版后，亦引起了社会的普遍关注，被译成多种文字，广泛传播于西方国家，成为当时欧洲大学里的经典教材。该书奠定了萨伊在学术界、思想界的巨人地位。萨伊也因此被称为"科学王子""亚当·斯密的伟大继承者和传播者"及欧洲大陆的政治经济学权威代表人物。

李嘉图——政治经济学的实践者

英国著名的经济学家大卫·李嘉图（1772～1823）是政治经济学派的重要代表人物，主要著作有《政治经济学及赋税原理》《谷物法》等。

李嘉图的一生极具传奇色彩。李嘉图生于英国的一个犹太人家庭中。李嘉图有17个兄弟姐妹，他排行第三，其父亲为证券交易所经纪人。李嘉图14岁便随父从事股票证券交易。利用资源优势，李嘉图后期独自进入股票市场，经过几年的时间，就积累了比父亲更多的财富，成为英国金融界的巨富。

李嘉图像

李嘉图幼年时期没有接受过太多正规教育，青年时期，他利用空余时间刻苦学习物理学和数学。1799年，27岁的李嘉图读了亚当·斯密的《国富论》后，对经济学产生了极大的兴趣，并开始研究经济问题。在股票市场形成的抽象思维方式使李嘉图成为一位擅长推理的经济学家，其推理过程没有使用归纳法，没有收集历史资料和数据，没有从事实推理到理论，但是他却能阐述规律的特性，这被熊彼特称为"李嘉图恶习"。

李嘉图在经济领域最早的发声是关于货币流通问题。

上篇　经济学的故事

自由贸易的迅速发展为伦敦这座城市带来了大量的财富，这幅由英国画家威廉·马洛所画的画描绘了伦敦桥附近繁忙的码头。

1797年，在英国和法国长达20年的战争中，大量黄金外流几乎耗尽了英国银行的储备，加之银行券无法再兑换黄金，造成银行券贬值、黄金进价上涨的乱象。每盎司黄金的价值从3.17英镑上升到1813年的5.10英镑，甚至有些金币是通过私人市场和国外市场交易的，金价上涨同时还伴随着物价的普遍上涨。

长期在银行、证券部门工作的李嘉图开始思考这些事情，并于1809年在《晨报》上发表文章《黄金的价格》。他指出，银行发行大量的纸币，虽然有助于政府融资，却不利于黄金和物价的稳定。物价上涨不是因为黄金价格变高，而是英镑的贬值，对此，他建议恢复金本位制，发行的货币量将以储备的黄金数量为依据，还能控制通货膨胀。李嘉图的建议被议会采纳，1821年议会通过法令，重新恢复金币支付方式。

在李嘉图短暂的14年学术生涯中，整天为社会经济和政治问题忙碌，是个不折不扣的社会活动家。此外，李嘉图在经济学上也有着伟大的建树，深刻地影响了以后的学者。他与另外一位经济学家穆勒友谊深厚，在穆勒的帮助下，他完成了《政治经济学及赋税原理》一书，该书被誉为继亚当·斯密的《国富论》之后，第二部著名的古典政治经济学著作。

李嘉图认同斯密对使用价值和交换价值的区分，但又否定斯密"交换价值很大的东西可能没有使用价值"的说法。实际上，李嘉图已经意识到交换价值是依托使用价值这个物质载体实现的，也就是说，一件没有使用价值的商品也就没有交换价值。这是他进步的一点，所以他在书中写道，一种商品要想具有交换价值，必须具有使用价值。

另外，他还指出产生交换价值的两个原因，即稀缺性和劳动量。在阐述这一理论时，他细心地将名画、古董等稀少商品做了剔除，而讨论更多的是可以通过人类劳动大量生产出来，可以不受限制地进入市场参与竞争的商品。一件商品的交换价值取决于生产它所必需的劳动时间，能解释这样一种现象：就是当下一头海狸与两头鹿可以等价交换，若干年后，就变成了

英制单位
1824年，英国政府为了方便贸易统一了计量单位。

□图解经济学

李嘉图认为使用价值是交换价值的载体，虽然修建铁路及火车的建造需要投入很多，但由于其巨大的实用性，铁路系统正在迅速扩展。图为1862年伦敦火车站拥挤的人群。

五头海狸换两头鹿。这也就是根据所需劳动时间的不同变化，来确定随着时间变化而产生的新的交换价值。

李嘉图价值理论的核心，就是商品的价值以及它能交换的其他物品的量，取决于生产该商品所必需的相对劳动量。根据这个理论，他认为，劳动的价值即工资是由一定社会中为维持工人生活并延续其后代通常所必需的生产资料决定的，而利润则决定于工资。李嘉图另外指出，全部价值都是由劳动生产的，并在3个阶级（资本所有者、劳动者、土地所有者）之间进行分配。工资由工人必要生活资料的价值决定；除去工资就是利润的余额；地租是工资和利润以上的余额。

李嘉图批评斯密的价值理论，因为斯密只是将使用价值与交换价值进行了区别，却没有深入研究发现其中的联系。李嘉图尝试弥补斯密理论的局限性，于是，李嘉图辩证地解释了两者对立统一的关系，指出交换价值是由生产时所耗费的劳动决定的。不过，他也没能将劳动区分为具体劳动和抽象劳动。

在价值源泉方面，李嘉图继续对斯密的理论进行修正。斯密主张劳动是商品交换价值的真实尺度，李嘉图接受了这一论点，不过他发现斯密关于价值源泉的论述前后不一致，树立了两个决定价值的标准。在李嘉图看来，谷物作为标准尺度，不是指投入到任何物品生产上的劳动量，也不是指在生产过程中所耗费的劳动量，而是指该物品在市场上所能交换的劳动量，显然，这两者不能等同。

李嘉图的价值理论尤其是比较优势理论，是无懈可击的经济学理论。他以英国和葡萄牙为例，英国善于生产布匹，葡萄牙擅长酿酒，两个国家在各自擅长的领域生产效率都较高，那么如果两国联合起来，英国用布可以换到较多的酒，葡萄牙也可以用酒换到更多的布，很明显，国际分工和国际交换使两国获得更大的好处。这就是各国生产的比较优势理论，这种理论为自由贸易提供了坚实的理论基础。

依据比较优势理论，李嘉图认为，各国只要对比各自的生产效率进行优势选择，生产那些成本较低、效率较高的产品，再通过对外贸易去换取那些自己生产耗时费力、处于比较劣势的商品，这样，各国都能从贸易中获利。该理论比较正确地反映了不同国家间经济发展的客观要求和内在联系，有效地指导了不同国家积极参与国际分工的活动。该理论的前提是，政府不干涉对外贸易，实行自由贸易，这样才能最有效地实现优势互补。

李嘉图在斯密理论的基础上，建构了古典经济学的庞大理论体系。在新古典主义兴起之后，李嘉图的劳动价值论就已经没有多大价值了，但是直到今天，他的比较优势理论对于自由贸易仍是不朽的贡献。

延伸阅读

在确立了自己的劳动价值原理以后，李嘉图进而做出了几点推论。这些推论是：商品价值会因劳动生产率的提高而降低；劳动使用的节约会使商品相对价值下降；同量劳动必然获得等量价值，在等量劳动之内，即使所使用的直接劳动和资本的积累劳动比例不同，也不会影响价值量，只会影响工资和利润之间的对比关系。

李嘉图学派的解体——新陈葡萄酒价格之争

李嘉图通过《政治经济学及赋税原理》建立了标志性的李嘉图理论体系，该体系吸引了一大批支持李嘉图经济学说的人，但李嘉图学派存在的时间并不长，短短几十年的时间，就从一时辉煌走向了销声匿迹。如此迅速的败落，原因在于李嘉图价值理论存在着两大矛盾。

李嘉图价值理论的第一个矛盾是关于劳动与资本的交换和价值规律的矛盾。因为李嘉图坚持劳动价值论，认为只有劳动创造的工资才是合理的收入，而不提供劳动的资本和土地就不应该获取收入，换言之，就是间接承认了利润与地租的不合理性。

可是为工业资产阶级代言的李嘉图是不可能承认利润与地租是不合理的，这就导致他的理

图为19世纪早期英国煤矿使用蒸汽机的情景。工业革命的成果促进了英国经济的发展。

□图解经济学

论会一边坚持劳动价值论，另一边则避谈利润和地租的合理性问题，只谈利润和地租的数量和发展趋势问题。这种讳疾忌医的做法不会让问题得到解决，无休止的回避也终究使李嘉图成为论敌攻击的目标。

其实，亚当·斯密曾意识到了这个问题，所以尽管在《国富论》开始时他坚持了劳动价值理论，但随后斯密又提出了另外的价值理论：支配劳动论与生产成本论，并且逐渐由劳动价值理论过渡到生产成本论。由此说来，虽然亚当·斯密曾先后提出三种价值论，但我们仔细分析会发现，其实斯密最后选择了生产成本论，因为生产成本理论可以顺利地解释利润与地租的合理性问题，而试图弥合这无法调和的矛盾的李嘉图，只能失败。

李嘉图理论的第二个矛盾是价值规律与劳动和资本交换之间的矛盾。在李嘉图看来，劳动决定价值，资本不提供劳动，所以是不应该获得利润的。比如拿一定数量的货币，购买一个劳动力，用这个劳动力来生产所需要的全部生活资料，这个劳动力的报酬就是相应的工资，也就是说这些货币没有增值。而我们知道如果将同样数量的货币投入到生产中，它是会获得利润的。

有一场关于新陈葡萄酒价格的著名论战，那就是花费同样劳动酿制的葡萄酒，陈葡萄酒的价格比新葡萄酒要高，若是按李嘉图的劳动价值论，新旧葡萄酒都是由工人采摘葡萄、酿造葡萄酒并进行存储管理的，它们所耗费的劳动与资本都是一样的，所以，新旧葡萄酒的价值应该

这幅《春天的耕种》描绘了农民在春天劳作的场景，麦克库洛赫认为价值是由人的劳动、下等动物、自然力的活动和作用共同决定的理论，显然进一步把李嘉图的理论庸俗化。

是相等的，价格也应该是相同的。可现实生活中，新酿葡萄酒的价格很多时候要远远低于陈葡萄酒的价格。于是，李嘉图将自己的劳动价值论做了修正，他承认构成资本的不同因素都会影响商品的价值量，从而把过去的劳动是唯一决定商品的价值量变为劳动数量是决定商品价值量的主要因素，以便将自己的理论从"绝对真理"变为"近似真理"。

李嘉图的支持者也尝试为他辩解，他们认为酒虽然生产出来了，可是陈葡萄酒还需要在后期进行长时间的保管，花费在这上面的劳动也要被计入价格中去。后来，穆勒在《政治经济原理》一书中提到，劳动价值量依赖于生产该商品花费的劳动数量，这些劳动包括活劳动和物化劳动，工人生产葡萄酒是活劳动，设备存储是物化劳动，这自然要加到价格中去。麦克库洛赫也用"自然力创造价值说"为代表，企图以此做到既坚持劳动价值理论，又承认利润与地租的合理性，克库洛赫的解释比穆勒走得更远，他认为劳动包括人的活动、动物的活动、机器的活动和自然力的作用等，它们共同创造价值。他指出，陈葡萄酒之所以比新葡萄酒价格高，是因为酒在储藏过程中，自然力在发挥作用。自然，这种辩护仍以失败结束。19世纪二三十年代，经济史上这场维护李嘉图和反对李嘉图的葡萄酒争论，最终以李嘉图理论的失败而告终，李嘉图学派也由此解体。以李嘉图为代表的古典学派也逐渐丧失了在经济学上的主导地位，被巴斯夏、西尼尔等经济学家所取代，他们成为维护资本主义制度的新生力量。

巴斯夏寓言——服务价值论

弗雷德里克·巴斯夏（1801～1850）是法国乐观学派的经济学家，生于法国巴约讷附近的一个大商人家庭，9岁时成了孤儿，25岁时继承祖父遗产成为酒业资本家。

由于正值拿破仑战争时期，年轻的巴斯夏目睹了政府大量干预经济的后果。巴斯夏是自由贸易思想的拥护者，尽管贸易开放会使自己掌管的酒业受到来自国外同行业的压力，但他还是热情地宣传贸易自由。自1840年至1850年，巴斯夏一直是法国自由贸易运动的领袖，主张将政府的行动限制于保证秩序安全这一范围内，越出这一限制，就是对人类自由的侵犯。后来，巴斯夏写了条理分明、论证有力的作品《经济荒谬》，在该书中，他强烈地批判了中央集权主义。这是巴斯夏在英国居住时写的，希望以此来劝诫英国人不要跳入法国大革命中央集权的陷阱。

弗雷德里克·巴斯夏像

经济和谐也是巴斯夏的一个重要观点，在其著作《经济和谐》中，他就对此做出了系统论证。这是关于资源优化配置的学说，巴斯夏认为资本主义是一种和谐的社会组织，社会关系就是交换行为，这种交换行为是相互帮助、相互服务的过程。在掩盖资本主义社会阶级矛盾的基础上，巴斯夏继续推理，认为对等利益交换使整个资本主义社会的分配保持和谐。继而，社会主体如土地所有者、资本家、工人都能通过提供交换服务得到租金、利息和工资。通过相互服务，巴斯夏得出最终结论，那就是在这样和谐进步的社会组织中，是不存在阶级矛盾和冲突的。显然，这个结论是错误的，他完全抹杀了无产阶级和资产阶级最直接最根本的利益冲突，

□ 图解经济学

在巴斯夏看来，农民们都在努力地工作，每个人都在用努力和服务来换取别人的服务，最终达到自己个体欲望的满足，这就是经济和谐。

是一次为资本主义制辩护的失败表现。

从服务价值论学说来看，巴斯夏对劳资经济利益调和的乐观程度也非同一般。事实上，后来的资本主义国家并没有像巴斯夏所设想的那样和谐发展，相反却往战争方向发展。巴斯夏这种经不起推敲的理论更是受到了主张社会主义的经济学家马克思的严苛批评，马克思把巴斯夏在经济史上的地位定义为"庸俗经济学辩护论中最浅薄也是最成功的代表"。

马克思之所以对巴斯夏的思想做出这样的评价，首先是因为巴斯夏完全漠视资本主义社会的各种矛盾，一

《鲁滨孙漂流记》是英国小说家迪福的著名作品，介绍了鲁宾孙的生平和奇遇——独自一人在奥鲁努克大河口及附近的美洲荒岛上生活了28年。巴斯夏曾借此故事讽刺法国政府的就业政策。

味地为资本主义制度辩护，粉饰太平；其次是因为巴斯夏没有深刻研究经济现象的内在联系，只是简单地描述现象表面化的联系。在这种不规范的学术研究态度主导下，自然不能产生正确的突破性的理论创举。

> **知识点击**
>
> 乐观学派对人类的发展前景抱有非常乐观的态度，认为世界没有面临末日，人类的历史才刚刚开始，有时候世界显得混乱动荡，但社会却蕴藏着惊人的希望与前景。由于这一学派认为社会生产力的发展，特别是现代科学技术的进步是促进人类社会不断向前的有力杠杆，因此也被人们称为"技术决定论"。

西尼尔——"节欲论"

纳索·威廉·西尼尔（1790～1864）出生在一个乡村牧师家庭，是英国著名古典经济学家。西尼尔兄弟10个，他是家中长子。1812年，他从牛津大学毕业，从事律师职业。1825年，西尼尔成为牛津大学的首位政治经济学教授，还是政府任命负责调查社会重大问题的皇家委员会成员之一。长期从事公共事业的西尼尔，对当时的社会问题提出很多政策看法，其中包括：修改济贫法，试图阻止那些有工作能力的人去申请社会救济；出版工厂法，将雇佣童工的工作时间限制在12小时；反对行业协会，对行会活动做出了一系列严格的限制等。当然，这些政策存在很多不当之处。西尼尔也有大量经济学类作品问世，其中最著名的有《政治经济学大纲》《政治经济学绪论》等。

西尼尔认为经济学家应该投身到财富生产和分配上，而不是促进福利提高上。他还摒弃斯密对财富的定义，即合理的划分不是生产性和非生产性劳动，而是生产性和非生产性消费。被很多经济学家嘲笑思想太过主观的西尼尔坚持自己的信仰，向实证经济学研究方面又迈进了一步，还提出4个命题以及最著名的"节欲论"。

这里所讲的实证经济学和当时西尼尔所建议的是相通的，西尼尔希望政治经济学能脱离所有的价值判断、政策宣传、增进福利的努力，与规范经济学关注"应该怎么样"，并用经济学来支持公共政策相对应，将政治经济学改造为"纯经济学"。

西尼尔认为政治经济学所依据的是一般事实，并为纯经济学建立并提出了4个"不需要证明"的基本命题：一，收入或者效用最大化原理。每个人都希望以最少的牺牲取得最多的财富。这是从人的经济本性引出的功利主义原则。二，人口原理。他认为，限制世界人口，只是精神上或物质上的缺陷，或是各阶级中每个人在既有习惯下，担心财富会不能满足需要。三，资本积累原理。他认为，劳动的力量和生产财富的其他手段的力量，借助于

19世纪后叶的英国工业资本家过着奢华的生活，而西尼尔认为应该牺牲个人消费，积累财富。

将由此所生产的产品作为继续生产的工具,可以无限制地增加。四,收益递减原理。他认为,假定农业技术不变,在某一地区内的土地上不断增加劳动,所得到的报酬会按比例递减。

在这4个基本命题中,西尼尔认为第一个命题是意识的问题,是一切经济学推论过程的基本假设,其余三个属于观测问题,是对第一个的注解。这4个命题是对原来旧功利主义、马尔萨斯人口论和萨伊经济学说的发展。但在这里,他用效用最大化原理对主观心理做了很好的解释,收益递减原理也为后来19世纪70年代的边际主义理论提供了思想源泉。

在他的《政治经济学大纲》中,西尼尔提出了"节欲论"。用现代西方经济学术语来说,就是生产函数原理的第三个命题被西尼尔发展成为以"节欲论"为核心的经济学说。那么,这个被马克思和德国社会主义者费迪南·拉萨尔嘲笑的"节欲"到底是什么呢?

在西尼尔看来,商品的交换价值取决于需求和供给。随着获取商品数量的增加,边际效应开始递减,后来的边际主义者就是根据这一重要的洞见将递减概念进行了拓展。

供给取决于成本,生产成本由自然、劳动和节欲构成,工人劳动是牺牲休息时间,节欲是资本家牺牲消费。在《政治经济学大纲》一书中,西尼尔颇为得意地指出,因为未来充满不确定性,人类只能预见短期的未来,而人类又是懒惰的,他们喜欢挥霍当下,而不考虑长远的未来,如果要控制成本,人们就要放弃当前的享乐和消费欲望,以积累资本,这便是节欲。生产周期结束后,资本家牺牲的消费会以利润的形式得到补偿,工人会以工资形式得到补偿,这就是合理的成本和收益分配。

显而易见,节欲论掩盖了资本主义生产利润的真正来源,也掩盖了资本家剥削工人的事实。从主观意识定义自我节制的节欲行为,不只是学说受到其他经济学家的讥讽,西尼尔自身也被后人称为资产阶级的辩护士。

但是,不可否认的是,节欲论也实实在在地影响了后来的很多经济学家。阿尔弗雷德·马歇尔给了节欲更加具体化的名称——储蓄,是推迟消费所能产生的新的投资活动。现代经济学中的利息理论也正是来自西尼尔的节欲论。奥国学派的迂回生产理论也是从节欲论而来,资本来源于储蓄,储蓄则来自节欲。所以,资本获得的利润是合理的,先生产资本品,再用资本品生产消费品,此为迂回生产。资本放弃当下的消费,而留存至未来消费,使迂回生产成为可能的资本,迂回生产也更有效率。

西尼尔的一些谬论不仅为庸俗政治经济学的发展带来了有力影响,还被一些资产阶级辩护士所继承。虽然他的经济学思想明显偏离了古典经济学,但他有关边际效用的观点和供求理论还是受到众多经济学家推崇,并在现代西方经济学研究过程中得以实践。

工业革命的发展,需要资本不断投入,图为1770年前后英国发明的水力纺织机。

约翰·穆勒——"无可置辩的圣经"

约翰·斯图亚特·穆勒（1806～1873）是古典学派最后时期的经济学家。在穆勒的时代，古典学派已经开始走向衰落，因此他的作品也脱离了斯密、李嘉图正统古典学派思想的轨迹。穆勒做出的很多重要性原创理论，使之成为继李嘉图之后的最伟大的经济学家。

穆勒是家中长子，他能取得卓越的成就，与他的父亲有很大关系。他的父亲詹姆斯·穆勒是一位学识渊博的学者，政治改革家。老穆勒曾指导督促李嘉图的写作出版工作，帮助边沁建立哲学激进派，还对萨伊定律做出了最初的表述。老穆勒对自己孩子的教育是非常严格的，他坚信人出生时的差异是很微小的，距离主要是在后期的学习过程中产生的。穆勒3岁的时候，老穆勒便训练他学习希腊语，8岁学习拉丁语。

约翰·穆勒像

此外，他还让穆勒浏览古希腊哲学家的作品和自己写的《印度史》。在父亲的训练教导下，12岁的穆勒就掌握了代数和几何，并开始学习微积分；13岁学习政治经济学，没过几年，他便帮助边沁整理编辑书稿，17岁进入不列颠东印度公司，19岁独创写作发表学术论文。然而，父亲这种机械式的强度训练方式，也使20岁的约翰·穆勒得了神经衰弱。

约翰·穆勒是一位高产作家，一生作品颇多，关注的领域也很广泛。作品中涉及很多政治经济学、逻辑学与心理学的知识，《逻辑体系》使穆勒成为一位逻辑学家。此外，作为一位政治科学家、社会哲学家和民主生活方式的拥护者，他还把自己的思想融入《论自由》《论代议制政府》《女性的屈从地位》等作品中。1848年出版的《政治经济学原理及其在社会哲学上的应用》，将19世纪初以来的经济学理论集中总结著书，成为大学政治经济学教科书，并被英国经济学界视为"无可置辩的圣经"。约翰·穆勒作为古典政治学派的代表人物，其作品《政治经济学原理》系统地体现出他的观点。该书的章节依次为生产、分配、交换、社会进步对生产和分配的影响、论政府的影响5部分。

对于生产的认识，约翰·穆勒已经有了细腻精准的分析，他认为生产有永久自然规律的性质，不同于分配阶段。首先，他定义财富是拥有交换价值的一切东西，总结出影响生产的3种要素：土地、劳动和资本。土地是有限的，约翰·穆勒意识到，农业规模越大，产出却是低于农场增加比例的，这种现象便被称为规模报酬递减。相反，制造业是规模报酬递增，在一定限度内，企业规模越大，效率越高。

约翰·穆勒对劳动的划分更为详细，将生产过程中的劳动分为直接劳动和间接劳动。有些劳动不是以生产为目的的，却是高度有用的，根据劳动结果他又把劳动分为生产性劳动和非生产性劳动。像政府官员和教育家这种非直接生产者所提供的服务为开展产品生产创造了条件，

□ 图解经济学

底层工人的生活与资本家相比,一个在地狱,一个在天堂。约翰·穆勒理解工人阶级生活的困苦,所以他对资本主义制度持改良的态度。

被视为是有生产性的,但是牧师、传教士的活动则没有生产作用,他们不仅没有为社会增加物质产品,反而在消耗物质产品。

资本是劳动产物的积累,同时,约翰·穆勒还把资本视为储蓄的结果,只要能够满足生产性劳动所必需的条件,用于生产性再投资,那么它就是资本。资本的总量会限制工业的规模。他试图在资本和就业、工资之间寻找联系,借以节欲论来假设,资本家通过节欲减少对奢侈品的消费,形成的储蓄都用来投资,规模扩大就会提供更多的就业岗位,人口增加就能满足市场对劳动力的需求。人口增加,需求的总量也就会增多,资本家减少消费的部分也会被弥补回来,整个社会的总体消费量依然保持均衡。如果人口的增加没有与资本规模增长同步,那么工人的工资会相应提高,就能消费更高层次的消费品甚至是奢侈品。工人们的高水平消费也能弥补资本家所减少的消费,这样就得到一个资本社会市场充分生产和就业的和谐世界。

不过,约翰·穆勒并没有认识到生产和分配的相互关系,他认为财富的分配要取决于社会的法律和制度习惯,这些制度形成于统治阶级的意见和感情。约翰·穆勒眼中的分配论分为工资论、利润论和地租论。工资取决于劳动的需求和供给,也可以说资本规模扩大,就业需求就多,工资就高。劳动力太多则会稀释一定的就业机会,工资就低廉。

在利润论部分,约翰·穆勒把利润分为3个部分,即利息、保险费和监督工资。他提出,利润因事业性质的不同而不同,以及利润均等化的一般倾向。在地租论方面,他基本沿袭了斯密、李嘉图的观点,认为地租构成了生产的成本,是资本家自然垄断形成的。对于地租这种不劳而获的收入,他建议,要通过征收土地增值税的方式转到社会福利事业中去。

约翰·穆勒对价值论做了准确的阐述,尤其是供给和需求表、供给和需求弹性以及它们对价格的影响作用,都是非常重要的概念,这些被后期的阿尔弗雷德·马歇尔充分吸收并建立边际主义理论。约翰·穆勒认为价格是以货币形式来表示一种商品的价值,短期内价格可能会上下变动,但是价值不会随着上升下降的。价值取决于市场的供求情况。

此外,他还把产品价值做了 3 种分类,一种是数量有限,供给不能随意增加的商品,比如古代雕塑和古画,这一类是完全无弹性的,价格变化不会导致供给数量的变动;第二种是供给具有完全弹性的产品,供给数量可以无限增加,生产费用不会提高,大多数可以买卖的产品都属于这一类;最后一种处于前两种极端产品的中间,市场价值由需求和供给线的交点决定,在这个点就能得出商品价格和需求数量。这类具有相对弹性的产品供给数量可以增加,而单位生产费用也会随着数量的增加而递增,比如农产品。这种分析也适合长期产品的价值均衡。

约翰·穆勒将生产、分配和交换称为经济的静态学,他根据增长的三大要素——人口、资本和技术——对社会不断运动变化和最终发展趋势做出了解读。和斯密、李嘉图一样,约

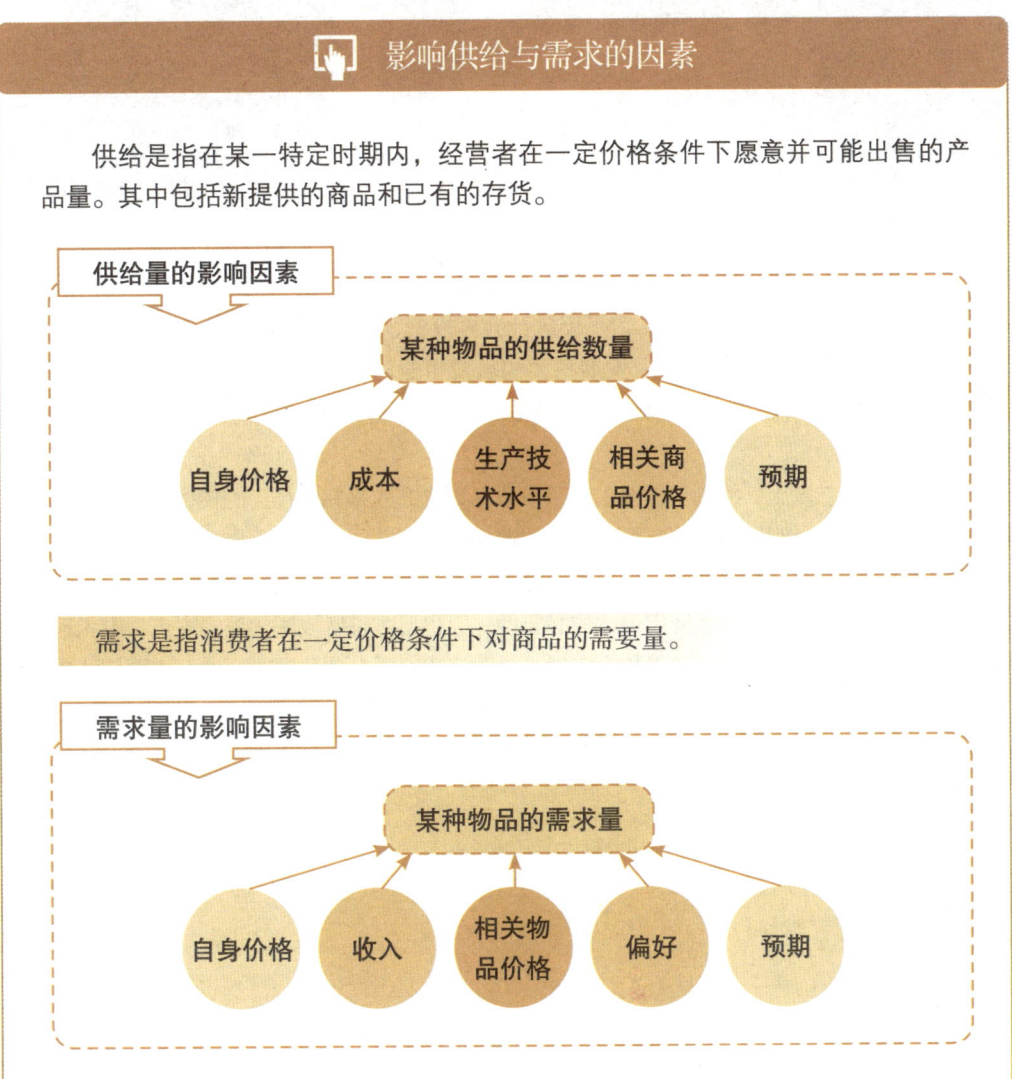

□图解经济学

19世纪英国工业迅速发展

翰·穆勒也承认利润率逐渐下降是不可避免的事实，因为不断增长的认可会导致生产成本和消耗的提高。既然利润率会下降，为了促进社会再投资，政府需要减少战争破坏，保证更多的安全，承担一些基础设施建设，发展科学和教育事业，扶植优质产业，促进社会公平等，旨在降低社会投资风险。社会的不断完善会是一种稳定状态，有巨大的产出和更加平等的收入分配。

在对政府的态度上，约翰·穆勒主张采取改良渐进方式来完成社会的转型，他很赞成空想社会主义者的思想，例如共同占有财产、民主选举管理、共同劳动、平均分配等。约翰·穆勒在《论政府的影响》一章中指出，处于市场经济中的个人不一定能最好地判断出社会需要。站在自由竞争的立场，他强调经济自由化的必要性，但也反对过度放任学派的观点，主张政府对经济要适度干预。他限制使用童工和人口增长，建议政府开办公共事业。他一方面承认资本主义大生产创造的高度生产力和社会财富，另一方面，他认为资本主义社会制度存在巨大缺陷，导致财富分配不均和社会矛盾突出。所以，他既支持小规模的社会主义实践，也建议对私有制实行公平实验改革。

第四章
社会主义思潮

路易·布朗——国家社会主义创始人

路易·布朗（1811~1882），法国著名的历史学家、社会改革家。路易·布朗因在1839年出版了《工作的组织》一书而获得不小的名望，并因此成为社会主义运动的领袖人物。此外，在1848年的革命期间，路易·布朗还在临时政府任职。

这位出身法国皇家贵族的社会改革家，在法国大革命期间经历了人生的巨变，他的富商祖父被斩决，而他们家也在拿破仑垮台之后变得一贫如洗。因为巴黎工人与政府间的战争，路易·布朗被迫逃到英国避难，两年后才返回法国。经历了这些，路易·布朗认为是资产阶级发动革命才引起社会的动荡，尽管他严厉地抨击资本主义和竞争，但希望通过温和的经济和制度改革来解决资本主义的一系列问题。

马克思批判资本主义分配方式，并提出了大家耳熟能详的按需分配理论，事实上，这一思想首先由路易·布朗提出。路易·布朗还十分关注就业权利问题。在路易·布朗的影响下，政府组织成立了国家工厂，为失业者提供了更多的就业机会，但由于被路易·布朗的政敌所破坏，这次国家工厂也以失败告终，甚至还引起了重大的战争冲突。

造纸工人
布朗痛恨资本主义的竞争制度，认为自由竞争必然导致工人工资的下降。

路易·布朗痛恨资本主义的竞争机制。在他看来，在自由竞争机制下，工人工资下降是必然的趋势。因为人类的数量是稳定增加的，要求女子节欲只会亵渎赋予她们生育能力的上帝，同时，大机器的使用必然会代替成百上千名员工，使他们被迫失业。人口数量增多加上就业机会减少，资本主义生产就会自动淘汰很大数量的劳动力，并且拉低工人的平均工资。工人们只能从一家工厂涌向另外一家工厂来寻找工作的机会，甚至只能通过长时间、高强度的劳动来获得维持养家的低廉工资。

尽管路易·布朗意识到任由资本主义竞争会导致严重的后果，但他却反对阶级斗争，甚至谴责工会主义。路易·布朗认为，要消除损害工人阶级利益的行为，需要国家出面进行干预和管理。首先，国家要由一群优秀正直的人组成，按照路易·布朗的说法，要选出这些优秀的人就需要通过普选来实现，而普选权就是国家进步和产生福利的中介物。如果普选权的范围得以扩展，工人也得到足够的教育并被组织起来，那么这时的国家就是公正的。路易·布朗把政府看作是生产的最高管理者，而且政府权力是有别于平民的，个体没有准备的、孤立的行动是毫无意义的，只有被国家的优秀人才带领，大家才能实现真正的和谐自由。路易·布朗指出，要实现这一目标，具体做法就是成立合作社。

路易·布朗设想中的合作社主要由市场小生产者构成，资本家也可以加入合作社，进行生产投资。此时，政府要成为"穷人的银行家"，这要求政府专门成立一个公共银行，并为合作社提供贷款，以实现工厂正常生产。资本家的投资也会被用于生产。作为投资回报，资本家将会获得一定数量的收益，这些收益按照他们的投资比例来计算，并由政府提供担保。政府的贷款要用来建立社会工厂，并且是社会生产生活的重要部门。国家掌管这些重要部门的经营权和所有权，并不是为了实现盈利，而是要实现社会的整体目标。这些重要部门通过吸收最好的工人来提高社会工厂的生产和竞争效率，把资本家排除在系统之外，并使资本主义最终消亡。

这就是路易·布朗的国家合作主义思想。合作思想认为，合作社是改造资本主义社会的工具，合作社的发展始终与国家支持紧密联系，在政府资本的支持下，通过整个社会的团结合作，就可以促进工人充分就业，提高工人的福利待遇，平衡国家的经济结构，实现社会稳定和谐。因为路易·布朗的国家社会主义合作思想主张需要通过资产阶级国家的帮助才能运行，所以路易·布朗的合作理论又被称为"生产合作派"。

这种借助国家干预和支持，由市场小生产者自愿组成的合作社，在一定程度上能够使劳动群众避免资本家的剥削和压

布朗反对阶级斗争。图中三人来自不同的阶级，左边是资产阶级的贵族，中间是商人，右边是宫廷女子。

迫，促进小规模的农业、手工业和国家重点部门的经济发展，但合作社终究无法摆脱对国家的依赖，甚至对资本家的依赖，因为合作社生产所需要的资本都是来自国家公共银行和资本家投资。这也体现了路易·布朗的团结精神，而非阶级斗争精神。虽然这些被详细设计出来的社会主义理论因为不切合实际而最终纷纷以失败告终，但这些合作思想却对世界合作社运动产生了重大的影响。此外，国家干预和合作的思想也被资本主义国家和社会主义国家用到经济管理当中，借助这些思想，它们有力地应对了很多经济困难。

圣西门——实业制度代替资本主义制度

出生于法国贫穷贵族家庭的克劳德·昂利·圣西门（1760~1825）受到马克思的高度赞誉，马克思和恩格斯将圣西门、傅立叶以及欧文并列为三大空想社会主义者。

圣西门在年幼的时候接受过良好的教育，因为向往民主自由，他反对神学和封建制度。与家庭决裂之后，他作为一名常备军参加了美国的独立战争，并在约克郡战役中崭露头角。北美独立战争结束后，圣西门回到法国，放弃军官头衔的他，在土地国有化过程中成了一名大投机商，利用国家财产进行投机活动。战争期间货币贬值严重，他用赊欠的方式购买，再用迅速贬值的纸币来支付，从中赚了不少钱。可是后来因为社会动乱，圣西门经历了破产和入狱的不幸。正是这些经历，使出狱后的圣西门否定暴力革命，并广交社会名人学者，发奋读书，弥补学识上的不足。

圣西门像

重新开始学习的圣西门已经40岁了，可他还是写下了不少关于哲学和经济学的著作。19世纪20年代之后，圣西门集中出版了一系列社会主义的著作，如《论实业制度》《实业家问答》《论文学、哲学和实业》和《新基督教》，他全新的经济学观点，很多都是来自他对哲学和历史学的认识。比如圣西门认为，人类社会是不断上升和进步的，社会会按照自己的规律有序进行，这种规律就是通过斗争，新生事物必将战胜衰老事物，创造新的时代。他指出，人类经历过的奴隶社会和封建社会都是发展所产生的结果，资本主义社会最终也会被取代。

圣西门批评资本主义制度是变相的奴隶制度，因为在这个社会金字塔的最上面依然是游手好闲、骄奢淫逸的资本家，他们不怎么工作却拥有社会绝大多数的财富，而社会底层的广大劳动者却恰恰相反，他们不分昼夜地劳动却生活得潦倒贫困。

另外，资本主义制度下的资本家并没有给劳动者应有的尊严，可怜的劳动者还是和奴隶社会一样，受到资本家的残酷剥削和折磨。劳动者被要求工作极长的时间，被支付极少的劳动工资。资本主义要求市场自由开放，政府无作为的态度也无疑使劳动者的情况雪上加霜。

□ 图解经济学

资本主义的核心就是利己主义，这种利己思想某种时候是会节约社会成本的，但是它的弊端更加明显，受到利己主义侵蚀的人，唯利是图，一切向金钱和利益看齐，道德则靠边站；贪得无厌的人甚至还通过对外战争掠夺他国财富，给整个人类都带来了巨大的灾害。

圣西门明确指出，资本主义制度不会是永恒的制度，它只是一个过渡阶段，因为随着历史的发展，它终会被一种新的完善的社会制度代替。圣西门称未来的这种完善的社会制度是"实业制度"。实业制度下，就需要有远见、有才能的学者组成最高科学委员会，主管科学、文化和教育事业的发展。同时成立最高行政委员会，该委员会主管行政、生产和财政的工作。实业制度要满足人们的需求，保证人们享有最大程度的自由，要使实业制度发挥它最大的优越性。圣西门认为其核心的任务就是建设完善的财产分配制度。

圣西门指出，分配制度要坚持任人劳动的原则，按照劳动量、劳动者才能和资本进行财产分配。他坚持民主平等、能人治理的理念，旨在使无产者成为享受公平分配的成员。他把懒惰视为罪恶，对待工作与勤奋很虔诚，为了能实现人人劳动，他还对懒惰者发起攻击。在这里，圣西门有一个首创性的贡献，那就是他提出脑力劳动也是劳动的一部分，脑力劳动者也属于劳动者——他把商人、农场主、银行家也都看作是劳动者，承认他们私有财产的合法性。

以变革所有制为主导的实业制度，并没有那么彻底，因为圣西门不提倡剥夺私人财产，不主张废除生产资料资本主义私有制。从这些来看，圣西门似乎不是很纯粹的社会主义者。

傅立叶——和谐的"法郎吉"

傅立叶像

法国空想社会主义者夏尔·傅立叶（1772~1837），也因为法国大革命而惨遭破产。从小跟随父亲经商的傅立叶，很熟悉资本主义商业中的种种欺诈勾当，目睹了资本主义社会的贫富差距。经历过破产和战争后，傅立叶开始厌恶革命和战争。出于对旧制度的不满，他开始刻苦学习，汲取各方面的进步思想，努力寻找理想的社会制度。

傅立叶的很多思想和圣西门接近，比如对社会发展的认识。在傅立叶看来，人类社会经历了4种制度，分别是蒙昧、宗法、野蛮和文明，每一种制度也都经历了产生、发展、壮大、衰败的过程，最终被一种新的制度所替代，他所处的时代，也是社会发展的一部分而已。而且，傅立叶认为资本主义是万恶之源，所以，他通过多部著作去揭示资本主义制度的罪恶，如《全世界和谐》《四种运动论》和《新世界》等。这些著作中，集中体现了一个思想，那就是通过建立和谐制度来取代资本主义制度。这种和谐社会被命名为"法郎吉"，其本质是一个有组织的合作社。

傅立叶所设想的"法郎吉"打破了以往分散生产的格局。人人都可以申请入股加入"法郎吉"，这样人人都能成为股东，也就是一定意义上的资本家。如此一来，遍地都是资本家，也就意味着没有资本家了，借此就可以消灭阶级对立。在"法郎吉"工作的人们是按照个人兴趣来分配任务的，并且能随时变换工作。在这里人人平等，没有压迫和剥削。傅立叶认为，通过

上篇　经济学的故事

> **延伸阅读**
>
> 随着大工厂的出现，工业革命在促进财富增加的同时，却无情地摧毁了传统农业、手工业经济，美好的城乡生活不再，到处充满了贫困、恶行、疾病、饥饿。此时，一些历史学家认为政府放弃经济干预的行为是不正确的，这些希望通过温和改革或者暴力革命实现阶级平等的思想，构成了带有社会主义色彩的经济学。

这样合理的机制就能创造大规模的生产，发展高度文明的科学和艺术。产品被生产出来之后，在关于分配的问题上，傅立叶做出了详细的分配标准。他把"法郎吉"的收入平均分成12份，其中劳动收入占5份，才能收入占3份，资本收入占4份。不难看出，傅立叶和圣西门的观点又出现重合，那就是他们都认为劳动、才能和资本是财富的构成因素。

傅立叶想象"法郎吉"的中心有着豪华的宫殿般的公共宿舍，而且这个合作社还会提供从摇篮到坟墓的社会保障，在这里工作的成员都能在里面幸福地生活。1832年，傅立叶和几个好友门徒还创建了一个"法郎吉"。

合作的生活方式是傅立叶思想的核心，他反对过分的专业分工，因为那会挫伤工人的情绪。傅立叶还提倡两性之间完全平等，提议将妇女从家庭劳动中解放出来，以发挥她们的才能。虽然"法郎吉"最终以失败告终，但合作社成为傅立叶思想的纪念碑，它影响了当时的工人运动，启发后人产生更多的社会主义思想。

西斯蒙第——为人类谋幸福的学说

西蒙·德·西斯蒙第（1773～1842）是一位法裔瑞士经济学家和历史学家，原籍意大利，出生于瑞士日内瓦一个牧师家庭，后移居法国，曾在巴黎上过大学，在里昂当过银行职员。在1793～1794年革命动乱时期，西斯蒙第和父亲因与一些贵族有密切往来而被捕入狱。出狱后，西斯蒙第一家逃到英国避难。他曾因为革命形势的发展，在意大利居住5年，并利用变卖家产

由于18世纪欧洲人的生活水平不断提高，对食物品种的要求越来越多，从而给商业贸易带来了更多的机会。

□ 图解经济学

图为18世纪70年代后期的法国油画，描绘了一对知识分子恩爱夫妻正在平等地学习和讨论，自由、平等的观念已经深入到人们的心中。

所得资本，在意大利购买了一个小农场，从那个时候起，西斯蒙第开始研究政治经济学。1800年，他重返瑞士，在日内瓦完成了他大量的学术著作，包括《中世纪意大利共和史》和《法国民族史》。

西斯蒙第的经济思想经历了两个不同的发展阶段，早年的他是亚当·斯密忠实热情的追随者。在1803年，西斯蒙第出版了他的第一部关于经济学的著作：《论商业财富或政治经济学原理在商业立法上的应用》，这本书中的内容大都支持斯密的学说。到了后期，他看到英国恶劣的社会条件之后，于1819年出版了《政治经济学新原理》，在书中他明确指出，自由的资本主义企业一定会导致广泛的贫穷和失业，绝对不会产生像斯密和萨伊所期望的那种结果。由此，他向古典经济学发起了学术攻击。其实，早在现代工业社会兴起的时候，西斯蒙第就反对萨伊的市场定律，否定其供给决定需求的理论，并修改该观点为需求决定供给。

西斯蒙第不是一个纯粹的社会主义者，却为社会主义思想铺平了道路。西斯蒙第颠覆了以往如斯密、李嘉图等传统古典经济学家的观点，否定自由经济，认为自由经济主义会给社会带来灾害，他要求国家出台政策来调节社会经济和人们的生活。这一结论的推断过程为：资本家支付给工人的工资维持在最低水平，将多余资金投入到机器设备上，生产效率和产量就会得到提高，可是工人没有多余的工资进行消费，就造成了生产过剩。过多的产品无法卖出去，就不得不停止再次生产，大范围失业就随之产生，最终导致企业破产。

西斯蒙第的科学功绩在于提出了生产过剩和经济危机的必然性，不过他没有找到经济危机产生的真正原因，反而认为是消费不足所致，因此他强调生产要有目的性。尽管西斯蒙第并没有意识到是资本主义的基本矛盾导致了经济危机的发生，不过他却是经济周期理论的早期贡献者之一。他还试图建立符合小生产者利益的社会来规避资本社会的弊端，要求用宗法和行会原则来组织社会经济，甚至求助于法律来使私人利益朝着正确方向发展。现在看来，他这种试图恢复小生产所有制的做法是一种不现实的空想主义。

西斯蒙第说："从政府的事业来看，人们的物质福利是政治经济学的对象。"的确如此，西斯蒙第始终将他的经济学思想用于社会细节，他没有把社会财富总值看得高高在上，而是呼吁政府更多地关注社会小群体的合理分配，保证工人生活工资和最低社会保障。作为小生产的代表，西斯蒙第并没有拒绝与商品生产相关的经济范畴，他鼓励进行小规模生产，认为小规模的家庭农场要比租佃农场更能体现收入的平等分配,把握生产与需求的对等,防止出现产品过剩。

西斯蒙第希望通过强迫雇主为疾病、失业和老年工人提供保障,共享利润,以促进资本家和工人合作;建议政府保护穷人,提供永久就业,给工人一定的闲暇时间和教育来增强他们的才能;他还是第一个提出无产者概念的人,用来形容工人工资收入。西斯蒙第以他独特的经济学理论和人道主义精神启发着整个社会,为我们留下了宝贵的智慧财富。

欧文——新拉纳克试验田

罗伯特·欧文(1771~1858)生于英国北威尔士,他和圣西门、傅立叶一样,是当时著名的社会主义先驱人物。欧文是全家七个孩子中的第六个,由于出生在一个贫苦的家庭,欧文7岁就开始参加劳动,9岁时在伦敦一家小店里当学徒,20岁在纺纱厂做工人,后来因为跟苏格兰一个工场主的女儿结婚,而被任命为该场经理。可以说欧文是从社会底层摸爬滚打上来的,从小便目睹资产阶级对工人的压迫和剥削,深知其中的辛酸和苦楚,所以他对广大的劳动阶级充满了同情。

欧文从小就很聪明,家境贫寒却酷爱读书,很早就出去谋生的经历使欧文比同龄人更富有远见。成为工场经理后,他有意通过改革来减轻工人们的负担,同时还积极进行理论上的研究和学习。这些智慧以各种著作为载体出现在人们的视野里,如《关于新拉纳克工厂的报告》《论工业制度的影响》《致工业和劳动贫民救济协会委员会报告》和《欧文选集》等。他的著作引起人们广泛关注后,欧文也更加积极地为劳动者权益立法而努力工作。在《论工业制度的影响》一书中,他就呼吁制定改善工人劳动条件的议会法案。在他的不懈努力下,议会终于在1819年第一次通过了限制工场女工和童工劳动日的法案。

欧文的思想主要是通过他建立的新拉纳克试验田来实践的。痛恨资本主义制度的欧文希望用公有制来替代资本主义制度,他心目中的公有制要求除了日常生活用品外的财产都是公共占有的,也就是生产资料全民公有。在公有制管理下生产出来的产品要按需分配。按照这个思路,他在新拉纳克进行了一场世界瞩目的改革。

欧文把新拉纳克纺纱厂变成了一个模拟公社,他把成年工人的劳动时间缩短为10个小时,工资也相对提高。这里的儿童10岁才允许工作,但是欧文鼓励他们12岁以后参加工作,中间时间要多进行学习,为此,欧文为所有适龄儿童提供了免费的学校教育。他还为生病和年老的工人提供医疗和养老保险,将食品、衣服等日常用品以成本价出售给贫困的家庭。但这并不意味着工人可以养尊处优地生活,那些工作不好的工人还是一样会被解雇。良好和谐的工作环境促使工

欧文像

□ 图解经济学

人们努力工作，欧文也因此获得了比其他工厂更多的利润。

新拉纳克的效率工资高于市场平均工资，这样就可以减少工人的流动，提高生产效率。这也是斯密曾经提出的一个观点，在欧文这里才得以实现。欧文为适龄儿童提供教育，他因此成为历史上第一个创立学前教育机构的人。欧文整套的企业管理经验受到后人推崇，这使欧文成为现代管理先驱。同时，规模逐渐扩大后，欧文才发现自己领导着一支日益壮大的无产阶级队伍。由于影响力不断扩大，他赢得了更多与政府和资本家进行谈判的机会，迫使英国政府修改了反工会法，他还创立了全国劳动交易平等市场。

尽管欧文指导的新拉纳克改革以袭轰烈烈的态势进行，可因为工厂工人思想水平不一致，体力劳动者逐渐减少，技术人员也极度匮乏，更为关键的是欧文一味地让利给工人，使得经营经费严重不足，无奈之下，欧文在1829年撤回了投资。虽然这场公有制改革以失败告终，但是欧文的思想激励了整整一代社会主义者。可以说，如果没有欧文空想社会主义理论的阐述和实践，马克思的科学社会主义至少要晚很多年产生。

马克思的《资本论》——点亮人类幸福的圣火

卡尔·海因里希·马克思（1818～1883），全世界无产阶级的伟大导师、科学社会主义的创始人，在政治、经济、哲学领域都有着震古烁今的不朽成就，是伟大的政治家、哲学家、经济学家、社会学家、革命家。经典著作有《1844年经济学哲学手稿》《哲学的贫困》《关于费尔巴哈的提纲》《共产党宣言》《剩余价值论》《资本论》等。

1818年，马克思出生于德意志联邦普鲁士王国莱茵省一个律师家庭中，18岁时，马克思从伯恩大学转学到柏林大学学习法律专业，但是这期间他大部分时间都用来学习哲学和历史。1841年，马克思的论文《德谟克利特的自然哲学和伊壁鸠鲁的自然哲学之区别》得到学校委员会一致认可，顺利获得耶拿大学哲学博士学位。

卡尔·马克思像

马克思毕业后的职业生涯尤显坎坷。大学毕业后，马克思被聘用为《莱茵报》主编，这份报纸成了马克思毕业后进行革命工作的重要的第一步。马克思刚主持这份报纸的工作时，遇到了在马克思思想发展史上颇为有名的"林木盗窃问题"——在德国西部有大片的森林和草地，生活在这里的居民可以在这些地方砍柴、放牧。后来，一些贵族地主把森林和草地都霸占了，不少居民想到山林中去拾些柴草，却被认为是"盗窃"。广大居民不满，德国议会不得不认真审议这些事情。可是，他们只为贵族地主考虑，审议结果是居民们的行为确为盗窃。马克思对此感到十分气愤，他便在《莱茵报》上写了一系列文章发表自己的看法，严厉抨击了普鲁士政府的做法。为此，普鲁士政府立刻派人查封了《莱茵报》，迫使它停止印刷。马克思一气之下，辞去了报纸的主编职务。

后来，马克思又因发表批评俄国沙皇的文章而失业。幸运的是，这期间他认识了一生的挚友弗里德里希·恩格斯，出身工场主的恩格斯不仅十分赞同马克思的主张，还经常在生活上资助贫苦的马克思，赞助他开展活动，在马克思逝世后还帮其整理文稿。

痛恨资本家和统治阶级的马克思因为政治立场，曾4次遭受到反动政府的驱逐，最后只能失业在家，钻研"复杂的政治经济学分支"。马克思的思想受到了很多人的影响，主要有斯密、李嘉图、恩格斯、达尔文、黑格尔、费尔巴哈以及一些早期的社会主义者。

《资本论》书影
《资本论》不仅是一部经济学著作，也是一部划时代的哲学著作，是一部对人类历史进程有着深刻影响的百科全书。

在阅读斯密和李嘉图著作的时候，马克思对李嘉图的劳动价值论尤其感兴趣。在此基础上，去除李嘉图理论中不足的部分，马克思提出了自己的劳动理论。受社会主义者的影响，他赞成用未来的社会主义取代资本主义社会制度，并通过剥削理论、经济危机理论来证明资本主义社会的罪恶和缺陷。达尔文的进化论、费尔巴哈的唯物论和黑格尔的辩证法被马克思充分吸收融合，进而提出了整套的社会主义科学理论。

《资本论》是马克思以唯物史观思想为指导写出的科学著作，该书研究的是资本主义生产方式和与它相对应的生产关系和交换关系，书中用了6个相关的概念，包括劳动价值论、剥削理论、资本积累与利润率下降趋势、资本积累与经济危机、资本积累与财富集中、阶级斗争，揭示现代社会的经济运动规律。

在劳动价值论一章，作为可以获得利润的最直观的因素，马克思以"商品"为起点来分析资本主义社会。首先，马克思明确了商品的两个因素，即使用价值和交换价值。使用价值又有以下几个特点：商品依靠自己本身的属性来满足人们的某种需要；有用的商品能从质量和数量上来考察；使用价值只能在使用和消费过程中得到体现；使用价值是商品的自然属性，与人们为了获得它而消耗的劳动没有必然关系。而交换价值的特点则是：交换价值涉及与其他商品交换的数量比例；它可以与任何形式的商品进行交换，不管是有实体存在的还是虚拟的；交换价值体现人类劳动，具有社会属性。最后，马克思总结这两者的关系：使用价值是交换价值的内容和基础，交换价值是使用价值的表现形式。一件商品必须将使用价值和交换价值统于一身，而人不能兼得商品的使用价值和交换价值。马克思进而总结出价值规律，即商品按照等价交换原则在市场进行流通，但是每次交换不意味着交换价格与价值完全一致，价格总是围绕价值上下波动。

是什么决定了商品价值，也就是交换价值呢？马克思的回答是：在现有社会正常的生产条件、平均的社会劳动熟练程度和劳动强度下，生产该商品所需要付出的社会必要劳动时间。那么什么是社会必要劳动时间？假如生产一个水杯的平均时间是5个小时，那么一个工人因为技

□ 图解经济学

经济危机的影响

经济危机指的是一个或多个国民经济或整个世界经济在一段比较长的时间内不断收缩（负的经济增长率），是资本主义经济发展过程中周期爆发的生产过剩的危机，是经济周期中的决定性阶段。经济危机有以下三方面的影响：

造成失业率持续上升，越来越多的人找不到工作。

出口下滑、内销不畅。

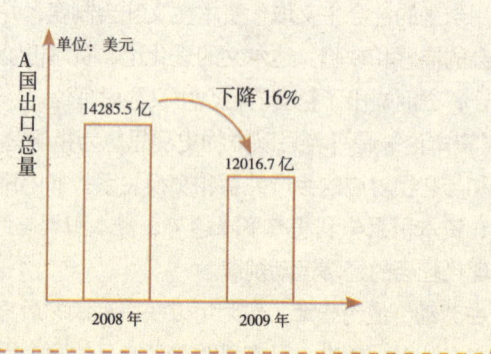

企业破产倒闭或通过裁员过冬。

上篇　经济学的故事

三等车厢

术不熟练、偷懒，或者有其他事情耽误，他生产出一个水杯的时间是 10 个小时，那这个杯子只值 5 小时的价值。同样，还有一位老师傅手艺熟练，只用了 3 个小时就生产出一个杯子，那这个杯子也值 5 小时的价值。这两个人对比，就引出劳动生产率的概念。商品价值量与劳动生产率成反比，劳动生产率高的人，单位时间生产杯子的数量多，总价值量高。

马克思的劳动价值论和李嘉图的劳动价值论不同，马克思认为劳动时间决定了商品的绝对价值，而李嘉图认为不同商品的相对价值与各自耗费的劳动时间成比例。与此同时，马克思注意到，如果说生产出来的商品都是按照它们社会平均价值出售，那资本家如何获利呢？这个疑惑开启了马克思探究剥削剩余价值的大门。

马克思发现工人身上表现出两个市场因素，一个是工作时间，另一个就是工资。迫于生存的工人们说："制定或选择的工资时间长短不完全是为了我们自己。"为什么呢？以马克思的举例来阐述。假设一名工人及其家庭每天必须消费的商品是社会必要劳动下 6 个小时的价值，但是现实中的工人每人每天的工作时间是 12 小时，相当于一天工作时间满足了两天家庭需要。

□ 图解经济学

资本家发给工人的工资是 3 先令，在这里马克思是用半先令来表示 1 小时劳动力价值的，也就是说劳动力工作 12 小时应该得到 6 先令，少得的 3 先令就是被资本家剥削的剩余价值，支付工人低工资以及延长工作时间是资本家剥削工人的主要手段。马克思认为，资本家在消费劳动力的同时也就是创造商品剩余价值的过程。当然这 3 先令也不是资本家自己全部占用，他们还要向银行交纳利息，给土地主交纳地租。结合劳动价值论，马克思提出可以通过提高生产率代替延长工作时间，增加剩余价值，降低劳动力价值。

　　按照马克思的思路，资本主义生产重要的方式就是扩大再生产，将剩余价值资本化是其渠道之一。资本积累的结果是社会财富越来越多地集中在少数资本家手中，而工人阶级却饱经生活折磨，愈加贫困，无产阶级规模壮大，贫富对立的两极分化严重，政治上的阶级斗争就不

无产阶级在极其恶劣的条件下从事着繁重的工作。

全世界无产者联合起来
工业革命的到来，使欧洲产生了穷苦的工人阶级，而马克思则成了所有无产者的代言人。

可避免了。马克思还认为，资本家终究会面临利润率（利润率指剩余价值与投入总资本的比率）下降的问题。他曾发现，在生产成本一定的情况下，劳动密集型行业会以低于价值的价格出售其商品，这样直接导致了生产过剩、生产停滞和企业亏损的现象。马克思指出这是资本主义经济内在的缺陷，不尊重市场规律，资本主义生产力和生产关系之间矛盾激化的趋势就是经济危机。

马克思认为，工人劳动创造全部价值，资本家会剥削其剩余价值，这样就会产生利润率下降问题，也会加重工人的贫困程度，引起不满。生产规模扩大，商品增多，却没有足够的市场去消费，资本市场的产品过剩，进而引发经济危机，最终引起阶级斗争。长久反复这样的经济周期，资本主义社会制度将会走向终结。

纵览马克思的经济理论，也有几个缺陷。首先，马克思从无产阶级立场出发，完全漠视了土地、资本、企业家才能、技术也是生产性的资源，共同构成了商品的价值。另外，资本家之间也会竞争，通过高工资来吸引高素质工人。从历史上看，在马克思的著作问世后几十年的时间里，工人的工资得到提高，工作时间得以缩短，工作环境也得到改善。最后，马克思坚信资本积累致使利润率下降是引发经济危机的重要原因，事实上，资本收益率和利润率是伴随着经济周期波动的，而不是呈现下降的总趋势。

□ 图解经济学

第五章
边际主义

门格尔——吃第一块牛肉与第三块牛肉的感觉不同

卡尔·门格尔（1840～1921）生于加利西亚（当时为奥地利领土，现属波兰）一个律师家中。早期，门格尔曾在维也纳和布拉格大学学习，后来又获得克拉科夫大学的博士学位。毕业后，门格尔先是做财经记者，撰写一些经济分析的文章，这为其日后进行经济学研究做了不少准备工作。随后他又在奥地利首相办公厅新闻部工作。1871年，门格尔出版了他开创性的著作《国民经济学原理》，该书被视为奥地利学派不可动摇的基石理论。同年，边际学派的另一位代表人物威廉斯坦利·杰文斯发表了《政治经济学原理》。1874年，瓦尔拉斯发表《纯粹政治经济学要义》。他们三位开启了19世纪70年代新古典经济学的"边际革命"，他们的理论使西方经济学发生了重大的变革，门格尔也成为奥地利学派当之无愧的开山鼻祖。

门格尔是一个追求完美的人，他的长期目标是出版一本关于经济学的系统著作和一部关于整个社会科学性质的综合著作。为了完成目标，门格尔辞去维也纳大学政治经济学教授的职务，全身心投入到研究写作中。1883年，门格尔出版了他的第二部著作——《关于社会科学，尤其是政治经济学方法的探讨》。这本书的出版引起了奥地利学派与德国历史学派关于经济学方法的论战，而这场论战持续到20世纪初才偃旗息鼓。此后漫长的几十年，门格尔不断修正自己的经济思想框架，并寻求突破拓展。到了后期，门格尔因不满意自己的写作，很少再出版作品。1921年，在距离81岁生日不到3天时，门格尔溘然长逝，留下大量不完整、混乱的文稿。

门格尔的一生很简单。前一阶段是教学，后一阶段是研究。

世人对教书的门格尔这样评价，"卡尔·门格尔教授虽然年已五十，却精力充沛，思路敏捷。讲课时极少使用讲课笔记，除非确证一个引语或时间。他表达观点的语言简洁明了，强调时所做的姿势也恰到好处，以至于听他的课可谓是一种享受。学生们感到自己是被引导着而非驱赶着——至今很少听说过还

门格尔像

上篇　经济学的故事

有哪一位教授能有如此宽广的哲学思维、杰出的才能，能清晰简单地表达思想。即便最笨拙的学生也能听得懂他的讲课，而聪明的学生则总能受到启发"。

门格尔对经济学的影响更是巨大的，边际效用价值理论就是他在经济学上最大的贡献之一。

门格尔的价值论借助效用的概念，没有使用数字，而是选择制表，且用最寻常的事例来解释边际效

19世纪棉花交易情景
在《国民经济学原理》中，门格尔将"交换"看作是货币的起源，当以物易物的形式严重阻碍了交易进程、交易范围时，需要一种中间媒介在物之间周转，货币就是这种媒介物。

用递减和边际效用平衡过程。假设一个饥饿难耐的人，终于有牛肉可以充饥了。那么，在吃第一块牛肉时，他一定是狼吞虎咽的，吃完一块后，饥饿感缓解了很多，假定这块牛肉给人带来的效用是 10；还没有吃饱，这个人开始吃第二块牛肉，假定第二块牛肉给人带来的效用是 9；现在这个人明显状态好多了，不过为了完全消除饥饿感，他又吃下了第三块牛肉，第三块牛肉的效用是 8。为什么每块牛肉的效用定值不一样，而且还是递减的呢？拿我们最熟悉的例子来说吧，就好比吃自助餐，带着饥饿的胃进去到餐桌，第一时间看到的食物带给我们的渴望是最强烈的。几串烤肉下去了，饥饿感不明显了，接下来再吃点水果、点心，饥饿感消失了，又喝了些饮料，已经饱了。此时，我们甚至已经没有再吃东西的欲望了。同样的道理，虽然牛肉都能满足食欲，但是第一块的效果比第三块要好，关键是因为在吃第一块的时候，我们处于饥饿状态，是渴望最强的时候，而第一块牛肉就成了满足我们身体需求最有效的食物。

在效用的计算上面，门格尔认为每单位都与边际单位具有相同效用，所以他便把最后一单位的边际效用乘以单位数，以牛肉为例，8×3=24。此处和杰文斯不同，杰文斯得出的结果是，10+9+8=27。门格尔将交换价值

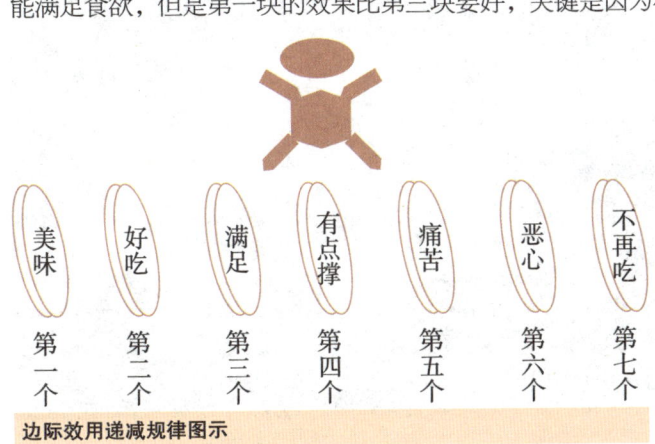

边际效用递减规律图示

等同于总效用，杰文斯将交换价值等同于边际效用。在这个问题上，现代经济学家通常更接受杰文斯的观点。

边际主义者强调消费者需求的重要性，边际效用和总效用的概念指的就是消费者需求。在市场需求方面，门格尔在其著作中谈到对垄断的讨论，就反映出他对向下倾斜的市场需求曲线和不同的需求弹性的正确理解。我们赞扬门格尔，但也要注意到他理论的不准确之处，比如，他没有考虑到边际生产成本上升对确定商品相对价值的作用。瑕不掩瑜，门格尔的真知灼见极大地推动了经济学的进步，也保证了其在经济思想史上的位置。

庞巴维克——价值论与市场价格

欧根·冯·庞巴维克（1851～1914）师承门格尔的边际主义思想，是奥地利学派主要代表人物之一，该学派的理论思想在庞巴维克这里得到了最完整的表述。

年轻时期的庞巴维克在维也纳大学学习法律，并先后在海得尔贝格大学、莱比锡大学和耶拿大学攻读政治经济学。庞巴维克不只是奥地利学派学说的全面发展者，也是奥地利政府的财政部部长。庞巴维克对经济的贡献中，具有突出创意的一点是对时间因素的分析，在他著名的利息贴水理论中，就可以清楚地看到他将时间因素结合到分析之中。他指出在经济生活中导致利息上升的3个因素，是现在为主的导向、对财富增长的预期、迂回的生产。利息就是现期消费品价值和价格的贴水。

18世纪法国食品和燃料的经常性短缺，导致民心不稳，这些运小麦和木材的船只大受欢迎。

当然，作为典型的边际主义者，庞巴维克在边际经济学的研究上面也有高明的见解。他认为效用是价值的本源，强调"稀少"这个因素也是构成价值的特殊动力。他用一个小故事来说明稀缺性对商品价值的影响。

一位名叫戴维的波斯商人，家住在山清水秀的乡镇，他长期出门经商。有一次，他带领商队去往遥远的东方——中国，途中需要经过茫茫大漠。不幸的是，他们遇到了沙尘暴，被困在沙漠中久久不能逃出困境。时间长了，他们带的水不够喝了。饥渴难耐，富余的钱财在此时也没有用途，这时有人出价要买水喝，并且一个高于一个。看到这个场景，戴维想起家乡的清澈泉水，不禁叹息道："真是物以稀为贵啊，在这里水比金币都贵啊。"

1873年发明的打字机，由于需求量大而产量少，所以价格高昂。

由此，庞巴维克指出，生产要素的价值决定原理同消费品一样，是"效用和稀缺性"使其具有价值。

庞巴维克认为价值取决于边际效用，他还将商品分为单件商品和整批商品，探讨它们的边际效用递减规律。就单件商品而言，效用会随着满足次数的增加而递减，人们根据财富对自身的有用程度来评价其价值的大小；如果商品具有多种且相互排斥的用途，那么它的价值由最重要的用途来决定。而就整批消费品而言，在需求保持不变的情况下，供给量越多，那么产品的边际效用和价值就越小；随着商品数量的增加，总价值量和总效用量会呈现出从小到大，然后又从大到小直至为零的现象，总价值量则是先升后降。

在完成效用价值理论后，庞巴维克又阐述了市场价格的形成理论。他是从一对孤立的买者和卖者说起的。在马市有8个卖马者，10个买马者，这10个买马者对一匹马的主观评价分别为30、28、26、24、22、21、20、18、17、16英镑；8个卖马者对一匹马的主观评价则为10、11、15、17、20、22、25、26英镑。交换竞争的结果，是马的价格必然在20～22英镑。卖马者会尽量要高价，出现一个价格的最高限，而买者会尽量出低价，出现一个价格最低价。在两者博弈之后，成交价就位于供求双方的上下限之间，价格就由这两者的主观评价决定，这也是城市生活最有生机活力的一幕。若其双方对马的主观评价悬殊，则不可能成交。这样庞巴维克就较好地解决了主观价值论与市场价格之间的矛盾。

同时，庞巴维克在门格尔理论的基础上，还创造性地提出了补全物品价值决定理论。补全物品是指用途相互补充的物品，比如说纸、墨、笔一起用才能书写文字，羽毛球和羽毛球拍也要一起才能有它的效用，同样的还有两只眼镜框、针和线、左右手、两只手套等。补全物品的价值是由构成整体的几部分效用相加得出的。

庞巴维克认为，补全物品价值的决定分为两种情况：一，补全物品组（全体）的价值是和它们作为一个整体所能提供的边际效用适应的，比如纸、墨、笔三个产品，它们组成一个书写

□图解经济学

古波斯贵族的纯金马战车
虽然这辆战车的效用同现实中的马车相比小得多,但由于黄金及文物的稀缺性却使其具有更大的价值。

的补全物品组,那么它们的总效用就是100;二,如果补全物品组的各个成分都有替代品,或能单独使用,且各替代品单独使用时的效用小于综合使用时产生的效用,全组价值就由各替代品孤立效用综合决定。如原来整体纸、墨、笔的边际效用是100,单独三者的边际效用是40、30、20。此时,全组物品的价值就不再是100了,只是90。

在补全物品内部组成部分之间,每个产品价值决定也有两种不同情况。第一,如果物品组中各个成分除了联合使用外都无其他用途,又无代替品,那么其中一个成分就具有物品组的全部价值,而其他成分没有价值。生活中有很多常见的例子,如左右手的手套、两只鞋子、一副眼镜的两个眼镜片,丢了一只手套,如果无法买到与丢失手套一模一样的另外一只手套,那么剩余的一只手套是没有价值的。我们会发现在生活中,类似于这样的产品都是整体销售的,市场上没有人只卖一只手套。鞋子和眼镜也一样,如果不能获得与之前一样的物品,那么它们也就没有价值了。第二种情况,物品组中个别成分在联合使用之外还能提供别的较小的效用,且无替代品时,其价值的决定以其单独使用时的边际效用量为最低限制,以全组联合使用的边际效用量减去其他成分单独使用时的边际效用量的差数为最高限度。

每个人对物品主观评价不同,但一种物品的市场价格却是统一的,解决这个矛盾就能说明价格分析交换过程。庞巴维克在主观价值理论基础上提出了客观交换价值论,交换和边际效用是客观价值的理论来源。

在市场中,卖者希望高价售出,获得更多收益,买者希望低价购入,减少货币支出,用效用最小的物品换取效用最大的物品,这些都是以人们的主观评价为基础的。由此得出,市场价格是交换双方对物品评价相互平衡的结果，交换者对物品的主观评价则由物品对他的主观效用而定。所以，买卖双方的讨价还价行为就成了经济生活中最普遍的现象，市场均衡价格的形成就取决于买卖双方对财货的主观评价，这种平衡又是以交换竞争中形成的财货的边际效用决定的。

在庞巴维克看来，商品价格的形成和主观价值的形成极其类似，两者都受到边际的影响。竞争者经济利益的动机，要求与竞争者中最有能力的对手谈妥生意。由于所有较弱的竞争者都没有绝对影响，而所有较强的竞争者又相互抵消，所以只有他们是直接有效的成分，而市场价格是他们合成的结果。这样，庞巴维克很好地解决了客观价值论和市场价格之间的矛盾。

克拉克——边际生产力

约翰·贝茨·克拉克（1847～1938），生于英国罗德岛，美国经济学家。著名的经济学派人物托尔斯坦·凡伯伦是克拉克在卡尔顿学院的学生。25岁从阿赫斯特毕业，到德国学习经济学，之后差不多3年的时间里，他都待在海德堡。在这期间，认识了一位对他影响很大的教授——卡尔·克尼斯。克尼斯给了克拉克很多关于边际效用经济学方面的学术建议。

其后，克拉克前往美国卡尔顿学院执教，在此期间，克拉克发表了他的第一篇经济学论文《财富的新哲学》，该文通篇都在阐述效用，却没有将效用这种主观感受用边际的概念解释清楚。1887年底，在克拉克的另外一篇涉及效用思想的论文中，他详细讨论了需求的问题，在解释如何满足需求的时候，他几乎已经发现边际效用递减规律。1899年，《财富的分配》一书出版。书中，克拉克以静态经济学作为研究对象，提出了边际生产力的理论，被誉为"以现代方式出现的第一部主要的美国著作"。其实早在1880年左右，从未深入研究杰文斯著作的克拉克，似乎就已经形成了相当独立的边际效用概念，所以克拉克的儿子曾说："克拉克提出边际效用价值论虽晚于杰文斯和其他的首创者，但显然是独立的。"

边际生产力指其他要素数量不变，而单位某种生产要素离开（或加入）生产过程时所引起的商品产值减少（或增加）的量。克拉克的边际生产力也是建立在边际收益递减基础上的，不过不同于以往只将该理论运用于农业的做法，而是将土地、资本、劳动力、技术、企业家

当就业变得相当困难时，虽然工厂里的工作十分辛苦，也要靠不断的努力才能得到。

□ 图解经济学

由于越来越多地利用机械进行大规模粮食生产，农业工人的工资也越来越低。

看作是生产力的组成要素，克拉克将这一结论应用到所有生产要素中。他作了一个潜在假设，那就是当一种要素变动时，所有其他的要素尤其是技术都保持不变。所有这些要素都是同质的，可以自由转化的。由此，他进一步在分配方面展开分析。假设资本不变，就是说厂房、设备、材料等资源不变，而增加劳动力的投入，可想而知，每一单位的劳动力所平摊到的设备就少了。为了使用机器，劳动力需要在生产线上排队等待，也许最后一个劳动力一天也没有等到使用机器的机会。这样算下来，平均每一单位劳动力生产出来的商品比以前每单位的产出是减少的。同理，如果劳动力不变，资本是可变并增加的，工人根本没有时间去使用机器和工具，就会造成它们的闲置。产生收益递减的原因是相对于可变要素而言，固定要素被过度投入使用。每增加一单位可变要素的生产力是递减的，这体现出生产力递减或称是边际收益递减的规律。

在资本不变，劳动力增加的例子中，克拉克把最后一单位劳动力生产所得称为边际产量，这也决定了工人的工资水平。他认为工人的工资水平是由最后追加的工人所生产的产量来决定的。如果工人所增加的产出小于付给他

> **知识点击**
>
> 生于德国迪伦的经济学家赫尔曼·海因里希·戈森是边际效用理论的先驱代表。学习法律和公共管理学毕业的他，曾做过律师和地方政府税务官，退休后才专注于经济学研究和写作。1854年，赫尔曼出版了《论人类交换规律的发展及人类行为的规范》一书，在该书中，他提出了效用递减规律，即认为人们对商品的需要，随着需要不断被满足，所感受到的享受程度逐渐递减，一直达到饱和状态。在此基础上，他提出边际效用相等规律，指在效用递减规律的作用下，达到最大限度享乐的方式。

的工资，雇主如果继续雇用他，最后只能亏本经营，所以雇主就不会雇佣他。相反，如果工人所增加的产出大于所付给他的工资，雇主就会增雇工人。所以，只有在工人所增加的产出等于付给他的工资时，雇主才能既不增加雇佣者也不减少所使用的工人。

克拉克对自己的边际收入分配理论认识清晰，他说这套理论是静态的，很适合做纯粹分析的工具。经济是不断变化发展的，我们无法保证有一套准确预测未来经济发展走势的理论，克拉克理论的前提假设限定比较多，像没有任何经济干扰，劳动力、资本、消费倾向没有变动等。他的这一理论属于经济动态运行过程中的一个静止点，在该均衡点反映出真实规律。也正是借由《财富的分配》，克拉克最早明确地区分了静态经济学和动态经济学。

在克拉克的带领下，美国经济学家队伍迅速成长起来。为了纪念克拉克对经济学的贡献，美国经济学会还设立了约翰·贝茨·克拉克奖章，每隔一年颁发给有前途的年轻经济学家。

帕累托最优——苹果与梨的组合

生于巴黎的维弗雷多·帕累托（1848～1923）一生致力于社会学和经济学的研究。帕累托原籍意大利，属于热那亚贵族阶层。刚开始，他在意大利都灵综合技术大学攻读理科，1891年，帕累托接触到马费奥·潘塔莱奥尼的《纯粹经济学原理》，对经济学产生兴趣。1892年，帕累托接替瓦尔拉斯在洛桑大学教授政治经济学。1893年，他被任命为洛桑大学政治经济学教授。这开启了帕累托新的职业生涯，从此，他在经济学领域的研究道路越走越宽。

帕累托像

经济思想史学者习惯将帕累托视为新福利经济学的开创者，而新福利经济学的依托就是瓦尔拉斯的一般均衡理论。帕累托也正是继承发展了瓦尔拉斯的一般均衡代数体系，运用立体几何研究经济变量之间的关系。"帕累托最优"是以帕累托名字命名的经济学概念，是帕累托最重要的贡献之一，他是在经济效率和收入分配中最早使用这个概念的。帕累托最优也可以称为福利最大化或是经济效率，它是指公平与效率、资源分配的理想状态。这种状态下，在没有使任何人情况变坏的基础上，另外至少一个人情况会变得更好。用我国经济学家盛洪在《满意即最佳》中的一句话来说，就是："一个简单的标准就是，这项交易是否双方同意，双方是否对交易结果感到满意。"而谁也不愿意改变的状态，就是"帕累托最优"了。帕累托最优就意味着：

1. 资源的最优配置。
2. 产品和消费者的最优分配。
3. 产出数量最优。

我们可以通过举例来深入理解帕累托的含义。

这里需要借助边际效用递减的原理，以苹果和梨子为例。假设，A去超市买了5个苹果，邻居B在超市买了5个梨。回家后A发现，吃了一个苹果后，感觉没有什么新鲜感，不太想吃了，但是不吃又怕被放坏，于是他又吃一个，这次 A 发现自己是真的一点都吃不下去了。这也是边际效用递减产生的作用，第一个苹果带来的满足度最高，后面的会逐渐降低。同样地，B 也是这样的情况。后来，A 和 B 两人有了好主意。为了不把水果放坏，还能满足新鲜感，他们决定换着吃。这样 A 吃完两个苹果后，再吃一个梨子，其新鲜感不亚于第二个苹果，甚至是第一个苹果，而 B 也是一样的效果。于是，他们一直相互交换，在 A 水果数量、口感没有变坏的前提下，B 的情况也变好了。这就是水果资源在消费者之间的最优配置。

帕累托最优在为经济学家更好地理解经济效率的同时，也受到很多学者的批评。有些经济学家认为，帕累托标准是建立在静态观点下的最优，这种短期最优如何解释长期或者动态变化呢？也有一些经济学家认为，帕累托并没有强调社会中公平分配收入这一点，仅仅只是确立了任意现存分配的效率条件。这些质疑声对完善该学说起到了很大的推动作用。

帕累托撰写了一系列的学术著作，如《政治经济学讲义》《政治经济学提要》等。1897 年，帕累托偶然注意到 19 世纪英国人的财富和收益模式。在调查取样中，发现大部分的财富流向了少数人手里。同时，他还从早期的资料中发现，在其他的国家也有这种微妙关系一再出现，而且在数学上呈现出一种稳定的关系。于是，帕累托从大量具体的事实中发现，社会上 20% 的人占有 80% 的社会财富，即财富在人口中的分配是不平衡的。这就是著名的帕累托法则，又称 80/20 法则，其实用领域由经济学推广到社会生活多个领域。与帕累托法则一脉相承，他又制出帕累托图，用来分析质量问题，寻找产生质量问题的主要因素。帕累托的很多经济理论推动了微观经济学，尤其是福利经济学研究的不断向前。

马歇尔——划时代著作《经济学原理》

阿尔弗雷德·马歇尔（1842～1924），近代英国最著名的经济学家。1842 年，马歇尔出生于伦敦郊区的一个工人家庭中。马歇尔曾经走访英国的贫民区，目睹了大量民众贫穷饥饿的窘迫生活环境，进入大学后，他并没有选择自己喜欢的哲学专业，而是选择了经济学。毕业之后的马歇尔投身于大学教育，先后在布里斯托尔大学和牛津大学讲授政治经济学。

马歇尔像

马歇尔在经济学方面业绩卓著，建树颇丰。在马歇尔的努力下，经济学成为和人文、历史、物理一样独立的科学性学科。受他的影响，剑桥大学建立了世界上第一个经济学系。不论是任职教授期间还是退休之后，马歇尔始终坚持研究写作工作，撰写了一系列作品，有《对外贸易的纯理论与国内价值的纯理论》《工业经济学》《经济学原理》《经济学精义》《关于租金》《老一代的经济学家和新一代的经济学家》《分配与交换》《工业与贸易》等，其中的《经济学原理》被视为是继《国富论》之后最

上篇　经济学的故事

如趋光的萤火虫一样，很多人聚集在克雷莫纳这个花园寻找乐趣，因此这个花园持续35年生意一直很兴隆，后来由于忍受了长时间喧闹的当地居民怨声载道，于1877年被关闭。马歇尔认为追求满足是经济行为的动力，而避免牺牲则会制约经济行为。

伟大的，也是公认的划时代巨著，在经济学发展史上具有里程碑意义。

马歇尔将经济学定义为一门研究财富及人类欲望关系的科学，研究的目的在于解救贫困和增进福利。他采用折中主义方法，积极借鉴各种经济学理论，尤其是吸收了边际效用学说，最终，将供求、生产费用和边际效用的理论重新呈现在《经济学原理》中。该书可谓集19世纪70年代以后西方经济学发展之大成，在继承和发展英国古典经济学的同时，也为西方经济学微观经济学理论体系的建立奠定了基础。马歇尔也成为新古典经济学派的重要代表。

马歇尔撇开对价值的研究，将均衡价格作为《经济学原理》的基础和中心，提出3种均衡价格，包括几天内变动的暂时市场价格、短期的次政策价格和长期的正常价格。这些不同价格由供给和需求两种相反的作用力形成。擅长数学的马歇尔开始寻找一条可以用坐标表示的曲线：需求曲线。

马歇尔和其他边际学派的学者想法一样，认为人要通过享受效用来满足欲望。在满足欲望的过程中，一种产品的效用会随着人们享受的数量增加而递减。不过，效用是一个主观的东西，无法来衡量多少，只能通过人们愿意购买的数量，以货币数量体现出来，比如爱吃面包的就多买几个，多花些钱，不喜欢的就少买。在分析需求效用的基础上，马歇尔提出了他的需求概念。

在马歇尔看来，消费者愿意而且能够支付的价格是需求价格。他还将这种价格一分为二：消费者被商品吸引购买，产生购买欲望的部分是边际购买量，消费者真正愿意支付货币购买的

总供给变动对市场价格的影响

在短期内，如果AD（需求曲线）不变，AS（供给曲线）曲线发生位移，则会产生市场价格与国民收入反方向的运动。

→ 如果AS的水平下降，市场价格会上升，而国民收入则下降，产生经济发展停滞和通货膨胀共生的"滞胀"现象。

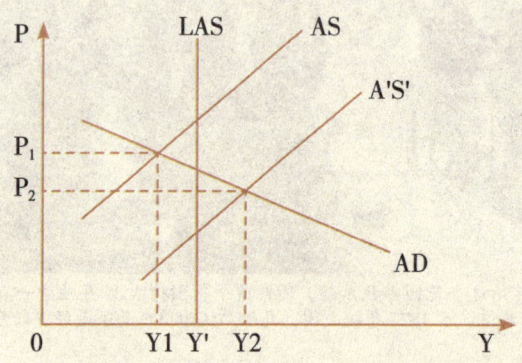

图中LAS为长期总供给曲线，AD为总需求曲线，这两条曲线不发生位置的移动。但是，短期总供给曲线（AS）可能由于投入的生产要素价格发生变动而发生位置的移动A'S'。

总供给曲线的斜率反映了总供给量对价格变动的反应程度。

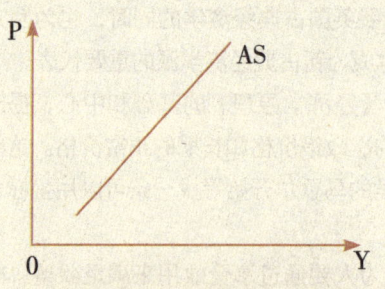

总供给曲线的斜率大（即总供给曲线较为陡峭），说明总供给量对价格变动的反应小。

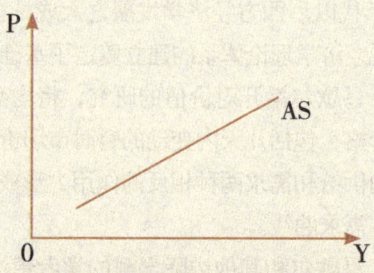

总供给曲线的斜率小（即总供给曲线较为平坦），说明总供给量对价格变动的反应大。

是边际需求价格。那么，在货币数量、货币购买力不变的情况下，消费者拥有商品数量越多，购买其愿意支付的货币数量就越少。也就是说，他对该商品的边际需求价格是递减的。据此，马歇尔绘制了需求曲线。

横纵坐标轴中，横轴代表商品数量，纵轴代表价格，消费者在购买第一个商品时支付的价格是最高的。随着享受商品数量增多，越是后面购买的商品他愿意支付的价格就越低，这样就形成了一条向右下方倾斜的曲线。马歇尔还从中得出需求的一般规律：对商品需要的数量随着商品价格的下降而增多，随着商品价格的上涨而减少。在需求分析中，马歇尔还创造性地提出了商品弹性需求的概念，意思是当商品的价格出现变动时，消费者对这种商品需求量的变动程度。不同商品的需求弹性是不一样的，金银首饰富有弹性，因为价格高了购买者也就少了，而柴米油盐缺乏弹性，这种生活必需品即使价格上升，也有固定的市场需求。一般而言，生活必需的需求弹性较小，奢侈品需求弹性大。

同样，供给也被马歇尔以曲线的形式表示出来，供给曲线是一条向左上方倾斜的曲线，表示价格越高，生产者的供给量就越多。马歇尔也对供给做了弹性分析，与需求弹性不同的是，受生产规模、生产成本、生产周期和生产难易程度等因素的影响，供给弹性的分类稍显复杂。生产规模大的企业，调整时间长，产品的供给弹性小；若在其他条件不变的情况下，某企业的生产成本随着产量的增加不会增加太多，那么产品的供给弹性就大，相反，供给弹性就小；生产周期短的产品技术设备调整较快，供给弹性大，相反供给弹性就小。生产工序比较复杂，对技术要求较高的产品，供给弹性小，相反，容易生产的产品供给弹性大。

有了需求和供给的曲线图，马歇尔将两个曲线重合相交，交点对应的即为均衡价格和均衡产量。事实上，价格和产量不会正好稳定在均衡位置，而是像钟摆一样在均衡点左右来回摆动。以上得出的是在正常市场下的均衡价格，马歇尔所处的19世纪末，垄断已成为社会经济中较为普遍的现象，并趋于经济中的支配地位。对此，马歇尔进行了必要的探讨。对于垄断现象，他认为，垄断只是因为资源稀缺而产生的，如果垄断者将商品定价过高，产额利润会吸引其他生产者进入该行业，众多生产商的竞争就使本来的垄断商失去垄断地位和高额利润收入。鉴于此种情况，垄断者就要降低价格，增加供应量，以占领更多的市场份额。如此一来，不仅对垄断者有利，对消费者和整个市场结构都是有好处的。所以，马歇尔积极建议英国政府不要过于限制垄断企业的发展。现在看来，这种对垄断的判断显然是存在错误的。

马歇尔在均衡价格论的基础上，提出了他的分配理论。他认为，国民收入是由劳动、资本、土地和企业家才能这四种生产要素对应创造出的工资、利息、地租和利润构成。他把萨伊提出的3种生产要素首创性地加入企业家才能要素，扩充为4种生产要素，并用均衡价格理论对4种生产要素进行了分析。

马歇尔认为劳动和其他商品是一样的，也具有需求价格和供给价格，两者均衡的体现就

知识点击

马歇尔所处的时代是西方主要资本主义国家向垄断资本主义过渡的时代。在当时的英国，周期性的经济危机经常威胁到资本主义经济的正常运行。在国外，德国和美国工业的迅速发展，很快成为英国在国际贸易上的有力竞争对手。素有"世界工厂"称号的英国，经济实力已相对较弱。英国的统治阶级为了保障其国内外的经济地位，加强资本主义经济的发展，迫切需要一种新的经济学说来为他们服务，马歇尔的经济学说就是为了适应这个新的需要而产生的。

马歇尔认为土地只有需求价格，没有供给价格，所以，地租只受土地需求的影响。

是工资。劳动的需求价格由劳动的边际生产力决定（劳动的边际生产力是指在生产资料不变的情况下，随着劳动者数量增加，生产力却递减的现象）。利息作为付出资本的报酬，它的均衡表示资本的需求价格和供给价格达到一致。资本的需求价格取决于资本的边际生产力，也就是资本所能提供的净产量。

我们知道，资本作为生产要素，也符合生产力递减的规律。利润被马歇尔认为是资本家经营企业承担风险的报酬，他的利润理论也被称为"管理工资说"。马歇尔认为利润的大小取决于企业组织管理能力的需求和供给，利润作为企业生产成本的一部分，其数额大小，大约等于资本的供给价格、经营能力的正常供给价格、企业组织的正常供给价格3种价格之和。

关于地租，马歇尔认为土地作为一种天然产物没有供给价格，只有需求价格，所以土地没有生产费用。因为土地供给是固定的，没有供给价格，所以，地租只受土地需求的影响。他肯定农业报酬递减规律的存在，在一定土地上，不断增加资本和劳动，农产品的总产量虽然是在一直增加，但是产量的增长速度却是递减的。

马歇尔作为局部均衡分析的鼻祖，不仅在微观经济学有着卓越贡献，在宏观经济学方面也有不少创新研究。马歇尔提出用购买力平价的概念来解释不同国家货币之间的汇率。他也尤为关注社会贫困问题，认为在劳动市场中，机器的使用致使非技术劳动者的就业选择日益狭窄，影响非技术劳动者的生活水平。

马歇尔还有一项重大的贡献便是发现和培养了庇古和凯恩斯两位著名的经济学大师。马歇尔在剑桥大学任教时，对经济学感兴趣的学生并不多。不过马歇尔留意到庇古这位性格温和却坚定的学生，经过马歇尔的潜心培养，庇古不负所望，成为福利学派的重要代表人物。18岁的凯恩斯在旁听经济学原理课时，被马歇尔称赞有杰出的天赋，将会在经济学领域成为伟大人物，并在第一次世界大战结束后，请凯恩斯去剑桥大学做经济学讲师。

庇古——"福利经济学之父"

对福利经济学的研究最早可以追溯到斯密和边沁的古典经济学思想,之后的经济学家也有谈及福利问题,比如马歇尔,而他的学生庇古则进一步继承发扬了老师的学术理论。

阿瑟·塞西尔·庇古(1877~1959)出生在英国怀特岛,父亲是一名军官,母亲出身于政府官员家庭。进入剑桥大学学习历史专业的庇古,在人生重要导师马歇尔的影响和鼓励下,转而开始研究政治经济学。1900年,庇古从剑桥大学毕业,并于1908年接替马歇尔,任剑桥大学的政治经济学教授,直到1943年退休。庇古一生的经济著作有很多,比较出名的作品有《财富和福利》《福利经济学》《失业论》《社会主义和资本主义的比较》《就业和均衡》等,其中1920年出版的《福利经济学》是庇古最著名的作品,该书对西方资产阶级经济学界造成了很大的影响,庇古也因此被称为"福利经济学之父",成为福利经济学的创始人。

与导师马歇尔一样,怀着对穷苦人强烈的人道主义情怀,希望为政府实施各种福利政策提供理论依据,庇古将研究领域更多地投入到社会福利方面。在《福利经济学》的序言中,他提到应该把经济学作为改善人民生活的工具。庇古基本上延续了马歇尔的学术思路和框架,如依靠局部均衡的"旧福利"分析等。不过,庇古生性谨慎,在一些不合社会改革的地方,他进行

工人排队领取福利救济。

□ 图解经济学

垄断损害了社会福利吗

垄断市场的问题主要存在于税收的无谓损失，从而使整体的经济福利缩水了。

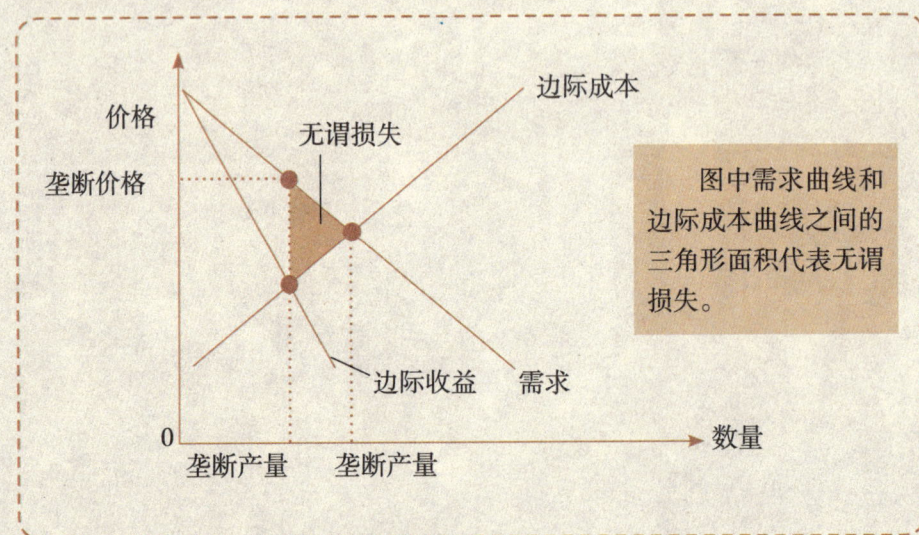

图中需求曲线和边际成本曲线之间的三角形面积代表无谓损失。

这种垄断带来的无效率主要和其高价格有关。垄断行业使产量降到足够低，从而把价格提得足够高，一部分消费者因此买不起或者买得少了。因而垄断企业生产和销售的产量低于社会的有效水平。

了更加深入的探讨和修正。

舍弃诸如自由、安全、公平这些广义的社会福利概念，庇古将研究范围缩小为能用货币衡量的狭义福利。在以自由竞争为前提的基础上，他用国民收入作为社会福利的衡量尺度，影响经济福利的因素则是国民收入总量和分配情况。根据边际效用，庇古提出两个基本福利命题：

一，国民收入总量越多，社会经济福利也就越多。

二，国民收入分配越是均等化，社会经济福利也就越好。

> **知识点击**
>
> 新福利经济学又称新古典福利经济学，是在对旧福利经济学进行修改、补充和发展的基础上，于20世纪40年代前后形成的一门经济学科。新福利经济学的内容主要包括：1.效用序数论。该学派认为人与人之间存在差异性，所以效用在每个人之间也是无法比较的，但是每个人都会在收入和市场价格既定的条件下，根据各自的偏好，使效用趋于极大值。2.最优化条件论。受效用序数论的影响，该学派着重研究"最优化"问题，"帕累托最优"就是其中的代表性理论。3.伯格森和萨缪尔森的社会福利函数论。该函数论主要研究"最大福利"的伦理标准和满足条件。

就第一个命题，庇古引申出要使社会资源达到最优配置的问题。要知道，增加以单位生产要素，在不同阶段不同部门之间所获得的产出是不一样的。只有边际私人纯产品和边际社会纯产品相等时，才能达到资源最优配置。如果边际社会纯产品大于边际私人纯产品，国家就应当进行补贴来扩大这个行业的生产，相反，就要通过征税缩小其生产。庇古认为，通过这种补贴和征税，就能实现外部效应的内部化，这种建议被后人称为"庇古税"。

就第二个命题，庇古提出了收入分配均等化的问题。他认为，效用的不同人之间是可比的，从货币的边际效用来看，富人的货币边际效用要低于穷人。举例说，把货币看作是商品，富人拥有的货币量本身就很多，再给他100元钱，对富人来说没有多大满意度，但是对于穷人来说，满意程度就会很高。所以，庇古建议通过向富人征税的方法，将所得税款用于支持社会福利建设，相当于把富人的一部分钱转移到穷人身上，在一定程度上促进了收入平等。

此外，庇古还超前地提出自愿转移和强制转移收入的建议。自愿转移就是富人自觉出资，投入到科技、文化、教育、医疗等社会事业上。强制转移是国家对自愿转移的补充，主要是通过税收，比如财产税、所得税、遗产税等，进一步帮助实现收入从富人向穷人的转移。这些分析为现代公共财政学研究奠定了理论基础。但庇古又说政府干预会使人们将资源用于当下，将来的数量就会减少，为了防止经济福利递减，实现最大化经济福利，他提出要鼓励储蓄，减少征税储蓄税。

以庇古的福利经济学为分水岭，包括庇古在内的以前的福利经济学称为旧福利经济学，其后的称为新福利经济学。

除了专注于经济学的福利部分，庇古在经济学其他领域也颇有建树，提出了很多深刻的理论，比如著名的庇古效应、对外部效应的解读、对价格歧视的探讨等，对其后经济学家在垄断定价理论的探讨，提供了理论依据，具有积极意义。庇古也是第一个反对凯恩斯宏观经济学革命的学者。

庇古的性格也有两个阶段，第一次世界大战之前，庇古乐观快乐，爱与人交往，第一次世界大战之后，因不想上战场伤害他人性命，庇古拒绝服兵役，成了一个相当孤僻的隐居者。

□ 图解经济学

第六章
凯恩斯主义

凯恩斯革命序曲——罗斯福新政

20世纪30年代，西方世界经历了最严重的一次经济危机，这次经济大萧条震撼了各主要资本主义国家，涉及所有的殖民地和半殖民地。从1929到1933年，经历了长达4年之久的大危机，资本主义世界陷入长期的萧条之中。当时，美国5500家银行倒闭，大量工人失业，工厂停止生产，商店关门，商品滞销，人们生活水平直线下降，积累的财富眨眼间付诸东流。资本家宁愿将卖不出去的牛奶倒入大海，把粮食焚烧，也不救济穷人，这无疑加深了阶级矛盾。

富兰克林·罗斯福像

1933年，富兰克林·罗斯福临危受命，就任美国第32届总统，上台后就展开了一系列的经济救助措施，这些措施被称为"罗斯福新政"。他的新政内容可以用"三个R"来表示，复兴（Recovery）、救济（Relief）和改革（Reform）。具体内容如下：在金融方面，积极推出挽救银行的改革措施。下令银行休业整顿，财政部监督其重新开业，逐步恢复银行的信用。为了应对钱荒，罗斯福放弃金本位制，停止黄金出口，使美元贬值，促进美国出口，刺激经济。他还通过相关部门制定立法，加强对证券市场、货币市场的改革。

救济是罗斯福新政的重要内容，有以工代赈、社会保障制度。1934年，联邦紧急救济署通过以工代赈，给失业者提供从事公共事业的机会，为其提供了合适的工作岗位，维护了失业者的自力更生精神和自尊心。第二阶段，他通过多项立法，包括《社会保险法》《公平劳动标准法》等，为老年人、失业人员提供了保险保障，还着力改善劳动者穿不暖、住不好、吃得差的情况。还在《公平劳动标准法》中明确规定了合理的工作时间，提高工资水平，限制童工，提高工资环境质量等。

罗斯福新政犹如一道闪电，截断了经济萧条的路途，新政效果立竿见影。其后，美国经济回升、市场稳定、失业人数大幅度下降，资本主义制度得到调整、巩固与发展。更为关键的是，罗斯福开创了国家干预经济新模式，美国进入国家垄断资本主义时期。新政在美国和世界资本主义发展史上具有重要意义。

罗斯福新政的思想精华与凯恩斯等学者主张

1929年11月初在纽约切尔西银行门口挤兑的人群。

的宏观经济不谋而合，经济大危机和罗斯福新政成为凯恩斯经济学产生的催化剂，直接推动了凯恩斯思想的产生。经济大萧条的出现更加印证了国家干预经济的重要性，凯恩斯认为，资本主义不可能通过市场机制自动调节到公共事业健全、充分就业、投资消费均衡的状态，他反对自由放任主义，强调通过政府这只"看得见的手"来维护国家垄断资本主义的利益。在1936年出版的《就业、利息与货币通论》中，凯恩斯系统地阐述了其理论。该书的核心问题是如何达到市场供求双方力量的均衡，实现充分就业。融合心理学、法律学，凯恩斯提出有效需求、简单国民收入、经济周期、充分就业、乘数等理论。《通论》一经出版，便在西方经济学界和政界引起了轰动，有人将《通论》的出版视为是经济理论上的"凯恩斯革命"。

理论的准备——"投机家"凯恩斯

约翰·梅纳德·凯恩斯（1883～1946），英国著名经济学家，因"凯恩斯革命"而闻名世界。凯恩斯出生在英格兰的剑桥，父亲是著名的逻辑学家和政治经济学家，母亲是一名法官，还担任过剑桥的市长，对公共事务和社会化工作极其感兴趣。受父母影响很深的凯恩斯，14岁从伊顿中学毕业后进入剑桥大学国王学院学习。期间，凯恩斯遇到马歇尔和庇古两位出色的经济学导师，并跟随他们攻读经济学，被导师认为是天才。

在印度事务部任职时，凯恩斯写下了他的第一部经济著作：《印度通货与金融》。偏好数学推理的他，因一篇优秀的概率论论文而入选剑桥大学国王学院院士，同样，以一篇指数讨论的文章获得亚当·斯密奖。凯恩斯28岁时成为《经济学杂志》的编辑，同时管理着该杂志出版方——皇家经济学会的投资（在他的管理下取得了非比寻常的成功）。另外，凯恩斯还是英格兰银行管理机构的重要成员，并担任一家人寿保险的董事会主席和其他几家大公司的董事。由此可以

约翰·梅纳德·凯恩斯像

□ 图解经济学

巴黎和会是"一战"后帝国主义的分赃会议，帝国主义战胜国都企图借此机会掠夺战败国，抢占弱小国家的丰富资源，以扩大自己的势力范围，凯恩斯作为代表无力影响结果，深以为耻。

看出，凯恩斯是一名成功的金融家，也是一名成功的投机者。

1919年，凯恩斯向家人借来数千英镑，创建了一个外汇投机账户，开始了期货交易。最初，他将外汇投机当作一种消遣，只是为了锻炼自己的知识和判断力。很快，通过外汇和外国商品交易，凯恩斯得了50万英镑的收入，这份收入是非常可观的。不过，投机市场的不确定性远远大于其他市场，即便是凯恩斯这样拥有深厚学术知识和实战经验的经济学家依然会被市场打败。好景不长，凯恩斯判断失误，造成大额度亏损，最终导致破产。

伦敦市的新证券交易所，吸引了英国各个阶层的人来进行投资。

这次失败并没有使凯恩斯停滞不前，相反，根据这一事件，他倒也领悟出了一点投机者的含义：如果投机者像泡沫一样漂浮在企业发展的洪流中时，他未必会产生危害，但如果企业成为投机主体时，这种泡沫一定会爆破，那时候的形势会很严峻。比如，人们如果以投机心态工作，工作多半是做不好的，而一国积累的资本也会变成是赌场的副产品。

接下来，凯恩斯重整旗鼓，继续外汇操作。后来，他的投资兴趣扩延到棉花、小麦、铜、锌、橡胶、黄麻等大宗商品上，最后进入证券市场，并获得了成功。1937年以前，凯恩斯主要从事商业经营活动，创建国家投资公司、经营大型保险公司。所有这些市场投资经历和数据信息，都为他日后的研究所利用——如在凯恩斯重要的流动性偏好理论中，投机需求就被视为人们持有货币的原因之一。1926年，凯恩斯出版了《自由放任的终结》，这本小薄书反映了他对当时市场很多风险、无知、不确定性的认知。他指出，大企业通常是一种彩票，有些人借不确定性和无知获利，这样就导致财富分配的不公平、失业和对理性经济预期的失望。

投机行为还为凯恩斯积累了巨额财富，保证他能够在衣食无忧的情况下，集中精力去完成学术研究。不过，家财万贯的凯恩斯仍然过着简朴的日子，他还慷慨解囊帮助朋友渡过难关。因受母亲关注社会福利事业的影响，作为数个慈善信托机构顾问的凯恩斯，在支持慈善事业方面亦是毫不吝啬，通过各种方式来支持慈善事业的发展。

凯恩斯的《通论》——经典著作

1936年出版的《就业、利息和货币通论》，是凯恩斯的代表作，这本著作是1929～1933年西方资本经济大危机的直接产物，其中的思想开辟了经济研究的新阵地，更把宏观经济研究提到很高的水平。凯恩斯提出了政府适度干预经济的主张，极大冲击了长期占据统治地位的传统古典经济学派的理论，因而形成了声势浩大的"凯恩斯革命"。有人将这一理论誉为一场像"哥白尼在天文学上，达尔文在生物学上，爱因斯坦在物理学上一样的革命"。

凯恩斯的《通论》中有许多与以往传统古典经济学不同的地方。

首先，凯恩斯理论的立足点是要治疗资本主义存在的弊病，他没有像马克思那么激进，希望通过阶级革命重建新的社会制度，相反，凯恩斯准确地为资本主义把脉开药，寻找出资本主义自身存在的重要防疫系统主体——政府，顺势提出几个已经存在的问题症结。第一，彻底改变以往只依靠市场自动调节的做法，加强政府干预，扩大政府在调节经济中的职能。第二，摒弃过去注重储蓄积累社会财富的观点，他反对节约，提倡消费，甚至是浪费性消费。第三，强调投资，尤其是私人不能涉及的公共领域，因为消费不足所遗留的投资缺口不能交给私人，须由政府掌控。第四，鼓励政府用扩大财经开支的学说代替健全的财政原则，主张财政赤字，弥补有效需求不足。

凯恩斯能提出不同于传统经济学的学说，关键在于他对很多经济概念都有着不同的见解。在经济危机的问题上，受传统经济学思想

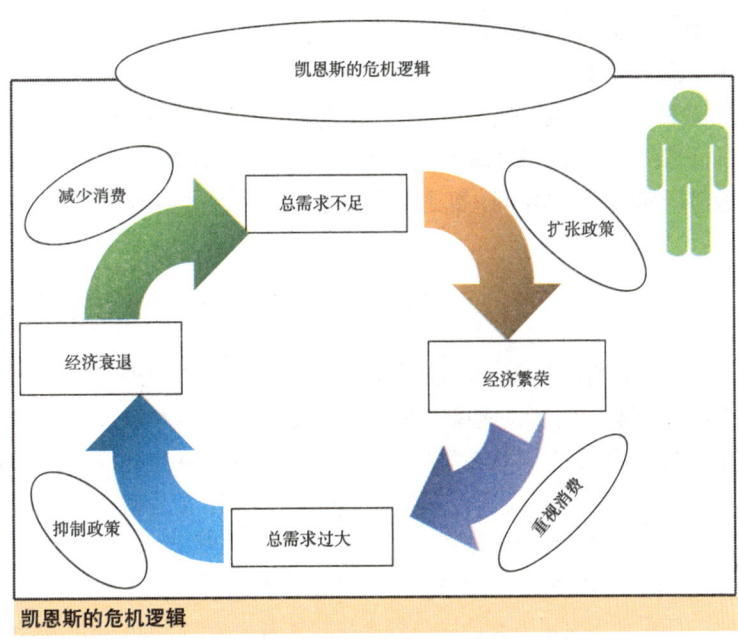

凯恩斯的危机逻辑

□ 图解经济学

> **知识点击**
>
> 瓦尔拉斯的《纯粹经济学要义或社会财富理论》共8篇，该书围绕产品定价、分配、再生产、流通和经济发展问题，逐章逐节进行了详细阐述。该书第一篇阐述了经济学研究对象。第二篇和第三篇研究消费品和消费服务的价格决定问题。第四篇和第五篇重点讲解分配和再生产问题，研究资本形成和固定资产的价格决定问题。第六篇研究流通资产的决定问题。第七篇从宏观入手，研究决定经济发展的因素。第八篇将研究定位在非完全竞争市场方面，研究垄断和国家赋税对价格形成的影响。

的影响，人们信奉萨伊"供给会自动创造需求"的理论，认为产品生产出来会自动与相应的产品进行交换，不用担心产品过剩的情况甚至经济危机的发生。在凯恩斯看来，这是极其荒谬的观点，他以有效需求为切入点，详细解释了需求不足所带来的一系列经济不良症状，投资热情的下降、工厂规模的缩小、工人非自愿的失业、经济的不景气。

1930年一幅卡通画抨击胡佛的《家业减负计划》，图中总统被描述成稻草人，端着一把枪赶走艰难岁月，"尽管它不完美，"胡佛说："但我相信总会有点帮助。"政策的不合理性加速了经济危机。

产生这种分歧的原因是对市场机制作用的不同看法。传统经济学家如斯密相信"看不见的手"的作用机制，认为资本主义机制有自动的调节性和完善性。凯恩斯驳斥了这种观点，并认为政府亦是经济发展强大的助推手，尤其是政府，一定要实施积极的财政政策，刺激消费和投资，拉动市场需求，挽救经济危机。

凯恩斯的《通论》也并不是十全十美的。比如，他对私人浪费和公共浪费一样赞同，支持蒙德维尔的"蜜蜂的寓言"——一个繁荣的社会为了获得储蓄的利益，而放弃豪华住所和娱乐的悲惨故事。虽然凯恩斯存在一些极端的观点，但是不可否认，《通论》以及凯恩斯本人都为经济研究开拓了新空间，凯恩斯不愧是一名伟大的经济学家。

凯恩斯定律——有效需求

与有效需求的概念相类似的消费不足概念，最早出现在英国经济学家马尔萨斯的《政治经济学原理》中，当时他就预见社会有效需求不足可能会导致资本社会经济危机的产生。1936年，凯恩斯重提有效需求概念，这一次凯恩斯将其系统化，并尝试结合更多的经济现象，寻找它们之间可能存在的联系。那什么是有效需求呢？凯恩斯认为，有效需求就是商品的总供给和总需求达到均衡时的社会总需求。有效需求首先要有效，然后它是一种均衡状态，是长期动态变化中的一种稳定状态。在这里需要指出，均衡并不意味着有效率。

那么通俗来讲，有效需求到底是什么意思呢？假如一位女孩想出嫁，但找不到满意的男孩，这是男孩有效供给不足；反过来，男孩有心娶姑娘，但是达不到姑娘的要求，这对姑娘来说，就是不能满足她的有效需求。

凯恩斯试图用有效需求论来解释经济萧条时商品滞销、工人失业的现象。首先，他认为有3个因素在影响有效需求，即消费倾向、资本边际效率递减规律和流动性偏好。

其一，消费倾向是一种现象，就是人们的消费会随着收入的增加而增加，但是消费的增加量一般比收入的增加量小。可以想象，在满足基本必需的日常生活消费和精神消费后，如果收入还是持续不断增加的话，消费是很难以同样的比例跟进的，这就导致了消费需求的不足。

其二，资本边际效率与边际消费递减相类似，在投资初期和中期，投资和收益能够同比例增长。但是在后期，有些会因为产业发展末期，有些会因为行业有差额利润存在，更多的企业为了抢占市场导致收益下降，收益呈现出下降趋势，这就影响到投资者的投资热情和消费者需求。

其三，流动性偏好融入了心理学内容，人们为日常交易需求预留部分现金，但却不去消费，这称为交易动机；为可能出现的疾病等意外变故预留现金，这是谨慎动机；投机动机则是人们会准备部分现金，去进行市场的投资来获利。出于这三种动机，人们会保持一部分货币现金在手中，而不会用来消费。

有效需求为什么会不足呢？有效需求由消费需求和投资需求组成。边际消费倾向递减、资本的边际效率递减和流动性偏好"三大社会心理因素"造成消费需求和投资需求不足，进而造成商品滞销、失业增加，整个国民经济在大量失业和闲置资源的情况下达到均衡——形成"富

位于旧金山以南75千米的硅谷是美国电子科技行业的大本营。它在1950年随着电子计算机的问世应运而生。是由斯坦福大学实验室演进而来的电子高科技园区，目前已成为全世界发展速度最快、规模最大的高科技和微电子科研产业区。

□图解经济学

凯恩斯：宏观经济理论的奠基人

　　凯恩斯主义主张国家采用扩张性的经济政策，通过增加需求促进经济增长，即扩大政府开支，实行财政赤字，刺激经济，维持繁荣。其不仅在历史上对西方经济学和资本主义国家的经济政策产生过巨大影响，而且他的理论和政策观点今天仍在发生作用。

提出了有效需求原则

提出流通偏好

　　有效需求，是指商品的总需求与总供给相等时的总需求。

　　凯恩斯把人们对货币的需求称为流动偏好。流动偏好表示人们喜欢以货币形式保持一部分财富的愿望或动机。

凯恩斯对经济学的贡献

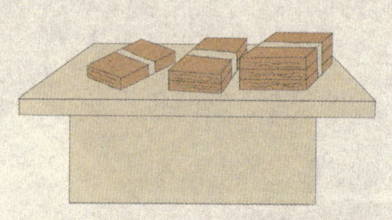

提出资本边际效率

　　资本边际效率是一种贴现率，这种贴现率正好使一项资本物品的使用期内各预期收益的现值之和等于这项资本品的供给价格或者重置资本。

裕中的贫困"现象。为了弥补收入与有效需求之间这个缺口，就只有采取必要的政策，刺激投资的增加。因此，凯恩斯指出，有效需求理论可以概括为，根据大众心理，整个生产和就业水平决定于投资总量。

研究有效需求有什么意义呢？在凯恩斯看来，以前的经济学家和工厂企业对需求尤其是有效需求的重视程度不够，认为生产是创造财富、促进经济不断发展的重要方式。凯恩

罗斯福政府为扩大政府支出，修建了一批大型工程以提高就业，图为1937年修建的金门大桥，耗资达300万美元。

斯一反他们的观点，认为不是供给决定需求，而是需求决定供给。殊不知，有效需求不足直接导致产品无人消费，生产不景气就只得缩小规模，裁减人员，非自愿失业人数就会增加，经济形势也会严峻起来。当然，过度需求也可能会造成通货膨胀。

总而言之，有效需求理论是凯恩斯宏观经济的核心内容，是增加社会有效需求的对抗经济萧条的对症良药。所以，政府要在经济萧条期刺激社会需求，经济过热期抑制消费需求。

相对收入说——消费比较

凯恩斯的绝对收入消费理论认为一个人的消费行为只是由收入和边际消费倾向决定的。可是在现实生活中，是不是也有一些可以被量化的因素呢？美国经济学詹姆斯·杜森贝里认为，消费者的消费行为还会受自己过去的消费习惯和周围人消费水平的影响。这样说来，消费行为也是相对的，这就是相对收入消费理论。

詹姆斯·杜森贝里曾先后在麻省理工学院和哈佛大学任教，主要著作有《收入、储蓄和消费者行为理论》《经济周期与经济增长》《货币与信用：冲击与控制》，还与人合著《美国经济计量模型入门》《货币、银行和经济》等书。相对收入消费理论便出自他1949年出版的《收入、储蓄和消费者行为理论》一书，该书因研究消费理论和凯恩斯解说而闻名，有着很深远的影响。

杜森贝里的相对收入消费理论是以社会文化因素为假设出发的，他假定储蓄是文化消费的剩余；另一个假设的竞争是决定消费行为的普遍法则。在杜森贝里看来，消费是为了当下的竞争，储蓄是为了未来的剩余。经过竞争，剩余部分才被储蓄起来。

异于斯密、凯恩斯等人的观点，杜森贝里认为消费的长期和短期影响因素要结合起来。从短期来看，考虑到现期收入、利率等因素，储蓄会有一定波动，那么储蓄的剩余也会引来消费部门的波动，但是从长期来看，收入减少对消费影响不大，收入增加对消费影响较大。比如，一个人的收入突然增加很多，那么相应地，他的消费水平肯定也提高很多；如果一个人的收入

□图解经济学

当一个英国人初至巴黎，他必须尽快寻找裁缝、鞋匠及其他手艺匠，以求达到外在衣着上的一致。模仿是人的本性，图为一些外国旅行者身着巴黎服装在巴黎皇家画廊散步。

减少了，那么根据他以往的消费习惯，他的消费水平向下浮动的空间并不会很大，这是因为棘轮效应的存在。

棘轮效应是指消费者的消费习惯形成之后，向上提高容易，向下调整不易，体现出一种不可逆性，尤其是在短期内，这种习惯的特征更加明显。举例来说，富家子弟由于家道中落，生活拮据，消费水平直线下降，因为受高峰收入时的消费行为影响，他最开始的时候是最难以适应的。这与凯恩斯主张的消费可逆性是截然不同的。

在时间上，人们有成型的消费习惯；在空间上，杜森贝里也认为周围人消费的攀比和模仿也影响着个人的消费行为，这一点可以概括为示范效应。示范效应是指由于人们的欲望，会希望在消费水平上赶上或者超过同一阶层的其他人，或是如果收入相对下降，他们会顾及社会地位。受这种欲望心理的影响，个人就会动用储蓄，增加消费支出，该行为也被称为"打肿脸充胖子"式消费。这种心理会促使短期消费函数随着社会平均收入和消费的提高而上升。

总体来说，杜森贝里的理论可归纳为两个效用说，即棘轮效应和示范效应，相对收入消费理论可以说是在绝对收入消费基础上的细化，进行了一定的修正和发展，我们可以很容易地在身边发现类似的情况。示范效应下，超前消费和过度消费普遍存在。同时，随着世界经济联系的紧密性加强，在国际区域内的消费模仿也逐渐明显：西方欧美时尚着装的传播，刺激很多国家的人们盲目追求高档次消费，来迎合社会审美观。

当然，该理论本身也有许多不完善的地方，最突出的一点就是没有足够的经验研究佐证。杜森贝里研究的范畴更多的是社会消费行为，人们相互之间的影响，一个团体影响另外一个团体，而不是相互独立的个人的消费行为。其棘轮效应说明了消费具有

> **知识点击**
>
> IS-LM模型——是由英国经济学家约翰·希克斯和美国经济学家汉森共同提出的分析模型，该模型作为宏观经济的研究工具，主要描述产品市场和货币市场的互动变化关系。IS曲线代表产品市场的均衡，LM曲线代表货币市场的均衡，即需求＝供给，在产品市场和货币市场同时均衡的条件下，进而研究国民收入和利率的关系。该学说认为，个人或家庭的消费和储蓄水平，仅由家庭的现期收入决定，长远来看，则是由其劳动收入和财产收入的预期长期收益决定。这也就意味着，个人或家庭的消费和储蓄水平决定于他们在其生命周期中所处的阶段。

一定稳定发展的特性，有稳定经济的作用。不过很多经济学家对杜森贝里消费不对称的说法持怀疑态度，因为从实际情况来看，短期收入和消费是正相关关系，并不存在很明显的不对称性。

利息——放弃流动偏好的报酬

经济学中"流动性"的概念，是指在价格合理的市场，持有一种资产需要花费多长时间变通为货币形式的财富。按照时间不同，流动性最高的是货币现金，其次是银行存款，之后就是一些金融理财产品和股票等，耗时最长的就是不动产。当然这个前提就是市场自由、价格合理。

流动性偏好就是偏好手持货币现金的愿意程度，人们出于交易动机、预防动机和投机动机，会手持一定数量的现金。资本本身是具有价值的，既有经济价值也有社会价值。其实，手持货币主要是为了应对社会生活中的一些意外事件，这就是货币的社会价值。比如，如果要借钱给朋友，可能会收取一定的利息，同样，要"借钱"给银行，即存钱到银行，也会得到利息。在这里，利息就是对流动性的补偿，这是我们在损失流动性和社会价值的基础上做出的牺牲，需要有等价的价值来弥补。另外，在时间上，今年的100元和明年的100元价值肯定是不一样的。随着时间推移，货币在周转使用过程中发生价值增值的现象称为货币时间价值，利息也是对时间推移做出的补偿。货币价值理论可追溯到节欲论，又被后人进行补充形成。

在不考虑通货膨胀和市场风险的作用下，放弃流动性在数量上会得到绝对数的补偿，即为利息，相对数的补偿是利率。因为有收益，人们会把闲置的货币通过各种各样的形式进行投资，通过利率补偿获得利息、股息、红利等各种收益。

以马歇尔、西尼尔等为代表的古典经济学派，认为利率取决于资本的供需双方力量。利率上升，储蓄增加，两者同方向变动；利率下降，投资上升，两者反方向变动。凯恩斯认为，这种理论忽视了收入的作用，收入是储蓄和投资的源泉，没有收入，储蓄和投资无从谈起。凯恩斯加入收入的因素，将范围进一步缩小到纯货币上来，认为利率是由货币市场货币的供给量和需求量所决定的。

货币由央行发行，一定时期内的供给量是固定的，若形成在横纵轴平面坐标中，横轴表示持有货币量（L），纵轴表示利率（i），那么固定的货币供给量就是一条与纵轴平行的直线。货币持有量就是一条向右下方倾斜的光滑曲线，因为在利率高的时候，人们愿意持有的货币量少，随着利率的下降，人们放在银行所获得的利息补偿微乎其微，这时候人们会取出存款或是抛售证券，

凯恩斯认为利息是人们放弃保存现金的报酬，能给人们带来快乐，所以利率通常为政府所利用来调节社会储蓄与消费的关系。

由于《银行保密法》颁布，瑞士银行业十分发达，瑞士人的储蓄率十分高，这为瑞士的发展奠定了基础。

变为手持现金。这条直线和曲线相交的点就是达到均衡水平的利率。那么利率会无限下降吗？凯恩斯认为，当利率下降到一定程度不能再低的时候，人们反而会产生利率上升的预期，货币的需求弹性会变得无限大，无论多少货币都会被人们储蓄起来。体现在坐标图中，在某一利率水平，曲线末端会变成与横轴平行的直线，不再下降，这一段区域被称为是流动性陷阱，并且政府为刺激经济，这一区间的货币政策是无效的，只能依靠财政政策。

因为人们对利率具有的高度敏感性，以及利率本身的强大调节功能，在利率公开市场化的一些国家，利率被用来调节经济运行。不过传统上认为的货币政策三大工具是法定存款准备金、再贴现和公开市场操作，这是一个传导机制，本质上都是通过运用货币政策影响金融机构的信贷行为，进而影响社会货币供应量和流通总量，最终实现对宏观经济的调整。

投资——利率与实际GDP

在《就业、利息和货币通论》一书中，凯恩斯曾说，该书首先是研究解决决定总产量和就业规模发生变化的力量到底是什么，而总产量的大小取决于投资支出。关于这一点，凯恩斯在有效需求理论中进行了阐述，即有效需求增加引起投资扩大，进一步增加就业和国民收入。如果说有效需求是核心，那么投资就是直接影响因素，需求不能有效转化成投资，后面的环节就不可能成立。

经济学中所指的投资主要是指新建厂房、购买设备、生产商品等商业投资，不包括购买股票、债券、保险等理财产品。根据投资范围的不同，投资被划分为重置投资、净投资和总投资。从投资形态来看，可以将投资分为自发性投资和引致性投资，自发性投资与收入水平无关，是一种独立进行的投资，与当时的经济状态无关，而是根据将来的预期实施的。引致性投资是随着经济状况的变动而变动的，如果收入水平不断增加，就会需要更多的投资，适应生产力的要求，才能生产出足够的产品。

在现实经济生活中，国民收入和利率是决定投资的主要因素。利率是投资最直接的成本体现，

这幅墨西哥壁画用夸张的手法描绘了早期的资本家为了追求利率而不惜一切手段进行贸易掠夺的场景。

货币使用者需要以利息的形式支付给货币供应者相应的报酬。投资和利率的关系如下：利率上升，利息上升，投资成本上升，投资需求下降；反过来，利率下降，利息减少，成本下降，那么企业的投资需求上升。因此投资需求是利率的减函数。简而言之，利率提高，投资减少；利率下降，投资增加。影响利率的因素有：一，平均利润率。利息是平均利润率的一部分，在其他条件不变的情况下，平均利润率上升，利息率也要上升；二，借贷时间长短。借贷时间长，风险大，利息也就高；三，物价水平的变动。物价上涨超过利息率，实际收益就成了负数。所

巴拿马运河是连接太平洋与大西洋的海上交通要道，由美国1903年开始投资修建，在此后的几十年里使美国获得巨大的利益。

以，在一般情况下，利息率要高于物价指数。

投资是国民收入的增函数。一方面，国民收入的总体水平决定了投资的规模；另一方面，国民收入的预期收益变动促使投资的相应变动。两者之间的关系如下：国民收入上升，储蓄增加，人们消费需求增大，需要更多投资。而国民收入下降的话，人们消费欲望不足，生产也就相对缺乏动力，投资需求也就会下降。由此来说，国民收入和投资是同方向变动的。

市场要进行投资时结合利率和GDP，可以根据投资曲线和投资乘数来确定投资决策。凯恩斯认为，随着投资的增加，资本的边际效率递减，在坐标轴第一象限会形成一条向右下方倾斜的直线，这就是边际资本效率曲线，它表示随着利息的下降，投资量会增加。由投资变动而引起的收入变动，叫作投资乘数。投资乘数发挥作用基于两个条件，一是社会的总供给大于总需求，社会生产力大量闲置；二是经济时间要足够长。

"经济人"的追求——利益最大化

在亚当·斯密的《国富论》中有这样一段话，模糊却生动地给出了"经济人"的概念——每天所需要的食物和饮料，不是出自屠户、酿酒家和面包师的恩惠，而是出于他们自利的打算。也许正是西欧商业经济的兴起，整个社会经济走向货币化，人作为经济活动的主体才开始渐渐地独立出来。

我们可以看到这个概念的本质特征就是经济人是为追求物质利益，出于自身利益最大化的考虑，而进行经济活动的。这也导致很多经济学家用人性自私论来解释经济人。之后，经过多位经济学家对这一概念的修正，如西尼尔确立了个人经济利益最大化公理，约翰·穆勒又在此基础上总结出"经济人假设"，后来的帕累托将经济人这个专有名词引入到经济学。1978年，诺贝尔经济学奖获得者西蒙进一步对此概念进行修正，提出"有限理性"的概念，认为人是介于完全理性和非理性的中间状态，试图来纠正其中的局限性。

很多时候，经济人在他人眼中就等同于人性自私。其实不然，在经济人身上体现着3种不同的特质，自利人、理性人和市场人。首先，自利人是指为了追求私利，经济人在市场活动中会向着金钱利益看齐。见利忘义、认贼作父、

每个人都在衡量自己的付出与回报，以使自己的利益达到最大化。

颠倒黑白、指鹿为马都是平常之事，这样一来就不难理解那些昧着良心生产假冒劣质产品的行为了。他们生产交换考虑的不是社会的利益，而是自身的利益。追求自由平等固然重要，可是这种自由的观念无意中被扭曲成自我行为过分的借口。其次，理性人是指经济人在经济活动中的头脑要永远保持清醒，这种精打细算的思维使他们在经营上面肯花费大量时间。通过市场考察、成本计算、产品设计等，达到用最小的成本生产最适合市场需要的产品，以获得最大的利润。长期关注投入产出的均衡等问题，为经济趋于合理健康发展提供了丰富的理论和数据资料。最后，市场人。经济人的活动范围是市场，没有市场就没有经济人，所以，他们要自觉遵守市场条件下存在的一些制度、政策，而且不管是买方还是卖方，都不能完全由着自己的想法来，需要得到对方的同意才能达成交易，也就是斯密所谓的"主观为自己，客观为大家"。

美国的西进运动
人们在权衡了可能的风险与收益之后，纷纷进军西部、开发西部。

对这个主观性色差强烈的经济人概念，我们承认它在推动经济发展、完善市场方面的重要作用，这种自发使部分领域产权清晰的经济行为，促使一些人力、物力、财力资本向高效的地方流动。

不过，经济人理论还存在着很多局限性。首先，它忽视了人的需求是多样性的。人们不是只需要利益满足的，在马斯洛的需求层次理论中我们知道，人除了经济利益追求之外还会致力于获得尊重、安全、健康、情感和社会地位。人们生活在社会群体中，首要的身份就是一个社会人，而非经济人，社会环境决定了人的需求的多样性。其次，在现实中，人们不一定追求最大、最优、最满意的结果，而是在自己所知、所能及的情况下，选择行为方式达到最满意程度。比如要实现利益最大可能会有牺牲生命的危险，在这种情况下，经济人是不会冒险去做的。再者，经济人研究受到时间限制，在经济发展后期不适用。这点是从历史的发展来反驳的，在经济发展初期，市场资源供应相对不足，那时人们对财富的理解就是真金白银、谷物粮食。为了得到足够供给的财富，人们会有经济人特征的行为出现，不过，在经济发展的后期，随着社会责任感、知识层次不断提高，人们的意识开始慢慢脱离经济人的束缚，着力于社会和个人、经济和环境的协调持续发展。这时候的经济行为所带有的自私自利色彩不再那么凝重。最后，经济人理论适用的研究领域有限，尤其是在经济联系紧密程度加强、合作意识深入人心

□ 图解经济学

的当下,如社会福利、公共产品、区域合作、收入分配等领域,整个社会制度的完善和个人意识的醒悟,使经济人分析的作用更加受限。

如今,在一些领域仍能看到经济人行为,这种行为也产生了或好或坏的作用。针对那些不好的行为,就需要社会的道德监督,需要政府的制度引导和约束,使人的自利自私行为能在客观上推动社会的进步与发展。正如哈耶克所说,真正的问题不在于人类是否被自私的行为所左右,而在于找到一套制度,使人们即能够根据自己的意愿做出选择,也能尽可能地为满足他人的需要贡献力量。

效率与公平——神父分粥

我们先分享一个故事。一座教堂里有7个神父,他们每天分食一桶粥,可每次分的粥分量都不相等。为了兼顾公平,让每个神父都能吃饱,神父们尝试过很多分粥的方式。最开始,他们商定由一个最年轻的神父负责分粥,不过很快大家发现,除了他能吃饱外,其他人总是饿肚子,因为最年轻的神父总是自己吃饱后再给别人分剩下的粥。于是,在大家的倡议下换了一个神父,但这次依然是分粥的神父分量最多,其他人还是饿肚子。大家尝试第三种方法,这次提议轮流分粥,每天由一个神父来分粥。结果一周下来,他们只有在自己主持分粥的那天能吃饱,其余六天都是半饥饿状态,显然这种方法也行不通。第四种方法是推选一位德高望重的长者出来分粥。

起初这位长者还算公平,分给大家的粥基本差不多,但好景不长,他也开始为自己和讨好他的人多分粥,神父们认为这是监督不到位才有失公平,对此他们成立了三人的分粥委员会和四人的监督委员会。通过相互监督和提议来解决分粥过程中的不公平现象。可有时议案复杂,争执时间很长,委员们一番征讨下来,粥已经凉了。最后,他们吸取经验教训,想出第五种方法,依然是每天每人轮流分粥,不过当天主持分粥的人要最后给自己盛粥,也就是要先给其他

> 美国艾利斯岛在17世纪曾是荷兰人的野餐胜地,在以后的200多年里,填海造陆,大大扩大了岛屿面积,成为移民美国的主要关口。美国在200多年的发展里形成了一个移民大国,多种文化融合冲撞,对每个个体而言都以保护个人利益为第一原则。

102

神父分完之后才给自己。

出乎意料的是，依靠这个方法，每人碗里的粥分量几乎差不多，就像用仪器称量过一样。大家这才意识到，分粥人要尽量保证给其他人的量合适才不至于自己分量过少。从此，神父们都能吃上分量均等的热粥了。

在这个故事中，粥的分量是固定的，短时间内不能再增加，剩下的问题就是如何在坚持公平效率相结合的原则下把粥分好，既不能因为提案争执影响效率，更不能因为私心导致不公平。这就启示我们要敢于跳出传统思维去寻找新的解决问题的办法，不断尝试是必经的过程。制度是人类社会中成文或者不成文的规定，约束着人们的行为和利益归属，分粥其实就是一场博弈的过程，体现了制度在其中产生公平和不公平的效应，公平就是使各种力量的博弈达到均衡状态。规则却是至关紧要，有时候比技术更重要，规则是人制定的，它是不断博弈与交易的结果。

然而神父们吃不饱，除了粥分得不够，还可能因为粥的总量不够。也就是说，收入分配涉及效率和公平的关系，其中既包括如何提高粥的总量，也包括如何把粥分得更平等。我们知道，分配的基础是生产，没有经济发展，平等也不过是共同贫穷而已。比如，神父的粥不够吃，这时候就需要想办法扩大财富（粥）的总量——可以让神父们在山上开辟一片土地种植谷物收获粮食，或者是开辟其他的经济来源。

而在现实生活中，小到一个企业，大到一个国家，都是一样的道理，首先要有粥才有可能分粥，而且粥的分量要足，这样在人数一定的情况下，每个人分得的粥才会尽可能地多；粥做好之后，在分配的过程中还需要建立机制，保证公平和效率。其实做粥就是财富积累，很多的经济学家都做过理论解释，可以通过技术革命、产业升级、机构调整等方式来降低成本，提高效率。

萨缪尔森——用教科书引导几代学子

保罗·萨缪尔森（1915～2009）绝对是美国经济学界极其重要的一位人物，是第一位获得诺贝尔经济学奖的美国人，他的经典著作《经济学》被译成40多种语言在全球销售，是全世界最畅销的经济学教科书，深深影响了几代人。

1915年，保罗·萨缪尔森出生在美国印第安纳州，父亲是一名药剂师。1936年，萨缪尔森从芝加哥获得文学硕士学位后，进入哈佛大学攻读理科科学并获得博士学位。这位公认的数学天才在哈佛学习期间被凯恩斯革命吸引，并希望能把数学应用到经济理论研究中去。1947年，萨缪尔森在博士论文中用数学提出并证明了经济学的主要问题，这篇名为《经济分析的基础》的论文也为他赢得了很高的学术声誉。毕业后的萨缪尔森在麻省理工学院任职，

萨缪尔森像

专心于经济学研究，并发表了大量的文章，这些文章数学性强，很多都是只有专业领域的人才能读懂的知识。

1939年，萨缪尔森发表了两篇论文，并提到了乘数和加速数的概念，这不是什么创新的概念，卡尔提出过乘数的概念，凯恩斯也将乘数用于他的研究。萨缪尔森在导师汉森的建议下，用微积分方程来解读了乘数和加速数之间的关系。萨缪尔森用微积分证明了消费（收入）的变化将取决于边际消费倾向的大小和加速数系数的大小，认为总需求的变动是引发经济周期的关键性因素：投资增加通过乘数效应引起需求和国民收入的增加。反过来，国民收入增加通过加速数效用又促使投资进一步增加，如此反复，经济便呈现繁荣的景象。一个环节出现不足，该循环就不会继续下去，经济就会出现衰退。

萨缪尔森还同其他经济学家提出了很多经济学思想，如有效金融市场理论。有效的金融市场指的是，所有的新信息都能很容易地进入到金融市场，并及时为大家所理解。在这样一个理性的市场中，任何一家企业的信息均能反映在股价上。该理论认为市场价格已经包含了所有信息，所以只依靠过去的信息或以往价格变化的形式来赚钱是不可能的，并且从长期来看，投机者是不能从有效市场中收获什么的。

公共支出理论是萨缪尔森与维克赛尔、林达尔、马斯格雷夫一起研究出来的结果。该理论认为，公共产品是所有成员共同享用的集体消费品，比如国防、路灯，不需要社会成员购买，人们却能实实在在地享受到它带来的好处，任何人都不能像私人产品一样占用，这就是公共产品的非排他性。公共产品的"免费搭车"现象隐瞒了消费者的真实需求信息，不能达到帕累托最优，而且公共产品无法靠收益弥补其成本，因此，私人是不愿进入公共产品领域的，这就需要政府公共部门的介入了。

作为首个荣获诺贝尔经济学奖的美国人，没有人对萨缪尔森的获奖感到诧异，萨缪尔森是凯恩斯学说的集大成者，凯恩斯的交叉图就是萨缪尔森的一个发明。萨缪尔森的研究领域很广，包括消费者行为、线性规划、国民收入决定因素、财政政策与货币政策以及福利经济学等，以至于很难将其归入到哪个学派。1948年，萨缪尔森把数学引入到经济学，编写出版了《经济学》一书，这是一本经济学入门教材，被全世界数以万计的大学生学习应用。

萨缪尔森的很多理论也被其他学派所批评，比如对IS—LM曲线的解释就受到了很大的质疑，不过这些并不影响萨缪尔森的荣誉。萨缪尔森的一生有两个重要贡献：将数学引入到经济学；写下了一本被数万大学奉为经典的教科书。在萨缪尔森及其朋友的努力下，新古典主义的微观经济学和凯恩斯主义宏观经济学相结合的经济学原理发展为主流经济学。

知识点击

在萨缪尔森的《经济学》出版之前，众多西方经济学者将以马歇尔为代表的传统经济学奉为圭臬，以马歇尔为代表的传统经济学把单个消费者、单个厂商和单个行业作为分析的出发点。萨缪尔森在充分吸收这些观点的基础上，还把凯恩斯主义的东西融合进来，比如他借鉴了凯恩斯主义的消费、投资概念及对宏观经济的影响。萨缪尔森把马歇尔的"个量分析"和凯恩斯的"总量分析"结合起来，自成一派，形成了萨缪尔森的"后凯恩斯主流经济学"。

格林斯潘——"他一打喷嚏,全球都得下雨"

格林斯潘(1926~)是美国任职时间最长的美联储主席,从1987年8月开始,历经四位总统(里根、老布什、克林顿、小布什)。格林斯潘喜爱音乐和运动,曾经在摇摆乐队中担当小号手,还在派拉蒙剧院下面的一家夜总会里演奏萨克斯管。金融界这样评论格林斯潘,"格林斯潘一开口,全球投资人都要竖起耳朵""他(格林斯潘)一打喷嚏,全球都得下雨",甚至美国《财富》杂志曾经在封面写下这样一句话,"谁当总统都无所谓,只要让艾伦当美联储主席就行了"。由此也显现出格林斯潘在全球经济领域不可撼动的地位。

艾伦·格林斯潘像

艾伦·格林斯潘,1926年出生在美国纽约市。在他很小的时候,父母离婚,格林斯潘由母亲抚养成人。中学时期,格林斯潘显示出优于常人的数学才华,不过此时的格林斯潘更钟爱音乐,在20世纪40年代,他在纽约一所著名的音乐学院接受了两年培训,因为在低音单簧管和萨克斯管方面过人的演奏技巧而进入摇滚乐队担当爵士乐演奏员。那个时候的他,经常会趁着中场休息,一个人躲在角落看经济金融书籍。一年之后,他离开了乐队,转而进入纽约大学攻读经济学专业。

1948年,格林斯潘以优异的成绩从该校毕业,并获得学士学位。两年后,他继续在纽约大学深造,攻读经济学硕士,随后又在哥伦比亚大学攻读经济学博士。在哥伦比亚大学就读时,他同美丽的画家琼·米契尔结婚。同时,他和著名的经济学家亚瑟·彭斯成为挚友,共同搞研究。

1954年,因为婚姻的终止,格林斯潘也中断了博士课程。随后他和纽约债券交易人威廉·图森共同创办了图森-格林斯潘咨询公司。这一年,格林斯潘28岁。这家公司成为格林斯潘后来20年的职业基地。图森去世后,接过公司经营权的格林斯潘扩展经营范围,开始向企业高层管理人员提供经济分析意见,开发了一批在金融和制造业领域颇具影响的客户。正是这一挑战性的思维,成就了格林斯潘的未来之路。

1977年,格林斯潘拿到纽约大学的经济学博士学位。虽然已有20多年没再进行正规的学习,但他私下里给自己请了很多的老师,投入大量时间和精力阅读书籍、撰写论文,在微观宏观经济学、动态经济学、统计学等方面都取得了很大的成绩。格林斯潘有自己的主见,从不盲目跟从。他信奉经济自由主义,反对通货膨胀、垄断法和累进所得税。因为担当财经咨询顾问,从最基层实践中,他学会了如何使用复杂的定量技术去预测分析宏观和微观经济动向。长期的工作经历,使格林斯潘拥有了见微知著的本领,他可以从最小的细节开始,如库存量、产品交货时间等,通过研究数据的联系,最后看到经济发展走势的大轮廓。这些细节被他的朋友夸张地描述为,格林斯潘知道一辆雪佛莱轿车上用了多少个螺栓,他还知道拔去其中3个将会对国民经济造成什么影响。

□ 图解经济学

纽约曼哈顿
这里是世界经济贸易的中心。

　　1974年，赫伯特·斯坦恩声称不想再担任经济顾问委员会主席一职，因为其卓越的才能、良好的工作经验和口碑，白宫向格林斯潘伸出了橄榄枝，希望聘请格林斯潘担任该职位。起初，因不舍得自己一手创办起来的图森－格林斯潘公司，格林斯潘并不愿意接受白宫的聘请。后来，在挚友亚瑟·彭斯的劝说下，格林斯潘才同意担任这项职务，并成为历任经济顾问委员会主席中第一位"商业经济学家"。1987年，格林斯潘被任命为美国联邦储备委员会主席，该消息一经宣布，道·琼斯指数竟下降了22个百分点，债券价格下滑得更严重，一天之内就降到了5年内的最低点。除了股市的疲软，新上任的格林斯潘还要应对通货膨胀。原油价格跌到了每桶11美元，到了8月，又猛涨到每桶22美元，各种通胀压力促使美联储不得不在1987年9月4日将贴现率提高了0.5个百分点。可是，事情并没有那么简单，除了通货膨胀之外，股市也是危机四伏，甚至出现了骇人听闻的股市"黑色星期一"事件。在10月19日这一天，股票市场大幅度地下降了508点，账面损失高达5000亿美元。这一天下降的百分比为22.6%，竟然是1929年大萧条时著名的"黑色星期二"那一天的两倍。面对挑战，格林斯潘挺身而出，积极召开紧急会议，研究处理危机的对策，并在星期二开市前不到一个小时，发表了声明，称联邦储备委员会为了支撑金融系统，将根据其国家中央银行的责任，准备发挥其清偿来源的作用。这意味着对付危机的紧迫性已远远超过了紧缩银根的政策。接下来，美联储会根据需要，

运用财政政策治理通货膨胀的方式

通常来说，政府运用财政政策来治理通货膨胀有以下几种方式：

1.增加税收，使企业和个人的利润和收入减少，从而使其投资和消费支出减少。

2.削减政府的财政支出，以消除财政赤字、平衡预算，从而消除通货膨胀的隐患。

3.减少政府转移支付，减少社会福利开支，从而起到抑制个人收入增加的作用。

向金融体系注入资金，以防止金融崩溃。

结果证明，格林斯潘的政策是有效的。在格林斯潘的主持下，市场很快就平静下来，短短几个月内，人们挽回了黑色星期一中所遭受的全部损失。这是格林斯潘任职打响的第一枪，也是格林斯潘人生最辉煌的一刻。

从此格林斯潘频出"怪招"。格林斯潘非常警惕经济过热这一现象，只要一出现过热的迹象，他就会采取措施把温度降下来。他反对通货膨胀主义，勇于突破经济理论的束缚。在传统理论看来，失业率高于6%将导致经济萎缩，低于5%将触发通货膨胀，而且经济过热必将导致通货膨胀。1994年开始，他一次接一次地提高利率，加紧收紧银根的步伐。在1998年的全球金融危机中，他3次削减利率，不仅使美国免受金融危机的波及，还遏制住了危机蔓延的势头。为了能促进美国经济健康发展，格林斯潘注意到，在不同于以往的经济生产情况下，大规模的高科技投资可以提高生产率，同时能降低生产成本，因此他将自己的注意力放在了推动新技术革命方面。正是被称为影响力仅次于总统克林顿的格林斯潘，指挥着美国经济巨轮驶过了暗礁丛生的经济危机，并迎来了前所未有的经济繁荣。国际经济研究所所长伯格斯坦称格林斯潘不仅改变了金融政策，也改变了社会经济和未来，保证美国经济得以平安"软着陆"。一次次的辉煌成就，让人们见识到他神奇的经济决策能力。

格林斯潘对美国经济发展的贡献有目共睹。据统计，在美国400多名资深高级主管中，对格林斯潘的支持率是97%，一向苛责的经济学界对格林斯潘也是好评如潮。经济如同军事，在这个战场上，格林斯潘的主导地位是毋庸置疑的。《国家观察》杂志也曾经说过，格林斯潘称得上是一位高明的统帅。

第七章
货币主义

弗里德曼——货币主义的代表

米尔顿·弗里德曼（1912~2006），美国经济学家，因在"消费理论分析、货币史和货币理论研究领域中的成就"和"对经济稳定政策的错综复杂性的论证"方面的成就，荣获1976年诺贝尔经济学奖。其在世期间主要研究宏观经济学、微观经济学、经济史、统计学，因在凯恩斯主义盛行的时期坚持经济自由放任而闻名。

1912年，弗里德曼出生在纽约一个犹太人家庭。最开始时，弗里德曼的数学功课并不是很好，在拉特格斯大学念书时成绩也非常一般。学成毕业后的弗里德曼做了很多份工作，不过其工作重心始终在喜爱的经济学上。他会每隔几周给一些报刊写文章，用经济的思维阐述当下事件。其著作主要有《实证经济学论文集》《消费函数理论》《资本主义与自由》《自由选择》《价格理论：初稿》还有与施瓦兹合著的《美国货币史》等。

弗里德曼像

可以说，弗里德曼是站在凯恩斯对面的经济学巨人。与凯恩斯主张政府干预经济所不同，弗里德曼坚持经济自由，尤其强调货币作用。从20世纪50年代开始，在几乎全社会都笃信政府可以解决一切社会问题的时代，弗里德曼就鼓吹"自由经济"。他认为，市场机制在社会经济发展过程中的作用是最重要的，机制合理，那么市场经济本身可以实现充分就业，只是因为价格和工资的调整相对缓慢，需要一定的时间来形成平衡。在这个过程中，如果政府干预过多，无疑会打破它的进展。政府干预多是靠财政政策，弗里德曼这种在货币供给量不变的情况下，增加政府开支就直接导致了利率的上升，利率是投资的重要成本，与投资反方向变动。政府支出会刺激经济，私人消费也能刺激经济，但是私人投资成本随着利率提高而上升，并且政府支出份额多了，就把私人投资和消费的部分挤占了，这就是挤出效应。所以，弗里德曼坚持认为货币政策才是政府施政的政策重心。

□ 图解经济学

现代货币数量论是弗里德曼整个理论体系的基石。1956年，在一片反对声中，弗里德曼出版了《货币数量论——重新表述》一书，标志着现代货币数量论的诞生。在之前，古典学派、凯恩斯等也都对货币数量的进行过阐述，古典学派主要讨论货币供应量变化和价格水平变化，货币量的改变只会引起价格的变化，却不会引起实际产量的变化，认为货币是中性的。凯恩斯在货币谈论中主要是著名的流动性偏好理论，持有货币的三种动机。弗里德曼基本上继承了传统的货币数量论，他也很看重货币数量和价格水平之间的关系，同时从微观出发，把货币看成是受利率影响的一种特殊资产。在弗里德曼看来，人们对货币的需求主要受3种因素影响：收入或财富总量、持有货币的机会成本、持有货币给人们带来的效用。

首先是收入或财富总量，也称为预算约束。每个人所能持有的货币及其他总财富数量是有限的，而且因为受到经济波动的影响，用一般的现期收入指标来衡量财富是不准确的。他提出用持久性收入（或称恒久性收入）来代表财富。所谓的持久性收入就是指过去、现在和将来的收入平均数，即整个时期的平均收入。

弗里德曼还注意到总财富中有人力财富和非人力财富。人力财富是个人获得收入的能力，非人力财富即物质财富。人力财富和非人力财富各自在总财富中的比率也会影响货币需求。其中，人力财富的流动性最差，若人力资本占财富总量的比值较大时，就会拉低总财富的流动性。所以，人力财富在总财富中的占比越大，对货币的需求就越大；非人力财富的占比越大，对货币的需求就越小。

1950~1953年的朝鲜战争使得美国国内经济问题严重。

机会成本是指为了得到某种东西所要放弃的另一些东西的最大价值，比如说即将毕业的大学生，可以选择就业，也可以选择继续深造，如果就业，可以带来每年的工资收入，如果选择升学，那么为了学到更多知识，他就要放弃每年稳定的工资收入，这些工资就是机会成本。持有货币的机会成本就是将范围限制在货币所产生的收益上面了。再比如，假设A有100万元现金，他用这些钱去投资购买了一套房子；但如果他把这100万元存入银行，可以收获5000元利息；若是投资股市，一年内也许还可以获得5万元收益，这100万元货币的机会成本就是用在其他地方带来的最大收益。钱生钱，货币是具有收益性的，其他金融和实物资产包括债券、股票、房屋等也是有收益的，它们的收益可能大于零、等于零、小于零，对它们收益率的不同预期，就会出现不同的选择。有人持有货币，有人会选择投资股票。而且弗里德曼认为，资产预期收益率是变动的，它会随着其他资产收益率的变动而变动，在各种变动的收益产品中，人们可以选择持有货币和不持有货币。

货币所带来的效用，是财富持有者的偏好，比如流通需要，这种偏好与个人的生活习惯、货币制度相关，是一种主观评价，在短期内是稳定的。在此基础上，弗里德曼提取出变量建立了自己的货币需求函数模型，这些变量有持久收入水平、非个人财产占总财产比率、货币债券的预期收益率、物价水平、预期的通货膨胀率和偏好变量等，最终构成的函数比较复杂，变量过多，为计算和实证研究带来了一定难度，后来有学者对此函数进行了简化。

20世纪70年代的经济危机，各国的失业人数剧增，造成大量的罢工事件，而凯恩斯主义并不能解释这一现象。

20世纪70年代的美国处于滞涨状态，经济停滞加高度通货膨胀，伴以失业人数增多，财政赤字规模扩大。从表面来看，这次滞涨是石油危机所引起的，但本质却是长期奉行凯恩斯主义所致。正是这次经济的滞涨为货币学派带来了大展宏图的历史机遇。用弗里德曼的货币理论很好地解释了美国经济滞胀的原因，并影响到美国经济政策。

弗里德曼的理论不仅撼动了美国政界，改变了领导人在经济政策上一贯的思维方式，在经济学宝库中，亦是奉献了巨大的力量，将货币经济学推向新的历史高度。古典学派认为货币只是交易的一种工具而已，弗里德曼摒弃这一狭隘理念，将货币视为一种资产，从而将货币理论纳入资产组合选择理论中去。在需求函数中，他将预期因素放在重要的地位，比如预期物价变动率，这些独立变量的设置，使该函数更贴近真实的经济生活。同时，他注意到以往经济学家在货币理论中只顾抽象演绎的缺陷，因此他还强调实证研究的重要性，使货币理论变得更具可操作性，以形成具体的货币政策来影响经济发展。因为影响货币供给和需求的因素都是相对独立的，货币流通速度也是一个稳定的函数，加之函数式变量中，有些本身就具有稳定性，所以在弗里德曼看来，该函数具有较强稳定性。由此他指出，货币对总体经济的影响主要来源于货币供给方。

在经济研究上，弗里德曼思路清晰、逻辑缜密，在生活中同样也是如此。经济学家加里·贝克曾这样形容弗里德曼：他能以最简单的语言表达最艰深的经济理论。弗里德曼亦是极出色的演说家，能即席演说，极富说服力："无人敢说能争辩赢他，因为能与他辩论过已是无限光荣，没多少人能与他说上两分钟。"

> **知识点击**
>
> 英国人菲利普斯将英国近一个世纪的经济数据进行了研究统计，以此为依据得出的一个纯粹统计方面的函数曲线——菲利普斯曲线，这条曲线反映的是失业率和工资变化速度（也可以理解为通货膨胀）之间的替代关系。具体来讲，就是当失业率较低时，货币工资增长率或通货膨胀率就较高；反过来，当失业率较高时，货币工资增长率或通货膨胀率就较低，甚至出现负数。后来的经济学家也对这个问题进行了大量的理论解释，尤其是萨缪尔森和索洛，他们将原来表示失业率与货币工资率交替关系的菲利普斯曲线发展成为用来表示失业率与通货膨胀率交替关系的曲线。

货币数量论——关闭货币水龙头

16世纪，法国的重商主义学者让·博丹最早提出了货币数量的概念，几个世纪以来，经由洛克、孟德斯鸠、休谟、费雪、马歇尔、庇古、弗里德曼等经济学家进行不断修正予以完善，形成了货币数量论早期、近代和现代3个阶段的发展史。经过历史和实践的检验，现代货币数量论集前者的理论精华和当前经济实情，它的实用性几乎也没有什么争议，成为货币学派的代表思想之一。

用流通中货币数量的变动来说明其对商品价格和货币价值的影响，这就是货币数量论。该理论认为，在货币数量和物价及货币价值之间存在一种因果变动关系。理论的基本观点是：若其他条件不变，商品价格水平和货币价值取决于货币数量，商品价格水平与货币数量成正比，货币价值与货币数量成反比。也就是说，市场上流通的货币数量越多，货币的价值越低，商品的价格越高；相反，如果市场上流通的货币数量越少，货币的价值越高，商品价格越低。

根据这一理论就可以解释通货膨胀和通货紧缩了。通货就是流通货币的意思，包括流通在市场中的纸币、铸币等有形货币，通货膨胀就是流通的货币数量过多了，通货膨胀的典型特征就是货币贬值，物价上涨。反过来，通货紧缩就是市场上的货币数量不够，导致货币价值上涨，物价相对下降。这就是货币数量论中因果联系的体现，货币数量的多和少是原因，货币价值贬值和升值是结果。当然，不是说通货膨胀物价上涨一定是货币数量增多引起的，引起通胀的原因很多，只不过货币数量增加是直接原因。

首先，我们要明白，一定程度内的通货膨胀是被允许的。从人类社会长期发展来看，物价上涨是大的发展趋势，不可阻挡。根据菲尔普斯曲线可以知道，通货膨胀与失业存在着短期的替代关系，也就是在短期中，低程度的通货膨胀可以降低失业率，提高充分就业程度。政府财政赤字也会促使国家增加货币发行量，

> **知识点击**
>
> 根据通货膨胀的剧烈程度，可以将通货膨胀可分为三类：低通货膨胀、急剧通货膨胀、恶性通货膨胀。
>
> 低通货膨胀：此时物价出现缓慢上涨且这种上涨可以预测，人们对货币还是比较信任的，还可以理解为年通货膨胀率为1位数的通货膨胀。急剧通货膨胀：这个时候的物价水平会以2位数甚至3位数的比率上涨，产生了这种通货膨胀时，局面一旦确定并稳固下来，便会出现严重的经济扭曲。恶性通货膨胀：产生恶性通货膨胀时，货币几乎没有固定价值，物价每时每刻都在增长，受其影响，整个经济都会崩溃。

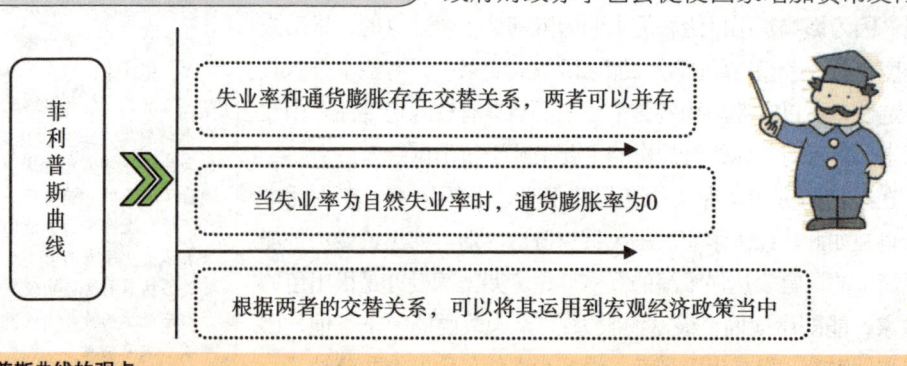

菲利普斯曲线的观点

来偿还债务，扩大社会投资，刺激需求。此外，因为刚性工资的特性，调高容易调低难，低通货膨胀还能达到名义工资不降低，实际工资降低的效果。所以说，只要不出现高强度的通货膨胀，温和的低通货膨胀对经济社会发展是有好处的。从货币数量论角度来说，如何治理严重的高强度通货膨胀呢？毫无疑问，那就是关紧货币

1948年12月，由于通货膨胀，一大群市民拥挤到上海一家银行门前，准备把自己贬值的金圆券兑换成黄金，在6个月的时间里，物价翻了8.5万倍。

的水龙头。弗里德曼给出的一剂良方，就是货币供应的增长率必须要跟世纪经济增长率保持一致。

货币数量论果真会在经济运行中产生作用吗？学者们用数据来检验其准确性，并从各国长期通货膨胀率和货币数量增长率之间的统计数据发现，这两者之间虽然不一定会呈现相同比例的变动，但一定是同方向变动的。无论哪个时期、哪个国家，出现超速通货膨胀，皆是因为超发货币所引起的。而且资料显示，货币数量总是先出现变动，通货膨胀随后出现变动，这也证明了货币数量论中的因果关系。1979年上任的美联储主席保罗·沃尔克就主张严控美元供给数量，大幅度提高利率，控制市场流通货币数量，经过两三年的调整期，才逐渐遏止将近十年的滞涨发展。

稳定物价，抑制通货膨胀是任何国家都要承担的政府责任，尤其是发展中国家。由于投资热情高，很容易出现货币超发现象，政府可以根据现代货币数量论的观点，将市场货币数量当作"参照物"，结合本国国情进行理论创新和制度创新。

国际货币体系——黄金美元金本位制

国际货币体系是国际交易结算所采用的货币制度，规定了国与国之间进行支付的规定和制度，它是随着世界市场和国际贸易的形成和发展逐步形成的。国际货币制度的演变历史大致上经历了国际金本位、国际金块本位、国际金汇兑本位和布雷顿森林体系四个阶段。

金本位制度大约形成于19世纪80年代末，结束于1914年第一次世界大战之前，它是最早的国际货币制度。金本位要求各国流通的货币要以一定重量和成色的黄金铸造，并通过不同含金量来建立各国各种货币之间固定的兑换比例。在金本位制下，黄金具有货币的所有功能，

图解经济学

图为石油输出国组织1978年在阿布扎比召开会议的情景。石油输出国组织统一提高石油价格，从而导致了20世纪70年代西方世界的经济危机，从而导致了美元—黄金货币体系的终结。

包括价值尺度、支付手段、流通手段、储藏手段和世界货币。1816年，英国率先颁布了《金本位制》，欧美其他主要资本主义国家实行金本位制的时间要比英国晚半个世纪。至此，国际金本位制大致建成。

这种国际金本位制有3个特点：第一，黄金是国际货币制度的基础。金币可以自由被铸造、兑换，也允许黄金自由出口；人们早就有储藏黄金的习惯，黄金也被作为储备货币，用来进行国际贸易结算，各国的国际收支都可以通过黄金的进出实现自动平衡。因此，可以说金本位制是一种很稳定的货币制度。第二，各国货币之间的汇率由各自货币的含金量决定。因为各国铸币情况不同，金币可以自由铸造、兑换和输出输入，为了维持各国间汇率水平的稳定，一般一国金币含金量是固定的，这样就使得外汇市场上汇率的波动始终维持在金平价和黄金运输费用规定的黄金输送点之内，国际金本位制是一种相当严格的固定汇率制度。第三，具有自动调节国际收支的功能。要实现自动调节国际收支，就需要使各国货币都与黄金挂钩，以便随时可以兑换，允许黄金自由输入输出，货币当局必须在黄金准备的基础上发行货币。在满足这三个条件后，当一国黄金流出，出现对外收支逆差时，国内货币供给量减少，物价和成本都会随着下降，政府会出台刺激出口抑制进口的措施，国际收支得到改善。相反，若是一国对外收支顺差，国内黄金增多，物价和成本上升，政府会控制出口，刺激进口，这样国际收支顺差就能很好地得到调控。

第一次世界大战爆发后，很多参战国禁止黄金输出，纸币兑换黄金也被叫停。直到"一战"结束后，一些国家才相继恢复金本位制，实行金块本位制及金汇兑本位制，不过相比于战

信用货币制度

定义 → 信用货币制度是以中央银行或国家指定机构发行的信用货币作为本位币的货币制度。

特点

1. 由中央银行发行的纸币为本位币，政府发行的铸币为辅币。

2. 实行不可兑换制度，即本位币不与任何金属保持等值关系，纸币不能兑换金银。

3. 实行自由本位制度，即纸币的发行可以自由变动，不受一国所拥有的黄金数量的限制。

4. 银行券由银行通过信用渠道投入流通，存款货币通过银行转账结算。

5. 实行管理纸币本位制度。

优点

克服了金本位制下货币供应缺乏弹性的致命缺陷。

政府货币当局在应对经济危机时有了更大的调控空间。

缺点

政府的货币发行规模摆脱了黄金储备的束缚之后，很容易失控。

一旦政府出现财政或货币危机，信用货币便会一文不值，从而造成社会危机。

前，黄金的地位明显被削弱了。

国际金块本位制是一种不完全的本位制。因为尽管规定金币是本位币，但是国内不能流通金币，只能流通银行券，可是银行券又不具备无限的法偿力；银行券与黄金不能自由兑换，不过在需要进行国际支付的时候，可以拿银行券到中央银行进行兑换。政府不再支持自由铸造金币的行为，但仍然规定每单位货币的含金量及黄金的官方价格。

国际金汇兑本位制也是一种不完全的金本位制。它规定国内流通银行券而不是流通金币，两者不能自由兑换，若需要黄金，可以先把银行券兑换成某种外汇，再用这种外汇在国外市场兑换黄金。从这里可以发现，实现这种货币制度的国家要先将本国货币与另外一个实现金本位制国家的货币挂钩，两者间实行固定汇率，并在该国存放一定数量的外汇和黄金作为储备金。必要的时候还可以通过买卖外汇或黄金来维护本国货币币值稳定。

几近废除金本位制后，各国为了扩充军备，弥补财政赤字，滥发纸币，加剧了通货膨胀，也致使各国货币信用下降；不再以黄金量为基础的汇价开始出现剧烈波动，复杂的汇率决定过程严重影响了国际货币金融关系，金本位制也随之崩溃。

在第二次世界大战即将结束的时候，一些国家认识到，国际经济的动荡和战争的爆发在一定程度上与国际经济秩序的混乱有着直接或间接的关系。因此，重建国际经济秩序能够促进战后各国经济恢复和发展，这种经济秩序首先就使国际货币制度——布雷顿森林体系应运而生。

1944年7月，44个国家在美国新罕布什尔州参加联合国货币金融会议。因为当时美国的黄金储备已经占世界各国官方黄金总储备量的75%以上，这样一来，如果要建立的货币制度仍然与黄金有密切联系的话，那就要以美国为中心了。于是，会议确定建立以美元为中心的国际货币制度。

调节汇率已经成为各国对经济进行调整的重要手段。

布雷顿森林体系要求美元与黄金挂钩，其他国家的货币与美元挂钩，相当于美元是黄金的等价物了。布雷顿森林体系的运转与美元的信誉和地位紧密联系。在本位制方面，布雷顿森林体系规定，各国确认1934年1月美国规定的1美元的含金量为0.888671克纯金，35美元兑换一盎司的黄金。美国承担向各国按照官价兑换美元的义务。同时，为了减少黄金官价在国际金融市场受到的冲击，各国政府将与美国政府合作，协同干预市场的金价走势。在汇率方面，布雷顿森林体系规定国际货币基金组织成员国货币与美元挂钩，各国确定自己国家货币的含金量，且不能任意改变。在此基础上，各国货币与美元保持稳定的汇率，以形成国际固定的汇率，国际货币基金组织允许的汇率波动幅度为上下1%，只有在成员国的国际收支发生根本性不平衡时，才能改变其货币平价。在储备方面，美元成了黄金的等价物，取得了与黄金一样的国际资产储备地位。在国际收支调整方面，会员国对于国际收支的经常项目外汇交易不得加以限制，不得实行歧视性的货币措施或多种货币汇率制度。在组织形式方面，为了能够保证布雷顿森林体系的正常运作，建立了国际货币基金组织和世界银行。

新建的布雷顿森林体系是一种小范围内可调整的固定汇率制度，相对稳定的汇率利于国际贸易的展开，国际货币基金组织和世界银行在很大程度上促进了国际金融的合作。

> **延伸阅读**
>
> 黄金与货币
>
> 货币是伴随着商品交换和生产力发展而产生的，它的发展经历了商品货币、贵金属货币、信用货币3个阶段，并且正在向电子货币等新的形态发展。黄金能成为一种货币，因为它具有良好的稳定性、珍稀性，在历史上曾是最好的币材。在过去200多年的时间里，黄金和货币的关系大致经历了4种形态的演变：银本位制、金银复本位制、金本位制、纸币本位制。目前实行的纸币本位制特点是中央政府和银行发行的纸币为本位币。

不过这种货币机制也是存在很多弊端的，僵硬的汇率体质使各国无法通过浮动汇率自动实现国际收支平衡。此外，特里芬也直指布雷顿森林体系内部矛盾，他认为布雷顿森林体系本身就自相矛盾，各国要进行国际贸易，必须用美元结算，这就导致流出美国的货币在海外不断积累，使美国形成长期贸易逆差；而美元作为世界货币要必须保证稳定和坚挺，这就要求美国必须是长期贸易顺差。"特里芬难题"也预示了布雷顿森林体系的瓦解。果然，在20世纪60年代末期，美国国内通货膨胀严重，多次发生美元危机，固定僵硬的汇率机制被动摇。1971年8月15日，美国宣布停止美元兑换黄金。从这个时候起，西方主要国家纷纷实行浮动汇率制度，布雷顿森林体系瓦解。

布雷顿森林体系瓦解后，世界各国开始寻求新的国际货币体质，在1976年牙买加会议后，逐渐形成了以国际储备多元化、汇率制度多元化、国际收支调整多样化为特征的新国际货币体系，也就是当下的货币体系。现在，大多数国家的国际储备锁定了美元、日元、英镑、欧元在内的多种外汇，但仍以美元为主导。这个时期还建立了区域货币集团。

奥肯定律——失业率与 GDP 的增长率

美国经济学家阿瑟·奥肯（1928~1980），1956年获哥伦比亚大学经济学博士学位，后任教于耶鲁大学，讲授经济学。奥肯倾向于凯恩斯主义，长期致力于宏观经济的研究，其一生著作颇多，但多是研究报告，主要著作有《平等和效率》《繁荣政治经济学》等。其中，1962年提出的"奥肯定律"成为他重要的学术研究成就。

在经过大量数据分析的基础上，奥肯发现经济增长率和失业率之间存在函数关系，并把具体影响数值计算出来了。将美国潜在 GDP 增长率定为 3%，当实际 GDP 增长率比潜在 GDP 增长率下降 2% 时，失业率就会上升约 2%；当实际 GDP 增长相对于潜在 GDP 增长上升 2% 时，失业率下降约 1%；该理论被称为奥肯定律，并提供了计算公式，失业率变动百分比 = -1/2 × (GDP 变动百分比 - 3%)。奥肯是拿潜在 GDP 作为中间衡量标准，研

□ 图解经济学

失业者的示威游行
失业一直是困扰各国政府的问题。

（实际GDP增长率—潜在GDP增长率）与失业率之间的变化关系，可以理解为劳动力作为生产要素在推动经济增长过程中的贡献率。

首要，我们要知道几个概念。潜在GDP是按照当年的物价计算出社会产品和劳务的最终价值。所以影响潜在GDP的因素就是实际产量价格；实际GDP的数值需要先把从前某一年的价格作为基期价格，进而计算出当年全部产品的市场价值。在这里考虑到了不同时期价格变动，即通货膨胀或是通货紧缩在其中产生的影响；潜在GDP是理想状况下，全社会的生产要素和资源都被充分利用所产生的价值，它会随着技术和管理等条件而变化的，只能估算结果，这个概念首先被奥肯提出。经济学中讲到的在实际GDP下能够实现充分就业，其中的实际GDP就是潜在GDP，但是现实中我们不能实现充分就业，所以按道理来讲，实际GDP是小于潜在GDP的。不过当一个社会通过超常规消耗资源来发展经济时，实际GDP就会大于潜在GDP。如果实际GDP大于潜在GDP，经济发展高涨，就会有通货膨胀的压力。我们知道，任何一个国家、社会都无法实现完全就业，完全就业是指在某一工资水平上，所有愿意工作的人们都能获得就业机会。

奥肯定律告诉我们，要实现充分就业，就需要大力发展经济，提高实际GDP的增长率，不过要小心因过度消耗资源带来的通货膨胀。与奥肯定律一样重要的经验规律还有菲利普斯曲线，该曲线也是在统计美国大量经济数据基础上得来的。这条曲线描述的是通货膨胀率和失业率之间的交替关系：通货膨胀率高的时候，失业率低；通货膨胀率低的时候，失业率高。这两条定律涵盖了宏观经济政策的三个主要目标：高GDP增长率、低失业率、低通货膨胀率。不同的切入点，都得出经济发展要协调好GDP增长与失业、物价的相互关系，也为政府人员抛出了要GDP还是要就业的选择难题。

奥肯定律的成功表现在于它曾经相当准确地预测过美国失业率。数据显示，美国1979～1982年经济滞涨时期，GDP没有增长，而潜在GDP每年增长3%，3年共增长9%。根据奥肯定理，实际GDP增长比潜在GDP增长低2%，失业率会上升1个百分点。当实际GDP增长比潜在GDP增长低9%时，失业率会上升4.5%。已知1979年失业率为5.8%，则1982年失业率应为（5.8%+4.5%）10.3%。而1982年官方统计出的实际失业率为9.7%，与奥肯定律预测的失业率非常接近。不过，奥肯定律来源于美国经济大数据的统计分析，能否成为各国通用定律还需要经过不断验证。

此外，还有学者注意到就业市场中存在的一些细节现象，也成为考验奥肯定律正确性的难题。如在经济出现下滑的一段时间，有些企业并没有急于解雇职工，而是将他们放置在比较悠闲的岗位待职。因为企业担心有一部分技术员工或是熟练员工一旦被解雇，如果经济形势变好，这些空出来的岗位在短期内无法得到及时补充。这些位居闲职的员工就是所谓的隐性失业者。在隐性失业者出现的经济环境下，奥肯定律能否正确预测失业率就有待商榷了。在经济形势发展日新月异的今天，各种形式的经济问题还会出现在我们面前，不断进步将成为经济理论日臻完善的重要方式。

知识点击

联合国国际劳工局曾给失业下定义：失业者是在一定年龄范围内，有工作能力，想工作，而且正在找工作，但是现在仍没有工作的人。在工作年龄人口中，除去不愿参加工作的人和无劳动能力的人，其余都是劳动力。官方曾对失业者人群进行了标准划分，他们所承认的失业者属于以下3种，第一，由于被解雇或自己离职没有工作，但在调查前4周一直在找工作的人。第二，由于企业暂时减少生产而没有上班，但并未解雇，等待被重新召回原工作单位，一周以上未领工资的人。第三，第一次进入劳动力市场或重新进入劳动力市场，寻找工作4周以上的人。

国家的资本流向——对外举债与债务危机

很多时候，国家也会通过对外举债来渡过经济的困难期，若选择国内印发货币，则会引起通货膨胀，所以一定数量的外债能避免这种情况，还能够保证国家经济需要。外债概念有两个层次的分类，政府外债和公共外债是指一国政府通过借债、发行债券等形式而产生的对外国的债务。另外，广义的外债是指在特定时期内，一国居民对非本国居民承担的具有契约性的偿还债务。外债具有弥补国际收支经常项目赤字的独特功能。

资本为什么会从一个国家流到另外一个国家呢？马克思对此问题的回答更倾向于资本的剥削性和趋利性，他说，"资本来到世间，从头到脚每一个毛孔都滴着血和肮脏的东西"，正是各国资本间的利率差即生息性促使，资金在国际市场上的不断流动，外债是资本输出的一种特殊形式，是一国对另一国的扩张。马克思和列宁对于资本输出着重指出的是它的弊端，说它的高利贷会增加借贷国压力。客观来说，资本输出也就是外债往往会成为鼓励和带动债权国商品输出的重要手段，其带有双面性。

在世界经济发展史上，外债在推动一国经济发展上起到了很大的积极作用，比如美国、巴西、加拿大、新西兰等国在工业化过程中，都不同程度地依赖外债，因为修筑铁路等基础设施而举借外债的事情比比皆是，美国铁路、新西兰铁路以及拉美国家的铁路，都是以举借外债才得以完成的。但是，外债是

临波斯湾的哈尔克岛是海外石油输出港，石油贸易是中东国家经济的支柱，也造就了大批富有的石油商人。

□ 图解经济学

对外举债是经济起步时期常用的一种方法。图为19世纪美国依靠对外举债修建的铁路。

债权国干预、控制债务国财政经济命脉的重要手段，是影响一国经济健康发展的重大因素。第二次世界大战后，美国的马歇尔计划就是典型的事例。马歇尔计划的真正目的在于控制欧洲国家，同时还对日本等国进行了战略控制意图的经济援助。不过，美国一时风光的背后也有因为债务引发的危机。20世纪70年代，因为石油危机传导的债务危机一度威胁到美国很多银行的生存。

对于外债，古典经济学者是持否定态度的。休谟曾说，国家若不消灭公债（包括外债），那么公债必消灭国家。斯密也说，从长远来看，巨大的债务可能会销毁所有欧洲大国。这些古典学派学者对外债如此排斥，是因为当时的政府将外债所得主要用于战争和奢侈消费。西蒙斯就曾指出，公债是政府用来发动战争和进行战争的，有政治野心推动并为之服务的，所以公债是有害无益的。

现代的发展经济学家则比较重视外债的作用，纳克斯就希望利用外债来打破贫困的恶性循环，这个理论是在1953年提出的。纳克斯认为，资本形成问题是不发达国家发展问题的核心，要实现突破只能吸引外国资本进入，具体可以通过FDI（外商直接投资）和外债。纳克斯尤其强调债务国要注意外债的生产性。可事实上，很多发展中国家都将这些外债用于消费。

钱纳里提出"双缺口理论"，集中阐释了引入外资和经济发展之间的关系，这对发展中国家意义重大。该理论认为，欠发达国家客观上存在投资与储蓄之间的缺口，进口和出口之间的缺口，那么外资就可以弥补这两个缺口，接触发展的约束力量，不仅能提高增长的速度，还能加强自我运用资源取得持续发展的能力。外资的需求量最初是由投资和储蓄缺口决定的，但是随着经济的发展，后期主要由进口和出口缺口决定，从依靠援助带来的增长转向自我保持增

资本输出的影响

对输出国的影响
- 资本输出使输出国获得了大量财富，经济实力大为增强。
- 因此产生了食利阶层，而且由于大量资本投向国外而使国内投资减少，从而造成本国经济发展的停滞和缓慢。

对输入国的影响

有利：
- 在客观上加速了输入国自然经济的解体，带来了先进技术、管理经验。
- 在一定程度上缓解了资金短缺的矛盾。
- 促进了输入国资本主义生产方式的产生和发展，推动了经济和社会的进步。

不利：
- 资本输出会破坏、阻碍当地民族资本主义的发展。
- 使输入国的民族资本处于从属地位。
- 造成了落后国家经济的畸形、缓慢发展，阻碍输入国的经济发展和社会进步。

整体评价
- 是先进的资本主义生产方式向全世界扩张的反映。
- 加速了资本主义世界体系的形成。
- 加强了世界各地之间的联系。
- 推动了资本和生产的国际化。
- 促进了世界经济的发展。

长，这种依赖外资的程度视国家需要和政策而定。不过仍有不少经济学者提出"债务陷阱理论"。在他们看来，经济外援是握在援助者国家手中的对外武器，外债是发达国家榨取落后国家内部积累的重要手段，外债会助长消费，对一国长期增长率的实际影响是微不足道的，甚至是消极的。

外债有好处也有害处，近年来，欧债危机成为大家关注的重点话题。欧债危机是金融危机后的一系列后遗症，它始于希腊危机。2009年12月，全球三大评级机构纷纷下调了希腊的主权债务评级，成为欧债危机爆发的导火索，后来逐步演化为欧洲诸多国家的问题。欧债危机的产生固然有着它的特殊性，但也再一次提醒其他国家的主权债务安全问题，更加均衡地配比外汇储备、外债负担、财政赤字等经济项目，确保债务安全。

橡胶股票风潮——举债投机

100多年前，上海爆发了一场举国惊慌的金融危机，这场金融危机使中国民族资本主义经济从1903年之后连续6年上涨的势头被打断，不计其数的商号和企业破产，经济步入大萧条时期。这场金融危机的罪魁祸首就是橡胶。

1910年7月，因橡胶股票狂跌，上海股市濒临毁灭，此次风潮也让中国工商业遭受重创，清末新政的成果毁于一旦。粗略统计，华商共损失资金4000多万两白银，而当时清政府的可支配财政收入也不过1亿两左右。巨款外流，让清政府本就入不敷出的财政状况雪上加霜，导致清政府于次年将商办铁路"收归国有"，以路权为抵押向列强借款，甚至间接导致了辛亥革命的爆发。那么这场规模空前的橡胶股票危机到底是怎么回事呢？

20世纪初的汽车生产工业
汽车生产的急骤增长也促进了对橡胶的需求。

20世纪初，交通汽车制造业飞速发展，汽车、三轮车、人力车都装上了橡胶轮胎，套鞋、雨衣等不计其数的橡胶制品也被众多需求者消费。由此，橡胶成为众多工业产品中十分热门的新兴材料。不过当时橡胶的生产规模在短期内无法扩大，这就造成了当时橡胶价格持续走高甚至暴涨的现象。资料显示，1908年，伦敦市场橡胶每磅售价是2先令，到1910年春售价已经高达12先令。在伦敦金融市场，价值100万英镑的橡胶股票曾在半小时之内销售一空，可见橡胶投资的疯狂状态。橡胶市场存在的巨额利润使大量国际资本将目光定在了橡胶资源的开发上。南洋群岛地区很适合橡胶的生长，一时间南洋群岛成了各大商的抢夺之地。截止到1910年初，有122家新公司成立，它们专门开发南洋橡胶资源。这122家橡胶公司中，有40多家开设在中国上海，中国最大的资本市场也被深深地卷入到这场国际资本橡胶投机活动中。

东南亚的橡胶林
橡胶出口是20世纪初东南亚的主要经济来源。

上海的橡胶公司纷纷在报纸上刊登广告，极力宣传公司的美好前景，大肆招揽资金。受到国际金融投机风潮的影响，上海的橡胶股票也大受欢迎。当时很多中国人连橡胶是什么东西都没有弄明白，仅凭道听途说，就疯狂抢购橡胶公司的股票，唯恐失去暴富机会。一些公馆的太太小姐甚至变卖首饰，用得来的钱买股票。仅仅几个月，40多家公司的2500万两股票被抢购一空。在这种躁动环境的炒作下，一个叫"地傍橡树公司"的股票，在上海股票交易所的开盘价格，从1910年2月19日的每股25两，上涨到4月6日的50两，一个半月上涨了一倍。抢购狂潮让很多人一夜暴富，更加激起了人们的投机欲望，以至于股票的实际价格超过票面价值的数倍，甚至数十倍。据估计，在橡胶股灾爆发之前，中国人大约购买了市场80%的股票，而在上海的外国人只抢购了20%，很多华人甚至不满足于在上海抢购，还调集资金到伦敦，在伦敦投入的资金约1400万两。

在这场狂潮中，中外金融机构起着主导作用，在外华商银行向中国钱庄和个人发放了可用于购买橡胶股票的巨额贷款。中国最主要的钱庄、票号和银号，也纷纷介入上海股票投机橡胶买卖，这些是中国最重要的金融机构，而且已经与中外贸易和工业等新经济行业发生密切的联

知识点击

股票期权是指未来可以买卖的一种优惠权利，最初是给公司管理人员的一种特权，属于对员工进行长期激励的众多方法之一。从20世纪90年代开始，它作为一种金融创新在美国公司间广泛推广。事实上，股票期权也是一种会计制度，在期权第一次给出的时候，不具备任何价值，甚至可以说是"免费"的，正是因为它具有"免费"的性质，几乎所有的科技公司都依赖股票期权制度来吸引、保留核心人才。通过这种机制可以广泛地动员、积聚和集中社会的闲散资金，还可以充分发挥市场机制，打破条块分割和地区封闭。

□ 图解经济学

20世纪初的上海已初现大都市的景象。

> **延伸阅读**
>
> 股市泡沫发生的频率远比大家想象得频繁。原本理智的人们在股市中却总是犯着同样的错误。仅在20世纪的最后25年中，股市就经历过4个泡沫期：
> 1970～1974年，中国香港股市暴涨1200%，随后暴挫92%。
> 1978～1981年，墨西哥股市暴涨785%，随后暴挫73%。
> 1978～1986年，科威特海湾股市暴涨7000%，随后暴挫98%。
> 1986～1990年，中国台湾股市暴涨1168%，随后暴挫80%。

系，成为中国新式金融业的主要力量。正元、兆康、谦余三家钱庄是股票投机的第一批受害者，也是最早倒闭的钱庄。

1910年6月份，伦敦传来消息称橡胶市场行情暴跌，上海股票也随着一路狂泻，股票价值瞬间下降10多倍。洋人、洋行先得到消息，已经先一步将手中的股票售给了其他买家，中国人成为这场股票风波的最终埋单者。多家钱庄先后歇业倒闭，这引起了中国国内银行的极度恐慌。投入到上海和伦敦股市的大量资金无法收回，中国钱庄欠下上海外国银行的139万余两白银无法偿还，外国银行便扬言要立即收回拆借给上海银钱业的款项。朝廷此时只顾着钩心斗角，完全不顾上海危机对中国的影响，没有出台任何救市措施，这也是导致全国性的钱庄倒闭和经济恐慌的直接原因，随之而来的经济萧条也就在所难免了。

清末发生的这次橡胶股灾，是中国100多年的近现代史的一个缩影，因为清末统治者的无知无能，不能出行之有效的救市政策，反而增加钱庄压力。弱国无外交，年轻的中国在经济上是一片空白，在这种情况下又如何与强大的外国资本家斗争呢？橡胶股灾只能作为一种惨痛的教训留在中国证券业发展史上。

第八章
新制度经济学

凡勃伦——制度是一种"社会习惯"

制度学派对世界经济发展有着重要的贡献，它诞生在美国，大约产生于19世纪末20世纪初。制度学派内部并不是一个严格的、观点统一的学派，传统制度主义代表人物有凡勃伦、康蒙斯、米切尔等经济学家。在19世纪三四十年代，制度学派有了新的发展。与传统制度主义不同，新制度主义更倾向于理论化、市场导向和反干预主义，代表人物有加尔布雷思、德姆塞茨、科斯、威廉姆森等。我们先就传统制度主义产生进行阐述。

20世纪初期，美国资本主义取得了长足发展，美国成为垄断资本主义最发达的国家，同时贫富差距也十分突出。综合社会经济、法律、伦理、历史等因素，1899年，凡勃伦发表《有闲阶级论》，1904年发表《企业论》。他采用历史方法、达尔文主义的演进方法、反对平衡的观点，批评传统经济学的方法论，承认资本主义制度存在各种弊端和缺陷，强调对资本主义各种经济关系的改良，创立了制度学派，也形成了制度学派的传统。

托尔斯坦·凡勃伦（1857～1929）生于威斯康星州的一个边陲小镇，因为是挪威移民，他从小一直讲挪威语，十几岁才开始讲英语。在卡尔顿学院，凡伯伦完成了本科教育，并师从克拉克。克拉克是一位新兴的新古典经济学派的重要经济学家，不过，后来凡勃伦背弃了新古典经济学，转而对克拉克及新古典学派理论展开了尖锐的抨击。

凡勃伦是一个尖刻、悲观、孤独的人，从小在农村长大的他，与教育环境和工作环境格格不入，也因为对宗教信仰的怀疑，很多大学都不愿聘请他做老师。最后好不容易有学校接收他，却因为他行为举止粗鲁，工作上对学生漠不关心、生活上放荡不羁等很多原因而被学校警告，他甚至不得不从一个学校转到另外一个学校。所以，在凡伯伦的整个职业生涯中，很长一段时间他都处于失业状态，不

托尔斯坦·凡勃伦像

□ 图解经济学

当人类的思想和习惯经过了自然的淘汰后，充分意识到女性权利的重要性，于是新的制度产生了。图为20世纪初，英国妇女团体为制定新的制度而进行的游行示威。

得不依靠家人和一些学生的接济过日子。在失业的时间里，他博览群书，坚持观察社会经济并进行创造性思考，在42岁时才出版了他的重要代表作《有闲阶级论》，成为制度经济学派的开山鼻祖。

凡勃伦定义制度为广泛存在的社会习惯，而不是社会组织结构。受达尔文进化思想的影响，他认为制度本身是进化的过程。制度这种固定的思维习惯，会使人们在某一时间、地点做出古典行为，进行权利和财富的分配。当然，必要的时候，这些习惯准则会跟组织结构实体相结合。经济制度就是在生活过程中所接触到它所处的物质环境时如何继续前行的习惯方式。实际上，凡勃伦把人类的思想习惯加入经济学研究中去了。

在凡勃伦看来，人类社会经济生活中主要存在着两种制度：生产技术制度和私有财产制度，这两种制度都是以人的本能为基础而形成的。生产技术制度与人的工作本能和改进技术本能有关，而私有财产制度与人的虚荣本能及追求利益的本能有关。结合达尔文进化主义，凡勃伦还把人力社会划分为4个时代：草莽时代、野蛮时代、手工业时代和机器生产时代，并指出在每个时代都有这两种制度的体现。

在凡勃伦生活的年代，这两种制度被具体描述为"机器操作"和"企业经营"。运用科技进行的机器生产体现的是生产技术制度，以营利为目的的企业管理体现的是私有财产制度。凡勃伦犀利地指出，这两种制度日益形成技术人员和企业家两大对立阶级。随着社会的不断发展，技术重要性的日益增强，经营不再统治技术，受制于企业家的技术人员与企业家之间的矛盾逐步深化，甚至会出现"技术人员苏维埃"的现象。

知识点击

制度学派是19世纪末20世纪初诞生在美国的一个经济学派别，重要代表人物有凡勃伦、康蒙斯、米切尔等。制度学派是19世纪德国历史学派在美国的变种，以研究制度和分析制度而著称。T.凡勃伦发表《有闲阶级论》和《企业论》，标志着制度学派的创立。他承认资本主义制度存在各种弊端和缺陷，强调通过温和的改良方式完善资本主义的各种经济关系，形成制度学派的传统。

在《有闲阶级论》中，凡勃伦提出了"炫耀性消费理论"。有闲阶级被凡勃伦认为是非生产性的，炫耀性消费最初是指上层贵族阶级为了炫耀他们的消费方式，显示他们的权势、声望和成功，而掌握大量对他们作用不大且超出实用范围的物品。受这种现象的影响，出现了很多内部消费简陋、广众下消费奢侈的家庭和个人。因为人们的心理评价不是以某人的品行和才干为准的，而是根据他的消费水平做出判断，这种不良风气就促使低层社会群体的消费向高层阶级靠拢。现实中也确实是这样，商品价格越高，越能受到消费者的青睐，这反映了人们挥霍奢侈消费的心理愿望，这就是凡勃伦效应。此时人们取得商品所获得的效应不再仅仅取决于该商品所提供的价值，而是取决于消费者为此支付的价格。

> **推荐读本**
>
> 英国哲学家赫伯特·斯宾塞是人所共知的"社会达尔文主义之父"，他所提出一套学说，把进化理论适者生存应用在社会学上，尤其是教育及阶级斗争中。《社会学原理》就是赫伯特·斯宾塞关于社会学分析的系统著作，它的最大价值在于其所强调的功能思想，进而提出共存现象。他的理论是哲学和社会科学界在接受进化论方面最集中的体现。由于他的提炼，加速了进化论在哲学和社会科学界的传播，斯宾塞被称为一切进化论者中最高的理论家。

作为制度经济学的创始人，凡勃伦以一副批判者的形象闻名于世，他的思想在西方经济学界独树一帜，为很多学者所重视。他的制度二分法和炫耀性消费都对现代经济学产生了重大影响。

康蒙斯——"法院的看得见的手"

约翰·罗杰斯·康蒙斯（1862～1945）出生在美国俄亥俄州霍兰斯堡。1888年，康蒙斯从奥伯林学院毕业，并获文学学士学位。1892年，任该学院经济学、社会学教授。1915年，在该学院获法学博士学位。除了在学校任教，康蒙斯还先后在美国工业委员会和美国全国经济研究局工作。康蒙斯的研究集中在制度经济学领域，他不仅从经济学，而且从政治科学、法律、社会学和历史方面吸取知识，在劳动关系和社会改革方面得出真知灼见，并将这些知识理论积极运用到产业关系、行政机构、公共事业管理、工人补偿和失业保险等重大问题的立法和政策制定中。

受其老师的影响，康蒙斯坚信经济生活是受习俗和法律以及通过产权概念联结的一系列相互交叉的制度所支配的。他批评传统经济学把法律制度排除在研究之外的做法，重视法律制度这只"看得见的手"在经济发展中的作用，并通过"交易"这一基本单位把法律、经济学和伦理学联系在一起，这些可以从他的《资本主义的法律基础》《制度经济学》中看到。康蒙斯把法律制度融合到经济学中，将经济与法律结合起来进行分析。因此，康蒙斯被视为是开创了法学经济学的跨学科研究者。

"交易"这个概念是连接经济和法律的桥梁。康蒙斯认为，交易就是所有权的转移，交易是在法律和习俗的作用下取得和让与对经济数量的合法控制权的手段，而且交易不是实际"交货"

康蒙斯像

□ 图解经济学

1787年5月25日，美国13个州的代表于费城召开制宪会议，确定了1787年的《联邦宪法》，极大程度地推动了资本主义的发展。康蒙斯认为制度是经济发展的动力。

那种意义上的物品交换，它是个人与个人之间对物质的所有权的让与和取得。交易是康蒙斯提出的一个独特的概念，他把交易划分为3种类型：买卖的交易、管理的交易和限额的交易，并指出这3种活动单位包罗了经济学里的一切活动。由于这些交易是地位平等的人们之间或者上级和下级之间的社会活动的单位，那么，"它们的性质兼具伦理、法律和经济特性"。

康蒙斯认为，经济关系的本质就是交易。经济社会正是由无数交易组成的大组织，交易的双方主体从自身利益出发，就免不了会有交易冲突发生，法律制度就要充当仲裁者的角色。因为相互信赖，所以市场主体要接受法律对经济行为的仲裁。也正是基于这一点，经济行为才能顺畅进行，经济才能继续发展。这就是康蒙斯的"利益和谐论"。该理论认为，交易包括3种社会关系：冲突、依存和秩序。经济学家通常将重点放在未来理想化的协调研究上，而忽视了冲突的存在。要知道，冲突中产生秩序，其意义也是深远的。所以在康蒙斯看来，交易冲突可以通过公正的仲裁人进行调节，这个公正的仲裁人就是国家、法律、法院，它们需要积极发挥调和利益冲突、维护社会秩序的作用。

制度发展是康蒙斯不同著作的主线，特别是资本主义内部制度的发展，他把制度看成是人类社会经济的推动力量。就约束个人行动的集体行动而言，在集体行动中，最重要的是法律制度约束。他认为，法律制度不仅先于经济制度而存在，并且对经济制度的演变起着决定性作用。从资本主义的产生发展来看，资产阶级法律制度的胜利为资本主义的发展扫清道路，促使封建经济制度解体，最终资本主义经济制度得以确立。而在资本主义经济制度发展后期，诸如工业资本主义时期和金融资本主义时期，法律制度起着重要的推动作用，推动着一个阶段向下一个阶段的过渡，比如，美国从工业资本主义发展为金融资本主义，主要就是反托拉斯法的作用，这些垄断组织的活动都是经过立法部门允许才得以进行的。公司法是管理资本主义经济最明显的法律表现。法律可以规范企业行为，那么也就可以保障公民的经济权益，因此，康蒙斯主张完善相关法律制度，解决诸如工人困苦无保障的情况，维护劳动者的经济利益，这是一种改良性质的资本主义经济管理方案。康蒙斯不同意资本主义社会存在阶级对抗，相反，在他看来，雇主和雇工之间的冲突只是交易双方在利益上的不协调，既然劳资双方还有相互信赖的一面，那么通过法律调整就可以实现利益均衡。康蒙斯的这一法制决定论，阐述了法制对经济发展的决定性作用，这也是康蒙斯经济学说最大的特点。

在康蒙斯关于法律和经济联系的理论体系中，还有集体行动理论。该理论指出了集体行动对个人行动的控制作用。在《制度经济学》的开篇部分，康蒙斯就指出："我的观点源于我参加集体活动的经验,从这些活动中,我得出一种关于集体行动在控制个人行动方面所起的作用的理论。"这表明,康蒙斯研究的是抽象的集体行动,而不是商品、劳动、财富等物质性的东西。

在康蒙斯看来,正是因为集体行动,在人与人之间才建立起权利、义务以及没有权利和义务的社会关系:集体行动要求个人去实行、避免和克制,所以集体行动控制个人行为产生的结果总是对个人有益。集体行动还可以通过它的帮助、强制或阻止来决定一个人能不能做某件事情。在一个强有力的社会经济中,集体行动可以用来协调人与人之间的利益冲突,制定合理的行为范本。因此,集体行动相当于为经济生活中的个人行为建立一个行为规则,来指导和约束个人行为,使个人行动更符合社会的利益。同样,康蒙斯认为,要使集体行动达到更好的效果,就需要法律制度的保证。

同为制度学派的科斯曾对康蒙斯这些老制度学派提出了自己的看法。他说,那些老制度经济学家都是一些充满大智慧的人物,但是,他们却是反理论的。他们留给后人的是一堆毫无理论价值的实际材料。可事实上,科斯等人关于财产与财产权利的区分也承袭了康蒙斯的观点,其他经济学学者如塞缪尔斯和施密德,在基本精神上都继承了康蒙斯的衣钵,将法律制度看成是协调冲突的规则体系。施密德还把法律制度看作是协调冲突和人们偏好的规则集合,它决定一个人或集团的选择集,并对经济绩效产生影响。显然,这跟康蒙斯主张通过法律从冲突中造成秩序、强调法律对社会经济发展的决定性作用的观点是相通的。而塞缪尔斯则把法律和经济

> **推荐读本**
>
> 《拿破仑法典》是资产阶级国家最早的一部法典,有36章,共2281条,第一篇为人法,主要内容是民事权利主体的规定。第二篇为物权法,是关于财产和所有权的规定,包括了财产分类,所有权、用益权等,贯穿了私有财产无限制的原则。第三篇为权法,是关于取得财产各种方法的规定。实行的是体现资产阶级的剥削自由的契约自由原则。这部法典至今仍在使用,但随着法国社会经济和政治的变化,法典也进行了100多次修改。

这幅漫画讽刺了美国国会被大腹便便的垄断资本家所控制。

□ 图解经济学

过程之间看成是统一的体系，即法律是经济的函数，经济也是法律的函数，重在分析二者之间的互动关系及演进趋势。

尽管康蒙斯的思想时常被人们忽略，不过我们仍然能从科斯以及后来的法经济学家那里看到康蒙斯的影子。哈特曾说："康蒙斯表述上的不成功，无疑使他的理论著作的影响受到了限制。"读过康蒙斯著作的绝大多数人，都纠结于康蒙斯那晦涩含混的语句、杂乱无章的结构。也许是康蒙斯本身理论表述的缺陷，才致使人们忽略他的理论。但这些掩饰不了康蒙斯在经济学领域踏出的新脚步，康蒙斯堪称是法经济学的伟大先行者。

加尔布雷思——"开放式的经济学"

约翰·肯尼思·加尔布雷思（1908～2006）有两个重要的身份：美国经济学家和重要政府官员。在经济领域，他是制度学派的领军人物，关注社会贫困、萧条、垄断的问题，曾担任普林斯顿大学副教授，《财富》杂志的编辑，从1949年开始担任哈佛大学经济学教授。在政治上，他官居要职，历任美国物价管理局副局长、战后美国战略轰炸调查团团长和美国国务院经济安全政策室主任，还出任过美国驻印度大使，并于1972年当选美国经济学会会长。

加尔布雷思出生在加拿大安大略省的一个农场主家庭，父亲原是一位老师，后来从商，最后从政，他的聪明机智很多是受家庭的影响。1931年，加尔布雷思从加拿大安大略省农学院毕业，获得学士学位，然后出发去了美国。在美国期间，他继续深造，研究农业经济，获得硕士博士学位。加尔布雷思一生写了30多部著作，文笔辛辣。如《1929年大崩盘》《经济学和公共目标》《丰裕社会》《不确定的年代》等。

加尔布雷思是一位典型的新古典主义的批判者。加尔布雷思曾说过："我批判的是传统思维而不是发现和阐述他们的人，因为时代在进步，这些思想已经不适合当下形势，可是人们却浑然不知，还把他们看得神圣不可侵犯。"由此，加尔布雷思提出了几个特别的理论。首先是他的"依赖效应"。按照加尔布雷思的观点，现代资本主义发展形成了大型公司主导的格局，这些公司为了获得更多的利润，开始创造越来越多、形式多样的"欲望"，这些"欲望"会以公司计划和广告的形式出现，进而"诱导"并为消费者提供产品和服务。在这样的体系下，消费者没有自主意识，不再是选择的上帝了。这点显然是与正统古典经

这幅壁画反映了在不平等的资本主义社会里，穷人更穷，富人更富，许多人没有社会保险，无家可归，而富人却花越来越多的钱消费那些华而不实的东西。

现代许多国家经济的发展往往是以破坏环境作为代价。图为遭到破坏的原始雨林。

济学相违背的——正统经济学自始至终认为消费者是需求的唯一主观因素，不接受所谓的推销因素去代表消费者的真实利益。

　　加尔布雷思异于常人的消费者需求理论还意味着，市场间私人产品过多地投入，造成了公共产品配置的不足。这在他1985年出版的《丰裕社会》一书中被提到过，提醒人们要关注"公共目标"，私人消费部分过于膨胀就占用了本该投入到社会事业的资金，致使交通道路、医院、学校、住房等因为财政拮据而无法筹建发展。书中"私人丰裕"和"公共贫困"两种现象形成了明显的对比，着实吸引了读者的眼球，成为当年非小说类的畅销书，甚至入选纽约图书馆世纪丛书。

　　加尔布雷思的"生产者主权论"在一定程度上反映出战后美国社会不断发展形成的一部分经济现象。在丰裕社会中，很多产品只能满足生存需求，靠推销满足人们欲望的生产方式成为重要的新意识。不过这是一个极端的角度，消费者终究是有自主判断能力的，只不过在现代社会，其选择过程中所受到的干扰信息更多了。但是我们不能忽视加尔布雷思这一智慧，这将会使正统经济学家暂时停下发展的步伐，接受加尔布雷思的批评和建议，重拾研究路上可能丢失的珍宝。

　　美国在经历第一次世界大战后，资本主义得到了长足的发展，成为世界上最大最强的工业主体。在繁华景象背后，很多工薪阶层的生活却是极其狼狈：劳动时间长、工资收入低、住房医疗教育等一些基础保障设施系统薄弱，工人安全感缺乏。由此，"公共目标"的字眼也同时

□ 图解经济学

> **知识点击**
>
> 新制度学派形成于20世纪中期，一方面它继承了制度学派的传统，以制度分析、结构分析为标志，并主张在资本主义现存生产资料所有制基础上进行改革；另一方面又根据第二次世界大战后新的政治经济条件提出更为具体的政策建议，主要代表人物有美国的加尔布雷思、博尔丁，瑞典的缪尔达尔等。新制度学派同过去的制度学派一样，内部没有统一的观点，也没有本派的公认领袖人物或最有权威性的著作，该学派成员的学说几乎都是自成体系。

出现在加尔布雷思的《经济学和公共目标》中，在书中，他详尽地指出了资本主义社会遇到的失业、通货膨胀、贫富差距、经济失衡、环境恶化等一系列问题。

虽然早期的加尔布雷思受到凯恩斯主义学说的影响，不过他是反对凯恩斯主义和经济自由主义的。传统智慧中，按照凯恩斯的理论，可以通过货币政策和财政政策调节通货膨胀。但加尔布雷斯认为，在丰裕社会中，货币政策和财政政策对于控制通货膨胀是无能为力的。货币政策主要通过利率产生作用，但利率的变化将出现不平均的作用；在生产领域，那些寡头垄断的企业将财务成本转嫁给消费者，而那些竞争性行业则只能自己承担，这进一步导致社会资源的分配不均；在消费领域，考虑到消费者信用的创造，消费者对于利率并不敏感，而只是关心分期还款额，只需要简单地做一些金融创新，就可以抵消利率变化对于消费的抑制作用。财政政策的紧缩可以控制通货膨胀，但这又与传统智慧中扩大生产、解决就业的观念相抵触。

生活中的加尔布雷思经常被认为是恃才傲物，《纽约时报》就说他傲慢自负。在回忆录里，加尔布雷思自己也承认偶尔会情绪失控。不过这些都不影响加尔布雷思对经济学发展做出的巨大贡献。

缪尔达尔——循环积累因果联系

纲纳·缪尔达尔（1898～1987）是瑞典新制度学派和发展经济学的主要代表人物之一。1974年，缪尔达尔和哈耶克一起荣获诺贝尔经济学奖。

缪尔达尔一生中做过的职业很多，做过很多大学经济学课程讲师和教授；作为社会民主党成员被选入参议院，参加政事决策；还兼任瑞典政府的经济顾问、瑞典商业部部长和瑞典银行的理事，甚至任职联合国经济委员会秘书。担任一系列经济部门的要职，也足以证明缪尔达尔丰富的经济学知识和经济管理能力。

其他经济学家的研究放在了纯经济学上，而缪尔达尔对经济学的研究更为开阔，进入到社会和制度的新领域。缪尔达尔很早就注意到当时社会存在的不平等现象，1929～1933年的世界经济危机更是加剧了这种现象，普通人的生活更加贫困，而富裕阶层的财富收入却不断增加。由于长期在政府部门任职，缪尔达尔审视问题的角度更加宏观化，强调区域间协调统筹的重要性。他尝试着把经济分析和社会、人口联系在一起，制度问

缪尔达尔像

题成为他关注的重点。

于是，带有缪尔达尔独特思想的著作《经济理论与不发达地区》出版了。在该书中，他系统地提出了"循环积累因果联系"理论。他认为，社会经济制度是一个不断演进的过程，在发展过程中受到经济、政治、文化、技术等因素的相互影响，如果这些因素的其中一个发生变化，就会引起另外一个或几个相关因素的变化，后来变化的因素反过来推动最初的那个因素发生再变化，即A的变化影响B，B反过来又影响A，A再影响B，这就形成了简单的循环模型。现实中的各个要素之间就是以这种循环积累，通过微妙的、短暂的不守恒来实现整个过程的非均衡状态，并且这种循环具有积累效果。缪尔达尔的循环积累因果联系理论被广泛地应用到区域发展中去。

人口与城市繁荣
人口稀少的地方会因外来人员的流入而繁荣起来。反之，人口密集的地方会因增加一间住房或一栋楼房而经济衰退。这些地方没有足够的新鲜空气和阳光，也没有足够的供不同年龄的人娱乐和休息的场所，这样就会导致流入城市中的精英遭到浪费。

理论认为，社会发展的市场力量一般倾向于强化而不是弱化区域间的不平衡。这主要是因为各地区间自然禀赋和资源的不同。有些地方最开始就有良好的发展优势，后期的发展自然也会很好；而资源条件相对差的地方，由于不平等约束，会阻碍经济增长，后期的发展情况也是一般的。同时，缪尔达尔还提出，循环积累会在发展过程中带来两种不同的作用，即回流效应和扩散效应。

生活中经常会看到，一些落后地区的优质劳动力会涌向发达地区，享受那里的高工资、高水平社会保障和教育、卫生医疗等资源，这就直接导致落后地区的劳动力数量不足，质量下降，该地区发展阻力更大。这种现象就是循环积累理论提到的回流效应，当然这种效应也不是无限发挥作用的，"大城市病"就是其发展受到节制的体现：由于强大的吸引力，发达地区的人口急剧增加，交通拥挤、环境污染严重、人口与社会资源矛盾尖锐、生活成本不断上升，其外部性效应逐渐下降，经济强势增长的势头受到限制。而扩散效应是指发达地区通过对接支援

□ 图解经济学

落后地区人力、技术、资金等资源，以促进其发展。"大城市病"的出现成为发达地区向周边落后地区转移产业链条的重要原因之一。此外，国家政策引导支持也能产生扩散效应。缪尔达尔认为，若没有制度发现并改变这种不平衡，只靠社会经济自由发展，那么发达地区继续积累优势，落后地区继续积累劣势，区域间的失衡愈加明显，就产生了"地理上的二元经济"结构。

要实现某区域社会经济发展的转变升级，关键是要使扩散效应大于回流效应，刺激落后区域的经济发展，缩小区域间的差距。对此，缪尔达尔提出了关于区域发展的政策主张——不平衡发展战略，即在经济发展的初期，政府应当采用不平衡发展战略，对经济基础较好的区域和社会重点行业进行投资建设，以求较好的投资效率和较快的经济增长速度。其中值得注意的是，当经济发展到一定水平时，要防止累积因果循环造成地区贫富差距的扩大现象，政府要及时通过一系列特殊的区域经济政策，结合扩散效应刺激落后地区的发展，缩小区域经济差异，最终消除二元经济结构。

用动态的循环积累因果假说取代传统的静态均衡假说，缪尔达尔认为按照这样的"优先次序"的不平衡增长战略，可以使欠发达地区能够有效地利用有限的资源加快经济增长。认同不平衡发展观点的还有赫尔曼、威廉姆森等学者，他们的不同理论，共同构成了发展经济学重要的理论基础，为当今发展中国家的社会经济建设提供了理论支持。

科斯定理——牛走失后的设想

1991年荣获诺贝尔经济学奖的罗纳德·哈里·科斯（1910～2013），与其他获奖的经济学家稍显不同。他没有很多的著作，也几乎没有写出过一个数理方程式，但这并没有影响他成为伟大的经济学家。科斯的主要经济学贡献就是揭示了"交易价值"在经济组织结构的产权和功能中的重要性。

1910年，科斯出生于英国伦敦郊外的一个小镇，父母都是当地邮局的普通电报业务员。年幼的科斯因为腿疾不得不在残疾学校入学。腿上沉重的铁制护腿工具，给科斯生活学习带来

罗纳德·哈里·科斯像

了很多不便，不过科斯并没有因此在学习上有一丝懈怠。通过不懈努力，科斯顺利考入伦敦政治经济学院，并获得商科学士学位。其后，科斯凭借《公司的性质》的论文，而在经济学界崭露头角。在这篇文章中，科斯以独特的视角——交易成本的角度来分析企业是如何产生的。科斯认为，市场交易是存在成本的，这些成本包括讨价还价、订立执行合同的费用及时间成本等。若市场交易成本高于企业内部的管理协调成本时，企业便产生了。此外，科斯还指出，企业的产生存在就是为了节约市场交易费用。

长期专注于产权问题的科斯，提出了著名的"科斯定理"，并因此获得诺贝尔经济学奖。科斯定理的基本含义出自科斯在1960年发表的《社会成本问题》一文中，"其通俗

解释是只要财产的产权清晰，市场交易成本很小或者为零，那么此时无论将财产权给谁，都能实现资源配置最有效率的市场均衡。

外部性的存在和公共品的属性一直是市场机制难以处理的问题，于是包括科斯在内的众多经济学者对此展开了学术研究，试图揭示人类行为的一般规律。外部性是指一项经济活动对非当事人的第三者产生的影响，这种影响没有通过市场价格机制得到反映，外部性有政府效用。以往解决经济外部性的传统思路是对正外部性经济行为进行补贴和奖励，对负外部性进行征税和罚款。这种政府干预行为不是没有成本的，也存在不确定性，还可能会带来寻租活动，最终不一定能实现资源最优配置。科斯为解决外部性提供了新思路。他认为，之所以会产生外部性，关键是因为没有明确权利的范围。如果在产权充分界定的条件下，通过当事人的谈判纠正和市场机制，使私人成本和社会成本达到一致，从而避免经济外部性的产生。科斯定理就是针对经济外部性提出的解决方案，它有两个重要前提——明确产权和交易成本。科斯定理由三组构成，分为科斯第一定理、第二定理和第三定理。

> **推荐读本**
> 巴塞尔的《经济分析》一书中，起着主要作用的不再是"交易费用"，而是"公共领域"概念。博弈论是描述公共领域里寻租者的行为及其结果的最好工具，这本书是新制度经济学从"交易费用"到"博弈均衡"发展的一个转折点。

科斯第一定理是指在交易费用为零的情况下，不管权利如何进行初始配置，当事人之间的谈判都会导致资源配置的帕累托最优。在说明这条定理的时候，科斯通过牛吃草的案例进行了分析。假设，一位种植小麦的农夫和一位养殖奶牛的牧场主在相邻的两块土地上生活，结果就导致牧场主家的奶牛经常跑到农夫麦地里面吃麦子，养牛者得利，农夫则受损，这就是外部性。此时，若养牛者要向农夫做出赔偿，根据第一定理，养牛者要向农夫赔偿小麦损失，使小麦的损失内化成为养牛者的生产成本。若养牛者不承担给农夫造成的损失，农夫要想避免损失，必须给养牛者以补偿，也就是农夫需要购买控制牛群规模的权利。

科斯定理的第二定理是指在交易费用不为零的情况下，不同的权利配置界定会带来不同的资源配置。现实生活中，任何交易都是有成本的，交易成本为正数时，合法权利的初始界定就会对经济制度的运行效率产生影响。

科斯第三定理是指由于存在交易费用，不同的权利界定和分配就会带来不同效益的资源配置，因此产权制度的设置是优化资源配置的基础。交易成本大于零时，若没有产权制度，产权的交易与经济效率的改进就难以展开，而清晰界定的产权将有助于降低人们的交易成本，提高效率。

萨缪尔森曾错误地偷换概念，认为科斯没有考虑到垄断市场形式，批评科斯定理的正确性。最终，学者们用推论证明只要交易费用为零，即便存在垄断，也可以实现帕累托最优。另外也有很多经济学家认为，科斯定理忽视了产权界定对财富分配和资源配置效率的影响，科斯本人对此解释说，要素的市场价格变动会抵消产权安排对财富分配的影响。事实上，零成本的交易费用现象在现实中是不存在的。此外，该定理也存在逻辑悖论，科斯认为只要政府的管理成本小于市场交易成本，那么政府管理就比市场自动机制有效，这点与他的产权论主旨的基本论点相悖。

尽管带有瑕疵，科斯定理仍有闪光之处，他发现了交易费用与制度安排之间的关系，为人

□ 图解经济学

民在经济生活中做出合适的制度产权安排提供了可行的解决方法。同时，科斯这种独特的分析视角，为解决外部性开辟了一条新的研究途径。

德姆塞茨——狩猎权的私有化

曾在斯坦福胡佛研究所任职的哈罗德·德姆塞茨（1930～2019）出生于美国伊利诺伊州，他先后获得工商管理硕士学位和经济学博士学位，1978年后一直在加利福尼亚大学洛杉矶分校任教授。

迄今为止，德姆塞茨主要的研究领域是产权部分，拥有多部作品，如《产权理论探讨》《经济活动的组织》《生产、信息费用和经济组织》《竞争的经济、法律和政治维度》等。他对经济关系的贡献主要是将科斯的产权、交易成本和市场机制进行具体化阐述，扩大和细分了市场产业组织形式，垄断、托拉斯、广告投资、进入壁垒、企业性质、所有权和控制权分离等诸多问题，都被德姆塞茨进行了详细研究。对于产权产生以及发生的作用，德姆塞茨有着自己独特的见解，为人类最早经济行为起源提供了理论依据。

产权最早出现在托马斯的人口增长说中，其推理思路是，因为最初社会的人口数量少，资源相对丰富，供给大于需求，就不需要界定产权了。但是后期随着人口的增加，资源数量相比以前也有所减少，为了维持自己部落的资源供给，排他性就出现了，部落之间建立了对外的产权制度，不允许外来人员分享当地资源。可是部落内部成员滥用资源也导致公共资源的枯竭，于是在部落内部成员之间就开始进一步划分产权，这个时候私有权就产生了。德姆塞茨认为以往的经济学家在私有制度产生的解释上还不完善，他以外部性内部化的视角，在《产权理论探讨》中，系统地阐述了产权的概念、作用和形成过程，建立了德姆塞茨的私有产权起源模型。

私有产权是什么？指财产权利完全赋予个人，也就是说个人可以在排他性的基础上，通过个人意志来支配经济物品。私有产权具有可分割性、可分离性和可让渡性，所以私有产权并非会使个人永远拥有各种权利。德姆塞茨的私有产权学说是以商业活动增加导致资源缺乏为核心的，当内部化收益大于成本时，产权就会产生，外部性内在化的过程就是产权产生的过程。内部化的动力来源于经济价值的变化、新市场的开辟、技术革新和对旧的不适应的产权制度的调整。总之，在社会因素既定的情况

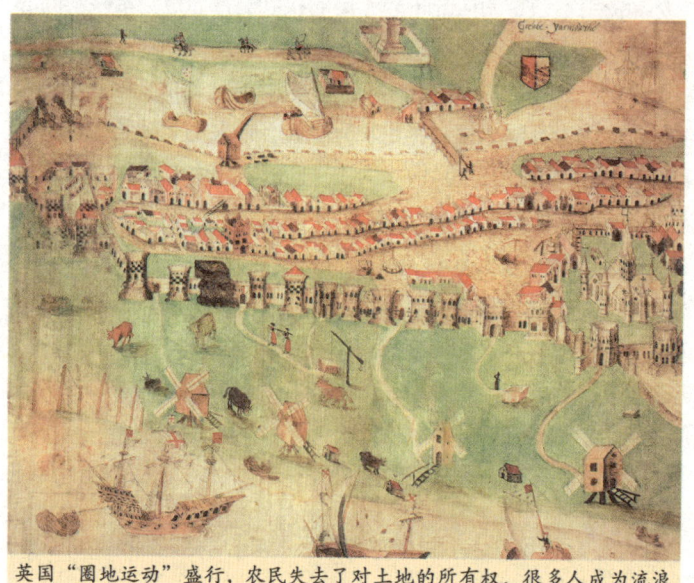

英国"圈地运动"盛行，农民失去了对土地的所有权，很多人成为流浪者和乞丐。

海湾战争时期，多国部队进入伊拉克沙漠区，其最终目的是对石油所有权的控制。

下，相对价格变化和技术变革是引起新的私有产权出现和变动的原因。

德姆塞茨用加拿大北部印第安人部落中土地私有产权产生的案例对其观点进行佐证。在18世纪以前，土地私有产权制还未建立。加拿大北部的印第安人部落，人们在共有的土地上自由狩猎，自给自足。这种形式就存在外部性，一个人随心所欲地打猎势必造成对其他猎人的成本，每个人从不考虑对其他猎人狩猎的控制，虽然猎物会有所下降，不过这一结果对其他人的影响是微乎其微的，谁也不会在意这些。而且，由于任何人都可以无偿随意占用和使用土地，他们也就没有排他的意识和产权界定。后来，随着毛皮贸易的发展，海狸皮毛的价值大大提高了。需求增加大大刺激了狩猎活动，大家的狩猎目的就从自给自足转变到出售皮毛上来。由于狩猎场是共有的，前一个人成功的狩猎便成为强加于后来打猎者的外部性，过度狩猎现象也就出现了。为了实现财富最大化，人们开始增加对资源保护的投资，并对狩猎者的狩猎行为做出限制，资源排他性意识渐醒：只有建立了私有产权，人们才有积极性投资，实现资源最大化最优配置，而不是过度狩猎造成资源枯竭。同时，森林地区野兽的皮毛价值比平原地区的皮毛价值高，在森林地区建立排他性产权的成本较平原地区低。

后来的经济学者麦克马纳斯对德姆塞茨的原始模型进行了研究，发现事实与德姆塞茨的理论之间存在差异。比如，按照德姆塞茨的说法，确定排他性产权后，海狸的数量会逐渐趋于稳定，或是有所增加，不过历史事实是这一地区海狸的数量是急剧下降的。此外，在皮毛贸易开始之后，并没有出现相对价格和技术的变化，为什么会出现这些矛盾呢？麦克马纳斯为此进行了更加详细地研究，原来，部落的人们有权力阻止那些从自己领地获得海狸出售毛皮的行为，却不能阻止他们猎杀后用于个人使用，即只有用于交换部分的权利是排他的，而直接消费使用的权利是大家共有的。

后来的很多学者在德姆塞茨原始模型的基础上，进一步向前研究产权制度，完善了制度经济学的理论结构。

机会主义行为——不完全契约

随着科学技术和市场经济的不断发展,交易范围、资本积累和企业发展都呈现出规模扩大的趋势,经济市场变得越来越复杂。但是,资本所有者可能没有足够的时间、精力和专业知识来进行管理,这时他们会选择将业务交给专业人士或者专业公司;另外,企业规模太大,企业所有者仅靠一人之力是无法支持企业运转的,那么他可能把企业交给他人代为控制和经营,也就是委托代理关系。

在现代公司的一般结构中,董事会是所有者的代表,它拥有公司财产的所有权与支配权,有权把公司委托给别人经营管理。总经理是接受董事会委托的人物,角色是代理人,拥有代行经营管理的权力。这两者之间就是委托代理关系。当然,在公司里并不是只有这一种委托代理关系。作为代理人出现的总经理会把一部分任务下传到各个部门去,总经理和各部门之间也会形成一层委托代理关系。以此类推,部门经理继续将部分工作委托给他的下一级员工……所以说,现代公司就是一系列委托代理关系的总和。

为了保证委托代理关系能够顺利实施,委托人和代理人会采用填写合约的形式,将这种关系固定下来。一般来说,委托人与代理人之间签订契约,契约会规定各方的权利、义务及相关行为规范。契约的签订是以信息对称为基础的,这就意味着,委托人与代理人之间的信息越完全,所签订的契约也就越完善。但在现实中,委托人与代理人之间的信息通常是不完全流通的,是不对称的,这就使契约变成了一种不完全契约。基于信息不对称的"道德风险"和"逆向选择"行为就属于机会主义的类型之一,不完全契约就是机会主义的一种表现。

人们逐利本性的机会主义是公司管理中很难避免的问题之一,它主要体现在公司治理目标的异同上面。假如公司内各个经济主体之间的目标是完全一致的,都是为了企业的利润最大化,那么即使是不完全的委托代理契约也不重要。但事实上,经过层层委托代理关系的传递,就可能导致委托人的利益和目标与代理人所追求的异化,比如说董事会作为委托人追求利润最大化,而其他人也都有自己的目标,总经理追求企业的稳定与增长,希望把企业做大,使自己的权力控制欲得到满足;部门经理更多考虑本部门的利益;职工考虑的可能是工资最大化,或在工资既定的情况下尽可能多偷懒和怠工,也就是休闲最大化。

如果契约可以设计制度来统筹这些异化的行动,那么就可以根治

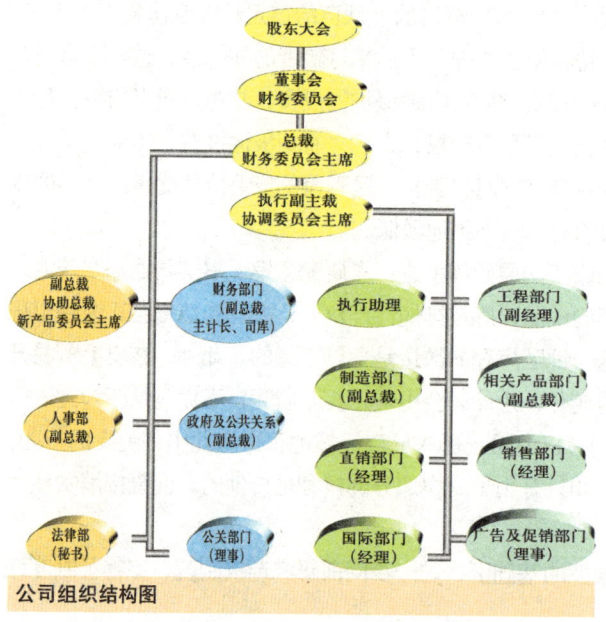

公司组织结构图

机会主义，可现实情况是，契约难以做到这一点。于是，各级代理人就会在不违背契约的情况下，为实现自己的目标与利益而损害委托人的利益，甚至有些代理人会做出损人利己的行为。比如，董事会与总经理的契约中，不可能规定总经理何时可以以公司名义请客或出差，如果可以请客，那么是在什么级别的餐厅消费多少的食物？契约不可能做到事无巨细。在完成委托人指定目标的过程中，细节之处就需要代理人自己把关了。那么总经理可以以公司业务需要为借口，公款请客、频频出差，在社会上扩大自己的影响和知名度，织起一张自己的关系网。既然属于公差，这些不必要的费用就需要董事会支付，而总经理既可以完成委托任务，自己也还能获得利益，这种行为就侵犯了董事会的利益。经济学家把这种以公司业务需要为借口的各种宴会、出差支出称为总经理的"工作中消费"。工作中的消费是机会主义行为的一种形式。

弗雷德里克·温斯洛·泰罗
鉴于劳资关系的对立严重影响生产率，泰罗提出了科学管理理论和方法。

在公司内，每一个代理人都有可能发生机会主义行为。在经济学家看来，很多的企业都存在着生产成本过高的现象，在庞大的组织体系中，个人目标和组织目标不能完全形成正相关联系。美国经济学家莱宾斯坦把这种"家大业大，浪费点没啥"的情况称为"X无效率"。这是因为企业合同契约无法做到诸事兼备和有效监督，信息传递就存在不对称，最终导致企业管理分化、运转效率低下。学者给出的建议是在制度设计、实施上面施力，并提倡员工提高自身积极性，如果每个人都能发挥自己的主观能动性，X无效率的问题就会解决一大半。

奥尔森——《集体行动的逻辑》

从斯密时代到20世纪这一段时间内，集体行动似乎总是有意无意地被人们忽略掉。尽管个人行动和集体行动同时存在，不过大多经济学家更关注个人行动，终于到了制度经济学派，有了对集体行动的系统研究，奥尔森就是其中一名执着的研究人员。曼瑟尔·奥尔森（1932～1998），美国经济学家和社会学家。这位别具风格的经济学家一生都在专注研究这样一个问题：为什么个人的理性行为往往无法产生集体或社会的理性结果，并将研究成果集中于《集体行动的逻辑》一书中。此外，他还有《国家的兴衰》《权利与繁荣》等作品。

《集体行动的逻辑》是建立在理性人的假设基

1968年法国爆发"五月风暴"的群众性游行示威，最后法国政府许诺实行改革，提高工人工资7%，这是占人口不到40%的游行示威者为全体公民争取到的利益。

□图解经济学

越是庞大的企业，越是需要科学的管理；建立严密的组织结构，任命称职的管理者、制定明确可行的计划，等等。

础上的，奥尔森先是做出了一个前提假设：人是理性的，不会浪费金钱、时间和资源。他认为，理性人不像经济人那么自利，理性人会在现有条件的约束下，根据效用最大化的原则来选择最佳的行动方案。在该书最开始，奥尔森就批评了传统对集体的看法，他们认为为了维护其成员的共同利益才会存在组织或是集体。从理性人的特征出发，很显然这是不成立的说法，因为理性人会根据成本收益做出衡量，不会主动地、单方面地为集体提供服务，比如住在同一栋楼中的人们并没有主动保持楼道卫生。成员提供的服务就是可以无偿享用的集体物品或公共物品，在集体物品生产过程中，总会有成员坐享其成，这种不一起奋斗，坐享其成的现象就是"搭便车"。

在日常生活中也经常看到搭便车的现象，比如说某小区设施维修，费用平摊到每户居民身上，如果这些费用是自愿支付的话，一定有一部分住户拒绝交纳，并且在维修好之后，继续享用这些公共设施。

奥尔森认为搭便车困境会随着集体成员数量的不断增加而愈显严重。因为，当集体成员数量增加时，集体中每个成员能获得的单位集体物品会减少；人数增多也不利于成员之间的直接监督，组织集体成员进行一项活动的成本也会大大提高；成员人数增加也会降低每个成员的贡献率，导致成就感、荣誉感下降。

从集团行动的角度，奥尔森给出了解决搭便车的方法：集体性激励无法使每个理性成员都为获得集体物品而奋斗，所以要采取选择性激励措施。选择性激励措施具体分为3种：第一种是小组织原理，一个人是否参加到集体行动中去，是经过理性分析和选择的结果，这一结果会为集体收益带来成本和收益，所以一个成员的加入很重要，对集体行动成败的影响很大，小组织也可以加强成员之间的直接监督；第二种是组织结构原则，大组织机构复杂冗繁，不利于决策的制定，必须要分层，这也符合小组织的要求；第三种是不平等原则，组织内部在权利、利益、贡献和分配上不能实行平均主义。奥尔森认为，选择性刺激还是集体行动产生的特定条件之一，另外一个是集体成员的不对称，也就是收益的不对称，只有让个别成员从集体行动中收益比其他成员更多，那么他的成就感、自豪感增大，对集体行动的贡献积极性也就越高。

1993年，奥尔森所著的《集体行动的逻辑》一书获得美国管理学会颁发的"最持久贡献著作奖"，还于1995年获得美国政治学会颁发的"里昂·爱泼斯坦奖"。1998年2月19日，奥尔森因心脏病突发去世，惊闻此消息的诺贝尔经济奖得主罗伯特·梭罗说："我们大多数人都相当类似，认识其中一个就等于认识了全部。但奥尔森不同，他别具一格。这使我们更加怀念他。"

下篇

生活中的经济学

第一章
不可不知的经济学原理

鱼和熊掌之间的权衡取舍

经济学是一门理性选择的学问，它与人自身最根本的利益息息相关，教人从对自己、对社会最有利的角度去分析、解决问题，给我们的生活提供了理性且有益的帮助，给我们警示，让我们清醒。

"有得必有失""鱼与熊掌不可兼得"之类的俗语，说明人生总是处在选择中。早上起来要穿哪一套衣服出门，你在选择；中午要去哪里吃饭，你又在选择；女孩子有众多的追求者，在考虑结婚的时候，到底哪一位男士比较适合自己，你要选择；毕业后找工作时，面对多家企业，你也要做出选择。虽然以上的选择有大有小，但每日、每月所有的选择累积起来，就影响了你的人生。

经济学家正在房间里埋头忙着做自己的学问。这时，一个中意他的女子大胆地敲开了他的房门："让我做你的妻子吧，错过我，你将再也找不到比我更爱你的女人了。"经济学家虽然也很中意她，但仍回答说："让我考虑考虑！"于是，他陷入长期的苦恼之中，迟迟无法做决定。最后，他终于得出一个结论："我该答应那个女人的请求。"

于是，经济学家来到女子的家中，对女子的父亲说："你的女儿呢？我决定娶她为妻。"老父亲冷漠地回答："你来晚了10年，她现在已经是3个孩子的妈妈了。"经济学家听了，整个人近乎崩溃，他万万没有想到向来自以为傲的经济学头脑，最后换来的竟然是一场悔恨。

每个人对同样的问题都有不同的认知，在经济生活中也是如此。面对一件相同的商品，不同的人可能会有不同的选择。有人做选择是从经济学的成本收益角度来看，比如人们选择一项投资，总是选择投入最少、收益最大的。有人做出选择是从物品的使用价值角度来实现的，例如人们在沙漠中对水的珍视就比其他物品要高。还有人是从自己的兴趣爱好方面来做出选择的，如有人喜欢集邮，花费千金也要集齐一套完整的邮票。如果非要说谁做出的决策或者选择是最优的，恐怕谁也不能说服谁。

实际上，世界上有许多美好的东西，追求不尽，每个人的价值观、客观条件各不相同，只有适合自己的才是最佳选择。日常生活中，我们经常可以看到有不少人见到别人做出了某种选择，于是自己也跟着做出同样的选择，全然不顾自身的条件，这种选择和决策往往不能得到令人满意的结果。

其实，无论做出何种选择，适合自己的才是最佳的。在别人看来并非是最佳选择，但对自己而言是最佳的，这就够了。比如，小李和小黄都拥有100万元资本准备投资，小李对塑料刷颇有研究，小黄对装潢设计十分在行。但是，如果小李将资本投入装潢设计行业，小黄将资本投入塑料刷业，对他们来说恐怕都不是最佳选择。

其实我们在做出选择的时候，都知道要追求最佳，但是自己却没有一个判断的标准，不知道什么才是最佳选择。其实，很多时候，我们在做选择时，认真思考之后并不一定能做出最佳选择，在短时间内做出的却往往是现存的最佳选择。有一个古老的命题：当你的母亲、妻子、孩子都掉进水中时，你先去救谁？不同的人会给出不同的答案，众说纷纭。这一次，一位农民给出了他的答案。他的村庄被洪水冲没，他从水中救出了他的妻子，而孩子和母亲都被洪水冲跑了！事后，大家七嘴八舌，有的说救对了，有的说救错了。当有人问农民当时是怎么想的，农民说："我什么也没想。洪水来的时候妻子正在我身边，我抓住她就往高处游，当我返回时，母亲和孩子找不到了。"如果这个农民在当时还仔细思考哪个选择才是最佳选择，到最后必然

经济学的研究对象
经济学的研究对象是财富，另一个是创造了财富的人。我们日常生活中普遍的衣食住行等事务都是经济学研究的对象。图为中世纪的佛罗伦萨商人在柜台上进行储蓄活动，他们和他们储蓄的钱都是经济学的研究对象。

错失了选择的机会。因此,当面对需要付出差不多的机会成本的选择时,我们不用多犹豫,就选择那个离我们最近、最容易实现的目标。

不过,我们在考虑绝大部分问题的时候,理性是做出选择和决策的必要步骤。当我们还在为选择什么而犹豫不决的时候,我们更应该理性思考,从而做出最适合自己的选择。

以下是一则非常有趣的经济学分析:

一个美女想知道如何才能傍到大款。她在一个大型网站论坛的金融版上发了帖子:"本人24岁,非常漂亮,是那种让人看一眼就觉得惊艳的漂亮;谈吐高雅,举止端庄,想找个年薪百万的富翁做情侣。可是,怎样才能做到这一点呢?"

照理说,如此年轻优秀的美女,即使是百万富翁也会乐意选择她。但是,有个华尔街的生意人给她写了回帖,他说:"从生意人的角度来看,选择你是个很糟糕的决定(至少像我这样的有钱人不会选择你)。

"通过你的描述,我们可以理解男女之间的关系是一笔简单的'财'和'貌'的交易:甲方提供迷人的外表,乙方出钱,交易平等,绝无欺瞒。但是,这里有个致命的问题,你仅仅拥有美貌而已,时间长了,美貌会消逝,我的钱却不会减少。

"更残酷点说,从经济学的角度看,我是增值资产,你是贬值资产,不但贬值,而且是加速贬值!你现在20多岁,在未来的10年里,你仍可以保持窈窕的身段,虽然每年可能会略有退步。但美貌消逝的速度会越来越快,如果它是你仅有的资产,10年以后你的价值堪忧。所以,你仅仅想靠美貌来完成这个交易,估计是不太现实的,或者交易不会持续太久。与其苦苦寻找有钱人,你为什么不想办法把自己变成有钱人呢?"

这个商人不愧是以经济学理性思考的高手!其实每个人都会面临选择和决策的问题,大致上会体现如下的规律:每个人都会自然地做出趋利避害的决策,选择对自己利益最大化的结果;人们会清楚认识到自己面临的选择约束条件,以尽可能实现自己付出的代价最小化。选择的情况越多,意味着人们的选择和自由度越大。

现代社会可供选择的对象太多,我们该如何选择,也是在考验我们"权衡取舍"的智慧。选择与决策是一门高深的学问,以经济学的思维思考问题,根据自己的实际情况和条件,才能做出能使自身利益最大化的最优决策。

两堆稻草间饿死的驴子:机会成本

有一头驴子,它非常饿,到处找吃的,终于看到了两堆草。它迅速跑过去,却为难了,因为两堆草同样鲜嫩,它不知道应该先吃哪一堆。它犹豫不决,在两堆草之间徘徊,一直在思考先吃哪一堆。因为不知道如何选择,最终这头驴子饿死了。

这则选自《拉封丹寓言》的故事,其实讲的就是机会成本。经济学家常说世界上没有免费的午餐,就是指任何选择行为都有机会成本。

机会成本是指为了得到某种东西所要放弃的另一样东西。简单来说,可以理解为把一定资

什么是比较优势

 VS

乔丹用两个小时可以修剪完草坪。

玛丽用4个小时可以修剪完草坪。

 VS

同样的两个小时乔丹可以拍一个运动鞋广告，挣1万美元。

同样4个小时玛丽在快餐店打工可以挣40美元。

乔丹修剪草坪的机会成本是1万美元，而玛丽的机会成本是40美元。从绝对优势上来说，乔丹比玛丽更适合修剪草坪，因为他可以用更少的时间干完这些活。但是从比较优势上来说，玛丽更应该修剪草坪，因为她修剪草坪的机会成本要比乔丹低得多。因此，乔丹去拍商业广告，玛丽修剪草坪是符合经济学中劳动分工原则的。

源投入某一用途后所放弃的在其他用途中所能获得的利益。我们在做一件事情上权衡利弊，然后做出最优选择，那个被放弃的价值最高的选择，就是机会成本。

比如一个农民有一块土地，他可以用来种小麦、种蔬菜、养猪。假设这块地种小麦的成本是100元，种蔬菜的成本是150元，如果养猪的话，将会收益200元。如果农民拿这块地用来种蔬菜了，相应地他就没法种小麦或养猪，那么他种蔬菜的成本是多少呢？是150元吗？不是，150元只是会计成本，真正的成本是200元，即他舍弃的另外两个项目中价值最大的那一个项目的价值！

明确机会成本的概念，必须明确以下几点：

一是机会成本中的机会必须是你可选择的项目。若不是你可选择的项目便不属于你的机会。比如农民只会种小麦、种蔬菜和养猪，搞房地产就不是农民的机会；又比如你只想吃豆沙糕或者巧克力薄饼，那么油条就永远成不了你的机会。

二是机会成本必须是指放弃的机会中收益最高的项目。放弃的机会中收益最高的项目才是机会成本，即机会成本不是放弃项目的收益总和。例如农民只能在种小麦、种蔬菜和养猪中选择一个，三者的收益关系为养猪＞种蔬菜＞种小麦，那么种小麦和种蔬菜的机会成本都是养猪，而养猪的机会成本仅为种蔬菜。

可见，如果农民把地用来种蔬菜或种小麦，他的经济利润是负的，只有他把地用来养猪，他才能获得利润。

经济学假设人们在理性的指导下，将有限的资源进行最优化的配置，以实现效益的最大化。可以看出，产生机会成本是因为资源稀缺。由于任何一种资源都是有限的，而有限的资源又可以有多种用途，把资源用于某种用途就必须同时放弃其他选择。

机会成本可以分析很多领域的问题，生活中到处存在着机会成本，善于利用机会成本分析利弊做出效用最大化的选择是理性人的首选。

值得注意的是，有些机会成本是可以用货币进行衡量的。比如，要在某块土地上发展养殖业，在建立养兔场还是养鸡场之间进行选择，由于二者只能选择其一，如果选择养兔就不能养鸡，养兔的机会成本就是放弃养鸡的收益。在这种情况下，人们可以根据对市场的预期大体计算出机会成本的数额，从而做出选择。但是有些机会成本是无法用货币来衡量的，它们涉及人们的情感、观念等。

我们必须不断地决定如何使用我们有限的时间或收入。当你决定是否购买汽车，或是否上大学时，你必须考虑做出一个选择需要放弃多少其他的机会。

不管怎样，我们在做选择的时候，应该时刻谨记机会成本的概念。经济学告诉我们，必须面对机会成本的选择。如果去KTV（配有卡拉OK和电视设备的包间）和去电影院对你同样有吸引力，不妨掷硬币决定去哪儿。当然，如果是重大决策，还是多考虑一下为好。如果选择爱人，可不能用掷硬币的方法。机会成本越高，选择越困难，因为在心底我们从来不愿轻易放弃可能得到的东西。的确，有时做出一个选择真是太难了，可我们不得不选，而我们的人生轨迹将随着我们选择的坐标前行，回头看看我们的选择，仔细算算我们所付出的机会成本，值吗？

下篇　生活中的经济学

经济学研究的对象，是关于人类社会中政治、社会和个人所有的有关经济方面的研究，不过它的侧重点在于社会生活这方面。图中是梵高在1883年绘制的有丰富色彩的耕地，对土地这种不可再生资源，该采取怎样的干预手段也是经济学所要研究的。

机会成本广泛存在于生活当中。一个有着多种兴趣的人在上大学时，会面临选择专业的困难；辛苦了5天，到了双休日，究竟是出去郊游还是在家看电视剧；面对同一时间的面试机会，选择了一家单位就不能去另一家单位……对于个人而言，机会成本往往是我们做出一项决策时所放弃的东西，而且常常比我们预想中的还多。按经济学观点，做任何事情都需要一定的成本，下面以读研究生为例做一番分析。

先算一下经济方面的机会成本。拿考研来说吧。应届大学毕业生的考研费一般比较昂贵，在职考研者的花费也不会少到哪儿去。还有心理压力成本。几乎每个考过研的人都认为那段时间（复习时间）非常难熬，来自社会、家庭以及自身的压力都很大。特别是家庭状况不是很好的考生，意味着不仅不能为家里创收，还要拿家里的钱。再算算其他方面的机会成本。时间方面，考研者的时间成本都大于其直接用于考研的时间，考的次数越多，时间成本也越大。相反的例子莫过于比尔·盖茨了，他停学创业，而不是继续求学。如果真选择后者，说不定他也错过了时机，成就不了今日的微软。从某种意义上说，那些考研者是不是错过了很多机遇呢？

考研也应该考虑机会成本的问题。首先，仔细考虑一下，考上了这个专业的研究生，两年或三年之后，你的就业方向和出路在哪里。这样的出路，是否令你感到满意？是否令你觉得为其付出的时光是非常值得的？再想一想，自己所要考的专业以及这个专业的毕业生所从事的工作是否是你真正喜欢的，还是说只是迫于形势的无奈而做出的选择？要知道，一个人只有热爱他的工作，对他的工作时刻保有兴趣和激情，才可以取得好的成绩。最后要想，考上这个专业的研究生，是否能为你将来的就业增加一定分量的砝码，当然，这个砝码并非单指一纸文凭，还应该包括你自身学识的积累和能力的提高。

思考过以上的问题后，如果你的考研信念仍然坚定不移的话，那么考研仍是你的最优选择，那就静下心来全力以赴地准备考试吧；而如果你对自己是否考研产生了动摇，那么，奉劝你勇敢面对应该面对的问题，不要盲目做出选择。

我们只看最后或新增的一个

在经济学上，边际的意思是"最后的"，或者"新增的"。边际考虑就是只考虑最后的一个或者新增加的一个所引起的变化，从而判断事情的整体性质。

19世纪70年代初出现的边际概念，是西方经济学自亚当·斯密以来提出的一个极为重要的经济学概念。经济学家把它作为一种理论分析工具，可以应用于任何经济中的任何可以衡量的事物上。正因为这一分析工具在一定程度上背离了传统的分析方法，故有人称之为"边际革命"。

经济学认为，某种要素的贡献，是由其边际的一单位的贡献决定的。举一个例子，是关于农民种粮食的：

假定只有一亩地，如果一个人种，可以打1000斤稻米，但是两个人却不会打2000斤，只能打1800斤，3个人只能打1900斤，等等。想想，如果人数不断增加，在这一亩地里有1万个人，能打多少斤稻米？0斤！因为1万个人一块儿上去会把土地踏平的。

从中可以观察到一个规律，第二个人没有第一个人打的稻米多，第三个人没有第二个人打得多，以此类推。总之，后一个人没有前一个人打得多。经济学家把这个规律叫作"边际产量递减"，也就是说，新增加的人所增加的总产量越来越少。

我们可以想象，如果产量不递减，那就是递增或者不变。我们看看这是否可能。如果边际产量不变，那就意味着后一个农民的产量永远与前一个一样多，那我只要用一亩地，就可以生产出养活全国人需要的粮食，只要不断地增加农民就行了。这当然是不可能的。

如果有100个人来种这一亩地，那么每个农民应该得到多少工资，也就是多少稻米呢？因为每个农民没有差异，所以他们得到的稻米应该是一样多的。农民得到多少，取决于农民的劳动贡献有多大。他们每个人都得到1000斤，还是所有这100个人的产量总和的平均数，抑或是其他呢？

当然不可能是1000斤，因为总共也没有这么多的稻米。所以，一般人会说是平均数，也就是把所有100个人的产量加起来，除以100。这似乎有道理，既然每个人得到的都一样多，当然得是平均数。但是，如果每个人拿走平均的产量，农民就把所有稻米都拿走了，土地的主人不会同意。

每个人到底能分得多少稻米？必须进行边际考虑，也就是看最后一个人，即第100个人的产量是多少。比如说99个人打了1490斤，第100个人来了之后，能打1500斤，那么最后所增加的产量是 10 斤,这个产量就叫"边际产量"。经济学家说,每个人应该获得的稻米就是这个边际产量,即 10 斤。为什么?因为每个人劳动的贡献只有 10 斤!

最后一个人对粮食的贡献只有 10 斤,其实每个人,包括第一个人的劳动的贡献也只有 10 斤。

首先,稻米能生产出来,不仅仅靠农民的劳动,还要有土地,因此,稻米是劳动和土地共同作用的结果,缺一不可。

其次,如果让第一个农民排到第 100 个,他能打的稻米也只能是 10 斤,而不再是 1000 斤;让最后一个人排到第一个,他打的稻米也将是 1000 斤,而不再是 10 斤。第一个来的和最后一个来的,区别在于:第一个人自己用 1 亩地,而最后一个人只能用 1% 亩的地!这说明,他们劳动的贡献是没有差别的,都是 10 斤。农民应该按照自己劳动的贡献分得稻米,也就是每人 10 斤。

与边际产量递减类似,效用也是递减的。为了加深理解,先讲一个简单的例子。俄国的克雷洛夫写过一则寓言《杰米扬的汤》。

杰米扬准备了一大锅汤,请朋友福卡前来品尝。

杰米扬热情地说:"请啊,老朋友,感谢你的光临!这个汤是特别为你预备的。"

福卡回答:"不,亲爱的朋友,吃不下了!我已经吃得塞到喉咙眼了。"

"没关系,才一小盆,总会吃得下去的。这汤味道多鲜啊!"

"可我已经吃过三盆哩!"

"嗨,何必计数呢?尽量喝吧,只要你喜欢。凭良心说,这汤真香,真稠,看那层浮油在盆子里凝固起来,简直跟琥珀一样。请啊,老朋友,替我吃完它!吃了有好处的!喏喏,这是鲈鱼,这是肚片,这是鲟鱼。只吃半盆,吃吧!"杰米扬喊自己的妻子,"亲爱的,你来敬客,客人会领你的情的。"

杰米扬就这样热情地款待福卡,一个劲儿劝他吃,不让他休息,不让他喘气。福卡的脸上大汗如注,勉强又吃了一盆,并装作吃得津津有味的样子,把盆子里的汤吃了个精光。

理解边际效用递减规律要注意的问题

区别问题:在边际效用减少的过程中,总效用依然可能增加

时间问题:如你在吃一顿饭的过程中,边际效用是递减的;但过了半天,你又饿了

限度问题:量越大越满足,但始终存在一个限度,超过这个限度以后必然出现边际效用递减

□ 图解经济学

杰米扬嚷道："这样的朋友我才喜欢，我最讨厌那些吃东西挑三拣四的人了。看你吃得这么香，我真高兴！好，再来一盆吧！"

可怜的福卡虽然喜欢喝汤，但这样喝却跟受罪一样。他马上站起身来，抓起帽子、腰带和手杖，用足全力跑回家，从此再也不来杰米扬的家了。

当福卡喝第一碗汤时，感到无比鲜美，在经济学家看来，就是这碗汤发挥了效用。所谓效用就是指人们消费某种物品时所得到的满足程度。例如，吃一个面包得到的物质上的满足，或看一场电影得到的精神满足。效用完全是消费者的主观感觉，取决于个人的偏好，没有什么客观标准。

尽管效用是主观的，但所有人的消费都遵循一个共同规律，这就是随着所消费同一种物品的增加，该物品给消费者带来的满足程度是递减的。例如，福卡喝杰米扬的第一碗汤时，一定感到味道鲜美（满足程度高），喝第二碗汤的感觉不如第一碗汤那么好（满足程度减少了）。当喝了一碗又一碗时，满足程度越来越低，最后成为痛苦（负效用），以至于不得不逃之夭夭。经济学家把这种普遍现象概括为边际效用递减规律。

边际学派认为，人们在资源有限的情况下，不能使全部欲望得到满足，他们只能根据欲望的重要性进行分配，首先满足最重要的和较重要的。但是总有一个是最后被满足的最不重要的、意义最小的处在边沿上的欲望，它是随着资源的减少而首先放弃的欲望，这种欲望就是边际欲望，满足这种边际欲望的能力就是边际效用。

中国号称瓷器大国，但市场上却几乎都是图案与造型极为相似的青花瓷。同一类型的瓷器，你顶多需要一套就可以了。相同的瓷器多了也会产生边际效用递减，没地方放，边际效用甚至就为负的了。但是不是瓷器市场就这样有限呢？当然不是。相同的瓷器才会带来边际效用递减，不同的瓷器就不存在边际效用递减——记住，边际效用递减是对同样东西数量增加而言的，不同的东西满足消费者的不同需要，就不会发生边际效用递减。瓷器可以有不同造型与图案，每种瓷器可以满足不同需求，带来不同的效用。例如，实用性的瓷器可以在生活中用；艺术瓷器可以给消费者带来精神享受；为儿童喜爱的动画瓷器，可以满足父母爱孩子的需求。类似这样的瓷器当然就不存在边际效用递减，因而也就不会没有需求了。

中国明朝时期极具特色的青花瓷。中国的大量诸如这类精美瓷器的产品输出国外，必然增加国内的金银储量。

消费者对物品有多大需求取决于他消费这种物品得到了多少边际效用。消费者从一种物品中得到的边际效用大，就愿意出高价买。反之，消费者从一种物品中得到的边际效用小，就只愿出低价。如果边际效用为零，甚至负数，像杰米扬的第三、第四碗汤，消费者决不会买。经济学家常说，没有卖不出去的产品，只有消费者不需要的产品。只要不是杰米扬的汤，一定可以卖出去。

可以说，边际分析法是经济学的基本研究方法之一，不仅在理论上，而且在实际工作中也起着相当大的作用。

朝三暮四与朝四暮三的区别

《庄子·齐物论》中有个"朝三暮四"的故事：

宋国有一个很喜欢饲养猴子的人，名叫狙公。他家养了一大群猴子，他能理解猴子的意思，猴子也懂得他的心意。狙公宁可减少全家的食用，也要满足猴子的要求。然而过了不久，家里越来越穷困了，狙公打算减少猴子的栗子供应量，但又怕猴子不顺从自己，就对猴子说："给你们的栗子，早上三个，晚上四个，够吃了吗？"猴子一听，都站了起来，十分恼怒。过了一会儿，狙公又说："给你们的栗子，早上四个，晚上三个，这该够吃了吧？"猴子一听，一个个都趴在地上，非常高兴。

这个成语故事原本是揭露狙公愚弄猴子的骗术，告诫人们要注重实际，防止被花言巧语所蒙骗。在这个故事里，猴子是作为一种愚蠢的动物而出现的。实际上，我们从经济学的角度来看，可能会得出不一样的结论。古人们认为总量是没有变化的，因此觉得早上三个晚上四个和早上四个晚上三个是完全一样的。其实不然，朝三暮四和朝四暮三还是有些区别的，它们能给猴子带来不同的效用。那么，什么才是效用呢？

在经济学的发展史中，"效用"概念的出现无疑是一个突破。物品的效用在于满足人的欲望和需求。任何物品能满足人类天生的肉体和精神欲望，才能成为有用的东西，才具有价值。在经济学中，效用是用来衡量消费者从一组商品和服务之中获得的幸福或者满足的尺度。有了这种衡量尺度，我们就可以在谈论效用的增加或者降低的时候有所参考，在解释一种经济行为是否带来好处时就有了衡量标准。效用不同于物品本身的使用价值，使用价值产生于物品的属性，是客观的，效用是消费者消费某种物品时的感受。

在度量效用的问题上，西方经济学家先后提出了基数效用和序数效用的概念。在此基础上，形成了分析消费者行为的两种方法：基数效用论的边际效用分析法和序数效用论的无差异曲线分析法。

在19世纪和20世纪初，西方经济学中普遍使用基数效用概念。基数是指1、2、3……是可以加总求和的。基数效用论认为，效用可

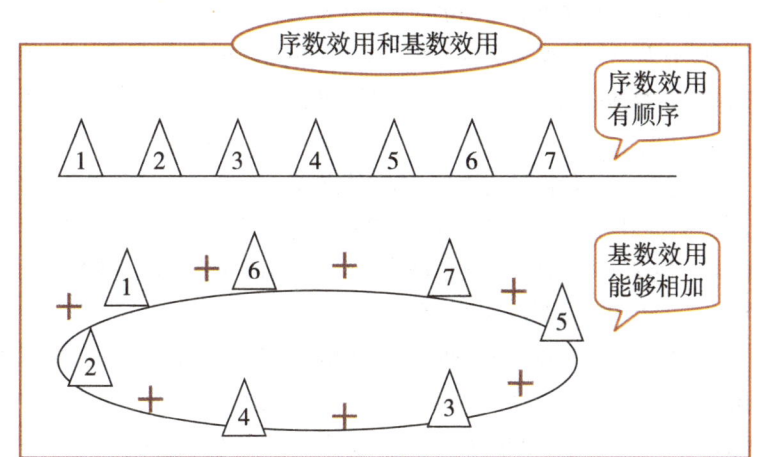

以具体衡量并加总求和，具体的效用量之间的比较是有意义的。表示效用大小的计量单位被称作效用单位。例如：对某消费者而言，看一场精彩的电影的效用为10效用单位，吃一顿麦当劳的效用为8效用单位，则这两种消费的效用之和为18效用单位。

序数效用论认为，效用无法具体衡量，也不能加总求和，效用之间的比较只能通过顺序或等级表示。自20世纪30年代至今，西方经济学中多使用序数效用概念。序数是指第一、第二、第三……只表示顺序或等级，是不能加总求和的。例如，消费者消费了巧克力与唱片，他从中得到的效用是无法衡量，也无法加总求和的，更不能用基数来表示，但他可以比较从消费这两种物品中所得到的效用。如果他认为消费一块巧克力所带来的效用大于消费唱片所带来的效用，那么就可以说一块巧克力的效用是第一，唱片的效用是第二。

效用价值论强调物品对人的满足程度，而满足程度完全是主观的感觉，主观价值是客观交换价值的基础。物品的有用性和稀少性都是价值形成不可缺少的因素，都是主观价值的起源。经济学依赖一个基本的前提假定，即人们在做选择的时候倾向于选择在他们看来具有最高价值的那些物品和服务。效用是消费者的主观感觉，取决于消费者对这种物品的喜欢程度。消费者对某种物品越喜欢，这种物品带来的效用就越大，他就越愿意购买，需求就越高。比如有人喜欢抽烟，那么香烟对他而言的效用就很高，但对于一位不愿意闻烟味的女士来说，香烟的效用就会很低甚至是负效用。很显然，在做决定的时候，烟民自然会把香烟视为至宝，而女士们可能更钟情于化妆品或者衣服之类的东西。

我们也可以通过红皮鸡蛋与白皮鸡蛋的差价来解读效用。根据科学研究，不管是鸡蛋的味道还是营养价值，都跟蛋壳的颜色毫无关系。那为什么以前满市场的白皮鸡蛋都不见了？这是因为，在我国很多地区，人们都喜欢红皮鸡蛋，红色给人一种吉利的象征。当它大量涌入市场，价钱与白皮鸡蛋差不多的时候，多数市民都会选择红皮鸡蛋，如此一来，红皮鸡蛋便抢占了市场。正是因为人们对红皮鸡蛋有更大的满足感，所以才造成了市场上"尽是红皮鸡蛋"的状况。

现在的红皮鸡蛋还具有以前的效用吗？答案是否定的。红皮鸡蛋本来是很吸引人的，越稀少就越受到尊崇。当红皮鸡蛋充斥市场时，人们对于红皮鸡蛋的满足感是逐渐降低的，这就是边际效用递减。这也就解释了为什么现在的白皮鸡蛋反倒比红皮鸡蛋贵了。

某种商品给消费者带来的效用因人而异，效用大小完全取决于个人的主观感受，没有客观标准。比如有的消费者会认为购买胶卷相机带给他们的效用比购买数码相机更大，喝矿泉水比喝啤酒带给他们的效用更大，吃米饭比吃面更能带给人愉悦感。这些，都需要由消费者的主观感受来决定。

实际上，一种商品对消费者是否具有效用，取决于消费者是否有购买这种商品的欲望，以及这种商品是否具有满足消费者欲望的能力。从这个意义上来看，消费者购买商品就是为了从购买这种商品中得到物质或精神的满足。效用是消费者消费某物品时的感受，本身就是一个主观的、抽象的、虚无的概念，而不是一个客观的尺度。

我们总是追求物美价廉的商品，但随着商品的丰富、营销手段的多样以及竞争的加剧，物美与否并非我们所能简单判断的。商家常常在商品上标明"原价××，现价××"，商家这样做很多时候是想通过所谓的"原价"增加商品的预期效用，即使"原价"从来没有出现过。较

不同阶层的人的需求弹性

如果肉类、牛奶、烟草、羊毛织品、进口水果与普通医疗器械的价格发生了大的变动，工人阶级对它们的购买量就会随之发生很大改变。但无论它们的价格如何涨跌，富人对它们的购买量不会有多大改变。图为英国移民在田间收获他们在北美种植的烟草，远处的货船正等待烟草装船运往英国本土。烟草价格的变动会影响工人阶级的购买量。

低的现价会使消费者认为用较低的支出会得到效用较高的商品，销售量自然会增加。

如果在使用商品之前不清楚商品的效用，我们就会根据价格判断商品的效用。"便宜没好货"就是这个道理。于是很可能价格越高，人们对它的评价就越高，购买的欲望就越强，购买的人就越多，这就形成了"越贵越买"现象。当然贵到一定程度，商品可能会成为奢侈品，买的人就会少。

有时候效用是无法衡量的，这时只能根据价格来判断物品的效用。举例说，这类商品有药品、衣服、珠宝首饰等。患者一般对药品效用不清楚，所以常觉得好药应该贵一些，并且价格不是病人考虑的主要因素，所以会有一段需求曲线是上升的。衣服有其特殊性，我们每次买的衣服都不一样，这时候经验就不起作用了，因此对其效用评估的一个重要标准是价格，况且很多人并不把衣服价格作为考虑的主要因素，甚至有人把衣服的价格作为炫耀的资本。珠宝首饰也是如此，特别对于玉器、玛瑙等需要专业鉴别知识的商品，我们判断它们的预期效用更依靠价格，所以常常发生有人高价买来假货的悲剧。

猎狗追兔子的启示

一条猎狗追逐一只兔子，追了好久也没有追到。牧羊犬看到了，讥笑猎狗。猎狗回答说："我仅仅为了一顿饭而跑，它却是为了性命而跑呀！"话被猎人听到了，猎人想：猎狗说得对啊，那我要想得到更多的猎物，得想个好法子。

□ 图解经济学

　　猎人又买来几条猎狗，并告诉它们，凡是能够在打猎中捉到兔子的，就可以得到几根骨头，捉不到的就没有饭吃。这个办法果然奏效，猎狗们纷纷去追兔子，因为谁都想捕到更多猎物以换得温饱。这样过了一段时间，问题又出现了。大兔子难捉，小兔子好捉，而得到的骨头都差不多，猎狗们发现了这个窍门，就专门去捉小兔子。猎人问猎狗："最近你们捉的兔子越来越小了，为什么？"猎狗们说："反正没有什么区别，为什么费那么大的劲去捉那些大的呢？"

　　猎人思考后，决定不将分得骨头的数量与是否捉到兔子挂钩，而是采用每过一段时间就统计一次猎狗捉到兔子的总重量的方法，按照重量来决定其在一段时间内的待遇。这样一来，猎狗们捉到兔子的数量和重量都增加了。

　　猎人很开心。但随后，新问题又出现了，猎狗抓的兔子又少了很多，而且越有经验的猎狗，捉兔子的数量下降得就越厉害。于是猎人又去问猎狗们。

　　猎狗们说："我们把最好的时间都奉献给了您，但是我们会变老，当我们捉不到兔子的时候，您还会给我们骨头吃吗？"

　　猎人经过一番思考后，分析与汇总了所有猎狗捉到兔子的数量与重量，规定如果捉到的兔子超过了一定的数量后，即使捉不到兔子，每顿饭也可以得到一定数量的骨头。猎狗们都很高兴，大家都努力去做，以完成猎人规定的数量。一段时间过后，终于有一些猎狗做到了。这时，其中有一只猎狗说："我们这么努力，只得到几根骨头，而我们捉的猎物远远超过了这几根骨头，我们为什么不自己捉兔子吃呢？"于是，有些猎狗离开了猎人，自己捉兔子去了。猎人意识到猎狗正在流失，于是又进行了改革，使得每条猎狗除基本骨头外，可获得其所猎兔肉总量的$n\%$，而且随着服务时间加长，贡献变大，该比例还可递增，并有权分享猎人总兔肉的$m\%$。这样，出走的猎狗们纷纷强烈要求重归猎狗队伍。

　　经济学的基本前提是承认人的本性是利己的，也就是说，人们行为的目标是个人利益的最大化。人生是一个不断与人合作和分离的过程，但无论分合，每个人都想让自己的利益最大化。然而，一个好的激励制度可以有效满

利人主义的基督　格吕内瓦尔德·马蒂亚斯　板面油画　1515年
历史证明，坚持纯粹的利人主义对普通人来说是很难的。能坚持下来的往往是内心充满热忱、无比重视精神上的满足的理想主义者。图中描绘了基督受难时的场景，手持书本的是施洗者约翰。圣母玛利亚已经晕倒在福音传教士约翰的臂中，钉在十字架上濒死的是基督。基督手臂后的拉丁铭文如此写道："舍己为人。"

足个人利益需求，激发团体组织成员的无限工作动力。猎人对猎狗的有效管理就在于他很好地应用了激励效应。

一种制度把个人利益与组织整体利益统一起来，让个人在实现自身利益的同时也实现了组织的整体利益，这样的制度就是激励机制。激励机制一旦形成，它就会内在地作用于组织系统本身，使组织机能处于一种稳定的状态，并进一步影响组织的生存和发展。

18世纪，英国政府为了开发新占领的殖民地——澳大利亚，决定将已经判刑的囚犯运往澳大利亚。从英国运送犯人到澳大利亚的船运工作由私人船主承包，政府支付长途运输费用。据英国历史学家查理·巴特森写的《犯人船》记载，1790~1792年间，私人船主运送犯人到澳大利亚的26艘船共4082人，死亡498人，死亡率很高。其中有一艘名为"海神"号的船，424个犯人死了158个。英国政府不仅经济损失巨大，而且在道义上受到了社会的强烈谴责。

对此，英国政府实施了一种新制度，政府不再按上船时运送的囚犯人数支付船主费用，而是按下船时实际到达澳大利亚的囚犯人数付费。新制度立竿见影，据《犯人船》记载，1793年，3艘新制度下的船到达澳大利亚后，422名罪犯只有1人死于途中。此后，英国政府对这些制度继续改进，如果罪犯健康良好还给船主发奖金。这样，运往澳大利亚的罪犯的死亡率下降到1%左右。

如果用我们熟悉的一般思维方式解决以上犯人死亡的问题，一般可以列举出三种做法：对船主进行道德说教，寄希望于私人船主良心发现，为囚犯创造更好的生活条件，或者政府进行干预，使用行政手段强迫私人船主改进运输方法。但以上两种做法都有实施难度，而且效果也许甚微。然而，新的激励机制顺应了船主们牟利的需求，也使得犯人平安到达目的地，这就是激励机制的重要作用。

作为经济学中的重要原理之一，激励现象存在于人们的任何决策和行为之中。就个人而言，根据行为科学理论，只有尚未满足的需要才有激励作用，已经满足的需要只能提供满意感。需要本身并不能产生激励，对满足需要的期望才真正具有激励作用。

在能力一定的情况下，激励水平的高低将决定其工作成绩的大小。综合运用多种激励方法是有效提高激励水平的一大法宝。激励机制是否产生了影响，取决于激励方法是否能满足个人的需要。主要的激励方法包括如下几种：

一是物质激励。通过满足个人利益的需求来激发人们的积极性与创造性。只对成绩突出者予以奖赏，如果见者有份，既助长了落后者的懒惰，又伤害了优秀者的努力动机，从而失去了激励意义。

二是精神激励。通过满足个人的自尊、自我发展和自我实现的需要，在较高层次上调动个人的工作积极性。精神激励主要有目标激励、荣誉激励、感情激励、信任激励、尊重激励。

三是任务激励。让个人肩负起与其才能相适应的重任，由社会提供个人获得成就和发展的机会，满足其事业心与成就感。

四是数据激励。明显的数据可以使人产生深刻的印象，激发他强烈的干劲。数据激励，就是把各人的行为结果用数字对比的形式反映出来，以激励先进，鞭策后进。

五是强化激励。对良好行为给予肯定，即正强化，使之能继续保持；对不良行为给予否定与惩罚，即负强化，使之能记住教训，不再犯同样的错误。

在任何一个组织中，引入激励机制都是必不可少的。激励机制一方面可以调动大家工作的积极性，另一方面还可以增加团队业绩，达到双赢的目的。激励机制可以有效控制"做一天和尚撞一天钟"的行为，可以使被激励者在工作中更有生机和效率。有句名言说得好"人们只有在被追赶和被督促中才能进步"，说的也正是激励机制的重要性。

生活中的黄金搭档

春秋时期，鲁国非常弱小，有很多鲁国人在其他国家沦为奴隶。为了振兴国力，鲁国国君颁布了这样一条法律：如果鲁国人在其他国家遇见沦为奴隶的同胞，可以先把这个奴隶赎回来，回国后国家报销赎金。

孔子有一位学生子贡，家里比较富裕，他曾多次将沦为奴隶的鲁国人赎回，而且事后并不去找国君报销。子贡觉得自己是在施行老师的"仁"，为此非常得意。

后来，孔子知道了此事，非但没有表扬子贡，还批评他说："我知道你追求高尚，也不缺钱花，可是这个补偿你一定要去领。现在你掏钱救人，受到社会的赞扬。但是从今以后，当别人在国外再遇见沦为奴隶的鲁国人时，他就会想自己是不是应该去赎人呢？如果赎了人，回国后还去不去找国君要钱呢？不去找国君，自己会损失一大笔钱；去找国君，别人又会拿你的高尚来讽刺他。这样一来，他们再看到身为奴隶的鲁国人就会装作没有看见，你的行为正好是阻碍解救沦为奴隶的鲁国人的根源！"子贡听完老师的话，顿感羞愧。

还有一次，孔子的另一位学生看到有人掉进河里，于是他把此人救上岸来。被救的人为了表示感谢，送给这位学生一头牛，学生收下了。孔子对这个学生的行为大加赞赏，因为这会激励更多的人去救人。

这两件事体现的正是经济学中的帕累托效率准则。意大利经济学家帕累托曾针对资源的最佳配置提出了帕累托效率准则：经济的效率体现于配置社会资源以改善人们的境况，主要看资源是否已经被充分利用，如果资源已经被充分利用，要想再改善就必须损害别人的利益。

帕累托最伟大的成就，是提出了"帕累托最优"这个理念。所谓帕累托最优，指的是资源分配的一种理想状态。一旦达到了这种理想状态，想要使某些人的处境变好，就必定要使另外某个人的境况变坏。换句话说就是，你的得到是以他人的失去为代价的。在某种意义上，我们可以认为，帕累托最优是一个兼顾公平与效率的"理想王国"。相反，如果还可以在不损害其他人利益的情况下改善某个人的处境，我们就可以认为资源尚未被充分利用，这时就没有实现帕累托最优。

鲁国原有的制度其实已经发挥出很好的效果，人们开始积极赎回沦为奴隶的同胞，而子贡的做法，很可能会破坏这种积极性，从而使鲁国已有的制度出现问题。

根据帕累托的说法，如果社会资源的配置已经达到任何调整都不可能在不使其他人情况变坏的情况下，使任何一个人情况变得更好，那么，这种资源配置的状况就是最佳的，是最有效率的。如果没有达到这种状态，即重新调整可以使某人境况变好，而不使其他任何一个人情况

下篇　生活中的经济学

所谓帕累托最优，指的是资源分配的一种理想状态。

变坏，那就说明这种资源配置的状况不是最佳的，是缺乏效率的。试举一例：

球迷们去体育场观看一场精彩的足球比赛，球场能坐50000人。假如在比赛开场前，坐到了49000人，那么，体育场在此时还没有处在"帕累托最优"的状态，因为如果再进入1000名球迷，他们也可以看到比赛，即"他们的处境会变得更好"，这个增加球迷的过程就是"帕累托改进"。但是如果已经坐满了50000人，如果再进入1000名甚至更多的球迷，这些新增加的球迷可能会因为看到球赛而使"自己的处境变好"，但对于原有的那50000名观众来说，处境却会变差，原因很简单，超过规定人数，安全性就会受到损害了。

同样的情况也适用于长途汽车。在没有满员的情况下，可以再上乘客，以达到"帕累托最优"，但是满员后再超载，全体乘客的安全就会受到影响。

在经济学上，"帕累托最优"无疑是一颗闪烁着迷人光泽的宝石。在这种状态下，每个人均不会为了自己的利益而损及他人，最终将实现社会的充分富裕。由此看来，"帕累托最优"确实令人神往。但是，需要指出的是，在经济学上，"帕累托最优"描述的是一种过于理想化的状态，在现实的经济生活中比较难以达到。为了达到"帕累托最优"，便有了"帕累托改进"。"帕累托改进"是指在没有使任何人处境变坏的前提下，使得至少一个人的处境能变得更好。

"帕累托改进"的特点是自己变好，同时又不使他人变差。正是由于"帕累托改进"没有损害到他人的利益，其行为所遇到的阻力往往很小。以我国初期的改革开放为例，其政策大多都是帕累托改进，比如"分田到户"和"联产承包责任制"，它们的特点是广大农民获得了切实的好处，而其他行业也没有受到什么损失，所以推行起来阻力不大。但是，如果不是帕累托改进的话，即在使一部分人变好的同时，使另一部分人变差，阻力就会增大。

在工作生活中，就要学会合理利用帕累托效率准则，当你的资源配置达到最佳状态时，只需要保持就能实现效益最大化。

开放比封闭更美好

有一个人把一个橙子给了两个正在玩耍的孩子。于是这两个孩子便讨论如何分这个橙子，两个人吵来吵去，最终达成了一致意见，由一个孩子负责切橙子，而另一个孩子选橙子。结果，这两个孩子按照商定的办法各自取得了一半橙子，高高兴兴地拿回家去了。

第一个孩子把半个橙子拿回家，把皮剥掉扔进了垃圾桶，把果肉放到果汁机里榨果汁喝。另一个孩子回到家把果肉挖掉扔进了垃圾桶，把橙子皮留下来磨碎了，混在面粉里烤蛋糕吃。

我们可以看出，虽然两个孩子各自拿到了看似公平的一半，然而，他们各自得到的东西却未物尽其用。这说明，他们在事先并未做好沟通，也就是两个孩子并没有申明各自的利益所在，导致双方盲目追求形式上和立场上的公平，结果，双方各自的利益并未达到最大化。

后来，这两个孩子变得聪明了，他们充分交流，各取所需，爱喝果汁的孩子把他的橙子皮给了另一个小孩，然后从另一个小孩那里换回了他需要的果肉。两个孩子将皮和果肉分开，一个拿果肉去榨汁，另一个拿皮去烤蛋糕，双方的利益都达到了最大化。

这其实就是贸易。我们都希望自己有一天能够富有起来，希望自己能够拥有别人数倍的财产。从人们开始交换手中的剩余物品的那天开始，贸易就产生了。

我们能够同意一桩交易，是因为我们期望以尽可能小的成本获得尽可能大的收益，符合条件时，贸易才能够发生。因此，贸易能够产生效益，贸易的基础就是互利。从贸易中获利的主要来源有三个：

繁华的港口

第一，贸易把东西从认为其价值较小的人那里转移到认为其价值更大的人手里。

人们的偏好、知识和目标有很大的不同，对一个人而言毫无价值的东西也许对另外一个人来说就是价值连城的。将莫奈的画交给一位做农活的妇人，也许在她看来这就是一张脏兮兮的纸，而在懂得欣赏艺术的人眼里，它价值连城。交易使产品移向那些认为其价值更大的人，交易的产生增加了购买者的财富。

第二，贸易让更高水平的产量和消费成为可能，是由于其允许我们每一个人更加专注于做那些我们擅长的事情。

从原始社会开始，人类就出现了社会的分工，当人们专心致力于其能以低成本来生产的产品和服务时，他们可以通过贸易，用得到的收入交换自己不能制造的产品。

例如，大多数的医生可能擅长记录档案和护理病人的工作，但一般不会有医生亲自去做那些工作，他们更愿意雇佣人来提供这些服务。他们则用记录档案、护理病人的时间去替更多的人看病，因为花在看病上的时间更有价值。如果他们花大把的时间用来记录档案而不是看病，那他们的收入就会减少。问题的关键不是医生能否比雇佣的助手记录档案做得更好，而是医生如何更有效地利用他的时间。

第三，资源交易使企业通过采用大规模生产的方法来降低单位成本成为可能。

在现代社会中，无论怎样强调贸易在生活中的重要性都不为过，毕竟我们不是鲁宾孙，我们不能够自己制造生活所需的一切物品，我们也很难仅凭一己之力制造电视、网络、汽车、电话以及食物、房屋。

我们现在能够拥有这些，很大程度上是因为我们的经济是以这样的一种方式组织起来的，人们一直能够合作从事更专业的领域和参与更加频繁的交易活动。

第二章
供需：推动价格变化的神奇力量

供需机制：经济学的永恒话题

美国著名经济学家萨缪尔森曾经说过，学习经济学是再简单不过的事了，你只需要掌握两件事：一个叫供给，一个叫需求。什么叫供给和需求？供给指的是生产者在一定时期内在各种可能的价格下愿意而且能够提供出售的该商品的数量。这种供给是指有效供给，必须满足两个条件：生产者有出售的愿望和供应的能力。需求指的是消费者在一定时期内的各种可能的价格下愿意而且能够购买的该商品的数量，指的是消费者想得到某种商品的愿望。需求不是自然和主观的愿望，而是有效的需要，它包括两个条件：消费者有欲望的购买和有能力的购买。

关于供给与需求的关系，人们普遍认为需求决定供给，如人们有穿皮鞋的需求，市场上才会出现皮鞋的生产与销售。不过，供给学派强调经济的供给方面，认为需求会自动适应供给。

一般来说，供需平衡时，市场价格就是正常价格。当供大于求时，市场价格低于正常价格；当供不应求时，市场价格高于正常价格。鲁迅先生在《朝花夕拾》中的《藤野先生》一文中有这样的句子："大概是物以稀为贵吧。北京的白菜运往浙江，便用红头绳系住菜根，倒挂在水果店头，尊为'胶菜'；福建野生着的芦荟，一到北京就请进温室，且美其名曰'龙舌兰'。"供需不平衡导致这些商品的尊贵，因此，白菜在浙江能卖出好价钱，而芦荟在北京也能卖出好价钱。而"洛阳纸贵"的故事说明了供不应求，从而导致纸的市场价格成倍增长。

《晋书·文苑·左思传》中记载：

西晋太康年间出了位很有名的文学家——左思。在左思小时候，他父亲就很看不起他，常常对外人说后悔生了这个儿子。等到左思成年，他父亲还对朋友们说："左思虽然成年了，可是他掌握的知识和道理，还不如我小时候呢。"左思不甘心受到这种鄙视，于是发奋学习。

经过长期准备，他写出了一部《三都赋》，依据事实和历史的发展，把三国时魏都邺城、蜀都成都、吴都南京写入赋中。当时人们都认为其水平超过了汉朝班固写的《两都赋》和张衡写的《两京赋》。一时间，在京城洛阳广为流传，人们啧啧称赞，竞相传抄，一下子使洛阳纸贵了几倍。原来每刀千文的纸一下子涨到两千文、三千文，后来竟倾销一空。不少人只好到外地买纸，抄写这篇千古名赋。

供给与需求

供给

> 需要满足生产者愿意并能够生产的条件

> 是生产者用市场交换的数量

政府的政策会促进生产者扩大生产，增加供给！

政治政策 —— 对企业在行政手续上给予便利和优惠

财政政策
- 对相关行业的生产增加拨款
- 给予需要扶植的行业税收优惠
- 实行科技援助和金融贷款支持

需求

> 需要满足消费者愿意并能够购买的条件

> 是消费者希望购买的数量

为什么会"洛阳纸贵"？因为在京都洛阳，人们"竞相传抄"《三都赋》，以致纸的需求越来越大，而纸的供给却跟不上需求，这样一来纸的价格才会不断上涨。

在一般情况下，需求与价格的关系成反比，即价格越高，需求量越小；价格下降，需求量上升。例如，如果每勺冰激凌的价格上升了2角钱，你将会少买冰激凌。价格与需求量之间的这种关系对经济中大部分物品都是适用的，而且，实际上这种关系如此普遍，以至于经济学家称之为需求规律：在其他条件相同时，一种物品价格上升，该物品需求量减少。

另外，供需的变化与市场环境的变化也息息相关。例如，当"非典"袭击中国的时候，全国食醋、消毒液、药用口罩的价格都上升了，一些日用品也成了普通消费者的抢购对象，这主要是因为突如其来的"非典"病毒造成了消费者对这些物品需求的剧增。在欧洲，每年夏天当新英格兰地区天气变暖时，加勒比地区饭店房间的价格就会直线下降。当中东爆发战争时，美国的汽油价格上升，而二手凯迪拉克轿车价格下降。这些都表现出供给与需求对市场的作用，而所有的这一切都是通过价格来反映的。在少数情况下会出现相反的情形，即价格越高，需求量越大；价格越低，需求量反而越小。这种商品通常是社会上具有象征地位的炫耀性商品，比如钻石、古董等，它们常常会因为价格的提高需求量反而增加。

供求机制是市场机制的主体。供求联结着生产、交换、分配、消费等环节，是生产者与消费者关系的反映与表现。供求运动是市场内部矛盾运动的核心，其他要素（如价格、竞争、货币流通等）的变化都围绕供求运动而展开。

供求机制对社会经济的运行和发展具有重要功能。供求机制可以调节商品的价格，调节商品的生产与消费的方向和规模；供求结构的变化能调节生产结构和消费结构的变化。

供求机制起作用的条件是：供求关系能够灵活地变动，供给与需求背离的时间、方向、程度应当是灵活而适当的，不能将供求关系固定化。供求关系在不断变动中取得相对的平衡，是供求机制作用的实现形式。供求机制的直接作用具体表现为：

第一，调节总量平衡。供不应求时，价格上涨，从而吸收更多的投资；供过于求时，一部分商品的价值得不到实现，迫使部分滞销企业压缩或退出生产。

第二，调节结构平衡。供求机制通过"看不见的手"使生产资料和劳动力在不同部门之间合理转移，导致经济结构的平衡运动。

第三，调节地区之间的平衡。它促使统一大市场的各个地区调剂余缺，互通有无，使总量平衡和结构平衡得到具体落实。

第四，调节时间上的平衡。它促使部分劳动者从事跨季节、跨时令的生产经营活动（如温室种植、跨季节仓储等），在一定程度上满足了市场需求，缓解了供求矛盾。

欲望与供给的永恒矛盾

稀缺性的概念在整个经济理论中起着至关重要的作用，一些经济学家认为稀缺性是经济学存在的前提条件，所以往往用稀缺性来定义经济学。由于稀缺性的存在，决定了人们在使用经济物品中不断做出选择，如决定利用有限的资源去生产什么、如何生产、为谁生产以及在稀缺的消费品中如何进行取舍及如何用来满足人们的各种需求，这些问题被认为是经济学所研究的

下篇　生活中的经济学

主题。

我们所处的社会最大的遗憾就在于，人的需求是无限的，而资源总是有限的。

满足这种欲望的物品，有的可以不付任何代价随意取得，称之为"自由取用物"，如阳光和空气。但绝大多数物品是不能自由取用的，因为世界上的资源（包括人力资源和物力资源）有限，这种有限的为获取它必须付出某种代价的物品，称之为"经济物品"。这样，一方面人类对经济物品的欲望是无限的，另一方面用来满足人类欲望的经济物品却是有限的。相对于人类无穷的欲望而言，经济物品或生产这些经济物品的资源是不足的。这种获得人们所需物品上存在的自然限制叫"稀缺"，所以经济物品又称"稀缺物品"。

因此，稀缺不是就资源和物品的绝对数量而言，而是就有限的资源和物品相对于人类的欲望而言，所以它是相对的，但它又是绝对的，存在于任何地方和任何时期，是人类普遍存在的永恒问题。

对某些稀缺的产品来说，其价格往往会高到令人瞠目结舌的地步。以手机号为例：在2009年新版的吉尼斯世界纪录中，卡塔尔电信运营商Qtel被认定拍出了全球最昂贵的手机号码。一个6666666的手机号是于2006年5月23日被拍卖的，最终成交价格为1000万卡塔尔里亚尔，根据当时汇率水平计算约合275万美元。吉尼斯世界纪录此前记载的最昂贵的手机号码是中国四川航空以48万美元拍得的88888888手机号。

花钱买房产、汽车等，这些都是实实在在的物品，或有一定的使用价值，或日后有升值的潜力；花钱买服务，也能得到实实在在的享受。而天价手机号码既不是实在的物品，也不是实在的服务，那么，人们如此狂热地追捧本身并没有什

节欲的正确含义　希罗尼穆斯·博斯　绘画　约1485年
经济学家所说的节欲是为了将来的准备而放弃现在能够获得的满足。它是指在一个人的消费能力以内对某些消费进行节欲，以增加将来的财富。图中的守财奴为了存储金钱而不惜掠夺，克制自身的基本需求，连死神到来了也舍不得放下自己的财富。这样的克制行为并不是经济学家倡导的节欲。

163

么特殊价值的号码，甚至不惜血本将其收入囊中，到底图什么呢？

我们从资源的稀缺性角度来分析。这些数字往往由于谐音或传统的思维习惯形成。比如说，我国有很多人认为"8"字能给自己带来好运，主要就是因为8与"发"谐音，例如"168"（一路发）、"888"（发发发）、"518"（我要发）等号码很受人们的喜爱。但是这些号码毕竟是有限的，有限的资源不可能使每个人都得到满足。因此，在资源稀缺的前提下，对于这些吉祥号码，就必须以高价才能获得。这也正是"物以稀为贵"的一个佐证。

其实资源的稀缺性，有些是天生的，如金子、钻石等；有些是衍生的，如耕地，随着人口的增多，人均耕地越来越少，因为稀缺才能更显其价值。用经济学中的稀缺性解释我们生活中的许多现象，会使我们明白很多经济学道理。

资源的稀缺性是经济学的前提之一。其对社会、对人们的生活产生了巨大的影响。我们必须深刻认识稀缺性。

首先，稀缺性导致了竞争和选择。也就是说，稀缺性促进了社会的发展。想象一下，如果资源不是稀缺的，而是极大富足的，那么世界会完全变样。自然界中不会有优胜劣汰，不会有厮杀，每个生物都可以得到满足。人们不用工作，不用考虑衣食住行，不用考虑买房子了，因为土地是富足的，一切资源都是富足的。那这样的世界就没有任何活力，就会变成死水一潭，最终毁灭。

生产多少，市场说了算

1986年，艾滋病的发现引起了世人的恐慌，转眼间，几乎使全美的乳胶手套脱销。所有的人都害怕被该病毒感染，美国医护人员套上两三层手套以加强防护，甚至警察不戴上乳胶手套就绝不对犯罪嫌疑人下手。于是，国际市场上的乳胶手套一时供不应求，价格上扬。这一消息被我国某报披露后，全国各地许多企业闻讯纷纷投产上马，一哄而上。但多数企业都是在既不知道国际上到底有多大的需求，也不清楚国内生产能力到底形成了什么规模的情况下盲目建设投产的。如江苏省张家港市到1988年春，便建成了77条乳胶手套生产线，大有方兴未艾之势。结果，这些不重视商品供求关系的行为，不久即遭到市场经济规律无情的惩罚。1988年下半年，国际乳胶手套市场出现疲软。据《市场报》报道，仅江苏就积压了乳胶原料5800吨，成品手套22.5万双。

上述案例形象地向我们说明了市场的供求定律。在经济学中，供给是指在一定时期内，在每一价格水平上，生产者愿意而且能够提供的商品的数量，包括新提供的和库存的物品。一般来说，市场上的供给涉及企业愿意生产和销售一种商品的条件。例如，西红柿的供给量反映的就是在市场每一价位上西红柿的销售量。对于厂商而言，生产者提供商品最主要的目的是为了利润。例如，20世纪90年代摩托车曾风靡一时，在有利可图的情况下很多厂商投资生产摩托车；当摩托车市场饱和，利润率下降的情况下，厂商又纷纷转产汽车或进入其他行业。影响厂商供给的另外一个重要因素就是产品的成本。当一种产品的生产成本相对于市场价格较低的时候，生产者大量提供该产品就有利可图。例如，20世纪70年代，石油价格急剧上升，提高了制造商的能源开销，从而提高了其生产成本，进而便降低了其产品的供给。

供给量随着价格上升而增加，随着价格下降而减少，也就是说，某种物品的供给量与价格是正相关的。价格与供给量之间的这种关系被称为"供给规律"。

供给曲线表明了价格与产量的关系。供给是指在某种价格水平时，整个社会的厂商所愿意供给的产品总量，取决于厂商在提供这些产品时所得到的价格，以及他们在生产这些产品时所必须支付的劳动与其他生产要素的费用。

当水价是 1 美分的时候，自来水公司只愿意供应 20 万桶自来水；当水价是 5 美分的时候，自来水公司愿意供应 110 万桶自来水；当水价是 6 美分的时候，自来水公司愿意供应 120 万桶自来水，详细数据见下表。

某自来水公司水价与供给量关系表

价格（美分）	1	2	3	4	5	6	7
供给量（万桶）	20	60	80	100	110	120	130

我们把这些信息转化成图表，纵轴 OP 表示可能的水价，横轴 OQ 表示自来水公司在不同的价格下愿意供给的水量。把表中相应的数字标在图中，并连接起来，我们就得到了一条向右上方倾斜的曲线 S，经济学家称其为"供给曲线"。

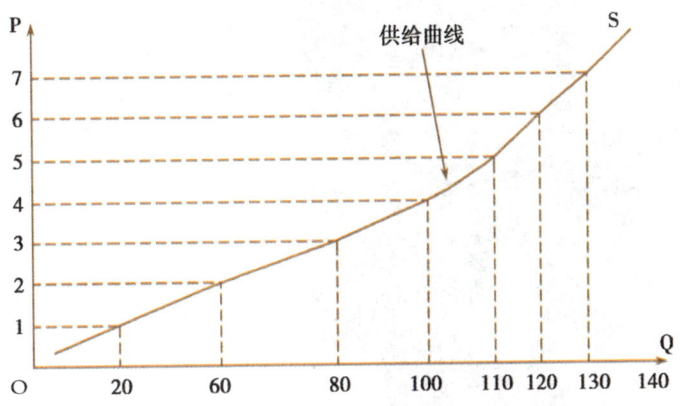

价格越高，需求越少

需求是指消费者在某一特定时期内，在某一价格水平上愿意而且能够购买的商品量。需求定律认为，价格与需求是成反向变动的。下面这则趣味小故事就从一个侧面反映了需求定律：

20 世纪 80 年代，斯坦福大学教授保罗·埃尔里奇认为，由于人口爆炸、食物短缺、不可再生性资源的消耗、环境污染等原因，人类的前途堪忧；而马里兰州立大学教授朱利安·西蒙认为，人类社会的技术进步和价格机制会解决人类社会发展中出现的各种问题，所以人类社会的前途还是光明的。他们都有自己的支持者，形成了两个派别——悲观派和乐观派。由于公说公有理，婆说婆有理，谁也说服不了谁，只好用时间来检验。为此他们打了赌，赌不可再生性

□ 图解经济学

资源是否会消耗完。如果像埃尔里奇说的那样，不可再生性资源总有一天会消耗完的话，它们的价格必然会大幅度上升；如果像西蒙说的那样，技术的进步和价格机制会解决人类社会出现的各种问题的话，它们的价格不但不会大幅度上升，还会下降。他们选了5种金属：铬、铜、镍、锡、钨，各自以假想的方式买入1000美元的等量物质，每种金属各200美元。以1980年9月29日的各种金属价格为准，假如到1990年9月29日，这5种金属的价格在剔除通货膨胀的因素后果然上升了，西蒙就输了，他要付给埃尔里奇这些金属的总差价。反之，假如这5种金属的价格下降了，埃尔里奇就输了，他将把总差价支付给西蒙。经过了漫长的10年等待，事情终于有了结果：西蒙赢了，5种金属无一例外都降了价。

为什么这5种不可再生性资源的价格都下降了呢？这是因为世界上任何资源都有替代品，当这些资源的价格上升时，会刺激人们去开发和使用它们的替代品，它们的需求就会减少，需求的减少又会使其价格下降，这就是需求定律。比如在青铜器时代，人们用铜做物，铜锅、铜盆、铜剑，甚至镜子和货币也是铜做的。现在为什么只能在博物馆看到这些东西呢？就是因为随着科学技术的进步，人们发现了很多青铜的替代品，比如用铁制锅和剑，用塑料制盆，用玻璃制镜，用纸制钱，等等。铜的需求大大减少，价格也就下降了。

价格对不同阶层的人的影响

某一物品同一价格对不同阶级的人的影响是不同的。富人和穷人的经济实力有很大差距，富人认为合理的价格，穷人也许会觉得很高，甚至超过了他的购买力。图中生产于肯塔基州的威士忌就是这样的一种物品，富人经常饮用威士忌，也不在乎它的昂贵价格，但穷人很少品尝，因为他们无力购买。

在其他条件不变时，我们对某物品的需求量与其价格呈反向变动，这就是需求定律。在理解需求定律时要注意以下几点：

1."其他条件不变"是指影响需求的其他因素不变，离开了这一前提，需求定律就无法成立。例如，如果收入增加，商品本身的价格与需求量就不一定呈反方向变动。

2.需求定律指的是一般商品的规律，但这一定律也有例外，如炫耀性商品。

3.需求定律反映了商品价格与需求量之间的反方向变动关系，这种变动关系是由收入效应和替代效应共同作用形成的。

4.贵的优势商品和差的劣势商品各加上一个相同的固定费用，那么贵的优势商品就相对便宜，根据需求定律，相对便宜即意味需求量上升。

我们以某种品牌的口香糖为例，当它的单价为 1 元时，你可能会消费 6 块；当单价为 2.5 元时，你可能买 3 块；当单价为 5 元时，你可能就会选择购买其他的品牌。我们可以把这些关于价格和购买（需求）量的信息整理成下表：

某品牌口香糖价格与需求量表

价格（元）	1	1.5	2	2.5	3	4	5
需求量（块）	6	5	4	3	2	1	0

我们把表中的数字标在图中，并连接起来，就可以得到一条向右下方倾斜的曲线 D。我们称之为"需求曲线"。

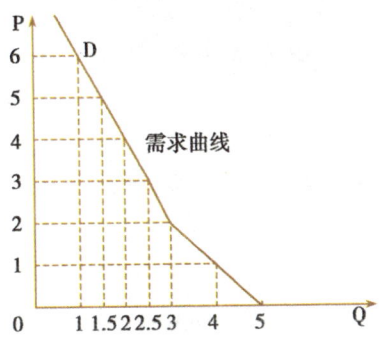

薄利不一定能够多销

需求规律表明，一种物品的价格下降会使需求量增加。需求价格弹性就是用来衡量需求量对其价格变动的反应程度的。如果一种物品的需求量对价格变动的反应大，可以说这种物品的需求是富有弹性的。反之，需求是缺乏弹性的。用公式可以表达为：

需求价格弹性 =ED= 需求量变动的百分比 / 价格变动的百分比

当弹性大于 1，需求是富有弹性的；小于 1，需求是缺乏弹性的；等于 1，需求是单位弹性；等于 0，需求完全没有弹性。在我们的现实生活中，有很多商品的需求是缺乏弹性的，比如粮食。如今，商品打折已经成了一种风气，无论大街小巷，总会看到"大甩卖""跳楼价""大放血"等字样，但我们很少看到粮食等商品打折销售，缺乏弹性就是其主要原因。

在商业活动中，对于需求富有弹性的商品可以实行低定价或采用降价策略，这就是薄利多销。"薄利"是价格低，每一单位产品利润少，但销量大，总利润也就不少。因此，降价策略适用于这类物品。但是对于需求缺乏弹性的商品不能实行低定价，也不能降价出售，降价不仅不能获利，反而会使总收益减少，所以现实中很少有米面、食盐之类的商品降价促销。

那么，究竟是什么因素决定一种物品的需求是富有弹性，还是缺乏弹性呢？决定某种物品需求弹性大小的因素很多，一般来说有以下几种：

1. 消费者对某种商品的需求程度。越是生活必需品如食盐、蔬菜，其需求弹性越小；反

□ 图解经济学

需求弹性
需求弹性表示在一定时期内，价格在一定程度上的变动所引起的需求量变动的程度。商品本身的价格、商品的适用范围、消费者的偏好和消费者的收入水平都会影响需求弹性。图中是将在市场上出售的肥牛，它出售的价格将会对它的需求弹性产生影响。

之，如奢侈品的需求弹性就大。

2. 商品的可替代程度。如果一种商品有大量的替代品则该商品的需求弹性大，如饮料；反之则需求弹性小，如食用油。

3. 商品本身用途的广泛性。一种商品用途越广，如水电，其需求弹性就越大，反之一种商品用途越窄，如鞋油，其需求弹性就越小。

4. 商品使用时间的长短。使用时间长的耐用品比如电视、汽车的需求弹性大，而报纸等易抛品需求弹性小。

5. 商品在家庭支出中所占的比例。比重小的商品如筷子、牙签等，其需求弹性小；而电视、汽车等商品比重大，需求弹性也大。

从生活中，我们也能得到这样的体会，必需品倾向于需求缺乏弹性，而奢侈品倾向于需求富有弹性。例如，当看病的价格上升时，尽管人们会比平常看病的次数少一些，但不会大幅度地改变他们看病的次数。同理，小麦、大米这些生活必需品的需求量并不会因为价格的变动而起太大的改变。与此相反，当游艇价格上升时，游艇需求量会大幅度减少，原因是大多数人把小麦、大米作为必需品，而把游艇作为奢侈品。同样，一些珠宝或者名牌服饰很容易因为价格的下调而导致抢购风潮，这也是因为珠宝以及名牌服饰是奢侈品的缘故。

另外，有相近替代品的物品往往较富有需求弹性，因为消费者从这种物品转向其他物品较为容易。例如，CD（compact disc，激光唱盘）机和MP3（一种常用的数字音频压缩格式）播放器就很容易互相替代。当前者的价位上升时，就很容易导致后者需求量的增加。此外，物品往往随着时间发展而变得需求更富有弹性。当汽油价格上升时，在最初的几个月中汽油的需求量只略有减少。但是，随着时间推移，人们购买更省油的汽车，转向公共交通，或迁移到离工作地方近的地点居住。在几年之内，汽油的需求量会大幅度减少。

再如，2004年禽流感的出现在一定程度上打击了家禽类相关产品的生产，但并没有从整体上影响整个农村经济的发展。因为在禽流感流行期间，人们在饮食上对鸡肉的抵制是最明显的，对于鸭、鹅等家禽的相关产品也颇有顾忌。家禽本来是人们主要的肉食对象，而如今它们的供应量却大幅度减小。于是，人们的肉食对象集中在猪、牛、羊、鱼等动物上。

需求弹性对企业营销的影响很大。例如，生产饮料的企业，对价格的调整就要非常谨慎。因为饮料的需求弹性很大。类似的饮料很多，如各种可乐或各种果汁或各种奶茶，如果某饮料突然涨价，就会让顾客转而消费其他品牌的类似饮料。这种取代性商品众多、需求弹性很大的商品，调高价格将会导致销量迅速变化。

如果商品需求弹性很小,商品的供给方提高价格,需求量减少幅度不大,收入会升高;反之降低价格,收入会降低;如果商品有弹性,供给方提高价格,需求量减少的幅度较大,收入会降低;反之降低价格,收入会增加。因此,供给方在制定价格时必须考虑到商品的价格弹性,弹性低不妨提高价格,弹性高就降低一点价格。

能源供给紧张的背后

与需求弹性类似,供给也有弹性。有的商品的价格发生一个较小的变化,就能引起供给量一个较大的变化,就像充足气的皮球轻轻一拍,它就能弹得很高一样,我们说这种商品的供给富有弹性。有的商品价格发生一个较大的变化只能引起供给量一个较小的变化,就像气不够的皮球,再使劲拍它也只能弹起一点点,我们说这种商品的供给缺乏弹性。我们用供给弹性系数来表示供给弹性的大小。

供给价格弹性 =ES= 供给量变动的百分比 / 价格变动的百分比

当弹性大于1,供给是富有弹性的,供给曲线比较倾斜;小于1,供给是缺乏弹性的,供给曲线比较陡直;等于1,供给是单位弹性,表明供给量变动的幅度等于价格变动的幅度,供给曲线是一条45度线;等于0,供给完全没有弹性,表明无论价格怎样变化,供给量都不变,供给曲线向下垂直。由于价格越高,生产者越愿意提供产品,价格与供给量存在同方向变动的关系,所以供给价格弹性一般是正数。

很容易看出,供给的价格弹性与需求的价格弹性定义完全相同。唯一的差别在于,对于供给而言,供给量与价格正向变动;而对于需求来说,需求量与价格反向变动。

供给规律表明,价格上升供给量增加。供给价格弹性衡量的是供给量对价格变动的反应程度。如果供给量对价格变动的反应很大,可以说这种物品的供给是富有弹性的;反之,供给是缺乏弹性的。

供给价格弹性取决于卖者改变他们生产的物品产量的伸缩性,例如,海滩土地供给缺乏弹性是因为几乎不可能生产出土地,相反,书、汽车这类制成品供给富有弹性。

在美国加利福尼亚州,由于能源供应长期以来都比较紧张,所以从20世纪70年代以来政府就实施了一系列严格的能源控制计划。但是新自由主义经济学家们认为,如果加州真的能源紧张,那么价格就会上涨,这一方面会使人们减少使用能源,另一方面会使能源供应商增加供应,这样能源紧张局面就会扭转。在这些经济学家的鼓动下,里根政府放弃了对加州的能源管制,使能源使用量猛增,价格上涨,仅电价就翻了十几倍。可加州的能源供求关系不仅没有因市场调节而趋于缓和,反而愈发紧张。2000年夏天,加州终于遭遇了前所未有的供电危机,最后,加州政府重新启用了严格的能源管制措施。

为什么自由主义经济学家的理论不灵了?原来,能源生产专用性强,固定资产占用大,生产周期长,所以能源供给缺乏弹性。尽管能源价格的上涨会使供给增加,但增加幅度十分有限。与此同时,能源作为一种生活必需品,人们对其需求并不会因为价格上涨就会有大的减少,即其需求也缺乏弹性。这样就会造成能源供应进一步紧张,推动价格进一步提升。价格的上涨又使得很多用户无法及时交纳电费,使得能源公司不仅得不到高额利润,反而濒临破产,不得不求助于政府帮助和保护。

那么影响供给弹性的因素究竟有哪些呢？主要有如下几个方面：

1. 时间

这是影响供给弹性一个很重要的因素。当商品的价格发生变化时，供给方对产量的调整需要一定的时间。在较短的时间内，供给方根据商品的涨价及时地增加产量，或者根据商品的降价及时地缩减产量，都存在不同程度的困难，因而供给弹性较小；相反，在较长的时间内，生产规模的扩大与缩小，甚至转产，都是可以实现的，供给量可以对价格变动做出较充分的反应，因而供给弹性相应较大。

2. 单位产品的生产成本对产量的敏感程度

如果单位产品的生产成本对产量非常敏感，供给方就不会轻易调整产量，从而供给弹性较小；反之，则供给弹性较大。

3. 产品的生产周期

在一定的时期内，对于生产周期较短的产品，厂商可以根据市场价格的变化及时地调整产量，供给弹性就比较大；相反，生产周期较长的产品的供给弹性往往就小。

另外，生产的难易程度、生产规模变化的难易程度、对未来价格的预期等也会影响供给弹性。

消费量并不是唯一受价格涨跌影响的变量，企业在制定其生产决策时也会受价格影响。大多数市场上，决定供给价格弹性的关键因素是所考虑的时间长短。长期供给弹性通常都大于短期。在短期中，企业不能轻易地改变工厂规模来增加或减少一种物品的生产。在长期中，企业可以建立新工厂或关闭旧工厂，此外，新企业可以进入一个市场而旧企业可以关门，因此在长期供给中供给量可以对价格做出比较大的反应。

躲不开的刚性需求

某粮店开张，但顾客并没有老板预想的多。老板发现满街的商店降价促销的吆喝声不绝于耳，打折出售的招牌随处可见，这些商店的生意红红火火，老板心想"薄利多销"是很有道理的。

于是，老板将贴在外面的价目表改了一下，将原来的"1.8元1斤"换成了"1.7元1斤"。价格便宜了1角，但是并没有多吸引多少顾客。老板想，可能是因为降价的幅度不大，于是将"1.7元1斤"换成了"1.5元1斤"，这是非常便宜的价格了。但老板发现，吸引的顾客还是不多。等到晚上算账的时候，销售收入几乎没有增加。

这使粮店老板十分纳闷：为什么销售收入没有增加？

的确如此，我们看到很多商品打折销售的同时，却很少看到粮食等商品打折销售。这是为什么？因为，粮食消费是我们的刚性需求，我们不会因为价格上升而减少对其的消费。

其实，刚性需求是相对于弹性需求而言的，指商品供求关系中受价格影响较小的需求，这些商品包括日常生活用品、家用耐耗品，等等，也可理解为人们日常生活中常见的商品和必需

下篇　生活中的经济学

延缓购买
许多要购买的东西，如果暂时买不起可以延缓购买，却不能一直延缓下去。图中一个塞内加尔的卖柴人在赶着柴车行走。在煤还没有被充分使用之前，干柴是主要的取暖原料，我们可以暂缓购买干柴，却不能在冬天到来之前都还不购买。

品。一般来说，生活必需品的需求的价格弹性较小，非必需品的需求的价格弹性较大，因而生活必需品才能成为人们的刚性需求。

以香烟为例，香烟的刚性需求可以理解为：香烟是需求的价格弹性较小的商品，对于吸烟上瘾的人来说，价格上涨不会减少消费；对不吸烟的人来说，香烟的价格再低他也不会消费。吸烟对本人、对社会都是不利的，因此，为限制香烟的消费，政府对香烟征收重税，但是烟厂的利润依然相当可观，因为消费者对香烟有依赖，生产者因此可以将其税负转嫁给消费者，结果香烟的税主要由消费者来承担。

从人们生活的角度讲，粮食比其他商品对生命更重要，历史上就有"手中无粮心中慌""一日无粮千兵散"的说法。因此在所有的刚性需求里，最"刚性"的需求莫过于对粮食的消费。耕地的减少从根本上制约了粮食的进一步增产，一些国家对农业的投入较少使得粮食单产提高有限，粮食供给无法大幅度扩张。而发展中国家对粮食需求的增长，以及全世界对生物能源的持续需求，共同构成了未来对农产品的长期刚性需求。

只不过，我国粮食却在 10 多年前就逐步放开了，而世界上许多国家都对食盐实行专营。例如，美国号称市场经济的典范，许多商品的生产销售都是由市场供求来决定的，可对食盐却控制得特别严格。美国对制盐业采取的管理模式是协会和政府共同管理，政府负责盐开采的审批，制盐企业都必须在美国食品医药管理局进行登记，而美国盐业协会等行业协会和政府部门制定各种盐的技术指标，并有专门机构对不同用途的盐的指标进行监督检查。

这种对盐的严格控制，有很多种原因。但从经济学的角度来说，需求弹性是其中的一个主要因素。需求弹性指的是价格变化对需求的敏感度。正是由于食盐没有替代品，其需求弹性很小，所以国家对食盐的管制非常严格。对于人们来说，不管食盐价格涨多高，都必须消费。如果国家放开对食盐的控制，导致食盐市场出现混乱，对人们生活影响非常大。当然，粮食的需求弹性也非常小，但相对于食盐来说还是大一些，因为粮食的品种非常多，大米、小麦、玉米等都可以相互替代，这种价格高了就可以吃另外一种，而原盐就只氯化钠一种，至少目前尚无其他物质可以替代。

这是比较极端的刚性需求，其实，我们每个人都有自己特定的刚性需求。比如影碟并非生活必需品，按理来说价格弹性比较高，但有人爱电影如命，价格再高也照买不误，对他们来说，对影碟的消费就是他们的刚性需求。

值得注意的是，刚性需求也是不断变化的：现代社会的刚性需求和汉朝的刚性需求，早已产生了天翻地覆的变化。

手机，刚出现时，还属于"有钱人"的弹性需求，这些年下来，手机已经成为"人人必需"的刚性商品；电脑，过去并非刚性需求，如今已经变成最坚挺的刚性需求产品，而电脑都离不开的基本软件——操作系统，也毫无悬念地成为刚性需求；还有私家车，在中国也是越来越"刚性"。

丰产不丰收，其实并不奇怪

有种现象，我们已经见惯不怪，比如我国出现过的粮食产品价格上升，引起产量增加，这时供大于求，接着价格下降，产量又减少的这样的波动。举个具体的例子：

1979年，我国大幅度提高粮价，粮食生产逐年提高，到1984年总产量突破4000亿公斤；1985年由于粮食实际价格水平比前两年降低，粮食生产迅速滑坡，连续4年徘徊不前；1989年，国家又一次大幅度提高粮价，粮食生产又获丰收，到1993年总产量突破4500亿公斤；1994年粮食生产滑坡，粮食产量减少，当年比上年粮食减产240亿公斤，价格上涨50%。1995年后，粮食连续4年大丰收，粮价一路下跌，1999年粮食生产开始滑坡，2003年粮价又开始上涨。

粮食出现这几次大的周期性波动，与经济学中的蛛网理论是相符的。蛛网理论指出，当供求决定价格，价格引导生产时，经济中就会出现一种周期性波动。例如，某种产品在第1期中供小于求时，价格上升，第2期必定生产增加，价格下降；由于第2期价格下降，生产减少，又引起价格上升，再引起第3期生产增加，价格又下降。把各个时期的价格与产量波动画出一个图，这个图就类似于一张蛛网，故有"蛛网理论"之称。

蛛网理论是一种动态均衡分析。古典经济学理论认为，如果供给量和价格的均衡被打破，经过竞争，均衡状态会自动恢复。蛛网理论却证明，按照古典经济学静态下完全竞争的假设，均衡一旦被打破，经济系统并不一定能自动恢复均衡。这种根据的假设是：

（1）完全竞争，每个生产者都认为当前的市场价格会继续下去，自己改变生产计划不会影响市场。

（2）价格由供给量决定，供给量由上期的市场价格决定。

（3）生产的商品不是耐用商品。这些假设表明，蛛网理论主要用于分析农产品。

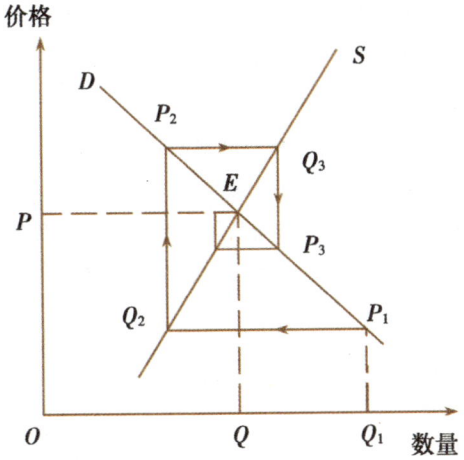

蛛网模型示意图

蛛网模型示意图如上图所示，P、Q、D、S 分别是价格、产量、需求函数和供给函数。根据上述模型，第一时期的价格 P₁ 由供给量 Q₁ 来决定。生产者按这个价格来决定他们在第二时期的产量 Q₂。Q₂ 又决定了第二时期的价格 P₂。第三时期的产量 Q₃，由第二时期的价格 P₂ 来决定，以此类推。由于需求弹性、供给弹性不同，价格和供给量的变化可分以下三种情况：

1. 当供给弹性小于需求弹性（即价格变动对供给量的影响小于对需求量的影响）时，价格和产量的波动将逐渐减弱，经济状态趋于均衡。

2. 当供给弹性大于需求弹性（即价格变动对供给量的影响大于对需求量的影响）时，价格和产量的波动逐步加剧，越来越远离均衡点，无法恢复均衡。

3. 当供给弹性等于需求弹性时，波动将一直循环下去，既不会远离均衡点，也不会恢复均衡。

从蛛网型波动中，我们得到了这样一个启示：不能让农民单独面向市场。因为他们没有足够的力量做出较正确的市场预测，也不能在某种程度上控制市场或承担市场风险。在市场经济的大海中，农民就像是一叶掌握不了自己命运的扁舟，单独去闯市场恐怕是凶多吉少。2007 年的大白菜供大于求正是由于 2006 年大白菜价格较高造成的，因为农民往往根据上年的价格来决定当年的生产。

蛛网理论出现的现实背景是西方农民的一些经历。那么，他们是如何从"蛛网"中走出来的呢？

在美国，种植柑橘的农民就曾有过上述痛苦经历。因柑橘的生产具有周期性，且需要一定的保存费用，所以，每当柑橘歉收时，农民会高兴；柑橘丰收时，农民却烦恼。由于他们掌握不了这种生产的变化，因此被类似波浪一样的价格波动折磨得头昏脑涨。

为了摆脱这种困境，他们终日冥思苦想，寻找出路。最后，有人想出了一个高招，组建了一个农民与市场之间的中介组织，即新奇士协会。新奇士协会与以前的农业生产合作社不同，它是由农民自己组建的销售组织。

果农将柑橘卖给协会，由协会去面对市场。新奇士协会控制了供给，在市场上也就有了发言权。当供大于求时，协会可以控制供给与价格，来减少农民的损失。同时，它也为农民提供了许多有用的信息及实用的技术。

除此之外，协会还做了许多农民自己无法做到的事情。比如注册柑橘的"新奇士"商标；组织产品出口；对产品进行储藏、加工、宣传及调节供给等。

这些做法稳定了供给，平衡了市场，从而使柑橘的价格有了保障。如此一来，农民种植柑橘的积极性自然得到提高。同时，良好的销售业绩也保障了农民的收入和利益。

由此可见，要想让农民走出这种蛛网理论的局限，不能光靠其自身力量，在农民和市场之间建立一个有效的中介组织才是好的解决办法。通过它将农民和市场联系起来，让农民从价格波动的困境中走出来。

真的过剩了吗

在20世纪30年代初美国的密西西比河畔，农场主们正把一桶桶的牛奶倒入河中，同样，在英国、在法国、在丹麦、在荷兰，整箱的橘子，整船的鱼，整袋的咖啡豆被倒进大海，无数的奶牛、小羊被杀死……难道真的是生产过剩，东西太多了吗？不是的！广大的劳动者这时正缺吃少穿，过着极端贫苦的生活。

多么奇怪的现象：劳动者缺吃少穿在挨饿受冻，而企业却把大量的粮食、肉、奶和棉花、羊毛毁掉。其实，这不是真正过剩。广大人民的需求是存在的，只是无钱来购买足够的食物用品，产品的"过剩"只是相对于广大劳动者的无钱购买而言的。

为了维护必要的供需平衡和必要的价格，生产者就必须限产，以此平衡供求关系。这是一个不以人们的意识形态、人们的主观愿望为转移的客观规律。当人们的需求不断提升，达到一定的程度，供应跟不上需求的时候，生产者就得调整生产，增加供应，从而维持供需基本平衡。

在劳动力就业市场上，也有相对过剩的现象。我们经常听到的一句话就是"大学生太多了""人才太多了"之类的话，试问一下，中国的人才真的供大于求而人才过剩了吗？

我们暂且把具有大专以上学历的都算作人才，而不作具体的区分（当然，这绝不是说其他学历的劳动者就不是人才，因为即便是硕士、博士，有许多人也未必具有真才实学；反之，即便没有上过大学，许多人也自学成材，成了各行各业的骨干力量）。如果就相对人才的供给与需求的关系而言，我们的人才确实出现了过剩。比如，现在不少大学生毕业找不到工作，或找不到合适的工作，在人才市场上数百人争一个岗位早已经不是新闻了；有不少本科生做专科生的工作、研究生做本科生的工作；还有不少机关干部和科技人员分流下岗或人浮于事，等等。这些现象都说明，我们的人才的确处于"过剩"的状态——更准确地说——处于相对过剩状态。

这个问题其实不难理解。21世纪之初家电产品的价格战，即为了推销商品，各个厂家只好降低价格。我们也都知道，它背后的原因是供大于求造成的商品过剩。当然，这种过剩也是

价格下限造成的产品过剩

就像价格上限一样,政府制定价格下限是为了帮助一部分人,但是却会产生人们不希望看到的负面影响。

下图显示了黄油的供给曲线和需求曲线。如果自由运转的话,市场会运动到均衡点,均衡价格为每磅1美元,均衡数量为1000万磅。

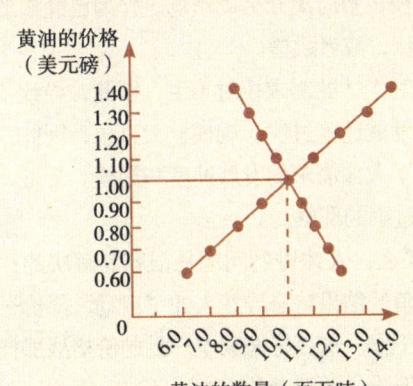

黄油的价格 (美元磅)	黄油的数量(百万吨)	
	需求数量	供给数量
1.40	8.0	14.0
1.30	8.5	13.0
1.20	9.0	12.0
1.10	9.5	11.0
1.00	10.0	10.0
0.90	10.5	9.0
0.80	11.0	8.0
0.70	11.5	7.0
0.60	12.0	6.0

没有政府管制情况下的黄油市场

但是假设政府为了帮助奶牛场主,规定黄油的价格下限为每磅1.2美元。如右图,1.2美元这条横线代表最低价格。

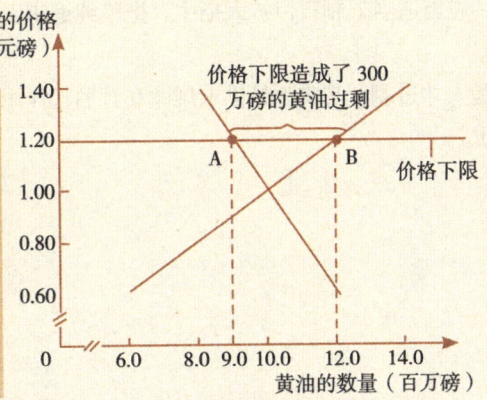

价格下限的效果

在这个价格水平上,生产者愿意供应1200万磅黄油(B点),但是消费者只愿意购买900万磅(A点)。因此产生了300万磅的持续过剩。

价格下限总是会导致过剩吗?不。如果黄油的均衡价格是每磅1美元,而价格下限是每磅0.8美元的话,这样的价格下限就是没有任何影响的。

相对的：因为实际上并不是每家每户都拥有了彩电、冰箱、洗衣机、微波炉或空调而出现的绝对过剩，而是因为在市场有限、购买力有限的情况下出现的一种家电产品的相对过剩。

人才也是一种商品，是一种特殊的商品，也受市场供求规律支配。所以，当人才供大于求的时候，当然也会造成人才过剩的结果，这种人才过剩，也是相对的：因为实际上并不是每一个机关、企业或农村都拥有了管理、法律、营销以及懂得电脑、信息、科技等的大学生，而是因为在就业市场有限、对大学生的需求有限的情况下出现的一种人才商品的相对过剩。

而且，与家电产品的价格战相似，人才相对过剩也必然导致过度竞争，即人才商品的"价格战"。作为刚刚走进人才市场的高校毕业生，他们面前有这样几个选择：或者降低自己的价格，接受较低的工资；或者待价而沽，继续维持一个较高的价位；或者高不成低不就，依然处于"自愿失业"状态；或者继续深造，重新返回学校，暂时离开劳动市场。作为已经参加了工作的过剩人才，他们的选择不是很多：或者安于现状，或者跳槽。

人才过剩的首要原因是需求不足，即就业市场对人才的需求相对不足，因此，导致了人才的相对过剩。其次是供给过度，即因为高等院校的发展速度过快、规模扩大过急，因此，导致了人才的供给大幅度增加，在一定的时期内，超过了人才需求的发展速度和规模。于是，需求的不足与供给的过度，导致了就业市场上人才相对过剩的现象。

如果就业市场是一个完全自由的市场的话，那么，人才过剩问题是很容易解决的：由于人才众多，而合适的岗位相对较少，因此，供求竞争的结果势必导致人才"自动"降价——于是，那些愿意接受较低价格的人就可以顺利地找到工作。这就好像家电产品的价格战那样，最终的结果是那些敢于削价的商品可以吸引顾客，从而进入消费者的家里。不过，历史证明，市场机制不能自动解决失业问题。

那该如何解决人才的过剩问题呢？首先，应当尽量促进经济发展，以便扩大就业门路，增加对人才的需求。其次，应当适当限制盲目扩大招生，把单纯追求人才培养的数量转变为追求人才培养的质量。

无论是牛奶过剩还是人才过剩，其实都是供求规律在背后起作用。认识了供求规律，便能看穿所谓"过剩"的实质。

第三章
价值："值不值"与"贵不贵"

价值规律，商品经济的基本规律

价值规律是商品生产和商品交换的基本经济规律，即商品的价值量取决于社会必要劳动时间，商品按照价值相等的原则互相交换。

值得注意的是，价值规律是商品经济的基本规律，但并不是商品经济中唯一的经济规律。商品经济中有许多经济规律，价值规律是基本的规律。价值规律作为商品经济的基本规律，同其他任何规律一样，是客观的，是不以人的意志为转移的。

价格围绕价值上下波动正是价值规律作用的表现形式。因商品价格虽然时升时降，但商品价格的变动总是以其价值为轴心。另外，从较长时期和全社会来看，商品价格与价值的偏离有正有负，可彼此抵消。因此总体上商品的价格与价值还是相等的。

价格是一种从属于价值并由价值决定的货币价值形式。价值的变动是价格变动的内在的、支配性的因素，是价格形成的基础。但是，由于商品的价格既是由商品本身的价值决定的，也是由货币本身的价值决定的，因而商品价格的变动不一定反映商品价值的变动。例如，在商品价值不变时，货币价值的变动就会引起商品价格的变动；同样，商品价值的变动也并不一定就会引起商品价格的变动，例如，在商品价值和货币价值按同一方向发生相同比例变动时，商品价值的变动并不引起商品价格的变动。

因此，商品的价格虽然是表现价值的，但是，仍然存在着商品价格和商品价值不相一致的情况。在简单商品经济条件下，商品价格随市场供求关系的变动，直接围绕它的价值上下波动；在发达商品经济条件下，由于部门之间的竞争和利润的平均化，商品价值转化为生产价格，商品

不能用商品价格衡量商品价值
一个人对某种物品支付的价格，并不能衡量出这种物品对他的真正价值。例如食盐，一个人购买食盐的花费比他购买酒的花费小很多，但食盐对他的真正价值却比酒大得多。因为，一个人可以不饮酒，但绝不能不用食盐。

价格随市场供求关系的变动，围绕生产价格上下波动。

价值规律告诉我们，商品价值是价格的本质，价格只是商品价值的货币表现。价值就是体现在商品里的社会必要劳动，即凝结在商品中的无差别的人类劳动。简单来说，社会必要劳动时间长，则价值大；社会必要劳动时间短，则价值小。社会必要劳动时间一般是指社会生产这种商品的平均时间，如生产一把铁锹的社会平均劳动量是2个小时，这2个小时就是生产铁锹的必要劳动时间，这2个小时的劳动量就是生产铁锹的价值。而随着社会的发展和技术的进步，劳动生产率不断提高，单位商品所包含的社会必要劳动时间缩短，也就是说，商品的价值不断贬值，商品会越来越便宜。

商品价格由两大因素组成：生产成本和利润。商品的生产成本，包括生产商品所消耗的原料、能源、设备折旧以及劳动力费用等；商品的利润，则是劳动者为社会所创造的价值的货币表现。值得指出的是，生产成本应当是生产商品的社会平均成本或行业平均成本，利润应当是平均利润。按照社会平均成本加上平均利润制定的价格，便是商品的市场价格。

价值规律表明，价格围绕价值上下波动，也就是说，价格高于或低于商品价值都是价值规律的表现形式。实际上，商品的价格与价值相一致是偶然的，不一致却是经常发生的。这是因为，商品的价格虽然以价值为基础，但还受到多种因素的影响，使其发生变动。但是，价格不能过分偏离商品的基本价值。市场经济条件下，绝大多数商品实行市场调节价。因此，一些生产经营者认为自己可以随意确定自己商品的价格，实际上，他们的定价必须遵循价值规律和相关法律。

有一家理发店，它创造了一项惊人的纪录，两个顾客理发，收费12000元，平均一个人就是6000元。消费者在购买一些产品和服务时，其天价让人们瞠目结舌。而理发作为一种有偿服务，其所定的价格可以有多高？价格制定的依据在哪里？为什么天价理发事件会引起人们的诧异？在市场经济条件下，理发作为一项有偿性服务，其定价必须遵循价值规律的基本原则，即价格不能过分远离价值。"1.2万元"的天价理发无疑偏离了"理发"这项服务的基本价值，这明显是商家的消费欺诈行为。由此，"天价理发"已经不是单纯的商品价格定价过高，而是涉嫌犯罪了。

那么，价值规律有哪些作用呢？

（1）调节作用。价值规律调节生产资料和劳动力在各生产部门的分配。这是因为价值规律要求商品交换实行等价交换的原则，而等价交换又是通过价格和供求双向制约实现的。所以，当供不应求时，就会使价格上涨，从而使生产扩大；供过于求会使价格下跌，从而使生产缩减。这里价值规律就像一根无形的指挥棒，指挥着生产资料和劳动力的流向。当一种商品供大于求时，价值规律就指挥生产资料和劳动力从生产这种商品的部门流出；相反，则指挥着生产资料和劳动力流入生产这种商品的部门。当然，价值规律的自发作用，也会造成社会劳动的巨大浪费，因而需要国家宏观调控。

（2）刺激作用。由于价值规律要求商品按照社会必要劳动时间所决定的价值来交换，谁首先改进技术设备，劳动生产率比较高，生产商品的个别劳动时间少于社会必要劳动时间，谁就获利较多。因而，同部门同行业中必然要有竞争，这种情况会刺激商品生产者改进生产工具，提高劳动生产率，加强经营管理，降低消耗，以降低个别劳动时间。

（3）筛子作用。促使商品生产者在竞争中优胜劣汰，这是第二个作用的结果。在商品经济中存在竞争，由于竞争，促使商品生产者想方设法缩短个别劳动时间，提高劳动生产率，也会促使优胜劣汰。这是不以人的意志为转移的。

有用的物品，为什么不值钱

庄子曾经讲过一个"大瓠无用"的故事。惠施对庄子说："魏王送给我一粒大葫芦种子，我把它种了下去，没想到培育出来的葫芦太大了，竟然能在里面存放五石粮食。我想用它来存水，可是皮太脆，没有力量承担；我想把它剖开当瓢用，可是它太大，没有水缸能够容纳它。它太大，大到了无所适用的地步，所以我一生气，就把它给砸碎了。"庄子回答说："现在先生有一个可放五石粮食的葫芦，为什么不把它剖开做成小舟，漂浮于江湖之上呢？"

庄子重点论述了大瓠的使用价值，大瓠不能存放粮食，不能当普通的瓢用，但是仍旧有它的使用价值——可以做成小舟。

简单来说，使用价值就是能满足人们某种需要的物品的效用，如粮食能充饥、衣服能御寒。使用价值是商品的基本属性之一，是价值的物质承担者，是形成社会财富的物质内容。空气、草原等自然物，以及不是为了交换的劳动产品，没有价值，但有使用价值。我们为什么要购买某种物品，其背后的原因在于这种商品具有某种使用价值。

通常情况下，同一事物蕴含着多种使用价值；同一使用价值又可由多种事物表现出来；同一事物对于不同使用主体可表现出不同的使用价值；同一事物对于同一使用主体在不同使用时间或在不同的环境条件下又可表现出不同的使用价值。

商品的使用价值是指能够满足人们某种需要的属性。使用价值是一切商品都具有的共同属性之一。任何物品要想成为商品都必须具有可供人使用的价值；反之，毫无使用价值的物品是不会成为商品的。

沉香和沉香木可以用来雕刻佛像、制作念珠、制作供香、装藏供佛、配制中药等，具有十分广泛的使用价值，而普通树木却不能有如此之多的使用价值，不同的使用价值决定了两者价值相差极大。我们购买商品，其实购买的是商品的使用价值。一般来说，我们不会购买没有任何使用价值的商品。

生活中一个明显的事实是，物品的使用价值总是相对于人的需要而言的，因而是在人与物之间需要与被需要的关系中产生的，离开了这种关系，物品就无所谓使用价值。消费者在购买和消费一种商品时，的确只对该种商品的具体的有用性感兴趣，即看中的只是商品的具体的使用价值。消费者之所以购买粮食，是因为粮食可以满足吃的需要；之所以购买衣服，是因为衣服可以满足穿的需要。

因此，我们可以说人类劳动的每一产品都有一种使用价值。不过，"使用价值"一词有两种不同的意思。我们说一件商品有使用价值，只是把使用价值本身看成一件东西，比方说，我们说一个社会只生产使用价值，这时候我们的意思是说，这个社会中的产品是为了其直接消费而生产的，不管是由生产者本人来消费抑或是由消费者来消费。

□ 图解经济学

使用价值之外，人类劳动的产品存在另一种价值，即交换价值。有时候，一件产品不是为了生产者或富有阶级的直接消费而生产的，而是为了在市场上交换、出卖而生产的。一大批为了销售而创造出来的产品，不再是单纯使用价值的生产，而是商品的生产。因此，商品便是为了在市场上交换而创造出来的产品，即非为了直接消费而生产的产品。每一件商品都必须同时具备使用价值及交换价值。

商品必须有使用价值，不然就没有人愿意买它了。购买者关心的是最后消耗掉这商品，关心的是借此购买以满足他的某一项需要。一件商品若对任何人都没有使用价值，最后的结果便是卖不掉，形成了无用的生产，正因为它没有使用价值，所以也不会有交换价值。

但在另一方面，有使用价值的产品却又不一定都有交换价值。一个产品有没有交换价值，要看产生这产品的社会本身是否以交换制度为基础，如果每个人都是自己生产自己消费，不参加社会交换，那就无所谓交换价值了。

发达到某一程度的社会分工，是交换价值以及更进一步贸易及市场的基础。如果要让产品不致直接被生产者消耗掉，首要条件是不要让每一个人都生产同样的东西。一个社会如果毫无分工可言，那么显然不会有交换现象存在。一般言之，两个麦农之间是没有什么东西可以交换的。但是，只要有了分工，只要生产不同使用价值的两个社团有了接触，便会发生交换。起先他们之间也许只是偶然交换，但随后交换会变得更恒长、更固定。这样，逐渐地，在生产者只是为了自身消费而制造的产品之外，便出现了为了交换而制造的产品，亦即商品。

不过在现代社会中，生产也仍并非完全都是商品的生产，有两类产品仍然仅具使用价值。第一类仅具使用价值的产品，是农民为了本身消费而生产的产品，即农民生产出来而被农民直接消费掉的产品。这种目的在于农民自身消费的生产，即使在市场经济高度发达的国家如美国，也依然存在。当然，这种产品在其整个农业生产中只占极微不足道的一小部分。一般而言，一个国家的农业愈落后，其农业生产中供农民自身消费的比例便愈大。由于这个原因，我们平常很难准确估计这种国家的国民所得。

农民为了本身消费而生产的产品，即农民生产出来而被农民直接消费掉的产品，仅具有使用价值。

现代社会另外一种只有使用价值而不构成商品的产品，是家庭中自己生产的一切东西。虽然大量的人类劳动都属于这种家庭生产，但是它仍然仅是使用价值的生产，而不是商品的生产。煮一碗汤、缝一颗扣子，都是生产，但却不是为了交换而进行的生产。

使用价值和交换价值反映了事物对于人类生存和发展所产生的积极作用。大千世界里，各种事物以千姿百态的使用价值为人们所喜爱，构成了人们丰富多彩的物质生活和精神生活内容，人们的一切活动都离不开这些事物的使用价值和交换价值。

价值悖论，钻石比水更有价值

亚当·斯密曾在《国富论》中写道："没有什么东西比水更有用，但它几乎不能够买任何东西……相反，一块钻石有很小的使用价值，但是通过交换可以得到大量的其他商品。"一吨水才几块钱，而成千上万吨的水才换得的一颗钻石，除了能让人炫耀他的财富外，几乎没有什么用途。但为什么水的用途大而价格低，钻石的用途小却价值大呢？这就是著名的"钻石与水悖论"，也就是"价值悖论"。

这的确是一个"悖论"！水的使用价值大，却不值钱；而钻石没有多少使用价值，却价值连城。

令人遗憾的是，斯密没有准备回答这个悖论，他仅仅创造了一个奇特的二分法，水有使用价值，而钻石有交换价值。然而，斯密以前的教授海彻森和其他学院的老师认为，商品的价值或价格首先由消费者的主观需求决定，然后再由商品的相对稀缺性或丰富程度决定。简而言之，由需求和供给决定。较丰富的商品，价格较低；较稀缺的商品，价格较高。

亚当·斯密在一次演讲中曾经提道："仅仅想一下，水是如此充足便宜以至于提一下就能得到；再想一想钻石的稀有……它是那么珍贵。"当供给条件变化时，产品的价值也会变化。斯密注意到，一个迷失在阿拉伯沙漠里的富裕商人会以很高的价格来评价水。如果工业能成倍地生产出大量的钻石，钻石的价格将大幅度下跌。

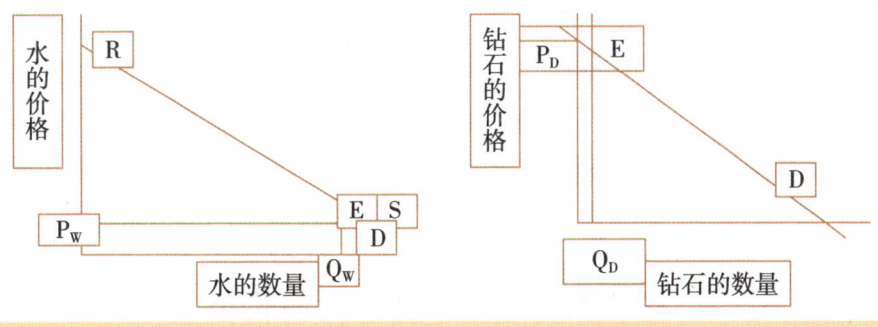

对水和钻石价格难题的解释

经济学家约翰·劳认为水之所以用途大、价值小，是因为世上水的数量远远超过对它的需求；而用途小的钻石之所以价值大，是因为世上钻石的数量太少，不能满足人们对它的需求。

而经济学家马歇尔则用供求均衡来解释这一"悖论"。他认为，人们对水所愿支付的价格，由于水的供应量极其充足，而仅能保持在一个较低的水平；可是，钻石的供应量却非常少，而需要的人又多，所以，想得到它的人，就必须付出超出众人的价格。

由此可见，大多数经济学家的观点是以数量与需求的关系，即供需关系来决定物品价值的。这些解释不无一定的道理，让我们再来看看西方边际学派如何用"边际效用"来说明价值悖论。

由于水一般来说总是取之不尽的，而人对水的需要总是有一定的限度，不可能无休止。就拿喝水来说，随着人的肚子逐渐鼓胀起来，最后一单位水对他来说就变成可喝可不喝的了，也就是说，最后一单位水对人增加的"效用"很小。西方边际学派认为边际效用决定商品的价值，边际效用小，其价值也小。钻石的数量相对人的需求来说少得可怜，因此它的边际效用很大，于是价值也大。这就足以解释"水与钻石的悖论"了。

我们通过一个通俗的小故事，从边际效用的角度来解释"价值悖论"。

有一个穷人家徒四壁，仅有的财产是一只旧木碗。一天，穷人上了一只渔船去帮工。不幸的是，渔船在航行中遇到了特大风浪，被大海吞没了。船上的人几乎都被淹死了。穷人抱着一根大木头，才幸免于难。穷人被海水冲到一个小岛上，岛上的首长看见穷人的木碗，感到非常新奇，便用一口袋最好的珍珠、宝石换走了木碗。

一个富翁听到了穷人的奇遇，心中暗想："一只木碗都能换回这么多宝贝，如果我送去很多可口的食品，该换回多少宝贝？！"富翁装了满满一船山珍海味和美酒，历尽艰辛终于找到了穷人去过的小岛。首长接受了富人送来的礼物，品尝之后赞不绝口，声称要送给他最珍贵的东西。富人心中暗自得意。一抬头，富人猛然看见首长双手捧着的"珍贵礼物"，不由得愣住了：它居然是穷人用过的那只旧木碗！原来木碗在这个岛上是绝无仅有的，是最珍贵的东西。

这个故事也可以用边际价值理论来解释。一般情况下，随着人类手工业的发展，只要有木材，就能造出木碗，于是木碗比比皆是，因此，最后一只木碗对于人们来说是几乎不可能出现的。因此，最后一只木碗对人增加的效用是极小的，但人类社会的宝石极其稀少，所以，宝石的价值或价格远远高于木碗。

而这个海岛上的情况却完全相反：宝石数量极多，木碗仅此一只。对于这个海岛上的人来说，木碗不仅造型奇特，还具有实用功能，显而易见，木碗的边际效用价值远远大于宝石。

因此，我们也可以用边际效用解释生活中的其他一些常见现象：某些物品虽然使用价值大，但是却廉价；而另一些物品虽然使用价值不大，但却很昂贵。

有了你我之别，商品才有价值

可以说，产权是市场交易得以进行的第一前提。那么究竟什么才是产权呢？不同的经济理论和派别对其所下的定义是不尽相同的，一个为多数理论学派所接受的定义是这样的：产权不是指人和物的关系，而是指物的存在及关于它们的使用所引起的人们之间相互认可的行为关系。也许这个定义听起来有点拗口，我们不妨举个例子来说：

下篇 生活中的经济学

北美庄园
图中是早期北美移民建造的庄园，屋子四周是他占有的土地。北美移民在占有土地后，可能会认为在他占有土地期间，从土地中获得的收入，并不能使他付出的劳动得到足够的补偿。他会在土地本身的价值上寄托他的一部分报酬，以期望将土地卖给后来的移民。

假设小黄有一套房产，他将这套房子租给小李，小李每年付给小黄5万元人民币。

实际上，小黄就拥有这套房产的完整产权，具体来说：

（1）拥有房屋的占有权。这种占有权具有排他性，即产权是属于小黄的，他在占有房产的同时，意味着其他人不能占有这种财产。

（2）拥有房屋的使用权。小黄能够自主决定房产使用的权利，比如他可以选择自己住，也可以选择出租，他对房产有自主处理的权利。

（3）拥有房屋的转让权。其实小黄的这套房产还可以在市场上自由地买卖，因此产权可以像任何一种商品一样自由交易、转让。

（4）拥有房屋的受益权。是说所有者可以获得并占有财产使用和转让所带来的利益，又称为剩余索取权。比如小黄向小李收取的每年5万元的租费，就是房屋产权的收益。

产权的问题之所以引起人们的重视，在于产权与经济效率有密切的关系。如果没有产权制度，就会导致资源浪费、效率低下等后果。我们不妨通过一个通俗的故事了解产权制度缺失所导致的可能结果。

王戎是"竹林七贤"之一，小时候就聪明过人。一天，他同村里的孩子发现路边长着一棵

183

李子树，树上长满了鲜润的李子，十分诱人。小伙伴们都跑去摘李子，王戎却是一副漠不关心的样子，并跟其他人说，李子肯定是苦的。

这时尝过李子的人不禁叫苦连天。他们就问王戎："你怎么知道这些李子是苦的呢？"王戎说："路边的李子树不归任何人所有，来来往往的人这么多，如果好吃的话，李子早被人摘光了，哪还轮得到我们？"

为什么王戎能够从李子树不归任何人所有这点，就推断出树上的李子是苦的？这就牵涉到经济学中的产权概念。"路边苦李"的故事表明，既然李子树的产权是属于公众的，不属于某个人，自然就没有人愿意对李子树进行培育，结出苦李子也就情有可原了。如果李子树结的是好李子，自然会被别人摘光了。

因此，只有通过产权界定，才能使资源得到有效的保护和利用，同时，市场交易行为才能得以延续。市场经济的制度基础是产权明晰，所以，实行市场经济的国家的立法无一不把保护产权作为基本原则。产权之所以重要是因为产权使所有者权责一致，即所有者有权使用自己的资源，获得由这种使用得到的利益，也承担使用不当的责任。在这种情况下，所有者就会最有效地利用自己的资源。

面对目前产权制度缺失的实际情况，我们更应该在实际的经济生活中，注意保护自己的财产权利，在经济活动中要保护好财产获得的法律依据，比如购买房屋的凭证，它是你合法取得房屋的主要凭据，据此你才可以在房产管理部门办理房屋产权登记证，有了这个证件，你的房产才能够被合法地使用、抵押、保险、出租、转赠、出售等。

产权是市场交易得以进行的根本前提，如果不能保护个人的产权，市场交易秩序将不能维持，因此，现代法律强调个人的产权保护。

1866年，刚打赢对奥地利战争的普鲁士国王威廉一世，来到他在波茨坦的一座行宫。他兴致勃勃地登高望远，然而，行宫前的一座破旧磨坊让他大为扫兴。威廉一世让侍从去跟磨坊主交涉，付他一笔钱，让他拆除磨坊。磨坊主不肯，说这是祖业。威廉一世很生气，命令人强行拆除了磨坊。

不久，磨坊主一纸诉状将威廉一世告到法庭。法庭裁定：威廉一世擅用王权，侵犯原告由宪法规定的财产权利，被责成在原址重建一座同样大小的磨坊，并赔偿磨坊主的损失。威廉一世只好派人将磨坊在原地重建了起来。

现在这座磨坊还屹立在波茨坦的土地上，成为著名的游览景点。

磨坊属于磨坊主所有，他作为这一财产的所有者，其财产所有权和产权得到国家法律的相应保护。威廉一世的权力再大，也得服从法律。磨坊主的磨坊挡住了国王的视线，但磨坊的产权属于磨坊主，国王无权处置。也就是说，产权是受到法律保护的。

可以说，产权制度是市场交易的基础，建立一套完整、有效、可操作性强的产权保护制度，无疑是重要和必要的。

你认为它贵重，它就是无价之宝

2009年在各大电视台热播的电视剧《蜗居》引发了观众的热情。小艾听办公室同事说电视剧《蜗居》不错，很残酷、很写实，忍不住熬夜下载看了两天，终于把整部电视剧看完了。她认为，《蜗居》是一部绝好的国产片子，反映了现代房奴的辛酸史，是如此贴近自己的生活。看完之后，她对《蜗居》赞不绝口，四处向别人推荐。但是小艾尚在读幼儿园的女儿雯雯对她妈妈如此钟情于这部电视剧很不以为然，剧中故事对雯雯完全没有吸引力，相比较而言，她更喜欢看动画片中聪明的"喜羊羊"。

同样的一部电视剧，不同人的评价却各不相同，这就涉及个人的偏好问题。偏好表明一个人喜欢什么，不喜欢什么。所有人都是有偏好的，所谓萝卜白菜各有所爱，穿衣戴帽各好一套，说的都是这个道理。偏好是主观的，也是相对的概念。一般来说，偏好无所谓好坏，并不能说喜欢青菜就优于喜欢萝卜。

根据经济学的假设，人都是有偏好的。比如消费者对特定的商品、商店或商标产生特殊的信任，重复、习惯地前往一定的商店，或反复、习惯地购买同一商标或品牌的商品。属于这种类型的消费者，常在潜意识的支配下采取行动。

偏好实际上是潜藏在人们内心的一种情感和倾向，它是非直观的，引起偏好的感性因素多于理性因素。每个人的偏好不相同，就会引起每个人行为选择的不同。黎巴嫩的文学家纪伯伦曾经写过这样的故事：

有个人在自家地里挖出一尊绝美的大理石雕像。一位艺术品收藏家高价买下了这尊雕像。卖主摸着大把的钱感叹：这钱会带来多少荣华富贵，居然有人用这么多钱换一块在地下埋了几千年、无人要的石头？收藏家端详着雕像想：多么巧夺天工的艺术品，居然有人拿它换几个臭钱。他们都对自己所交换来的东西感到非常满意。

每个人的偏好不同，因此对同一种物品的评价往往也不同，而这种评价直接影响该物品对自己的实际价值。卖主认为钱的价值大于雕像，买主认为雕像的价值大于钱，其实这和个人的偏好不无关系。

那么偏好究竟跟什么相关呢？有人认为和收入相关：比如我们买服装时，经济条件好的人们不喜欢在地摊上买衣服，他们总是偏好去大型商场；也有人认为和前期偏好有关：比如我们考研时会买星火英语，因为大学考英语四级、六级时一直选择星火英语；也有人认为偏好和地理有关：如四川人偏好吃辣，江苏人偏好吃甜；也有人认为偏好跟熟悉程度有关：比如集中同质商品供自己选择，一般会选择做过广告的；还有人认为偏好与周围人的偏好有关：如你周围的人都买某件东西时，你一般也会买这件东西。

其实，影响人们消费偏好的因素是很复杂的。从宏观看，国家和民族的历史传承、国家和区域的经济环境、福利和劳动保障条件等都会影响人们的消费行为。而作为个人，偏好主要受以下几方面影响：

英国代夫特陶盘
图为绘制有英国商船的代夫特陶盘，它做工精美却价格昂贵。为了使更多消费者有能力购买陶盘，陶盘生产者会想办法研造新的代用品，或者尽量降低旧陶盘的价格。

1. 习惯。由于个人行为方式的定型化，比如经常消费某种商品或经常采取某种消费方式，就会使消费者心里产生一种定向的结果。这种动机几乎每个人都有，只是习惯的内容及稳定程度不同。

2. 方便。很多人把方便与否作为选择消费品和劳务以及消费方式的第一标准，以求在消费活动中尽可能地节约时间。

3. 求名。很多人把消费品的名气作为选择与否的前提条件。购买时，首先要求商品是名牌，只要是名牌，投入再多的金钱也甘愿。

一般来说，某种商品的需求量与消费者对该商品的偏好程度正相关：如果其他因素不变，对某种商品的偏好程度越高，消费者对该商品的需求量就越多。但现实中人们的偏好并不是连续的、稳定的，而是可变的。偏好颠倒的现象说明，人们并不拥有事先定义好的、连续稳定的偏好，偏好是在判断和选择的过程中体现出来的，并受判断和选择的背景、程序的影响。因此，偏好主要分为以下几种类型：

1. 如果消费者的偏好不稳定又含糊的话，要提供给他们一个满意的解决方案以满足其偏好是不可能的。然而，也正因为他们对自己的偏好不了解，因此易被影响。

2. 消费者知道自己没有稳定、清晰的偏好，他们对供给的评估很有可能是建立在其外观的吸引力上，而不是其是否真的符合他们（不牢固）的偏好。例如，喜欢喝葡萄酒，但是却又清楚知道自己没有这方面知识，可能会非常乐意接受有关葡萄酒方面的教育和消费建议。

3. 还有一类消费者有着稳定的消费偏好，这些偏好引导着他们的选择，但是他们却并没有清楚地意识到偏好对他们消费选择的驱动性。例如他们可能自认为选择是建立在理性、客观评判的基础上的，而实际上他们的选择主要考虑的是情感因素或审美因素。因此，这些消费者对那些实际上并不符合他们偏好的定制化供给或选择标准，可能会错误地接受，而最终导致不满意。

4. 这类消费者既有清晰的偏好，又对自己的偏好有足够的了解，这使他们能正确判断一种定制化供给是否真的符合他们的偏好。由于他们对自身偏好的了解，他们可能很少依赖营销者的建议。

饭是最后一口才吃饱的

一个农民独自在原始森林中劳动和生活。他收获了5袋谷物，这些谷物要使用一年。他是一个善于精打细算的人，因而精心安排了5袋谷物的使用计划。

第一袋谷物为维持生存所用。第二袋是在维持生存之外用来增强体力和精力的。此外，他希望有些肉可吃，所以留第三袋谷物来饲养鸡、鸭等家禽。他爱喝酒，于是他将第四袋谷物用于酿酒。对于第五袋谷物，他觉得最好用它来养几只他喜欢的鹦鹉，这样可以解闷儿。显然，这5袋谷物的不同用途，其重要性是不同的。假如以数字来表示的话，将维持生存的那袋谷物的重要性可以确定为1，其余的依次确定为2、3、4、5。现在要问的问题是：如果一袋谷物遭受了损失，比如被小偷偷走了，那么他将失去多少效用？

这是19世纪80年代著名的奥地利经济学家庞巴维克在其于1888年出版的《资本实证论》中为论述"边际效用"时讲的一个故事。

故事中的这位农民面前唯一合理的道路，就是用剩下的4袋谷物供应最迫切的4种需要，而放弃最不重要的需要。而最不重要的需要，也就是经济学上所说的边际效用最低的部分。庞巴维克发现，边际效用量取决于需要和供应之间的关系。要求满足的需要越多和越强烈，可以满足这些需要的物品量越少，那么得不到满足的需要就越重要，因而物品的边际效用就越高。反之，边际效用和价值就越低。

古时候有一个进京赶考的书生，走了很久的路，就在他的肚子饿得咕噜直叫的时候，他发现前面路口处有个卖烧饼的，于是，他走上前去买烧饼。饥饿的书生一下买了5个烧饼，可是当他吃到第五个烧饼时，感觉到肚子饱了。这时他突然有所悟，后悔地说："早知吃这个烧饼就能饱，我何必吃前面那4个呢！"

按照书生的逻辑，肚子是因为第五个烧饼吃饱的，前4个烧饼都白吃了，早知道就只买第五个就行了。这样，岂不省事省钱！这个故事之所以可笑是因为书生不明饥饿效应的道理。饥饿效应源自书生吃大饼的笑话，而在经济学上，这就是我们常说的边际效用递减规律。

用边际效用递减来解释吃大饼的行为，即当一个人极度饥饿时，第一块大饼带来的满足程度是极大的，第二块、第三块饼带来的满足感显然不如第一块。当这个人对食物的欲望完全得到满足后，再增加大饼的消费反而会带来生理上的不适，此时，边际效用为负。

边际效用是指消费者在逐次增加一个单位消费品的时候，带来的单位效用是逐渐递减的。其应用非常广泛，例如，在餐馆里吃饭时，刚开始吃头两个菜印象很好，甚至是赞不绝口，可越吃越平静，直到吃完了这顿饭，开始转赞美为责备挑剔，甚至还会说"这家餐馆的水平也不过如此"之类的话。实际上这也是边际效用在作怪，正如人们常说："饿了吃糠甜如蜜，饱了吃蜜也不甜。"

经济学家认为，人之所以执着地追求幸福，就是因为幸福能给人带来效用，即生理上和精神上的满足。农夫拥有的5袋谷物，就好像是幸福能为我们带来的不同层级的效用——有健康，有美食，也有精神的享受。我们追求幸福其实也就是为了追求需求的满足，幸福效用的实现。不过，幸福终究逃不脱边际效用递减的厄运，好不容易实现的幸福很快就会让你不满足，追求幸福的道路也因此注定永远没有尽头。

记住一句话就行了，一件东西的价值，是由它最后一单位的效用决定的。价值由边际效用决定！这就是"物以稀为贵"这句流传了千百年的话所含的道理。

第四章
价格：买卖双方的受协

在讨价还价中走向均衡

买者：你这件衣服卖多少钱？

卖者：500元。

买者：太贵了，这衣服也就值200元。

卖者：200太少了，你要是诚心买，我以进价卖给你！450元！

买者：唉！还这么贵？！要我说，最多300元！

卖者：300元，你给的也太低了。要不咱们来个对折，400元成交！

买者：不行，350元顶天了。350元，你卖不卖？不卖我就走了。

卖者：等会儿等会儿，算了，350就350吧。这次绝对是亏本卖给你了。

这件衣服最终以350元成交，这个350元就是买卖双方都能接受的均衡价格。均衡价格是商品的供给量与需求量相等，商品的供给价格与需求价格相等时的价格。在市场上，由于供给和需求力量的相互作用，市场价格趋向于均衡价格。均衡价格是在市场上供求双方的竞争过程中自发地形成的。均衡价格的形成过程也就是价格决定的过程。因此，价格也就是由市场供求双方的竞争所决定的。

均衡价格就是消费者为购买一定商品量所愿意支付的价格与生产者为提供一定商品量所愿意接受的供给价格一致的价格。需要强调的是，均衡价格的形成完全是在市场上供求双方的竞争过程中自发形成的，有外力干预的价格不是均衡价格。

看均衡价格和均衡数量示意图我们知道，当供过于求时，市场价格会下降，从而导致供给量减少而需求量增加；当供不应求时，市场价格会上升，从而导致供给量增加而需求量减少。供给与需求相互作用，最终会使商品的需求量和供给量在某一价格水平上正好相等，这时既没有过剩（供过于求），也没有短缺（供不应求），市场正好均衡。这个价格就是供求双方都可以接受的均衡价格，市场也只有在这个价格水平上才能达到均衡。

如下页图所示，我们用横轴OQ表示商品数量，纵轴OP表示价格，D表示需求曲线，S表示供给曲线，那么D和S相交的E点被称为均衡点，与E点相对应的价格Pe成为均衡价格，与 E 点相对应的商品数量 Qe 成为均衡数量。

当市场价格高于均衡价格时，物品的供给量将超过需求量，这样就会存在物品的过剩。例如，当水果市场上存在超额供给时，水果商就会发现，他们的冷藏室中装满了他们想卖而卖不出去的水果，他们对这种超额供给的反应是降低其价格，价格要一直下降到市场达到均衡时为止。同样，当水果市场出现超额需求时，买者不得不排长队等候购买几个水果的机会，由于太多的买者抢购太少的物品，卖者可以做出的反应是提高自己的价格，随着价格上升，市场又一次向均衡变动。

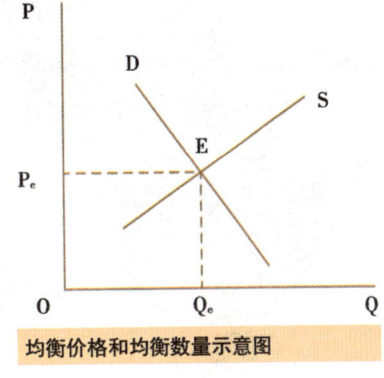

均衡价格和均衡数量示意图

在物品销售市场上，作为理性人，买卖双方都会追求自身利益的最大化。一方面，对于商家来说，追求的是收益的最大化，所以，通常会制定远远高于进货成本的价格；另一方面，对于消费者来说，追求的是商品效用的最大化，所以会尽力压低价格。而买卖双方所能接受的价格即为均衡价格。市场上无数的买者与卖者的活动自发地把市场价格推向均衡价格。

不过，市场均衡分为局部均衡和一般均衡。如果市场上只有一种或几种商品达到供求平衡，这是局部均衡。如果所有的商品都达到了供求平衡，这就是一般均衡。必须强调，一般均衡才是真正的均衡，局部均衡只是暂时的均衡。

当市场价格偏离均衡价格时，一般在市场机制的作用下，这种供求不相等的非均衡状态会逐步消失，自动恢复到均衡价格水平。当市场价格高于均衡价格时，商品供给量大于需求量，出现商品过剩，一方面会使需求者压低价格，另一方面又会使供给者减少商品供给量，这样商品的价格必然下降到均衡价格水平。相反，当市场价格低于均衡价格时，需求量大于供给量，出现商品短缺，一方面迫使需求者提高价格，另一方面又使供给者增加商品的供给量，这样该商品的价格必然上升，一直上升到均衡价格的水平。

一旦市场达到其均衡价格，所有买者和卖者都得到满足，也就不存在价格上升或下降的压力。在不同市场上达到均衡的快慢是不同的，这取决于价格调整的快慢。但是，在大多数自由市场上，由于价格最终要变动到其均衡水平，所以，过剩与短缺都只是暂时的。

商品均衡价格是商品市场上需求和供给这两种相反的力量共同作用的结果。需求与供给变动对均衡价格的影响如下：

1.需求变动引起均衡价格与均衡数量同方向变动。即需求增加，均衡价格上升，均衡数量增加；需求减少，均衡价格下降，均衡数量减少。

2.供给变动引起均衡价格反方向变动，均衡数量同方向变动。即供给增加，均衡价格下降，均衡数量增加；供给减少，均衡价格上升，均衡数量减少。

是什么决定了商品的价格

价格是商品价值的货币表现，是商品的交换价值在流通过程中所取得的转化形式。商场里，每种物品的标价各不相同，例如香皂、卫生纸、洗衣粉等，虽然同是生活用品，价位却高

□ 图解经济学

竞争商品对价格的影响
茶与咖啡是相互竞争的商品，咖啡的价格升降和收成情况会影响到茶叶的价格。图中是一杯泡好的咖啡和乌龙茶，旁边还放有一枝玫瑰。如果今年的咖啡歉收，或者咖啡的价格上调了，茶的价格也会相应提高。如果茶的价格不变，它的销量就会大幅度增加。

低不一。那么，是什么决定了它们各自的价格？

经济学大师弗里德曼认为任何商品的价格都是由供给和需求共同决定的。弗里德曼在其文章中强调，既然谈到供给和需求，就不得不提到供给量和需求量。

1. 需求规律：在影响商品需求量的其他因素不变时，商品的需求量同其价格有反方向的依存关系。即商品价格上升，需求量减少；商品价格下降，需求量增加。

2. 供给规律：在影响商品供给量的其他因素不变时，商品的供给量与其价格之间存在着正向的依存关系。即商品价格上升，供给量增加；商品价格下降，供给量减少。

在研究和运用这两个规律时，要清楚一点，这两个规律有一个假设前提，即"影响商品需求量（供给量）的其他因素不变"。因为现实中，影响需求量和供给量的因素很多，而需求规律和供给规律只研究价格与需求量、供给量之间的关系，所以为了屏蔽其他因素对研究的干扰，就必须先假设影响需求量（供给量）的其他因素都不变。

根据弗里德曼的分析，需求和供给共同决定商品在市场上的一般价格，也就是均衡价格。接下来，我们就来看需求和供给是如何相互作用并形成均衡价格的。他认为，在市场上，首先要了解需求和供给是如何变动的，然后才能研究两者对价格的决定作用。

所谓需求的变动，指的是某商品除价格变动的因素外，由于其他因素变动所引起的该商品的需求数量的变动。更具体地说，根据需求的定义，需求变动是指一定时期内，在其他条件不变，各种可能的价格下，消费者愿意且能够购买的该商品的数量有了变化。

一般来说，可以影响需求变动的因素有收入变动、相关商品的价格变动、消费者偏好的变化和消费者对商品的价格预期的变动等。

所谓供给的变动，是指因为产品本身价格以外的因素而引起的供给量的变化。同样，根据供给的定义，供给变动是指一定时期内，其他条件不变，在各种可能的价格下，生产者愿意且能够提供的该商品的数量有了变化。

一般来说，影响供给变动的因素有生产成本的改变等。举个例子来说，2007年，国际市场上由于部分地区因受灾几乎颗粒无收，而增加了对大米的需求（即在各个价格下，消费者需要的大米数量都增加），假设其他条件不变（即大米的供给不变），则将使大米的数量供不应求。

将这些因素结合起来考虑，看它们是如何决定市场上一种物品的价格的。假定在完全竞争的市场中，商品的供给和需求变动处于自发状态。在其他条件不变的情况下，现在以商品甲为例，在各种可能的价格下，消费者对商品甲有不同的需求量；而在各种可能的价格下，生产者有不同的意愿提供的商品甲的数量。

若在某一价格下，生产者愿意提供的产品数量多于消费者所要求的需求量，结果就会出现过剩，这些剩余的产品没人买；而在另一价格下，如消费者的需求量多于市场上生产者能提供的商品量，结果就会出现商品的短缺。这两种情况都会造成资源配置的不平衡，甚至浪费。

然而，在同一市场里，为了让生产者和消费者都能够获得满意，商品甲的供给和需求将在消费者和生产者的行动下，自动地被推向供需均衡。当商品甲在市场上的供给和需求在一定时期，在某个价格上，数量刚好达到平衡时，就形成了均衡价格。在这一情况下，供给和需求刚好都能满足，市场不存在剩余和短缺，此时，价格也不会再变动。用弗里德曼的话说就是："均衡状态是这样一种状态，它一经确立，就将被维持下去。"

这时市场上最稳定的价格形成了，需求者和供给者都会以这个价格来提供或消费货物，结果，供给和需求最终共同决定了这个物品在市场上的价格。不过这种均衡状态会在需求和供给再次出现变动时被打破，然后均衡价格也将重新稳定。

在日常生活中，价格同我们息息相关，它的波动带动着我们消费金额的波动。一般，当价格上涨的时候，我们手中的钱能买的东西就少了；当价格下跌的时候，我们所能买的东西就多了。在不同的情况下，我们可能会为价格的上涨抱怨，为价格的下跌欣喜，但大家是否仔细想过，价格具有哪些作用呢？

1. 价格是商品供求关系变化的指示器。借助于价格，可以不断地调整企业的生产经营决策，调整资源的配置方向，促进社会总供给和社会总需求的平衡。在市场上，借助于价格，可以直接向企业传递市场供求的信息，各企业根据市场价格信号组织生产经营。与此同时，价格的水平又决定着价值的实现程度，是市场上商品销售状况的重要标志。

2. 价格水平与市场需求量的变化密切相关。一般来说，在消费水平一定的情况下，市场上某种商品的价格越高，消费者对这种商品的需求量就越小；反之，商品价格越低，消费者对它的需求量也就越大。而当市场上这种商品的价格过高时，消费者也就可能做出少买或不买这种商品，或者购买其他商品替代这种商品的决定。因此，价格水平的变动起着改变消费者需求

物价变动的原因及影响

影响物价变动的原因有很多，一般说来有以下几个主要方面：

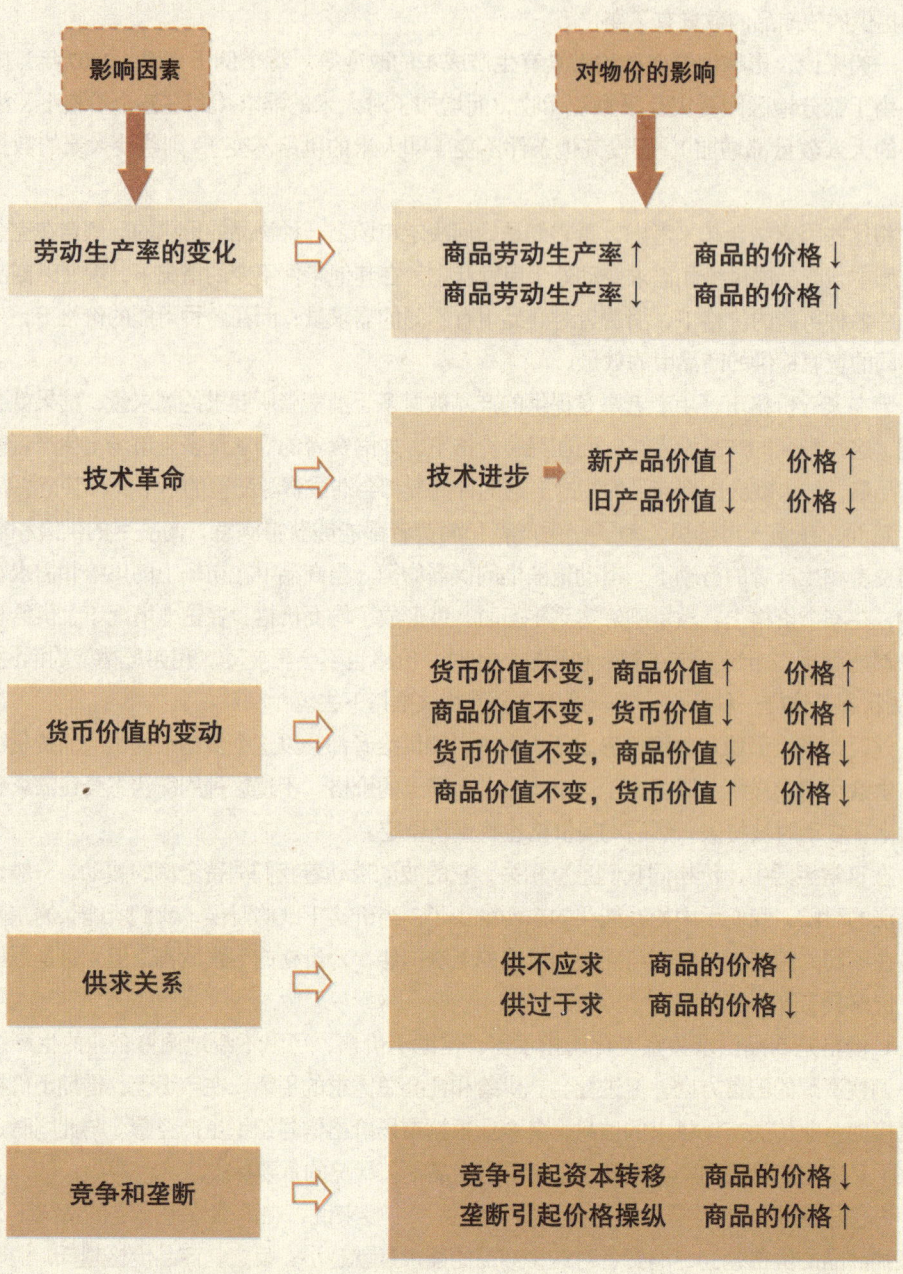

量、需求方向，以及需求结构的作用。

3.价格是实现国家宏观调控的一个重要手段。价格所显示的供求关系变化的信号系统，为国家宏观调控提供了信息。一般来说，当某种商品的价格变动幅度预示着这种商品有缺口时，国家就可以利用利率、工资、税收等经济杠杆，鼓励和诱导这种商品生产规模的增加或缩减，从而调节商品的供求平衡。

在售价之外，你注意到了什么

人人都希望从市场交易中获得自己想要的收益，很多时候，我们总是人为地放大期望的收获，而缩小交易的成本。

一天，女儿想吃饺子。于是，小李清早便去排队买饺子皮，没想到排队买饺子皮的人实在太多了，等了半天之后，终于轮到他了。等他买完饺子皮回家，女儿已经等不及去上学了，而当他急急忙忙赶去上班时，还迟到了5分钟。小李为女儿进行的这桩交易，所消耗的时间、精力等，被经济学家称为交易成本或是交易费用。

交易费用又称交易成本，最早由美国经济学家罗纳德·科斯提出。他在《企业的性质》一文中认为交易成本是通过价格机制组织产生的，最明显的成本就是所有发现相对价格的成本，市场上发生的每一笔交易的谈判和签约的费用，以及利用价格机制存在的其他方面的成本。

交易费用的提出，具有非常重要的意义。经济学是研究稀缺资源配置的，而交易费用理论表明交易活动也是稀缺的。市场的不确定性导致交易是冒风险的，因此说交易活动是有代价的，从而有了如何配置交易活动的问题。至此，资源配置问题成了经济效率问题。所以，一定的制度必须提高经济效率，否则旧的制度将会被新的制度所取代。这样，制度分析就真正纳入经济分析当中了。

无论是企业内部交易，还是市场交易，都存在着不同的交易费用。但是，我们在购买商品的时候，往往忽视了购买商品的交易费用。《韩非子》里有一则"郑人买履"的故事：

有个郑国人，想要到集市上去买鞋子。早上在家里量了自己的脚，把量好的尺码放在了自己的座位上。到了集市的时候，他才发现忘了带量好的尺码，于是对卖鞋子的人说："我忘记带量好的尺码了。"就返回家去取。等到他返回集市的时候，集市已经散了，他最终没有买到鞋。有人问他说："你为什么不用你的脚试鞋呢？"他说："宁可相信量好的尺码，也不相信自己的脚。"

"郑人买履"的寓言意在讽刺那些固执己见、死守教条、不知变通、不懂得根据客观实际采取灵活对策的人。单从郑人买鞋的结果来看，他在集市与家之间往返两趟，浪费了大量时间和精力，最终还是没有买到鞋子。用经济学的话来说，他的交易费用实在是太高了。

交易成本是创造财富的障碍，简单地说，由于有交易成本的存在，上例中的小李很有可能买不到饺子皮。所以我们说，交易成本既限制了我们的生产能力，又限制了我们从交易中获取

□ 图解经济学

在琳琅满目的商品中寻找到自己所需要的物品，必定要付出一定的时间或精力，这就是搜寻成本。

的利益。在生活中，我们每个人为了实现自己的交易行为，都要以不同的形式支付交易成本。李军是一个烟民，明明知道楼下小商店的香烟比商场里的要贵5毛钱，但他还是在楼下小商店里买。因为他觉得，在楼下小商店里买香烟，虽然贵5毛钱，但只需要下楼就能够买到香烟。倘若去商场，要乘车，或要多走很长时间的路，其中所消耗的时间，是他并不愿意支付的。虽然多花5毛钱，但节省了时间和精力，对他来说是合算的。李军这个行为本身蕴含了交易成本。也可以换种说法，其实楼下小商店在给香烟定价的时候，已经将你的交易成本算进去了。交易成本是人与人之间进行交易所必需的成本。对于每个不同的人来说，其自身的交易成本是不同的。在菜市场上可以看到不少老太太与小商贩为几毛钱的菜价而讨价还价。这是因为，老太太已经退休，她用来讨价还价的时间并不能作他用，如果能买到便宜的蔬菜，就是降低了自己的生活成本。但是如果放到年轻人身上，贵几毛可能就贵几毛，有讨价还价的时间还不如抓紧时间工作多挣钱呢。

当然，交易成本应当包含更多的内容，总体而言，交易成本可分为以下几项：

1. 对商品信息与交易对象信息的搜集。在琳琅满目的商品中寻找到自己所需要的物品，必定要付出一定的时间或精力，这就是搜寻成本。

2. 取得交易对象信息与和交易对象进行信息交换所需的成本，这就是信息成本。

3. 交易成本还包括议价成本，即针对契约、价格、品质讨价还价的成本。

4. 决策成本，即进行相关决策与签订契约所需的内部成本。

5. 交易发生后，当违约时也要付出一定的成本。

通常人们认为中间商仅仅增加了商品价格而未提供利益，但是一旦我们认识到交易费用是交易的障碍，就能看出这种观点的错误，我们经常想省略掉中间商，却很少有人能够实现。

一个简单的例子，如果购物者进行直接交易，向农民购买蔬菜，向奶厂直接买牛奶，那么仅仅是准备一顿简单的饭就要投入无法计量的时间和精力。杂货商或是其他中间商的存在，极大程度上减少了交易费用，潜在的顾客和销售者更容易从交易中获利，这些服务增加了交易量并促进了经济的发展。

最高限价，价格天花板

限制价格是指政府为了限制某些生活必需品的物价上涨而规定的这些商品的最高价格，一般来说，限制价格低于市场均衡价格。实际上，政府制定最高价格的原因一般是出于对公平的考虑。如在战争或饥荒时，政府会对生活必需品制定最高限价，使穷人能够负担得起，以利于社会的稳定。

2007年，兰州市民发现，他们钟爱的大碗牛肉面竟一夜之间上涨0.5元。小碗牛肉面由原来2.3元上涨到2.8元，大碗牛肉面由原来2.5元上涨到3元。许多市民惊呼：吃不起牛肉面了！兰州物价部门在"掂量"了"牛大碗"的轻重厚实后首次限定：凡兰州市普通级牛肉面馆，大碗牛肉面售价不得超过2.5元，小碗与大碗差价为0.2元，违规者将严厉查处。

政府实行最高限价的目的是保持市场物价的基本稳定，保持人民生活的基本安定，并且体现国家的价格政策。但是，老百姓似乎并不买账。他们发现政府强行限价，即使牛肉面降了价，牛肉面的质量也会受到影响，市民很难吃到一碗真正的牛肉面，最后，损害的还是消费者的利益。

在牛肉面限价的问题上，政府可能是好心做了错事。作为一个消费者，他永远希望东西越便宜越好；作为一个生产者，他希望他的东西越贵越好。这都是市场的问题，政府不能因

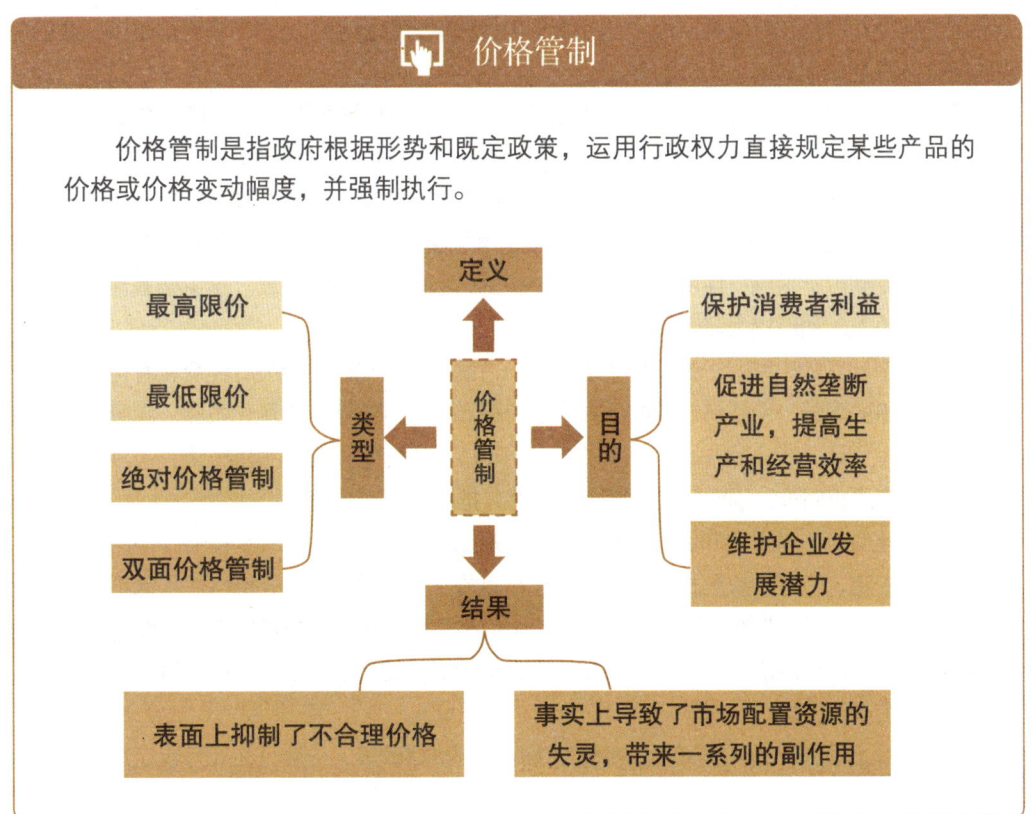

老百姓要求降低价格,你就强迫生产者降低价格,这两者之间要靠市场的力量来平衡,而不能只听消费者的。比如去吃面,所有人都希望面是便宜的,但是希望和事实之间的利益分配关系是另外一回事情。其实在牛肉面的价格高了以后,牛肉面馆多了,牛肉面的价格会因竞争而降下来。

"牛肉面限价"作为一种最高限价,在经济学上,叫作价格天花板。在20世纪90年代中期,因为通货膨胀,不少地方政府对肉类、蔬菜产品等就制订过不少最高限价,其目的主要有两个,一是抑制物价上涨,二是平息老百姓对物价上涨的抱怨。如果牛肉面的分量、质量下降,政府就很有可能卷入本应该由市场来完成的活动中。显然,政府不喜欢商家短斤缺两、粗制滥造,可是,如果一定要将政策贯彻到底,就必须派出大量工商执法人员定期抽查,这样的结果无外乎有两个,要不指令被变相架空,要不付出极高的监督成本。

牛肉面限价只是一个很小的问题,不过小问题折射出大道理。就拿房屋来说,20世纪七八十年代,一套二居室的房屋,几万块钱就能搞定。但现在今非昔比了,不要说几万块钱,几十万块钱在北京这样的中心城市也买不了一套房子。很多人只能望房兴叹,能贷款的人,也为每个月的月供压得喘不过气来。怎么办呢?这就需要政府出面来调节这一价位的波动——限制价格。

我们可以用住房的限制价格为例来说明限制价格的作用。

第一,限制价格导致住房供给严重不足。在计划经济体制下,决定住房供给的并不是价格,而是国家计划。所以,住房不足的基本原因不能完全归咎于租金的高低,但应该指出,除了计划失误外,房租过低也是原因之一。由于房租过低,甚至比住房的维修费用还少,这就造成住房部门资金严重不足,建房困难。

第二,黑市和寻租。在房租受到严格管制,住房严重短缺的情况下,就会产生黑市和寻租。在我国公有单位住房绝大多数是由各单位拥有的住房。在这种情况下,人们都想尽办法分到国家住房,这种想办法走门子,这种寻求活动增加了住房的交易成本。黑市活动包括两方面:以极高的价格租用私人住房,以及个人把分配到的住房高价出租。除了寻求活动和黑市外,在租金受到严格限制,住房采取配给的情况下,必然产生寻租现象。这主要表现在,掌握分配住房权的人,利用权力接受贿赂。

解决住房问题的出路,一是住房市场化。一方面通过有偿转让使公有住房私有化;另一方面开放对房租的限制,由住房市场的供求决定房租。二是创造住房市场化条件。我国实行住房市场化,但由于职工收入水平低,工资中实际不包括买房支出以及住房的分配不公平等因素,造成普通家庭严重困难。因而我们必须创造条件,推动住房市场化。

根据上述实例,对于限制价格的利弊可以概括如下:限制价格有利于社会平等的实现,有利于社会的安定,但这种政策长期实行会引起严重的不利后果。第一,价格水平低不利于刺激生产,从而会使产品长期存在短缺现象;第二,价格水平低不利于抑制需求,从而会在资源短缺的同时又造成严重的浪费;第三,限制价格之下所实行的配给,会引起社会风尚败坏,产生寻求活动、黑市和寻租。

正因为以上原因,经济学家都反对长期采用限制价格政策,一般只在战争或自然灾害等特殊时期使用。

支持价格给谁带来了实惠

支持价格又称最低限价，是政府为了扶植某一行业的发展而规定的该行业产品的最低价格。一般来说，支持价格高于市场均衡价格。

不管是什么样的企业，不管是国营还是私营，都离不开政府的支持。就一个小城镇来说，如果要发展，必须抓住本镇的优势来创办适合当地发展的产业，但这种产业的发展必须要有成本的投入。按本地的生活水平来说，能拿出这样一笔资金来经营这一产业，应该说是相当不容易的。所以政府为了加快落后地区经济的发展，就必须对这些产业给予一定的保护，比如对它们的产品给予最低的保护价格，以确保产品、货物不积压。如果一旦出现产品积压现象，政府会主动收购，从而确保这些小企业的继续运转。经济学上把政府给予弱势企业的这种保护称作支持价格。

支持价格的作用可以用农产品支持价格为例来说明：许多经济和自然条件较好的国家，由于农产品过剩，为了克服农业危机，往往采取农产品支持价格政策，以调动农民生产积极性，稳定农业生产。农产品支持价格一般采取两种形式：一种是缓冲库存法，即政府或其代理人按照某种平价收购全部农产品，在供大于求时增加库存或出口，在供小于求时减少库存，以平价进行买卖，从而使农产品价格由于政府的支持而稳定在某一水平上。另一种是稳定基金法，即政府按某种平价收购农产品，在供大于求时维持一定的价格水平，供小于求时使价格不至于过高。但不建立库存，不进行存货调节，在这种情况下，收购农产品的价格是稳定的，同样可以起到支持农业生产的作用。

美国根据平价率来确定支持价格。平价率是指农场主销售农产品所得收入与购买工业品支付的价格之间的比率关系。法国是建立政府、农场主、消费者代表组成的农产品市场管理组织来制定支持价格。欧共体1963年成立欧洲农业指导委员会和保证基金，用于农产品的收购支出和补贴出口。

在供大于求的情况下，如果不使用支持价格政策，将导致这样的结果：一是存货调节。当市场供大于求，价格低时，生产者把部分产品作为库存储藏起来，不投入市场，从而不形成供给，这就会使供给减少，价格上升。反之，当市场上供给小于需求，价格高时，生产者把原来的库存投入市场，这就在产量无法增加的情况下增加了供给，从而使价格下降。这种自发存货调节，对市场的稳定起到作用，但也为投机倒把提供了便利。二是地区套利。在现实生活中，市场往往是地区性的。这样在总体上供求平衡时，也会出现地区性不平衡。这种地区间不平衡所引起的价格差就产生了跨地区套利活动。这种活动就是把供大于求的价格低的产品运到价格高的地区。只要这种价格差大于运输费用，这种投机活动就不会停止。

我国通过最低保护价收购、免缴农业税、粮补、直补等一系列惠农、支农政策，减轻了农民负担，提高了农民种粮的积极性，使粮食连续多年获得丰收。粮食丰产，价格必然下降，国家又推行支持价格政策，成立于2000年的大型国有企业——中国储备粮管理总公司（中储粮）一举收购了全国小麦总产量的40%，使小麦成功地实现了顺价拍卖。

但是，支持价格是否实现了增加农民收入的初衷了呢？实际上，支持价格在一定程度上确实使农民得到了实惠，但很有限。按亩产 400 千克小麦计算，一亩地政府给补贴 52 元，农民实际得到了每千克 4 分钱即每亩 16 元的补贴，其余 36 元作为中储粮的小麦收购、仓储的费用。可见，农民仅从粮价上调中得到了 20% 的实惠，余下的 80% 的好处却被加工、流通和销售环节瓜分了。

另一方面，支持价格也产生了负面影响。首先，它对农产品生产和贸易产生误导，扭曲了价格机制的资源配置功能。在高于均衡价格的最低收购价的刺激下，农民会进一步扩大生产，导致粮食生产更为严重的过剩。其次，支持价格政策会产生收入分配的扭曲效应。粮价上涨使得猪肉、鸡蛋、食用油价格也上涨。最后，支持价格增加了政府财政压力。《2006 年小麦最低收购价执行预案》表明，每收购 0.5 千克粮食，政府给予 2.5 分钱补贴；每存储 0.5 千克粮食，政府给予 4 分钱补贴，这就使政府财政压力加大。

但是，不可否认的是，支持价格对于经济发展的稳定有着极其重要的意义。其作用是：第一，稳定生产，可以减缓经济危机的冲击；第二，通过对不同产业产品的不同的支持价格，可以调节产业结构，使之适应市场变动；第三，实行对农产品的支持价格政策，可以扩大农业生产，可以促进农业劳动生产率的提高。

不论是限制价格还是支持价格，都是政府利用国家机器的力量对商品供求实行的价格管制。限制价格是远远低于均衡价格的商品最高价格，支持价格一般是高于均衡价格的最低价格。前者的长期实行会造成商品持续的严重供不应求，后者的长期实行会造成商品的供过于求，二者都会对市场正常供求关系的实现造成不利的影响。

东西越贵，越愿意去买

按照正常的供求规律，商品的价格上升，需求量下降，但是为什么绿松石的价格贵了一倍，却销售一空呢？原来供求关系也是有例外的。我们不妨了解一下价格上升需求量也上升的商品——吉芬商品。

需求量随消费者的实际收入上升而增加的商品称为正常商品。需求量随消费者的实际收入上升而减少的商品称为低档商品。一个普遍的现象是，当人们的口袋越来越鼓时，他们就越来越在意消费商品的档次：在有能力"鸟枪换炮"的时候，人们通常不会浪费这种能力。据此，我们可以把商品分为两种：正常商品与低档商品。对前者的消费会随人们收入的增加而增加，对后者的消费则恰恰相反。

英国学者罗伯特·吉芬 19 世纪在爱尔兰观察到一个现象：1845 年，爱尔兰爆发了大灾荒，虽然土豆的价格在饥荒中急剧上涨，但爱尔兰农民反而增加了对土豆的消费。后来人们为了纪念吉芬，就把吉芬发现的这种价格升高而需求量也随之增加的经济现象叫作吉芬现象，简单地说就是越买越高。

而爱尔兰的土豆吉芬现象出现的原因是，在饥荒这样的特殊时期，面包、肉类、土豆的价格都上升了，但人们的收入大大减少，更买不起面包、肉类，相对便宜的土豆便成为人们的首选，这样对土豆的需求反而增加，使得土豆的价格增长比其他食品类的价格增长更快。

单就一种现象而言,天底下到处都有吉芬商品或者吉芬现象。很多"北漂"选择在北京城乡接合部租房子住,但是那里的居住环境比市区要差,交通也不太便利,其房屋的性价比也比较低,房屋一般比较简陋。但是却有越来越多的人涌入城乡接合部,其背后的原因就是,虽然城乡接合部的租房价格不断上涨,但相比主城区而言价格还是比较便宜,对于刚刚在北京立足的年轻人来说,哪怕房子的性价比并不高,选择在这里租房还能享受到相对便宜的房租,还是很划算的。

东西越贵,为什么人们越愿意去购买?美国人罗伯特·西奥迪尼写的《影响力》一书中有这样一个故事。

在美国亚利桑那州的一处旅游胜地,新开了一家售卖印第安饰品的珠宝店。由于正值旅游旺季,珠宝店里总是顾客盈门,各种价格高昂的银饰、宝石首饰都卖得很好。唯独一批光泽莹润、价格低廉的绿松石总是无人问津。为了尽快脱手,老板试了很多方法,例如把绿松石摆在最显眼的地方、让店员进行强力推销等。

然而,所有这一切都徒劳无功。在一次到外地进货之前,不胜其烦的老板决定亏本处理掉这批绿松石。在出行前她给店员留下一张纸条:"所有绿松石珠宝,价格乘二分之一。"等她进货归来,那批绿松石全部售罄。店员兴奋地告诉她,自从提价以后,那批绿松石成了店里的招牌货。"提价?"老板瞪大了眼睛。原来,粗心的店员把纸条中的"乘二分之一"看成了"乘二"。

经济学家认为,吉芬现象是市场经济中的一种反常现象,是需求规律中的例外,但也是一种客观存在的现象,是人们无法回避的。需求定律的定义是"在其他条件不变时,需求价格与需求量呈反向变动关系"。这里需要指出它的前提,即"其他条件不变"。这个不变其实涵盖了关于需求的许多概念,如需求弹性和供给弹性。如果天降大雨,地铁口的雨伞尽管价格较平时上涨,但销量还在上升,我们分析关键原因不是价格上涨,而是由于天空突降大雨,即需求定律的"其他条件"已经发生变化了。这时需求弹性急剧降低,对价格已经不再敏感。在这种情况下,只要价格还不是高得离谱,人们就会购买。试想如果雨并不是很大,人们可以赶到商店再去购买的话,小贩们的高价雨伞自然就无人问津了。这一道理对于爱尔兰的饥民同样适用。土豆价格上涨而需求量反而上升,是因为人们收入所限只能去选择土豆。同时,在饥荒的压迫下,他们预期价格还会再涨,于是就去抢购。从这一点上说,"吉芬现象"并不等于推翻了需求定律。

在特定的条件下,吉芬现象总是会以不同的形式出现。在当年的爱尔兰,土豆价格越高人们越买是因为在贫困中人们为了维持生存的一种不得已的选择。在灾难时期,越高越买是出于一种恐慌心理,害怕以后价格会涨得更高。而一些首饰、服装、礼品等,人们越高越买则是为

精美瓷器

了显示自己的身价，提升自己的社会地位。

其实，生活中的"吉芬现象"并不少见。最突出的就是这几年的房市。房价涨得越来越快，而买房子的人却越来越多，许多没钱的人也在想方设法购买，借钱、按揭、攒钱……无不希望自己成为"有房一族"的美梦早日成真。其实在股票市场上也存在吉芬现象，如某一种股票价格上扬的时候，人们都会疯狂抢购这种股票。而当一种股票价格下跌的时候，购买这种股票的人反而很少，拥有的人也希望尽快抛出去。越高越买，人们是为了最大限度地获取利润，股票价格升高，说明投资者有利可图。

吉芬现象还常常被商家利用。比如在"非典"时期，个别商家就是利用了人们的恐慌心理，哄抬物价。而为了迎合部分高消费群体的需求，商家也不失时机地推出了高价礼品，价格越高，越能够显示出对送礼对象的高度重视。于是中秋节出现上万元一盒的月饼，饭店里出现数万一桌的饭菜也就不足为奇了。

第五章
市场：看不见的手

分工与交换催生了市场

对市场的研究是我们进入经济学殿堂的重要入口，可以说，没有市场，就没有现在高度发展的商业文明。那么，市场是怎样出现的？它的出现给人类社会带来了什么变化呢？

远古时期没有商品，也没有市场。人类的祖先以狩猎为生，由于狩猎工具非常原始，捕获的猎物常常不够吃，所以猎物都是由部落统一分配的。后来，部落里有一个聪明的小伙子发明了弓箭，捕获的猎物就多了起来。但是这个做弓箭的人自己亲自参加捕猎所获得的食物却没有他制作一张弓与别人交换得到的食物多，于是他索性不参加狩猎了，一心制作弓箭，然后与别人交换食物。于是，部落里出现了分工和交换。后来，随着分工的扩大，又出现了一些制作别的物品的人，他们也像这位聪明的小伙子一样，拿自己制作出来的物品去交换自己所需要的东西。

这是亚当·斯密在《国富论》中讲到的一个故事。我们可以看出，随着分工和交换的发展，市场渐渐出现了。

《周易》里说道："日中为市，召天下之民，聚天下之货。交易而退，各得其所而货通。"这里说的就是以物易物的场景。它的意思是，中午的时候形成市场，把附近的很多货物都聚集起来，人们前来进行交换，各自进行交易后离开，每个人都得到了自己需要的货物。《周易》所描绘的这种远古生活场景就是市场的雏形。

市场是商品经济特有的现象，凡是商品经济存在的地方都会有市场。市场体系是由各类专业市场，如商品服务市场、金融市场、劳务市场、技术市场、信息市场、房地产市场、文化市场、旅游市场等组成的完整体系。同时，市场体系中的各专业市场均有其特殊功能，它们互相依存、相互制约，共同作用于社会经济。

从市场行为方面看，它具有两个突出的特征，一个是平等性，另一个是竞争性。平等性是指相互承认对方是其产品的所有者，对其所消耗的劳动通过价值形式给予社会承认。市场行为的平等性是以价值规律和等价交换原则为基础的，它不包含任何阶级属性，它否定了经济活动中的特权和等级，为社会发展提供了重要的平等条件，促进了商品经济条件下资源的合理流动。市场的竞争性来自要素资源的自由转移与流动，表现为优胜劣汰，奖优罚劣。市场竞争有利于提高生产效率和对要素资源进行合理利用。

经济学家弗里德曼认为，自由市场和个人创造力是社会进步的源泉，大多数经济学家极力倡导自由的市场模式。在弗里德曼眼中，最理想的市场就是完全不受政府控制、自由竞争的市场，这样的市场将是极其美妙的。曾经，他在文章中对自由市场有这样的表述："自由、私有、市场这三个词是密切相关的。在这里，自由是指没有管制的、开放的市场。"而这样的市场具有如下的优点：

梳理羊毛 米勒 油画 1858年
图中的工人正坐在椅子上细致地梳理羊毛。像梳理羊毛这样的工作，随着工人时间的增长，工人梳理羊毛的速度会越来越快，这就是所谓的熟能生巧。但是，当这一工作能够被机械操作时，工厂就不再需要那么多的熟练工人了，只需要人员监督机械工作就可以了。

1. 能使交易的任何一方都获益

弗里德曼曾经指出："在一个自由贸易的世界里……任何交易的条件，都由参加的各方协议。除非各方都相信他们能从交易中得到好处，否则就做不成交易。结果，各个方面的利益取得了协调。"所以，当一切运行正常时，自由市场能够让交易的双方都获益。

2. 能使资源达到最优配置

在自由市场下，资源能够得到最优配置，此时，市场能够将社会中有限的资源很好地转化为人们需要的产品和服务。

3. 能使收益达到最大化

在自由竞争市场上不存在浪费或者无效率生产。因为，企业只生产那些能让世界变得更富足的产品，所以其生产出的产品成本将达到最低，并且有限的资源将被用来生产那些收益超过成本的产品。自由市场上收益远远大于成本。

4. 能让就业充分

在自由市场中，市场机制能够充分发挥作用，所以，市场经济具有达到充分就业的自然趋势。虽然这可能需要一定时间，但要比政府强制干涉的效果好。

设想中的自由市场的存在和正常运行都需要满足如下几个条件：

1. 产权明晰

在自由市场中，双方要进行交易，其行为的基础就是交易标的产权明晰，而且在资本主义世界，私有制为基本经济制度，所以，就更强调产权的明确。

2. 市场上的供给和需求呈自发状态

当市场上的供给和需求不受过多市场外因素的干扰，呈自发状态时，是自由市场正常运行的最佳时机。因为此时，价格作为市场调度资源的信号，能最大化发挥其功能，使得供给和需求基本相适应。

3. 买卖双方掌握充分的信息

买卖双方作为市场上的交易者，应当彼此掌握足够的信息，从而使交易更具有公平性。

4. 市场的参与者都是价格接受者

这是西方经济学家常用的一个假设——价格接受假设，即市场上的参与者，无论是卖者还是买者，都是价格的接受者，谁都不能影响价格。

不是所有的物品都是商品

商品对于我们来说，是最熟悉不过了。我们每天吃、喝、穿、用、行，样样离不开商品，只要口袋里有钱，我们随时可以买到想要的各种商品。那么什么才是商品？

2002年《厦门科普》第1期中有篇文章，作者葛晓兰为我们列出了六种妙趣横生的商品，我们来看一下：

1. 泥土

太平洋上的瑙鲁，是一个由珊瑚礁形成的岛国，矿产十分丰富，但岛上没有供农作物生长的土地。为了解决这一问题，瑙鲁出口矿产，同时进口泥土，以便种植农作物。

2. 冰山

世界上最奇特的商品，莫过于丹麦格陵兰岛出口的冰山了。这是10万年前的冰，被认为是纯净的，没有污染，杂质甚少。

3. 水声

美国商人费涅克周游世界，用立体声录音机录下了千百条小溪流、小瀑布和小河的潺潺水声，然后高价出售。有趣的是，该行业生意兴隆，购买水声者络绎不绝。

4. 空气

日本商人将田野、山谷和草地的清新空气，用现代技术储制成"空气罐头"，然后向久居闹市、饱受空气污染的市民出售。购买者打开空气罐头，靠近鼻孔，香气扑面，沁人肺腑。

5. 黄沙

一些阿拉伯国家有广阔的沙漠地带，但这些沙漠中的黄沙不适于建造游泳池，而英国的黄沙却是建造游泳池最理想的材料。在石油丰富的阿拉伯国家掀起兴建游泳池热潮时，英国的黄沙备受青睐，价格猛增。

6. 雨水

日本商人发现，水在阿拉伯国家是贵重商品，便着手向阿拉伯国家出口雨水。第一个输入这种商品的国家是阿拉伯联合酋长国，这个国家每年进口大约2000万吨雨水，用来浇灌农作物。

□图解经济学

商品并不是从人类出现之时就有的,是人类社会发展到一定历史阶段的产物。

这六种特殊的商品,向我们展示了商品的一些特性。商品并不是从人类出现之时就有的,是人类社会发展到一定历史阶段的产物。它的产生,必须具备以下两个条件:

第一是社会分工。它是商品产生的基础。因为社会分工,才提出了进行交换的要求,也才有了进行交换的可能。社会分工的特征,表现为每一个劳动者只从事某种局部的、单方面的劳动,只生产某些甚至某种单一的产品。人们的需要或需求则是多方面的。为了满足多方面的需求,生产者便要用自己生产的产品去交换自己不生产而又需要的产品。这种商品生产和商品交换就是商品经济。

第二是所有权不同。它是商品得以产生的前提。因为生产资料和劳动产品属于不同的所有者,才发生了交换行为。在私有制的条件下,产品交换的双方成为独立的利益主体,成为经济利益的对立面。这就决定了双方的交换不能是不等式的,而只能是等式的,即商品经济中的等价交换原则。劳动产品的交换既然是等价的商品交换,那么,生产者的生产过程就成为以直接交换为目的的商品生产过程。

可见,商品既是社会分工的产物,也是私有制的产物。商品是具有价值和使用价值的生产品。消费品是指商品在市场上充当一定角色的时候的称谓,消费品一定是商品,但商品不一定是消费品,商品只有进入流通领域时才能跻身于消费品的行列。

市场的神奇作用

市场是应运而生的交易场所,是社会和文明发展选择的结果,市场的发达程度也往往反映了一个国家的经济活力。历史经验告诉我们,开放才能更好地发展,从20世纪上半期美国经济大萧条到后半期的经济繁荣发展,我们可以更清楚地看到这一点。

1930年,美国政府错误地认为,由于外国的工资和制造成本低,美国制造商无法成功地与外国制造商竞争,因此建立了史无前例的贸易壁垒。《斯姆特·霍利关税法》试图以高关税壁垒保护美国市场,使之免于外国竞争。结果是灾难性的,贸易伙伴随即采取报复措施,以限制外国进口来保护本国市场。20世纪30年代初,世界贸易额下降了70%,几千万人失业,加剧了大萧条。从那以后,美国的历任总统与历届国会在关贸总协定(GATT)及其继承者世界贸易组织的构架之下,不断为和平的经济合作与共享繁荣奠定基础、建立共识。自由市场和贸易让美国成为世界最开放的重要经济体。

市场为自由贸易的发展提供了平台和场所,是经济发展的重要推动力。从美国20世纪30年代经济大萧条到中后期的繁荣发展,我们可以看到市场和贸易对于经济发展的重要性。概括来讲,市场和贸易主要有以下几个功能:

1. 市场和贸易可以促进社会分工

市场和贸易可形成互相有利的劳动分工,两个地区之间的贸易往往是因为一地在生产某产品上有相对优势,如有较佳的技术、较易获取原材料等。

在全球化市场和国际贸易中,各国可按照自然条件,比较利益和要素紧缺状况,专门生产其有利较大或不利较小的产品。这种国际分工可带来很多利益,如专业化的好处、要素的最优配置、社会资源的节约以及技术创新,等等。

2. 市场和贸易可以创造财富,提高国民收入

市场和贸易可以扩大国民收入。各国根据自己的条件发展具备比较优势的部门,要素就会得到合理有效的分配和运用,再通过贸易以较少的花费换回更多的东西,从而增加国民财富。

3. 市场和贸易可以增加社会福利

市场和贸易可以增加社会福利。市场化和贸易分工为更多的人提供了就业的机会,使更多的人有能力养育家庭、追求梦想。经济的发展也为国家提高社会福利提供了必要的物质基础。

4. 市场和贸易可以促进经济增长

市场和贸易可加强竞争,优胜劣汰,减少垄断,提高经济效益。在全球化市场和自由贸易条件下,企业要与外国同行进行竞争,就会消除或削弱垄断势力,从长远看,能促进一国经济增长。

自由贸易有利于提高利润率,促进资本积累。通过商品进出口的调节,可以降低成本,提高收入水平,增加资本积累,使经济得以不断发展。

除此之外,市场还有调节收入分配、信息引导等功能,是经济运行的一种重要协调机制。

分工合作带来效率革命

市场是随着专业化和劳动分工的不断发展而出现的。市场出现之前,绝大部分的经济体是处于自给自足、自产自销的状态。为什么这种自给自足的状态会被打破?专业化和劳动分工与自给自足的生产方式相比,究竟有哪些优势和进步呢?下面我们通过两个小案例来看一下分工

□ 图解经济学

和专业化的优势：

周先生是温州一家打火机制造厂的老板，他认为分工合作是自身企业竞争获胜的秘诀。他介绍说，同样一个电子点火的小部件，日本公司生产一只成本为人民币 1 元，他的进价是 0.1 元，为他的企业跑龙套的家庭企业生产成本仅 0.01 元。而类似协作配套的作坊式小厂在他手下有数百家，且生产同一零部件的企业可能有几家或数十家，这数百家配套企业之间，不是统一管理和内部调拨关系，而是自我管理和市场交易关系。这样，下游企业就可以从上游企业中优中选优，选择价格最低、质量最好、供货最及时的进行合作。就这样，温州的金属打火机打败了日本厂商，占据了全球 70% 以上的市场份额。

雇佣苗圃工人

分工与专业化生产大大提高了生产效率，是企业经营制胜的秘诀。同样，在科学研究方面，分工协作也起着巨大的作用：

美国于 1942 年耗资 50 亿美元研制原子弹的"曼哈顿工程"，其工程技术的总负责人奥本海默博士在总结其成功经验时指出："使科学技术充分发挥威力的是科学的组织管理。"美国从 1961～1969 年组织和实施了宏大复杂的"阿波罗登月计划"，其研制和发射的火箭"土星-5"有 560 万个零件组成，参与的研究人员共计 400 万之多，最多的一次就有 42 万人。120 所大学与 200 家公司分工协作，8 年里共耗资 300 多亿美元，终于在 1969 年获得成功。负责"阿波罗登月计划"的韦伯博士也深有感触地说道："我们没有使用一项别人没有的技术，我们的技术就是科学的组织。"科学的组织管理就是建立在高度专业化分工基础上的计划、组织、指挥和协调的过程，如果没有专业化分工，也就不会有相互间的协同需要，就只能是个人管个人，因而也就不会有任何的组织管理行为发生和存在了。

通过上面两个例子，我们可以看出分工协作在现代组织管理中的巨大作用。

例如，公司中有各个职能部门，财务部负责财务、销售部负责销售、行政部负责日常公司事务……在这样的分工下，各个部门高效率地完成各自的工作。分工让工作更有效率，试想让一个人同时做 N 件事他会力不从心，但是让他只做一件事，他就能专心做好。同时，专业化分工使得生产的规模不断扩大，从而可以使企业降低平均成本，而实现规模经济。

当今社会，劳动分工的程度越来越高。分工不仅仅局限于个人与个人之间，而是已经扩展到全世界范围内。比如，波音 747 喷气式客机的 450 万个零部件是由世界上 8 个国家的 100 个大型企业和 15000 个小型企业参与协作生产出来的。在比较优势和分工交换的指引下，跨国公司不断努力降低交易成本和要素成本，并且让分工遍及世界每一个角落。

市场分工可以提高效率

分工可以使工人的业务变得相对简单单一,从而提升工人的熟练程度,工作效率自然得到提高。

节省人们在转换不同的工作之间的适应时间,从而提升工作效率。

分工有利于适当利用机械,可以精简劳动、提高效率。

人把注意力倾注在单一目标上,比分散在多个目标上能更快更轻易地找出达到目的的捷径。分工能够使每个人的全部注意力自然集中于某一简单的事物上。

□ 图解经济学

经济学有只"看不见的手"

一群武校的学生要毕业了，老师告诫他们："出去以后，千万不能和经济学家过招，因为他们都有一只看不见的手。"

在谈到市场时，我们常常会提到"看不见的手"，因为"看不见的手"是市场机制的同义替代词。"看不见的手"是亚当·斯密在《国富论》中提出的命题。最初的意思是，个人在经济生活中只考虑自己的利益，受"看不见的手"的驱使，即通过分工和市场的作用，可以达到国家富裕的目的。后来，"看不见的手"便成为表示资本主义完全竞争模式的形象用语。这种模式的主要特征是私有制，人人为自己，都有获得市场信息的自由，自由竞争，无须政府干预经济活动。

斯密较为详细地描绘了看不见的手作用的过程："每种商品的上市量自然会使自己适合于有效需求。因为，商品量不超过有效需求，对所有使用土地、劳动或资本而以商品供应市场者有利；商品量少于有效需求，则对其他一切人有利。

"如果市场上商品量一旦超过它的有效需求，那么它的价格的某些组成部分必然会降到自然率以下。如果下降部分为地租，地主的利害关系立刻会促使他们撤回一部分土地；如果下降部分为工资或利润，劳动者或雇主的利害关系也会促使他们把劳动或资本由原用途撤回一部分。于是，市场上商品量不久就会恰好足够供应它的有效需求，价格中一切组成部分不久就会升到它们的自然水平，而全部价格又与自然价格一致。

"反之，如果市场上商品量不够供应它的有效需求，那么它的价格的某些组成部分必定会上升到自然率以上。如果上升部分为地租，则一切其他地主的利害关系自然会促使他们准备更多土地来生产这种商品；如果上升部分是工资和利润，则一切其他劳动者或商人的利害关系也会马上促使他们使用更多的劳动或资本，来制造这种商品送往市场。于是，市场上商品量不久就会充分供应

泽布鲁日港口
图中是比利时的泽布鲁日港口，人们正在这里交换美酒。每个地方对资本的投入和劳动的雇佣取决于该地的自然资源、当地运用各种资源的能力和出售剩余产品的市场。图中的港口属于出售剩余产品的市场，它可以吸引人们在这里进行投资。

它的有效需求，价格中一切组成部分不久都下降到它们的自然水平，而全部价格又与自然价格一致。"

参与经济生活的每个人在一种利益机制的制约下，都不得不去适应某个一定的东西，这就是有效需求。假若劳动、土地或资本在某一行业比另一行业获致较高的报酬，这些生产要素的所有者将把它们从报酬较少的行业转移到这些行业上来。原来供过于求的行业提供的较少报酬导致部分业主向报酬高的行业转移，直到所提供的报酬与其他行业大致相等为止；而原来供不应求的行业因为新的业主的加入而报酬降低，直到与其他行业报酬大体相同为止。每个人适应社会有效需求的努力，使得供给与需求达到均衡，尽管这个均衡可能是暂时的，大多数情况是或者供过于求，或者供不应求，但会适时得到修正，重又回到均衡。均衡状态，对所有人有利。

在商品经济或市场经济下，都存在一只看不见的手在幕后调节着参与经济生活的每个人的行为，调节着有限的社会资源合理地在各部门和各生产者之间的配置。这是一只只要有商品交换行为就存在的手，是商品经济条件下无所不在的手。

亚当·斯密的后继者们以均衡理论的形式完成了对完全竞争市场机制的精确分析。在完全竞争条件下，生产是小规模的，一切企业由企业主经营，单独的生产者对产品的市场价格不发生影响，消费者用货币作为"选票"，决定着产量和质量。价格自由地反映供求的变化，其功能一是配置稀缺资源，二是分配商品和劳务。通过看不见的手，企业家获得利润，工人获得由竞争的劳动力供给决定的工资，土地所有者获得地租。供给自动地创造需求，储蓄与投资保持平衡，通过自由竞争，整个经济体系达到一般均衡。在处理国际经济关系时，遵循自由放任的原则，政府不对外贸进行管制。"看不见的手"反映了早期资本主义自由竞争时代的经济现实。

看不见的手，揭示了自由放任的市场经济中所存在的一个悖论。认为在每个参与者追求自己的私利的过程中，市场体系会给所有参与者带来利益，就好像有一只看不见的手，在指导着整个经济过程。

市场机制就是依据经济人理性原则而运行的。在市场经济体制中，消费者依据效用最大化的原则做购买的决策，生产者依据利润最大化的原则做销售决策。市场就在供给和需求之间，根据价格的自然变动，引导资源向着最有效率的方面配置。这时的市场就像一只看不见的手，在价格机制、供求机制和竞争机制的相互作用下，推动着生产者和消费者做出各自的决策。

正常情况下，市场会以它内在的机制维持其健康的运行。其中主要依据的是市场经济活动中的理性经济人原则，以及由理性经济人原则支配的理性选择。这些选择逐步形成了市场经济中的价格机制、供求机制和竞争机制。这些机制就像一只看不见的手，冥冥之中支配着每个人自觉地按照市场规律运行。

从商品经济到市场经济

简单来说，市场经济就是指通过市场机制来实现资源优化配置的一种经济运行方式。市场经济的本质是与"私有""契约""独立"相对应的"产权""平等""自由"等具有鲜明价值判断特性的行为规范性质的制度，是建立一种通向文明的人与人之间的关系的主张和追求。

□图解经济学

市场经济是自由的经济、平等的经济、产权明晰的文明经济，是市场交换规则普遍化的经济形态。

从本质上来讲，市场经济必然导致以雇工经营和机器大生产为主要特征的现代经济制度。但市场经济的发展与自给自足的小农经济是对立的，它一方面刺激小农家庭增加消费，另一方面又在竞争中竭力排挤家庭手工业，从而促成小农经济的瓦解。

市场经济时代最基本的特征是，工业取代农业占据了社会经济的主导地位，市场营销成为最普遍的经营形式，由此导致社会经济各个方面发生一系列深刻的变化：

1. 由封闭走向开放。市场营销要求根据市场需求，广泛利用各种市场资源，在极其广阔的时空范围内进行生产，而不是像传统小农经济那样局限在一个家庭范围内，使用家庭资源，为满足家庭需要而进行生产。

2. 机器化。面对巨大的市场需求，手工生产是无法满足的，必须大量应用机器生产；在市场经济的背景下，广泛的社会分工协作，为各种机器的发明和制造提供了充分的现实可行条件。于是，经过人们坚持不懈的努力，终于实现了机器大生产，其主要特点是：以煤炭、石油等非生物能源为动力，能够大功率、高效率、长时间地连续作业。

3. 科学化。由于面向市场经营，使用机器大生产，这就要求人们改变以往小农经济状态下那种凭经验靠估计的做法，而代之以科学的定量测试、计算和分析。这里的"科学化"并不简单地局限于科学技术成果在生产中的应用，而是主要指人们观察和分析问题时的思维方式的科学化。

4. 雇工经营。面对巨大的市场需要，仅靠家庭劳动力显然是无法满足的，必须大量引入家

蒸汽犁
图中是用汽力做动力的蒸汽犁。某些田地适合使用马力，另外一些田地却适合使用蒸汽动力。假设马力和蒸汽动力都无新的改进，如果农场主掌握了替代原理，他就会逐渐扩大蒸汽动力的使用范围以替代马力。

庭外的劳动力，市场经济条件下只能通过支付工资的办法来雇佣自由人从事生产劳动。

5. 专业化和社会化。使用机器大生产和雇工经营的结果，是社会分工变得越来越细，整个社会经济呈现专业化和社会化的特点，社会成员普遍养成分工协作的习惯，这也是社会生产效率大幅度提高的重要原因。

6. 厂商（或企业）成为最基本的经济组织形式。机器大生产和雇工经营必然突破家庭经营的局限，使厂商（或企业）成为最基本的经济组织形式。与小农家庭相对简单的内部结构相比，厂商（或企业）内部结构要复杂得多，其中包含了种类繁多、数量巨大、分工精细的各种生产要素，是一个巨大复杂的经济系统。

7. 利润是生产的目的。由于在极其广阔的时空范围内组织市场经营，厂商生产的目的不再像小农经济那样以获取产品为直接目标，而是以利润为直接生产目的，产品的生产变成了获取利润的手段。

8. 生产要素资本化。随着利润成为直接的生产目的，一切生产要素都相应地变成了赚取利润的手段，即通常所谓的"资本"。整个社会经济从此都置于资本的支配之下，受资本统治。

9. 实行市场机制。市场分配成为最基本的分配形式，包括各种市场资源和劳动产品，都通过市场交换来进行分配，即个人向厂商提供生产要素，并得到各自的报酬，形成个人收入，个人再以其收入按等价交换的原则向厂商购买各种消费品。

10. 广泛而激烈的市场竞争。由于市场分配成为最基本的分配形式，一切生产要素和产品都要通过市场来分配，于是千千万万的厂商和个人便在市场上围绕有限的市场资源展开了广泛而激烈的市场竞争，使每一个人和每一家厂商都随时面临严酷的市场压力，从而推动市场经济不断向前发展。

11. 规范化。市场经济是一个由千千万万的厂商和个人参与的行为，因此必然要求对人们的行为做出严格的规范，包括国家法律制度、厂商内部的管理制度、各种技术性操作规范以及产品和服务的质量标准等。

不过，值得注意的是，市场经济作为一种资源配置的方式，也有其局限性。在市场经济中有一只看不见的手在指挥，这只看不见的手就是市场的价值规律。一般来说，商品的价格是受供求关系影响，沿着自身价值上下波动的。所以在交易过程中，我们常能看到同一种商品在不同时期价格不同。当涨价时，卖方会自发加大生产投入；当减价时，卖方会自发地减少生产投入，这就是市场经济的自发性。市场的范围之大使得谁也无法客观宏观地去分析观察，参与者们大多以价格的增幅来决定是否参与以及参与的程度，这就往往使个体陷入一种盲目中。参与者盲目自发地投入生产，而生产相对于价格变动而言是一个耗时较长的一个过程，所以我们常能看到一种商品降价后，它的供应量却在上升，这就是市场经济的滞后性。

真实总是隐藏在我们背后

孔子被困在陈、蔡之间，只能吃没有米粒的野菜汤度日，七天没尝到粮食，白天也只得睡觉以保存体力。一天，颜回讨到一点米回来做饭，饭快熟时，孔子看到颜回抓取锅中的饭吃。一会儿，饭熟了，颜回拜见孔子并端上饭食。孔子装作不知颜回抓饭之事，说："今天我

□ 图解经济学

梦见了先君，把饭食弄干净了去祭先君。"颜回回答说："不行，刚才灰尘落进饭锅里，扔掉沾着灰尘的食物是浪费的，我就抓出来吃了。"孔子叹息着说："人们往往相信眼睛，可眼睛看到的还是不可以相信；所依靠的是心，可是心里揣度的还是不足以依靠，看来了解人真的很不容易。"

孔圣人尚不易辨识真实的世界，作为凡夫俗子的我们，要洞穿世间万物就更不容易了。我们总是愿意选择相信眼前的世界，但是这却并不是最真实的世界，因为我们无法看到所有的信息。

古典经济学有一个重要假设，就是完全信息假设，即假设市场的每一个参与者对商品的所有信息都了如指掌。实际生活中却常常不是这回事，我们一直生活在一个信息不完全的世界中。

我们知道，"天天平价、始终如一"是沃尔玛驰骋全球零售业沙场的营销策略，也是沃尔玛成功经营的核心法宝。但古往今来商家皆谋三分利！10元钱进货的商品8元钱卖，会不会有这样的事情呢？实际上，商店不可能把所有的商品都如此打折销售。我们能够注意到的是，只有部分商品如此打折，并且是轮流打折。这一次是饮料打折，下一次是衣服打折，还有可能是日用品打折。其他商品的价格和别的超市几乎没有区别，这就是沃尔玛真实的营销状况。

去沃尔玛超市，消费者不可能知道究竟有什么商品在打折促销，当他来到沃尔玛，不可能只买自己预期的打折商品，很可能还买其他商品。在经济生活中，消费者掌握的商品信息往往是不完全的。以不完全信息为基本出发点，可以使我们对市场经济有更真实的了解。

在生活中，我们也经常发现由于信息不完全，导致误解的实例：一个年轻的小伙子带着女友到公园游览，在途中的一个凉亭停歇。小伙子看到不远处有卖冷饮的摊点，就问女朋友要不要雪糕。女友回答说不想吃雪糕，小伙子就径直去了冷饮摊点，一会儿，他拿了一支雪糕边吃边走了过来。女友很不高兴，埋怨男友不体贴："为什么你只买自己的份？"小伙子一脸无辜："你不是不想吃吗？"女友更不高兴了："可我没说我不要可乐。"接下来一路气氛凝重，两人都玩得不开心。即使是一对恋人之间，也存在信息不完全的情形，可见，信息不完全在经济生活中具有普遍性。

实际上，信息不完全不仅是指那种绝对意义上的不完全，即由于认识能力的限制，人们不可能知道在任何时候、任何地方发生的任何情况，而且还包括"相对"意义上的不完全，即信息不对称。

政府只有在掌握完全信息的基础上，才能对事实有全面而真实的把握，以这些信息为根据所做出的决策才具有现实可行性。个人和企业也需要大量地掌握经济信息，才能在市场发生变化时适时地调整自己的策略，以实现利益的最大化。

在获取完全信息的过程中，信息商品为人们所推崇。作为一种有价值的资源，信息不同于普通商品。人们在购买普通商品时，先要了解它的价值，看看值不值得买。但是，购买信息商品无法做到这一点。人们之所以愿意出钱购买信息，是因为还不知道它，一旦知道了它，就没有人会愿意再为此进行支付了。这就出现了一个难题：卖者让不让买者在购买之前就充分地了解所出售的信息的价值呢？如果不让，则买者就可能因为不知道究竟值不值得而不去购买它；如果让，则买者又可能因为已经知道了该信息而不去购买它。在这种情况下，要做成生意，只能靠买卖双方的并不十分可靠的相互信赖。

信息是不完全的，这就决定了竞争是不完全的，决策个体之间存在直接的相互作用和影响，私人信息发挥着重要作用。在信息不完全和非对称条件下，完全理性转化为有限理性，即经济个体是自私的，照利益最大化原则行事，但他通常并不具有做出最优决策所需要的信息。因此，经济个体的能力是有限的，理性也就是有限的。

如今，信息经济学是经济学中兴起的分支，它抛弃了完全信息假设，而以不完全信息假设正视社会和市场，这一假设对我们认识经济世界有重要作用。

市场并不能解决所有问题

在自由市场上，商品价格总是要波动的。一旦商品减少，不能满足供给，同时也意味着价格上涨，利润增加，生产者的积极性被调动起来，于是商品逐渐增多，能够满足供给；但此后，往往又会因商品过多，利润下降，生产者的积极性遭受打击，于是商品减少，不能满足供给……这就是市场本身的逻辑。

一般意义上的市场失灵是指成熟市场经济体制下市场运行所存在的缺陷，是对市场不灵敏或完全不起作用的描述。从西方国家的实践历程来看，这包括两个层次：一个是指在国家安全、公共秩序与法律、公共工程与设施以及公共服务等领域"天然"存在的"市场失灵"；另一个层次主要是指与市场经济的外部性、垄断、分配不公、经济波动、信息不对称等相关的"市场失灵"。这些缺陷导致市场机制运行出现低效率、两极分化、盲目竞争与浪费、对环境的破坏等市场经济成本，使得市场经济不能正常、有效地运转。

在垄断、外部性、公共品、信息不对称等方面，市场机制本身存在失效的缺陷。由于我国尚处于旧体制尚存约束、新体制尚待完善的阶段，与成熟的市场经济体制相比，不完全竞争的程度更大，市场机制在这些领域失去效率的情况更加严重。

以医疗为例，霍乱、鼠疫、非典型性肺炎等具有极强传染能力和很高死亡率的恶性传染病，能够在相互接触的人中间很快流传。这样，任何人感染这一类传染病并受其伤害，就不仅仅使他个人的福利受到损失，而且会给其他人带来极其严重的威胁和伤害。用经济学的术语来说，即个人"感染传染病"这一事件具有极强的"外部性"，只不过个人"感染传染病"这一事件并不是对个人有好处的一种"物品"，而是对个人造成极大伤害的"坏东西"。

个人"感染传染病"这一事件的严重外部性，使对传染病的预防和医治成了一个公共物品。像任何公共物品一样，对"传染病的预防和医治"这种物品的"消费"是非争夺性的和非排他的：受到各种预防和医治传染病措施保护的绝不是单个的个人，而是全体居民中的每一个人；每一个居民受这种措施保护不妨碍其他居民受同一措施保护，而且每一个居民受这种措施保护时也不能不让其他居民受同一措施保护。在提供公共物品方面，市场通常是没有效率的：让每一个人仅仅为自己去生产或购买"传染病的预防和医治"这种"物品"，不仅效率极低，有时甚至根本就不可能。

□ 图解经济学

　　市场经济的逻辑是：对任何物品，个人如果不愿意消费或没有能力购买和消费，他就不应消费这种物品。但是这种逻辑不应使用于"传染病的预防和医治"这种"物品"上。这是因为，一个人感染非典型性肺炎这样的恶性传染病并因此而死亡，绝不仅仅是他一个人的健康和生命问题，而是涉及全体居民的健康和生命安全的全社会性的问题。因此，听任任何一个不愿或不能购买"传染病的预防和医治"这种"物品"的人死于恶性传染病，这不仅是对个人不人道，而且是对整个社会的犯罪，因为一个由于无钱医治而死亡的传染病人会在整个地区传播恶性传染病。

　　很显然，传染病的预防和医治问题不能交给市场去解决。世界卫生组织这个国际性政府间组织的主要任务之一，就是组织和协调各国政府防范和医治各种恶性传染病。由此看来，市场

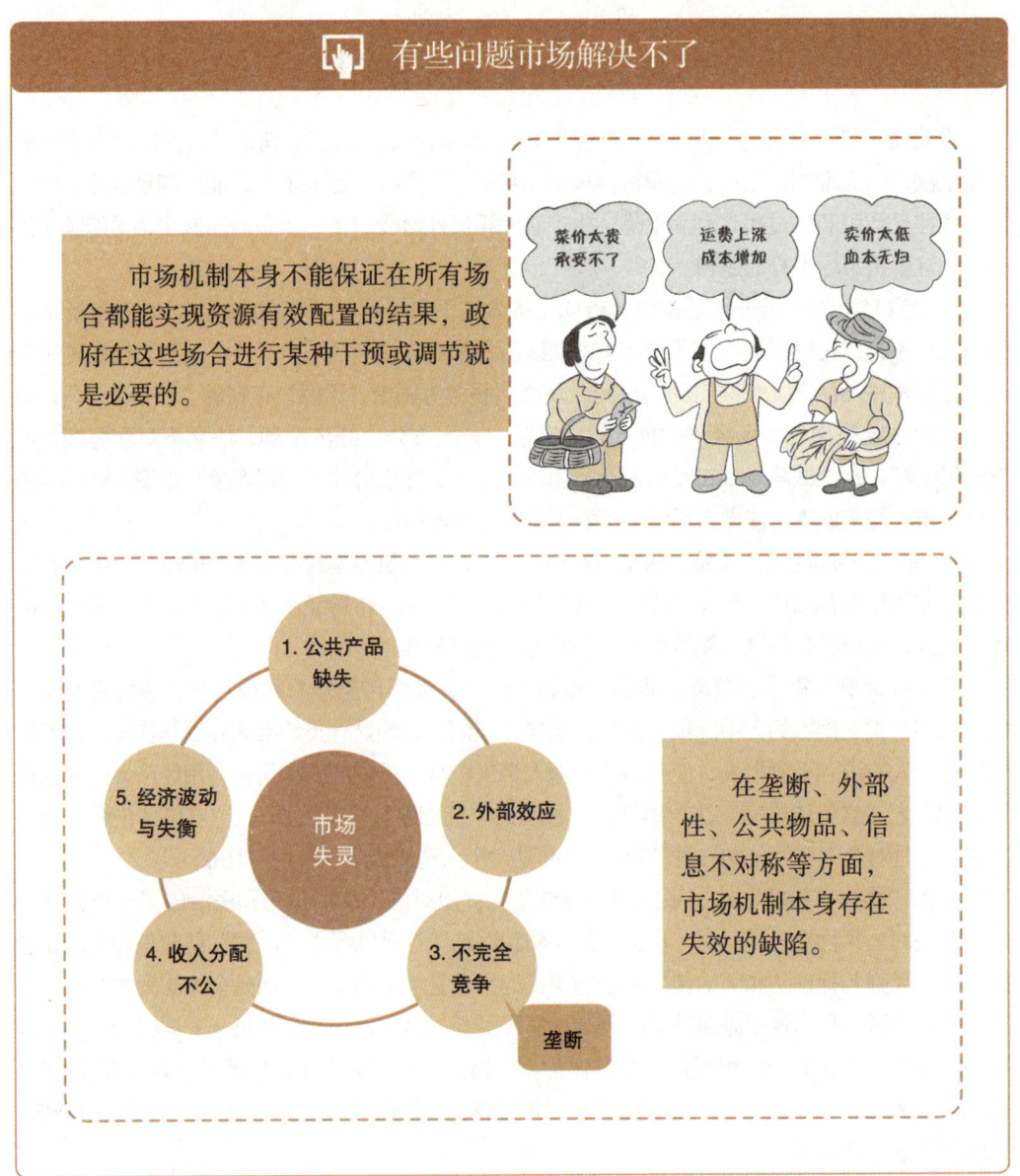

有些问题市场解决不了

市场机制本身不能保证在所有场合都能实现资源有效配置的结果，政府在这些场合进行某种干预或调节就是必要的。

1. 公共产品缺失
2. 外部效应
3. 不完全竞争——垄断
4. 收入分配不公
5. 经济波动与失衡

市场失灵

在垄断、外部性、公共物品、信息不对称等方面，市场机制本身存在失效的缺陷。

214

并不是万能的。

既然市场机制本身不能保证在一切场合都能导致资源有效配置,政府在这些场合进行某种干预就是必要的。但是,市场机制失效并不等于政府干预就有效,政府干预也同样存在一些缺陷,也可能出现非但不能有效克服市场的内在缺陷和不足,反而导致资源配置效率下降、社会资源浪费严重的情况。

人无信不立,商无信不兴

经济学非常注重诚信,"人无信不立,商无信不兴"。诚信的本义就是要诚实、诚恳、守信、有信,反对隐瞒欺诈、反对伪劣假冒、反对弄虚作假。诚信虽然归属于道德范畴,但同时也是市场经济得以运行的基石。晋商历时 500 年的成功靠的就是"诚信"两个字。八国联军进北京后,晋商在北京的票号被毁,账本库存全无,但票号对持有存单的人全部照付,不惜血本保信用。古人云:"无诚则有失,无信则招祸。"如果厂商失去诚信,不仅坑害消费者,最终也会为自己招致祸端。那些践踏诚信的人也许能得利一时,但终将作茧自缚,自食其果;那些制假售假者,或欺蒙诈骗者,则往往在得手一两次后,便会陷入绝境,导致人财两空。

诚信的巨大作用在几千年前就被我们祖先提出,在今天,诚信依旧发挥着巨大的作用。要知道,所有的商业声誉都建立在诚信的基础上。今天,由于信息传输更快、更难以捕捉,声誉也就更容易丧失,诚信比以往任何时候都更为重要。

在当今社会,诚信问题更加突出。恢复诚信,建立人与人之间的信任关系,已成为市场经济成败的关键。市场经济归根结底是以诚信为基础的。有人想能骗一次就骗一次,把十几亿中国人每人都骗一次也就够了。但是,西方有句谚语说,你能永远骗少数人,也能暂时骗所有人,但你不能永远骗所有人。

一对夫妻开了家烧酒店。丈夫是个老实人,为人真诚、热情,烧制的酒也好,人称"小茅台"。有道是"酒香不怕巷子深",一传十,十传百,酒店生意兴隆,常常供不应求。为了扩大生产规模,丈夫决定外出购买设备。临行前,他把酒店的事都交给了妻子。几天后,丈夫归来,妻子说:"我知道了做生意的秘诀。这几天我赚的钱比过去一个月挣得还多。秘诀就是,我在酒里兑了水。"丈夫给了妻子一记重重的耳光,他知道妻子这种坑害顾客的行为,将他们苦心经营的酒店的牌子砸了。"酒里兑水"的事情被顾客发现后,酒店的生意日渐冷清,最后不得不关门停业了。

如今,诚信被越来越多的人所看重。诚信是为人之道,是立身处世之本,是人与人相互交际的基础。诚实守信作为职业道德,对于一个行业来说,其基本作用是树立良好的信誉,树立起值得他人信赖的行业形象。它体现了社会承认一个行业在以往职业活动中的价值,从而影响到该行业在未来活动中的地位和作用。

在现代经济社会,即使一个企业拥有雄厚的资本实力和现代化的机器设备,有誉满全球的品牌优势,建立了很好的采购和销售网络,并且有一支高素质的员工队伍和高学历的管理者队伍，但如果它在财务报表、商品、服务上做假，欺骗客户和投资者，丢掉了信用资本，就没有银行愿意给它贷款，企业的股票、债券和商品就没有人买。合作者和客户没有了，所有物力资本和人力资本就失去了它的意义，企业必然会陷入困境，并最终在市场中消失。

诚信是社会契约的前提，道德是商业文明的基石。作为人们共同的行为准则和规范，道德是构成社会文明的重要因素，也是维系和谐人际关系、良好社会秩序的基本条件。如果诚信缺失、道德败坏、是非不分、荣辱颠倒，文明底线失守，再好的制度也无法生效，再快的发展也会出问题。

任何经济行为，如果忽视其道德价值，任由各利益主体追求自己的利益最大化，而不惜损害他人的利益，那就不仅会引发质量危机、责任危机、信用危机，更有可能导致经济生活的全面混乱，祸害整个社会。

如今，我们的经济体制有了根本性的转变，市场经济虽然趋向竞争，但它必须公平，公平就要求人们相互尊重、以诚信为本，尔虞我诈不符合这样的道德要求。市场经济价值取向有别于计划经济，它要求人们具有开拓进取精神，这种精神必须通过正当的经济活动实现，每个企业都要以诚信作为前提。

第六章
消费品：享受有差别的生活

认识消费品

消费品是指满足人们物质和文化方面消费需求的物品。市场上提供的种种有关衣食住行方面的产品或者劳务，例如家电、食品、理发等都可以称为消费品。人们通过消费品满足自身欲望的经济行为就是消费。

根据消费者的购买行为和购买习惯，消费品可以分为便利品、选购品、特殊品三类。

（1）便利品。又称日用品，是指消费者日常生活所需、须重复购买的商品，诸如粮食、饮料、肥皂、洗衣粉等。消费者在购买这类商品时，一般不愿花很多的时间比较价格和质量，愿意接受其他任何代用品。因此，便利品的生产和销售，一般具有分销的广泛性，经销网点遍布城乡各地，以便消费者能及时就近购买。

（2）选购品。指价格比便利品要贵，消费者购买时愿花较多时间对许多家商品进行比较之后才决定购买的商品，如服装、家电等。消费者在购买前，对这类商品了解不多，因而在决定购买前总是要对同一类型的产品从价格、款式、质量等方面进行比较。因此，选购品的销售网点一般都设在商业网点较多的商业区，且同类产品销售点相对集中，以便顾客进行比较和选择。

（3）特殊品。指消费者对其有特殊偏好并愿意花较多时间去购买的商品，如电视机、电冰箱、化妆品等。消费者在购买前对这些商品有了一定的认识，偏爱特定的品牌和商标，不愿接受代用品。为此，企业应注意争创名牌产品，以赢得消费者的青睐，要加强广告宣传，扩大本企业产品的知名度，同时要切实做好售后服务和维修工作。

基础消费品与人们的生活息息相关，人们每天的所吃、所穿、所用包含了各种各样的消费品。基础消费品一旦短缺，人们的生活将会陷入巨大的混乱中。

苏联解体前，基础消费品短缺的现象时有发生，甚至在一些主要人口聚居区也如此。这些商品在一些大城市偶尔得依靠配给供应，并不是每一件可以看到的商品就一定能以它们的标价买到。例如，国营商店货架上展示的商品仅仅意味着它们是用来配给的，不能随意购买。在大多数情况下，短缺就意味着空空的货架和长长的队伍。到20世纪80年代末，短缺更严重了。

□ 图解经济学

到1991年末苏联解体的时候，几乎每种食品都得配给，非配给消费品事实上已经在国营商店消失了。尽管在20世纪80年代中期出现的非国营商店已经部分缓解了消费品短缺，但非国营商店的商品价格比国营商店的要高出5~10倍，普通人无力承受。

奢侈品
必需品指人们急切所需的东西，即必须满足的人们的欲望。奢侈品指人们不是十分急切所需的东西。图中精美的糕点看上去就很可口的样子，它却不是人们生活必须满足的东西，属于奢侈品的范畴。

可以说，消费品供应的问题是造成苏联解体的重要因素。在经济发展的前提下，消费品市场上供应的各类消费品极大地提高了人们的生活水平，如今，除了基础消费品外，奢侈品消费已经越来越受到人们的消费青睐。

奢侈品在国际上被定义为"一种超出人们生存与发展需要范围的，具有独特、稀缺、珍奇等特点的消费品"，又称为非生活必需品。奢侈品从经济学上讲，指的是价值与品质的关系比值最高的产品。从另外一个角度上看，奢侈品又是指无形价值与有形价值的关系比值最高的产品。从经济意义上看，奢侈品消费实质是一种高档消费行为，本身并无褒贬之分。

简单来说，人类追求奢侈品主要有四个动机：

（1）富贵的象征。奢侈品是贵族阶层的物品，它是贵族形象的代表。如今，虽然社会民主了，但人们的"富贵观"并未改变。劳斯莱斯汽车就是贵族车的象征。

（2）看上去很好。奢侈品的高级性应当是看得见的。正因为其奢华显而易见，才能为主人带来荣耀。所以说，奢侈品理当提供更多的可见价值——让人看上去就感到好。那些购买奢侈品的人完全不是在追求实用价值，而是在追求全人类"最好"的感觉。

（3）个性化。正是因为商品的个性化，才为人们的购买创造了理由。也正因为奢侈品个性化，很不像大众品，才更显示出其尊贵的价值。

（4）距离感。作为奢侈品，必须制造出令普通百姓望洋兴叹的感觉。在市场定位上，奢侈品就是为少数"富人"服务的。因此，要维护目标顾客的优越感，就当使大众与他们产生距离感。奢侈品要不断地设置消费壁垒，拒大众消费者于千里之外。

对于人的消费而言，维持和延续人体基本生存的生活资料属于必需的消费品，如满足人体新陈代谢所需的食物、满足人们保暖的住房等。在不同的经济发展阶段，生存资料的标准与范围也不相同，随着消费水平的不断提高，必需消费品的种类不断增加、质量不断提高。满足人的高级享受需要的消费品就是奢侈消费品。在经济发展的不同阶段，奢侈消费品的内涵也不尽相同，在经济发展水平低的阶段是奢侈消费品，随着经济发展就有可能转化为必需消费品。

无处不在的替代效应

2009年岁末，一场大范围降雪使得各地的青菜价格猛地涨了不少。细心的人会发现，青菜价格是涨了，但买的人也少了。据卖菜的摊主说，虽然青菜价格涨势凶猛，但整体上还不如正常天气下卖菜赚得多。这是为什么呢？

随着鲜菜价格的大涨，精打细算的消费者们开始盯上了价格一向稳定的腌制蔬菜。"菜价涨得凶，只有腌菜价格没动。一年到头都可以吃到新鲜蔬菜，偶尔换换口味也不错。"很多消费者都这样想。于是，腌制的萝卜、雪菜、苋菜、霉干菜等，都卖得不错，风头明显超过了平时颇受青睐的新鲜蔬菜。不过，随着天气转好，鲜菜价格恢复平稳，鲜菜的销量也随之上升了，腌菜又重新回复"冷门"了。

这其实就是替代效应在发挥作用。由于一种商品价格变动而引起的商品的相对价格发生变动，从而导致消费者在保持效用不变的条件下，对商品需求量的改变，称为价格变动的替代效应。比如，你在市场买水果，一看到橙子降价了，而橘子的价格没有变化，相比之下，橘子好像变贵了，这样你往往多会买橙子而不买橘子。对于两种物品，如果一种物品价格的上升引起另一种物品需求的增加，则这两种物品被称为替代品。

替代效应在经济生活中发挥着重要的作用。

2007年3月2日，信产部发布了中国联通公司申请停止30省（自治区、直辖市）寻呼业务的公示。该文件表示，中国联通向信产部申请停止经营全网（除上海市）198/199、126/127、128/129无线寻呼服务，已经基本完成北京、天津、河北等30省（自治区、直辖市）范围内在网用户的清理和转网等善后处理工作。联通在全国范围内停止寻呼业务，预示着BP（beeper，无线寻呼）机将正式告别历史舞台，成为一个时代的背影。BP机刚出现时，价格贵得惊人，一部要几千元，而当时人们的工资一般才几百元。谁要是有一部这样的机子，是很叫人羡慕的。中国的寻呼业获得飞速发展，在20世纪90年代曾经辉煌一时，全国用户发展的增长幅度曾高达150%，用户规模一度逼近一个亿。但是繁华易逝，自1999年年底开始，随着手机的迅速普及，寻呼业进入漫长的冬天。

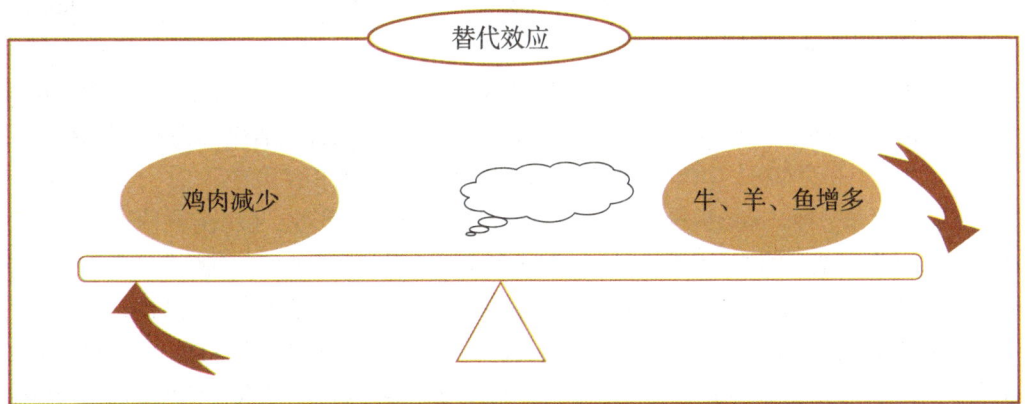

尽管寻呼企业也曾尝试转向股票、警务等专业化服务，但依然无法扭转颓势。2002年时，联通还高调接收了另一家著名的寻呼企业——润讯通讯的用户，仅广东就接纳了50万户之多。但是，兼并与重组也不能改变寻呼企业每况愈下的经营状况，寻呼业务再也没有翻身之日。

寻呼机为何只发展了短短的十几年，就从辉煌走向了衰落？从经济学角度解释，替代效应发挥了巨大的作用。人们有了更方便实用的手机，谁还会选择BP机？BP机完全被手机替代了！

替代效应在生活中非常普遍。我们日常的生活用品，大多是可以相互替代的。萝卜贵了多吃白菜，大米贵了多吃面条。一般来说，越是难以替代的物品，价格越是高昂。比如，产品的技术含量越高价格就越高，因为高技术的产品只有高技术才能完成，替代性较低，而馒头谁都会做，所以价格极低。再如艺术品价格高昂，就是因为艺术品是一种个性化极强的物品，找不到替代品。王羲之的《兰亭序》价值连城，就是因为它只有一幅。

在生活中，我们往往具有这样的智慧：当我们发现某种经常使用的消费品涨价后，通常会选择价格更为便宜的商品。

其实，在我们的工作中，替代效应也在发挥作用。那些有技术、有才能的人在企业里是香饽饽，老板见了又是加薪，又是笑脸，为什么？因为这个世界上有技术、有才能的人并不是很多，找一个能替代的人更是不容易。而普通员工，企业很容易从劳务市场上找到替代的人，中国是人力资源大国，你不愿意干，想干的人多得是。因此，对于别人的薪金比自己高，不要吃惊和不平，只要使自己具有不可替代性，自己的待遇自然会提上来。

替代效应在人们的日常生活中无处不在，我们要认识并充分利用这种效应，做一个聪明的经济人。

买得起车，却用不起油

汽油价格居高不下的时候，经常听到有人说："买得起车，用不起油啊。"这是因为，消费汽车的同时必须要消费汽油，即使汽车价格比较低，我们还要考虑汽油的价格问题。从经济学的角度来说，汽车和汽油就是互补品的关系。

商品本身的性质不同决定了它们之间存在着替代性、互补性和无关性关系，据此可将商品分为替代品、独立品、互补品。

所谓替代品是指两种商品在效用上相似并可以相互代替，消费者可以通过二者的组合来满足同一种需要，并可以通过增加一种商品的消费而减少另一种商品的消费来保持商品的组合效用不变。如肥皂和洗衣粉、牛肉和猪肉等，它们之间的关系是互相替代的。

独立品是指一种产品的销售状况不受其他产品销售变化的影响。假设存在两种产品A和B，那么，A是独立品的情形会有两种。一是A和B完全独立，不存在任何销售方面的相关关系，日光灯与空调机之间的关系就属此类；二是尽管A和B从功能上讲是独立的，但是，产品A的销售增长可能会引起产品B的销售增长，而产品B的销售变化决不会作用于产品A的销售状况。换句话说，A对B的影响关系是单向的，B不会影响A，那么A相对B而言仍是独立品。

所谓互补品是指两种商品在效用上是互相补充的,二者必须结合起来共同使用才能满足消费者的需求,也可以把这种需求叫作联合需求,即一种商品的消费必须与另一种商品的消费相配套。一般而言,某种商品的互补品价格上升,将会因为互补品需求量的下降而导致该商品需求量的下降。也就是说,两种商品必须互相配合,才能共同满足消费者的同一种需要,如照相机和胶卷。胶卷的需求量与照相机的价格有着密切关系,一般而言,照相机价格上升,胶卷的需求量就会下降,两者呈现反方向变化。所以,如果X和Y是互补品,X的需求量就与Y的价格成反向变化。

20世纪60年代初,柯达公司意欲开辟胶卷市场,它并不急于动手,因为它深知要使新开发的胶卷在市场上脱颖而出,并非易事。于是它采用发展互补品的办法,在1963年开发大众化相机,并宣布其他厂家可以仿制,一时出现了自动相机热。相机需求量的暴增,给胶卷带来广阔的市场,柯达公司乘机迅速推出胶卷,一时销路遍及全球。

为了确立DOS(磁盘操作系统)、WINDOWS(视窗操作系统)在计算机操作系统中的霸主地位,比尔·盖茨鼓励别的厂商开发DOS、

正是由于石油的稀缺性,各国对石油的争夺导致了海湾的局势不稳。图为海湾地区的海上油井。

WINDOWS上的应用程序。盖茨的这一决策促使DOS、WINDOWS相对于其他操作系统更具竞争力,用户选择的天平最终倒向了微软。最终用户和信息系统的管理者选择WINDOWS是因为他们要使用其他29997种应用软件,而许多这样的软件没有MACINTOSH(麦金塔电脑)、OS/2(Operating System 2,第二代的操作系统)的版本。应用软件是操作系统的互补产品,微软通过鼓励其他应用软件厂商开发基于此平台上的程序,大力地发展了DOS、WINDOWS的互补产品——与DOS、WINDOWS兼容的应用软件。随着此类应用软件数量的增加,微软操作系统对顾客的价值也在不断提高。这就是微软在操作系统上获得巨大成功所采用的互补品战略。

如果一个产品与其互补产品都处在成熟的市场上,互补品所产生的互补效应恐怕不那么明显。众所周知,对于消费者来说,洗衣机与洗衣粉是典型的互补产品,但今天的消费者则对两者的购买倾向于独立决策,他们对洗衣机与洗衣粉都有自己独立的品牌偏好。这时候,厂家推荐的A牌洗衣机与B牌洗衣粉组合的方案就不一定能奏效了。在一个尚未发育成熟的市场中,对产品信息了解不多的消费者占了绝大多数。企业通过广告宣传等方式强化消费者对互补产品联系的主观感知,可能确立互补产品之间的战略重要性,微软推出的互补战略就是显证。反

之，在一个较充分了解产品信息的消费者占绝大多数的成熟市场中，互补产品之间的紧密联系则较难建立。美国早期的城市电车系统就是一个很好的例子。早期的电车运营商们投入了巨额的资金来修建专门的道路网络，可让他们万万没有想到的是，虽然电车在上下班的时候客流量很大，但高峰期之外却很少会有人搭乘电车。毫无疑问，这种客流量的不均衡性大大降低了运营商们的赢利能力。为了提高非高峰期的客流量，运营商们想到了一个绝妙的主意：他们决定在市中心之外修建娱乐公园。到 1901 年，美国有超过一半的市区交通公司都修建了类似的公园。这些公园不仅增加了电车的客流量，还提高了发电机的使用率，从而大大提高了电车运营商们的资本效率。一般来说，作为互补产品有如下运作方式：

1. 捆绑式经营

以单一价格将一组不同类型但是互补的产品捆绑在一起出售，仅仅同时出售这一组产品。例如，IBM（国际商业机器公司）公司曾将计算机硬件、软件和服务支持捆在一起经营，微软公司将 OFFICE（办公软件）系列、IE（网页浏览器）探索器挂在 WINDOWS 操作系统上经营。捆绑式经营广泛地存在于商业活动中，不过人们并不总能辨识出来。例如，作为交通工具的汽车与车类的音像设备构成互补产品关系，但消费者往往将它们作为一个整体来看待。

2. 交叉补贴

通过有意识地以优惠甚至亏本的价格出售一种产品，而达到促进销售赢利更多的互补产品，以获得最大限度的利润。在"剃须刀与剃须刀片"这种涉及互补产品的战略中就用到了这样的策略。将剃须刀以成本价或接近成本价的价格出售，目的是促使顾客在将来购买更多的、利润更高的替换刀片。

3. 提供客户解决方案

从客户的实际需要着手，通过降低客户成本，如时间、金钱、精力等，增加客户从消费中获得的价值，将一组互补性的产品组合起来，为顾客提供产品"套餐"，从而达到吸引顾客、增加利润的目的。

4. 系统锁定

实施系统锁定战略的要义在于，如何联合互补产品厂商一道锁定客户，并把竞争对手挡在门外，最终达到控制行业标准的最高境界。微软是最典型的例子。80%~90% 的电脑软件商都是基于微软的操作系统（比如 WINDOWS 系列），作为一个客户，如果你想使用大部分的应用软件，你就得购买微软的产品。

不求最好，只求最贵

电影《大腕》里面有一句经典的台词：不求最好，只求最贵。这其实就是我们身边屡见不鲜的奢侈品消费现象。奢侈品消费由来已久，而且是一种普遍的社会现象。

相传法国皇帝拿破仑三世常常大摆宴席，宴请天下宾客。每次宴会，餐桌上的用具几乎全是用银制成的，唯有他自己用的那一个碗是铝制品。为什么贵为法国皇帝，不用高贵而亮丽的银碗，而用色泽暗得多的铝碗呢？原来，在差不多 200 年前的拿破仑时代，冶炼和使用金银已经有很长的历史，宫廷中的银器比比皆是。可是，在那个时候，人们才刚刚懂得从铝矾土中炼出铝来，冶炼铝的技术还非常落后，炼铝十分困难。所以，当时铝是非常稀罕的东西，不要说平民百姓用不起，就是大臣贵族也用不上。拿破仑让客人们用银餐具，偏偏自己用铝碗，就是为了显示自己的高贵和尊严。

这事要拿到现在，一定十分可笑，因为在今天，铝不仅比银便宜得多，而且光泽和性能都远远比不上银。铝之所以变得便宜，是因为后来人们发明了电解铝的技术，可以大量生产铝。铝已经非常普遍，谁还会像当年的拿破仑那样拿它来炫耀呢。不过，如今用消费品来显示自己身份的人却是越来越多。

经济学家把消费极为昂贵的产品或服务的行为称为炫耀性消费。其含义在于这种消费行为的目的不在于其实用价值，而在于炫耀自己的身份。此外，消费心理学研究也表明，商品的价格具有很好的排他作用，能够很好地显示出个人收入水平。利用收入优势，通过高价消费这种方式，高层次者常常能够有效地把自己与低层次者分开。

炫耀性消费作为一种象征性消费，包含两层含义：其一，是"消费的象征"。即借助消费者消费表达和传递某种意义和信息，包括消费者的地位、身份、个性、品位、情趣和认同。消费过程不仅是满足人的基本需要，而且也是社会表现和社会交流的过程。其二，是"象征的消费"。即消费者不仅消费商品本身，而且消费这些商品所象征的某种社会文化意义，包括消费时的心情、美感、氛围、气派和情调。

炫耀性消费是一种重要的社会经济现象，这个概念最早由凡勃伦于1899年出版的《有闲阶级论——关于制度的经济研究》一书中提出。凡勃伦认为商品可被分为两大类：非炫耀性商品和炫耀性商品。其中，非炫耀性商品只能给消费者带来物质效用，炫耀性商品则能给消费者带来虚荣效用。所谓虚荣效用，是指通过消费某种特殊的商品而受到其他

凯迪拉克的广告
经济学家把消费极为昂贵的产品或服务的行为称为炫耀性消费。其含义在于这种消费行为的目的不在于其实用价值，而在于炫耀自己的身份。

人尊敬所带来的满足感。他认为，富裕的人常常消费一些炫耀性商品来显示其拥有较多的财富或者较高的社会地位。

在金钱文化的主导下，炫耀性消费可以说遍及社会的每一个角落。炫耀性消费与商品的竞争相结合，一种是自我消费，一种是代理消费。很多人的炫耀性消费都是通过价格及品牌来表现的。如果价格下跌，炫耀性消费的效用就降低了，这种物品的需求量就会减少。比如一部价值20万的手机，现在要1万元卖给他，他也许根本都不会瞧一眼；一顿20万元的年夜饭，如果请他免费品尝，大概也会被拒绝。因为这些物品里只剩下实际使用效用，不再有炫耀性消费效用。

如今，年轻的富家子弟们正逐渐走向公众的视野，与他们父辈筚路蓝缕的创业不同，他们一出生便继承万贯家产，成为社会的一代新贵。他们中间一些人大手大脚的消费行为更为社会所诟病。名车豪宅，香槟美酒，名牌着装、饰物，大把烧钱，这些之所以会频频成为富家子弟们追求的对象，其实归根到底是其"炫富"心理在作怪。

这种炫富心理其实在普通人的日常生活中也很常见。很多时候，人们买一样东西，看中的并不完全是它的使用价值，而是希望通过这样东西显示自己的财富、地位或者其他。在成熟的市场经济中，消费者的行为是理性的，进行炫耀性消费的大多是企业家、演艺界大腕、社会名流等亿万富豪，他们有钱，进行炫耀性消费也是正常的。但是在我国，炫耀性消费增长的速度远远快于经济的增长。

实际上，炫耀并非缺点，它对我们这个社会具有很大的建设性功能：正是通过炫耀，财富才获得不断积累的动力；正是通过炫耀，一个人对财富拥有的满足才能折射到另外一个人的梦想中，并转化为一群人追求财富的动力。也就是说，从主观上讲，一个人通过炫耀获得了"追求财富并得到财富"的成就感；从客观上讲，一群人在这个人的炫耀性消费的刺激下获得追求财富的动力：有资格炫耀的人是成功的人，是拥有财富的人。

不正常的炫耀性消费所带来的损害是巨大的。当人们看重自己的财富地位、权贵身份时，就要尽其所能地炫耀和攀比，把人生的目的和意义定位在不断满足日益升级的炫耀需求上。在很多腐败案例中，一些高官为显示自己的地位和权势，大肆进行炫耀性消费，甚至为满足欲望而放弃原则和法律，进行权钱交易，贪污受贿，直至腐化堕落。

炫耀性消费不仅使大量的奢侈品生产耗资巨大，而且这些消费者又以惊人的铺张浪费将奢侈品化为废弃物。享受不了的人有条件挥霍，需要的人又没条件满足，浪费的财富只是满足了富有者的虚荣心，这无异于实际财富的低增长和社会整体福利的下降。

炫耀性消费是一种典型的非理性消费，其实，炫耀其身份不一定非得通过消费奢侈品等行为来体现，完全可以通过慈善等其他方式得以体现。

第七章
消费心理：花钱买满意

面子很值钱

《孟子·离娄下》记载了这样一个故事：

齐国有一个人，家里有一妻一妾。他每次出门后，必定是吃得饱饱地、喝得醉醺醺的才回家。他的妻子问他一起吃喝的都是些什么人，据他说全都是些有钱有势的人。

时间一长，齐人的妻子起了疑心，她就对妾说："丈夫出门，总是酒醉肉饱地回来；问他和什么人一起，他说都是些有钱有势的人，但我们从没见到什么有钱有势的人物到家里来过，我们明天偷偷跟着，看看他到底去了哪儿。"

第二天一早，齐人的妻妾便尾随着他出了门。走遍全城，没有看到一个人同齐人说过话。最后，齐人来到东郊的墓地，等祭扫坟墓的人走后，就大吃起祭品来。原来这就是齐人酒足饭饱的办法。

齐人对妻妾撒谎的原因，就在于"面子"问题。中国人在交往中很注重面子。从"给面子""留面子""死要面子活受罪"，到"打狗还看主人面""不看僧面看佛面"，类似有关面子的种种说法在人们的言语中随处可见。甚至有人说，不了解面子，就不了解中国人。

面子同时也影响了中国人的消费观。中国人很好面子：穿名牌，面子；喝茅台，面子；开靓车，面子；抽高级烟，面子。无论城市还是农村，无论过去还是现在，为了面子一掷千金，为了面子送大礼，为了面子主动或被动进行攀比消费等现象屡见不鲜。那么面子究竟是什么呢？它为什么能影响人们的日常消费行为呢？

首先，人都想追求最大的效用。这里的效用是指一个人一生的总体效用。而一个人的生活总体包括物质、精神这两个方面，因此，总效用水平来自物质产品和精神产品两个方面。面子本身属于精神产品，所以，有了面子，就直接增加了一个人的精神收益，从而也就直接增加了一个人的生活总效用水平。

其次，面子也会产生间接经济价值。面子是一个人的品牌和形象，和一般人相比，人们更乐于和有面子的人打交道，进行各种交易。在这种情况下，有面子的人就比一般人有着更多的谋利机会，并且交易成功的可能性也较大。所以，从长远看，面子本身也具有潜在的经济价

□ 图解经济学

享受美食的人们
人类的情感很复杂，我们只能从间接的方法去研究感情的结果形式，例如说物质带来的高兴或难过的情感状况。只有这种开心或难过的情感同时在一个人身上发生时，这种比较才会精确。例如图中的人们享受着美食，美食都让他们保持着愉悦的心情，但每个人之间的愉悦程度是没有办法进行比较的。

值，是为一个人带来物质收益的重要保证条件。

"面子"是中国传统文化、传统价值观、人格特征、社会文化的耻感取向共同作用的综合体。人们在穿着打扮、住宅、轿车、头衔、办公室布置等方面都会顾及面子，即不论自己是否喜欢、是否在意，都要考虑他人会怎么看自己。

比如，朋友或者熟人之间见面，顺便递上一根"中华"香烟，既是客气，也可以借此机会拉近彼此之间的感情，更让双方都觉得有面子。

"中华"香烟自从诞生之日起，其神秘的尊贵形象就备受人们的关注。"中华"香烟于1954年开始出口，受到了海外华侨和华人们的特别喜爱。最早的客户是香港德信行和澳门信中行，在20世纪60~70年代的广州出口商品交易会上，上海卷烟厂的"中华"香烟在当时更是供不应求。

此外，"中华"香烟长期作为特供商品进入外轮供应公司、友谊商店以及华侨商店。由于"中华"香烟生产数量极为有限，市场上很难买到，外宾、华侨与海员在国内购买"中华"香烟需要用外币到外轮、友谊或华侨商店购买，所以，"中华"也被称为特供烟。这些都给"中华"香烟蒙上了一层既神秘又尊贵的面纱。

在大多数中国人心目中，"中华"一直都是高端香烟中当仁不让的第一品牌。在广大消费者心目中，红色的"中华"早已不仅仅是一包香烟那么简单，它代表的更多的是一种身份、一种地位、一种荣耀、一种卓尔不群的尊贵气质。

无论是"中华",还是其他的高端烟酒品牌,它们之所以能够持续畅销,并受到消费者的特别青睐,"面子消费"无疑在当中起到了重大驱动作用。

价格低于预期的购买喜悦

在一场纪念猫王的小型拍卖会上,有一张绝版的猫王专辑在拍卖,小秦、小文、老李、阿俊四个猫王迷同时出现。他们每一个人都想拥有这张专辑,但每个人愿意为此付出的价格都有限。小秦的支付意愿为100元,小文为80元,老李愿意出70元,阿俊只想出50元。

拍卖会开始了,拍卖者首先将最低价格定为20元,开始叫价。由于每个人都非常想要这张专辑,并且每个人愿意出的价格都远远高于20元,于是价格很快上升。当价格达到50元时,阿俊不再参与竞拍。当专辑价格再次提升为70元时,老李退出了竞拍。最后,当小秦愿意出81元时,竞拍结束了,因为小文也不愿意出高于80元的价格购买这张专辑。那么,小秦究竟从这张专辑中得到了什么利益呢?实际上,小秦愿意为这张专辑支付100元,但他最终只为此支付了81元,比预期节省了19元。

这节省出来的19元就是小秦的消费者剩余。消费者剩余是一种主观评价,这种主观评价表现为他愿意为这种物品支付的最高价格,即需求价格。决定这种需求价格的主要有两个因素:一是消费者满足程度的高低,即效用的大小;二是与其他同类物品所带来的效用和价格的比较。

消费者剩余是指消费者购买某种商品时,所愿支付的价格与实际支付的价格之间的差额。在西方经济学中,这一概念是马歇尔提出来的,他在《经济学原理》中为消费者剩余下了这样的定义:"一个人对一物所付的价格,绝不会超过,而且也很少达到他宁愿支付而不愿得不到此物的价格。因此,他从购买此物所得的满足,通常超过他因付出此物的代价而放弃的满足,这样,他就从这种购买中得到一种满足的剩余。他宁愿付出而不愿得不到此物的价格,超过他实际付出的价格的部分,是这种剩余满足的经济衡量。这个部分可以称为消费者剩余。"

消费者愿意出的最高价格并不一定等于供求双方决定的市场价格。消费者剩余可以用下列公式来表示:

消费者剩余 = 买者的评价 – 买者的实际支付

也就是说,人们希望以一个期望的价格购买某商品,如果人们在消费时实际花费的金钱比预期的花费低,人们就会从购物中获得乐趣,

商品价格的稳定
图中是摆在竞拍台上的商品,主持人正在介绍这些商品。当遭遇经济危机时,某个行业的重整旗鼓和各个行业的信心重建一般都是同时发生的。当商人认为物价不会继续下降时,工业就开始复苏,随着工业的复苏,物价就开始上涨了。

仿佛无形中获得了一笔意外的财富；相反，如果商品的价格高于他的预期价格，他就会放弃购买行为。

在南北朝时，有个叫吕僧珍的人，世代居住在广陵地区。他为人正直，很有智谋和胆略，因此受到人们的尊敬和爱戴，而且远近闻名。因为吕僧珍的品德高尚，人们都愿意和他接近和交谈。同时代有一个名叫宋季雅的官员，被罢免南郡太守后，由于仰慕吕僧珍的名声，特地买下吕僧珍宅屋旁的一幢普通的房子，与吕为邻。一天吕僧珍问宋季雅："你花多少钱买这幢房子？"宋季雅回答："1100金。"吕僧珍听了大吃一惊："怎么这么贵？"宋季雅笑着回答说："我用100金买房屋，用1000金买个好邻居。"

这就是后来人们常说的"千金买邻"的典故，"1100金"的价钱买一幢普通的房子，相信任何一个经济人都不会做出如此选择。但是宋季雅却认为很值得，因为其中的"1000金"是专门用来"买邻"的。

一般来说，在购买商品时，每个购买者都希望以低于自己支付意愿的价格买到商品，而拒绝以高于支付意愿的价格购买该商品。而宋季雅之所以愿意出"1100金"购买与吕僧珍毗邻的房屋，是因为"1100金"仍在自己可接受的价格范围内。

在日常生活中，消费者剩余可以用来衡量消费者购买并消费某种物品或劳务所得到的经济福利的大小。消费者购买和消费物品或劳务是为了得到经济福利，一种物品或劳务给消费者带来的消费者剩余越大，即市场价格越低于消费者愿意出的最高价格，消费者就越愿意购买；反之，如果市场价格高于消费者愿意出的最高价格，那么消费者就会认为购买该物品或劳务不值得，或者说消费者剩余为负数，那么消费者就不会购买。

在市场经济中，很多商家为了让自己赚取更多的利润，会尽量让消费者剩余成为正数，于是采取薄利多销的销售策略，以此来吸引更多的消费者前来购买商品。但是有很多时候，我们会发现一种非常奇怪的现象，你在高档的精品屋里打7折买来的东西，却与一般的商场里该商品的全价差不多。因为你被打折的手法诱惑了，你只获得了过多的消费者剩余——心理的满足，而付出的是自己的真金白银。

商家想方设法把消费者剩余转化为利润的例子在日常生活中比比皆是，当你在水果摊看到刚上市的荔枝时，新鲜饱满的荔枝激起了你强烈的购买欲望，并且这种欲望溢于言表。卖水果的人看到你看中了他的荔枝，他会考虑以较高的价格卖给你。其实，你对荔枝的较强的购买欲望，表明你愿意支付更高的价格，从而有更多的消费者剩余。所以，当你询问价格的时候，他会故意提高价格，由于你的消费者剩余较多，对这个价格还挺满意，就会毫不犹豫地把荔枝买下来。结果，你的消费者剩余就转化为水果摊主的利润了。

这个例子告诉我们，在购买商品时应该如何维护自身利益的一些经验，比如，当我们想购买某种商品时，不要眼睛直勾勾地看着这件商品，不妨表现出无所谓的态度，甚至表现出对该商品的"不满"，这样，商家以为你不太想买，就不敢提高价格。

满意是可以衡量的

斯宾诺的西装里经常装着大量的发票及各式收据。一次洗衣服时，西装口袋里有一张数额不菲的支票被洗了，等到发现时，支票已经残损不堪。这张支票足以让他破产。当他听说英国银行新提供了一种服务，能将破损的支票还原。尽管斯宾诺对这种服务并不抱太大期望，他还是走进了银行。经过一番鉴定后，支票被还原了，斯宾诺得到了全部的钱。当银行的服务员让他为自己的服务打分时，斯宾诺毫不犹豫地给出了"非常满意"！

在这个故事里，当斯宾诺听说银行有恢复残损支票的服务时，我们可以假定他对银行服务的预期评价为30（假定顾客评价100时为满意），而当他得到全额的还款时，现实就远远超出了自己的预期，他不仅对此感到满意，甚至还很激动，则我们可以假定他的实际效果评价为120。通过这样的数值表示，我们就能很清楚地看到斯宾诺的满意程度。

在消费经济学中，有个消费预期的概念。消费预期是消费主体在对市场和经济状况做出判断情况下的消费倾向，也就是消费者在购买产品之前对厂商提供的产品和服务的价值判断。而消费者的预期价值和他们在实际消费过程中的感知价值所形成的差距直接影响了消费者的满意度。并且消费者的预期价值直接决定了顾客需求的现状和趋势，影响了他们的购买决策。

一般来说，消费者在使用商品（包括有形产品和服务）以后，会根据自己的消费经验，对商品做出一个自我评价，并在此评价的基础上形成对该产品的态度，即是否感到满意。生活中还存在着这样一个公式：满意 = 实际效果 > 预期。也就是说，对于我们来说，在购买和接受服务之前，都会预先设想到我们应该会有怎样一个体会，也就是说有了一个期望值。自然而然地，在体验产品和服务时，顾客就会产生一个实际的效果感受。倘若这些效果远远低于客户的期望值，那么客户心理就会亮起不满意的红灯；如果实际效果与期望值差不多，客户会感觉到一般满意；如果实际效果超过了期望值，甚至带来惊喜，客户就会非常满意。

实际上，人总是根据预期来做出决策的，而这种预期往往并不一定就说得上是理性的。比如我们在菜名前加一点异国情调、时髦的词语，如"墨西哥辣椒杧果酱"或"北美草原水牛肉"等，这些描述会引导我们对该菜肴抱有非常大的期望，这种心理暗示往往会让我们觉得这些"杧果酱"和"牛肉"确实好于平常吃的杧果酱和牛肉。当

然，预期的影响力并不局限于饮食。如果请朋友看电影，你事先告诉他评论家们对该片评价如何高，他们就会更喜欢这部影片。

在现实生活中，人们的预期具有特殊的引导作用，能隐蔽地发射一种能量，让被预期者朝着预期的方向行进或改变。也可以说，预期是一种带有暗示性的软性指令。

消费预期容易形成一种成见。在美国曾经有一则"百事挑战"的电视广告，广告里任意挑选顾客，请他们品尝可口可乐和百事可乐，然后让他们当场说明喜欢哪一种。结果当然是百事可乐超过可口可乐。同时，可口可乐的广告表明人们对可口可乐的偏爱超过百事可乐。事实上，两家公司对他们的产品采用了不同的评估方式。据说可口可乐公司采用的是让消费者根据偏好公开挑选，而百事可乐采取的挑战方式则是让参与者蒙起眼睛，在两种可乐中品尝打分。难道说百事可乐在"盲目"测试中味道较好，而可口可乐在"可见"测试中味道较优？实际上，多年来可口可乐在广告、品牌上已经占据了优势，人们对可口可乐的预期已经让人们产生了一种成见：可口可乐比百事可乐好喝。其实，这就如同我们看到老年人用电脑，就会想到他不会上QQ，看到清华学生就想到他们一定很聪明一样。成见为我们提供了特定的预期，也可能对我们的认识与行为有不利的影响。

预期具有非凡的作用，它能让人们在嘈杂的房间里聊天，虽然不时地有词听不清，但仍然可以正确理解对方说的是什么。有时手机信息上出现一些乱码，我们也照样能读懂它的意思。尽管预期有时候让人显得很傻，但却是用途多多。

很多人也许有这样的体验：冬天感冒，在小店买的感冒药吃了不见好，大药房的高价药吃了就觉得畅快；患哮喘病，普通药品总不见效，著名厂家刚上市的新药一定能药到病除。换句话说，事关自己的身体健康，你还会对这些讨价还价吗？普通感冒先放下不说，如果到了性命攸关的时刻，还有多少人会锱铢必较呢？我们会为自己、为孩子、为亲人竭尽全力，花多少钱都在所不惜，一定要选择最好的药。为什么会选择价格高的药品呢？这是因为我们对价格高的药品治愈疾病有较高的期望。通过美国的行为经济学家丹·艾瑞里所做的实验得知，一分钱，一分货，付多少钱，就有多大疗效。说到底，这种非理性行为的背后其实蕴藏着心理预期的作用。

如果某种商品在价格上打了折扣，得到的东西注定就差吗？如果我们依赖自己非理性的直觉，就会这样认为。如果我们看到半价商品，我们本能地断定它的质量比全价的差——事实上是我们把它看得差了，它就真的差了。怎么纠正呢？如果我们定下心来，理性地拿产品与价格做一番比较，就能克服那种无意识的冲动，不再把产品的销售价格与内在质量挂钩了。

花钱如流水，都是冲动的错

有一天，尼克在超市里看到一个女人带着一个3岁大的小女孩在购物，小女孩坐在购物车里。

当她们经过糕饼部时，小女孩要曲奇饼，妈妈说："不买。"小女孩马上开始哼哼唧唧的，妈妈却平静地说："好了好了，莫尼卡。再过一半的路程就到了。别不开心了，不会太远。"

过了一会儿，她们走到糖果部，小女孩开始大声叫着要糖果。当妈妈又拒绝她的时候，她哭了起来。妈妈说："快了快了，莫尼卡，别哭了，再走两步就到出口了。"

她们终于来到了结账处，小女孩马上开始高声叫嚷着要口香糖。妈妈还是摇头，小女孩大发脾气，一阵狂号。妈妈心平气和地说："莫尼卡，再等5分钟，给了钱后，你很快就到家了，然后你就可以睡个好觉了。"

尼克跟在那个妈妈的后面，走到巴士站的时候，向她点点头，称赞她说："你对小莫尼卡真够耐心的。""噢，"她回答道，"我是莫尼卡，我女儿的名字是谭美。"

因为要避免冲动消费，这位妈妈不得不用自言自语来克制自己的消费欲望。

冲动型消费指在某种急切的购买心理的支配下，仅凭直观感觉与情绪就决定购买商品。在冲动型消费者身上，个人消费的情感因素超出认知与意志因素的制约，容易受商品（特别是时尚潮流商品）外观和广告宣传的影响。冲动型消费一般分为以下几种类型：

1. 纯冲动型。顾客事先完全无购买愿望，没有经过正常的消费决策过程，临时决定购买。购买时完全背离对商品和商标的正常选择，是一种突发性的行为，出于心理反应或情感冲动而"一时兴起"或"心血来潮"，或是"图新奇""求变化"。

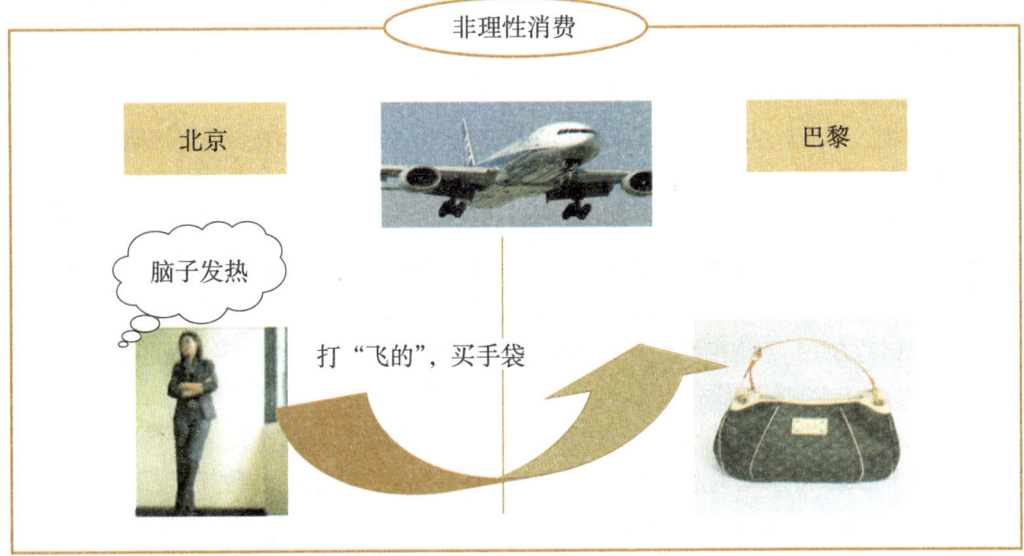

2. 刺激冲动型。顾客在购物现场见到某种产品或某些广告宣传、营业推广，提示或激起顾客尚未满足的消费需求，从而引起消费欲望，而决定购买，是购物现场刺激的结果。

3. 计划冲动型。顾客具有某种购买需求，但没有确定购买地点和时间。如得知某超市要让利销售，专门到该超市购物，但没有具体的购物清单，即买"便宜货"是有计划的，买何种"便宜货"则是冲动的。

女性无疑是冲动型消费的主力军。日本一个专门研究消费者形态的机构有一个统计，女性冲动性购买的比率为34.9%。换句话说，每三个女性消费者里面，就有一个是冲动型购买者。女性的非理性消费彻底颠覆了经济学家所能预测的消费模式，常常可以看到这样的现象，她们在进入超市之前做了周密的购物计划，但依然买回不少自己喜欢却并不实用，甚至根本用不上的商品。

有人说，女人的钱是最好赚的。一个女人可以在冲动之下专程打"飞的"去扫荡名牌，也可以一时兴起买下上万的穿不上几次的衣服。经济学家说，女人们的这种消费轨迹无法琢磨，因为没有一丝规律可循。

所以，琢磨女人的消费动态，就成了难以完成的任务，她们消费的理由林林总总，总是不乏借口。但困扰经济学家们的问题是——女性为什么倾向于非理性消费？

英国心理学家研究发现，女性在月经周期最后10天左右更容易产生购物冲动。女性所处月经周期越靠后，她们超支的可能性越大，在花钱方面更不节制、更冲动，超支金额更多。

"我被购物冲动抓住，如果不买东西，我就感觉焦虑，如同不能呼吸一般。这听起来很荒唐，但这事每个月都在发生。"一位参与这项科学研究的女性这样说。

科学家认为，女性月经周期中体内荷尔蒙的变化容易引起不良情绪，如抑郁、压力感和生气。她们感到非常有压力或沮丧时，容易选择购物这一方式来调节情绪。对许多女性而言，购物成为一种"情感上的习惯"。她们不是因为需要而购买商品，而是为了享受购物带来的兴奋感。

研究同时发现，不少女性会为冲动购物感到懊悔。以大学生塞利娜·哈尔为例，她平素习惯穿平跟鞋，但一时兴起想买高跟鞋，于是一口气买下好几款颜色不同的高跟鞋。然而，没过多久，她就不喜欢这些新鞋，不愿再穿了。

科学家说，如果女性担心自己的购物行为缺乏理性，她们应该避免在月经周期后期购物，她们应考虑干点别的，而不是去逛街。

女性容易受到情绪因素的影响，是心理更不成熟、更为脆弱的群体，女性中最常见的就是情绪化消费。据统计，有50%以上的女性在发了工资后会增加逛街的次数，40%以上的女性在极端情绪（心情不好或者心情非常好）下，会增加逛街的次数。可见，购物消费是女性缓解压力、平衡情绪的方法，不论花了多少钱，只要能调整好心情，80%左右的人都认为值得。这也可以佐证上文中科学家们的研究成果。

当然，冲动型消费还容易受到人为气氛的影响。当消费者光顾的门店在进行商品促销的时候，往往能够激发消费者的购物冲动。对于某些商品来说，可能消费者处于可买可不买的边缘，但促销折扣，往往能够引起消费者的购物冲动。

事实上，冲动型消费者不仅仅只是女性，每个人都有冲动消费的倾向。在消费者最容易冲动购物的商品类别上，男女是有区别的，男性一般青睐高技术、新发明的产品，而女性在服装鞋帽上很难克制自己的购物欲望。

那么，避免冲动性消费有哪些好办法呢？

1. 让钱包喘口气。在挑选商品和付款之间暂停一下，这时你会回到更加理性的状态。

2. 少用信用卡。接触到信用卡时，就像饥饿的人闻到烤面包的味道，让你感到不得不挥霍，以满足自己的欲望。

3. 忽略品牌。名牌煞费苦心地让人们认可它，使人相信购买它非常值得，尽管这些商品的品质常常很普通。

4. 别和朋友一起购物。和朋友购物会改变自己的习惯，购买更贵的食物和衣服。最好和家人一起购物。

5. 警惕特别优惠的商品。当看到特别优惠的商品时，你会变得失去理性，认为自己非常幸运，于是买了一堆不需要的东西。

冲动型消费其实是一种感性消费，而作为理性人的我们，应该时刻谨记"冲动是魔鬼"，并能控制随兴而起的"购物冲动"，做到有计划、有目标的购物，只有这样才能尽量减少自己的购物"后悔感"，做真正的理性的人！

不做出头鸟，永远不吃亏

羊群是一种很散乱的组织，平时在一起也是盲目地左冲右撞，但一旦有一只头羊动起来，其他的羊也会不假思索地一哄而上，全然不顾前面可能有狼或者不远处有更好的草。比如在一群羊前面横放一根木棍，第一只羊跳了过去，第二只、第三只也会跟着跳过去；这时，把那根棍子撤走，后面的羊，走到这里，仍然像前面的羊一样，向上跳一下，尽管拦路的棍子已经不在了，这就是所谓的"羊群效应"。

"羊群效应"比喻人都有一种从众心理，也形象地概括了人们的盲目消费行为。比如，购物时喜欢到人多的商店；选择品牌时，偏向那些市场占有率高的品牌；选择旅游点时，偏向热点城市和热点线路。

从众是人们自觉或不自觉地以某种集团规范或多数人的意见为准则，做出社会判断、改变态度的现象，也就是多数人怎么看、怎么说，就跟着怎么看、跟着怎么说；别人穿什么、做什么，自己也跟着穿什么、做什么。有一则笑话这样描述人们的从众行为：

小欧一日闲逛于街头，忽见一长队绵延，赶紧站到队后排队，唯恐错过购买好东西的机会。好不容易等到队伍拐过墙角，才发现大家原来是在排队上厕所。

从众是大众都容易犯的病。"羊群效应"告诉我们，许多时候，并不是谚语说的那样——群众的眼睛是雪亮的。在市场中的普通大众，往往容易丧失基本判断力。一见别人排队买东西，就以为是有便宜可

超市里的降价商品
图中是超市里的部分降价商品，大部分都是玩具。商品市场价格的波动，取决于市场需求与市场上商品供给数量之间的关系。商品价格下降，对不同的人会产生不同的影响。

占，不管三七二十一，就加入进去。一见别人都夸这东西好，仿佛千载难逢，也赶快掏腰包，生怕错过机会。这种现象我们早已司空见惯了。报纸上不时揭露的不法商家雇"托儿"的卑劣手段，就是诱使人从众以使其上当的最好注脚。

消费是否应该从众，要做具体分析。从众性强的人独立性差，缺乏主见，易受暗示，容易不加分析地接受别人的意见并付诸实行。一般而言，从众所造成的结果无非有三种：一种情况是别人吃亏。这时由于"我"与别人采取了一样的行为，所以"我"也跟着吃亏。但这种情况对"我"造成的结果是虽然改变了"我"在社会中的绝对位置，但对"我"的相对位置影响并不大，因为别人吃了亏。另一种情况是别人占便宜。这时对"我"而言，由于"我"采取了与别人同样的行为，所以，"我"也会跟着占便宜。这种情况对"我"造成的结果是虽然相对位置变化不大，但绝对位置提升了。第三种情况是别人既不吃亏也不占便宜。这种情况对从众的个人而言，其结果是既不会改变社会的绝对位置，也不会改变社会的相对位置。上述三种情况总体的结论是从众的选择对个人的行为目的而言，总体上呈现一定的理性原则，并非都是非理性特征。

由于任何人都是自我利益的最佳判断者和最佳追求者。所以，某人从事某种行为，肯定符合某人的效用最大化法则。既然别人的行为都是对自己负责，所以"我"模仿别人的行为很大可能是对自己有利的，除非别人是傻瓜，而这种可能性又是较小的。此外，从众使个人减少了信息搜寻成本。任何人在从事某一行动前，总得付出一些信息成本，包括时间和金钱等方面。决断本身就需要时间，在情况不明的条件下，用于决断的时间就会相应较长。对于一些优柔寡断者，更是如此；但对一些果断者，相应用时就会少些，但此时有可能会造成较大失误。要进行正确决断，就得搜集信息，并且搜集的信息越多就越有利于决策。但搜集信息需要付出成本，这时，其他人的行为选择本身就构成了一条重要的信息。

值得注意的是，在对商品了解较多，并有客观判断标准的情况下，很少有从众行为；商品信息模糊时，容易产生从众行为。对每个消费者来说，是否会产生从众行为还与其个性因素有密切关系，依赖性强、缺乏自信、易受暗示、知识面窄的消费者更容易产生从众行为。在现有的信息条件下，人们通过模仿领头羊的行为以期达到自己的预期目的。虽然预期希望常常不能如愿以偿，但是在做出这个选择之前，人们有一种理性的预期希望。

因此，对待消费从众行为要辩证地看。在特定的条件下，由于没有足够的信息或者搜集不到准确的信息，从众行为是很难避免的。通过模仿他人的行为来选择策略并无大碍，有时模仿策略还可以有效地避免风险和取得进步。因为人们生活于社会之中，从社会联系的意义来看，群体构成了人类社会的生活基础，每个人都是一定社会群体的成员。群体的内聚力来自对其成员的感召力和组织力。因此当群体代表进步潮流时，个人服从组织，做出从众行为，这是应该的。但是由于从众心理是一种缺乏自信和主见的盲从和向压力屈服的心理状态，而不是自觉的、有明确目的的对外界事物的反映，一味盲目地从众，会打击一个人的积极性并扼杀其创造力，所以应尽可能克服这种心理。

你对价格敏感吗

日常生活中，如果仔细观察货架上的价格标签，不难发现，商品的价格极少取整，且多以 8 或 9 结尾。比如，一瓶洗发水标价 22.1 元、一袋绿色鲜豆浆标价 0.8 元、一台笔记本电脑标价 8999 元……不禁令人不解，如果采取像 22 元、1 元、9000 元这样的整数价格容易让人记住并便于比较，收银台汇总几件商品价格的时候更加便捷，也不用找零。

其实这样的定价策略就是尾数定价策略。尾数定价是指利用消费者感觉整数与比它相差很小的带尾数的数字相差很大的心理，将价格故意定成带尾数的数字以吸引消费者购买的策略。目前这种定价策略已被商家广泛应用，从国外的家乐福、沃尔玛到国内的华联、大型百货商场，从生活日用品到家电、汽车都采用尾数定价策略。

西方主流经济学的一个基本假设是，经济活动中的人都是理性人，任何行为都是追求效用最大化。但是现实生活中，消费者并非完全理性，而且很多情况下显得非常不理性，仅仅是价格尾数的微小差别，就能明显影响其购买行为。当人们的行为变得不再理性，这种条件下，将关系到另一门经济学科——行为经济学。心理学家的研究表明，价格尾数的微小差别，能够明显影响消费者的购买行为。在西方国家，许多零售商利用这一心理特点来为商品定价。在美国市场上，食品零售价格尾数为 9 的最普遍，尾数为 5 的价格的普遍程度仅次于尾数为 9 的价格。据调查，尾数为 9 和 5 的价格共占 80% 以上。近年来，随着我国经济的发展，许多企业也逐渐采用这一定价策略。

"尾数定价"利用消费者求廉的心理，制定非整数价格，使消费者在心理上有一种该商品便宜的感觉；或者是价格尾数取吉利数，从而激起消费者的购买欲望，促进商品销售。

尾数定价为什么会产生如此的特殊效果呢？其原因主要表现在：

1. 便宜

标价 99.95 元的商品和 100.05 元的商品，虽然仅差 0.1 元，但前者给消费者的感觉是还不到"100 元"，而后者却使人产生"100 多"的想法，因此前者可以使消费者认为商品价格低、便宜，更易于接受。

2. 精确

带有尾数的价格会使消费者认为企业定价是非常认真、精确的，连零头都算得清清楚楚，进而会对商家或企业的产品产生一种信任感。

3. 吉利

由于民族习惯、社会风俗、文化传统和价值观念的影响，某些特殊数字常常会被赋予一些独特的含义，企业在定价时如果能加以巧用，其产品就会因此而得到消费者的偏爱。例如，"8"字作为价格尾数在我国南方和港澳地区比较流行，人们认为"8"即"发"，有吉祥如意的意味，因此企业经常采用。如果经营者将孕妇内衣定价 148 元，销售效果就会比定价 150 元更好。又如"4"在中国及"13"在西方国家，被人们视为不吉利的数字，因此企业在定价时应有意识地避开，以免引起消费者对企业产品的反感。

但尾数定价也并不是适宜所有的商家。超市、便利店等以中低收入群体为目标顾客、经营

□ 图解经济学

人们的决定与剩余索取权有关

　　排队买东西的人多是非常常见的现象，为什么有些地方在积极改善这一问题，有的地方却熟视无睹呢？下面就从剩余索取权的方面进行分析：

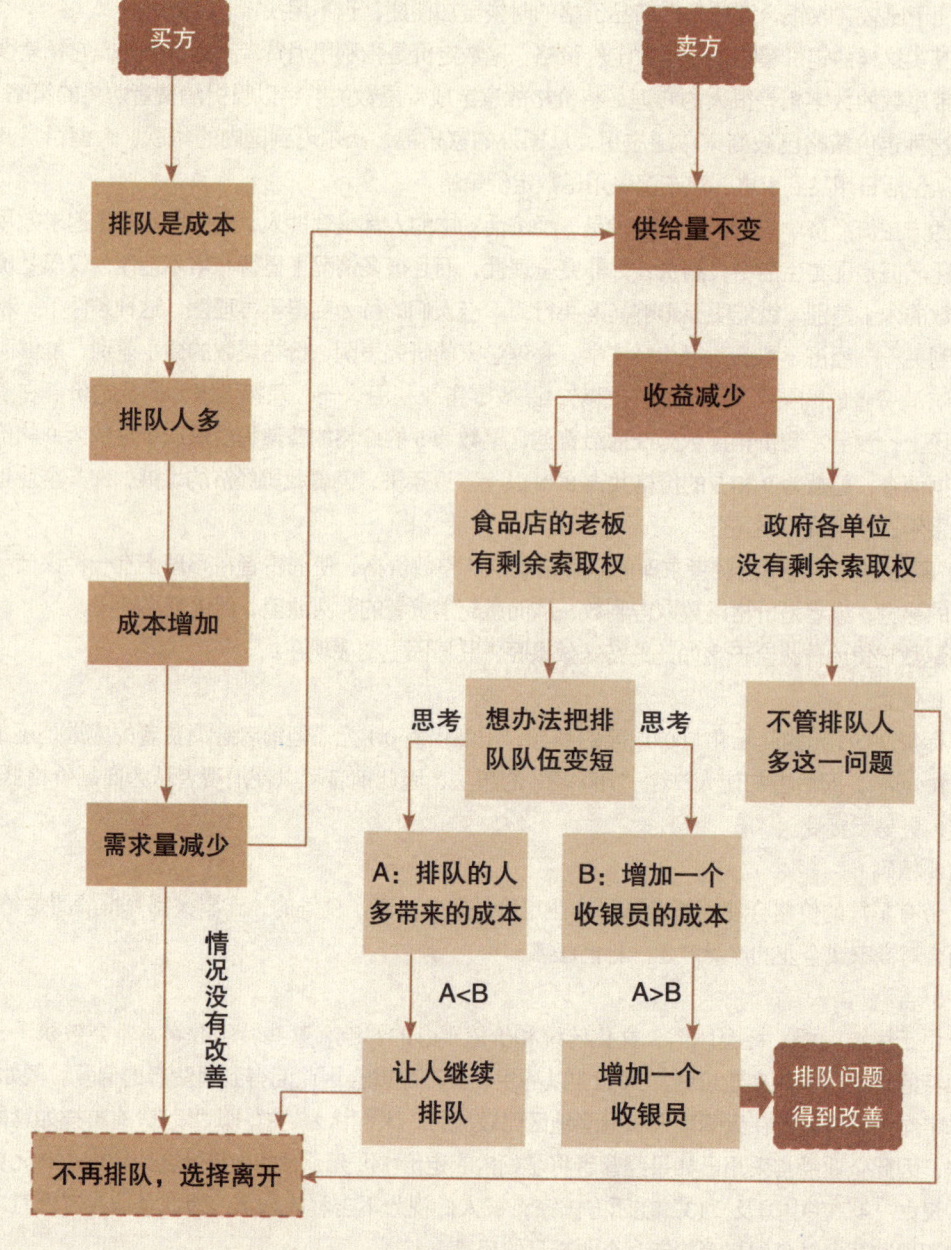

日常用品的商家适合采用尾数定价策略，而以中高收入群体为目标顾客、经营高档消费品的大商场、大百货不适合采用尾数定价法，而应该用声望定价策略。

超市、便利店的市场定位决定其适用尾数定价策略。超市经营的商品以日用品为主，其目标顾客多为工薪阶层，其消费动机的核心是"便宜"和"低档"。人们进超市买东西，尤其是大超市，如沃尔玛、家乐福、华联多是图价格低廉和品种齐全，而且人们多数是周末一次把一周所需的日用品购全，这样就使商家在定价方面具有一定灵活性，其中尾数定价策略是应用较广泛而且效果比较好的一种定价法。因为尾数定价不仅意味着给消费者找零，也意味着给消费者更多的优惠，在心理上满足了顾客的需要，即价格低廉，而超市中的商品价格没有特别高的，基本都是千元以下，而且以几十元的居多，因此顾客很容易产生冲动性购买，这样就可以扩大销售额。

大型百货商场应以城市中高收入阶层为目标市场。在购物环境、经营范围、特色服务等方面展现自己的个性，力争在目标消费者心中树立"高档名牌商店"的形象，以此来巩固自己的市场位置。大型百货商场应采用声望定价策略。声望定价策略是指利用消费者仰慕名牌商品或名店的声望所产生的某种心理来制定商品的价格。消费者具有崇尚名牌的心理，往往以价格判断产品的质量，认为价高质必优。这种定价策略既补偿了提供优质产品或劳务的企业的必要耗费，也有利于满足不同层次的消费需求。

据有关资料介绍，我国消费者中有较强经济实力的虽然相对比例不大，但其所拥有的财富比例却占了绝大多数，这部分人群消费追求品位，不在乎价格。倘若买5000元的西装他们会很有成就感，而商场偏要采用尾数定价策略，找给他们几枚硬币，就有点不合时宜了。

如今尾数定价在商场中过多、过频使用的现象刺激消费者产生了逆反心理，如由原来的尾数定价给人定价准确、便宜很多的感觉，变成定价不准确、不便宜，甚至是商家在有意识地利用人们的心理，进而产生对企业定价行为不信任的心理。

在我国目前现有的主要零售业态形式中，都可以看到类似的尾数心理价格的影子。不仅包括超市的大量日常用品，而且包括百货商店的服装、家用电器、手机等。如果从价格形式上不加区分地采用技法雷同的尾数价格，必然混淆各种业态之间的经营定位，模糊业态之间的经营特色，不利于商家发挥先进零售业态的优势，实现企业快速发展的目标。

商品必须符合你的档次

18世纪，欧洲掀起了一场轰轰烈烈的启蒙运动，法国人丹尼·狄德罗正是这场运动的代表人物之一。他才华横溢，不但编撰了世界上第一部《百科全书》，还在文学、艺术、哲学等诸多领域做出了卓越贡献，是当时赫赫有名的思想巨人。

有一天，一位朋友送给狄德罗一件质地精良、做工考究、图案高雅的酒红色长袍，狄德罗非常喜欢。于是，他马上将旧的长袍丢弃了，穿上了新长袍。可是不久之后，他就产生了烦恼。因为当他穿着华贵的长袍在书房里踱来踱去时，越发觉得那张自己用了好久的办公桌破旧不堪，而且风格也与长袍不搭。于是，狄德罗叫来了仆人，让他去市场上买一张与新长袍相搭配的新办公桌。当办公桌买来之后，狄德罗神气十足地看着自己的新书房。可是他马上发现了

□ 图解经济学

新的问题：书房墙上的挂毯针脚粗得吓人，与新的办公桌不配套！

狄德罗马上打发仆人买来了新挂毯。可是，没过多久，他又发现椅子、雕像、书架、闹钟等摆设都显得与挂上新挂毯后的房间不协调，需要更换。慢慢地，旧物件挨个都更新完了，狄德罗得到了一个神气十足的书房。

这时，这位哲人突然发现"自己居然被一件长袍胁迫了"，更换了那么多他原本无意更换的东西。于是，狄德罗十分后悔自己丢弃了旧长袍。他还把这种感觉写成了一篇文章，题目就叫《丢掉旧长袍之后的烦恼》。

整整过了200年之后，在1988年，美国人格兰特·麦克莱肯读了这篇文章，感慨颇多。他认为这一个案例具有典型意义，集中揭示了消费品之间的协调统一的文化现象，并借用狄德罗的名义，将这一类现象概括为"狄德罗效应"，也称为配套效应。1998年，美国哈佛大学的一位女经济学家朱丽叶·施罗尔出版了《过度消费的美国人》，在这本畅销书中对这种新长袍导致新书房、新领带导致新西装的攀升消费模式进行了详细分析。此后，配套效应引起了越来越多人的关注，而且被运用到社会生活的各个方面。

在人们的观念里，高雅的长袍是富贵的象征，应该与高档的家具、华贵的地毯、豪华的住宅相配套，否则就会使主人感到"很不舒服"。这种"配套效应"在事物的联系中为整个事物的发展提供了动因，从而促进了周围事物的变化发展和更新。

狄德罗效应在生活中可谓屡见不鲜。在服饰消费中，人们会重视帽子、围巾、上衣、裤子、袜子、鞋子、首饰、手表等物品之间在色彩和款式上的相互搭配。在装修时，我们会注重家具、灯具、厨具、地板、电器、艺术品和整体风格之间的和谐统一。这些都是为了实现"配

日本新娘出嫁时的陪嫁品。

套",达到一种和谐。

生产厂家和商场可谓最善于利用这种配套效应了。配套效应的核心并不在于那件新长袍的风格样式,而在于它所象征的一种生活方式,后面的一切都是为了这种生活方式的完整构成而被迫选择的。所以,厂家和商家往往会想方设法,利用这一效应来推销自己的商品。他们会告诉你这些商品是如何与你的气质相配,如何符合你的档次,等等。总之一句话,它们都是你不能不拥有的"狄德罗商品"。比方说,劳力士手表和宝马汽车都宣称自己是成功和地位的标志,所以如果你拥有了一块劳力士手表,那么你就应该考虑以宝马代步,这样才不会失掉自己的"面子"。

现如今,我们已经不太能够听到"三大件"这个词了。不过几十年前,这个词的出现频率绝对很高。有意思的是,代表了我国普通百姓心目中理想生活方式的"三大件",其含义是在不断变化的。最初在改革开放之前,它指的是手表、缝纫机、自行车。在结婚时,这"三大件"是必不可少的彩礼。到了20世纪80年代,又出现了"新三大件"——电视机、电冰箱、洗衣机。当时谁家凭关系弄到了这几样电器,就会成为邻居们羡慕不已的对象。又过了10年,"新新三大件"——电脑、电话、空调又成了人们街谈巷议的话题。

"三大件"的不断更新不但是我国老百姓生活水平提高的直观表现,也是配套效应的一个极好的例证。我们知道,市场上商品的种类可谓五花八门,琳琅满目,这些商品之间往往有着一种搭配关系。各种不同的消费品,虽然满足的可能是不同的生活需求,但如果它们都是与某种生活水平相一致的,这些消费品就是相互搭配的。如果人们的这些消费需求之间构成了一个系统,那么满足这些需求的消费品也构成了一个完整的系统。如果其中某个物品缺失,就会导致生活水平的缺损和消费心理上的缺憾。在20世纪80年代,如果一个工薪阶层的家庭有了一定积蓄,其首先就会去买电视机,然后,又会想要电冰箱。有了这两样,其就会觉得没有洗衣机也不行。之所以产生这种配套效应,就是因为这"三大件"共同构成了当时人们对小康社会生活方式的理解,只要缺了一样,这种生活方式就有了缺口。弥补这种缺口,便成为当时人们消费的主要动力。

很多人都有这种经历:在外出购物时明明只想买一件东西,结果却买回了一大堆商品。比方说,出门时只想买一件衬衫,但买下衬衫之后,又觉得跟裤子不配套,于是又去买了一条新裤子。穿上新裤子,又觉得皮鞋的式样不般配,只好又去买双皮鞋。回到家才发现,原本只想花几十块钱,最后却花了好几百。

又比方说,买到一套三室两厅的新住宅之后,自然要好好装修一番。首先是铺上大理石或木地板,然后以黑白木封墙,再安装像样的吊灯。四壁豪华之后,自然还想配上一些高档家具。一旦住上了这样的高档住宅,出入时显然不能再穿旧衣烂衫,必定要有"拿得出手"的衣服与鞋袜。如此这般下去,所有这一切,都只是为了跟这套房子配套。

其实,我们应该警惕这种预料之外的开支。很多人还没有到月末,就发现这个月已经大大超支,原因是买了许多不在计划之中的"狄德罗商品"。再比如原本计划得好好的日程安排,却由此被弄得乱七八糟。

配套效应给人们一种启示:对于那些非必需的东西尽量不要买。因为如果你接受了一件,那么外界的和心理的压力会使你不断地接受更多非必需的东西。

由俭入奢易，由奢入俭难

商朝时，纣王登位之初，天下人都认为在这位精明国君的治理下，商朝的江山一定会坚如磐石。有一天，纣王命人用象牙做了一双筷子，十分高兴地用这双象牙筷子就餐。他的叔叔箕子见了，劝他收藏起来，而纣王却满不在乎，满朝文武大臣也不以为然，认为这不过是一件很平常的小事。箕子为此忧心忡忡，有的大臣问他原因，箕子回答说："纣王用象牙做筷子，必定不会再用土制的瓦罐盛汤装饭，肯定要改用犀牛角做成的杯子和美玉制成的饭碗，有了象牙筷、犀牛角杯和美玉碗，难道还会用它来吃粗茶淡饭和豆子煮的汤吗？大王的餐桌从此顿顿都要摆上美酒佳肴了。吃的是美酒佳肴，穿的自然要绫罗绸缎，住的就要求富丽堂皇，还要大兴土木筑起楼台亭阁以便取乐。对这样的后果我觉得不寒而栗。"仅仅5年时间，箕子的预言果然应验了，商纣王恣意骄奢，断送了商汤绵延500年的江山。

在这则故事中，箕子对纣王使用象牙筷子的评价，就反映了现代经济学消费效应——棘轮效应。"棘轮效应"最初来自对苏联计划经济制度的研究，美国经济学家杜森贝利后来使用了这个概念。古典经济学家凯恩斯主张消费是可逆的，即绝对收入水平变动必然立即引起消费水平的变化。针对这一观点，杜森贝利认为这实际上是不可能的，因为消费决策不可能是一种理想的计划，它还取决于消费习惯。这种消费习惯受许多因素影响，如生理和社会需要、个人的经历、个人经历的后果等。特别是个人在收入最高期所达到的消费标准对消费习惯的形成有很重要的作用。杜森贝利认为，对于消费者来说，增加消费容易，减少消费则难。因为一向过着高水平生活的人，即使实际收入降低，多半也不会马上因此降低消费水准，而是会继续保持相当高的消费水准。即消费"指标"一旦上去了，便很难再降下来，就像"棘轮"一样，只能前进，不能后退。

简单来说，棘轮效应即人的消费习惯形成之后有不可逆性，易于向上调整，而难于向下调整。尤其是在短期内消费是不可逆的，其习惯效应较大。这种习惯效应，使消费取决于相对收入，即相对于自己过去的高峰收入。实际上棘轮效应可以用宋代政治家和文学家司马光一句著名的话来概括：由俭入奢易，由奢入俭难。

狭义的棘轮效应是指即使收入水平下降，个人消费习惯也不会随之下降。广义的棘轮效应是指经济活动中的不可逆性。猪肉禽蛋等原材料价格下降了，但是相应的制成品如牛肉拉面、肯德基、方便面以及饭店的价格不会相应地下降。这也与我们的生活经验相吻合，在居民的生活中，这种"能上不能下"的事件经常出现。比如石油价格上涨，导致成品油价格大幅上涨，以及出租车打车价格的上涨，广州增加了1元钱的特别附加费，北京则将每公里的单价从2元/公里调为2.3元/公里。但是在之后的国际油价下调过程中，这些价格并没有相应下调。

在房价问题上，棘轮效应的表现就更加明显。现在，房价已经形成了棘轮效应，易上难下。这是因为，尽管房价上涨的各种负面影响很大，但一旦涨上去再跌下来，就将引发严重的经济问题。就整个经济体系来说，房价可以不涨，但绝对不能暴跌，否则就有可能引发严重的经济危机。

在子女教育方面，因为深知消费的不可逆性，所以聪明之士更是十分重视棘轮效应。如今，一些成功的企业家虽然家境富裕，但仍对自己的子女要求严格，从来不给孩子过多的零用钱，甚至在寒暑假期间要求孩子外出打工。他们这么做的目的并非是为了苛求孩子多赚钱，而是为了教育他们要懂得每分钱都来之不易，懂得俭朴与自立。这一点在比尔·盖茨身上体现得十分明显。比尔·盖茨是微软公司的创始人，曾连续10多年位居全球富豪排行榜之首。然而，他却将自己的巨额遗产返还于社会，用在慈善事业上，只留给3个孩子并不多的钱。

实际上，消费者这种不可逆的消费行为，在经济衰退、萧条和复苏时期有着巨大的能效，甚至能使经济重新达到繁荣，但我们在利用这一理论时也要有所慎重。对于经济"过热"的形势，棘轮效应的负面作用是不可小看的。消费物价指数的不断上涨，钢铁与石油的高价无不使关于通货膨胀的争论四起。在这种情况下，如果旅游市场进入旺季太早，价格持续走高，虽然会对旅游产业的发展有一定促进作用，然而另一方面则会加重物价指数不断攀高的危险。在这种情况下，蒙受损失的只能是普通百姓。一方面，促使物价上涨得更快，通货膨胀的压力更大；另一方面，由于消费者的实际收入不变，物价上涨之后，其实际收入无疑减少了，而由于棘轮效应的作祟，消费者此时并不会降低自己的消费支出，那样只能导致整个经济发展混乱。

棘轮效应是出于人的一种本性，人生而有欲，"饥而欲食，寒而欲暖"，这是人与生俱来的本能。人有了欲望就会千方百计地寻求满足。从经济学的角度来说，一方面，资源的稀缺性决定了不能放任棘轮效应任意发挥作用，无限制地利用资源来满足人类无尽的欲望；另一方面，也应该利用棘轮效应的特点来促进经济的增长和繁荣。

□ 图解经济学

第八章
货币：金钱如粪土吗

认识"孔方兄"——货币的起源

在太平洋某些岛屿和若干非洲民族中，以一种贝壳——"加马里"货币来交税，600个"加马里"可换一整袋棉花。再如美拉尼西亚群岛的居民普遍养狗，所以就以狗牙作货币，一颗狗牙大约可买100个椰子，而娶一位新娘，必须给她几百颗狗牙作礼金！

在太平洋加罗林群岛中的雅浦岛，这里的居民使用石头货币。这里每一枚货币叫作"一分"，但这样的"一分"绝不可以携带在身上。因为它是一个"庞然大物"——一个圆形石头，中心还有一个圆窟。照当地人的规定，"分"的体积和直径越大，价值就越高。因此有的价值高的"分"的直径大到5米。这种货币是用石灰岩的矿物——文石刻成的，但雅浦岛上没有文石，当地人要远航到几百里外的帕拉乌岛把大石打下，装在木筏上运回。单是海上那惊险百出的航程，就要历时几个星期。

巨大的石头货币，有优点也有缺点，优点是不怕盗窃、不怕火烧水浸、经久耐磨，缺点是不易搬运、携带不便。所以用这种货币去购物时，必须要把货主带到石头货币旁边察看成色，然后讲价。由于搬运艰难，人们卖掉货物换来的石头货币，只好打上印戳，让它留在原地，作为自己的一笔"不动产"。

为什么狗牙和石头也能成为货币？货币为什么能买到任何东西？要解开货币的有关疑问，就必须了解货币是怎么来的。

货币的前身就是普普通通的商品，它是在交换过程中逐渐演变成一般等价物的。货币是商品，但又不是普通商品，而是特殊商品。货币出现后，整个商品世界就分为两极，一极是特殊商品——货币，另一极是所有的普通商品。普通商品是以各种各样的使用价值的形式出现，而货币则是以价值的体化物或尺度出现。普通商品只有通过与货币的比较，其价值才能得到体现，所有商品的价值只有通过与货币的比较之后，相互之间

大清铜币
经济学家对人的各种感情状态的研究，不是通过感情本身得出的，而是通过对感情的表现方式得出的。其中，金钱是一个重要的感情表现方式。人们愿意花费多少钱来获得一件物品，在一定程度上代表了这件物品给人带来的满意度有多大。当然，金钱并不是唯一的衡量标准，对动机的研究还需要从人们所处的环境等方面来综合考察。

才可以比较。

货币的发展一共经历了如下几个阶段：

（1）物物交换。人类使用货币的历史产生于物物交换的时代。在原始社会，人们使用以物易物的方式，交换自己所需要的物资，比如一头羊换一把石斧。但是有时候受到用于交换的物资种类的限制，不得不寻找一种能够为交换双方都能够接受的物品。这种物品就是最原始的货币。牲畜、盐、稀有的贝壳、珍稀鸟类羽毛、宝石、沙金、石头等不容易大量获取的物品都曾经作为货币使用过。

在人类早期历史上，贝壳因为其不易获得，充当了一般等价物，"贝"因此成为最原始的货币之一。今天的汉字如"赚""赔""财"等，都有"贝"字旁，就是当初贝壳作为货币流通的印迹。

（2）金属货币。经过长年的自然淘汰，在绝大多数社会里，作为货币使用的物品逐渐被金属所取代。使用金属货币的好处是它的制造需要人工，无法从自然界大量获取，同时还易储存。数量稀少的金、银和冶炼困难的铜逐渐成为主要的货币金属。某些国家和地区使用过铁质货币。

早期的金属货币是块状的，使用时需要先用试金石测试其成色，同时还要称重量。随着人类文明的发展，逐渐建立了更加复杂而先进的货币制度。古希腊、罗马和波斯的人们铸造重量、成色统一的硬币。这样，在使用货币的时候，既不需要称重量，也不需要测试成色，无疑方便得多。这些硬币上面带有国王或皇帝的头像、复杂的纹章和印玺图案，以免伪造。

中国最早的金属货币是商朝的铜贝。商代在我国历史上也称青铜器时代，当时相当发达的青铜冶炼业促进了生产的发展和交易活动的增加。于是，在当时最广泛流通的贝币由于来源的不稳定而使交易发生不便，人们便寻找更适宜的货币材料，自然而然集中到青铜上，青铜币便应运而生。但这种用青铜制作的金属货币在制作上很粗糙，设计简单，形状不固定，没有使用单位，在市场上也未达到广泛使用的程度。由于其外形很像作为货币的贝币，因此人们大都将

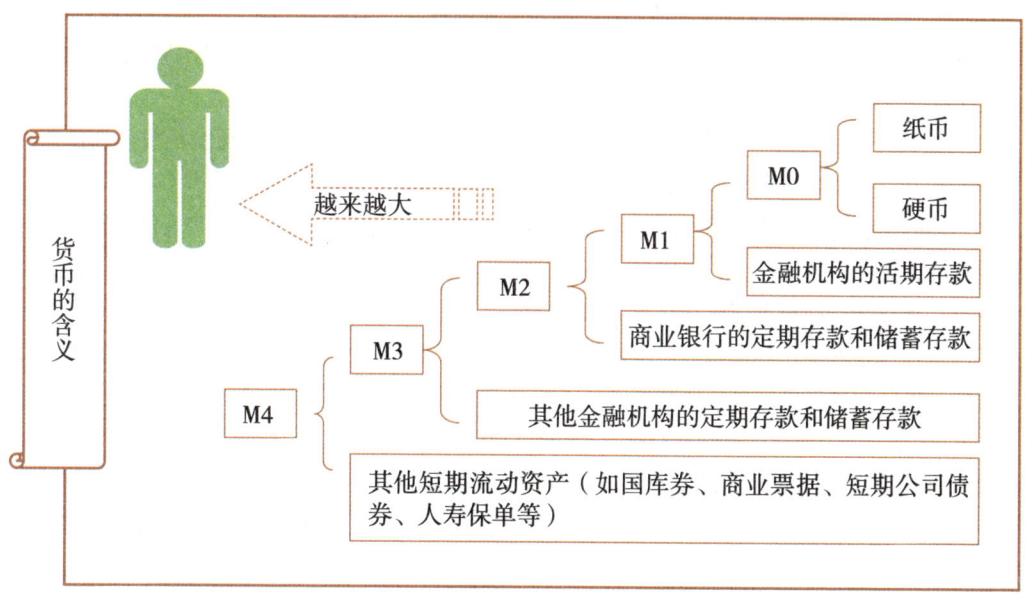

其称为铜贝。

铜贝产生以后，它是与贝币同时流通的。铜贝发展到春秋中期，又出现了新的货币形式，即包金铜贝，它是在普通铜币的外表包一层薄金，既华贵又耐磨。铜贝不仅是我国最早的金属货币，也是世界上最早的金属货币。

（3）金银。西方国家的主币为金币和银币，辅币以铜、铜合金制造。随着欧洲社会经济的发展，商品交易量逐渐增大，到15世纪时，经济发达的佛兰德斯和意大利北部各邦国出现了通货紧缩的恐慌。从16世纪开始，大量来自美洲的黄金和白银通过西班牙流入欧洲，挽救了欧洲的货币制度，并为其后欧洲的资本主义经济发展创造了起步的条件。

（4）纸币。随着经济的进一步发展，金属货币同样显示出使用上的不便。在大额交易中需要使用大量的金属硬币，其重量和体积都令人感到烦恼。金属货币使用中还会出现磨损的问题，据不完全的统计，自从人类使用黄金作为货币以来，已经有超过两万吨的黄金在铸币厂里或者在人们的手中、钱袋中和衣物口袋中磨损掉。于是作为金属货币的象征符号的纸币出现了。世界上最早的纸币是在宋朝年间于中国四川地区出现的交子。

目前世界上共有200多种货币，流通于世界190多个国家和地区。作为各国货币主币的纸币，精美、多侧面地反映了该国历史文化的横断面，沟通了世界各国的经济交往。目前世界上比较重要的纸币包括美元、欧元、人民币、日元和英镑等。

随着信用制度的发展，存款货币和电子货币对于我们已经并不陌生，但新的货币形式还将不断出现。货币如同神秘的魔术，它神奇地吸引着人们的注意力，调动着人们的欲望，渗透到每一个角落，用一种看不见的强大力量牵引着人们的行为。我们要正确认识货币，更要正确使用货币。

货币为什么能买到世界上所有的商品——货币的功能

在现代社会中，金钱可以说是无处不在，它早就渗透到人们衣、食、住、行的各个方面。一个人如果没有钱，那么他在社会上就寸步难行；如果有了钱，就可以得到物质享受。由于钱有这个作用，所以它就有了一种令人疯狂的魔力，被蒙上了一层神秘的面纱。

但是钱并不完全等于货币。按照经济学理论的解释，任何一种能执行交换媒介、价值尺度、延期支付标准或完全流动的财富储藏手段等功能的商品，都可被看作是货币。有人不禁要质疑上述的论断：人民币、美元、欧元才是货币，肥皂、洗衣粉之类的商品也能说是货币吗？在我们的生活中，肥皂、洗衣粉当然不能算是货币。这是为什么呢？

要认识货币，必须要了解货币具有哪些职能：

（1）价值尺度。正如衡量长度的尺子本身有长度、称东西的砝码本身有重量一样，衡量商品价值的货币本身也是商品，具有价值。没有价值的东西，不能充当价值尺度。

在商品交换过程中，货币成为一般等价物，可以表现任何商品的价值，衡量一切商品的价值量。货币在执行价值尺度的职能时，并不需要有现实的货币，只需要观念上的货币。例如，1辆自行车值200元人民币，只要贴上个标签就可以了。当人们在做这种价值估量的时候，只要在他的头脑中有多少钱的观念就行了。用来衡量商品价值的货币虽然只是观念上的货币，但

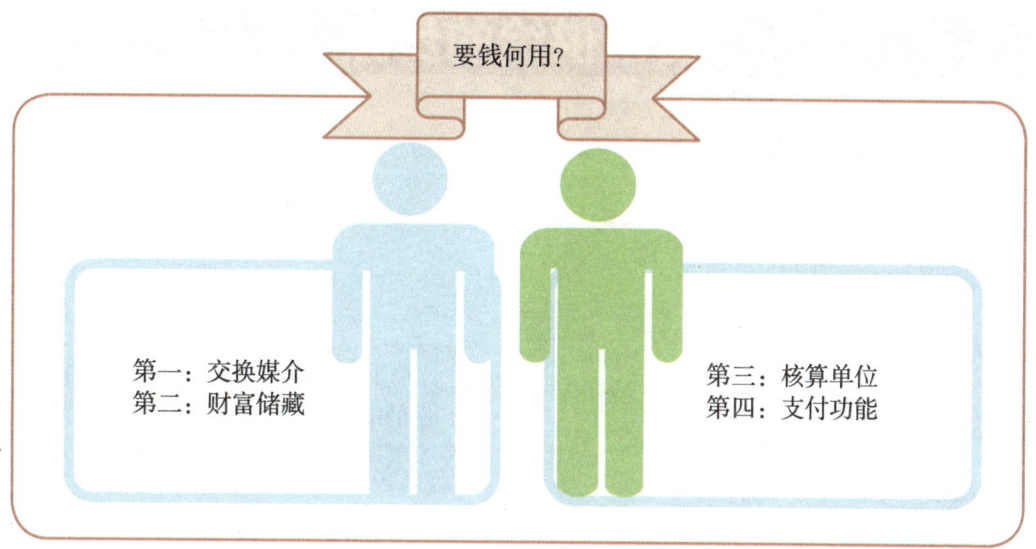

是这种观念上的货币仍然要以实在的货币为基础。人们不能任意给商品定价,因为,在货币的价值同其他商品之间存在着客观的比例,这一比例的现实基础就是生产两者所耗费的社会必要劳动量。

商品的价值用一定数量的货币表现出来,就是商品的价格。价值是价格的基础,价格是价值的货币表现。货币作为价值尺度的职能,就是根据各种商品的价值大小,把它表现为各种各样的价格。例如,1头牛值2两黄金,在这里2两黄金就是1头牛的价格。

(2)流通手段。在商品交换过程中,商品出卖者把商品转化为货币,然后再用货币去购买商品。在这里,货币发挥交换媒介的作用,执行流通手段的职能。

在货币出现以前,商品交换是直接的物物交换。货币出现以后,它在商品交换关系中则起媒介作用。以货币为媒介的商品交换就是商品流通,它由商品变为货币和由货币变为商品两个过程组成。由于货币在商品流通中作为交换的媒介,它打破了直接物物交换和地方的限制,扩大了商品交换的品种、数量和地域范围,从而促进了商品交换和商品生产的发展。

由于货币充当流通手段的职能,使商品的买和卖打破了时间和空间上的限制:一个商品所有者在卖出商品之后,不一定马上就去购买商品;一个商品所有者在卖出商品以后,可以就地购买其他商品,也可以在别的地方购买其他任何商品。

(3)储藏手段。是指货币退出流通领域充当独立的价值形式和社会财富的一般代表而储存起来的一种职能。

货币作为储藏手段,是随着商品生产和商品流通的发展而不断发展的。在商品流通的初期,有些人就把多余的产品换成货币保存起来,储藏金银被看成是富裕的表现,这是一种朴素的货币储藏形式。随着商品生产的连续进行,商品生产者要不断地买进生产资料和生活资料,但他生产和卖出自己的商品要花费时间,并且能否卖掉也没有把握。这样,他为了能够不断地买进,就必须把前次出卖商品所得的货币储藏起来,这是商品生产者的货币储藏。随着商品流通的扩展,货币的功能日益增大,一切东西都可以用货币来买卖,货币交换扩展到一切领域。谁占有更多的货币,谁的权力就更大,储藏货币的欲望也就变得更加强烈,这是一种社会权力

□图解经济学

货币供给的步骤

货币供给通常包括三个步骤：

1. 由一国负责货币的部门的下属的印制部门（隶属于中央银行或隶属于财政部）印刷和铸造通货。

2. 商业银行因其业务经营活动而需要通货进行支付时，便按规定程序通知中央银行，由中央银行运出通货，并相应贷给商业银行账户。

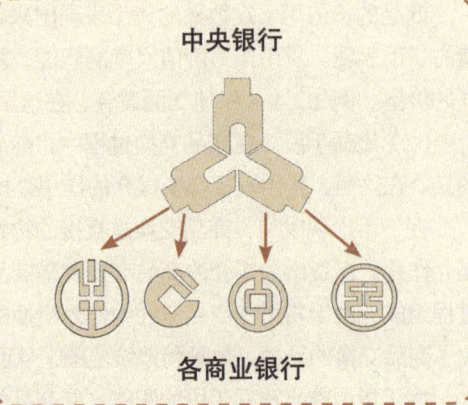

中央银行

各商业银行

3. 商业银行通过存款兑现方式对客户进行支付，将通货注入流通，供给非银行部门。

的货币储藏。货币作为储藏手段，可以自发地调节货币流通量，起着蓄水池的作用。

（4）支付手段。货币作为独立的价值形式进行单方面运动（如清偿债务、缴纳税款、支付工资和租金等）时所执行的职能。

因为商品交易最初是用现金支付的。但是，由于各种商品的生产时间是不同的，有的长些，有的短些，有的还带有季节性。同时，各种商品销售时间也是不同的，有些商品就地销售，销售时间短，有些商品需要运销外地，销售时间长。商品的让渡同价格的实现在时间上分离开来，即出现赊购的现象。赊购以后到约定的日期清偿债务时，货币便执行支付手段的职能。货币作为支付手段，开始是由商品的赊购、预付引起的，后来才慢慢扩展到商品流通领域之外，在商品交换和信用事业发达的经济社会里，就日益成为普遍的交易方式。

在货币作为支付手段的条件下，买者和卖者的关系已经不是简单的买卖关系，而是一种债权债务关系。货币一方面可以减少流通中所需要的货币量，节省大量现金，促进商品流通的发展。另一方面，货币进一步扩大了商品经济的矛盾。在赊买赊卖的情况下，许多商品生产者之间都发生了债权债务关系，如果其中有人到期不能支付，就会引起一系列的连锁反应，使整个信用关系遭到破坏。

（5）世界货币。货币在世界市场上执行一般等价物的职能。由于国际贸易的发生和发展，货币流通超出一国的范围，在世界市场上发挥作用，于是货币便有世界货币的职能。作为世界货币，必须是足值的金和银，而且必须脱去铸币的地域性外衣，以金块、银块的形状出现。原来在各国国内发挥作用的铸币以及纸币等在世界市场上都失去作用。

在国内流通中，一般只能由一种货币商品充当价值尺度。在国际上，由于有的国家用金作为价值尺度，有的国家用银作为价值尺度，所以在世界市场上金和银可以同时充当价值尺度的职能。后来，在世界市场上，金取得了支配地位，主要由金执行价值尺度的职能。

国际货币充当一般购买手段，一个国家直接以金、银向另一个国家购买商品。同时作为一般支付手段，国际货币用以平衡国际贸易的差额，如偿付国际债务，支付利息和其他非生产性支付等。国际货币还充当国际财富转移的手段，货币作为社会财富的代表，可由一国转移到另一国，例如，支付战争赔款、输出货币资本或由于其他原因把金银转移到外国去。在当代，世界货币的主要职能是作为国际支付手段，用以平衡国际收支的差额。

为什么货币符号能当钱花

如今，人们已经不再使用金币、银币或者铜板买东西了，而是用一种特殊的货币——纸币。从纸币本身的质地来看，它自身的价值几乎可以忽略不计。但是，纸币不仅可以交换任何商品，甚至连昔日的货币贵族——黄金也可以交换。这是为什么呢？

北宋初年，成都一带商业十分发达，通货紧张，而当时铸造的铁钱却流通不畅。因为铁钱价值低，十单位铁钱只相当于一单位铜钱，用起来极为笨重。比如，买一匹布需要铁钱两万，重达500斤！于是当地16家富户开始私下印制一种可以取代钱币、用楮树皮造的券，后来被称作"交子"。当地政府最初想取缔这种"新货币"，但是这种"新货币"在经济流通中作用却十分明显，于是决定改用官方印制。

□ 图解经济学

墨西哥的金属硬币
图为墨西哥在21世纪发行的金属硬币。随着社会的发展，商品逐渐变得多样化和专门化，这使我们对货币或一般购买力的随意使用的需要就变得日益迫切。在无限多样化的购买行为上，只有货币是便于使用的。

《成都金融志》中载："北宋益州的'交子铺'实为四川历史上最早的货币金融机构，而益州的交子铺则是最早由国家批准设立的纸币发行机构。""交子"的出现，便利了商业往来，弥补了现钱的不足，是我国货币史上的一大业绩。此外，"交子"作为我国乃至世界上发行最早的纸币，在印刷史、版画史上也占有重要的地位，对研究我国古代纸币印刷技术有着重要意义。

在商品货币时代，金属货币使用久了，就会出现磨损，变得不足值。人们意识到可以用其他的东西代替货币进行流通，于是就出现了纸币。纸币在货币金融学中最初的定义为发挥交易媒介功能的纸片。

其实严格来说，纸币并不是货币，因为货币是从商品中分离出来的、固定充当一般等价物的商品。纸币由于没有价值，不是商品，所以也就不是货币。在现代金融学中，纸币是指代替金属货币进行流通，由国家发行并强制使用的货币符号。纸币本身没有和金属货币同样的内在价值，它本身的价值也比国家确定的货币价值小得多，它的意义在于它是一种货币价值的符号。

纸币诞生后，在很长的时间内只能充当金属货币（黄金或白银）的"附庸"，就像影子一样，不过是黄金的价值符号。国家以法律形式确定纸币的含金量，人们可以用纸币自由兑换黄金，这种货币制度也被称为金本位制。在很长的历史时期里，金本位制是人类社会的基本货币制度，但它存在着先天无法克服的缺陷。

困扰金本位制的就是纸币和黄金的比价和数量问题。当依据黄金发行纸币的时候，必须确定一个比价，而此后不论是黄金数量发生变化还是纸币数量发生变化，原先的比价都无法维持，金本位制也就无法稳定运行。这个问题在后来的布雷顿森林体系中仍然存在，并最终导致了布雷顿森林体系的崩溃。

金本位制最终崩溃并退出历史舞台表明，纸币再也不能直接兑换成黄金，也就是不能直接兑换回金属货币，纸币这个金属货币的"附庸"终于走上了舞台的中央，成为货币家族的主角。纸币成为本位货币，以国家信用作保障，依靠国家的强制力流通。

事实上，接受纸币也是需要一些条件的。只有人们对货币发行当局有充分的信任，并且印刷技术发展到足以使伪造极为困难的高级阶段时，纸币方可被接受为交易媒介。今天，我们所使用的纸币，如中国的人民币、美国的美元等是一个国家的法定货币，是这个国家的中央银行统一发行、强制流通，以国家信用为保障。私人不能印刷、发行货币。在我国，人民币是中华人民共和国的法定货币，由政府授权中国人民银行发行。

货币的"规矩"

没有规矩,不成方圆。货币也有货币的规矩——货币制度。货币制度是国家对货币的有关要素、货币流通的组织与管理等加以规定所形成的制度。完善的货币制度能够保证货币和货币流通的稳定,保障货币正常发挥各项职能。货币制度由国家以法律的形式规定下来。一国的货币制度至少要明确以下几个问题:

(1)规定货币材料。规定货币材料就是规定币材的性质,确定不同的货币材料就形成不同的货币制度。比如,货币是用贝壳还是铜铁?是用金银还是纸张?但是哪种物品可以作为货币材料不是国家随心所欲指定的,而是对已经形成的客观现实在法律上加以肯定。目前各国都实行不兑现的信用货币制度,对货币材料不再做明确规定。

(2)规定货币单位。货币单位是货币本身的计量单位,规定货币单位包括两方面:一是规定货币单位的名称,二是规定货币单位的值。比如,过去铜钱的单位是"文""贯",金银的单位是"两""斤",人民币的单位是"元"。在金属货币制度条件下,货币单位的值是每个货币单位包含的货币金属重量和成色;在信用货币尚未脱离金属货币制度条件下,货币单位的值是每个货币单位的含金量;在黄金非货币化后,确定货币单位的值表现为确定或维持本币的汇率。

(3)规定流通中货币的种类。规定流通中货币的种类主要指规定主币和辅币。主币是一国的基本通货和法定价格标准,辅币是主币的等分,是小面额货币,主要用于小额交易支付。金属货币制度下主币是用国家规定的货币材料按照国家规定的货币单位铸造的货币,辅币用贱金属并由国家垄断铸造。信用货币制度下,主币和辅币的发行权都集中于中央银行或政府指定机构。

(4)规定货币法定支付偿还能力。货币法定支付偿还能力分为无限法偿和有限法偿。无限法偿指不论用于何种支付,不论支付数额有多大,对方均不得拒绝接受;有限法偿即在一次支付中有法定支付限额的限制,若超过限额,对方可以拒绝接受。金属货币制度下,一般而言主币具有无限法偿能力,辅币则是有限法偿。

(5)规定货币铸造发行的流通程序。货币铸造发行的流通程序主要分为金属货币的自由铸造与限制铸造、信用货币的分散发行与集中垄断发行。自由铸造指公民有权用国家规定的货币材料,按照国家规定的货币单位在国家造币厂铸造货币,一般而言主币可以自由铸造;

墨西哥纸币样张
图为资本的代表——货币,这是墨西哥纸币的样张。商人没有形成世袭阶级的很大一部分原因是后代并不具有前辈的很多优秀品质。他们不愿辛苦经营企业,很多人选择将企业卖给私营企业或者股份公司,不再参与企业的直接经营管理。这样,资本的掌握权就属于其他人了。

限制铸造指只能由国家铸造，辅币为限制铸造。信用货币分散发行指各商业银行可以自主发行，早期信用货币是分散发行，目前各国信用货币的发行权都集中于中央银行或指定机构。

（6）规定货币发行准备制度。货币发行准备制度是为约束货币发行规模维护货币信用而制定的，要求货币发行者在发行货币时必须以某种金属或资产作为发行准备。在金属货币制度下，货币发行以法律规定的贵金属作为发行准备；在现代信用货币制度下，各国货币发行准备制度的内容比较复杂，一般包括现金准备和证券准备两大类。

在漫漫历史长河中，随着货币的演变，货币制度也在不停地演变，先后存在过银本位制、金银复本位制、金本位制、纸币本位制。银本位制的本位货币是银；金本位制则以金为本位货币；金银复本位制的本位货币是金和银；纸币发行以这些金属货币为基础，可以自由兑换。后来随着经济社会的发展，金属货币本位制逐步退出了历史舞台，世界各地都确立了不兑现的信用货币制度，即纸币本位制。

（1）银本位制。是指以白银为本位货币的一种货币制度。在货币制度的演变过程中银本位的历史要早于金本位。银本位制的运行原理类似于金本位制，主要不同点在于以白银作为本位币币材。银币具有无限清偿能力，其名义价值与实际含有的白银价值一致。银本位分为银两本位与银币本位。

（2）金本位制。是指以黄金作为本位货币的货币制度。其主要形式有金币本位制、金块本位制和金汇兑本位制。

①金币本位制。金币本位制是以黄金为货币金属的一种典型的金本位制。其主要特点有：金币可以自由铸造、自由熔化；流通中的辅币和价值符号（如银行券）可以自由兑换金币；黄金可以自由输出输入。在实行金本位制的国家之间，根据两国货币的黄金含量计算汇率，称为金平价。

②金块本位制。金块本位制是指由中央银行发行、以金块为准备的纸币流通的货币制度。它与金币本位制的区别在于：其一，金块本位制以纸币或银行券作为流通货币，不再铸造、流通金币，但规定纸币或银行券的含金量，纸币或银行券可以兑换为黄金；其二，规定政府集中黄金储备，允许居民当持有本位币的含金量达到一定数额后兑换金块。

③金汇兑本位制。金汇兑本位制是指以银行券为流通货币，通过外汇间接兑换黄金的货币制度。金汇兑本位制与金块本位制的相同处在于规定货币单位的含金量，国内流通银行券，没有铸币流通。但规定银行券可以换取外汇，不能兑换黄金。本国中央银行将黄金与外汇存于另一个实行金本位制的国家，允许以外汇间接兑换黄金，并规定本国货币与该国货币的法定比率，从而稳定本币币值。

（3）金银复本位制。金银复本位制指一国同时规定金和银为本位币。在金银复本位制下金与银都如在金本位制或银本位制下一样，可以自由买卖，自由铸造与熔化，自由输出输入。

金银复本位制从表面上看能够使本位货币金属有更充足的来源，使货币数量更好地满足商品生产与交换不断扩大的需要，但实际上却是一种具有内在不稳定性的货币制度。"劣币驱逐良币"的现象，即金银两种金属中市场价值高于官方确定比价的不断被人们收藏时，金银两者中的"贵"金属最终会退出流通，使金银复本位制无法实现。

（4）纸币本位制。纸币本位制又称信用本位制，从国家法律而论，纸币已经无须以金属货

下篇　生活中的经济学

货币的演变过程

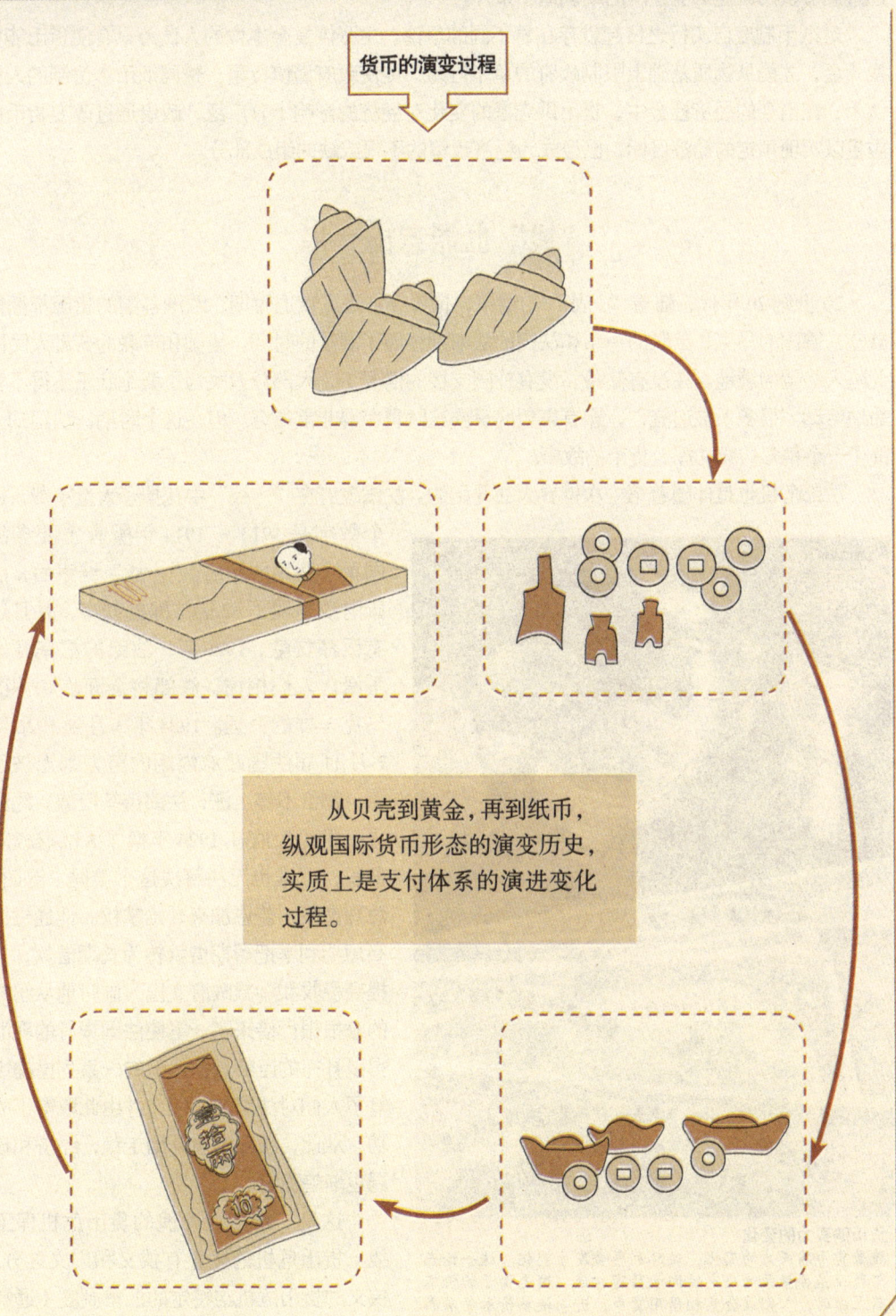

从贝壳到黄金,再到纸币,纵观国际货币形态的演变历史,实质上是支付体系的演进变化过程。

币作为发行准备。纸币制度的主要特征是在流通中执行货币职能的是纸币和银行存款，并且为通过调节货币数量影响经济活动创造了条件。

对纸币制度自实行之日起就存在着不同的争论。主张恢复金本位的人认为只有使货币能兑换为金，才能从物质基础上限制政府的草率行为，促使政府谨慎行事。赞同纸币本位制的人则认为，在当今的经济社会中，货币供应量的变化对经济的影响十分广泛，政府通过改变货币供应量以实现预定的经济目标，已经成为经济政策的不可或缺的组成部分。

"钱"也能惹出大祸

20世纪20年代，随着"一战"的结束，世界经济进入衰退时期，欧洲各国的货币都摇摇欲坠，德国的马克、苏联的卢布和法国的法郎都经历了混乱的时期。德国和苏联的劳动人民因此陷入绝望的境地。在没有储备、没有外国支援的情况下，大部分人民为了填饱肚子不得不卖命地劳动。很多人被迫流亡，连有声望的贵族这时也变得非常贫穷。但在这个时期，法国却上演了一个精彩的成功捍卫货币的故事。

法郎危机也是伴随着第一次世界大战开始的。法国政府在"一战"中花掉了大量军费，这个数字是1913～1914年所有主要参战国军事费用的两倍。"一战"结束后，法国财政出现了62亿法郎的缺口，并且还有巨额贷款。1926年，法郎的汇率开始下滑。人们相信，法郎将会面临和德国马克一样的命运。1924年3月到1926年7月11届法国政府内阁的努力都无济于事，物价不停上涨，法郎持续贬值。约瑟夫·凯约政府在1926年换了8位财政部部长，但谁也无法解决这个难题。这时，总理雷蒙·普恩加来开始掌权。他通过提高短期利率把短期借款转为长期借款，并提高税收和削减政府支出，同时他从纽约的摩根银行借来了一笔使法国银行的现汇得以补充的巨额贷款，他的一系列措施恢复了人们对法郎的信任，并由此取得了成功。从此，法郎币值开始走稳，经济和政局也渐趋稳定。

这是一场当之无愧的货币危机保卫战。货币危机的概念有狭义和广义之分。狭义的货币危机与特定的汇率制度（通常是固定汇率制）相对应，其含义是，实行

货币购买力的变化

随着货币购买力的变化，实际利率会发生变化。这一论点与商业是否繁荣的决定性因素紧密相连。这是由于物价不断上涨时，人们就会竞相借用货币，进而使物价水平居高不下。

固定汇率制的国家，在非常被动的情况下（如在经济基本全面恶化的情况下，或者在遭遇强大的投机攻击情况下），对本国的汇率制度进行调整，转而实行浮动汇率制，而由市场决定的汇率水平远远高于原先所刻意维护的水平（即官方汇率），这种汇率变动的影响难以控制、难以容忍，这一现象就是货币危机。广义的货币危机泛指汇率的变动幅度超出了一国可承受的范围这一现象。通常情况表现为本国货币的急剧贬值。

当代国际经济社会很少出现一桩孤立的货币动荡事件。在全球化时代，由于国民经济与国际经济的联系越来越密切，一国货币危机常常会波及别国。

随着市场经济的发展与全球化的加速，经济增长的停滞已不再是导致货币危机的主要原因。经济学家的大量研究表明，定值过高的汇率、经常项目巨额赤字、出口下降和经济活动放缓等都是发生货币危机的先兆。就实际运行来看，货币危机通常由泡沫经济破灭、银行呆坏账增多、国际收支严重失衡、外债过于庞大、财政危机、政治动荡、对政府的不信任等引发。

1. 汇率政策不当

众多经济学家普遍认同这样一个结论：固定汇率制在国际资本大规模、快速流动的条件下是不可行的。固定汇率制名义上可以降低汇率波动的不确定性，但是自20世纪90年代以来，货币危机常常发生在那些实行固定汇率的国家。正因如此，近年来越来越多的国家放弃了曾经实施的固定汇率制，比如巴西、俄罗斯等。然而，这些国家大多是由于金融危机的爆发而被迫放弃固定汇率，汇率的调整往往伴随着自信心的丧失、金融系统的恶化、经济增长的放慢以及政局的动荡。也有一些国家从固定汇率制成功转轨到浮动汇率制，如波兰、以色列、智利和新加坡等。

2. 银行系统脆弱

在大部分新兴市场国家，包括东欧国家，货币危机的一个可靠先兆是银行危机。资本不足而又没有受到严格监管的银行向国外大肆借取贷款，再贷给国内的问题项目，由于币种不相配（银行借的往往是美元，贷出去的通常是本币）和期限不相配（银行借的通常是短期资金，贷出的往往是历时数年的建设项目），因此累积的呆坏账越来越多。如东亚金融危机爆发前5~10年，马来西亚、印度尼西亚、菲律宾和泰国信贷市场的年增长率均在20%~30%之间，远远超过了工商业的增长速度，由此形成的经济泡沫越来越大，银行系统也就越发脆弱。

3. 外债负担沉重

泰国、阿根廷以及俄罗斯的货币危机，就与所欠外债规模巨大且结构不合理紧密相关。如俄罗斯从1991~1997年起共吸入外资237.5亿美元，但在外资总额中，直接投资只占30%左右，短期资本投资约70%。在货币危机爆发前的1997年10月，外资已掌握了股市交易的60%~70%，国债交易的30%~40%。1998年7月中旬以后，最终使俄财政部发布"8.17联合声明"，宣布"停止1999年底前到期国债的交易和偿付"，债市的实际崩溃，直接引发卢布危机。

4. 财政赤字严重

在发生货币危机的国家中，或多或少都存在财政赤字问题，赤字越庞大，发生货币危机的可能性也就越大。财政危机直接引发债市崩溃，进而导致货币危机。

5. 政府信任危机

民众及投资者对政府的信任是货币稳定的前提,同时赢得民众及投资者的支持,是政府有效防范、应对金融危机的基础。墨西哥比索危机很大一部分归咎于其政治上的脆弱性,1994年总统候选人被暗杀和恰帕斯州的动乱,使墨西哥社会经济处于动荡之中。新政府上台后在经济政策上的犹豫不决,使外国投资者认为墨西哥可能不会认真对待其政府开支与国际收支问题,这样信任危机引起金融危机;而1998年5～6月的俄罗斯金融危机的主要诱因也是国内信任危机。

6. 经济基础薄弱

强大的制造业、合理的产业结构是防止金融动荡的坚实基础。产业结构的严重缺陷是造成许多国家经济危机的原因之一。如阿根廷一直存在着严重的结构性问题,20世纪90年代虽实行了新自由主义改革,但产业结构调整滞后,农牧产品的出口占总出口的60%,而制造业出口只占10%左右。在国际市场初级产品价格走低及一些国家增加对阿根廷农产品壁垒之后,阿根廷丧失了竞争优势,出口受挫。

7. 危机跨国传播

由于贸易自由化、区域一体化,特别是资本跨国流动的便利化,一国发生货币风潮极易引起邻近国家的金融市场发生动荡,这在新兴市场尤为明显。泰国之于东亚,俄罗斯之于东欧,墨西哥、巴西之于拉美等反复印证了这一"多米诺骨牌效应"。

装钱的筐比钱更值钱

在第一次世界大战后的德国,有一个小偷去别人家里偷东西,看见一个筐里边装满了钱,他把钱倒了出来,只把筐拿走了。很多人奇怪,为什么不要钱呢?因为,在当时的德国,货币贬值到了在今天看来几乎无法相信的程度,装钱的筐与那些钱相比,筐更有价值。

第一次世界大战结束后的几年,德国经济处于崩溃的边缘。战争本来就已经使德国经济凋零,但战胜国又强加给它极为苛刻的《凡尔赛和约》,使德国负担巨额的赔款。德国最大的工业区——鲁尔工业区1923年还被法国、比利时军队占领,可谓雪上加霜。

无奈的德国政府只能日夜赶印钞票,通过大量发行货币来为赔款筹资。由此,德国经历了一次历史上最引人注目的超速通货膨胀。从1922年1月到1924年12月,德国的货币和物价都以惊人的比率上升,一张报纸的价格变迁可以反映出这种速度:每份报纸的价格从1921年1月的0.3马克上升到1922年5月的1马克、1922年10月的8马克、1923年2月的100马克,直到1923年9月的1000马克,再到10月1日的2000马克、10月15日的12万马克、10月29日的100万马克、11月9日的500万马克,直到11月17日的7000万马克。

发生在德国历史上的这次通货膨胀是真实的事件,在我国解放战争期间,国民党统治区内也曾发生过如此严重的通货膨胀。

通货膨胀在现代经济学中意指整体物价水平上升。一般性通货膨胀为货币的市值或购买力下降,而货币贬值为两经济体间的币值相对性降低。前者用于形容全国性的币值,而后者用于形容国际市场上的附加价值。纸币流通规律表明,纸币发行量不能超过它代表的金银货币量,一旦超过了这个量,纸币就要贬值,物价就要上涨,从而就会出现通货膨胀。

因此,通货膨胀只有在纸币流通的条件下才会出现,在金银货币流通的条件下不会出现。因为金银货币本身具有价值,作为储藏手段的职能,可以自发地调节流通中的货币量,使它同商品流通所需要的货币量相适应。而在纸币流通的条件下,因为纸币本身不具有价值,它只是代表金银货币的符号,不能作为储藏手段,因此,纸币的发行量如果超过了商品流通所需要的数量,就会贬值。例如,商品流通中所需要的金银货币量不变,而纸币发行量超过了金银货币量的一倍,单位纸币就只能代表单位金银货币价值量的1/2,在这种情况下,如果用纸币来计量物价,物价就上涨了一倍,这就是通常所说的货币贬值。此时,流通中的纸币量比流通中所需要的金银货币量增加了一倍,这就是通货膨胀。

在经济学中,通货膨胀主要是指价格和工资的普遍上涨,在经济运行中表现为全面、持续的物价上涨的现象。纸币发行量超过流通中实际需要的货币量,是导致通货膨胀的主要原因之一。

在当今非洲国家津巴布韦,其通货膨胀也达到了惊人的地步。在2009年2月,津巴布韦中央银行行长决定从其发行的巨额钞票上去掉12个零,这样一来,津巴布韦一万亿钞票相当于1元。此时,津巴布韦通货膨胀率已经达到百分之十亿,而1美元可兑换250万亿津巴布韦元。很多人笑言:在津巴布韦,人人都是"亿万富翁"。当然绝大部分人都不愿做这样的富翁!

纸币发行量超过流通中实际需要的货币量,也就是货币供给率高于经济规模的增长率,是导致通货膨胀的主要原因。那么一般在什么样的情况下,纸币的发行量会超过实际需要的货币量呢?

首先是外贸顺差。因为外贸出口企业出口商品换回来的美元都要上交给央行,然后由政府返还人民币给企业,那么企业挣了多少的外汇,央行就得加印多少人民币给它们,纸币印得多了,但是国内商品流通量还是不变,这就可能引发通货膨胀。

其次,投资过热。在发展中国家,为了使投资拉动经济发展,政府会加大对基础设施建设的投入,就有可能印更多的纸币。通货膨胀的实质就是社会总需求大于社会总供给,通常是由经济运行总层面中出现的问题引起的。

其实在我们的社会生活中还有一类隐蔽的通货膨胀,就是指社会经济中存在着通货膨胀的压力或潜在的价格上升危机,但由于政府实施了严格的价格管制政策,使通货膨胀并没有真正发生。但是,一旦政府接触或放松这种管制措施,经济社会就会发生通货膨胀。

一旦发生通货膨胀,就意味着手里的钱变得不值钱,但是大家也不用提到"通货膨胀"即谈虎色变。一些经济学家认为,当物价上涨率达到2.5%时,叫作不知不觉的通货膨胀。他们认为,在经济发展过程中,搞一点温和的通货膨胀可以刺激经济的增长,因为提高物价可以使厂商多得一点利润,以刺激厂商投资的积极性。同时,温和的通货膨胀不会引起社会太大的动乱。温和的通货膨胀即将物价上涨控制在1%~2%,至多5%以内,它能像润滑油一样刺激经济的发展,这就是所谓的"润滑油政策"。

从宏观上来讲,普通老百姓对抑制通货膨胀无能为力,必须要依靠政府进行调控。政府必

□ 图解经济学

须出台相关的经济政策和措施，例如上调存贷款利率，提高金融机构的存款准备金率，实行从紧的货币政策，包括限价调控等。对于我们普通人而言，应该有合理的措施来抵消通货膨胀对财产的侵蚀，如进行实物投资、减少货币的流入等，以减少通货膨胀带来的压力和损失。

钞票增加，财富缩水

顾客："你家的餐费为什么这么贵啊？这比菜单上的价格要高很多啊，你算了很多税在里面吗？"

老板："哪里，我根本没有算税。在您点菜后，菜价就涨了！"

顾客："胡说八道，难道我吃饭这一会儿工夫，就涨价了？"

老板："就是啊，您不知道现在通货膨胀嘛。我们没办法，要随时调整价格。"

真是不可思议，吃饭前和吃饭后的价格不一样，物价上涨竟快到如此程度。其实，这并不是笑话，而是某位专家在1982年到某国旅行时发生的事情，被刊登在《纽约时代》上。当年，该国一年内的通货膨胀达到了24000%，也就是说，物价以每天65.8%的速度上涨。假设这家餐厅每天营业10个小时，那每小时的物价就以接近7%的速度上涨，点菜时候的价格和结账时候的价格当然不一样了。

现在如果你和菜场的老农谈通货膨胀，他也许会告诉你，衡量一个物品的价格别看钱，否则你会被钱忽悠。最好的方式是用以物换物的交换价格来推算，这样，几百年乃至几千年，都能保证最低生活标准的物品之间的价格不会发生很大的变化。例如，以大豆作为标准物品，用它来衡量20世纪各个年代的各种生活必需品的价格，你会发现老农说的话很正确。

一般情况下，所有商品的价格都是用货币来表示的，经济学家称之为"货币价格"。例如我们说一件上衣是50元，一双鞋是100元，这里的50元和100元指的就是货币价格。但是一件上衣等于多少鞋子，或者列表中的一斤大豆等于多少斤黑米，这就是一种物品相对于另一种物品的价格，经济学家称之为"相对价格"。

高薪水的重要性
图为100美元面值的纸币样张，货币是现在通用的薪水支付手段。沃克及美国的其他经济学家特别强调高薪的重要性。他们指出，高薪水不但能够激励劳动者努力工作以提高工作效率，还可以使劳动者子孙的工作效率得以提高。

可见，物品的价格不仅可以用货币来表示，还可以用另一种物品来表示。当把货币的符号去掉后，我们可以任意地比较两种物品之间的价格，例如1斤大豆等于半斤茶叶，或者1斤茶叶等于2斤大豆。这里的价格就是相对价格。

经济学中，将物品的货币价格称为"名义变量"，而将相对价格称为"实际变量"。经济学家发现，货币的供给量只影响物品的名义变量而不影响实际变量。也就是说，几十年来，假设一开始大豆是1分钱1斤，1斤大豆等于半斤黑米；几十年后，大豆变为现在的5元1斤，虽然价格涨了50倍，但1斤大豆还等于半斤黑米。

	黑米	大豆	茶叶	工资
名义变量（以人民币为衡量基准）	2元/斤	1元/斤	5元/斤	5000元
实际变量（以1斤大豆为衡量基准）	1斤大豆=0.5斤黑米		1斤大豆=0.2斤茶叶	工资=5000斤大豆
实际变量（以1斤黑米为衡量基准）		1斤黑米=2斤大豆	1斤黑米=0.4斤茶叶	工资=2500斤黑米

换个例子，当所有人的工资都涨了一倍后，整个物价水平也涨一倍，中央银行业多供给一倍的货币。这就是货币中性原理，即货币发行量发生变动而实际变量不变。

不过，当政府把货币的供给翻一番，货币是否还会保持中性呢？不一定。经济学家观察到，在短期内，即一两年左右，货币量的剧增会对物品的实际变量产生很大的影响；但长期来看，例如10年后，货币量的变动只影响到名义变量，而不会影响到实际变量，1斤大豆还是等于半斤黑米。

在经济学中，通货膨胀一般是指纸币发行量超过商品流通中实际需要的货币量，引起纸币贬值，它的直接反映是物价持续上涨。如果你走进市场，发现大米或者猪肉的价格上涨了，你不能说已经发生了通货膨胀；但是当你环顾四周，看到绝大部分商品的价格都上涨了，你就可以断定通货膨胀确实发生了。

那究竟什么才会引起通货膨胀呢？

其一，供给不足会引起通货膨胀。当市场上的原材料缺少时，商品价格肯定会上升，这就是由供不应求引起的通货膨胀。但这种通货膨胀持续的时间不长，因为没有持续性的需求，只能昙花一现。

其二，由需求过旺引起的通货膨胀。这样的通货膨胀是，人们的需求持续升温，而商品的供给依旧，导致商品以疯狂的价格上涨，这样的通货膨胀比较麻烦。这时，会出现很多投机性的商人，囤积货物以高价抛售，加剧供给不足，为物价的上涨"煽风点火"，使物价涨得更厉害。进而会有更多的投机商人进来，物价上涨加剧，商品越发难买，形成一个恶性循环。

其三，财政支出或通货供给过剩，会出现因需求不足引起的通货膨胀。还有，无法回收的公积资金过多也会产生通货膨胀。

□ 图解经济学

每次通货膨胀的产生，都是"冰冻三尺，非一日之寒"，之前都会有一定的迹象，只是人们贪图利益的欲望让其丧失了理性，从而为自己带来了不可避免的灾难。

通货膨胀也有可爱的一面

关于什么是通货膨胀，有人这样解释道：

有个聪明的穷人 A 想挣钱，他在海边捡了一颗石子，说这颗石子值 100 万，把它卖给了 B。B 觉得自己所有的钱加一起也没有 100 万，于是向银行借。银行也没有这么多钱，于是把印钞机打开，印了 100 万，借给 B 买了这颗石子。

然后，B 开始转卖这颗石子，以 100 万卖给了 C。由于 A 把钱花了，所以岛上的钱多了，所以这 100 万可以筹集到。但当 C 把这颗石子以 200 万转让的时候，银行只能又印了 100 万。就这样，钞票越印越多。当这颗石子不停地流动时，大家并不觉得岛上的钱多，产品价格还是和原来的一样。可是当这颗石子不流通或流通得慢时，大家觉得钱多了。如果持有石子的人把它扔到大海里，那就等于岛上凭空多出了 N 个 100 万来。怎么办？央行最害怕的就是这颗石子没了，它没了，岛上产品的价格就会飞涨，就会通货膨胀。那么，持有石子的人就"绑架"了岛上的经济。

很多人谈到通货膨胀，都会有谈虎色变的感觉。例如，季羡林先生回忆起他在 20 世纪 40 年代当教授时，金圆券飞涨，一发工资就赶快跑步去买米，跑快跑慢米价都不一样。其实，通货膨胀和市场经济是一对孪生兄弟，历史几乎一样漫长。绝大多数时候，通货膨胀都是温柔的，不仅没有危害，对经济还能起到促进的作用，只有在特殊的时候，通货膨胀才能带来毁灭性的破坏作用。

不过，经济学家发现通货膨胀也有很可爱的一面，以下面的例子来说明：

1. 口红效应

当商店中的口红卖得少且较慢时，一般经济都处于繁荣或者即将繁荣的阶段，也就是通货膨胀潜伏期。因为这时的女性充满自信，喜欢淡妆。而当商店中的口红卖得较快时，此时的经济一般处于衰退期，也就是通货膨胀期。因为此时的职业女性不自信，需要靠化妆来掩饰自己。

2. 皮鞋成本

通货膨胀期间，人们会经常跑银行提现金，这种频繁的跑步会让你的皮鞋磨损得更快。不过，这只是一个比喻，指为在手头上保留较少的现金，你必须付出必要的时间和资源。

另外，还有人说通货膨胀期间，人们出门要坐

第一次世界大战以后，德国货币贬值，上图为儿童拿贬值的马克堆积木玩。

公共汽车，不坐出租车，因为出租车是下车才交钱，而公共汽车是上车交钱，就这么一会儿工夫，票价已经涨上去了。

一般人总把通货膨胀视为坏事，因为他们认为通货膨胀是使其赚得的钱迅速贬值的过程，但经济学家认为这是一个错误的认识。因为当物价上涨时，人们支出与收入也呈同比例增长，通货膨胀并没有降低人们的实际购买力。当然，恶性通货膨胀除外，当它出现苗头时，还是小心为上。

通货紧缩比通货膨胀更可怕

经济学中有句话叫通缩比通胀更可怕，宁要通胀不要通缩。通货紧缩是指由于产能过剩或需求不足导致各类价格持续下跌的现象。大家也许会觉得奇怪，通货膨胀让我们担心钱包里的钱贬值，而通货紧缩使得大家手里的钱越来越值钱，用同样的钱可以买到更多的东西，对消费者来说是求之不得的好事，还有什么可担心的呢？

很多人会认为，这不是正代表着抑制通货膨胀的目标得到了实现吗？其实不然。物价的持续下滑会让通货膨胀转为通货紧缩，而严重通货紧缩的后果是，企业关门倒闭，失业者大量增加，商品供过于求，银行坏账增多，经济严重衰退。

其实，通货紧缩与通货膨胀都属于货币领域的一种病态，但通货紧缩对经济发展的危害比通货膨胀更严重。比如，在通货紧缩的情况下，如果消费者能维持原有的收入，那么物价的下降将提高消费者的生活质量，但是很多情况下企业会因利润下降被迫降薪或裁员。

通货紧缩可能带来的危害大多是隐性的，其主要负面影响有以下几个方面：

第一，长期的通货紧缩会抑制投资与生产。不断弱化的市场需求会迫使企业降价，导致其利润下降。如果物价存在长期下降的趋势，消费者和企业就将推迟购买和采购，而这种行为将导致物价进一步陷入低迷。这样，需求越不足，产能就会越过剩，就越会给价格带来更大的下跌压力，通缩就会更加剧，大大削弱企业进行资本投资或生产的动力。

第二，通货紧缩还会导致经济衰退并可能危害金融体系。当企业和个人对银行负债时，物价不断下降使得钱越来越值钱，意味着他们的负债越来越多，从而对他们的消费支出有负面影响。通常，债务人要比债权人有更高的支出倾向，在这种情况下，债务人减少的支出比债权人增加的支出多。也就是说，在通货紧缩的情况下，欠债人是受损的。

第三，随着负债的增多会导致债务人要向银行提供更多的抵押物，这样，市场萧条与债务加重将造成大量企业和个人的破产，大量的破产又会造成银行坏债的增加，危及金融体系。

按照通货紧缩的发生程度不同，可以分为相对通货紧缩和绝对通货紧缩。相对通货紧缩是指物价水平在零值以上，在适合一国经济发展和充分就业的物价水平区间以下，在这种状态下，物价水平虽然还是正增长，但已经低于该国正常经济发展和充分就业所需要的物价水平，通货处于相对不足的状态。这种情形已经开始损害经济的正常发展，虽然是轻微的，但如果不加重视，可能会由量变到质变，对经济发展的损害会加重。

绝对通货紧缩是指物价水平在零值以下，即物价出现负增长，这种状态说明一国通货处于绝对不足状态。这种状态的出现，极易造成经济衰退和萧条。根据对经济的影响程度，又可以

通货紧缩的影响

通货紧缩可能带来的危害大多是隐性的。而通货紧缩的主要负面影响有以下几个方面：

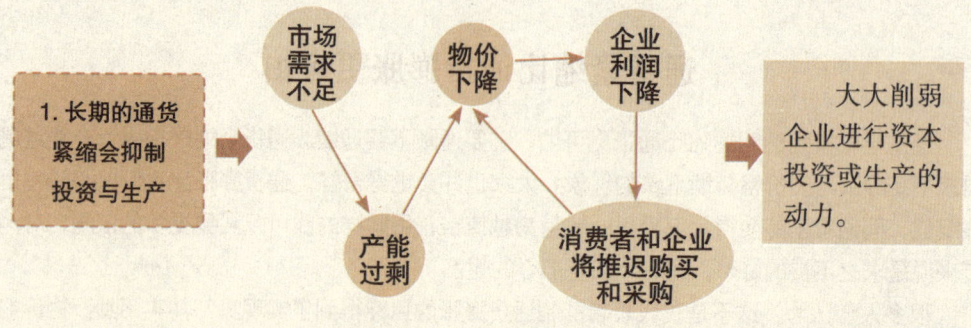

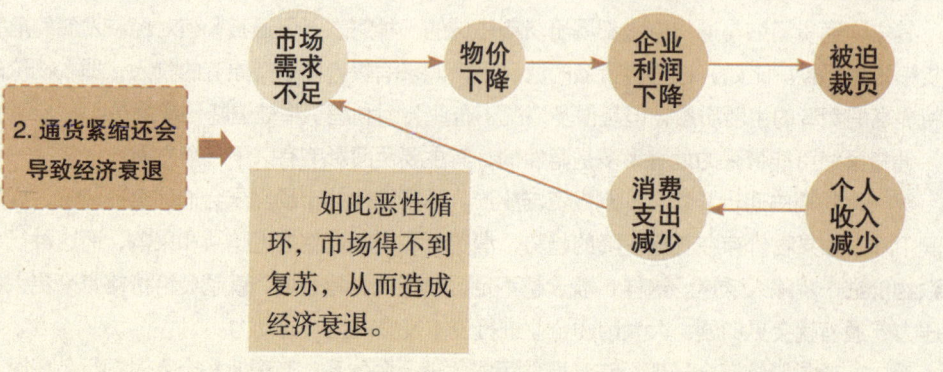

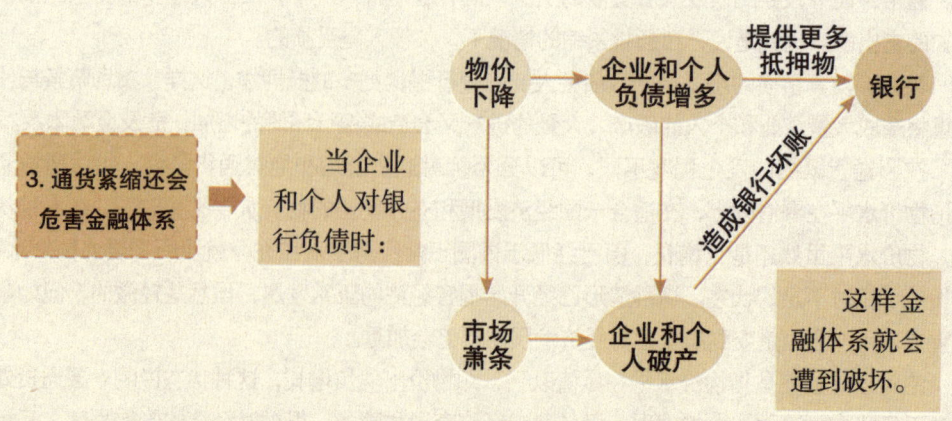

分为轻度通货紧缩、中度通货紧缩和严重通货紧缩。而这三者的划分标准主要是物价绝对下降的幅度和持续的时间长度。一般来说，物价出现负增长，但幅度不大（比如 -5%），时间不超过两年的称为轻度通货紧缩。物价下降幅度较大（比如在 -5%~-10%），时间超过两年的称为中度通货紧缩。物价下降幅度超过两位数，持续时间超过两年甚至更长的称为严重通货紧缩，20 世纪 30 年代世界性的经济大萧条所对应的通货紧缩，就属此类。

界定通货紧缩，在一般情况下可以而且能够用物价水平的变动来衡量，因为通货紧缩与通货膨胀一样是一种货币现象。但是如果采取非市场的手段，硬性维持价格的稳定，就会出现实际产生了通货紧缩，但价格可能并没有降下来的状况，而这种类型的通货紧缩就是隐性通货紧缩。

由于通货紧缩形成的原因比较复杂，并非由单一的某个方面的原因引起，而是由多种因素共同作用形成的混合性通货紧缩，因此治理的难度甚至比通货膨胀还要大，必须根据不同国家不同时期的具体情况进行认真研究，才能找到有针对性的治理措施。

反思我国通货紧缩局面的形成，无不跟政府主导型发展战略有关，像国有企业大量亏损，失业现象严重，重复建设造成经济结构的扭曲，短缺与无效供给的并存都与政府对市场的过度干预紧密相连。因此，要想尽快走出通货紧缩的困境，必须加大改革力度，充分发挥市场机制的作用；必须增强企业的活力，使其真正发挥促进经济发展的关键作用。

一般而言，要治理通货紧缩，必须实行积极的财政政策，增加政府公共支出，调整政府收支结构。就是要在加大支出力度的基础上，既要刺激消费和投资需求，又要增加有效供给。而通货紧缩既然是一种货币现象，那么治理通货紧缩，也就必须采取扩张性的货币政策，增加货币供给，以满足社会对货币的需求。作为中央银行，可以充分利用自己掌握的货币政策工具，影响和引导商业银行及社会公众的预期和行为。在通货紧缩时期，一般要降低中央银行的再贴现率和法定存款准备金率，从社会主体手中买进政府债券，同时采用一切可能的方法，鼓励商业银行扩张信用，从而增加货币供给。财政政策与货币政策的配合运用，是治理通货紧缩和通货膨胀的主要政策措施。

第九章
银行：货币经济发展的产物

银行，金融机构家族的"老大哥"

　　银行是通过存款、贷款、汇兑、储蓄等业务，承担信用中介的金融机构。它是金融机构之一，而且是最主要的金融机构，它主要的业务范围有吸收公众存款、发放贷款以及办理票据贴现等。那么，银行是怎么发展来的呢？

　　中世纪的时候，欧洲只有两种人有钱，一种是贵族，另一种是主教。所以，银行是不必要的，因为根本没有商业活动。到了17世纪，一些平民通过经商致富，成了有钱的商人。他们为了安全，都把钱存放在国王的铸币厂里。那个时候还没有纸币，所谓存钱就是指存放黄金。因为那时实行"自由铸币"制度，任何人都可以把金块拿到铸币厂里，铸造成金币，所以铸币厂允许顾客存放黄金。

　　但是这些商人没意识到，铸币厂是属于国王的，如果国王想动用铸币厂里的黄金，那是无法阻止的。1638年，英国的国王查理一世同苏格兰贵族爆发了战争，为了筹措军费，他就征用了铸币厂里平民的黄金，美其名曰贷款给国王。虽然，黄金后来还给了原来的主人，但是商人们感到，铸币厂不安全。于是，他们把钱存到了金匠那里。金匠为存钱的人开立了凭证，以后拿着这张凭证，就可以取出黄金。

　　这时正是17世纪60年代末，现代银行就是在那个时候诞生的。所以，世界上最早的银行都是私人银行，最早的银行券都是由金匠们发行的，他们和政府没有直接的关系。

　　从上面这段资料，大家就可以看出，银行起源于古代的货币经营业。而货币经营业主要从事与货币有关的业务，包括金属货币的鉴定和兑换、货币的保管和汇兑业务。当货币经营者手中大量货币聚集时就为发展贷款业务提供了前提。随着贷款业务的发展，保管业务也逐步改变成存款业务。当货币活动与信用活动结合时，货币经营业便开始向现代银行转变。1694年，英国英格兰银行的建立，标志着西方现代银行制度的建立。

　　"银行"一词，源于意大利词Banca，其原意是"长凳、椅子"，是最早的市场上货币兑换商的营业用具。英语转化为Bank，意为存钱的柜子。在我国，之所以有"银行"之称，则与我国经济发展的历史相关。在我国历史上，白银一直是主要的货币材料之一。"银"往往代表的就是货币，而"行"则是对大商业机构的称谓。把办理与银钱有关的大金融机构称为银行。

在我国，明朝中叶就形成了具有银行性质的钱庄，到清代又出现了票号。第一次使用银行名称的国内银行是"中国通商银行"，成立于1897年5月27日，最早的国家银行是1905年创办的"户部银行"，后称"大清银行"，1911年辛亥革命后，大清银行改组为"中国银行"，一直沿用至今。

银行

货币经济的发展给储蓄带来了巨大影响。一方面它可以使现在的储蓄在将来使用时更加便捷；另一方面，它使投资更加具有安全性，也使得一个没有任何机会从事经营的人也可以从中获得好处。银行就是货币经济发展的产物，图为早期的银行柜台，银行使得人们可以将现在的储蓄留到年老以后使用。

在我国，银行有多种分类方法，一般大而化之的分类方法是把银行按如下方法分类：

第一类是中国人民银行，它是中央银行，在所有银行当中起管理作用。

第二类是政策性银行，如农业发展银行、国家开发银行、进出口银行，它们一般办理政策性业务，不以营利为目的。

第三类是商业银行，又可分为全国性国有商业银行，如工行、农行、中行、建行；全国性股份制商业银行，如招商银行、华夏银行；民生银行，区域性商业银行，如广东发展银行；地方性商业银行，如武汉市商业银行、南京银行。不过，随着银行业务范围的扩大，这三种银行的区别正在缩小。

最后一类是外资银行。外资银行有很多，比较著名的有花旗银行、汇丰银行等等。在现在，外资银行一般都设在一线城市，它的业务与国内银行有很大不同，现在已逐步放开它的业务范围。

值得注意的是，银行是经营货币的企业，它的存在方便了社会资金的筹措与融通，它是金融机构里面非常重要的一员。商业银行的职能是由它的性质所决定的，主要有五个基本职能：

（1）信用中介职能。信用中介是商业银行最基本、最能反映其经营活动特征的职能。这一职能的实质，是通过银行的负债业务，把社会上的各种闲散货币集中到银行里来，再通过资产业务，把它投向经济各部门；商业银行是作为货币资本的贷出者与借入者的中介人或代表，来实现资本的融通，并从吸收资金的成本与发放贷款利息收入、投资收益的差额中，获取利益收入，形成银行利润。商业银行通过信用中介的职能实现资本盈余和短缺之间的融通，并不改变货币资本的所有权，改变的只是货币资本的使用权。

（2）支付中介职能。银行除了作为信用中介，融通货币资本以外，还执行着货币经营业的职能。通过存款在账户上的转移，代理客户支付，在存款的基础上，为客户兑付现款等，成为工商企业、团体和个人的货币保管者、出纳者和支付代理人。

（3）信用创造功能。商业银行在信用中介职能和支付中介职能的基础上，产生了信用创造职能。以通过自己的信贷活动创造和收缩活期存款，而活期存款是构成货币供给量的主要部分。因此，商业银行就可以把自己的负债作为货币来流通，具有了信用创造功能。

（4）金融服务职能。随着经济的发展，工商企业的业务经营环境日益复杂化，许多原来属于企业自身的货币业务转交给银行代为办理，如发放工资、代理支付其他费用等。个人消费也由原来的单纯钱物交易，发展为转账结算。现代化的社会生活，从多方面给商业银行提出了金融服务的要求。

（5）调节经济职能。调节经济是指银行通过其信用中介活动，调剂社会各部门的资金短缺，同时在央行货币政策和其他国家宏观政策的指引下，实现经济结构、消费比例投资、产业结构等方面的调整。此外，商业银行通过其在国际市场上的融资活动还可以调节本国的国际收支状况。

商业银行的"本钱"

做生意必须要有本钱。如果有人想做生意，而自己一分本钱都没有，你敢借钱给他吗？同样的道理，商业银行也要有自己的本钱，即资本金。谁敢把钱存进没有本钱的银行呢？

资本金是商业银行的立身之本。没有本钱或者本钱过少，商业银行就无法经营。商业银行的资本金与一般企业的资本金是大不相同的。按照国际惯例，企业负债率（即负债占总资产的比率）通常在60%～70%，资本金比率在30%～40%。但商业银行是特殊的企业，它的资金80%～90%是从各种各样的客户手中借来的，它的资本金只占全部资产的10%左右。各国的商业银行法均为商业银行设立有最低注册资本限额。此外，根据巴塞尔协议，商业银行的资本充足率要达到8%，其中核心资本要达到4%。

中外贸易的早期，香港的金融业务一般由主要的大洋行，比如怡和和旗昌来兼营。另外，一些总部在英国和印度的银行也在香港做一些金融业务，比如汇理银行、渣打银行等。只不过这些银行的重心并不在香港，因此，所提供的金融服务并不能完全满足贸易的需要。到了19世纪60年代，这种金融服务的欠缺状况已经越来越明显。

在印度的英国商人敏锐地意识到了这个商业机会。孟买的一些英国商人开始筹建面向中国市场的"中国皇家银行"。这个消息传到香港以后，引起了另一个英国人的注意，这个英国人就是汇丰银行的主要发起人苏石兰。当时，苏石兰是著名的大英轮船公司在香港的代理人，已经在港工作了十多年。由于大英轮船公司的声望和他本人的资历，苏石兰在香港已经有了相当程度的号召力。苏石兰决心抢先开办一家银行，方便在香港和日益兴盛的上海等地区进行贸易活动的洋行中的商人们的经济往来。

苏石兰拿着银行成立的计划书，走遍了香港的主要大洋行，希望得到这些洋行的支持，他本人持有注册资本金500万港元。大多数有名的洋行都欣然同意入股，所需资金很快募足。1864年8月6日，汇丰银行召开了由多家洋行参加的临时委员会第一次会议。1865年年初，汇丰完成筹备工作。3月3日，汇丰银行正式开业，总部就设在今天香港汇丰银行的所在地。

140多年来，这个地址始终未变。如今的汇丰银行总部仍然保持着那个时代的印记，那老式的建筑记录了现代银行业的发展轨迹。

汇丰银行为什么能在短短的时间之内就迅速地成立起来？这都得益于其创始人苏石兰获得了充足的资本金，这是任何一家银行成立必不可少的一大笔本钱。

从本质上看，属于商业银行的自有资金才是资本，它代表着投资者对商业银行的所有权，同时也代表着投

银行的金库
图中是一个银行的金库。银行的资本有耐久的使用权，资本在这个行业和公共事业以及铁路、电车、航运等交通运输业中有绝对支配权。所以银行并不在意自身是否具有开创性、迅捷性、目标性与主动性等优势。

资者对所欠债务的偿还能力。但是，在实际工作中，一些债务、商业银行持有的长期债券也被当作银行资本。

在日常经营和保证长期生存能力中，商业银行的资本金起到了关键的作用，这种关键的作用主要体现在六大方面：

（1）资本金是一种减震器。当管理层注意到银行的问题并恢复银行的营利性之前，资本通过吸纳财务和经营损失，减少了银行破产的风险。

（2）在存款流入之前，资本为银行注册、组建和经营提供了所需资金。一家新银行需要启动资金来购买土地、盖新楼或租场地、装备设施，甚至聘请职员，而这些都离不开大量的资金。

（3）资本增强了公众对银行的信心，消除了债权人（包括存款人）对银行财务能力的疑虑。银行必须有足够的资本，才能使借款人相信银行在经济衰退时也能满足其信贷需求。

（4）资本为银行的增长和新业务、新计划及新设施的发展提供资金。当银行成长时，它需要额外的资本，用来支持其增长并且承担提供新业务和建新设施的风险。大部分银行最终的规模超过了创始时的水平，资本的注入使银行在更多的地区开展业务，建立新的分支机构来满足扩大了的市场和为客户提供便利的服务。

（5）资本作为规范银行增长的因素，有助于保证银行实现长期可持续的增长。管理当局和金融市场要求银行资本的增长大致和贷款及其风险资产的增长一致。因此，随着银行风险的增加，银行资本吸纳损失的能力也会增加，银行的贷款和存款如果扩大得太快，市场和管理机构就会给出信号，要求它或者放慢速度，或者增加资本。

（6）资本在银行兼并的浪潮中起了重要作用。根据规定，发放给一个借款人的贷款限额不得超过银行资本的15%，因此，资本增长不够快的银行会发觉自己在争夺大客户的竞争中失去了市场份额。

□ 图解经济学

商业银行具有创造货币供给的职能

现代社会流动的资金是在银行创造的，银行通过什么来创造货币呢？它通过信用创造货币供给，这些货币叫作信用货币。我们日常用的钞票确实是印钞厂印出来的，但是作为全社会的货币供给，却是银行通过信用创造出来的。

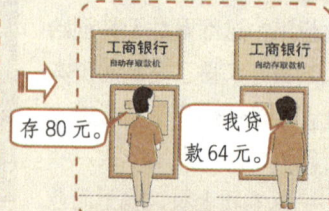

假设我国的法定准备金率是20%，一个储户将100元存入工行，工行必须把20元留下交给中央银行——中国人民银行，它就只能贷出80元了。

有个人正好去工行借80元，这个人拿80元买东西，商家又把这80元存入它的开户银行——工行。

工商银行收到这80元钱后又将其中16元上交中国人民银行，它只能贷出64。

贷款人在书店消费64元，这家书店又把这64元存入开户的工行。

工行接到这笔钱后，还要把20%的法定准备金交到中国人民银行，于是只能贷出51.2元……

如此下去，储户的100元存款通过银行系统不断存贷而放大，最后变成了多少钱呢？答案是在账面上银行新增贷款是400元，货币总量增加了500元，法定准备金是100元。通过这个例子你就可以知道钱是怎么通过银行信用创造出来的。所以，商业银行具有创造货币供给的功能。

商业银行的资本金可以说是商业银行的命脉所在,是关系银行稳定的重要支柱。因此,金融监管部门和国际上的金融监管组织都对商业银行的资本金充足水平做出了较严格的规定,同时加以严格监督。

在稳定中增值

中国人有储蓄的传统。过日子,一般都会积攒一部分以备将来的开销,像购房、看病、子女上学、自己养老,都需要大笔开支,都得事先积蓄准备。节省出来的钱放在哪里呢?放在家里不安全,投入股市风险又太大,一般人都会选择存进银行。储蓄是指存款人在保留所有权的条件下,把使用权暂时转让给银行或其他金融机构的资金或货币,这是最基本也最重要的金融行为或活动。

存款是银行最基本的业务之一,没有存款就没有贷款,也就没有银行。从产生时间来看,存款早于银行。中国在唐代就出现了专门收受和保管钱财的柜坊,存户可凭类似支票的"贴"或其他信物支钱。中世纪在欧洲出现的钱币兑换商也接受顾客存钱,属钱财保管性质,不支付利息,是外国银行存款业务的萌芽。随着银行和其他金融机构的出现,银行的储蓄存款业务得到了迅速发展。

中国的老百姓有储蓄的传统,只不过在以前,人们储蓄是选择自己保存金钱,如今选择银行保存现金。在我国,储蓄存款的基本形式一般可分为活期储蓄和定期储蓄两种。

活期储蓄指不约定存期、客户可随时存取、存取金额不限的一种储蓄方式。活期储蓄是银行最基本、常用的存款方式,客户可随时存取款,自由、灵活调动资金,是客户进行各项理财活动的基础。活期储蓄以1元为起存点,外币活期储蓄起存金额为不得低于20元或100元人民币的等值外币(各银行不尽相同),多存不限。开户时由银行发给存折,凭折存取,每年结算一次利息。活期储蓄适合于个人生活待用款和闲置现金款,以及商业运营周转资金的存储。

定期储蓄存款是约定存期,一次或分次存入,一次或多次取出本金或利息的一种储蓄存款。定期储蓄存款存期越长利率越高。我国各大银行的定期储蓄主要包括:整存整取定期储蓄存款、零存整取定期储蓄存款、存本取息定期储蓄存款、定活两便储蓄存款、通知存款、教育储蓄存款、通信存款。

选择储蓄,图的是安全稳妥,所以在选择储蓄品种时,应当首先考虑方便与适用,在此基础上,再考虑怎么获得更多利息。日常的生活费、零用钱,由于需要随时支取,最适合选择活期储蓄。如果有一笔积蓄在很长时间内不会动用,可以考虑整存整取定期存款,以便获得较高的利息,存款期限越长,利息越高。如果要为子女教育提前积蓄资金,也可以选择银行开办的教育储蓄。

对于普通老百姓而言,储蓄是最基本的金融活动,储蓄理应成为每个人生活必不可少的一部分。

藤田田是日本所有麦当劳快餐店的主人。麦当劳是世界闻名的连锁快餐公司,但他年轻的时候,想要获得特许经营权,至少要有75万美元的现金,但藤田田只有5万美元。为了实现经营麦当劳的理想，藤田田决定去贷款。一天早上，他敲响了日本住友银行总裁办公室的门。银行总裁问他现在手里的现金有多少。"我有5万美元！""那你有担保人吗？"总裁问。藤田田说："没有。"总裁委婉地拒绝他的要求。在最后时刻，藤田田说："您能不能听听我那5万美元的来历？"总裁点头默许。于是藤田田开始说道："您也许会奇怪，我这么年轻怎么会拥有这笔存款？因为几年来我一直保持着存款的习惯，无论什么情况发生，我每个月都把工资奖金的三分之一存入银行。不论什么时候想要消费，我都会克制自己咬牙挺过来。因为我知道，这些钱是我为干一番事业积攒下来的资本。"听了这话，总裁不禁对这个年轻人的毅力和恒心触动了。接下来，他给藤田田存款的银行打去了电话，得到了对方银行肯定的答复。放下电话，他告诉藤田田："我们住友银行，无条件地支持你经营麦当劳的举动，请来办理贷款手续吧！"

这位总裁后来对藤田田说道："藤田田先生，我的年龄是你的两倍，我的工资是你的三十倍，可是我的存款到现在都没有你多。年轻人，你会很了不起的。我不会看错人的，加油吧！"在银行的帮助下，藤田田成为日本商界叱咤风云的人物。

想不到吧，存款有时候会给人生带来这么大的机遇。对于普通人来说，储蓄存款是必要的理财手段之一。由于现阶段众多家庭的投资风险承受能力有限，很多居民选择将闲置资金存入具有安全性高的银行。面对商业银行众多的储蓄存款业务，该如何为自己选择最合适的储蓄品种组合呢？选择合适的储蓄方法，应该选择最划算的储蓄方法。下面介绍三种储蓄组合方法：

1. 阶梯存储法

以5万元为例。2万元存活期，便于随时支取；3万元中，1年期、2年期、3年期定期储蓄分别存1万元。1年后，将到期的1万元再存3年期，依此类推，3年后持有的存单则全部为3年期的，只是到期的年限不同，依次相差1年。这种方法的优点是：年度储蓄到期额保持等量平衡，既能应对储蓄利率的调整，又可获取3年期存款的较高利息。适宜于工薪家庭为子女积累教育基金等。

2. 连月存储法

每月存入一定的钱款，所有存单年限相同，到期日期也分别相差1个月。这种方法能最大限度发挥储蓄的灵活性，一旦急需，可支取到期或近期的存单，减少利息损失。

3. 组合存储法

存本取息与零存整取相组合的储蓄方法。先存为存本取息储蓄，1个月后取出利息，再存为零存整取储蓄，以后每月照此办理。这样，存本取息储蓄的利息，在存入零存整取储蓄账户后又获得了利息。

贷款也有好坏之分

贷款是银行或其他金融机构按一定利率和必须归还等条件出借货币资金的一种信用活动形式。广义的贷款指贷款、贴现、透支等出贷资金的总称。银行通过贷款的方式将所集中的货币和货币资金投放出去，可以满足社会扩大再生产对补充资金的需要，促进经济的发展；同时，银行也可以由此取得贷款利息收入，增加银行自身的资金积累。

下篇　生活中的经济学

放贷者和他的妻子　昆丁·梅特西斯　油画　1529年
图中是正在称量钱币的放贷者和他的妻子。在放贷者把资本借给他人以供他人使用的同时，借贷者要支付较高的利息。这是因为，放贷者为了避免由于借贷者本身品行或个人才智的欠缺而发生意外。

对于创业以及需要大笔资金的人来说，借贷是最快捷的筹集资金的方式。而且，聪明的借贷方式还能让你获得巨大的成功，你不但能够利用别人的资本赚钱，你赢得的部分，还有可能远远超过你借贷过程当中所要支付的利息。但前提是你要拥有让人值得信赖的信誉——按期还贷。

1960年，28岁的阿克森还在纽约自己的律师事务所工作。面对众多的大富翁，阿克森不禁对自己清贫的处境感到不满。他决心要闯荡一下。

有一天，他来到事务所邻街的一家银行，找到这家银行的借贷部经理后，阿克森声称要借一笔钱，修缮律师事务所。当他走出银行大门的时候，他的手中已经握有1万美元的现金支

269

票。接着，阿克森把这1万美元存入了另一家银行。然后，阿克森又走了两家银行，重复了同样的做法。这两笔共2万美元的借款利息，用他的存款利息相抵，相差不了多少。几个月后，阿克森就把存款取了出来，还给了两家银行。这样，阿克森便在这几家银行建立了初步信誉。此后，阿克森便在更多的银行之间玩弄这种短期借贷和提前还债的把戏，但是数额越来越大。不到一年的时间，阿克森就建立了可靠的银行信用。

有了可靠的信誉，不久，阿克森就在银行借来了10万美元，买下了费城一家濒临倒闭的公司。当时是20世纪60年代的美国，到处都充满机会。8年之后，在阿克森的用心经营下，他已经拥有高达1.5亿美元的资产！

阿克森就这样运用他聪明的大脑，在银行里获得了足够的贷款，开始了创业的历程。其实不仅阿克森，几乎所有梦想创业的人都在梦寐以求得到一笔贷款。

如今，银行为了防止出现贷款坏账，提高贷款质量，需要对已经发放的贷款进行谨慎科学的管理，密切监控贷款的风险，所以要对贷款进行科学分类。

1998年以前，中国商业银行将贷款划分为正常、逾期、呆滞、呆账四种类型，后三种合称为不良贷款，在我国简称"一逾两呆"。逾期贷款是指逾期未还的贷款，只要超过一天即为逾期；呆滞是指逾期两年或虽未满两年但经营停止、项目下马的贷款；呆账是值按照财政部有关规定确定已无法收回，需要冲销呆账准备金的贷款。中国商业银行的呆账贷款大部分已形成应该注销而未能注销的历史遗留问题。

这种分类方法简单易行，在当时的企业制度和财务制度下，的确发挥了重要的作用，但是，随着经济改革的逐步深入，这种办法的弊端逐渐显露，已经不能适应经济发展和金融改革的需要了。比如未到期的贷款，无论是否事实上有问题，都视为正常，显然标准不明。再比如，把逾期一天的贷款即归为不良贷款似乎又太严格了。另外这种方法是一种事后管理方式，只有超过贷款期限，才会在银行的账上表现为不良贷款。因此，它对于改善银行贷款质量、提前对问题贷款采取一定的保护措施，常常是无能为力的。所以，随着不良贷款问题的突出，这种分类方法也到了非改不可的地步。

从1998年起，依据中国人民银行制定的《贷款风险分类指导原则》，我国银行开始施行新的贷款五级分类办法。贷款五级分类是目前国际上通行的比较科学的贷款划分方法，从每笔贷款偿还的可能性出发，把贷款划分为五个档次，评估贷款的质量和真实价值。

（1）正常贷款。借款人有能力履行承诺，还款意愿良好，经营、财务等各方面状况正常，能正常还本付息，银行对借款人最终偿还贷款有充分把握。借款人可能存在某些消极因素，但现金流量充足，不会对贷款本息按约足额偿还产生实质性影响。

（2）关注贷款。尽管借款人目前有能力偿还贷款本息，但存在一些可能对偿还产生不利影响的因素，如这些因素继续下去，借款人的偿还能力受到影响，贷款损失的概率不会超过5%。

（3）次级贷款。借款人的还款能力出现明显问题，完全依靠其正常营业收入无法足额偿还贷款本息，需要通过处分资产或对外融资乃至执行抵押担保来还款付息。贷款损失的概率在30%～50%。

（4）可疑贷款。借款人无法足额偿还贷款本息，即使执行抵押或担保，也肯定要造成一部分损失，只是因为存在借款人重组、兼并、合并、抵押物处理和未决诉讼等待定因素，损失金额的多少还不能确定，贷款损失的概率为 50%～75%。

（5）损失贷款。指借款人已无偿还本息的可能，无论采取什么措施和履行什么程序，贷款都注定要损失了，或者虽然能收回极少部分，但其价值也是微乎其微，从银行的角度看，也没有意义和必要再将其作为银行资产在账目上保留下来，对于这类贷款在履行了必要的法律程序之后应立即予以注销，其贷款损失的概率为 75%～100%。

五级分类是国际金融业对银行贷款质量的公认的标准，这种方法是建立在动态监测的基础上，通过对借款人现金流量、财务实力、抵押品价值等因素的连续监测和分析，判断贷款的实际损失程度。也就是说，五级分类不再依据贷款期限来判断贷款质量，能更准确地反映不良贷款的真实情况，从而提高银行抵御风险的能力。

银行减少风险的手段

商业银行也是企业，但又与一般的工商企业不同，它是经营"钱"的特殊企业，因此，它的经营原则与一般企业也有显著的区别。

与一般企业一样，商业银行经营的最终目标也是尽可能多地赚钱，这也就被称为商业银行的营利性原则。商业银行发放贷款是为了在收回本金的同时赚取利息；为客户提供汇兑、转账、结算等中间业务，是为了收取手续费；积极进行业务创新，开发新的金融工具，说到底也是为了营利。在营利性原则上，商业银行与一般企业没有什么区别。

商业银行在追求营利性目标的同时，还必须兼顾两个基本原则：一个是安全性原则，另一个是流动性原则。

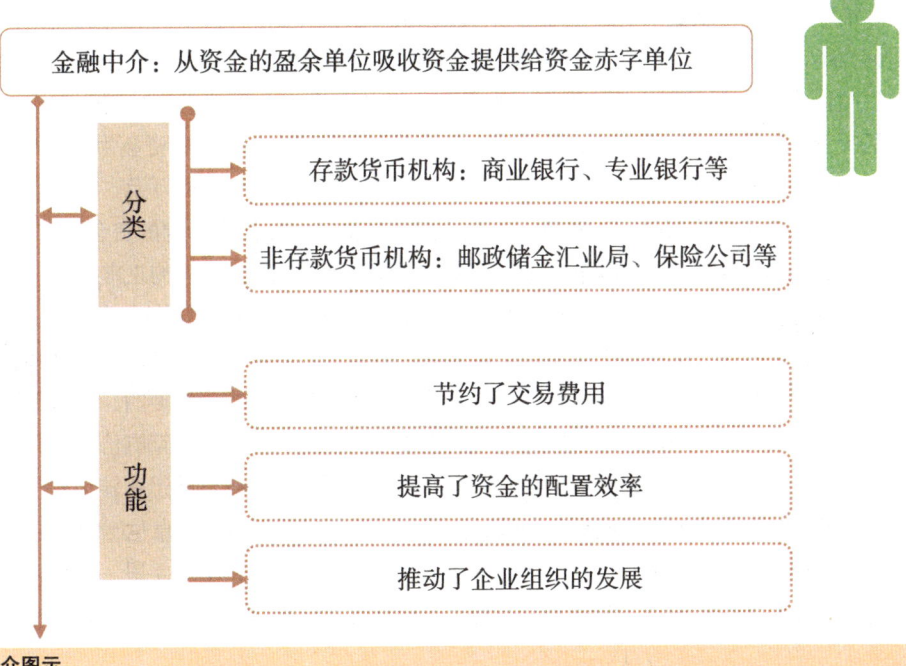

金融中介图示

商业银行的自有资本金很少，资金的主要来源是公众存款，也就是说商业银行主要是拿别人的钱做生意，一旦经营不善甚至发生破产，就会影响广大公众的利益，因而风险高度集中。商业银行在经营的过程中会面临很多风险，必须强调安全性原则，避免出现经营风险。

商业银行吸收了大量的公众存款，每天都会有人到银行提取现金，因此，商业银行必须时刻准备足够的现金以满足存款者的提现需要，这就是所谓的流动性原则。

安全性原则与流动性原则是统一的。现金显然是最安全也是流动性最强的资产，商业银行保有大量的现金就同时符合这两个原则。但安全性、流动性原则与营利性原则是有矛盾的。因为金库里躺着大量的现金虽然最安全，流动性也最强，却是闲钱，一分钱也多挣不来。商业银行必须把钱投入使用才能生利。但投入使用的资金越多，越难以满足银行流动性需要；资金用到收益越高的业务上，产生的风险就越大。但是，这两个原则与营利性原则不是绝对矛盾的，它们又有统一的一面，因为只有满足了安全性和流动性原则，商业银行才能够生存，才能够营利。

总之，银行必须从实际出发，在安全性、流动性和营利性三者之间寻求最佳的平衡点。而最关键的是，商业银行必须要保证自己手里留点活钱。活钱留少了不够用，留得太多又造成浪费。因此，商业银行为了平衡流动性和营利性原则，通常保持不同层次的准备资产。

实行准备资产的目的是确保商业银行在遇到突然大量提取银行存款时，能有相当充足的清偿能力。自20世纪30年代以后，法定准备金制度成为国家调节经济的重要手段，是中央银行对商业银行的信贷规模进行控制的一种制度。

现金具有最强的流动性，能够随时满足流动性需要，因而现金资产又被称作商业银行的第一准备或一级准备。商业银行的现金资产包括库存现金、同业存款（一家商业银行存在别家商业银行的存款）和在中央银行的超额准备金存款。需要指出的是，商业银行在中央银行的存款中，有相当一部分是为了满足法定存款准备金的要求而存放的，这部分存款商业银行不能动用。只有超过法定准备金存款要求的超额准备金存款和银行自己的库存现金，才是银行可以自由支配的现金资产。由于这些资产的利息很低或没有利息，商业银行自然希望现金准备越少越好。

究竟什么是准备金呢？打比方说，如果存款准备金率为10%，就意味着金融机构每吸收1000万元存款，要向央行缴存100万元的存款准备金，用于发放贷款的资金为900万元。倘若将存款准备金率提高到20%，那么金融机构的可贷资金将减少到800万元。在存款准备金制度下，金融机构不能将其吸收的存款全部用于发放贷款，必须保留一定的资金即存款准备金，以备客户提款的需要，因此存款准备金制度有利于保证金融机构对客户的正常支付。

为了满足流动性需要，商业银行还会持有一部分能够快速变现的短期有价证券，这部分准备资产就是银行的第二准备或二级准备。短期有价证券的流动性不如现金的流动性强，但是它可以带来一定的利息收入。当银行手里的现金不足以满足客户的提现需要时，银行就可以迅速卖出这些短期证券，用取得的现金来应付流动性需要。可见，这样的短期有价证券必须是信用等级比较高、市场上交易比较活跃的证券，商业银行在需要的时候能够迅速转手卖出套现。满足这些要求的短期有价证券一般是短期政府公债，当然，这些证券的利息也比较低。

商业银行的一级准备和二级准备是商业银行满足流动性需要的主要手段。当然，在遇到突发性的大规模的提现需要时，商业银行在用尽一级准备和二级准备之后，还可以通过向其他商业银行或中央银行借款来渡过难关。

借款为什么会存在风险

在古希腊，有个人想要外出却没有钱，便向他的邻居借，并向他的邻居立了字据。过了很久，这个人总是不还钱，邻居便向他讨债。这个人不想还钱了，于是便说："事物是运动变化的，此时的我已经不是当初借钱的我了，现在的我没有还钱的义务。"于是便赖账不还。邻居很生气，一怒之下狠狠打了他一记耳光。赖账的人要去见官告状，二人闹到法官那里。法官问欠账的那个人："欠债还钱，天经地义，你为什么借钱不还？"这个人把他的理由陈述了一遍。法官觉得很在理，又问他的邻居："为什么你要打他？"邻居回答说："事物是运动变化的，此时的我已经不是打他时候的我了，现在的我没打他！"赖账的人无言以对。

这个故事说明了借款是存在风险的，而这种风险就是信用风险。信用风险是指借款人由于种种原因，不愿履行或无力履行合同的条件而构成了违约，致使贷款人遭受损失。因此，信用风险又称违约风险。在金融经济中，主要是指交易对手未能履行约定契约中的义务而造成经济损失的风险，即受信人不能履行还本付息的责任而使授信人的预期收益与实际收益发生偏离的可能性，它是金融风险的主要类型。

从15世纪起，信贷就已经成为欧洲主要的商业活动之一。

发生违约时，债权人或银行必将因为未能得到预期的收益而承担财务上的损失。由于信用风险会对公司或个人的利益产生很大的影响，因此信用风险管理就显得非常重要。较大的公司常有专门人员，针对各个交易对象的信用状况作评估来衡量可能的损益以及减低可能的损失。

信用风险管理为目前金融业界的最大课题之一，信用风险对于银行、债券发行者和投资者来说都是非常重要的。若某公司违约，则银行和投资者都得不到预期的收益。因此必须运用合适的方法对信用风险进行管理。

国际上，测量公司信用风险指标中最为常用的是该公司的信用评级。这个指标简单并易于理解。例如，穆迪公司对企业的信用评级被广为公认。该公司利用被评级公司的财务和历史情况分析，对公司信用进行从AAA到CCC信用等级的划分。AAA为信用等级最高，最不可能违约。CCC为信用等级最低，很可能违约。

此外，贷款审查的标准化是管理信用风险的传统方法。贷款审查标准化就是依据一定的程序和指标考察借款人或债券的信用状况以避免可能发生的信用风险。例如：如果一家银行决定是否贷款给一家公司，首先银行要详细了解这家公司的财务状况。然后，应当考虑借款公司的各种因素，如营利情况、边际利润、负债状况和所要求的贷款数量等。若这些情况都符合贷款条件，则应考虑借款公司的行业情况，分析竞争对手、行业发展前景、生产周期等各个方面。最后，银行依据贷款的数量，与公司协商偿还方式等贷款合同条款。

另一方面，银行可以通过贷款的分散化来降低信用风险。贷款分散化的基本原理是信用风险的相互抵消。例如，如果某一个停车场开的两个小卖部向银行申请贷款，银行了解到其中一家在卖冰激凌，另一家则卖雨具。在晴天卖冰激的生意好，卖雨具的生意不好，而在雨天则情况相反。因为两家小卖部的收入的负相关性，其总收入波动性就会较小。银行也可利用这样的原理来构造自己的贷款组合和投资组合，比如向不同行业的企业贷款。

近年来，管理信用风险的新方法是资产证券化和贷款出售。资产证券化是将有信用风险的债券或贷款的金融资产组成一个资产组合并将其出售给其他金融机构或投资者。从投资者的角度来看，因为通过投资多个贷款或债券的组合可以使信用风险降低，所以这种资产组合产生的证券是有吸引力的。同时，购买这样的证券也可以帮助调整投资者的投资组合，减少风险。不过，资产证券化只适合那些有稳定现金流或有类似特征的贷款项目，例如，房地产和汽车贷款等。

政府应该扮演好对信用风险的监管角色，应强化对信用行业的管理和监督。以美国为首的发达国家可以说属于信用风险管理体系比较先进的国家，尚且存在评级机构缺乏自律等问题，引发了全球经济危机，在我国信用风险管理体系相对落后的背景下更需要引以为戒，加强监管，千万不可松懈。

银行的致命"软肋"

清光绪二十九年，即1903年。在通商银行内，一个钱庄伙计拿着一些通商银行的钞票去兑换，被柜台发现其中有几张十元的伪钞，当场拒绝兑换。伪钞的消息传出以后，许多持有通商银行钞票的人害怕手中的钱变成一堆废纸，争先恐后地去兑换现银。当时的上海银行和钱庄并存，钱庄对此事颇有些幸灾乐祸，纷纷拒绝使用通商银行的钞票。次日，上海便出现了一股空前的挤兑浪潮。

为了安抚市民,通商银行还特别派人将伪钞贴在门的旁边,又贴上一张辨别伪钞的说明。但是,持币者还是惶恐不安。银行大股东盛宣怀命令银行做到随到随兑,因为挤兑会引起其在整个金融界的信誉大跌,后果无法预料。但就在通商银行开门"欢迎"兑现几天以后,现银就所剩无几了,只得向汇丰银行求助。最终以库存的金、银为抵押,向汇丰银行换得70万两现银,艰难地平息了这场风波。事后伪钞案的调查结果表明,伪造假钞的是一名日本商人。盛怀宣为了严惩造假者曾与日本政府交涉,但最后仍然不了了之。

事实上,挤兑是银行的致命"软肋"。存放款业务是银行的基本业务,对于顾客存入的存款,各银行都只保留极低比例的准备金以供存款人提领,而大部分的存款则用于放款或投资等生利资产上,以赚取收益,便于支付存款利息及各项营业费用,并对股东分派股息及红利。银行提拨存款准备金的比率低,固然可提高银行的获利能力,同时却也会提高银行因流动性不足而倒闭的风险。因此,当发生挤兑现象时,银行就会面临巨大的支付压力。这也是为什么挤兑会这么容易就引发整个银行体系的危机的原因所在。

2004年6~7月,俄罗斯信誉最好的私有银行——古塔银行遭遇信任危机和挤兑危机。当时,俄罗斯中央银行宣布整顿银行市场,并吊销了一家银行的营业执照。社会上立刻出现了流言,有传言说古塔银行已经进入俄罗斯中央银行治理整顿的"黑名单"。于是储户开始对古塔银行失去信任,从6月份开始,古塔银行开始出现挤兑。但古塔银行为了稳定储户信心,对外不承认面临支付危机,同时银行紧急调集资金应付挤兑。但临时注入的资金很快被挤兑一空,7月6日早晨古塔银行的新闻发言人信誓旦旦地说,他刚刚从提款机上顺利提取了现金,然而到了中午,古塔银行向俄罗斯中央银行报告:我们破产了!古塔银行尽管"身强体健",最终却也走上了绝境——被俄罗斯外贸银行收购。

在信用危机的影响下,存款人和银行券持有人争相向银行和银行券发行银行提取现金和兑换现金的一种经济现象,就叫作挤兑。当存款户出现不寻常的大量提兑存款的现象,而银行现金准备及流动性资产变现资金不够支应客户提兑时,就势必要将其可变现的低流动性资产折价求现,因而承受巨额的变现损失。这种现象是金属货币流通条件下货币信用危机的一种表现形式。

最好的例子就是20世纪30年代的美国大萧条时期发生的大规模的挤兑现象,那时成群结队的人蜂拥至银行,希望将手中的存折和银行券换成现金。近几年,受次贷危机的影响,美国的Countrywide和Indy Mac银行、英国的北石银行和印度的ICICI银行都不同程度地发生了挤兑现象。

那为什么会发生挤兑现象呢?引起挤兑的原因有两个:一是由于银行券持有人或存款人对发行银行的信用产生动摇,纷纷撤回存款;二是由于银行券贬值,银行券持有人不得不赶快把银行券抛出,以防经济上蒙受重大损失。它往往是伴随着普遍提取存款的现象发生的,并进一步形成金融风潮。历史上,挤兑风潮通常是伴随着信用危机而爆发的。

第二次世界大战以前,信用危机一般是伴随周期性生产过剩危机产生的。由于工业繁荣时期商品价格上涨和利润优厚,大量信贷被投机者用来从事投机活动,信用膨胀大大超过生产的

□ 图解经济学

增长。当生产过剩的经济危机爆发时，大量商品滞销，商品价格急剧下降，生产停滞，市场萎缩，信用就会急剧收缩。在这种情况下，债权债务的连锁关系发生中断，整个信用关系就会遭到破坏，从而出现信用危机。不仅周期性的生产过剩危机引起了周期性的信用危机，而且信用危机也加深了生产过剩危机。商业信用的停顿使过剩商品的销售更加困难，银行信用的混乱更加加重了过剩商品的销售困难，从而使生产过剩危机趋于尖锐化。除了由资本主义生产过剩的经济危机引起的周期性信用危机之外，还有一种主要是由战争、政变、灾荒等原因引起的特殊

华尔街街市
20世纪30年代的美国大萧条时期，发生了大规模的挤兑现象，成群结队的人蜂拥至银行，希望将手中的存折和银行券换成现金。

类型的信用危机。例如，1839年英国出现的信用危机就是由农业歉收引起的。总之，在出现挤兑时，市场银根异常紧缩，借贷资本短缺，利息率不断上涨，这就会迫使一些银行和金融机构倒闭或停业，从而更进一步加剧货币的信用危机，引起金融界的混乱。

因为银行存款市场存在信息不对称，也就是说，虽然每一个银行都知道自身的情况，但存款人却并不了解。存款人认为所有的银行都是类似的，当一家银行倒闭时，其他存款人担心自己存款的银行也有可能遇到同样的困难。为了得到自己的所有存款，行动得越早越好，于是对自己存款的银行发动挤兑。因此，挤兑很容易引发整个银行体系的危机，恐慌会像传染病那样迅速扩散，从而感染到其他银行。

可怕的"多米诺骨牌效应"

银行危机是指银行过度涉足（或贷款给企业）从事高风险行业（如房地产、股票），从而导致资产负债严重失衡，呆账负担过重而使资本运营呆滞而破产倒闭的危机。

1930年，美国爆发了一场规模空前的银行大危机。在此前的十年里，美国经济一路高歌猛进，然而在繁荣的背后隐藏着即将到来的危机，狂热的人们把股市吹成了巨大的泡沫。1929年10月，人们的信心再也无法支撑股票市场的泡沫，股市开始大幅下跌，直至彻底崩溃，人们积累起来的财富在不到一个月的时间几乎完全蒸发。

这还不是最糟糕的。当银行一家接一家地破产时，美国人才意识到，真正的灾难才刚刚开始。由于当时美国很多商业银行把大量的资金投入到证券市场，股市的暴跌给它们带来了巨额亏损，市场上关于某银行即将破产的流言四处传播，恐慌的储户希望赶在银行破产之前把钱取出来，很多商业银行立刻陷入挤兑危机。这种恐慌已经失去控制，它像脱缰的野马四处奔腾，人们已经不管自己存款的银行是不是健康，一心想着把钱取到手才算安心。挤兑令更多银行被迫关门停业，很多财务健康的银行也惨遭横祸。1930年美国有1350家银行倒闭，1931年有2300家银行倒闭；1932年有1450多家银行倒闭；1933年情况恶化到了极点，公众对银行彻底失去信心，银行倒闭风潮加速进行，这一年共有4000余家银行倒闭，有许多州宣布银行停业。1933年3月，罗斯福就任美国总统，并立即宣布全国银行停业。

最糟糕的是，在挤兑的压力下，银行紧缩信贷，这更加剧了企业的衰退和破产，越来越多的工人加入失业大军。人们的收入水平急剧下降，产品需求萎靡不振，销毁牛奶面包的举动与人们的饥肠辘辘并存。整个社会似乎陷入了毫无希望的恶性循环之中。大危机期间，美国先后有9800家银行破产，而企业破产竟超过14万家。

从20世纪30年代的经济危机中可以看出，银行业是整个经济的核心体系，银行危机具有传染性强、破坏性大等特点。一旦发生银行倒闭事件，如处理不好，就会引起连锁反应，甚至引发整个银行业的危机，而银行业的崩溃又好像多米诺骨牌一样，引发一系列社会经济危机。正是由于银行业的特殊地位，各国中央银行和金融监管当局都非常重视金融风险的控制和银行危机的防范。

之所以会引发银行危机，往往是商业银行的支付困难，即资产流动性缺乏，而不是资不抵债。只要银行能够保持资产充分的流动性，就可能在资不抵债、技术上处于破产而实际上并未破产的状态下维持其存续和运营。

银行危机具有多米诺骨牌效应。因为资产配置是商业银行等金融机构的主要经营业务，各金融机构之间因资产配置而形成复杂的债权债务联系，使得资产配置风险具有很强的传染性。一旦某个金融机构资产配置失误，不能保证正常的流动性，则单个或局部的金融困难就会演变成全局性的金融动荡。

银行业是金融业的主体，在一国社会经济生活中具有非常重要的地位，也关系到广大的民众。因此，银行业危机的影响之大也非一般行业危机可比，它可能会波及一国的社会、经济、政治等方方面面，必须从多方面防范银行危机：

（1）第一道防线：预防性监管——防患于未然。俗话说"防火重于救灾"，银行危机也不例外。对银行业的预防性监管可以说是第一道防线。预防性监管主要包括：

市场准入管理。设立银行，进入银行业，必须经过监管部门的审批。不仅要满足最低资本金要求，还要看发起人是否具备管理银行的能力，最后还要考虑银行业的竞争情况，不能造成过度竞争。

资本充足要求。监管当局会对银行资本金充足情况实施监督检查，不能低于最低资本充足率要求。

清偿能力管制。银行必须保证足够的流动性，因此监管当局会对银行的资产结构提出要求并进行监管，保证银行具有足够的清偿能力。

业务领域限制。银行必须经营经过监管当局许可的业务，而不能经营未经许可的业务。比如20世纪30年代美国股市发生"雪崩"，银行因大量投资股市而损失惨重，随即美国通过法律禁止银行参与股票投资。

（2）第二道防线：存款保险制度——危机"传染"的"防火墙"。自20世纪30年代美国建立存款保险制度以来，许多国家都相继建立了类似的存款保险制度。存款保险制度为储户的存款提供保险，一旦危机发生，可以保证一定数额的存款不受损失。存款保险制度就像一道"防火墙"，即使某家银行倒闭，也能在一定程度上稳定老百姓的信心，防止由于恐慌的迅速传染和扩散而引发银行破产的连锁反应。

（3）第三道防线：紧急援助——"亡羊补牢，犹未为晚"。即使有了前两道防线，也仍然难以保证银行体系的绝对安全，这就需要中央银行在危难时刻实施紧急援助，力挽狂澜，这也是最后一道防线。20世纪30年代的银行危机中，当银行濒临破产时，美国中央银行却坐视不管，不但没有伸出援助之手，反而还在为防范通货膨胀而紧缩银根。这无异于火上浇油，银行倒闭风潮一浪高过一浪，银行几乎陷入绝望的深渊。人们从痛苦中吸取了教训，每当银行出现危机时，只要不是病入膏肓，中央银行一般会通过特别贷款等措施向这家银行提供紧急援助，以防止事态进一步扩大。

第十章

利率：神奇的指挥棒

神奇的指挥棒

利率又称利息率，它表示的是一定时期内利息量与本金的比率，通常用百分比表示，按年计算则称为年利率。其计算公式是：

利息率 = 利息量 / 本金 / 时间 × 100%

利率，就其表现形式来说，是指一定时期内利息额同借贷资本总额的比率。利率是单位货币在单位时间内的利息水平，表明利息的多少。利率通常由国家的中央银行控制。利率是经济学中一个重要的金融变量，几乎所有的金融现象、金融资产均与利率有着或多或少的联系。

利率与人们的生活联系较为紧密。在生活中，常常有民间借贷，有承诺的也好，无承诺的也好，还款时常要与同期的储蓄存款利息比一比。在炒股生涯中，常常要对自己的股票或资金算一算，自然而然要想到与同期的利率做比较。储蓄存款利率变了又变，涉及千家万户。但令人费解的是，利率为什么在不同的时期有不同的变化？这代表着什么？利率的高低又是由什么决定的？

现代经济中，利率作为资金的价格，不仅受到经济社会中许多因素的制约，而且，利率的变动对整个经济产生重大的影响。因此，现代经济学家在研究利率的决定问题时，特别重视各种变量的关系以及整个经济的平衡问题。

凯恩斯认为储蓄和投资是两个相互依赖的变量，而不是两个独立的变量。在他的理论中，货币供应由中央银行控制，是没有利率弹性的外生变量。此时货币需求就取决于人们心理上的"流动性偏好"。而后产生的可贷资金利率理论是新古典学派的利率理论，是为修正凯恩斯的"流动性偏好"利率理论而提出的。在某种程度上，可贷资金利率理论实际上可看成古典利率理论和凯恩斯理论的一种综合。

英国著名经济学家希克斯等人则认为以上理论没有考虑收入的因素，因而无法确定利率水平，于是于1937年提出了一般均衡理论基础上的IS-LM模型。从而建立了一种在储蓄和投资、货币供应和货币需求这四个因素的相互作用之下的利率与收入同时决定的理论。

根据此模型，利率的决定取决于储蓄供给、投资需要、货币供给、货币需求四个因素，导

□ 图解经济学

致储蓄投资、货币供求变动的因素都将影响到利率水平。这种理论的特点是一般均衡分析。该理论在比较严密的理论框架下，把古典理论的商品市场均衡和凯恩斯理论的货币市场均衡有机地统一在一起。

各种利率是按不同的划分法和角度来分类的，以此更清楚地表明不同种类利率的特征。按计算利率的期限单位可划分为：年利率、月利率与日利率。按利率的决定方式可划分为：官方利率、公定利率与市场利率。按借贷期内利率是否浮动可划分为：固定利率与浮动利率。按利率的地位可划分为：基准利率与一般利率。按信用行为的期限长短可划分为：长期利率和短期

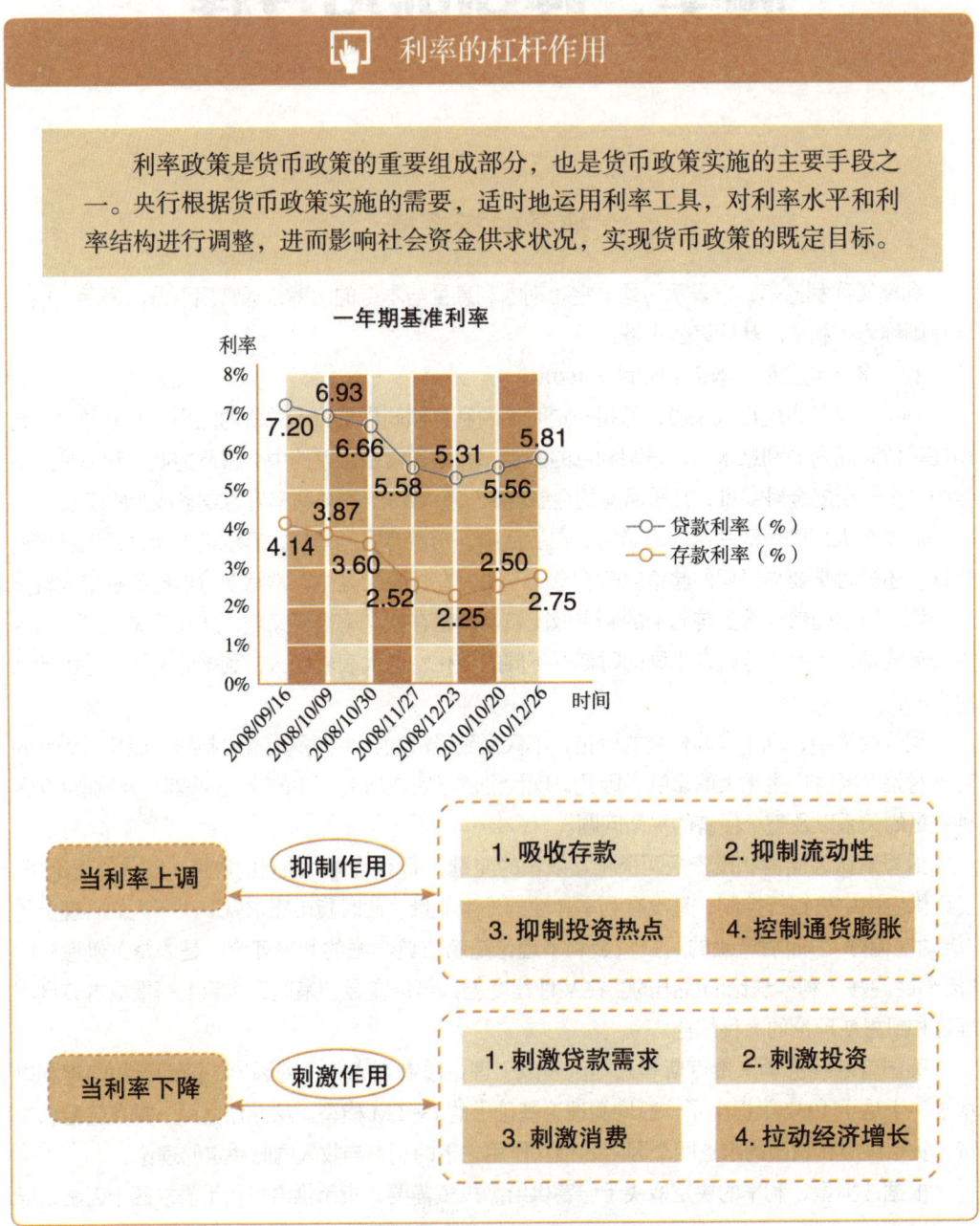

利率。按利率的真实水平可划分为：名义利率与实际利率。按借贷主体不同划分为：中央银行利率，包括再贴现、再贷款利率等。商业银行利率，包括存款利率、贷款利率、贴现率等；非银行利率，包括债券利率、企业利率、金融利率等。按是否具备优惠性质可划分为：一般利率和优惠利率。

利率的各种分类之间是相互交叉的。例如，3年期的居民储蓄存款利率为4.95%，这一利率既是年利率，又是固定利率、差别利率、长期利率与名义利率。各种利率之间以及内部都有相应的联系，彼此间保持相对结构，共同构成一个有机整体，从而形成一国的利率体系。

通常计算利率的途径有若干种，现值是最简单的方式。其中最重要的就是到期收益率。也就是使债务工具所有未来回报的限制与其今天的价值相等的利率。所谓到期收益，是指将债券持有到偿还期所获得的收益，包括到期的全部利息。

综合说来，利率出现的主要原因包括：

（1）延迟消费。当放款人把金钱借出，就等于延迟了对消费品的消费。根据时间偏好原则，消费者会偏好现时的商品多于未来的商品，因此在自由市场会出现正利率。

（2）预期的通胀。大部分经济会出现通货膨胀，代表一个数量的金钱，在未来可购买的商品会比现在较少。因此，借款人需向放款人补偿此段期间的损失。

（3）代替性投资。借款人可以选择把金钱放在其他投资上。由于机会成本，借款人把金钱借出，等于放弃了其他投资的可能回报。

（4）投资风险。贷款人随时有破产、潜逃或欠债不还的风险，放款人需收取额外的金钱，以保证在出现这些情况下，仍可获得补偿。

（5）流动性偏好。人会偏好其资金或资源可随时交易，而不是需要时间或金钱才可取回，利息也是对此的一种补偿。

这里存在一个问题，作为利率应该通过市场和价值规律机制，在某一时点上由供求关系决定的利率，它能真实地反应资金成本和供求关系。但是实际上，利率是由中央银行实施利率管制的，使利率尽力与市场变化相适应。

在现代社会中，利息和利率是沟通实物市场和货币市场的桥梁。无论你是大企业家还是一名普通工人都会关注利息和利率的变化情况。如果你是企业家，那么你会非常乐意在利率大幅下调后向银行进行巨额贷款以增加投资扩展自己的业务；如果你是普通工人，那么在利率大幅上升的时候，你也许会缩减自己的消费，将节省的钱存入银行来赚取利息。

利息收入赶不上物价上涨

你把钱存进银行里，过一段时间后，算上利息在内没有增值，反而贬值了。这就是负利率所引发的。负利率是指利率减去通货膨胀率后为负值。

你把钱存入银行，银行会给你一个利息回报，比如某年的一年期定期存款利率是3%。而这一年整体物价水平涨了10%，相当于货币贬值10%。一边是银行给你的利息回报，一边是你存在银行的钱越来越不值钱了，那么这笔存款的实际收益是多少呢？用利率（明赚）减去通货膨胀率（暗亏），得到的这个数，就是你在银行存款的实际收益。

□ 图解经济学

负利率的出现，意味着物价在上涨，而货币的购买能力却在下降。即货币在悄悄地贬值，存在银行里的钱也在悄悄地缩水。

例如2008年的半年期定期存款利率是3.78%（整存整取），而2008年上半年的CPI同比上涨了7.9%。假设你在年初存入10000元的半年定期，存款到期后，你获得的利息额：（10000×3.78%）－（10000×3.78%）×5%＝359.1元（2008年上半年征收5%的利息税）；而你的10000元贬值额＝10000×7.9%＝790元。790－359.1＝430.9元。也就是说，你的10000元存在银行里，表面上增加了359.1元，而实际上减少了430.9元。这样，你的银行存款的实际收益为－430.9元。

负利率的出现，意味着物价在上涨，而货币的购买能力却在下降。即货币在悄悄地贬值，存在银行里的钱也在悄悄地缩水。

虽然理论推断和现实感受都将负利率课题摆在了百姓面前，但有着强烈储蓄情结的中国老百姓仍在坚守储蓄阵地。银行储蓄一向被认为是最保险、最稳健的投资工具，但也必须看到，储蓄投资的最大弱势是：收益较之其他投资偏低，长期而言，储蓄的收益率难以战胜通货膨胀，也就是说，特殊时期通货膨胀会吃掉储蓄收益。因此，理财不能单纯依赖积少成多的储蓄途径。

面对负利率时代的来临，将钱放在银行里已不合时宜。对于普通居民来说，需要拓宽理财思路，选择最适合自己的理财计划，让"钱生钱"。负利率将会对人们的理财生活产生重大影响。以货币形式存在的财富如现金、银行存款、债券等，其实际价值将会降低，而以实物形式存在的财富如不动产、贵金属、珠宝、艺术品、股票等，将可能因为通货膨胀的因素而获得价格的快速上升。因此，我们必须积极地调整理财思路，通过行之有效的投资手段来抗击负利率。

抵御负利率的手段有很多，首先是进行投资，可以投资基金、股票、房产等，还可以购买黄金珠宝、收藏品。当然，我们必须以理性的头脑和积极的心态来进行投资，不要只看到收益，而忽视风险的存在。

除了投资之外，还要开源节流，做好规划。其中首先就是精打细算。在物价不断上涨的今天，如何用好每一分收入显得尤为重要。每月收入多少、开支多少、结余多少等，都应该做到心中有数，并在此基础上分清哪些是必要的开支、哪些是次要的、哪些是无关紧要的或可以延迟开支的。只有在对自己当前的财务状况明白清楚的情况下，才能做到有的放矢。

其次是广开财源，不要轻易盲目跳槽，在条件允许的情况下找一些兼职，与此同时也要不断地提升自我，增强职场与市场竞争力。

最后就是要做好家庭的风险管理，更具体来说，就是将家庭的年收入进行财务分配，拿出其中的一部分来进行风险管理。而提及风险，就必然要提到保险，保险的保障功能可以使人自身和已有财产得到充分保护，当发生事故的家庭面临资产入不敷出的窘境时，保险金的支付可以弥补缺口，从而降低意外收支失衡对家庭产生的冲击。从这一点来说该买的保险还是要买，不能因为省钱而有所忽视。

总之，你必须行动，不能坐等财产逐渐缩水。其实，负利率不可怕，最可怕的是你面对负利率却无动于衷。

最神奇的财富增值工具

西方人把国际象棋称为"国王的游戏"。相传，国际象棋是一个古波斯的大臣所发明，国王为这个游戏的问世深为喜悦。当时该国正在与邻国交战，当战争进入对峙阶段，谁也无法战胜谁时，两国决定通过下一盘国际象棋来决定胜负。最后，发明国际象棋的这个国家赢得了战争的胜利。国王因此非常高兴，决定给大臣以奖赏。大臣就指着自己发明的棋盘对国王说："我只想要一点微不足道的奖赏，只要陛下能在第一个格子里放一粒麦子，第二个格子增加一倍，第三个再增加一倍，直到所有的格子填满就行了。"国王轻易地就答应了他的要求："你的要求未免也太低了吧？"但很快国王就发现，即使将自己国库所有的粮食都给他，也不够百分之一。因为从表面上看，大臣的要求起点十分低，从一粒麦子开始，但是经过很多次的翻倍，就迅速变成庞大的天文数字。

这就是复利的魔力。虽然起点很低，甚至微不足道，但通过复利则可达到人们难以想象的程度。但复利不是数字游戏，而是告诉我们有关投资和收益的哲理。在人生中，追求财富的过程，不是短跑，也不是马拉松式的长跑，而是在更长甚至数十年的时间跨度上所进行的耐力比赛。只要坚持追求复利的原则，即使起步的资金不太大，也能因为足够的耐心加上稳定的"小利"而很漂亮地赢得这场比赛。

据说曾经有人问爱因斯坦："世界上最强大的力量是什么？"他的回答不是原子弹爆炸的威力，而是"复利"。著名的罗斯柴尔德金融帝国创立人梅尔更是夸张地称许复利是世界上的第八大奇迹。

那么我们有必要了解一下复利与单利的区别。无论从事何种行业，生活中总会遇到一些存款和借款的情况，因此学会计算利息是很有必要的。利率通常有两种计算方法，单利和复利。

单利的计算方法简单，借入者的利息负担比较轻，它是指在计算利息额时，只按本金计算利息，而不将利息额加入本金进行重复计算的方法。如果用 I 代表利息额，P 代表本金，r 代表利息率，n 代表借贷时间，S 代表本金和利息之和。那么其计算公式为：

$I = P \times r \times n$

$S = P \times (1 + r \times n)$

例如某银行向某企业提供一笔为期 5 年、年利率为 10% 的 200 万元贷款，则到期时该企

比原子弹更可怕的复利

复利，就是复合利息，它是指每年的收益还可以产生收益，即俗称的"利滚利"。而投资的最大魅力就在于复利的增长。

复利的力量

神奇的复利

成功的投资理财在于长期坚持。而长期投资的最大魅力，就是创造亿万富翁不可思议的复利效应。

单利与复利的区别

单利就是利不生利，即本金固定，到期后一次性结算利息，而本金所产生的利息不再计算利息。

复利其实就是利滚利，即把上一期的本金和利息作为下一期的本金来计算利息。

复利就是一张纸连续折叠很多次，单利是一张纸折叠一次，然后再折叠另一张纸。显然52张纸各折叠一次，远远不如一张纸连续折叠52次。

业应付利息为：

$I = P \times r \times n$

$= 200 \times 10\% \times 5$

$= 100$（万元）

本金和利息为：

$S = P \times (1 + r \times n)$

$= 200 \times (1 + 10\% \times 5)$

$= 300$（万元）

复利是指将本金计算出的利息额再计入本金，重新计算利息的方法。这种方法比较复杂，借入者的利息负担也比较重，但考虑了资金的时间价值因素，保护了贷出者的利益，有利于使用资金的效率。复利计算的公式为：

$I = P \times [(1+r)^n - 1]$

$S = P \times (1+r)^n$

若前例中的条件不变，按复利计算该企业到期时应付利息为：

$I = P \times [(1+r)^n - 1]$

$= 200 \times [(1+10\%)^5 - 1]$

$= 122.102$（万元）

本金和利息为：

$S = P \times (1+r)^n$

$= 200 \times (1+10\%)^5$

$= 322.102$（万元）

由此可见，和复利相对应的单利只根据本金算利，没有利滚利的过程，但这两种方式所带来的利益差别一般人却容易忽略。假如投入1万元，每一年收益率能达到28％，57年后复利所得为129亿元。可是，若是单利，28％的收益率，57年的时间，却只能带来区区16.96万元。这就是复利和单利的巨大差距。

我们完全可以把复利应用到自己的投资理财活动中。假设你现在投资1万元，通过你的运作每年能赚15％，那么，连续20年，最后连本带利变成了163665元了，想必你看到这个数字后感觉很不满意吧？但是连续30年，总额就变成了662117元了，如果连续40年的话，总额又是多少呢？答案或许会让你目瞪口呆，是2678635元，也就是说一个25岁的年轻人，投资1万元，每年盈利15％，到65岁时，就能获得200多万元的回报。当然，市场有景气有不景气，每年都挣15％难以做到，但这里说的收益率是个平均数，如果你有足够的耐心，再加上合理的投资，这个回报率是有可能做到的。

因此，在复利模式下，一项投资所坚持的时间越长，带来的回报就越高。在最初的一段时间内，得到的回报也许不理想，但只要将这些利润进行再投资，那么你的资金就会像滚雪球一样，变得越来越大。经过年复一年的积累，你的资金就可以攀登上一个新台阶，这时候你已经在新的层次上进行自己的投资了，你每年的资金回报也已远远超出了最初的投资。

当然，复利的巨大作用也会从投资者的操作水平中体现出来。因为，为了抵御市场风险，实现第一年的赢利，投资者必须研究市场信息，积累相关的知识和经验，掌握一定的投资技巧。在这个过程中，需要克服一些困难，但投资者也会养成一定的思维和行为习惯。在接下来的一年里，投资者过去的知识、经验和习惯会自然地发挥作用，并且又会在原来的基础上使自己有一个提高。这样坚持下来，使投资者越来越善于管理自己的资产，进行更熟练的投资，这是在实现个人投资能力的复利式增长。而投资理财能力的持续增长，使投资者有可能保持甚至提高相应的投资收益率。

这种由复利所带来的财富的增长，被人们称为"复利效应"。不但利率中有复利效应，在和经济相关的各个领域其实广泛存在着复利效应。比如，一个国家，只要有稳定的经济增长率，保持下去就能实现经济繁荣，从而增强综合国力，改善人民的生活。

储蓄也要收税

2008年10月9日，国务院决定对储蓄存款利息所得暂停征收个人所得税。自此，实行了将近十年的利息税政策暂时告一段落。

什么是利息税呢？利息税实际是指个人所得税的"利息、股息、红利所得"税目，主要指对个人在中国境内储蓄人民币、外币而取得的利息所得征收的个人所得税。对储蓄存款利息所得征收、停征或减免个人所得税（利息税）对经济具有一定的调节作用。

新中国成立以来，利息税曾三度被免征，而每一次的变革都与经济形势密切相关。1950年，我国颁布《利息所得税条例》，规定对存款利息征收所得税。但当时国家实施低工资制度，人们的收入差距也很小，因而在1959年停征了存款利息所得税。1980年通过的《个人所得税法》和1993年修订的《个人所得税法》，再次把利息所得列为征税项目。但是，针对当时个人储蓄存款数额较小、物资供应比较紧张的情况，随后对储蓄利息所得又做出免税规定。

根据从1999年11月1日起开始施行的《对储蓄存款利息所得征收个人所得税的实施办法》，不论什么时间存入的储蓄存款，在1999年11月1日以后支取的，从11月1日起开始滋生的利息要按20%征收所得税。全国人大常委会在2007年6月27日审议了国务院关于提请审议全国人大常委会关于授权国务院可以对储蓄存款利息所得税停征或者减征的决定草案的议案。国务院决定自2007年8月15日起，将储蓄存款利息所得税的适用税率由20%调减为5%。而到了2008年10月8日，国家宣布次日开始取消利息税。

征收利息税是一种国际惯例。几乎所有西方发达国家都将储蓄存款利息所得作为个人所得税的应税项目，多数发展中国家也都对储蓄存款利息所得征税，只是征税的办法有所差异。

美国纳个人所得税，一般约39%。没有专门的利息税，但无论是工资、存款利息、稿费还是炒股获利，美国纳税局都会把你的实际收入统计得清清楚楚，到时寄张账单给你，你的总收入在哪一档，你就按哪一档的税率纳税。

德国利息税为30%，但主要针对高收入人群。如果个人存款利息单身者低于6100马克、已婚者低于1.22万马克，就可在存款时填写一张表格，由银行代为申请免征利息税。

日本利息税为15%。

瑞士利息税为35%，而且对在瑞士居住的外国人的银行存款也照征不误。

税收的分类

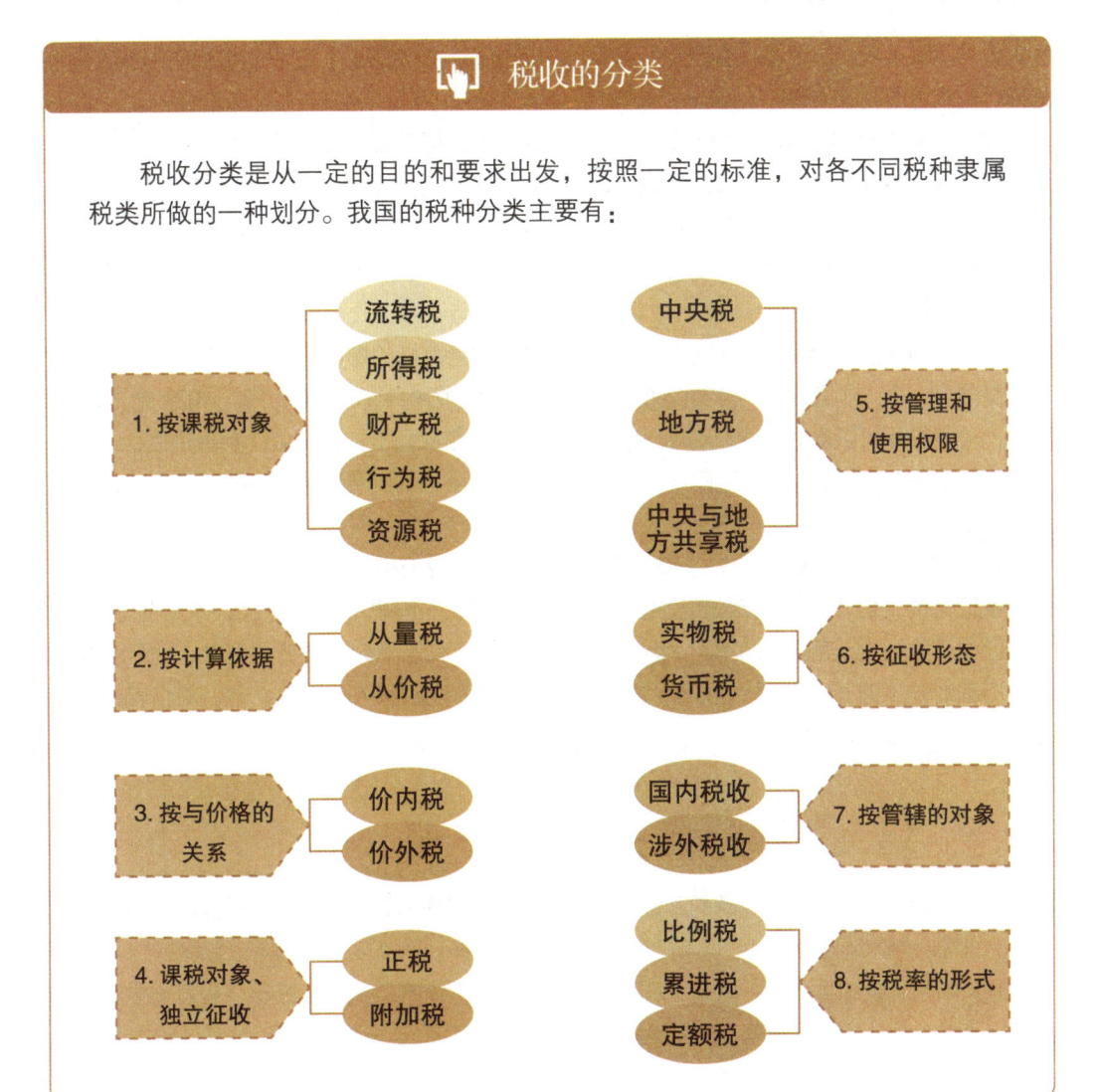

税收分类是从一定的目的和要求出发，按照一定的标准，对各不同税种隶属税类所做的一种划分。我国的税种分类主要有：

1. 按课税对象：流转税、所得税、财产税、行为税、资源税
2. 按计算依据：从量税、从价税
3. 按与价格的关系：价内税、价外税
4. 课税对象、独立征收：正税、附加税
5. 按管理和使用权限：中央税、地方税、中央与地方共享税
6. 按征收形态：实物税、货币税
7. 按管辖的对象：国内税收、涉外税收
8. 按税率的形式：比例税、累进税、定额税

韩国存款利息被算作总收入的一部分，按总收入纳税。银行每3个月计付一次利息，同时代为扣税。

瑞典凡通过资本和固定资产获得的收入，都要缴纳资本所得税，税率为30％。资本所得包括存款利息、股息、债息及房租等收入。但政府为了鼓励消费，会为那些申请了消费贷款的人提供30％的贷款利息补贴。

菲律宾利息税为20％，在菲的外国人或机构（非营利机构除外）也照此缴纳。

澳大利亚利息计入总收入，一并缴纳所得税。所得税按总收入分不同档次，税率由20％至47％不等。

当然，也有不征收利息税的国家，例如埃及、巴西、阿根廷及俄罗斯等。而关于中国是否征收利息税，向来有所争论。取消利息税基于以下理由：

（1）利息税主要来源于中低收入阶层，征收利息税加重了这些弱势群体的经济负担。中低

收入者与高收入者相比很难找到比银行存款回报率更高的投资渠道；征收利息税使中低收入者的相对税收重于高收入者。

（2）自从 1999 年征收利息税以来，利息税的政策目标并没有很好地实现。恢复征收利息税以来，居民储蓄存款势头不但没有放慢，反而以每年万亿元以上的速度增长。

2008 年，在央行下调存贷款利率的同时，国务院做出暂停征收利息税的决定。这两个政策一道出台，特别是自 1999 年 11 月 1 日开征以来便一直争议不断的利息税的暂停，对老百姓究竟有啥影响呢？

我们以 2008 年政策的出台为界点，免征利息税对老百姓的影响很小。在存款利率和利息税调整前，一个人 1 万元的一年期定期存款，按照调整前 4.14% 的存款利率，扣除 5% 的利息税后，一年实际可以拿到 393.3 元的利息收入；在下调存款利率和暂时免征利息税后，一个人 1 万元一年期的定期存款按照目前 3.87% 的利率，拿到手里的利息收入有 387 元，仅比政策调整前少了 6.3 元钱。

免征存款利息税，部分弥补了降低利率给普通百姓带来的利息收入的损失，尽管这种补偿是象征性的，但重大财经政策背后的这种"补偿民生"的思维值得肯定。毕竟在现实中，将自己财产的很大一部分放在银行存着以使今后的生活有保障的还是普通百姓。他们多数人对投资理财并不擅长，市场上也无太多投资工具可以为他们服务，因此，他们最信赖的还是存款。

利率变动影响了谁

利率风险是指市场利率变动的不确定性给银行以及投资者造成损失的可能性。利率风险是银行的主要金融风险之一，由于影响利率变动的因素很多，利率变动更加难以预测。

银行日常管理的重点之一就是怎样控制利率风险。利率风险的管理在很大程度上依赖于银行对自身的存款结构进行管理，以及运用一些新的金融工具来规避风险或设法从风险中受益。

风险管理是现代商业银行经营管理的核心内容之一。伴随着利率市场化进程的推进，利率风险也将成为我国商业银行面临的最重要的风险之一。一般将利率风险按照来源不同分为：重新定价风险、收益率曲线风险、基准风险和期权性风险。

1. 重新定价风险

如果银行以短期存款作为长期固定利率贷款的融资来源，当利率上升时，贷款的利息收入是固定的，但存款的利息支出却会随着利率的上升而增加，从而使银行的未来收益减少和经济价值降低。

2. 收益率曲线风险

重新定价的不对称性会使收益率曲线斜率、形态发生变化，即收益率曲线的非平行移动，对银行的收益或内在经济价值产生不利影响，从而形成收益率曲线风险。例如，若以五年期政府债券的空头头寸为 10 年期政府债券的多头头寸进行保值，当收益率曲线变陡的时候，虽然上述安排已经对收益率曲线的平行移动进行了保值，但该 10 年期债券多头头寸的经济价值还是会下降。

下篇　生活中的经济学

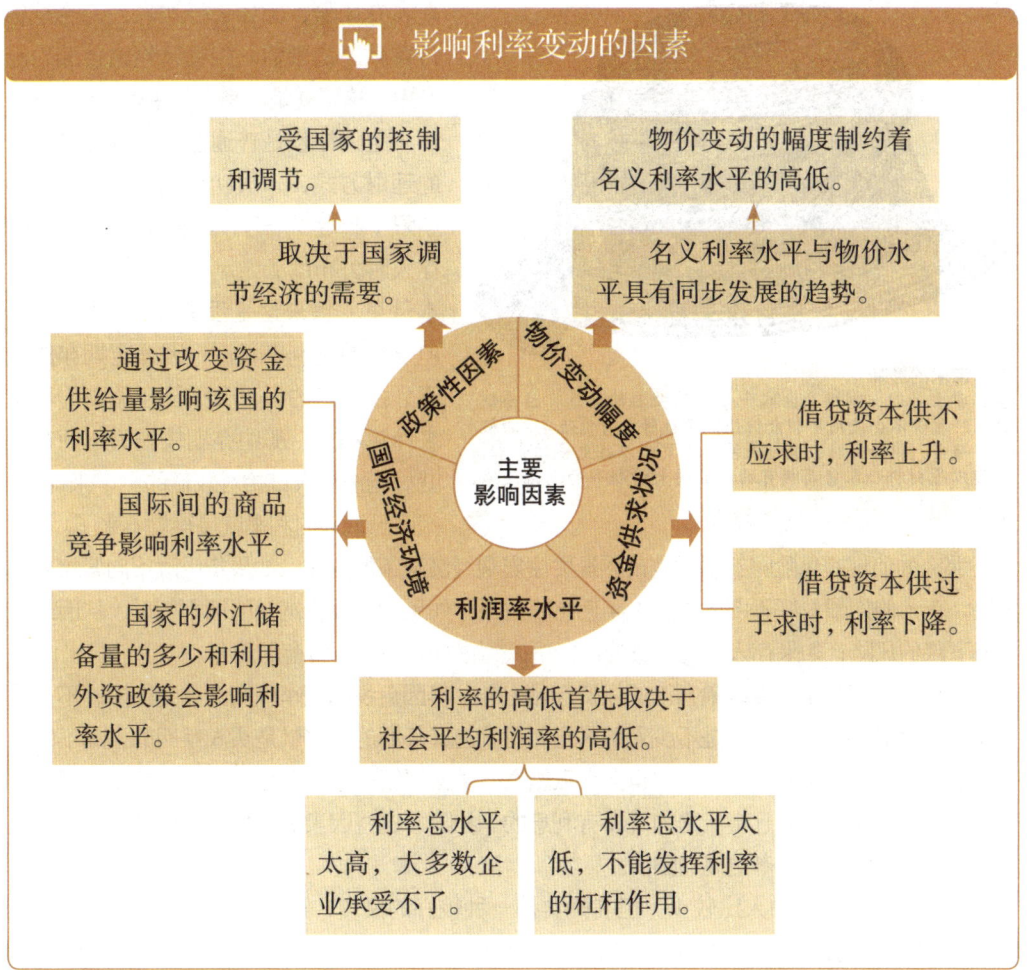

3. 基准风险

一家银行可能用一年期存款作为一年期贷款的融资来源，贷款按照美国国库券利率每月重新定价一次，而存款则按照伦敦同业拆借市场利率每月重新定价一次。虽然用一年期的存款为来源发放一年期的贷款，由于利率敏感性负债与利率敏感性资产重新定价期限完全相同而不存在重新定价风险，但因为其基准利率的变化可能不完全相关，变化不同步，仍然会使该银行面临因基准利率的利差发生变化而带来的基准风险。

4. 期权性风险

若利率变动对存款人或借款人有利，存款人就可能选择重新安排存款，借款人可能选择重新安排贷款，从而对银行产生不利影响。如今，越来越多的期权品种因具有较高的杠杆效应，还会进一步增大期权头寸可能会对银行财务状况产生不利影响。

对于老百姓来说，也存在利率风险的问题。对很多追求稳定回报的投资者来说，大多会选择风险小、信用度高的理财产品，比如银行存款和有"金边债券"之称的国债。不少投资者认为，银行存款和国债绝对没有风险，利率事先已经确定，到期连本带息是少不了的。的确，至少从目前来看，银行和国家的信用是最高的，与之相关的金融产品风险也很小，但并不是说完

□ 图解经济学

利率带来的影响
当利率上升时，制帽业会减少使用的机器的数量。因为制帽业经营者不会使用年剩余价值低于机器本身价值4%的机器。而当利率降低时，制帽业就会需要比以往更多的资本，尤其以原材料和零售商拥有的成品的大量积存的现象最为突出。

全没有风险，比如央行加息，无论是银行存款还是国债，相关风险也会随之而产生，这里就是利率风险中的一种。

定期存款是普通老百姓再熟悉不过的理财方式，一次性存入，存入一定的期限（最短3个月，最长5年），到期按存入时公布的固定利率计息，一次性还本付息。想来这是没有什么风险可言，但一旦遇到利率调高，因为定期存款是不分段计息的，不会按已经调高的利率来计算利息，那些存期较长的定期存款就只能按存入日相对较低的利率来计息，相比已调高的利率就显得划不来了。

那么如何规避风险呢？平时应该尽量关注宏观经济政策的变化，如果货币政策向紧缩方向发展，存入的期限最好不要太长，1年期比较适当；如果货币政策宽松的话则相反，从而规避利率下跌的风险；如果存入时间不长的话，可以到银行办理重新转存的业务。

凭证式国债也是老百姓最喜欢的投资产品之一，其因免税和利率较高而受到追捧，不少地方在发行时根本买不到，于是不少人购买国债时就选择长期的，也就是买5年期的，却不知一旦市场利率上升，国债的利率肯定也会水涨船高。类似于银行定期存款，国债提前支取要收取千分之一的手续费，而且半年之内是没有利息的。扣除了这些因素后，如果划得来的话，可以提前支取转买新一期利率更高的国债。

关注记账式国债的人比较少，但其确实是一种较好的投资，记账式国债收益可分为固定收益和做市价差收益（亏损）。固定利率是经投标确定的加权平均中标利率，一般会高于银行，其风险主要来自债券的价格。如果进入加息周期，债券的价格就会跌，债券的全价（债券净价加应收计息）可能会低于银行存款利率甚至亏损。

由于债券价格与市场利率成反比，利率降低，债券价格上升；利率上升，则债券价格下跌。因此，投资者在投资记账式国债的时候可以根据利率的变化预期做出判断，若预计利率将上升，可卖出手中债券，待利率上升导致债券价格下跌时再买入债券，这时的债券实际收益率会高于票面利率。

总之，利率也是有风险的。投资者一定要根据自己的实际情况合理地进行资产配置，在财务安全的前提下获得更高的收益。

预期通货膨胀率与利率的关系

著名的经济学家费雪第一个揭示了通货膨胀率预期与利率之间关系，他指出当通货膨胀率预期上升时，利率也将上升。

假如银行储蓄利率为5%，某人的存款在一年后就多了5%，是说明他富了吗？这只是理想情况下的假设。如果当年通货膨胀率 3%，那他只富了 2% 的部分；如果是 6%，那他一年前 100 元能买到的东西现在要 106 元了，而存了一年的钱现在只有 105 元，他反而买不起这东西了！这可以说就是费雪效应的通俗解释。

费雪是美国经济学家、数学家、经济计量学的先驱者之一。他生于纽约州的少格拉斯。1890 年费雪开始在耶鲁大学任数学教师，1898 年获哲学博士学位，同年转任经济学教授直到 1935 年。1926 年开始在雷明顿、兰德公司任董事等职。1929 年，他与熊彼特、丁伯根等发起并成立计量经济学会，1931～1933 年任该学会会长。

费雪对经济学的主要贡献是在货币理论方面阐明了利率如何决定和物价为何由货币数量来决定，其中尤以贸易方程式（也叫费雪方程式）为当代货币主义者所推崇。费雪方程式是货币数量说的数学形式，即 MV=PQ。其中 M 为货币量，V 为货币流通速度，P 为价格水平，Q 为交易的商品总量。该方程式说明在 V、P 比较稳定时，货币流通量 M 决定物价 P。

费雪方程式将名义利率与预期通胀联系起来，用来分析实际利率的长期行为，并因此把我们的注意力引向一个关于货币增长、通货膨胀与利率的重要关系：长期中当所有的调整都发生后，通货膨胀的增加完全反映到名义利率上，即要求名义利率对通货膨胀的一对一的调整，这种长期效应被称为"费雪效应"。

在某种经济制度下，实际利率往往是不变的，因为它代表的是你的实际购买力。于是，当通货膨胀率变化时，为了求得公式的平衡，名义利率，也就是公布在银行的利率表上的利率会随之而变化。正是因为这个原因，在 20 世纪 90 年代初物价上涨时，中国人民银行制定出较高的利率水平，甚至还有保值贴补率；而当物价下跌时，中国人民银行就一而再再而三地降息。费雪效应表明，物价上涨时，利率一般有增高的倾向；物价下降时，利率一般有下降的倾向。

如果费雪效应存在，则名义利率的上升并非指示紧的货币政策而是反映通货膨胀率的上升，因此必须慎用名义利率作为货币政策松紧程度的指标。

费雪效应可分为长期费雪效应和短期费雪效应。长期费雪效应的存在，意味着当通货膨胀和名义利率水平值都显示出强劲的趋势时，这两个时间序列会按同一趋势变化，从而表现出较强的相关性。通货膨胀与利率之间长时间存在近似一对一的调整关系，表明高的名义利率反映存在高的预期通胀率，并不反映货币政策的实质内容。通货膨胀上升多少，名义利率就上升多少，因此货币政策可能影响通货膨胀率，但却并不影响实际利率。

同时，短期费雪效应成立说明即使在短期中名义利率的变化也主要反映预期通胀而不是实际利率的变化，从而无论在长期还是在短期，名义利率与货币政策之间的联系都没有得到反映。既然利率不能反映银根的松紧变化，也就不适宜作为我国货币政策的中介目标。这一特殊性一方面是因为我国存贷款利率没有市场化，受政府及央行管制，因此缺乏一个灵敏、有效的市场利率体系；另一方面在于利率作为一种政策工具主要被政府用来控制通胀。此外，利率对平稳物价所起的杠杆作用不仅取决于利率的实际水平，还取决于利率每年的调整幅度，这对将来利率调整幅度的具体确定与计算具有潜在的应用价值。

第十一章
证券市场：创造价值的虚拟经济

随时可能倒塌的空中楼阁

虚拟经济是相对实体经济而言的，是经济虚拟化（西方称之为"金融深化"）的必然产物。虚拟经济具有两个特性：一是经济性，一是虚拟性。所谓经济性，就是指价值符号及它们的交换也是以劳动价值为基础的，没有价值及价值交换就与经济沾不上边，也就谈不上它的经济性；并且，价值符号还可以还原为价值实体，即从虚拟走向现实。所谓虚拟性，是指它的交换物在形态上是虚拟的而非实物的，它只是以价值符号为交易对象，而不以实物为交易对象。虚拟经济领域交易的只是价值符号而不是有形的实物。

因此，以价值符号互为交易对象及为此所构筑的交易平台，都属于虚拟经济范畴。银行、资金市场、证券市场、外汇市场、期货市场等都可以算作是虚拟经济范畴。

而信息在虚拟经济活动中有着重要的作用。公开、透明虽然是发达市场经济的一个基本原则，但是，掌握信息则存在差异。对于虚拟经济交易活动而言，信息的不对称成为交易利润产生的重要基础。虚拟经济活动中的高手就善于利用信息、信誉、未来前景等来创造利润。信息转化为利润是一个客观的经济现象。

虚拟经济是市场经济高度发达的产物，以服务于实体经济为最终目的。随着虚拟经济迅速发展，其规模已超过实体经济，成为与实体经济相对独立的经济范畴。虚拟经济具有高度流动性、不稳定性、高风险性和高投机性等特征。

（1）高度流动性。虚拟经济是虚拟资本的持有与交易活动，只是价值符号的转移，相对于实体经济而言，其流动性很高；随着信息技术的快速发展，股票、有价证券等虚拟资本无纸化、电子化，其交易过程在瞬间即刻完成。

（2）不稳定性。这是由虚拟经济自身所决定的，虚拟经济自身具有的虚拟性，使得各种虚拟资本在市场买卖过程中，价格的决定并非像实体经济价格决定过程一样遵循价值规律，而是更多地取决于虚拟资本持有者和参与交易者对未来虚拟资本所代表的权益的主观预期，而这种主观预期又取决于宏观经济环境、行业前景、政治及周边环境等许多非经济因素，增加了虚拟经济的不稳定性。

（3）高风险性。由于影响虚拟资本价格的因素较多，这些因素自身变化频繁、无常，使虚拟经济的存在和发展变得更为复杂和难以驾驭，非专业人士受专业知识、信息采集、信息分析能力、资金、时间精力等多方面限制，虚拟资本投资成为一项风险较高的投资领域，尤其是随着各种风险投资基金、对冲基金等大量投机性资金的介入，加剧了虚拟经济的高风险性。

（4）高投机性

有价证券、期货、期权等虚拟资本的交易虽然可以作为投资目的，但也离不开投机行为，这是市场流动性的需要所决定的。随着电子技术和网络高科技的迅猛发展，巨额资金划转、清算和虚

人群众多的华尔街

拟资本交易均可在瞬间完成，这为虚拟资本的高度投机创造了技术条件，提供了技术支持。越是在新兴和发展不成熟、不完善、市场监管能力越差，防范和应对高度投机行为的措施、力度越差的市场，虚拟经济越具有更高的投机性，投机性游资也越容易光顾这样的市场，达到通过短期投机，赚取暴利的目的。

值得注意的是，虚拟经济并非虚假经济。举个简单的例子：

在一条街上，有两个人在卖烧饼，有且只有两个人，我们称之为烧饼甲、烧饼乙。他们每个烧饼卖一元钱就可以保本。

一个游戏开始了：甲花一元钱买乙一个烧饼，乙也花一元钱买甲一个烧饼。甲再花两元钱买乙一个烧饼，乙也花两元钱买甲一个烧饼，现金交付。甲再花三元钱买乙一个烧饼，乙也花三元钱买甲一个烧饼，现金交付。

于是在整个市场的人看来，烧饼的价格飞涨，不一会儿就涨到了每个烧饼60元。但只要甲和乙手上的烧饼数一样，那么谁都没有赚钱，谁也没有亏钱，但是他们重估以后的资产"增值"了！甲乙拥有高出过去很多倍的"财富"，他们身价提高了很多，"市值"增加了很多。

这个时候有路人丙，发现烧饼涨价了，他很惊讶。他毫不犹豫地买了一个，他确信烧饼价格还会涨，价格上还有上升空间。在烧饼甲、烧饼乙和路人丙赚钱的示范效应下，接下来的买烧饼的路人越来越多，参与买卖的人也越来越多，烧饼价格节节攀升，所有的人都非常高兴，因为很奇怪：所有人都没有亏钱。

但是突然有一天市场上来了一个人，说了句："就是一个烧饼，成本价就是1元。"一语惊起梦中人，人们也在突然间发现烧饼确实没有那么高的价值。于是，人们争相抛售，烧饼的价格急剧下降。

这就是虚假经济。虚拟经济与虚假经济的联系，似乎一目了然，但事实并不如此。虚拟经

济运行中，虚假成分的形成原因相当复杂，表现也各种各样。简单地说，主要有三种情形：

（1）货币发行过多，导致投资膨胀、消费膨胀和通货膨胀。货币投放量过大，一方面由中央银行投入流通中的货币造成，另一方面则由商业银行创造的派生货币造成，在经济膨胀的场合，大于真实经济的部分，形成泡沫，即经济的虚假部分。

（2）金融资产质量低下。对银行等存款机构来说，坏账、呆滞账过多，是资产质量低下的表现；对证券市场来说，债券到期不能如期兑付本息、股票市价远高于其内在价值等，也是金融资产质量低下的重要表现。在资产质量低下的场合，金融资产的实际价值已大大低于账面价值，其差额属虚假成分。所谓金融泡沫、股市泡沫，实际上，指的就是这种由金融资产质量低下或金融资产价格膨胀所形成的虚假成分。

（3）币值高估或低估。在币值高估的场合，以外币计算的经济总量被扩大，扩大的部分属虚假范畴；在币值低估的场合，以外币计算的经济总量被缩小，缩小的部分也属虚假范畴。

虚拟经济中的虚假成分，是引发金融风险甚至金融危机的重要根源。1929年的世界大危机，主要原因在于纽约股市崩溃。但是，虚拟经济建立在实体经济的基础上，虚拟经济中所发生的诸多虚假，与实体经济的虚假，有着千丝万缕的联系，在大多数场合，前者主要是由后者引致的。

风云变幻的"大舞台"

在普通老百姓的眼里，证券市场似乎总是那么虚幻、不可捉摸。一谈到证券市场，人们就会立刻想到那些一夜间变成百万富翁，又一夜间沦为乞丐的传奇故事。在中国，人们首先想到的是股票市场，因为老百姓和股票市场接触最多。像大多数国家的股票市场一样，中国的股票市场也凝聚了"股民"们太多的情感，它有时让人激动兴奋、为之着魔，有时又让人绝望沮丧、失魂落魄。证券市场是现代金融市场体系的重要组成部分，主要包括股票市场、债券市场以及金融衍生品市场等。在现代市场经济中，证券市场发挥的作用越来越大。

从经济学的角度，可以将证券市场定义为：通过自由竞争的方式，根据供需关系来决定有价证券价格的一种交易机制。在发达的市场经济中，证券市场不仅反映和调节货币资金的运动，而且对整个经济的运行具有重要影响。

但是，证券市场与一般商品市场存在着明显的区别，主要表现在：

（1）交易对象不同。一般商品市场的交易对象是各种具有不同使用价值、能满足人

国库券

们某种特定需要的商品。而证券市场的交易对象是作为经济权益凭证的股票、债券、投资基金券等有价证券。

（2）交易目的不同。证券交易的目的是为了实现投资收益，或为了筹集资金。而购买商品的目的主要是为了满足某种消费的需要。

（3）交易对象的价格决定不同。商品市场的价格，其实质是商品价值的货币表现，取决于生产商品的社会必要劳动时间。而证券市场的证券价格实质是利润的分割，是预期收益的市场表现，与市场利率的关系密切。

（4）市场风险不同。一般商品市场由于实行的是等价交换原则，价格波动较小，市场前景的可预测性较强，因而风险较小。而证券市场的影响因素复杂多变，价格波动性大且有不可预测性，投资者的投资能否取得预期收益具有较大的不确定性，所以风险较大。

其实，证券的产生已有很久的历史，但证券的出现并不标志着证券市场同时产生，只有当证券的发行与转让公开通过市场的时候，证券市场才随之出现。因此，证券市场的形成必须具备一定的社会条件和经济基础。股份公司的产生和信用制度的深化，是证券市场形成的基础。

证券市场是商品经济和社会化大生产发展的必然产物。随着生产力的进一步发展和商品经济的日益社会化，资本主义从自由竞争阶段过渡到垄断阶段，依靠原有的银行借贷资本已不能满足巨额资金增长的需要。为满足社会化大生产对资本扩张的需求，客观上需要有一种新的筹集资金的手段，以适应经济进一步发展的需要。在这种情况下，证券与证券市场就应运而生了。

而股份公司的建立为证券市场形成提供了必要的条件。随着生产力的进一步发展，生产规模的日益扩大，传统的独资经营方式和封建家族企业已经不能满足资本扩张的需要。于是产生了合伙经营的组织，随后又有单纯的合伙经营组织演变成股份制企业——股份公司。股份公司通过发行股票、债券向社会公众募集资金，实现资本的集中，满足扩大再生产对资金急剧增长的需要。因此，股份公司的建立和公司股票、债券的发行，为证券市场的产生和发展提供了坚实的基础。

信用制度的发展促进了证券市场的形成和发展。由于近代信用制度的发展，使得信用机构由单一的中介信用发展为直接信用，即直接对企业进行投资。于

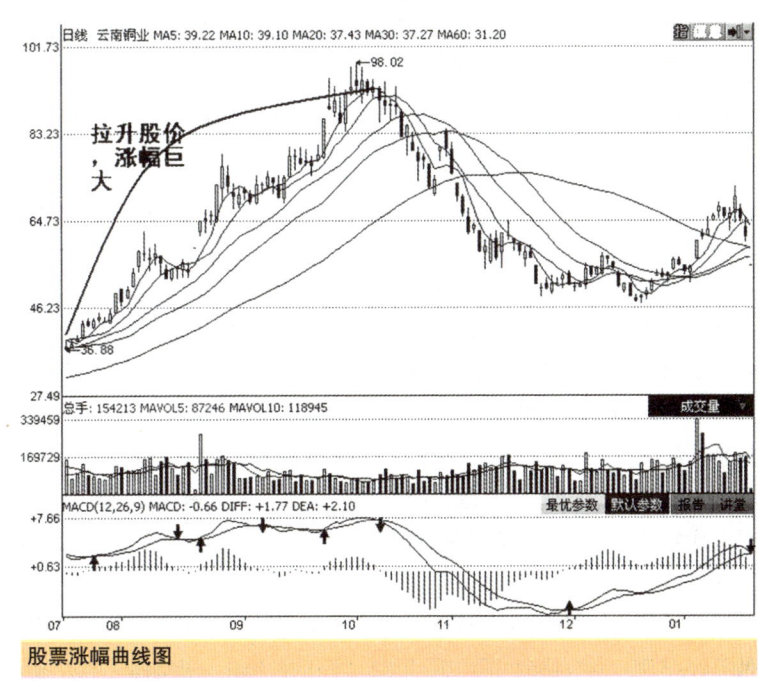

股票涨幅曲线图

是，金融资本逐步渗透到证券市场，成为证券市场的重要支柱。信用工具一般都具有流通变现的要求，股票、债券等有价证券具有较强的变现性，证券市场恰好为有价证券的流通和转让创造了条件。由此可见，信用制度越发展，就越有可能动员更多的社会公众的货币收入转化为货币资本，投入到证券市场中去。证券业的崛起也为近代信用制度的发展开辟了广阔的前景。

证券市场是市场经济发展到一定阶段的产物，是为解决资本供求矛盾和流动而产生的市场。因此，证券市场有三个最基本的功能：

（1）融通资金

融通资金是证券市场的首要功能，这一功能的另一作用是为资金的供给者提供投资对象。一般来说，企业融资有两种渠道：一是间接融资，即通过银行贷款而获得资金；二是直接融资，即发行各种有价证券使社会闲散资金汇集成为长期资本。前者提供的贷款期限较短，适合解决企业流动资金不足的问题，而长期贷款数量有限，条件苛刻，对企业不利，后者却弥补了前者的不足，使社会化大生产和企业大规模经营成为可能。

（2）资本定价

证券市场的第二个基本功能就是为资本决定价格。证券是资本的存在形式，所以，证券的价格实际上是证券所代表的资本的价格。证券的价格是证券市场上证券供求双方共同作用的结果。证券市场的运行形成了证券需求者竞争和证券供给者竞争的关系，这种竞争的结果是：能产生高投资回报的资本，市场的需求就大，其相应的证券价格就高；反之，证券的价格就低。因此，证券市场是资本的合理定价机制。

（3）资本配置

证券投资者对证券的收益十分敏感，而证券收益率在很大程度上取决于企业的经济效益。从长期来看，经济效益高的企业的证券拥有较多的投资者，这种证券在市场上买卖也很活跃。相反，经济效益差的企业的证券投资者越来越少，市场上的交易也不旺盛。所以，社会上部分资金会自动地流向经济效益好的企业，远离效益差的企业。这样，证券市场就引导资本流向能产生高报酬的企业或行业，从而使资本产生尽可能高的效率，进而实现资源的合理配置。

成也投资银行，败也投资银行

贝尔斯登，这个古老的著名的投资银行犹如纽约世贸大厦，以不可思议的速度轰然倒塌。2008年3月16日，摩根大通银行曾宣布将以每股2美元，总计2.362亿美元的超低价收购贝尔斯登公司。这个收购价格，只相当于贝尔斯登曾经200亿美元市值的1%。由于此超低报价遭到了贝尔斯登股东的强烈抵制，在该月24日达成的新协议中，摩根大通同意提高换股比例，相当于把收购报价由每股2美元提高到10美元，成交金额为11.9亿美元。同时，摩根大通还将购入9500万股贝尔斯登增发股，此举将使摩根大通在贝尔斯登的持股比例提高到39.5%。在美国次贷危机中，贝尔斯登这个曾是全美最大的债券承销商，却最终通过"卖身"的方式避免了破产的噩运。

投资银行虽然名为"银行"，但它并不是真正的银行。投资银行是非银行金融机构，它不做吸收存款、发放贷款的买卖，而是专为别人提供金融服务，"为他人作嫁衣裳"。我们有必要

下篇　生活中的经济学

银行大楼
阻碍工人地位提升的一大原因是没有充足的资金。在这一点上，银行可以给他们提供帮助，银行会将资金借给他们认为有能力和信用度的经营者。随着信贷的快速发展，企业所需的资金就不再是难题了，尤其是对那些能够克服在早期资本筹集困难的经营管理者来说。

了解一下投资银行是怎么发展来的。在美国，投资银行往往有两个来源：一是由综合性银行分拆而来，典型的例子如摩根士丹利；二是由证券经纪人发展而来，典型的例子如美林证券。

现代意义上的投资银行产生于欧美，主要是由18～19世纪众多销售政府债券和贴现企业票据的金融机构演变而来的。伴随着贸易范围和金额的扩大，客观上要求融资信用，于是一些信誉卓越的大商人便利用其积累的大量财富成为商人银行家，专门从事融资和票据承兑贴现业务，这是投资银行产生的根本原因。证券业与证券交易的飞速发展是投资银行业迅速发展的催化剂，为其提供了广阔的发展天地。投资银行则作为证券承销商和证券经纪人逐步奠定了其在证券市场中的核心地位。资本主义经济的飞速发展给交通、能源等基础设施造成了巨大的压力，为了缓解这一矛盾，19世纪欧美掀起了基础设施建设的高潮，这一过程中巨大的资金需求使得投资银行在筹资和融资过程中得到了迅猛的发展。而股份制的出现和发展，不仅带来了西方经济体制中一场深刻的革命，也使投资银行作为企业和社会公众之间资金中介的作用得以确立。

20世纪前期，西方经济的持续繁荣带来了证券业的高涨，把证券市场的繁华交易变成了一种狂热的货币投机活动。商业银行凭借其雄厚的资金实力频频涉足于证券市场，甚至参与证券投机；同时，各国政府对证券业缺少有效的法律和管理机构来规范其发展，这些都为1929～1933年的经济危机埋下了祸根。

经济危机直接导致了大批银行倒闭，证券业极度萎靡。这使得各国政府清醒地认识到，银行信用的盲目扩张和商业银行直接或间接地卷入风险很大的股票市场对经济安全是重大的隐患。1933年后，美英等国将投资银行和商业银行业务分开，并进行分业管理，从此，一个崭新的独立的投资银行业在经济危机的萧条中崛起。

经过经济危机后近30年的调整，投资银行业再次迎来了飞速的发展。70年代以来，抵押债券、一揽子金融管理服务、杠杆收购（LBO）、期货、期权、互换、资产证券化等金融衍生工具的不断创新，使得金融行业，尤其是证券行业成为变化最快、最富革命性和挑战性的行业之一。这种创新在另一方面也反映了投资银行、商业银行、保险公司、信托投资公司等正在绕过分业管理体制的约束，互相侵蚀对方的业务，投资银行和商业银行混业及其全球化发展的趋势已经变得十分强大。

随着证券市场的日益繁荣，投资银行已经成为资本市场上重要的金融中介。它们不仅经营传统的证券发行承销、经纪业务，企业并购、基金管理、理财顾问、创业投资、项目融资、金融工程等业务也已经成为投资银行的核心业务。总之，投资银行已成为证券市场不可或缺的组成部分。

我国的投资银行业务是从满足证券发行与交易的需要不断发展起来的。从我国的实践看，投资银行业务最初是由商业银行来完成的，商业银行不仅是金融工具的主要发行者，也是掌管金融资产量最大的金融机构。80年代中后期，随着我国开放证券流通市场，原有商业银行的证券业务逐渐被分离出来，各地区先后成立了一大批证券公司，形成了以证券公司为主的证券市场中介机构体系。在随后的十余年里，券商逐渐成为我国投资银行业务的主体。但是，除了专业的证券公司以外，还有一大批业务范围较为宽泛的信托投资公司、金融投资公司、产权交易与经纪机构、资产管理公司、财务咨询公司等在从事投资银行的其他业务。

我国现代投资银行的业务从发展到现在只有短短数十年的时间，还存在着诸如规模过小、业务范围狭窄、缺少高素质专业人才、过度竞争等这样那样的问题。但是，我国的投资银行业正面临着有史以来最大的市场需求，随着我国经济体制改革的迅速发展和不断深化，社会经济生活中对投融资的需求会日益旺盛，这些都将为我国投资银行业的长远发展奠定坚实的基础。

"钱"的供给与需求

众所周知，华尔街早就已经不再是单纯的一条街、一个区域了，而是世界金融中心的代名词。这条街平均每天资本的流通量是2000亿美元，世界上较大的近千家金融机构都坐落于此，这里是全球资本市场最核心最活跃的地方。如果要认识资本市场的分量，可以在华尔街跳动的数字和喧嚣的声音中去感受。

资本市场，也称长期金融市场、长期资金市场。期限在一年以上各种资金借贷和证券交易的场所。资本市场上的交易对象是一年以上的长期证券。因为在长期金融活动中，涉及资金期限长、风险大，具有长期较稳定收入，类似于资本投入，故称之为资本市场。如果想了解资本市场的历史，还要从荷兰讲起。

大约在1600年，仅荷兰一个国家的商船数量就相当于英、法两国商船数量的总和。这表明当时荷兰的海运业是多么的繁荣。后来，尤其是到了17世纪，1602年，荷兰东印度公司成立，它继续荷兰和亚洲之间的贸易。荷兰的船队把别国市场上缺少的东西运过去，再把本国市场缺少的东西运回来，这其中的利润是十分可观的。但是，仅仅凭着一叶轻舟，要在海上航行数万公里，无论前面的利润有多么可观，那些出没无常的狂风巨浪即给远航的贸易带来无法回避的巨大风险。因为航海风险很大，可能随时会出现风暴、海难、疾病等情况，饮食条件又非常的糟糕，这些因素使得水手的生活非常艰苦，一旦船只出事，不光是货物化为泡影，甚至连水手的性命都保不住了。

远航带来的超额利润是所有人都希望得到的，而获取它所必须承担的巨大风险又是所有人无法逃避的，那么，有没有一种办法既能够获得足够的利润又能够把风险控制在一定程度呢？于是，股份制的公司、股票以及股票市场就在人们这种分散投资的需求中诞生了。

远航的帆船
图中是一只装满货物在海上航行的帆船。随着海陆交通、印刷业、电报以及电话等的发展和降价，区域性组织和垄断被冲破了，更广区域内的组织和垄断得到了发展。

荷兰东印度公司是世界上第一家公开发行股票的公司，它发行了当时价值650万荷兰盾的股票，它在荷兰的6个海港城市设立了办事处，其中最重要的一个当然就是阿姆斯特丹了，在这里发行的股票数量占总数的50%以上。当时，几乎每一个荷兰人都去购买这家公司的股票，甚至包括阿姆斯特丹市市长的佣人。

这就是早期的资本市场。经过几个世纪的发展。资本市场的规模已经扩大到了全球，资本市场已经形成了系统的理论体系，这估计是17世纪的荷兰人所不曾想到的。

与货币市场相比，资本市场特点主要有：

（1）融资期限长。至少在1年以上，也可以长达几十年，甚至无到期日。

（2）流动性相对较差。在资本市场上筹集到的资金多用于解决中长期融资需求，故流动性和变现性相对较弱。

（3）风险大而收益较高。由于融资期限较长，发生重大变故的可能性也大，市场价格容易波动，投资者需承受较大风险。同时，作为对风险的报酬，其收益也较高。在资本市场上，资金供应者主要是储蓄银行、保险公司、信托投资公司及各种基金和个人投资者；而资金需求方主要是企业、社会团体、政府机构等。其交易对象主要是中长期信用工具，如股票、债券等。

我国具有典型代表意义的资本市场包括四部分：国债市场，指期限在一年以上、以国家信用为保证的国库券、国家重点建设债券、财政债券、基本建设债券、保值公债、特种国债的发行与交易市场；股票市场，包括股票的发行市场和股票交易市场；中长期放款市场，该市场的资金供应者主要是不动产银行、动产银行。

资本市场是金融市场三个组成部分之一，它与调剂政府、公司或金融机构资金余缺的资金市场形成鲜明的对照。资本市场的资金供应者为各金融机构，如商业银行、储蓄银行、人寿保险公司、投资公司、信托公司等。资金的需求者主要为国际金融机构、各国政府机构、工商企业、房地产经营商以及向耐用消费零售商买进分期付款合同的销售金融公司等。

认识证券经纪人

曾经，好莱坞一部优秀影片《幸福来敲门》让无数的人被默默地感动。好莱坞每年都会拍些励志片，其中不乏经典。但这部片子带给观众的，不是强烈的震撼，而是一种缓缓的，沁入心底的共鸣。它讲述的是一个证券经纪人的故事，相信更加能够激起无数证券行业者的心灵震动。

它根据真实人物改编，讲述了美国投资专家克里斯·加德勒的奋斗故事。一个中年男人，尽管努力工作，但依然穷困潦倒，交不起税款、停车费，妻子因无法忍受而离开，留下他和5岁的儿子。又因为付不起房租流落街头。最落魄时，身上仅剩下21美元。为了生存，他们住过救济站、地铁的厕所，靠卖几部医学仪器艰难度日。凭着自己的聪明，克里斯争取到了去著名的维特证券公司实习的机会，又凭借着过人的勤奋，最终成为年薪80万美元的证券经纪人，并且，于1987年创办了加德勒投资公司。

《幸福来敲门》中细致的人物刻画和诸多感动的细节不禁让人们对证券经纪人这一角色充满好感。而现实生活中，或许每一个证券经纪人的背后都和电影中一样有着精彩的故事，但当你作为一个投资者站在他们面前时，你不禁也要产生这样的疑问：证券经纪人真的可信吗？

证券经纪人指在证券交易所中接受客户指令买卖证券，充当交易双方中介并收取佣金的证券商。在证券市场中，证券经纪人的比例不在少数，他们对投资者和金融机构的作用不可小觑。经纪人具备风险管理和保险理赔专业素质，能够促使与其合作的保险公司增强风险意识和风险管理水平，并有助于保障客户利益。他们一般都有着精练的专业知识，拥有良好的举止气质，他们拥有着让人艳羡的职业。

证券经纪人可分为三类，即佣金经纪人、两美元经纪人与债券经纪人。

①佣金经纪人：佣金经纪人与投资公众直接发生联系，其职责在于接受顾客的委托后在交易所交易厅内代为买卖，并在买卖成交后向委托客户收取佣金。佣金经纪人是交易所的主

要会员。

②两美元经纪人：两美元经纪人不接受一般顾客的委托，而只受佣金经纪人的委托，从事证券买卖。

③债券经纪人：债券经纪人是以代客买卖债券为业务，以抽取佣金为其报酬的证券商，另外，债券经纪人亦可兼营自行买卖证券业务。

证券法规定，在证券交易中，代理客户买卖证券，从事中介业务的证券公司，为具有法人资格的证券经纪人。证券经纪业务是证券公司的主要业务，证券经纪业务的主体为证券经纪人。

证券经纪人的职责是在证券交易中，代理客户买卖证券，从事中介业务。这就是说，在证券交易中，广大的证券投资人相互之间不是直接买卖证券的，而是通过证券经纪人来买卖证券的。证券经纪人作为买卖双方的中介人，是这样代理客户买卖证券的：他询问证券买卖双方的买价和卖价，按照客户的委托，如实地向证券交易所报入客户指令，通过证券交易所，在买价和卖价一致时，促成双方证券买卖的成交，并向双方收取交易手续费（佣金）。

商人肖像　扬·葛沙尔特　绘画　约1530年

一般，证券经纪人和交易商在二级市场中从事交易。与经纪人不同，交易商随时准备按照给定的价格买卖证券，来连接买方和卖方。因此，交易商持有证券存货，并以略高于买价的价格销售证券，从中获利，也就是说，通过买价和卖价之间的差价获利。由于证券价格可能上升也可能下跌，因为交易商在买卖中承受较大的风险，而相反，经纪人却不持有参与交易的证券，因此没有风险。所以一些专门从事债券交易的公司可能破产，但经纪公司却不承担这些风险。

而我们要知道的是，证券经纪人为我们提供的消息可靠吗？他们的话可信吗？

假定你的经纪人告诉你一个消息，A公司刚刚开发了一种能为运动员的脚疗伤的新产品，它的股票肯定会上升，建议你去购买其公司的股票。你是否应该听从他的建议呢？

根据有效市场假定认为，你应当对这类消息持怀疑态度。如果股票市场是有效的，这个消息就已经反映在A公司的股票价格中了，其预期回报率等于均衡回报率。这个小道消息不具有特殊的价值，也不能帮助你赚取额外的高收益。

当然，你可能会怀疑，这一小道消息可能是最新的消息，这样，你就会拥有其他市场参与者所没有的优势。如果其他市场参与者先于你得知这一消息，答案就是否定的。一旦这一消

□ 图解经济学

息被广泛流传，它所提供的未被利用的赢利机会就会迅速消失。股票价格中就已经包含这一消息，你所获得的只是均衡回报率。但如果你是最早得知这一消息的人，它的确会给你带来好处。如果你是幸运儿之一，你就会通过购买 A 公司的股票而获取额外的高收益，从而帮助市场消除这一赢利机会。

经济发展的助推器

很少有人知道，中国最早的股票市场是怎么来的。1919 年，日商在上海租界三马路开办了"取引所"（即交易所）。蒋介石、虞洽卿便以抵制取引所为借口，电请北京政府迅速批准成立上海证券物品交易所。这时的北京政权为直系军阀所控制，曹锟、吴佩孚等人不愿日本人以任何方式介入中国事务。于是，中国以股票为龙头的第一家综合交易所被批准成立了。

事实上，当时上证所的主要业务还是棉花等大宗期货商品。当时还未真正形成股票市场。真正的股票市场是什么呢？

股票市场是已经发行的股票按时价进行转让、买卖和流通的市场，包括交易市场和流通市场两部分。通过股票的发行，大量的资金流入股市，又流入了发行股票的企业，促进了资本的集中，提高了企业资本的有机构成，大大加快了商品经济的发展。另一方面，通过股票的流通，使小额的资金汇集了起来，又加快了资本的集中与积累。

所以股市一方面为股票的流通转让提供了基本的场所，一方面也可以刺激人们购买股票的欲望，为一级股票市场的发行提供保证。同时由于股市的交易价格能比较客观地反映出股票市场的供求关系，股市也能为一级市场股票的发行提供价格及数量等方面的参考依据。

股票交易市场远溯到 1602 年，荷兰人开始在阿姆斯特河桥上买卖荷属东印度公司股票，这是全世界第一支公开交易的股票，而阿姆斯特河大桥则是世界最早的股票交易所。在那里挤满了等着与股票经纪人交易的投资人，甚至惊动警察进场维持秩序。荷兰的投资人在第一个股票交易所投资了上百万荷币，只为了求得拥有这家公司的股票，以彰显身份的尊荣。

图为一幅荷兰船只的浮雕画，这种类型的船只支撑着这个广泛贸易的国家。

而股票市场起源于美国，至少已有两百年以上的历史，至今仍十分活络，其交易的证券种类非常繁多，股票市场是供投资者集中进行股票交易的机构。大部分国家都有一个或多个股票交易所。

筹集资金，这是股票市场的首要功能。企业通过在股票一级市场上发行股票，把分散在社会上的闲置资金集中起来，形成巨额的、可供长期使用的资本，用于支持大规模的生产和经营。股票市场所能达到的筹资规模和速度是企业依靠自身积累和银行贷款所无法比拟的。

扶优汰劣,优化资源配置,引导社会资金流向效率更高、前景更好的行业和企业。如果一个行业的发展前景广阔,在股票市场上人们就会大量投资于这样的行业,促进这种朝阳行业的快速发展;而一些没落衰退的夕阳行业则会受到冷落,投资会逐步减少。比如在纳斯达克市场的帮助下,美国很多高新技术企业获得高速发展,成为经济新的增长点;而一些污染严重的夕阳工业则在逐渐萎缩。在同一个行业中,有的企业经营效率高、业绩好、成长潜力大,人们就会购买这些公司的股票,推动股价上升,该公司就能够获得更多的融资;而对于那些管理不善、经营效率低下、业绩滑坡、前景黯淡的公司,人们会"用脚投票",抛售这些公司的股票,以致股价下滑,难以继续筹集资金,最终衰落消亡或被兼并收购。

分散风险也是股票市场的重要功能。从公司的角度来说,公司上市发行股票,将经营风险部分地转移和分散给投资者。例如,美国电话电报公司的股东多达300万个,该公司的经营收益由300万个股东共同分享,同时该公司的经营风险、市场风险也由300万个股东共同承担。从投资者的角度来说,当人们有闲余资金时,可以投资于实物资产、债券、股票等多种资产,以分散财富风险。

在股票市场上,转让股票进行买卖的方法和形式称为交易方式,它是股票流通交易的基本环节。现代股票流通市场的买卖交易方式种类繁多,从不同的角度可以分为以下三类:

1. 议价买卖和竞价买卖

从买卖双方决定价格的不同,分为议价买卖和竞价买卖。议价买卖就是买方和卖方一对一地面谈,通过讨价还价达成买卖交易。它是场外交易中常用的方式。一般在股票上不了市、交易量少,需要保密或为了节省佣金等情况下采用。竞价买卖是指买卖双方都是由若干人组成的群体,双方公开进行双向竞争的交易,即交易不仅在买卖双方之间有出价和要价的竞争,而且在买者群体和卖者群体内部也存在着激烈的竞争,最后在买方出价最高者和卖方要价最低者之间成交。在这种双方竞争中,买方可以自由地选择卖方,卖方也可以自由地选择买方,使交易比较公平,产生的价格也比较合理。竞价买卖是证券交易所中买卖股票的主要方式。

2. 直接交易和间接交易

按达成交易的方式不同,分为直接交易和间接交易。直接交易是买卖双方直接洽谈,股票也由买卖双方自行清算交割,在整个交易过程中不涉及任何中介的交易方式。场外交易绝大部分是直接交易。间接交易是买卖双方不直接见面和联系,而是委托中介人进行股票买卖的交易方式。证券交易所中的经纪人制度,就是典型的间接交易。

3. 现货交易和期货交易

按交割期限不同,分为现货交易和期货交易。现货交易是指股票买卖成交以后,马上办理交割清算手续,当场钱货两清。期货交易则是股票成交后按合同中规定的价格、数量,过若干时期再进行交割清算的交易方式。

真实的股市在每一个股民的眼中都是不一样的。表面上看,股市就永远像庙会那样人山人海,热闹非凡;而实际上,置身其中,就会发现股市就如一个百鸟园一般充满不同的声音,而你却不知谁说的才是真的。真假难辨,是股民心中对股市一致的印象。

股票市场在现代金融市场中占有举足轻重的地位,股票市场的交易状况能够迅速反映宏观

□ 图解经济学

经济政策的变动，股价指数对本国经济和金融的运行状况反应最为灵敏，所以股票市场也被称为国民经济的"晴雨表"或"助推器"。

随着我国资本市场改革的深入，股票市场逐渐走向规范成熟，将会对提高资源配置效率和推动经济增长发挥越来越大的作用。

证券市场的发展新趋势

近年来，金融衍生工具在迅猛发展的同时，也因不断出现巨额亏损事件引起了人们的广泛关注。巴林银行由于尼克利森衍生品交易亏损10多亿美元，导致具有233年历史的老牌银行一夜之间倾覆；万国证券国债期货违规交易亏损10多亿人民币，被称为"新中国成立以来最严重的金融丑闻"；住友商社在有色金属期货交易内亏损28亿美元；美国橙县政府因参与金融衍生市场交易亏损17亿美元而宣告破产。1997年，国际投机者运用金融衍生工具冲击泰铢引发了东南亚金融危机。2007年，美国的次级房屋信贷经过贷款机构及华尔街用财务工程方法加以估算、组合、包装，就以票据或证券产品形式，在抵押二级市场上出卖，用高息吸引其他金融机构和对冲基金购买，最终酿成了次贷危机，进而引发全球金融危机。这些事件引发了对金融衍生品功过是非的纷争。有人认为，金融衍生工具的出现是金融领域的一场灾难，是全球金融灾难的罪魁祸首。

那么，我们就有必要认识金融衍生工具。金融衍生工具又称金融衍生产品，是与基础金融产品相对应的一个概念，指建立在基础产品或基础变量之上，其价格随基础金融产品的价格（或数值）变动的派生金融产品。因此，不仅包括现货金融产品（如债券、股票、银行定期存

图为美国纽约的哥伦布环岛。无论货币如何投资和运作，最终它们都体现在社会整体的变化上。就像美国的纽约，从荒原演变为都市。

款单等），也包括金融衍生工具。作为金融衍生工具基础的变量则包括利率、汇率、各类价格指数甚至天气（温度）指数等。

近年来，衍生品市场的快速崛起成为市场经济史中最引人注目的事件之一。过去，通常把市场区分为商品（劳务）市场和金融市场，进而根据金融市场工具的期限特征把金融市场分为货币市场和资本市场。衍生品的普及改变了整个市场结构：它们连接起传统的商品市场和金融市场，并深刻地改变了金融市场与商品市场的截然划分；衍生品的期限可以从几天扩展至数十年，已经很难将其简单地归入货币市场或是资本市场；其杠杆交易特征撬动了巨大的交易量，它们无穷的派生能力使所有的现货交易都相形见绌；衍生工具最令人着迷的地方还在于其强大的构造特性，不但可以用衍生工具合成新的衍生品，还可以复制出几乎所有的基础产品，它们所具有的这种不可思议的能力已经改变了基础产品决定衍生工具的传统思维模式，使基础产品与衍生品之间的关系成为不折不扣的"鸡与蛋孰先孰后"的不解之谜。

金融衍生产品具有以下几个特点：

（1）零和博弈。即合约交易的双方(在标准化合约中由于可以交易是不确定的)盈亏完全负相关，并且净损益为零，因此称"零和"。

（2）跨期性。金融衍生工具是交易双方通过对利率、汇率、股价等因素变动的趋势的预测，约定在未来某一时间按一定的条件进行交易或选择是否交易的合约。无论是哪一种金融衍生工具，都会影响交易者在未来一段时间内或未来某时间上的现金流，跨期交易的特点十分突出。这就要求交易的双方对利率、汇率、股价等价格因素的未来变动趋势做出判断，而判断的准确与否直接决定了交易者的交易盈亏。

（3）联动性。这里指金融衍生工具的价值与基础产品或基础变量紧密联系，规则变动。通常，金融衍生工具与基础变量相联系的支付特征有衍生工具合约所规定，其联动关系既可以是简单的线性关系，也可以表达为非线性函数或者分段函数。

（4）不确定性或高风险性。金融衍生工具的交易后果取决于交易者对基础工具未来价格的预测和判断的准确程度。基础工具价格的变幻莫测决定了金融衍生工具交易盈亏的不稳定行，这是金融衍生工具具有高风险的重要诱因。

（5）高杠杆性。衍生产品的交易采用保证金制度。即交易所需的最低资金只需满足基础资产价值的某个百分比。保证金可以分为初始保证金，维持保证金，并且在交易所交易时采取盯市制度，如果交易过程中的保证金比例低于维持保证金比例，那么将收到追加保证金通知，如果投资者没有及时追加保证金，其将被强行平仓。可见，衍生品交易具有高风险高收益的特点。

根据产品形态，金融衍生产品可以分为远期、期货、期权和掉期四大类。

远期合约和期货合约都是交易双方约定在未来某一特定时间、以某一特定价格、买卖某一特定数量和质量资产的交易形式。期货合约是期货交易所制定的标准化合约，对合约到期日及其买卖的资产的种类、数量、质量做出了统一规定。远期合约是根据买卖双方的特殊需求由买卖双方自行签订的合约。因此，期货交易流动性较高，远期交易流动性较低。

掉期合约是一种交易双方签订的在未来某一时期相互交换某种资产的合约。更为准确地说，掉期合约是当事人之间签订的在未来某一期间内相互交换他们认为具有相等经济价值的现金流的合约。较为常见的是利率掉期合约和货币掉期合约。掉期合约中规定的交换货币是同种货币，则为利率掉期；是异种货币，则为货币掉期。

期权交易是买卖权利的交易。期权合约规定了在某一特定时间、以某一特定价格买卖某一特定种类、数量、质量原生资产的权利。期权合同有在交易所上市的标准化合同，也有在柜台交易的非标准化合同。

据统计，在金融衍生产品的持仓量中，按交易形态分类，远期交易的持仓量最大，占整体持仓量的42%，以下依次是掉期（27%）、期货（18%）和期权（13%）。1989年到1995年的6年间，金融衍生产品市场规模扩大了5.7倍。各种交易形态和各种交易对象之间的差距并不大，整体上呈高速扩大的趋势。

金融衍生产品的作用有规避风险、价格发现，它是对冲资产风险的好方法。但是，任何事情有好的一面也有坏的一面，风险规避了一定是有人去承担了，衍生产品的高杠杆性就是将巨大的风险转移给了愿意承担的人手中，这类交易者称为投机者，而规避风险的一方称为套期保值者，另外一类交易者被称为套利者，这三类交易者共同维护了金融衍生产品市场上述功能的发挥。

上帝欲使人灭亡，必先使其疯狂

20世纪80年代后期，日本的股票市场和土地市场热得发狂。从1985年年底到1989年年底的4年里，日本股票总市值涨了3倍，土地价格也是接连翻番。到1990年，日本土地总市值是美国土地总市值的5倍，而美国国土面积是日本的25倍！两个市场不断上演着一夜暴富的神话，眼红的人们不断涌进市场，许多企业也无心做实业，纷纷干起了炒股和炒地的行当——全社会都为之疯狂。

灾难与幸福是如此靠近。正当人们还在陶醉之时，从1990年开始，股票价格和土地价格像自由落体一般往下猛掉，许多人的财富转眼间就成了过眼云烟，上万家企业迅速关门倒闭。两个市场的暴跌带来数千亿美元的坏账，仅1995年1月至11月就有36家银行和非银行金融机构倒闭，当年爆发剧烈的挤兑风潮。极度的市场繁荣轰然崩塌，人们形象地称其为"泡沫经济"。20世纪90年代，日本经济完全是在苦苦挣扎中度过的，不少日本人哀叹那是"失去的十年"。

西方谚语说："上帝欲使人灭亡，必先使其疯狂。"泡沫经济是指虚拟资本过度增长与相关交易持续膨胀日益脱离实物资本的增长和实业部门的成长，金融证券、地产价格飞涨，投机交易极为活跃的经济现象。泡沫经济寓于金融投机，造成社会经济的虚假繁荣，最后必定泡沫破灭，导致社会震荡，甚至经济崩溃。

最早的泡沫经济可追溯至1720年发生在英国的"南海泡沫公司事件"。当时南海公司在英国政府的授权下垄断了对西班牙的贸易权，对外鼓吹其利润的高速增长，从而引发了对南海股票的空前热潮。由于没有实体经济的支持，经过一段时间，其股价迅速下跌，犹如泡沫那样迅速膨胀又迅速破灭。

正常情况下，资金的运动应当反映实体资本和实业部门的运动状况。只要金融存在，金融投机必然存在。但如果金融投机交易过度膨胀，同实体资本和实业部门的成长脱离得越来越远，便会造成社会经济的虚假繁荣，形成泡沫经济。

在现代经济条件下，各种金融工具和金融衍生工具的出现以及金融市场自由化、国际化，使得泡沫经济的发生更为频繁，波及范围更加广泛，危害程度更加严重，处理对策更加复杂。泡沫经济的根源在于虚拟经济对实体经济的偏离，即虚拟资本超过现实资本所产生的虚拟价值部分。

泡沫经济得以形成具有以下两个重要原因：

第一，宏观环境宽松，有炒作的资金来源。

泡沫经济都是发生在国家对银根放得比较松，经济发展速度比较快的阶段，社会经济表面上呈现一片繁荣，给泡沫经济提供了炒作的资金来源。一些手中握有资金的企业和个人首先想到的是把这些资金投到有保值增值潜力的资源上，这就是泡沫经济成长的社会基础。

第二，社会对泡沫经济的形成和发展缺乏约束机制。

对泡沫经济的形成和发展进行约束，关键是对促进经济泡沫成长的各种投机活动进行监督和控制，但到目前为止，社会还缺乏这种监控手段。这种投机活动发生在投机当事人之间，是两两交易活动，没有一个中介机构能去监控它。作为投机过程中最关键的一步——货款支付活动，更没有一个监控机制。

由于贪婪，人们会心生恐惧，恐惧又导致了危机；而当人们从恐惧中恢复过来的时候，又再次陷入贪婪之中。一次次的恶性循环，也就导致了一次次的经济危机。

回归理性，或许能使我们在贪婪和恐惧之间，找到一条财富之路。

第十二章
理财：用今天的钱打理明天的生活

你不理财，财不理你

有一对兄弟，哥哥善于理财，成为富人，弟弟则是穷人。哥哥看弟弟很可怜，就送了弟弟一头牛，说你把牛养着，到了来年春天，我再送给你些种子，种下去，到了秋天就可以有收获。弟弟就开始悉心养牛，可是养了一段时间，觉得原来只是供自己吃，现在又要供牛吃，日子过得更加艰难了。

弟弟实在忍受不下去了，心想："我不如把牛卖了，买几只羊吧，先杀一只羊，犒劳自己，然后再让剩下的羊生羊羔繁殖。"于是，他就把牛牵到集市上卖了，买回几只羊，杀了一只，美美地吃了一段时间。可是过了一段时间，他又忍受不下去了，就又杀了一只羊，最后只剩一只羊了。他就把那只羊卖了，买了几只鸡，心想鸡吃得少，将来通过鸡蛋孵小鸡也不错。可是过了一段时间，他又忍不下去了，开始一只一只地杀鸡。

好不容易熬到了来年春天，可是只剩最后一只鸡了。他的生活也越来越艰难，实在没有办法，就把心一横，连那最后一只鸡也给杀了。哥哥来给他送种子的时候，他正在吃鸡肉、喝鸡汤。他热情地邀请哥哥入座，哥哥什么也没有说，拂袖而去。

后来，这个弟弟一直在贫困线上挣扎。

有句话叫"你不理财，财不理你"，这个故事说明了理财的重要性。理财之路并不平坦，理财需要毅力，更需要智慧。

理财的实质是牺牲眼前的消费以增加未来的消费，而人性的弱点是贪图眼前，总是被眼前利益所诱惑。理财是要付出成本的，理财所要付出的成本就是牺牲眼前的消费，收益则是未来消费的增加。牺牲眼前的消费是一笔小钱，到了将来却会得到一笔大钱。理财最简单的方法是量入为出，一个人，如果每天收入20元，却花掉21元，那将是一件非常危险的事情；相反，如果他每天收入20元，却只花掉19元，他则会有1元的节余。这个道理谁都懂，但是知道是一回事，能不能身体力行又是另外一回事，很多人就是在明知这个道理的情况下破产的。

世界上不想发大财的人是没有的，问题是如何发大财。一般来说，发大财的人都经历过一个挣小钱的过程。在这个过程中，小钱不断积累，时间久了，你就有了大钱，这不但是钱财的积累，更重要的是经验、能力、社会关系等人力资本的积累，到了一定程度，你就具备了挣大钱的素质。你开始做小生意，一天赚 10 块钱，生意慢慢做大了，一天就会赚几万块钱。投资家沃伦·巴菲特的投资生涯是从卖报纸开始的，橡胶大王王永庆也是从小作坊开始的。可是许多人，就是不想经历挣小钱的过程，整天做着发财梦，直到想白了少年头，仍是两手空空。

可能不少人会有这种感觉：一到月底就觉得手头很紧，可是回头看看，发现自己虽然花了很多钱却没有买几样有价值的东西或办几件重要的事，一年下来自己没办成什么大事情，也没有存下钱来！这是为什么呢？原因是你没有给自己制定科学的理财规划，或者虽然制定了理财规划却没有坚持执行。

理财是一门高深的学问，太节省的人要学会花钱，太浪费的人要学会省钱。花钱，绝不是拿 1 元钱买价值 1 元的货这么简单。花了 1 元钱，却得到了价值 1.2 元甚至价值 1.5 元的货，这才真正叫会花钱。

小李善于持家，周围人很羡慕他。

这天，几个好朋友聚在一起，大家要小李介绍一下自己的经验。小李一点都不谦虚，说："这有什么问题？最近我刚刚发现一个既能省钱，又不影响花钱的好办法！""什么办法？"大家显得很急切，异口同声地问道。

小李说："那我就给你们举个例子吧！比如上周我在家乐福看上一条裙子，我忍住了，就把买裙子的钱省下来了。"大家不禁一片赞叹，都很钦佩她的忍功。小李又说："这周我在商场看上了一件真丝衬衫，忍住了没买，把买真丝衬衫的钱也省下来了！""这是截流理财法。"旁边一个朋友的话还没说完，小李突然间果断地说道："今天我实在忍不住了，就把不买裙子省下来的钱去买了衬衫，再用不买衬衫省下来的钱去买了裙子。"

看来，小李会持家理财，只是徒有其名。理财之路不平坦，我们不仅仅需要知难而进的精神和坚忍顽强的毅力，还需要不断地学习、探索和实践，才能让自己的财富之树茁壮成长。要想增加自己的财富，必须拥有理财的智慧。

理财并不是要等到有钱了才开始，其实不论你是购物还是到银行存款、购买保险，都是在理财。简单说来，理财规划包括以下这些内容：

1. 证券投资规划

每个人总有一些储蓄，这些储蓄或者是留在手里以备不时之需的"活钱"，或者是为将来某项大额支出预备的"基金"，或者是积攒下来的纯粹的"余钱"。对于"活钱"，必须能够随时变现，否则一遇紧急情况就周转困难了；对于支出"基金"，需要在一定时期变现；对于纯粹的"余钱"，要求保值增值。这些钱如果全部存到银行，收益是比较低的，因此可以拿出一部分进行风险虽高但收益也高的证券投资。

2. 不动产投资规划

如果你还没有房子，那么你就需要计划怎么解决住的问题。租房子划算还是买房子划算？抑或是先租后买，或者先买后出租？如果打算买房子，买房时是一次付清还是按揭贷款？按揭贷款

城镇中拥挤的小房子成为许多人蜗居的家,他们付不起高昂的租金,只能蜗居中度日。

的首付比例又是多少合适?如果你已经拥有了一套住房,你还可以考虑再购买房子以保值增值,那么你应把资产的多大比例投资到不动产上?选择什么时机买入,又选择什么时机卖出?

3. 子女教育规划

子女的教育支出是越来越多的家庭面临的大项支出,因此你必须早做打算。按照你的承受能力,子女要接受什么水平的教育?需要多少支出?在现有的支出约束下,怎样才能受到更好的教育?

4. 保险规划

风险时刻存在,你必须为自己的家庭计划好保险保障,防止一旦发生意外导致整个家庭陷入困境。拿出多少钱来购买保险?购买些什么保险?

保险实际上是一种分散风险、集中承担的社会化安排。从经济学角度看,保险是对客观存在的未来风险进行转移,把不确定损失转化为确定成本——保险费。拿意外伤害来说,我们每个人每时每刻都面临着遭受意外伤害的风险,但谁也无法确定到底会不会发生、何时发生,有时一旦发生就可能非常严重,昂贵的医疗费用甚至会使有的家庭走向崩溃的边缘。保险则由保险公司把大家组织起来,每个人缴纳保费,形成规模很大的保险基金,集中承担每个人可能发生的意外伤害损失。可见对于个人而言,保险就是在平时付出一点保费,以期在发生风险的时候获得足够补偿,不致遭受重大冲击。

保险中的可保风险仅指纯风险,就是只有发生损失的可能,而没有获利的可能。比如身体生病、财产被偷等就是纯风险。投资股票就不是纯风险,因为投资股票不仅可能亏损,也可能赚大钱。所以,保险公司是不会为股票投资上保险的。

个人理财,理性第一

旅鼠是一种普通、可爱的小动物,常年居住在北极,体形椭圆,四肢短小。旅鼠的繁殖能力极强,从春到秋均可繁殖,妊娠期20~22天,一胎可产9子,一年多胎。照此速度,每只母鼠一生可生下上千只后代。

当旅鼠的数量急剧膨胀，达到一定的密度，例如一公顷有几百只之后，奇怪的现象就出现了。这时候，几乎所有的旅鼠都变得焦躁不安起来，它们东跑西颠，吵吵嚷嚷，且停止进食，似乎是大难临头，世界末日就要到来似的。

旅鼠的数量实在太多，渐渐形成大群，开始时似乎没有什么方向和目标，到处乱窜，就像是出发之前的忙乱一样。但是后来，不知道是谁下了命令，也不知谁带头，它们却忽然朝着同一个方向，浩浩荡荡地出发了。往往是白天休整进食，晚上摸黑前进，沿途不断有旅鼠加入，而且队伍会愈来愈大，常常达数百万只，逢山过山，遇水涉水，勇往直前，前赴后继，沿着一条笔直的路线奋勇前进，绝不绕道，更不停止，一直奔到大海，仍然毫无惧色，纷纷跳下去，直到被汹涌澎湃的波涛所吞没，全军覆没为止。

巴菲特将投资者盲目随大流的行为比喻为旅鼠的成群自杀行为。他的一句话指出了投资的关键所在："你不需要成为一个火箭专家，投资并非智力游戏，一个智商160的人未必能击败智商为130的人。理性才是投资中最重要的因素。"

20世纪40年代，纽约的某银行来了一位妇人，要求贷款1美元。经理回答，当然可以，不过需要她提供担保。

只见妇人从皮包里拿出一大堆票据说："这些是担保，一共50万美元。"经理看着票据说："您真的只借1美元吗？"妇人说："是的，但我希望允许提前还贷。"经理说："没问题。这是1美元，年息6%，为期1年，可以提前归还。到时，我们将票据还给你。"

虽心存疑惑，但由于妇人的贷款没有违反任何规定，经理只能按照规定为妇人办了贷款手续。当妇人在贷款合同上签了字，接过1美元转身要走时，经理忍不住问："您担保的票据值那么多钱，为何只借1美元呢？即使您要借三四十万美元，我们也很乐意。"

妇人坦诚地说："是这样，我必须找个保险的地方存放这些票据。但是，租个保险箱得花不少费用，放在您这儿既安全又能随时取出，一年只要6美分，划算得很。"妇人的一番话让经理恍然大悟，茅塞顿开。

这位妇人不愧是理财的高手！其实，在我们身边也有些看似平凡者，却积累了非凡的财富，其秘诀就是他们善于理财，因而比旁人获得了更多的成功。

让财富增值，就需要投资，有投资就有风险。风险是由市场的变化引起的，市场的变化就像一个陷阱，会将你投入的资金吞没。变化之中，有你对供需判断的失误，也有合作方给你设置的圈套。股票市场，一不小心就会被套牢；谈判桌上，一不小心，就会受制于人；市场竞争，一不小心就会被对手挤出市场。

美国著名经济学家萨缪尔森是麻省理工学院的教授，有一次，他与一位同事掷硬币打赌，若出现的是他要的一面，他就赢得1000美元；若不是他要的那面，他就要付给那位同事2000美元。

这么听起来，这个打赌似乎很有利于萨缪尔森的同事。因为，倘若同事出资1000美元的话，就有一半的可能性赢得2000美元，不过也有一半的可能性输掉1000美元，可是其真实的预期收益却是500美元，也就是 $50\% \times 2000 + 50\% \times (-1000) = 500$。

□ 图解经济学

不过,这位同事拒绝了:"我不会跟你打赌,因为我认为1000美元的损失比2000美元的收益对我而言重要得多。可要是扔100次的话,我同意。"

对于萨缪尔森的同事来说,掷硬币打赌无疑是一项风险投资,不确定性很大,无异于赌博,任何一个理性的投资人都会拒绝的。

有人做过一个标准的掷硬币实验,结果显示,掷10次、100次与1000次所得到正面的概率都约为50%,不过掷1000次所得到正面的概率要比扔10次更加接近50%。重复多次这种相互独立而且互不相关的实验,同事的风险就规避了,他就能稳定地受益。我们在投资的时候,也要像萨缪尔森的这位同事一样,要稳扎稳打,而不要抱着赌徒的心态去冒险。

因此,并不是每个人都具备投资的条件。可以说,大多数人是心有余而力不足,投资者应该具备哪些条件呢?

第一,应该审查一下家庭和个人的经济预算。如果近期要用钱的话,最好不要投资股票,哪怕是被认为的最优股也不宜购买。因为股票即使从长期来看是好的,但两三年内股价是升是降还很难说。只有在不等钱用的时候,或者即使损失了本钱,生活也不至于受影响的时候,才能投资。所以,投资者应有充分的银行存款足以维持一年半载的生活以及临时急用。除了购买

祖孙三人
投资者应该审查一下家庭和个人的经济预算。

公债没有风险外，其他投资都有风险。

第二，不应在负债的情况下投资。应将债务先偿清，或在自己还贷能力绰绰有余时再投资。因为投资的收益没有100%保障，所以投资者不宜借贷投资。

第三，在投资前应有适当的保险，如人寿保险、医疗保险、住宅保险等。

第四，投资应从小额开始，循序渐进。投资过多是大多数投资者失败的原因之一。不把所有的鸡蛋放到一个篮子里，分散投资，使投资多元化，也是规避风险的重要手段之一。

如果没有一定的心理素质和辨别能力，随时都有可能跌入陷阱。你必须眼观六路，耳听八方，你要不断地提升你自己，才能应对突如其来的变化，才能避开风险，走上坦途。

投资组合就是由投资人或金融机构所持有的股票、债券、衍生金融产品等组成的集合，它的目的在于分散投资风险。投资者选择适合自己的投资组合，进行理性投资，以不影响个人的正常生活为前提，把实现资本保值、增值、提升个人的生活质量作为投资的最终目的。因此，个人投资首先必须使财产、人生有一定保障，无论采取什么样的投资组合模式，无论比例大小，储蓄和保险都应该是个人投资中不可或缺的组成部分。

如何才能惬意地生活

美国第一理财大师苏茜·欧曼被誉为"全球最出色，最富有激情，也是最美丽的个人理财师"，也可能是身价最高的理财师——和她共进晚餐的费用是1万美元。尽管如此，人们依然求之不得，因为从她那里获得的理财建议，带给你的财富可能远远不止1万美元。她被《今日美国》杂志称作是"个人理财的发电站"。

她原本只是一个平凡的女子，但对财富的追求改变了她的一生，也改变了很多人。这位美国个人理财权威曾经现身上海，接受了《钱周刊》的专访，对于什么是财务自由，苏茜给出了她自己的答案：

财务自由不是拥有百万、千万美元，而是感觉到自由，了解你自己和你所拥有的，知道即使明天因为生病或是公司裁员你丢了工作，你也不会有大麻烦，仍旧可以舒适地生活一段时间，不必发愁立即找工作。等你年老退休时，也许你的生活不算豪华奢侈，但你可以生活得很舒适，不会欠账，偶尔出去旅行，能自给自足。等你去世的时候，你留给家庭的财富会超过你原本拥有的。

想达到这种财务自由，首先要做的就是树立理财的意识，使已有的钱既保值又增值。现在适合个人投资理财的方式有很多种：储蓄、股票、保险、收藏、外汇、房地产等，面对如此多的理财方式，最关键的问题是要选择适合自己的理财方式。

1. 职业

有的人认为个人投资理财首先需要投入大量的时间，即如何将有限的生命进行合理的分配，以实现比较高的回报。你所从事的职业决定了你能够用于理财的时间和精力，而且在一定程度上也决定了你理财的信息来源是否及时充分，由此也就决定了你的理财方式的取舍。例如，如果你的职业要求你经常奔波来往于各地，甚至很少有时间能踏实地看一回报纸或电视，

□ 图解经济学

商人
你的职业决定了你的理财方式的取舍。

显然你选择涉足股市是不合适的，尽管所有的证券公司都能提供电话委托等快捷方便的服务，你所从事的职业也必然会影响到你的投资组合。

2. 收入

投资理财，首先要有一定的经济基础，对于一般普通家庭而言就是工资收入。你的收入多少决定了你的理财力度，那些超过自身财力，"空手道"式的理财方式不是一般人能行的。所以很多理财专家常告诫人们说将收入的 1/3 用于储蓄，剩余 1/3 用于投资生财。按此算来，你的收入就决定了这最后 1/3 的数量，并进而决定了你的理财选择。比如，同样是选择收藏作为理财的主要方式，若资金太少而选择收藏古玩无疑会困难重重。相反，如果以较少的资金选择投资不大，但升值潜力可观的邮票、纪念币等作为收藏对象，不仅对当前的生活不会产生影响，而且还会获得相当的收益。

3. 年龄

年龄代表着阅历，是一种无形的资产。一个人在不同的年龄阶段需要承担的责任不同，需求不同，抱负不同，承受能力也不同，所以不同年龄阶段有不同的理财方式。对于现代人而言，知识是生存和发展的基础，在人生的每一个阶段都必须考虑将一部分资金投资于教育，以获得自身更大的发展。当然，年龄相对较大的人在这方面的投资可以少些。因为年轻人未来的路还很长，偶尔的一两次失败也不用怕，还有许多机会重来，而老年人由于生理和心理方面的原因，相对而言承受风险的能力要小一些。因此，年轻人应选择风险较大、收益也较高的投资理财组合，而老年人一般应以安全性较大、收益比较稳定的投资理财组合为佳。

4. 性格

性格决定个人的兴趣爱好以及知识面，也决定其是保守型的，还是开朗型的；是稳健型的，还是冒险型的，进而决定其适合哪种理财方式。个人理财的方式有很多种，各有其优缺点。比如，储蓄是一种传统的重要理财方式，而国债是众多理财方式中最为稳妥的，股票的魅力在于收益大、风险也大，房地产的保值性及增值性是最为诱人的，至于保险则以将来受益而吸引人们，等等。每一种投资理财方式都不可能让所有人在各个方面都得到满足，只能根据个人的性格决定。如果你是属于冒险型的，而且心理素质不错，能够做到不以股市的涨落而喜忧，那么，你就可以将一部分资金投资于股票。相反，如果你自认为属于稳健型的，那么，储蓄、国债、保险以及收藏也许是你的最佳选择。

不把鸡蛋放在一个篮子里

组合投资有三句箴言："不要把所有的鸡蛋放在同一个篮子里"，意味着要分散风险；"不要一个篮子里只放一个鸡蛋"，即组合投资并不意味着把钱过度分散，过度分散反而会降低投资收益；"把鸡蛋放在不同类型的篮子里"，不同类型的篮子是指相关系数低的投资产品，例如股票基金与债券基金各买一些，这样的组合才能发挥组合投资的优势。

"股神"巴菲特在为他的恩师，同时也是其上一代最成功的投资大师本杰明·格雷厄姆的巨著《聪明的投资者》所写的序言中写道："要终生投资成功，不需要超高的智商、罕见的商业眼光或内线消息，需要的是做决定的健全心态架构、避免情绪侵蚀这种架构的能力。"在书中格雷厄姆也给投资者这样的忠告，即投资者应合理规划手中的投资组合。比如说50%的资金应保证25%的债券（或与债券等值的投资）和25%的股票投资，另外50%的资金可视股票和债券的价格变化而灵活分配其比重。当股票的赢利率高于债券时，投资者可多购买一些股票；当股票的赢利率低于债券时，投资者则应多购买债券。当然，格雷厄姆也特别提醒投资者，上述规则只有在股市牛市时才有效。一旦股市陷入熊市时，投资者必须当机立断卖掉手中所持有的大部分股票和债券，而仅保持25%的股票或债券。这25%的股票和债券是为了以后股市发生转向时所预留的准备。

美国经济学家马科维茨1952年首次提出投资组合理论，并进行了系统、深入和卓有成效的研究。该理论包含两个重要内容：均值－方差分析方法和投资组合有效边界模型。马科维茨的真知灼见是，风险为整个投资过程的重心，一项投资计划若没有风险，困难将不存在，但利润亦相应低微。风险意味着可能发生的事较预期发生的更多！我们并不期待居住的楼宇发生火灾，但火灾可能发生，为了避免这种可能，只有买保险；同理，我们不希望所持的股票跌价，然而它可能下跌，因此我们不把所有资金购买一种股票，即使它看起来前景那么美好。马科维茨用资本资产定价模型来解答投资者如何在风险和收益之间做出取舍，即如何建立一个风险和报酬均衡的投资组合。所谓理性投资者，是指投资者能在给定期望风险水平下对期望收益进行最大化，或者在给定期望收益水平下对期望风险进行最小化。

人们进行投资，本质上是在不确定性的收益和风险中进行选择。投资组合理论用均值－方差来刻画这两个关键因素。所谓均值，是指投资组合的期望收益率，它是单只证券的期望收益率的加权平均，权重为相应的投资比例，用均值来衡量投资组合的一般收益率。所谓方差，是指投资组合的收益率的方差。我们把收益率的标准差称为波动率，它刻画了投资组合的风险。

提供最高回报率的有效投资组合的投资基金在20世纪70年代风起云涌，如雨后春笋般纷纷成立，带热了华尔街甚至全球的金融业，令基金市场成为以万亿美元计的大生意。这是建立在马科维茨投资组合理论之上的，而马科维茨也因此获得了1990年的诺贝尔经济学奖。

由于投资者类型和投资目标不同，我们选择合理投资组合时可以参考下面三种基本模式：

□ 图解经济学

对于选股，不同类型的股民都应该注意些什么

每个人都有自己的个性，不同类型的股民在投资上会表现出不同的特点。按照自己的个性选股，是比较稳妥可靠的方法。

稳健型投资者
- 公司经营状况和赢利状况都较稳定
- 股票的市盈率较低
- 红利水平较高
- 股本较大，一般不会有市场主力光顾

激进型投资者
- 股票以往表现较为活跃
- 最好有主力资金的介入
- 有炒作题材配合
- 量价关系配合良好
- 技术指标发出较为明显的信号

进取型投资者
- 赢利和红利的增长潜力大
- 红利水平较低
- 预期收益率较高
- 赢利增长率较高

由于股票市场是一个高风险的市场，投资者往往追求高收益而忽略其风险因素，所以大部分投资者都属于激进型和进取型。

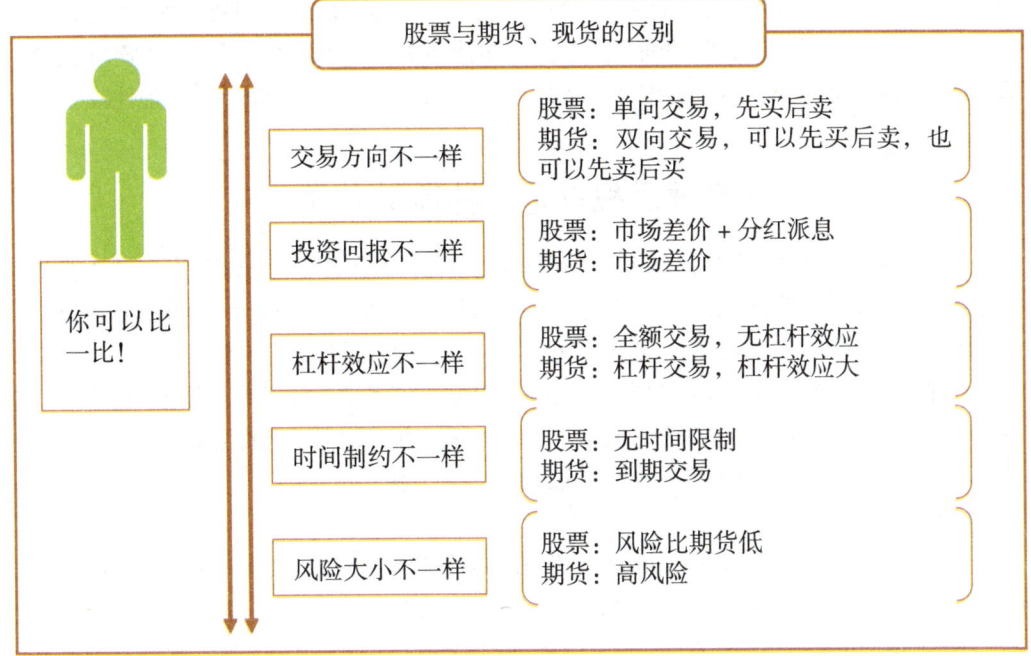

1. 冒险速进型投资组合

这一投资组合模式适用于那些收入颇丰、资金实力雄厚、没有后顾之忧的个人投资者。其特点是风险和收益水平都很高，投机的成分比较重。

这种组合模式呈现出一个倒金字塔形结构，各种投资在资金比例分配上大约为：储蓄、外汇、房地产等投资为 50% 左右。

投资者要慎重采用这种模式，在做出投资决定之前，首先要正确估计自己承受风险的能力（无论是经济能力，还是心理承受能力）。对于高薪阶层来说，家庭财富比较殷实，每月收入远远高于支出，那么，将手中的闲散资金用于进行高风险、高收益组合投资，更能见效。由于这类投资者收入较高，即使偶有损失，也容易弥补。

2. 稳中求进型投资组合

这一类投资组合模式适用于中等以上收入、有较大风险承受能力、不满足于只是获取平均收益的投资者，他们与保守安全型投资者相比，更希望个人财富能迅速增长。

这种投资组合模式呈现出一种锤形组织结构。各种投资的资金分配比例大约为：储蓄、保险投资为 40% 左右，债券投资为 20% 左右，基金、股票为 20% 左右，其他投资为 20% 左右。

这一投资模式适合以下两个年龄段的人群：从结婚到 35 岁期间，这个年龄段的人精力充沛，收入增长快，即使跌倒了，也容易爬起来，很适合采用这种投资组合模式；45~50 岁之间，这个年龄阶段的人，孩子成年了，家庭负担减轻且家庭略有储蓄，也可以采用这种模式。

3. 保守安全型投资组合

这一类投资组合模式适用于收入不高，追求资金安全的投资者。保守安全型投资组合市场风险较低，投资收益十分稳定。

保守安全型的投资组合模式呈现出一个正金字塔形结构。各种投资的资金分配比例关系大约为：储蓄、保险投资为 70%（储蓄占 60%，保险占 10%）左右，债券投资为 20% 左右，其他投资为 10% 左右。保险和储蓄这两种收益平稳、风险极小的投资工具构成了稳固、坚实的塔基，即使其他方面的投资失败，也不会危及个人的正常生活，而且不能收回本金的可能性较小。

合理避税也是一种理财方式

一提到避税，你可能会问："纳税是不可推脱的责任，怎么又要说合理避税了？""避税不是违法犯罪的事么？我们怎么能做？"对于这个问题，我们应该辩证看待。避税和逃税不同，避税是在合理的方式下，减少税务支出，而逃税是在必须纳税的项目上不纳。

合理避税也称为节税或税务筹划，指纳税人根据政府的税收政策导向，通过经营结构和交易活动的安排，对纳税方案进行优化选择，以减轻纳税负担，取得正当的税收利益。

从目前看，个人可以通过投资避税和收入避税两种方法有效避税：

1. 投资避税

个人投资者可以充分利用我国对个人投资的各种税收优惠政策来合理避税。目前对个人而言，运用得最多的方法还是投资避税，投资者可以利用的主要有股票、基金、国债、教育储蓄、保险产品以及银行推出的本外币理财产品等投资品种。

投资基金，由于基金获得的股息、红利以及企业债的利息收入，已经由上市公司在向基金派发时代扣代缴了 20% 的个人所得税。基金向个人投资者分配红利的时候不再扣缴个人所得税，目前股票型基金、债券型基金和货币型基金等开放式基金派发的红利都是免税的。对于那些资金状况良好、追求稳定收益的投资者而言，利用基金投资避税无疑是一种不错的选择。

国债作为"金边债券"，不仅是各种投资理财手段中最稳妥安全的方式，也因其可免征利息税而备受投资者的青睐。虽然由于加息的影响，债券收益的诱惑力有所减弱，但对于那些风险承受能力较弱的老年投资者来说，利用国债投资避税也是值得考虑的。

除此之外，对于那些家有"读书郎"的普通工薪家庭来说，利用教育储蓄来合理避税也是一种不错的选择。相比普通的银行储蓄，教育储蓄是国家为了鼓励城乡居民积累教育资金而设立的，其最大的特点就是免征利息税，因此教育储蓄的实得收益比其他同档次储蓄高出 20%。但教育储蓄并非是人人都可办理的，其对象仅仅针对小学四年级以上（含）的在校学生，存款最高限额为 2 万元。

除了上述投资品种之外，目前市场上常见的本外币理财产品也是可以避税的。

在这些常见的投资理财产品之外，因为我国的税法规定"保险赔款免征个人所得税"，因此投资者还可以利用购买保险来进行合理避税。从目前看，无论是分红险、养老险还是意外险，在获得分红和赔偿的时候，被保险人都不需要缴纳个人所得税。因此对于很多人来说，购买保险也是一个不错的理财方法，在获得所需保障的同时还可合理避税。

此外，公积金和信托产品也是不需缴纳个人所得税的。公积金虽然可以避税，但是不能随意支取，资金的流动性并不强。信托产品所获的收益也不需缴纳个人所得税，但由于信托产品的投资门槛和风险较高，不是大部分普通投资者都可投资的产品。

2. 收入避税

除了投资避税之外，还有一种税务筹划方法经常被人忽视，那就是收入避税。由于国家政策——如产业政策、就业政策、劳动政策等导向的因素，我国现行的税务法律法规中有不少税收优惠政策，作为纳税人，如果充分掌握这些政策，就可以在税收方面合理避税，提高自己的实际收入。

比如那些希望自主创业的人，根据政策规定，在其雇佣的员工中，下岗工人或退伍军人超过30%就可免征3年营业税和所得税。对于那些事业刚刚起步的人而言，可以利用这一鼓励政策，轻松为自己免去3年税收。

而对于大众而言，只要掌握好国家对不同收入人群征收的税基、税率有所不同的政策，也可巧妙地节税。

小王是一家网络公司的职员，每月工资收入5500元，每月的租房费用为800元。我国的《个人所得税法》中规定工资、薪金所得适用超额累进税率，其应纳税所得额是5500元−3500元，即2000元，适用的税率较高。如果他在和公司签订劳动合同时达成一致，由公司安排其住宿（800元作为福利费用直接交房租），其收入调整为4700元，则小王的应纳税所得额为4700元−3500元，即1200元，适用的税率就可降低。

对于那些高收入人群而言，合理的避税和节税就显得更为重要。

□ 图解经济学

张先生是一家公司的高级管理人员，年薪 36 万元，一次性领取。按照国家的税法，他适用的最高税率高达 45%，如果他和公司签订合同时将年薪改为月薪的话，每个月 3 万元的收入能使他适用的最高税率下降到 25%，节税的金额是相当可观的。

在我国《个人所得税法》中，劳务报酬、稿酬、特许权使用费、利息、股息、红利、财产租赁、转让和偶然所得等均属应纳税所得。因收入不同，适用的税基、税率也不尽相同，从维护纳税人的自身利益出发，充分研究这些法律法规，通过合理避税来提高实际收入是纳税人应享有的权益。我国和税务相关的法律法规非常繁多，是一个庞大的体系，一般纳税人很难充分理解并掌握，因此除了自己研究和掌握一些相关法律法规的基础知识之外，不妨在遇到问题时咨询相关领域的专业人士，如专业的理财规划师、律师等，以达到充分维护自身权益的目的。

丰足不奢华，惬意不张扬

供职于北京某知名电台的方小姐是名高级翻译，今年刚满 26 岁，每年都有 19 万的不菲收入。可是在她的身上，你几乎找不到任何名牌的痕迹，即使是她钟爱的名牌也是要打折才买。每天她都要去农贸市场，因为那里的蔬菜和水果会比超市里的便宜将近 1/3。

王先生是北京一家世界 500 强企业的中方首席执行官，他每月都有不低于 3 万元的进账。然而，王先生有着非常独特的消费方式：首先，他排斥名车豪宅，每逢礼拜六，他都会带着女儿前往附近的大型超市采购食品和生活用品，图个便宜，并尤其关注当天的特价优惠。不光如此，王先生还是一个砍价高手，他最辉煌的"战绩"是在果品批发市场将一箱脐橙以底价拿下。

有些人非常富有，但我们从他们的身上很难发现被奢侈品包装的痕迹，相反，他们在"物有所值"的消费过程中所花的时间和心思，可能比你我还多。关键在于，他们的"吝啬"不是泼留希金式的盲目守财，而是尽量节俭不必要开支，然后尽情为"爱做的事"埋单。其实，他们秉承的是时下在欧美发达国家的富人中非常流行的一种生活方式——"新吝啬主义"。

"新吝啬主义"又称为"新节俭主义"，它的诞生象征着一个全新消费时代的来临。因为这群人一切以"需要"为目的购买，绝不盲目追逐品牌和附庸风雅。作为一种成熟的消费观念，它的诞生是人们消费观发展的必然结果。在商品匮乏的年代，人们总认为"贵就是好""钱是衡量一切的标准"，但随着商品经济的不断发展，一部分人开始觉醒并有意识地寻找自己真正需要的东西，在这个过程中，消费观念不断与现实生活进行碰撞磨合，最终真正走向了成熟。

财富在于使用，而不在于拥有。现代创富理念是，会赚钱更需会花钱。花钱是一门学问和艺术，会花钱不同于吝啬，更不同于铺张。会花钱，花上一万是正当；不会花钱，花上一分是浪费。会花钱犹如把好钢用在刀刃上，会花钱能得到效益和回报，能为赚更多的钱开道。

对每个人而言，要在消费上理财，做到智慧消费，必须制订一份财务计划。

制订财务计划的方法有许多种，但首先你得做至少 3 个月的日常费用计划表，否则无论用哪种方法，你的财务计划都不会符合实际。由此看来，你对资金流向要有整体的了解，必须有足够长的时间。你还必须弄清在哪些方面可以节省开支，比如你在工作午餐上花的钱并不少，可你并没有意识到，一顿午餐花20元，对白领单身贵族来说也许算不了什么，但是如果你把1个月的午餐花费加起来，再乘以1年12个月，差不多就是5000元钱。再比如，每天抽1盒香烟，按6元钱1盒计算，全年的费用加起来就是2000多元钱。为了实现更大的目标，该放弃什么、选择什么，每个人都应该做到心里有数。

零售超市

做好消费计划是门学问，细到不能再细才好，包括购物时机和地点，再配合时间性或季节性，就会省下不少开销。比如，你可以把每一段时间需要的东西列一个清单，然后一次性购买，不仅省时，而且利于理性消费。要尽量减少去商场的次数，因为货架上琳琅满目的商品很容易让你的购买欲一发不可收拾，结果便是无限量超支。

有了家庭后居家过日子也一样，若心无计划，有一分花两分，由着性子来，恐怕未到发薪之日，便已捉襟见肘，苦不堪言了。认真做好家庭预算，是一条理财良策。

那么，家庭预算如何做呢？建议采用此方法之前，最好先进行一段时间的理财体验，知晓家庭日常支出的大体流向，这样会使预算目的清晰，一目了然。

当你拿到本月的工资时，先不急于花掉，将家庭开支分类开列出来，通常的分类是：生活必需品开支、灵活性开支、兴趣开支、投资开支。此类别划分可根据自己的实际情况而定，如喜好社交者可拿出适当现金建立友谊基金，用于朋友间的礼尚往来，喜好打扮的可设"美丽开支"。

在开支类别明确后，可根据主次区别对待，按比例合理安排，由各家的实际状况决定，如：租房者，每月的租金固定扣除，则租房开支为A级（必需）；平日生活必需品开支，也为A级；而灵活性开支，一般解决医疗、游玩、服装、交友等突发性事件的开支，则可定为B级（次必需）；兴趣开支等可定为C级（非必需）。在具体分配时，按市价扣除必需品开支或其他可明确的开支，其余则设定可承受数额，然后，按类别放入几个纸袋中，用时从中支取。另外，若家庭欲投资于住房或其他项目时，可先将投资开支于月初存入银行，最好存定期。若到月末，有的开支袋尚有余额可将其存一个活期，积累两三个月，可拿此款添置换季衣物，或其他大件必需品，也可提取一部分继续存入定期。

总之，有了财务计划，可以大大减少消费的盲目性，会使日子过得张弛有度。

事先做好计划是智慧消费的关键。没有计划，你就会像一艘漂于大海上的无帆之船，不知将漂向何方。只有事先有了计划，你才能驶向财务自由的海岸。

选择最合适的理财计划

每个人都需要独立面对和处理居住、教育、医疗、养老和保险等问题，因此每个人都需要承担起理财的责任，做到"我的钱财我做主"。理财不是简单的储蓄和节省，更需要合理的投资。事实上，理财并不简单，要求情况各不相同的人采用相同的理财规划，理财之路必定不平坦。

每个人的风险承受能力同其个体情况有关，我们应当依据自己的收入水平制定最优的投资策略。以下我们以三种收入水平为例，做一个简单的理财规划解析。

1. 月收入5000元如何进行理财规划

张女士今年29岁，她和丈夫白先生在同一家大型企业工作，两人每月收入为5000元。结婚3年，两人有了10万元的积蓄。虽然在所居住的城市，两个人的收入已经比较不错，但是考虑到将来购房、子女教育、赡养父母等家庭开支压力较大，张女士担心家庭收入不能有效利用、科学管理。

家庭理财，子女教育是不能忽视的一环。

从张女士夫妇的家庭状况来看，虽然目前他们的家庭收入不错，但是缺乏必要的保障。此外，两人的理财观念比较传统，承受风险能力较差，家庭理财要求绝对稳健，属于求稳型的理财家庭。所以，求稳的理财方式对于他们比较合适。

因此，建议张女士按照储蓄占40%、国债占30%、银行理财产品占20%、保险占10%的投资组合进行投资。在对家庭理财比例分配中，储蓄占的比重最大，这是支持家庭资产的稳妥增值；国债和银行理财产品放在中间，收益较高，也很稳妥；保险的比率虽然只有10%，但所起的保障作用非同小可。

2. 月收入3000元如何进行理财规划

小秦大学毕业两年，现在一家事业单位上班，工作稳定，目前单身，月收入3000元，没有房贷、车贷。单位提供三险一金，自己还购买了商业保险。每月剩余工资2000元，有存款10000元。小秦希望把每个月的剩余资金用于投资，想做一些风险小的投资，收益比银行存款收益高一些就可以。

小秦处于理财人生的初级阶段，但职业生涯进入了稳定发展阶段，因此理财前景广阔。具体从理财规划上来说，工作单位为小秦提供了三险一金，并且小秦本人又购买了商业性保险，正可谓是双保险，因此不用再增加任何保险产品；虽然小秦既无房贷又无车贷压力，但小秦剩余的资金却并不是很高。根据当前的物价水平，小秦的生活就不能追求高消费了；小秦没有理财经验，要求投资风险较小、收益率高于银行存款的金融理财产品，建议小秦在专业理财师的指导下选择管理时间较久的股票型基金。

但要注意两点：其一，很多人只顾着"钱生钱"，而不记得规避风险。投资是一个长期的财富积累，它不仅包括财富的升值，还包括风险的规避。其二，在建立自己的投资账户时，年轻人由于手头资金量不大，精力有限，与其亲自操作，不如通过一些基金、万能险、投连险等综合性的投资平台，采用"委托投资"的方式，这样不仅可在股票、基金、国债等大投资渠道中进行组合，还可省掉一笔手续费。

3. 月收入 2000 元如何进行理财规划

白明大学毕业后选择了留在省城，一来对这座生活了 4 年的城市有了感情，二来也希望在省城能有更多的发展机会。目前白明的月收入在 2000 元左右徘徊，因为初涉职场，也没有其他的奖金分红。白明希望利用有限的薪水理财，科学规划自己的生活。

如果你是单身一人，月收入在 2000 元，如何来支配这些钱呢？不妨借鉴下面的做法：

（1）生活费占收入的 30%～40%。

生活费用是最基本的费用。在投资前，你要拿出每个月必须支付的费用，如房租、水电、通信费、柴米油盐等，这部分约占收入的 1/3。这部分费用是你生活中不可或缺的部分，满足你最基本的物质需求。所以，无论如何，这部分钱请你先从收入中抽出。

（2）储蓄占收入的 10%～20%。

自己用来储蓄的部分，约占收入的 10%～20%。很多人每次也都会在月初存钱，但是到了月底的时候，往往就变成了泡沫，存进去的大部分又取出来了，而且是不知不觉地，好像凭空消失了一样，他们总是在自己喜欢的衣饰、杂志、娱乐或朋友聚会等方面不加以节制。

其实，我们应该时刻提醒自己，自己的存储能保证至少 3 个月的基本生活。要知道，现在很多公司动辄减薪裁员，如果你一点储蓄都没有，一旦工作发生了变动，你就会非常被动。而且这 3 个月的收入可以成为你的"定心丸"，工作实在干得不开心了，你可以潇洒地对老板说声"拜拜"。所以，无论如何，请为自己留条退路。

（3）活动资金占收入的 30%～40%。

剩下的这部分钱，约占收入的 1/3，可以根据自己当时的生活目标，有所侧重地花在不同的地方。这样花起来心里有数，不会一下子把钱都花完。

除去吃、穿、住、行以及其他的消费外，再怎么节省，估计你现在的状况，一年也只有 10000 元的积蓄。如何让钱生钱是大家想得最多的事情，然而，收入有限，很多想法都不容易实现，建议处于这个阶段的朋友，最重要的是开源。节流只是我们生活、工作的一部分，最重要的是怎样财源滚滚、开源有道。为了实现一个新目标，你必须不断进步以求发展，这才是真正的生财之道。

当然，以上只是三种不同收入水平的人的理财规划建议。实际上，即使收入相同，但是居住城市、家庭情况、个人消费性格等其他因素的差异，其理财规划也必定是各不相同的。我们每个人应该根据自己的情况，灵活进行自己的理财规划。

不做投资的大傻瓜

1908～1914年间，经济学家凯恩斯拼命赚钱。他什么课都讲，经济学原理、货币理论、证券投资等。凯恩斯获得的评价是"一架按小时出售经济学的机器"。

凯恩斯之所以如此玩命，是为了日后能自由并专心地从事学术研究而免受金钱的困扰。然而，仅靠讲课又能积攒几个钱呢？

终于，凯恩斯醒悟了。1919年8月，凯恩斯借了几千英镑进行远期外汇投机。4个月后，净赚1万多英镑，这相当于他讲10年课的收入。

投机生意赚钱容易，赔钱也容易。投机者往往有这样的经历：开始那一跳往往有惊无险，钱就这样莫名其妙进了自己的腰包，飘飘然之际又倏忽掉进了万丈深渊。又过了3个月，凯恩斯把赚到的利和借来的本金亏了个精光。投机与赌博一样，往往有这样的心理：一定要把输掉的再赢回来。半年之后，凯恩斯又涉足棉花期货交易，狂赌一通大获成功，从此一发不可收拾，几乎把期货品种做了个遍。他还嫌不够刺激，又去炒股票。到1937年凯恩斯因病金盆洗手之际，他已经积攒起一生享用不完的巨额财富。与一般赌徒不同，他给后人留下了极富解释力的"赔经"——更大笨蛋理论。

什么是"更大笨蛋理论"呢？凯恩斯曾举例说：从100张照片中选择你认为最漂亮的脸蛋，选中有奖，当然最终是由最高票数来决定哪张脸蛋最漂亮。你应该怎样投票呢？正确的做法不是选自己真的认为最漂亮的那张脸蛋，而是猜多数人会选谁就投她一票，哪怕她丑得不堪入目。

投机行为建立在对大众心理的猜测之上。炒房地产也是这个道理。比如说，你不知道某套房的真实价值，但为什么你会以5万元每平方米的价格去买呢？因为你预期有人会花更高的价钱从你那儿把它买走。

凯恩斯的"更大笨蛋理论"，又叫博傻理论：你之所以完全不管某个东西的真实价值，即使它一文不值，你也愿意花高价买下，是因为你预期有一个更大的笨蛋，会花更高的价格，从你那儿把它买走。投机行为关键是判断有无比自己更大的笨蛋，只要自己不是最大的笨蛋，就是赢多赢少的问题。如果再也找不到愿出更高价格的更大笨蛋把它从你那儿买走，那你就是最大的笨蛋。可以这样说，任何一个投机者信奉的无非就是"最大笨蛋理论"。

对中外历史上不断上演的投机狂潮最有解释力的就是最大笨蛋理论：

1593年，一位维也纳的植物学教授到荷兰的莱顿任教，他带去了在土耳其栽培的一种荷兰人此前没有见过的植物——郁金香。没想到荷兰人对它如痴如醉，于是教授认定可以大赚一笔，他的售价高到令荷兰人只有去偷。一天深夜，一个窃贼破门而入，偷走了教授带来的全部郁金球茎，并以比教授的售价低得多的价格很快把球茎卖光了。

就这样郁金香被种在了千家万户荷兰人的花园里。后来，郁金香受到花叶病的侵袭，病毒使花瓣生出一些反衬的彩色条或"火焰"。富有戏剧性的是病郁金香成了珍品，以至于一个郁金香球茎越古怪价格越高。于是有人开始囤积病郁金香，又有更多的人出高价从囤积者那儿买入并以更高的价格卖出。1638年，最大的笨蛋出现了，持续了5年之久的郁金香狂热悲惨落幕，球茎价格跌到了一只洋葱头的售价。

始于1720年的英国股票投机狂潮有这样一个插曲：一个无名氏创建了一家莫须有的公司。自始至终无人知道这是什么公司，但认购时近千名投资者争先恐后把大门挤倒。没有多少人相信它真正获利丰厚，而是预期更大的笨蛋会出现，价格会上涨，自己要赚钱。饶有意味的是，牛顿参与了这场投机，并且不幸成了"最大的笨蛋"。他因此感叹："我能计算出天体运行，但人们的疯狂实在难以估计。"

荷兰的郁金香狂热使得大多数投资者血本无归，而银行也因为投机者过多遭受不少损失。

投资者的目的不是犯错，而是期待一个更大的笨蛋来替代自己，并且从中得到好处。没有人想当最大笨蛋，但是不懂如何投机的投资者，往往就成为最大的笨蛋。那么，如何才能使自己在投资和投机时避免做最大的笨蛋呢？其实，只要猜对了大众的想法，也就赢得了投机。

所以，要想知道自己会不会成为最大的笨蛋，除了需要深入地认识自己外，还需要具有对别人心理的准确猜测和判断能力。

只要有钱在手，就要拿它消费，不要害怕风险。在投资时不要有任何顾虑，也许你的钱投进去了，你就赚了，但你要是总在犹豫里徘徊，把钱攥得紧紧的，那你将永远赚不到钱。只有你把钱投进去了，才可能会有更大的笨蛋出现，要是你不投钱的话，那么发财的机会就永远是别人的，你就是最大的傻瓜了。

第十三章
投资：在风险中淘金

股票，最热门的投资主题

　　1929年，丘吉尔从财政大臣的职位上卸任后，带着自己的家人到加拿大和美国旅行。他们先到了加拿大，9月进入美国，受到美国战时工业委员会主席、金融家巴鲁克的盛情款待。巴鲁克陪丘吉尔参观华尔街证券交易所，当时丘吉尔已有55岁了，却颇有激情，马上开户进场炒股。在他看来，炒股赚钱实在是小菜一碟。

　　丘吉尔的第一笔交易很快被套住了，这使他很丢面子。他又瞄准了一只很有希望的英国股票，心想：这家伙的老底我都清楚，准能获胜。但股价偏偏不听他的指挥，一路下跌，他又被套住了。如此折腾了一天，丘吉尔做了一笔又一笔交易，陷入了一个又一个泥潭。下午收市的时候，他的账户大幅度亏损。丘吉感觉颇为丢脸，一个劲儿地向巴鲁克抱怨。

　　正当他绝望之际，巴鲁克递给他一本账簿，上面记载着另一个"丘吉尔"的"辉煌战绩"。原来，巴鲁克早就料到丘吉尔在政治上是个老手，其聪明睿智在股市中未必有用武之地，加之初涉股市，很可能赔了夫人又折兵。因此，他提前为丘吉尔准备好了一根救命稻草，他吩咐手下用丘吉尔的名字开了另外一个账户，丘吉尔买什么，另一个"丘吉尔"就卖什么；丘吉尔卖什么，另一个"丘吉尔"就买什么。

　　进行股票投资首先要对股票进行分析。股票是股份有限公司在筹集资本时向出资人发行的股份凭证，代表着其持有者（即股东）对股份公司的所有权。这种所有权是一种综合权利，如参加股东大会、投票表决、参与公司的重大决策、收取股息或分享红利等。每个股东所拥有的公司所有权份额的大小，取决于其持有的股票数量占公司总股本的比重。股票一般可以通过买卖方式有偿转让，股东能通过股票转让收回其投资，但不能要求公司返还其出资。

　　股票在交易市场上作为交易对象，同商品一样，有自己的市场行情和市场价格。由于股票价格要受到诸如公司经营状况、供求关系、银行利率、大众心理等多种因素的影响，其波动有很大的不确定性。正是这种不确定性，有可能使股票投资者遭受损失。价格波动的不确定性越大，投资风险也越大。

　　股市上有句谚语："不要告诉我什么价位买，只要告诉我买卖的时机，就会赚大钱。"因

投资股票前要了解的知识

影响投资者的心理误区

- 只能分享收益不能承担风险
- 害怕本金亏损却又想赚大钱
- 明白价值投资却又难免从众
- 打算长期投资却又频繁买卖

应对之策

- 制定明确的投资目标
- 设定数量化的投资标准
- 控制投资环境避免盲从
- 构建严密系统交易模式

五方面着手构建自己的交易模式

第一，要认识到金融交易是一种概率游戏。

第二，确定交易系统的关键绩效指标。

第三，交易系统的设计。

第四，交易系统的测试。

第五，交易系统的上线。

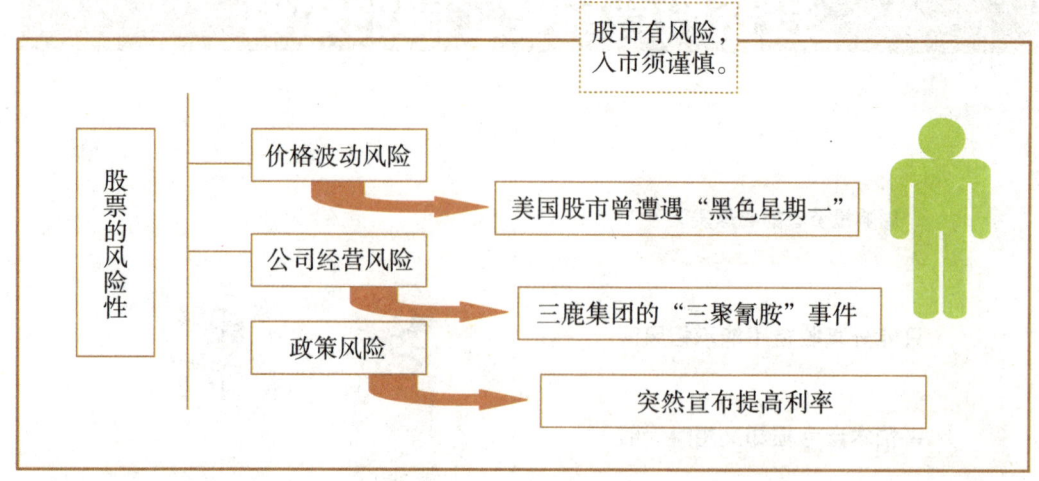

此，对于股票投资者来说，选择买入时机是非常重要的。买入时机因投资时期长短、资金多少等因素有所不同，但也是有规律可循的：

（1）当坏消息如利空消息等传来时，投资者由于心理作用，股价下跌得比消息本身还厉害时，是买进的良好时机。

（2）股市下跌一段时间后，长期处于低潮阶段，但已无太大下跌之势，而成交量突然增加时，是逢低买进的佳时。

（3）股市处于盘整阶段，不少股票均有明显的高档压力点及低档支撑点可寻求，在股价不能突破支撑线时购进，在压力线价位卖出，可赚短线之利。

（4）企业投入大量资金用于扩大规模时，企业利润下降，同时项目建设中不可避免地会有问题发生，从而导致很多投资者对该股票兴趣减弱，股价下跌，这是购进这一股票的良好时机。

（5）资本密集型企业，采用了先进生产技术，生产率大大提高，从而利润大大提高的时候，是购买该上市股票的有效时机。

在确定何时买股票之前，选买点的重点是选择止损点，即在你进场之前，你必须很清楚若股票的运动和你的预期不合，你必须在何点止损离场。

股市大起大落对于短线操作既是个危机，又是个机会。只要保持清醒的头脑，盯住绩优股，抓住机会进场，确定自己的止损点，就能减少自己的投资风险而获利。一般，购入某股票后，该股的支撑线或10%左右的参考点，即可设为一个止损点。如果股价上扬，则可随时将止损点往上移。

确定股票的止损点，换句话说就是，你在投资做生意时，不要老是想你要赚多少钱，首先应该清楚自己能亏得起多少。有些人以10%的数量做止损基数，即10元进的股票，以9元做止损点。有些人将止损点定在支撑线稍下。有些人定20%的止损额。还有其他各种方法。无论什么方法，你必须有个止损点，这个止损点不应超出投资额的20%，否则一切的股票操作技巧都是空的。

基金，最省心的投资方式

老黄是一名退休员工。在2006年和2007年时，街坊邻居都在谈论基金的事，老黄也渐渐知道了基金是一种由专家帮助理财的产品。"有这么好的事我为什么不参与呢？"于是老黄拿出了2万元钱，准备到基市里"淘"一把。

在基金经理的推荐下，老黄选择了一只业绩好、口碑好、价格也好的名牌基金，那基金果然随着2007年的大牛市一路上涨，可谓芝麻开花节节高。老黄高兴之余，后悔自己放着那么多专业的理财顾问不用，非自己瞎琢磨，看来，理财路上，自己还真只能算是个小学生呀！

在2007年的牛市中，老黄简直不敢相信计算器上显示的数字，不禁畅想未来："按照这么个涨法，过个十几年，自己也能成为百万富翁了啊！"谁知好景不长，老黄的如意算盘没打多久，美国就爆发了次贷危机，刚弄明白"次贷"是怎么回事，股市就开始一路狂泻，老黄在基金上的利润转眼缩水不少。但令老黄欣慰的是，与那些股民比起来，自己的损失还是比较小的。

为什么老黄投资基金会"大赚小赔"？因为基金是由专业的投资专家——基金经理管理，他们拥有专业化的分析研究队伍和雄厚的实力，一般采取分散投资，所以基金比股票的风险小，收益也更为稳定。

我们现在说的基金通常指证券投资基金。证券投资基金是一种利益共享、风险共担的投资于证券的集合投资理财方式，即通过发行基金单位，集中投资者的资金，由基金托管人托管（一般是信誉卓著的银行），由基金管理人（即基金管理公司）管理和运用资金，从事股票、债券等金融工具的投资。基金投资人享受证券投资的收益，也承担因投资亏损而产生的风险。我国基金暂时都是契约型基金，是一种信托投资方式。

与股票、债券、定期存款、外汇等投资工具一样，证券投资基金也为投资者提供了一种投资渠道。那么，与其他的投资工具相比，证券投资基金具有哪些特点呢？

基金将众多投资者的资金集中起来，有利于发挥资金的规模优势，降低投资成本。基金由基金管理人进行投资管理和运作，基金管理人一般拥有大量的专业投资研究人员和强大的信息网络，能够更好地对证券市场进行全方位的动态跟踪与分析。

我国《证券投资基金法》规定，基金必须以组合投资的方式进行投资运作。基金通常会购买几十种甚至上百种股票，投资者购买基金就相当于用很少的资金购买了一揽子股票，某些股票下跌造成的损失可以用其他股票上涨的赢利来弥补。因此可以充分享受到组合投资、分散风险的好处。

基金投资人共担风险，共享收益。基金投资收益在扣除由基金承担的费用后的盈余全部归基金投资者所有，并依据各投资者所持有的基金份额比例进行分配。为基金提供服务的基金托管人、基金管理人只能按规定收取一定的托管费、管理费，并不参与基金收益的分配。

基金相对于股票来说，更适合时间紧张、投资知识欠缺的中小投资者，这是由基金的特点决定的。基金具有以下特点：

（1）专家理财是基金投资的重要特色。基金管理公司配备的投资专家，一般都具有深厚的投资分析理论功底和丰富的实践经验，用科学的方法研究各种投资产品，降低了投资的风险。

（2）组合投资，分散风险。基金通过汇集众多中小投资者的资金，形成雄厚的实力，可以同时分散投资于股票、债券、现金等多种金融产品，分散了对个股集中投资的风险。

（3）方便投资，流动性强。基金最低投资量起点要求一般较低，可以满足小额投资者的需求，投资者可根据自身财力决定对基金的投资量。基金大多有较强的变现能力，使得投资者收回投资时非常便利。

投资基金，最忌讳的是你用价值投资的手段分析一只基金，却用短线手法来交易。频繁的短线交易，不过是为券商带来了丰厚的手续费。短线交易、波段操作的难度其实更大于长线投资，即使运气好，也不过只能挣点蝇头小利，这些投资者因为缺乏足够的定力，常常在买进几天之后就匆匆卖出，然后再去寻找另外一只基金。

如果想要获得10年10倍的收益，换一种思路或许也能做到，很多人在基金上交易，都希望每年能获得巨额收益，比如一年翻番甚至更多，但结果总是事与愿违，常见的结局是，在10年或者更短的时间内，你的本金已经所剩无几。如果适当降低你的目标，每年稳定获得30%的年收益，10年后也可以获得10倍的收益。

有一个"72法则"可以简单快速测算出你的资金翻番需要多长时间，用72除以你的预期年收益率的分子，得出的数字就是你的资金翻番需要的年数。假如你预期年收益是9%，你的资金大概在8年后会翻番；假如你的预期年收益为12%，大概需要6年的时间实现翻番。所以，在基金投资上，投资者宜放长线钓大鱼。

期货，创造价值的"买空卖空"

金融风暴使大宗商品经历了前所未有的振幅，大宗商品价格大多被拦腰抄斩，在这场空前的风暴洗礼下，期货市场上演着或喜或悲的投资故事。吴先生在期货市场泡了十多年，金融风暴这波大行情，让他的资金一下从60万元暴涨至1000万元。

吴先生专门从事农产品期货市场研究，也从未间断亲自操盘投资。多年进行农产品研究，让吴先生本人坚信国家会不惜一切保护农民利益。他预测，国家一定会大量收储大豆，而且会提高收购价。2008年10月，国家收储大豆150万吨，收购价高于期货价。吴先生预测国家还会收储，还会提高收储价，他给许多朋友讲，有些朋友还不相信。

吴先生从大豆每吨3000元时开始建多头仓单，之后一直看"多"。2008年12月底，国家再次收储大豆150万吨，2009年1月，国家第三次收储大豆300万吨。大豆价格一路攀升，春节过后，吴先生平仓时已经赚了1倍多。

依据同样的判断和分析，采用同样的模式，2008年12月底，他从每吨2800元开始做多白糖，直到春节过后，白糖涨到每吨3100元时平仓，又赚了一把。

在风险和利润的战争中，期货令无数人悲喜不已。期货的含义是：交易双方不必在买卖发生的初期就交收实货，而是共同约定在未来的某一时候交收实货，因此中国人就称其为期货。

一般说的期货合约,就是指由期货交易所统一制定的、规定在将来某一特定的时间和地点交割一定数量标的物的标准化合约。这个标的物,即期货合约所对应的现货,可以是某种商品,如铜或原油;也可以是某个金融工具,如外汇、债券;还可以是某个金融指标,如3个月同业拆借利率或股票指数。

为什么要这样呢?因为卖家判断他手中的商品在某个时候价格会达到最高,于是选择在那个时候卖出,获得最大利润。简单来说,期货的赚钱方法就是赚取买卖的差价。

期货交易的特点是投资量小,利润潜力大。期货投资者一般只要投入相当于期货合约值10%的保证金即可成交。这是因为他们可以先订买约再订卖约,也可以先订卖约再订买约,最后买约卖约两抵,投机者结清合约的义务,故没有必要拿出相当于某一合约的商品全部价值的资金。期货投资者拿出的保证金是为了在必要时抵偿买约和卖约的商品价格差额。

举个简单的例子:

期货投资人小林在5月看涨豆价,于是买进一份9月到期,成交价为每蒲式耳6元的大豆期货合约。大豆期货合约每份5000蒲式耳,买约值30000元,但小林只需付3000元的保证金就行了。

由于他判断准确,豆价在7月初涨至每蒲式耳7.5元。小林决定解单,即卖出一份成交价为每蒲式耳7.5元9月到期的大豆期货合约。卖约值为37500元,扣去买约值30000元,获利7500元。小林原来3000元的投资翻了一番多。

由于期货合约有统一规格,买卖双方不必直接打交道,而是通过期货合约清算所成交,故一纸合约可以多次易手。要买时,买方和期货合约清算所订买约;要卖时,卖方与期货合约清算所订卖约。

假如投资者认为某一商品价格看跌,他可先订卖约,待到价格下跌时,再签订低价买约而谋利。如果他判断失误,商品价格非但没有下跌反而上涨,他就不得不签订高价买约而亏本。

期货交易的双方不必在买卖发生的初期就交收实货。

因此,我们有必要了解一下期货套利有什么策略,在操作过程中是怎么进行套利的。

1. 利用股指期货合理价格进行套利

从理论上讲,只要股指期货合约实际交易价格高于或低于股指期货合约合理价格时,进行套利交易就可以赢利。但事实上,交易是需要成本的,这导致正向套利的合理价格上移,反向套利的合理价格下移,形成一个区间,在这个区间里套利不但得不到利润,反而会导致亏损,这个区间就是无套利区间。只有当期指实际交易价格高于区间上界时,正向套利才能进行;反之,当期指实际交易价格低于区间下界时,反向套利才适宜进行。

股指期货合约的合理价格我们可以表示为:$F(t, T) = s(t) + s(t) \times (r-d) \times (T-t)/365$。

也就是说，涨得越高，正向套利赢利空间越大；跌得越低，反向套利赢利空间越大或越安全。

2. 利用价差进行套利

合约有效期不同的两个期货合约之间的价格差异被称为跨期价差。在任何一段时间内，理论价差的产生完全是由于两个剩余合约有效期的融资成本不同产生的。当净融资成本大于零时，期货合约的剩余有效期越长，基差值就越大，即期货价格比股指现货值高得越多。如果股指上升，两份合约的基差值就会以同样的比例增大，即价差的绝对值会变大。因此市场上存在通过卖出价差套利的机会，即卖出剩余合约有效期短的期货合约，买入剩余有效期长的期货合约。如果价格下跌，相反的推理成立。如果来自现金头寸的收入高于融资成本，期货价格将会低于股票指数值（正基差值）。如果指数上升，正基差值将会变大，那么采取相反的头寸策略将会获利。

无论商品价格上涨还是下跌，有经验的期货投资者都可以通过期货买约或卖约来谋利。期货交易是专业性强、宜由行家操作的投资。除非你已经是行家，否则切勿涉足这一高风险投资区，以免追悔莫及。由于期货买卖的损益大起大落，投资者一定要有自知之明，量力而行。

我国共有四家期货交易所，分别是上海期货交易所、郑州商品交易所、大连商品交易所和中国金融期货交易所。前面三家主要开展商品期货交易，中国金融期货交易所主要推动金融衍生产品的开发和交易。

黄金，保值增值的宝贝

由于黄金具有美丽的光泽、自然稀少及优良的物理和化学性质，为各时期人们宠爱。在可考的人类5000年文明史中，没有任何一种物质像黄金一样，与社会演化和社会经济缔结成如此密切的关系，成为悠久的货币载体、财富和身份的象征。因此，在人类文明的演化史中，黄金具有了货币和商品两种属性，相应地，黄金的价格也由其两种属性的动态均衡确定。

与其他投资方式相比，投资黄金突显其避险保值功能，因而成为一种稳健而快捷的投资方式。为什么人们如此热衷于投资黄金呢？具体而言，投资黄金有以下三大好处：

首先，投资黄金可以保值增值，抵御通货膨胀。通货膨胀意味着货币实际购买力下降，而黄金作为一种稀缺资源，其价格也会随着货币购买力的降低而迅速上涨。有这样一个例子：100年前，1盎司（约31克）黄金可以在伦敦订制1套上好的西装；100年后的今天，1盎司黄金依然可以在伦敦订制一套上好的西装，甚至更好。当个人投资者面对CPI上涨给自己的财富和购买力带来威胁时，当股市处在震荡期时，黄金也许是财富最好的"避风港"。

其次，黄金的产权转移十分便利，是最好的抵押品种。房产的转让需要办理复杂的过户手续，股

纪念金币

票的转让也要交纳佣金和印花税，而黄金转让则没有任何登记制度阻碍。假如你想给子女一笔财产，送黄金不用办理任何转让手续，比送一栋房子要方便得多。

最后，可以真正达到分散投资的目的。"不把鸡蛋放在同一个篮子里"，不是买一堆股票或者一堆基金就是分散投资了，最理想的分散投资应该是投资在互不相关的品种上，比如储蓄、股市、房地产、黄金甚至古董等等。将黄金加入自己的投资篮子可以有效分散风险，平抑投资组合的波动性，真正达到分散投资的目的。

目前市场上的黄金品种主要有：黄金的实物交易、纸黄金交易、黄金现货保证金交易、黄金期货这四种。那么究竟哪种适合自己，还要看个人的风险偏好及对黄金市场的了解程度。具体介绍如下。

1. 黄金的实物交易

顾名思义，是以实物交割为定义的交易模式，包括金条、金币。投资人以当天金价购买金条，付款后，金条归投资人所有，由投资人自行保管；金价上涨后，投资人可携带金条，到指定的收购中心卖出。

优点：黄金是身份的象征，古老传统的思想让国人对黄金有着特殊的喜好，广受个人藏金者青睐。

缺点：这种投资方式主要是大的金商或国家央行采用，作为自己的生产原料或当作国家的外汇储备。交易起来比较麻烦，存在着"易买难卖"的特性。

2. 纸黄金交易

什么叫纸黄金？说得简单一点，就相当于古代的银票！投资者在银行按当天的黄金价格购买黄金，但银行不给投资者实金，只是给投资者一张合约，投资者想卖出时，再到银行用合约兑换现金。

优点：投资较小，一般银行最低为10克起交易，交易单位为1整克，交易比较方便，省去了黄金的运输、保管、检验、鉴定等步骤。

缺点：纸黄金只可买涨，也就是说只能低买高卖，当黄金价格处于下跌状态时，投资者只能观望。投资的佣金比较高，时间比较短。

3. 黄金现货保证金交易

通俗地说，一块100元钱的石头，你只要用1元钱的保证金就能够用它进行交易，这样如果你有100元钱，就能拥有100块100元钱的石头，如果每块石头价格上涨1元，变成101元，你把它们卖出去，这样你就纯赚100元钱了。保证金交易，就是利用这种杠杆原理，把资金放大，可以充分利用有限资金来以小博大。

4. 黄金期货

现货黄金交易基本上是即期交易，在成交后即交割或者在数天内交割。黄金期货交易的主要目的为套期保值，是现货交易的补充，成交后不立即交易，而由交易双方先签订合同，交付押金，在预定的日期再进行交割。

主要优点在于以少量的资金就可以掌握大量的期货，并事先转嫁合约的价格，具有杠杆作用。

黄金期货风险较大，对专业知识和大势判断的能力要求较高，投资者要在入市前做足功课，不要贸然进入。

成熟的金融市场里面有"四条腿"在走路，即货币市场、资本市场、外汇市场和黄金市场。目前，我国黄金市场由于处于初期阶段，交易量和交易范围都还很小，在全国整体金融产品里面大概只占0.2%的份额。的确，黄金作为一种世界范围的投资工具，具有全球都可以得到报价，抗通货膨胀能力强，税率相对于股票要低得多，公正公平的金价走势，产权容易转移，易于典当等比较突出的优点。选择黄金作为投资目标，将成为越来越多富裕起来的人、越来越多深陷股市泥潭的人需要思考的问题。

债券，稳中求"利"

17世纪，英国政府在议会的支持下，开始发行以国家税收为还本付息保证的政府债券，由于这种债券四周镶有金边，故而也被称作"金边债券"。当然这种债券之所以被称作金边债券，还因为这种债券的信誉度很高，老百姓基本上不用担心收不回本息。后来，金边债券泛指由中央政府发行的债券，即国债。在美国，经穆迪公司、标准普尔公司等权威资信评级机构评定为"AAA"级的最高等级债券，也被称为"金边债券"。

1997年，我国受亚洲金融危机和国内产品供大于求的影响，内需不足，经济增长放缓。我国政府适时发行了一部分建设公债，有力地拉动了经济增长。在国家面临战争等紧急状态时，通过发行公债筹措战争经费也是非常重要的手段。例如，美国在南北战争期间发行了大量的战争债券，直接促进了纽约华尔街的繁荣。

债券投资可以获取固定的利息收入，也可以在市场买卖中赚取差价，随着利率的升降，投资者如果能适时地买进卖出，就可获取较大收益。债券是政府、金融机构、工商企业等机构直接向社会借债筹措资金时，向投资者发行，并且承诺按规定利率支付利息并按约定条件偿还本金的债权债务凭证。目前，国内的债券主要包括国债、金融债券、企业债券、公司债券等数种。

在众多投资工具中，债券具有极大的吸引力，投资债券主要有以下几方面的优势：

1. 安全性高

国债是国家为经济建设筹集资金而发行的，以国家税收为保证，安全可靠。到期按面额还本，债券利率波动的幅度、速度比较和缓，与其他理财工具如股票、外汇、黄金等比较，风险最低，适合保守型的投资者。

2. 操作弹性大

对投资者来说，手中拥有债券，当利率看跌时可坐享债券价格上涨的差价；当利率上扬时，可将手上票面利率较低的债券出售，再买进最新发行、票面利率较高的债券。若利率没有变动，仍有利息收入。

3. 扩张信用的能力强

由于国债安全性高，投资者用其到银行质押贷款，其信用度远高于股票等高风险性金融资产。投资者可通过此方式，不断扩张信用，从事更大的投资。

4. 变现性高

投资者若有不时之需，可以直接进入市场进行交易，买卖自由，变现性颇高。

5. 可充作资金调度的工具

当投资者短期需要周转金时，可用附买回的方式，将债券暂时卖给交易商，取得资金。一般交易商要求的利率水准较银行低，且可立即拿到资金，不像银行的手续那么多。

6. 可作商务保证之用

投资者持有债券，必要时可充作保证金、押标金。投资者以债券当保证金，在保证期间，仍可按票面利率计算。

基于上述种种优势，许多投资者都把目光聚集到它身上，并且公认其为家庭投资理财的首选。但是，债券市场也存在着风险，虽不像股票市场那样波动频繁，但它也有自身的一些风险。

1. 违约风险

发行债券的债务人可能违背先前的约定，不按时偿还全部本息。这种风险多来自企业，由于没有实现预期的收益，拿不出足够的钱来偿还本息。

家庭投资理财规划金字塔

这里简单地勾勒一个"家庭投资理财的金字塔"图形，将让你一目了然地注意到，银行存款是家庭生活正常的保障基石，在理财规划中占有重要的地位。

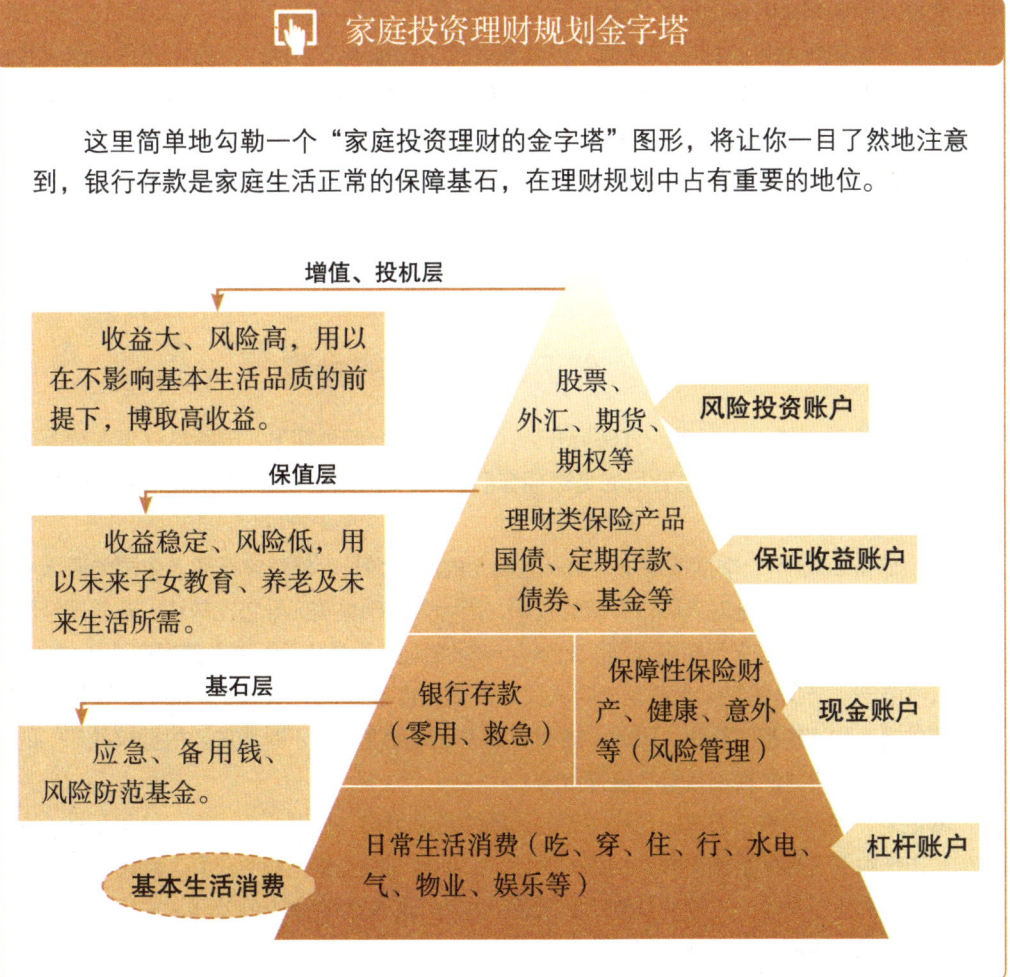

2. 利率风险

由于约定的债券票面利率不同，债券发行时通常会出现折扣或者溢价，人们在购买债券时，通常是按照债券的实际价格（折扣或者溢价）而不是债券的票面价格来出价的。有些债券可在市场上流通，所以能够选择适当时机买进卖出，获取差价。而这些债券的市场价格是不断变动着的，利率发生变动，债券的价格也会跟着发生变动。在一般情况下，利率上调，债券价格就下降；而利率下调，债券价格就上升。在有些时候，利率的变动使债券价格朝着不利的方向变动，人们卖出债券的价格比买进时的低，就会发生损失。所以在购买债券时，要考虑到未来利率水平的变化。

3. 通货膨胀风险

例如，你购买了一种3年期的债券，年利率是3%，但这3年里每年的通货膨胀率都达到5%，投资这种债券就很划不来。

除了上面这三种常见的风险外，债券还有其他一些风险，如赎回风险、流动性风险等。每种风险都有自己的特性，投资者要采取相应的防范措施。

那么，投资者如何购买债券呢？在我国的债券一级市场上，个人可以通过以下渠道认购债券：凭证式国债和面向银行柜台债券市场发行的记账式国债，在发行期间可到银行柜台认购；在交易所债券市场发行的记账式国债，可委托有资格的证券公司通过交易所交易系统直接认购，也可向指定的国债承销商直接认购；企业债券，可到发行公告中公布的营业网点认购；可转换债券，如上网定价发行，可通过证券交易所的证券交易系统上网申购。

在债券的二级市场上，个人可以进行债券的转让买卖，主要通过两种渠道：一是通过商业银行柜台进行记账式国债交易，二是通过交易所买卖记账式国债、上市企业债券和可转换债券。

套汇，真正以钱赚钱的投资

2005年汇改以来，人民币一直保持升势。在人民币升值预期下，国际热钱正在源源不断地流入中国，而热钱流入的主要目的是短期套汇。仅通过套汇一项，热钱就可以获得3%~5%的收益。

外汇储备2008年一季度按每个月100亿美元的涨幅增长。外资疯狂涌入中国的原因有两个：首先是利差，其次是对人民币升值的预期，因为人民币兑美元升值比较快，在美国经济进一步衰退的背景下，这个预期更强烈。2008年一季度人民币兑美元汇率升值幅度达4.17%，为1994年中国外汇市场建立以来截至当时人民币升值幅度最大的一个季度。由于外界预期人民币升值的幅度和速度都比较快，因此，短期资本进来的速度也在不断增加。根据权威部门的分析，套利和套汇可让热钱收益至少超过10%。

套汇是一种外汇投资方式，是利用不同市场的对冲价格，通过买入或卖出信用工具，同时在相应市场中买入相同金额但方向相反的头寸，以便从细微价格差额中获利。利用不同的外汇市场，不同的货币种类，不同的交割时间以及一些货币汇率和利率上的差异，进行从低价一方买进，高价一方卖出，从中赚取利润的外汇买卖。

三种投资组合

由于投资者类型和投资目标不同，我们合理选择投资组合时可以选择下面三种基本模式：

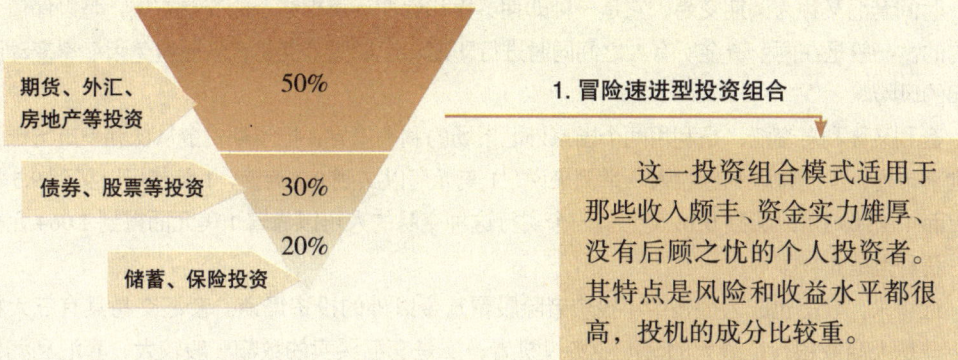

1. 冒险速进型投资组合

这一投资组合模式适用于那些收入颇丰、资金实力雄厚、没有后顾之忧的个人投资者。其特点是风险和收益水平都很高，投机的成分比较重。

2. 稳中求进型投资组合

这一类投资组合模式适用于中等以上收入，有较大风险承受能力，不满足于只是获取平均收益的投资者，他们与保守安全型投资者相比更希望个人财富能迅速增长。

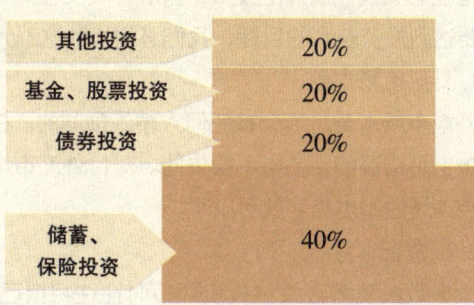

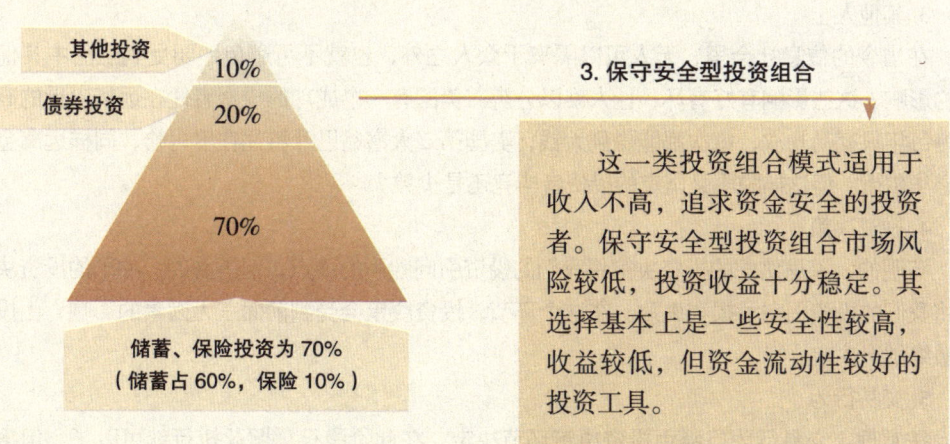

3. 保守安全型投资组合

这一类投资组合模式适用于收入不高，追求资金安全的投资者。保守安全型投资组合市场风险较低，投资收益十分稳定。其选择基本上是一些安全性较高，收益较低，但资金流动性较好的投资工具。

套汇一般可以分为地点套汇、时间套汇和套利三种形式。

地点套汇又分两种，第一种是直接套汇，又称为两地套汇，是利用在两个不同的外汇市场上某种货币汇率发生的差异，同时在两地市场贱买贵卖，从而赚取汇率的差额利润。第二种是间接套汇，是在三个或三个以上地方发生汇率差异时，利用同一种货币在同一时间内进行贱买贵卖，从中赚取差额利润。

时间套汇又称为调期交易，它是一种即期买卖和远期买卖相结合的交易方式，是以保值为目的的。一般是在两个资金所有人之间同时进行即期与远期两笔交易，从而避免因汇率变动而引起的风险。

套利又称利息套汇，是利用两个国家外汇市场的利率差异，把短期资金从低利率市场调到高利率市场，从而赚取利息收入。举例来说，1美元可以买到0.7英镑，1英镑可以买到9.5法郎，而1法郎则可以买到0.16美元。一个实行这种交易的人可以靠着1美元而得到1.064元美元，获利率是6.4%。

近年来，套汇也成为很多中小投资者除股票基金以外的投资渠道。套汇交易具有三大特点：一是大商业银行是最大的套汇业务投机者；二是套汇买卖的数额一般较大，套汇利润相应颇丰；三是套汇业务都利用电汇方式。这三个特点构成了套汇的魅力，令许多人趋之若鹜。

谁在影响我们从外汇投资中获利？其实在交易中有五大因素会造成我们的本金和利润的损失，要达到投资获利的目标，我们必须战胜这五大因素：

1. 外汇市场本身

外汇市场本身是不会被任何人精确预测的。投资者将绝大多数时间和精力花在预测市场未来趋势上是错误的，是得不偿失的。对付外汇市场，投资者只需要掌握一些最基本的规律，然后跟踪市场的基本趋势就可以了。

2. 投资者本身

大多数投资者在关注投资环节时往往将自己忽略了，其实自己本身才是最重要的。因为做出交易决策、实施交易行为的是投资者本身，研究外汇市场、关心其他人士的也是投资者本身；造成盈亏结果的是投资者本身；承担盈亏结果的也是投资者本身。

3. 其他人士

在当今的信息社会里，无人可以隔离于众人之外，也就不可避免地要受到生活中其他人士的影响，这些影响有好有坏，让人难以分辨。美国有一个成功的投资者住在远离尘世的高山上，每年只交易几次，每次都能赚到大钱；美国第二大富翁巴菲特住在奥马哈，同样远离金融中心华尔街。但这样聪明又坚定的投资者毕竟还是少数。

4. 投资决策

英明的、深思熟虑的投资决策将我们的投资引向胜利的终点，但愚蠢的、冲动的投资决策则将我们的投资引向亏损和失败。在这个环节，投资决策会受到前面三大因素的影响，由投资者最终做出决定。

5. 交易行为

按常理，交易行为已经由投资决策环节决定，在此阶段只需照此执行就可以了。但事实上，实际的交易行为往往独立于投资决策，而被投资者以各种各样的理由肆意篡改。控制这一环节要付出的努力，远比之前的任何环节都多。

外汇市场瞬息万变，面临着诸多难以预测的因素，我们又该如何进行外汇理财产品的投资呢？

首先，投资者不能忽视外汇理财产品中的汇率风险，这一点对于手持人民币的投资者们来说尤其重要。短期之内，美元的强势仍将持续一段时间，但是对于中长期内美元和其他货币的走势，则更多地要依赖于金融海啸的后续发展。现在各银行推出的外汇结构性存款，有固定收益的，还有浮动收益的。对于比较保守的投资者来说，固定收益的外汇理财产品是不错的选择，收益稳定且比同期存款利率高而且风险小；浮动收益产品则适合能够承受高风险、期待高收益的投资者，同时，这类浮动收益产品结构也较固定收益产品复杂，所以需要投资者对金融市场和金融产品有所了解，对国际经济走势有一定的判断。

其次，投资者必须看清"收益率"。浮动收益产品的收益率下限很低甚至为零，但这些浮动收益产品的上限都十分高，以此来吸引投资者，但需提醒投资者的是，这类很吸引眼球的高收益率背后隐藏着很大的风险，其所谓的最佳收益率和预期收益率并不等于实际收益率，因为这些最佳收益率和预期收益率是要达到一定条件才能实现的，也就是说参照的汇率、利率、黄金价格或指数等要达到协议所规定的水平。

在产品期限的选择上，短期限的、灵活的外汇理财产品是当仁不让的选择，汇率风险进一步加大，诸多因素并非投资者可以控制和驾驭的，缩短外汇理财产品的投资期限，同时注重产品中提前赎回机制的设置，是险中求胜的明智选择。

汇率市场的波动充满了未知数，投资者在进行外汇投资时，一定要注意汇率风险。

风险与风险社会下的明智选择

约公元前1000年的地中海是东西方贸易的交通要道。有一次，海上电闪雷鸣、风雨交加，一支商船船队满载贸易货物在波涛汹涌的大海上时沉时浮。眼看狂风巨浪越来越猛烈，商船随时都有倾覆沉没的危险。船队队长当机立断，命令全部商船向大海中抛弃货物！各船船舱中最靠近甲板的货物被扔进大海，船只重量变轻了，终于躲过一劫。风暴过后，各商船清点损失的货物，有的货主损失得多，有的则损失得少，为了公平起见，最终所有损失由所有货主共同分担。这种"人人为我，我为人人"的共同承担风险损失的办法，就是近代保险的萌芽。

保险就是投保人根据合同约定，向保险人支付保险费，保险人对合同约定的可能发生的事故发生而造成的财产损失承担赔偿责任，或者当被保险人死亡、伤残或达到合同约定年龄、期限时承担给付保险金责任的商业行为。

值得注意的是，保险中的可保风险仅指"纯风险"。纯风险的意思是说只有发生损失的可能，而没有获利的可能。比如财产被盗、身体得病等风险就是一种纯风险，只会遭受损失而不可能获利。投资股票亏损就不是纯风险，因为投资股票可能会赚大钱。所以，保险公司一般不为股票上保险。具体来说，可保风险必须具备以下条件：

1. 损失程度高

如果潜在损失不大，微不足道或者人们完全可以承受，这类风险根本不用采取"保险"。比如你根本不会因为担心遗失一个苹果而专门买保险。

2. 损失发生的概率小

如果损失发生的概率本身就很高，对这样的风险投保意味着昂贵的保费，也就谈不上转移、分散风险了。比如，某地区新自行车失窃率高达40%，如果对新自行车投保，你需要支付40%的纯保费，外加保险公司为弥补营业开支而收取的保费（比如10%），那么总保费就达到了车价的一半！显然投这样的险很不划算。

3. 损失有确定的概率分布

保险公司在确定收取保险费时，需要明确这种风险发生的可能性有多大，发生后造成的损失有多大，然后才能据此计算应交纳的保费。因此，保险公司必须掌握风险损失发生的概率分布，还要根据外部环境的变化及时调整这些数据。

4. 存在大量具有同质风险的保险标的

任何一个险种，保险标的数量必须足够大，否则就起不到分散、转移风险的作用。另外，根据"大数定律"，投保的人越多，保险标的越多，风险发生的概率和损失程度越稳定，这显然更有利于保险公司测算风险，保证稳定经营。

5. 损失发生必须是意外的

如果故意为之，保险公司将不予赔付。

6. 损失必须可以确定和测量

损失一旦发生，保险公司需要明确损失价值并给予赔偿，若不能确定和测量，就无法进行保险。

可保风险与不可保风险的区别并不是绝对的。比如在过去，战争、地震、洪水等巨灾风险一旦发生，保险标的会普遍受损，而且损失相差很大，由于保险公司财力不足、保险技术落后及再保险市场规模较小，这类风险一般不列为可保风险。但是近年来随着保险公司实力日渐雄厚，加上再保险市场规模扩大，这类巨灾险也被某些保险公司列入保险责任范围之内。

保险实际上是一种分散风险、集中承担的社会化安排。对于整个社会经济而言，保险能够起到维持经济发展的连续性的重要作用。在遇到重大灾害性事件时，巨大损失会严重冲击社会经济的稳定发展，甚至使社会经济发展的链条发生断裂，而保险则能够起到缓冲和补救作用，帮助社会渡过难关。2001年9月11日，美国遭遇严重的恐怖袭击，世贸大楼被撞塌，数千精英殒命，损失巨大。但由于完善的保险体系，全球保险业为此偿付保险金达数百亿美元之巨，美国经济也因此没有出现剧烈动荡。

我们常说保险就像蓄水池，每个人拿出一点保费，保险公司把这些资金集中起来可以弥补少数不幸者所遭受的损失。显然，如果参与这个蓄水池机制的人越多，蓄水池作用的发挥就会越稳定。

房产，"黄土"也能变成黄金

房地产投资为什么令那么多人着迷，它究竟有什么优势呢？现在就让我们细细地盘点一下，看看其中的奥妙。

（1）房地产投资一个最显著的特点就是：可以用别人的钱来赚钱。

几乎所有的人，在今天要购买房屋时，都会向银行或金融机构贷款，越是有钱的人、越是如此。在房地产投资中，你可以靠借钱买房，也就是举债，人们称之为投资房地产的"债务杠杆"。

银行之所以乐意贷款给你，主要是因为房地产投资的安全性和可靠性。除房地产外，你要投资其他类型的项目，可能就不会有这么好的运气轻而易举地借到钱了，通常，对于那些回报不太有保障的项目，银行多采取审慎的态度。

（2）接下来的问题就是付贷款和利息了，很多投资者通过租房就能把这一问题轻松解决。因为投资者的债务都是由房客来承担的。从房地产投资的一般性资金流向来看，投资人在贷款购买房地产后，都是通过把所属房产出租来获得比益，然后再把租金收入还付给银行以支付贷款利息和本金。

（3）此外，因为房地产是一项有关人们基本生存的资产，因此各国对房地产方面的融资总是予以最大的宽容度，不但贷款的期限长，而且利率也较之其他消费贷款低很多。如果在房地产投资中，合理且最大化地利用房地产贷款这一优势，那就等于把房地产变成你的银行，它为你的房地产投资和其他方面的消费贷款提供数额可观的资金，但是只支付很低的利息。

房产具有很大的增值潜力。

（4）房地产投资的另外一个显著的特点就是它具备很大的增值潜力。随着经济的发展和城市化进程的加快，在城市地区，大量有效的土地被一天天增多的人所占据，使之越来越少，其价值由此变得越来越高。

（5）与现在城市房地产需求不断增加相联系的是，房地产投资的周期长，获利的空间就大，赢利时间也就长。一般情况下，一个房子的寿命在100年左右，最短也在60年以上。从借钱买房的角度来看，投资房地产不但得到了物业的产权，而且可以赢得至少40年以上的获利时间。房地产增值潜力表现的另一方面是，它能够有效地抵消通货膨胀带来的负面影响。在通货膨胀发生时，房地产和其他有形资产的建设成本不断上升，房地产价格的上涨也比其他一般商品价格上涨的幅度更大，但像钞票这样的非实质资产却因此不断贬值。在这个意义上，许多人都把房地产作为抗通货膨胀，增值、保值的手段。

实际上，投资房产就是根据不同时期房价的差价，低价买入高价卖出，从中获取利润。在生活中我们会发现，一边是痛心疾首大呼房产泡沫严重，另一边是持续走高的房价。其实这与房地产自身的特性是紧密相关的。那么，我们在购买房产时，什么样的房产最具有升值的潜力呢？

首先，房产作为不动产，其地理位置是最能带来升值潜力的条件。地铁、大型商圈、交通枢纽等地段的房产升值潜力比较大。

其次，所购房产周边的基本配套设施和政府综合城区规划的力度和预期，有便捷的交通、学校，都将为楼盘升值起到推动作用。

再次，房产所属的小区的综合水平，物业设施、安全保障、公共环境以及房屋本身内在的价值等，都是未来房产升值的评判标准。

最后，要看该房产所属地的出租率和租金情况。一个地区的不动产销售数据有时会失真，但出租行情作为终端用户的直接使用，其租金和出租率能够较为真实，就会明确地告知你该地区物业的真实价值。同时，租金和出租率也是不动产短期收益的衡量指标之一。

然而，并不是只要投资房产就会有收益，过度的投机可能会引发房产泡沫。泡沫经济是对一地虚假繁荣经济的比喻，意指经济的发展不是凭内力驱出来的，而是在搓衣板上用肥皂搓出来的光环。这种看上去美丽的泡泡停留的时间短暂，一个微小的触动就足以让泡沫化为乌有。

国际上的炒房比率警戒线是15%，一旦房地产价格下跌，原来准备持房待涨的赚钱预期就成了泡沫，这些炒房人会抛售现房，对下跌的房地产市场无疑是雪上加霜。另外，国际上的房屋空置率警戒线是10%，而2009年4月底北京市的空置率已达到22.3%，已到危险边缘，如在房价形成下跌的预期之时，这就是一颗定时炸弹。一般炒房人比自住买房人更难承受下跌损失，因为大多贷款买房，借资金杠杆放大了风险，涨则收益成倍增加，跌则损失成倍增加。所以房产市场泡沫一旦破灭，带来的将是血的代价。所以，房产带给我们的不仅有高额的回报，还有巨大的风险，倘若要投资房产，还是需要谨慎思量。

第十四章

民生：居民的钱袋与宏观经济息息相关

街头巷尾讨论的经济话题

2009年11月12日，北京市统计局、国家统计局北京调查总队发布2009年1~10月北京市经济运行情况显示：10月份，全市居民消费价格（CPI）同比下降2.3%，降幅比9月份缩小0.2个百分点，连续2个月降幅缩小。从环比看，10月份居民消费价格比9月份上涨0.3%，连续4个月环比上涨。1~10月，居民消费价格比上年同期下降1.7%，降幅比1~3季度扩大0.1个百分点。

经济危机之后，普通居民对物价的感觉是更贵了，CPI恐怕是大家谈论最多的经济词汇了。确实，我们周边的很多朋友，不管他从事什么工作，不管他的年纪是长是幼，甚至连英文字母都不认识的老大妈，也在谈论CPI。对于普通老百姓而言，大家对CPI的关注归根结底还是对日常生活所需品的价格变化，比如说猪肉的价格变化、面粉的价格变化、蔬菜的价格变化等的关注。那么CPI能如实地反映出老百姓最关心的日常生活费用的增长吗？

我们先来了解一下到底什么是CPI。所谓CPI，即消费者物价指数（Consumer Price Index），英文缩写为CPI，是反映与居民生活有关的产品及劳务价格统计出来的物价变动指标，通常作为衡量通货膨胀水平的重要指标。

如果消费者物价指数升幅过大，表明通胀已经成为经济不稳定因素，央行会有紧缩货币政策和财政政策的风险，从而造成经济前景不明朗。一般说来，当CPI>3%的增幅时，我们把它称为通货膨胀；而当CPI>5%的增幅时，我们把它称为严重的通货膨胀。鉴于以上原因，该指数过高的升幅往往不被市场欢迎。例如，某一年，消费者物价指数上升2.5%，则表示你的生活成本比上一年平均上升2.5%。当生活成本提高，你拥有的金钱价值便随之下降。换句话说，一年前面值100元的纸币，现在只能买到价值97.5元的货品及服务。

CPI是怎样计算的？其实CPI的整个计算过程你不需要知道，你只需要知道，通常你买猪肉或喝饮料的平均价格就是CPI。CPI的上涨意味着你承担的日常花费也在上涨。例如，2007

从一百元的不同购买力看 CPI

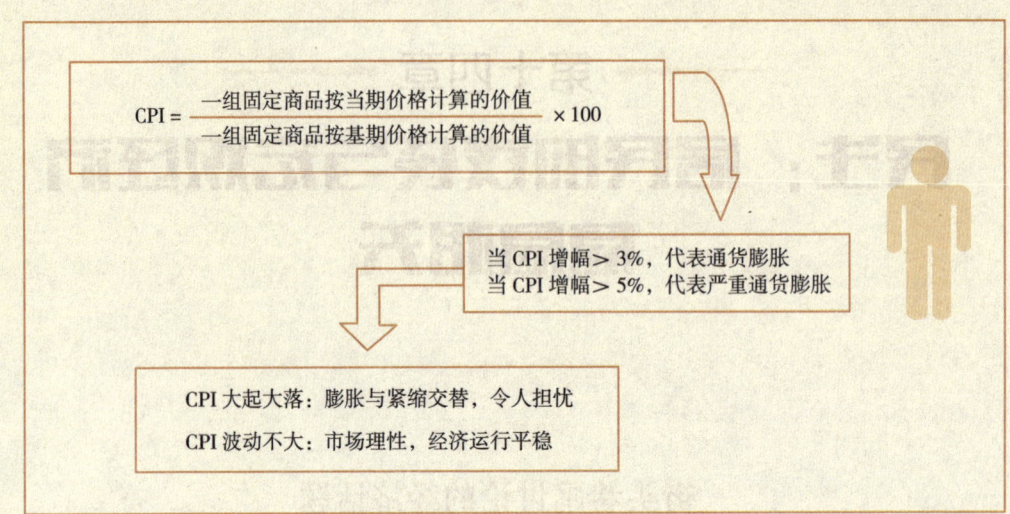

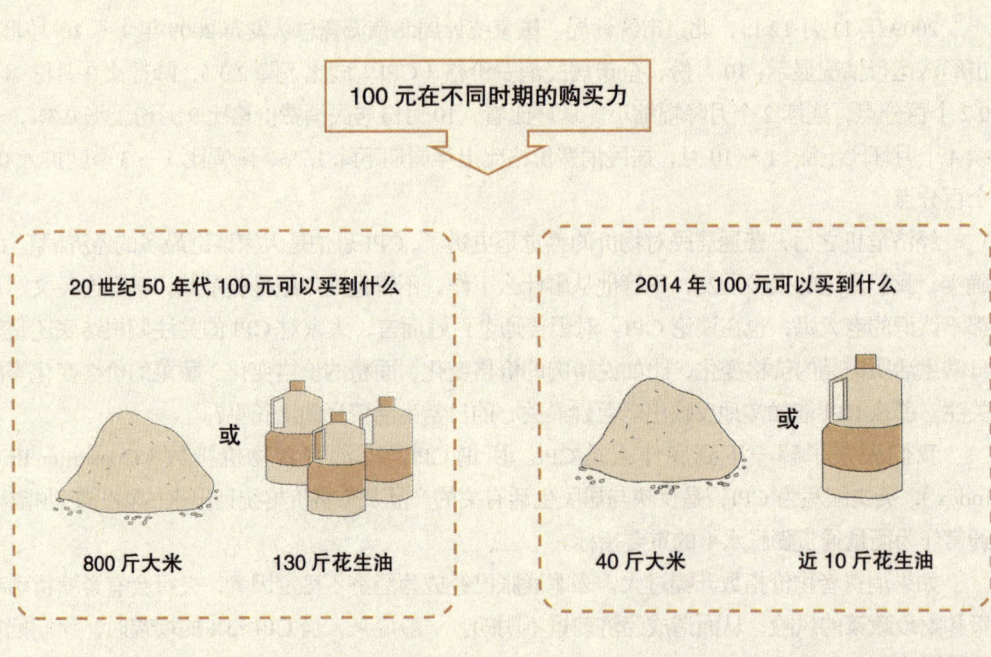

由图示可知，在过去几十年里，随着 CPI 的持续上涨，100 元的购买力大大下降。

年我国 CPI 上涨达到 4.8%，也就是说，你日常的花费增加了 4.8%。

但是真实的日常生活费用情况 CPI 是反映不出来的，有时我们对物价的感觉与公布的统计数据会有差异。我国 CPI 当中包含八大类商品：第一类是食品，第二类是烟酒及其用品，第三类是衣着，第四类是家庭设备用品和维修服务，第五类是医疗保健和个人用品，第六类是交通和通讯，第七类是娱乐、教育、文化用品和服务，第八类是居住。与居民消费相关的所有类别都包括在这八大类中。在 CPI 价格体系中，食品类权重占到 32.74%。

从 2007 年下半年开始到今年年初，这八类商品当中，上涨的状况是不一样的，主要上涨的是哪一类呢？主要上涨的是以肉类为代表的食品，如肉类、粮食、豆制品，以及食用油、蔬菜，也就是说上涨的主要是食品价格。2007 年物价指数到了 4.8，4.8 当中有 4.0 是由于食品价格上涨造成的。4.0 比 4.8，等于 83.3%。2007 年中国物价上涨达到 10 年来的最高点的原因是由于食品价格的上涨。2008 年前 5 个月 CPI 上涨幅度达到 8.1%，在这么一个高度，食品价格上涨大约占了 84%。2008 年我国物价上涨的压力也很大，出现这种状况的主要原因还是食品价格的上涨。

与老百姓生活密切相关的是生活必需品的价格，即以肉类为代表的食品的价格。它与电视机、电冰箱的价格有着很大的差别。电视机、电冰箱价格上涨了，我们可以不买，没有这些东西我们照样能活下去；房价高得离谱，买不起就不买了，可以租房子住，尽管房租也涨了。但是，鸡鸭鱼肉等食品价格上涨了，我们却不能不买，离开它们，我们还怎么活！

而 CPI 里面最重要的组成部分，并且被严重低估的就是鸡鸭鱼肉等食品的价格——它导致你吃饭的花费大幅上涨。例如猪肉价格上涨 26%，蛋类价格上涨 37%，也就是说你每吃一顿肉就要多付 26% 的钱，吃一顿鸡蛋就多付 37% 的钱。倘若这种情况并没有得到改善，反而进一步加剧，每一个老百姓吃饭的花费平均增加了 50%，也就是说，你一日三顿，不管是早点、中餐还是晚饭，你每吃一顿饭就得多付 50% 的钱。

然而 50% 的吃饭费用的上升没有直接反映在 CPI 里面，为什么？因为 CPI 是我们所有用到的消费品的平均数，刚才我们说到的 4.8% 代表所有消费品的增长，其中包括电器、住房等。所以真正重要的指标不能从整体去看，要单个来看，看肉价上升多少，大米价格上升多少，食用油价格上升多少。CPI 并不能如实反映你日常生活费用的增长，要想了解日常生活费用的增长，你只有单个去看。

所以，在看 CPI 的时候，我们要注意到这些，一不小心的话，CPI 就会说谎，就会与我们的亲身感受有差距。

衡量生活水平的尺度

在中国流行了上千年的问候语不知道什么时候就被一句"你好"取代了。为什么"吃了么"被"你好"替代了呢？经济学家认为随着经济的发展，人们花在吃上的支出比例越来越少，而花在服装、汽车、娱乐上的消费比例越来越多了。这种现象被称为"恩格尔系数"降低。

恩格尔系数（Engel's Coefficient）是食品支出总额占个人消费支出总额的比重。19 世纪德

□ 图解经济学

国统计学家恩格尔根据统计资料，对消费结构的变化得出一个规律：一个家庭收入越少，家庭收入中（或总支出中）用来购买食物的支出所占的比例就越大，随着家庭收入的增加，家庭收入中（或总支出中）用来购买食物的支出比例则会下降。推而广之，一个国家越穷，每个国民的平均收入中（或平均支出中）用于购买食物的支出所占比例就越大，随着国家的富裕，这个比例呈下降趋势。

恩格尔定律主要表述的是食品支出占总消费支出的比例随收入变化而变化的一定趋势。揭示了居民收入和食品支出之间的相关关系，用食品支出占消费总支出的比例来说明经济发展、收入增加对生活消费的影响程度。

2009年年初，武汉市统计局公布了2008年武汉市居民收入与消费调查结果。2008年武汉居民人均消费支出为11432.97元，比2007年增加832.97元，增长7.9%，其中食品支出增长最多，为11.8%。

造成武汉市市民恩格尔系数增加的原因是与2008年以来的食品价格上涨分不开的。2008年以来，武汉市食品价格涨势明显，特别是油脂类、肉类、水产品类价格上涨速度较快，带动了居民食品消费支出的增加。

消费支出反映了居民的物价消费水平，是很重要的宏观经济学变量，被作为宏观调控的依据之一。恩格尔系数是国际上通用的衡量居民生活水平高低的一项重要指标，国际上常常用恩格尔系数来衡量一个国家或地区人民生活水平的状况。

吃是人类生存的第一需要，在收入水平较低时，它在消费支出中必然占有重要地位。随着收入的增加，在食物需求基本满足的情况下，消费的重心才会开始向穿、用等其他方面转移。因此，一个国家或家庭生活越贫困，恩格尔系数就越大；反之，生活越富裕，恩格尔系数就越小。

根据联合国粮农组织提出的标准，恩格尔系数在59%以上的为贫困，50%～59%为温饱，40%～50%为小康，30%～40%为富裕，低于30%为最富裕。它一般随居民家庭收入和生活水平的提高而下降。

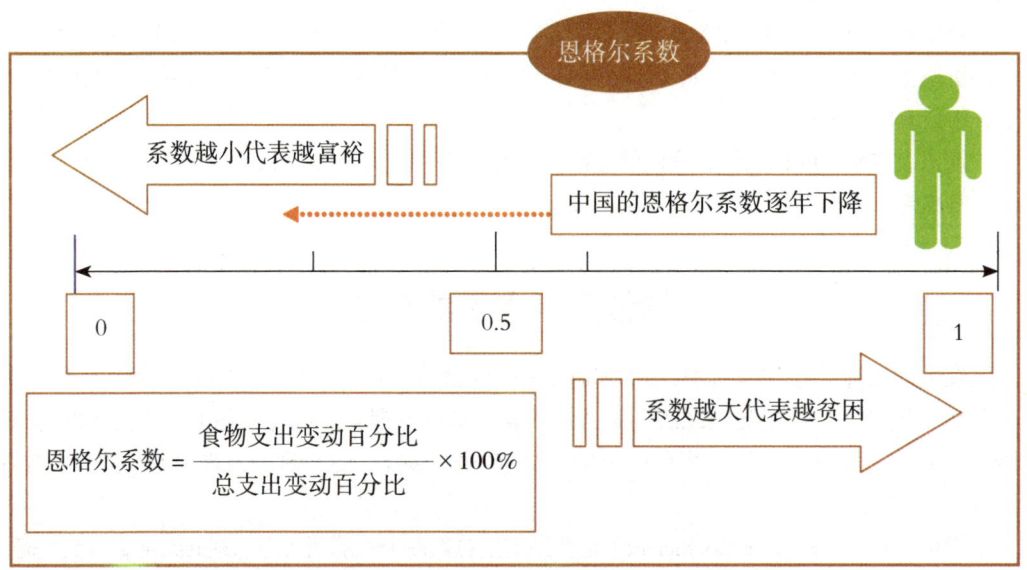

简单地说，一个家庭或国家的恩格尔系数越小，就说明这个家庭或国家经济越富裕。反之，如果这个家庭或国家的恩格尔系数越大，就说明这个家庭或国家的经济越困难。当然数据越精确，家庭或国家的经济情况反应的也就越精确。

恩格尔定律是根据经验数据提出的，它是在假定其他一切变量都是常数的前提下才适用的，因此在考察食物支出在收入中所占比例的变动问题时，还应当考虑城市化程度、食品加工、饮食业和食物本身结构变化等因素都会影响家庭的食物支出增加。只有达到相当高的平均食物消费水平时，收入的进一步增加才不对食物支出发生重要的影响。

随着经济的迅速发展，人们花在食物上的支出相对于以前已经多出不少，但是食物支出占整个家庭支出的比例已经呈现下降的趋势，花在住房、汽车、教育、娱乐等其他方面的支出占据越来越大的比重。这就是恩格尔系数在不断降低。

国家统计局的资料显示，改革开放以来，由于收入持续快速增长，我国居民家庭的恩格尔系数呈现下降趋势，与1978年的57.5%相比，2007年我国城镇居民家庭恩格尔系数为43.1%，这是居民消费结构改善的主要标志。这表明，我国人民以吃为标志的温饱型生活，正在向以享受和发展为标志的小康型生活转变。

但是恩格尔系数也并不是对每一个人或每一个家庭都完全适合的。如自诩为美食家的人，以吃尽天下美食为己任，他花在食物上的消费比例肯定比其他消费多，但依此断定他贫困或富裕就有失偏颇。

气候是全球"最大的公共产品"

2009年10月17日，马尔代夫总统纳希德在该国水下6米处的海底主持了一次内阁会议。纳希德和其他内阁成员身穿潜水服，在该国首都马累东北约35千米处的吉利岛海域水底举行了为时30分钟的会议，会议期间内阁成员签署了一项要求各国减少温室气体排放的决议。呼吁世界各国领导人采取措施减少温室气体排放，以减缓海平面上升的步伐。

马累集中了全国约1/3的人口，只有不到6平方千米，它周围的大部分都修筑了防波堤，以抵御海水入侵。尽管如此，在2004年12月的海啸中，海水还是冲上马累城，给首都造成了不小的破坏。马累西北约100千米处有一个图拉杜岛。图拉杜岛岛长杜斯马尔说，从2002年填海造地开始，海水侵蚀现象越来越严重。在小岛的东侧，椰子树的树根在海潮的拍打下已经裸露出来，有的椰子树已经倾倒。

在全国约200个居民岛中，大约50个面临着海水侵蚀问题，其中16个岛需要立即采取行动。此外，很多居民岛的地下淡水资源正在枯竭，居民饮水出现困难。

当马尔代夫的政要用"水下内阁会议"的方式向全世界发出警告和恳求的声音时，几乎所有人都意识到，全球变暖如果得不到遏止，将因此导致物种的灭亡，最终会蔓延到食物链的终端——人类。

作为一个人口不到40万的小国，马尔代夫在世界上的影响力有限。但在气候变化面前，马尔代夫已经成为人类命运的一面镜子。纳希德总统和他的部长们潜入水下开会的另类行为能让更多的人醒悟过来，采取行动拯救马尔代夫，同时也拯救人类自己。气候是人类最大的公共产品。

□ 图解经济学

哥本哈根气候大会，全称是《联合国气候变化框架公约》第15次缔约方会议暨《京都议定书》第5次缔约方会议，这一会议也被称为哥本哈根联合国气候变化大会，于2009年12月7日~18日在丹麦首都哥本哈根召开。

2009年12月7日起，192个国家的环境部长和其他官员们在哥本哈根召开联合国气候会议，商讨《京都议定书》一期承诺到期后的后续方案，就未来应对气候变化的全球行动签署新的协议。

根据2007年在印尼巴厘岛举行的第13次缔约方会议通过的《巴厘路线图》的规定，2009年年末在哥本哈根召开的第15次会议将努力通过一份新的《哥本哈根议定书》，以代替2012年即将到期的《京都议定书》。考虑到协议的实施操作环节所耗费的时间，如果《哥本哈根议定书》不能在2009年的缔约方会议上达成共识并获得通过，那么在2012年《京都议定书》第一承诺期到期后，全球将没有一个共同文件来约束温室气体的排放，会导致遏制全球变暖的行动遭到重大挫折。因此，很大程度上，此次会议被视为全人类联合遏制全球变暖行动的一次很重要的努力。

在哥本哈根峰会的最后12个小时，全球主要强权国家的领袖以及最贫穷落后国家的领袖穿梭会面，为了一个共同的目标：行动起来，对抗气候暖化。

《联合国气候变化框架公约》第15次缔约方会议和《京都议定书》第5次缔约方会议于当地时间19日下午在丹麦首都哥本哈根沉重落幕。会议通过的《哥本哈根协议》无法律约束力，低于外界预期。

潘基文当天发表了一篇充满感情色彩的讲话。他说，过去的两天令人"筋疲力尽"。我们进行的讨论"时而有戏剧性，时而非常热烈"。

从《京都议定书》，到巴厘岛路线图，再到哥本哈根大会，发展中国家和发达国家两大阵营分歧严重，数十年的谈判更像是口水仗难获突破。这其中就因为涉及利益问题。不同的国家，有着不同的个体利益，有着不同的诉求，气候合作不是一个国家的事情，是需要各个国家为此做出牺牲，也是各个国家之间的一个博弈的过程。

从全球角度看，气候恰恰符合"公共产品"特征——人人需要合适的气候，但没有一个人或一个国家能独立提供，也无法独享专用。美国首位诺贝尔经济学奖得主保罗·萨缪尔森是公共产品理论奠基人。他敏锐地指出，公共产品的共享特征，使人们容易产生"搭便车"的冲动，即他人栽树我乘凉。同样，从理性出发，人类应超越国家局限，成立"气候基金"等全球应对机制，像一国提供国防那样，为每个人提供气候安全这一"公共产品"。

青山绿水与生活改善同步

绿色GDP是简称，是指从GDP中扣除自然资源耗减价值与环境污染损失价值后剩余的国内生产总值，称可持续发展国内生产总值，是20世纪90年代形成的新的国民经济核算概念。

1993年联合国经济和社会事务部在修订的《国民经济核算体系》中提出，绿色GDP可分为总值与净值。总值即GDP扣减资源耗减成本和环境降级成本。净值即GDP扣减资源耗减

下篇　生活中的经济学

达夫莱镇　卡米耶·柯罗　绘画　约1867年
图中是卡米耶·柯罗绘制的达夫莱镇，这里的天空宁静，河水清澈，三三两两的人在河边散着步，有的在河边割野草。在这个人烟稀少的地方，使用草这样的自然馈赠物是不用支付费用的。

成本、环境降级成本和固定资产折旧。中国科学院可持续发展课题研究组提出的绿色GDP为：GDP扣减自然部分的虚数和人文部分的虚数。自然部分的虚数从下列因素中扣除：环境污染所造成的环境质量下降；自然资源的退化与配比的不均衡；长期生态质量退化所造成的损失；物质、能量的不合理利用所导致的损失；资源稀缺性所引发的成本；自然灾害所引起的经济损失。人文部分的虚数从下列因素中扣除：由于疾病和公共卫生条件所导致的支出；由于失业所造成的损失；由于犯罪所造成的损失；由于教育水平低下和文盲状况导致的损失；由于人口数量失控所导致的损失；由于管理不善（包括决策失误）所造成的损失。

绿色GDP能够反映经济增长水平，体现经济增长与自然环境和谐统一的程度，实质上代表了国民经济增长的净正效应。绿色 GDP 占 GDP 比重越高，表明国民经济增长对自然的负面效应越低，经济增长与自然环境和谐度越高。实施绿色 GDP 核算，将经济增长导致的环境污染损失和资源耗减价值从 GDP 中扣除，是统筹人与自然和谐发展的直接体现，对统筹区域发展、统筹国内发展和对外开放是有力的推动。同时，绿色 GDP 核算有利于真实衡量和评价经济增长活动的现实效果，克服片面追求经济增长速度的倾向和促进经济增长方式的转变，从根本上改变 GDP 唯上的政绩观，增强公众的环境资源保护意识。

为正确衡量我国的经济总量并正确引导经济增长方式，我国正在积极推行绿色 GDP 的计算方法。改革现行的国民经济核算体系，对环境资源进行核算，从现行 GDP 中扣除环境资源成本和对环境资源的保护服务费用。

绿色 GDP 用公式可以表示为：

绿色 GDP=GDP 总量—（环境资源成本＋环境资源保护服务费用）

通过绿色 GDP 的试点，我们可以勾勒出一个日渐清晰的蓝本：民众需要舒适从容的生存空间，国家要走可持续的良性发展道路。

2006 年 9 月 7 日我国首份绿色 GDP 核算研究报告，即《中国绿色国民经济核算研究报告 2004》正式对外公布。该报告指出，2004 年全国因环境污染造成的经济损失 5118 亿元。其中，水污染的环境成本为 2862.8 亿元，占总成本的 55.9%；大气污染的环境成本为 2198.0 亿元，占总成本的 42.9%；固体废物和污染事故造成的经济损失 57.4 亿元，占总成本的 1.2%，占当年 GDP 的 3.05%。

除了污染损失，还对污染物排放量和治理成本进行了核算。如果在现有的治理技术水平下，全部处理 2004 年排放到环境中的污染物，需要一次性直接投资约 10800 亿元，占当年 GDP 的 6.8% 左右。同时每年还需另外花费治理运行成本 2874 亿元，占当年 GDP 的 1.8%。

这是中国第一份有关环境污染经济核算的国家报告，从这份报告中我们也可以看出，这些 GDP 耗费了我们很多的资源，如果扣除资源治理的费用，我们的 GDP 增长非常有限。所以，在 GDP 的计算中采用绿色 GDP 的算法非常有价值。

让低碳成为生活方式

2010 年 1 月 17 日中午 12 点左右，从广州二号线万胜围站开出的地铁车厢里，20 多名只穿短裤，露出大腿的青年男女旁若无人地翻阅报纸或看书，这群年轻人是想借此宣传环保，提倡低碳生活。

之前，美国、英国等国家多个城市已经举行了"不穿裤子搭地铁活动"。受此启发，梁先生在广州发起了类似的活动，想借此宣扬低碳生活方式、迎接广州亚运。参与者夏先生表示："虽然国外的这种活动纯粹是为了增加生活乐趣，但我们希望能通过自己的努力，宣传低碳理念、节约能源，为广州迎接亚运做一些宣传。"

这些参与者身上都打出各种口号，比如梁先生的背包上就贴着"低碳经济是地球的退烧药"标语，还有的手拿宣传纸牌"RESCUE THE EARTH！（拯救地球）"，一位参与者的口号则颇有幽默感，上书"低碳生活洒'脱'到底"。

有些参与的网友坦言，一开始都感到很尴尬，但后来想，这也是为"拯救地球"出一份力，所以就豁出去了！

20多岁的广州人小吴特别强调："现在地球污染如此严重，我们再这样下去，地球就'玩完'啦！但这道理如果在教科书上严肃地说100次，也不一定能吸引大家的兴趣，倒不如用这种搞笑的方式引起大家的注意。"

这种对待低碳生活的方式虽然不可取，但我们可以看到这些年轻人迎接低碳经济的积极心态，那就是让低碳成为一种生活方式。

所谓低碳经济，是指在可持续发展理念指导下，通过技术创新、制度创新、产业转型、新能源开发等多种手段，尽可能地减少煤炭石油等高碳能源消耗，减少温室气体排放，达到经济社会发展与生态环境保护双赢的一种经济发展形态。

"低碳经济"提出的大背景，是全球气候变暖对人类生存和发展的严峻挑战。随着全球人口和经济规模的不断增长，能源使用带来的环境问题及其诱因不断地为人们所认识，不只是光化学烟雾和酸雨等的危害，大气中二氧化碳（CO_2）浓度升高带来的全球气候变化也已被确认为不争的事实。

在此背景下，"碳足迹""低碳经济""低碳技术""低碳发展""低碳生活方式""低碳社会""低碳城市""低碳世界"等一系列新概念、新政策应运而生。而能源与经济以至价值观实行大变革的结果，可能将为逐步迈向生态文明走出一条新路，即摒弃20世纪的传统增长模式，直接应用新世纪的创新技术与创新机制，通过低碳经济模式与低碳生活方式，实现社会可持续发展。

发展低碳经济，一方面是积极承担环境保护责任，完成国家节能降耗指标的要求；另一方面是调整经济结构，提高能源利用效率，发展新兴工业，建设生态文明。这是摒弃以往先污染后治理、先低端后高端、先粗放后集约的发展模式的现实途径，是实现经济发展与资源环境保护双赢的必然选择。

要维持低碳的"热度"，要让低碳深入人心并成为我们自觉的生产方式、生活态度，还有漫长的路要走。因此，仅仅依靠政府的力量是不够的，更需要有新机制，让民众和企业都能积极参与，身体力行。

农村人越来越少

随着改革开放和我国城乡二元体制的打破，越来越多的农民走进了城市，从当初的建筑工到今天各行业的产业工人，农民已经成为社会经济建设不可或缺的建设主体。

城市化也有的学者称之为城镇化、都市化，是由农业为主的传统乡村社会向以工业和服务业为主的现代城市社会逐渐转变的历史过程，具体包括人口职业的转变、产业结构的转变、土地及地域空间的变化。

经济学上从工业化的角度来定义城市化，认为城市化就是农村经济转化为城市化大生产的过程。在现在看来城市化是工业化的必然结果。一方面，工业化会加快农业生产的机械化水

□ 图解经济学

一对准备去地里劳作的夫妇。

平、提高农业生产率，同时工业扩张为农村剩余劳动力提供了大量的就业机会；另一方面，农村的落后也会不利于城市地区的发展，从而影响整个国民经济的发展，而加快农村地区工业化大生产，对于农村区域经济和整个国民经济的发展都是有着很积极的意义。

城市化就是一个国家或地区的人口由农村向城市转移、农村地区逐步演变成城市地区、城市人口不断增长的过程。根据人口普查数据显示，到2007年年底虽然中国已经有5.9亿城市人口，城市化率达到45%，但其中包含了1.6亿农村人口，在这1.6亿农村人口中，有1.2亿是进城打工的农民，其他是"县改区"和建制镇范围内的农民。在进城务工的农民中，只有约2000万人是长期生活在城市中的人，其他人则以"民工潮"的方式在城市和乡村间穿梭。由于农民工虽然生活在城市却过着极为简单的生活，所以他们不是真正的城市人口，由于统计原因被计算到城市人口中的城区和乡镇的农民，更不能被视为城市人口，这样计算下来，2007年中国的真实城市化率只有34%，比统计显示的城市化率低了1/4。

世界其他国家在人均3000美元GDP的时候，平均城市化率是55%，东亚地区的日本和韩国是75%，中国在同等人均收入水平时的城市化率明显偏低。

统筹城乡发展，是党中央根据新世纪我国经济社会发展的时代特征和主要矛盾，致力于破解城乡二元经济结构、解决"三农"难题，统筹城乡经济社会发展，全面建设小康社会所做出的战略决策。

成都从统筹城乡发展总体战略的提出，到获批成为全国统筹城乡综合配套改革试验区，再到国务院批复同意《成都市统筹城乡综合配套改革总体方案》，6年来，走出了一条先行先试的统筹城乡发展之路。成都这个1.24万平方千米的城乡大地上600多万农民命运发生了彻底的重大改变。

我们国家为了加快城市化，提出了两型社会建设，提出了城乡统筹发展，主要是为了加快农村人口城市化。

第十五章
社会福利：从摇篮到摇椅的幸福护照

一元钱帮助千万人

2008年5月29日，中国红十字会李连杰壹基金创始人李连杰在亚洲协会第18届企业年会上发表慈善演讲，呼吁全人类关注受灾群众和困难群体，只要人人都献出爱心，世界就会变得更美好。

"我梦想着搭建一个平台，可以将整个人类的爱心都显示在这个平台上。很简单的一个想法，每个人每个月1块钱，或者每个人每个月1个小时。如果我们有一个平台是专业的、透明的、可持续性的，如果人类有几百万人，甚至上千万人在这个平台上发自内心地给一点点捐助，1块钱不少，100万不多，加在一起，我们可以改变这个地球。我会用我的生命，用我的一切去承担，创立这种平台。"李连杰说。

李连杰表示，2008年他不接拍新的电影，集中精力做好慈善工作。"壹基金已为四川地震灾区筹到7000万元。这就像一颗炸弹，如果我们不能科学地、理性地、有序地把这个钱用在灾区，它随时会爆炸。"李连杰强调，壹基金不是一个演艺人个人的行动，是整个团队的行动，是NGO组织的行动。

对于明星做慈善，具有天然的号召力。近年来，李连杰、成龙、李亚鹏等站出来设立慈善基金，通过自己的努力和号召力帮助社会中的弱势群体，提高社会福利。

根据性质不同，慈善基金会分为两种形式：公募和非公募，企业的慈善基金会形式属于后者，即基金会没有向社会筹集捐款的权利。

在慈善基金发展成熟的欧洲、美洲国家，流行着一种等号说法："企业家＝慈善家。"在4年前，美国企业和个人的慈善基金为社会提供的资助额度已经达到290亿美元，是现在中国的整整60倍。

近年来，一些企业家纷纷站出来做慈善，曹德旺、陈光标等就是其中比较有代表性的人物。

百元大钞以10万元扎成一捆、垒成13行犹如"钱山"、四名"金盾护卫"荷枪实弹保卫，

2010年1月14日上午在中国工商银行江苏分行大厅，中国"首善"陈光标说，眼前这笔现金，是从中国127名企业家和个人那里募来的捐款，他们共募了4316万元现金，想在春节前把这笔钱装入8万个红包，送到新疆、西藏、云南、贵州、四川等地区特困户手中。

以往都是以个人捐赠突出公众视线的陈光标，这回却没有"独善其身"，首次大规模发动中国企业家、个人捐款。陈光标说，这次捐得最多的是中萌世纪厦门投资有限公司董事长郑朋，捐600万元，捐的最少的是南京一位孤寡老人，十几块钱。他自己捐了200万元。

在现场，来自中国各地的20名企业家将现金分成1000元、2000元不等，装入红包，做上标记。春节前，参加活动的127人将分成5个小组，按照当地民政、教育部门提供的困难群众名单，分别前往新疆、西藏、云南、贵州、四川，将8万个红包送到当地特困户手中。

已累计捐赠10亿元、成为中国捐赠数额最大企业家的陈光标，他还通报了2009年公司超500万元的捐赠明细，"请大家给我一点掌声，慈善需要掌声，而且我的捐款肯定全部到位，媒体可以监督"。

高调慈善、发放现金已是陈光标的一贯作风。"我不怕被指'作秀'，我就是要把这个'秀'做大，希望更多的人跟我学'作秀'，带动更多的爱心人士加入其中，回报社会。"他说。2009年7月16日，中国"首善"陈光标在接受"中华慈善突出贡献人物奖"时发出倡议，希望富人每年拿出20%的财富扶贫：百万富翁年捐20万元、资助100户人；千万富翁年捐200万、资助1000户人；亿万富翁年捐2000万、资助10000户人。

慈善基金一直被西方企业津津乐道的好处不光只是"免税"，还有被西方企业家称为品牌的"软性广告"。在国外，每一个企业家都有一个观念：企业品牌不仅是企业财产，更是社会公共财产，从更大的范围上说，品牌甚至会成为一个城市、省份、国家或者一个时代的象征。所以很多国外企业家十分乐意投入慈善基金，塑造"公益品牌"，使企业的特色品牌体现公益价值，提升亲和力，吸引消费者。再者对于企业内部，慈善基金会通过员工之间义务募捐，创造活动经费，帮助困难职工，增加全体员工的合作性、互动性，有利于创造和谐、愉快的企业道德文化。

2009年10月19日，《中国经济周刊》从可靠消息源获悉，新华都实业集团董事长陈发树将以个人出资的形式成立"新华都慈善基金"，资金形式全部为流通股股票，市值约为80亿元人民币，占到陈发树个人所持有股份的90%左右。我国的慈善事业也日渐发展起来，我们相信，随着社会的发展，越来越多的企业和越来越多的公众会主动承担起社会责任，把中国的慈善事业做好做大，帮助那些需要帮助的人。

瑞士人为什么如此"懒惰"

福利首先是同人的生活幸福相联系的概念。在英语里，"福利"是welfare，它是有well和fare两个词合成的，意思是"好的生活"。但是，什么是"好的生活"却是一个仁者见仁、智者见智的事情。它既可以指物质生活的安全、富裕和快乐，也可以是精神上、道德上的一种状态。社会福利是指国家依法为所有公民普遍提供旨在保证一定生活水平和尽可能提高生活质量

□ 图解经济学

瑞士风光

的资金和服务的社会保障制度。

　　福利国家是资本主义国家通过创办并资助社会公共事业，实行和完善一套社会的福利政策和制度，对社会经济生活进行干预，以调节和缓和社会矛盾，保证社会秩序和经济生活正常运行。第二次世界大战以后，随着世界经济的不断发展和繁荣，生产的社会化程度进一步提高，特别是产业结构的大调整，引发了人们社会观念的大变革，使社会保险在世界较大的范围内实现了向国家化、全民化和福利化方向的转变。为达到更广泛的社会平等和更大程度的经济平等的目标，1948年英国宣布第一个建成了福利国家。此后，瑞典、荷兰、挪威、法国、意大利等国也纷纷参照执行了英国的全面福利计划，使社会保险制度在世界范围内得到空前发展。到1993年，实行社会保险制度的国家已达到163个。

　　高福利必然伴随着高税收。法国是一个高福利国家，也是一个高税收国家，税收分别占财政收入的90%和国内生产总值的50%左右。在个人所得税上，以家庭为纳税单位，具体征税对象的收入标准根据家庭人口数目，按照累进税率征税。凡家庭或主要居住地在法国、在法国从事主要职业活动或在法国获得主要经济收入者，不论是否拥有法国国籍，均需按收入（包括在法国境外的收入）申报个人所得税。

　　到过瑞士的人都会对瑞士的湖光山色以及居民的悠闲自在美慕不已。有人说，瑞士人放着大钱不挣，只追求生活质量。由于比较完善的社会福利制度，瑞士人上至政府官员下到黎民百姓，生活都是悠然舒适。瑞士人早已过了忙忙碌碌创造财富的阶段。

　　瑞士的社会福利制度相当完善，瑞士人一旦参加工作，雇主就必须为其建立社会保险账户，未雨绸缪，为他储蓄养老金。虽然近年来全球经济的不景气波及瑞士，但是这并不影响瑞士人将"休息，是最重要的权利"作为座右铭。瑞士是极为重视劳工福利的国家，作息时间均制度化，员工每年除一般假日外，尚享有四至六周的带薪休假（长短视年龄而不以年资而定），每年年底并加发第13个月薪为年终奖金（试用期间按规定亦应依照比例发给）。此外，雇主必须依规定负担员工第一及第二退休保险费以及失业保险费、子女补助费、工作意外保险费、保险公司行政手续费等费用的半数（合计约为员工月薪毛额的13%～15%），故员工每个子女可由各邦政府发给100～260瑞郎不等（各邦所规定的数额不同）的子女补助费。

……

长期以来，瑞士的教育、医疗和养老等一直都是由政府出资，而且大部分住房和保险也都是免费的。有资料显示，2006年瑞士领取社会救济的比例为33‰，即有14万多人领取了社会救济，近25万人获得了社会援助。在领取社会救济金的人群中，儿童、青少年以及不足25岁的年轻人所占比例较高。在接受社会援助的人群中大约有44%为外国国籍，其中54.4%没有受过职业培训。

但是后来由于欧洲经济陷入困境，以英国为代表的部分国家开始转向自由市场经济，不断改革全民福利制度，在大部分国企私有化的同时，削减福利开支。近年来，西方许多国家纷纷采取措施，削减社会福利。

北欧国家的社会福利制度持续发展了很多年，到今天已经形成一套非常完善的制度和机制。这种独具特色的高福利制度，为它们的国民提供了"从摇篮到坟墓"的保障：免费的教育、高额的医疗补贴、完善的就业保障体系等。可以毫不夸张地说，这些国家的居民从生到死经济上都可以高枕无忧。也正因如此，在20世纪90年代的经济危机出现后"北欧模式"曾广遭诟病。

按照主流经济学的逻辑，"高福利养懒汉"，这似乎是基于"不变的人性"得出的"铁律"。经济学家们认为，高福利必定会增长人们的惰性，不利于激发国民的劳动积极性和创新动力；

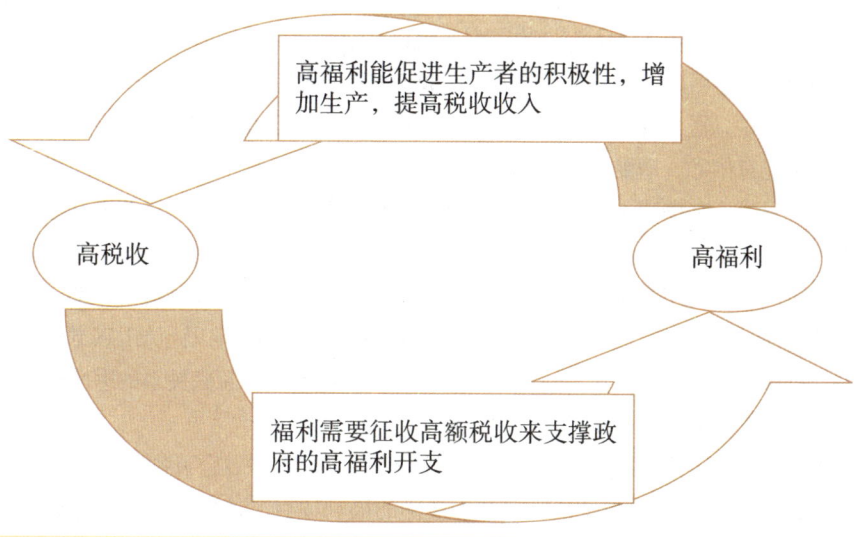

高福利和高税收的关系

高福利靠高税收支撑，而高税收必定不利于国民经济私营部门的发展。

但是，历来以高福利、高税收著称，曾经"北欧病"缠身的北欧国家却在21世纪初始拔世界竞争力较量的头筹。2004年10月13日，芬兰再次被达沃斯世界经济论坛评选为"世界上最有竞争力的经济体"，这已经是芬兰连续三年获此殊荣。而同时，瑞典获得第三、丹麦第五、挪威第六、冰岛第十。换句话说，北欧五国都居于世界最具竞争力国家的前10位。

带薪休假去旅游

带薪年休假，是指劳动者连续工作一年以上，就可以享受一定时间的带薪年假。2007年12月7日中国国务院第198次常务会议已经通过《职工带薪年休假条例》，自2008年1月1日起施行。从此，职工带薪年休假就有了法律保障。带薪休假已经成为现代社会的一个热点问题。

企业福利就是企业给员工提供的用以改善其本人和家庭生活质量的，以非货币工资或延期支付形式为主的各种补充性报酬和服务，比如企业给员工提供的防暑降温用品、班车、免费旅游服务、福利房等。企业福利成为知名企业抢夺人才的重要法宝。在美国，企业福利在员工收入中的比例高达40.2%。

一般来说，企业福利由法定福利和企业自主福利两部分组成。法定福利是国家通过立法强制实施的对员工的福利保护政策，主要包括社会保险和法定假期。企业自主福利，即企业为满足职工的生活和工作需要，自主建立的，在工资收入和法定福利之外，向雇员本人及其家属提供的一系列福利项目，包括企业补充性保险（如企业年金）、货币津贴、实物和服务等形式。

对于企业来说，各种企业福利项目在具有一定社会功能的同时，也成为企业吸引人才、留住人才的主要激励方式。包括带薪休假在内的企业福利已经成为当今员工对企业的期待。现金和员工福利都是留住员工的有效手段，但是两者特点不同。尽管看得见、拿得着的现金可以对人才产生快速的冲击力，短时间内消除了员工福利的差异化要求，但其非持久性的缺点往往会使其他企业可以用更高的薪水将人挖走，尤其对于资金实力不足的中小企业而言，如果仅仅依靠现金留人，将很难幸免人才大流失的灾难。而具有延期支付性质的员工福利，不但可以避免财力匮乏的尴尬，还可以很好地维系住人才，成为减缓企业劳动力流动的"金手铐"。

对于员工来说，医疗保险、养老保险、工伤保险等法定企业福利项目，可以使员工生病得到医治、年老能有依靠、遭受工伤后获得赔偿等，从生理上满足员工的需要。而更多企业自主福利却可以满足员工在情感上的需要。例如企业提供的带薪休假福利，能够更好地缓解员工的工作压力，让他们有更多时间陪伴家人，从而满足人们在感情、亲情方面的需要；企业举办的各种集体出游活动、公司宴会活动可以使员工在工作之外有更多的接触机会，增进员工之间的了解，融洽同事关系，也有助于人们获得情感上的满足。这些都可以让员工感觉到企业和自己不仅仅是一种单纯的经济契约关系，而是带有了某种程度的类似家庭关系的感情成分，这无疑改善了员工的工作境遇。

在坚持货币工资仍然占员工收入较大比例的情况下，大多数企业都想方设法地根据本行业、本企业以及员工的需要来设计执行多种多样的福利项目，各种不同类型的福利项目多达1000多种。在我国改革开放初期，许多外资企业到中国开展经营的时候采取的是高工资、无住房的报酬政策，但是后来它们渐渐地发现，尽管公司支付的货币工资很高，但是在没有住房的情况下，优秀员工的流动率非常高，因此这些公司后来纷纷建立了自己的住房资助计划。

不过，需要指出的是，从经济学的角度来看，在总的报酬成本一定的情况下，企业的福利和工资之间是一种相互替代的关系，因此两种报酬形式都存在所谓的边际收益递减的问题，所以企业的福利与工资之间的比例应当保持在一个合理的限度上，否则，即使是在一个市场经济中的产权明晰企业中，也会导致"福利病"的出现。福利过高可能产生的问题包括：福利过高容易淹没企业的货币工资水平，导致对人才的吸引和保留不利。在大多数情况下，员工对于福利的消费方式几乎没有什么选择余地，因此福利成分过大，实际上会降低相同的总报酬对于劳动者的实际效用水平。福利大多采取平均主义的发放方式，容易导致平均化问题的出现，从而弱化工资的激励作用。在某种程度上说，福利水平过高往往会把一些不喜欢承担风险的人留在企业中，而这些人的生产率往往比那些愿意承担风险的员工要低。

每个老人都会老有所养

巴东县金果坪乡福利院内几名老人围坐在火炉旁取暖，老人们头上悬挂着焦黄的熏腊肉。据福利院院长李传和介绍，福利院种有蔬菜，保证老人每餐有鲜菜吃；院里办起了养猪场，保证老人餐餐有肉吃；为了迎合老人的口味，还建起炕房专门为老人熏制腊肉。此外，该院的老人一日三餐，餐餐有食谱，生活过得有滋有味。

这是在我国偏远农村地区对一些五保户老人实行的集中养老，也是当前我们农村老年人的福利体现。2007年5月23日，国家民政部在北京发布了《2006年民政事业发展统计报告》。截至2006年年底，全国65岁及以上人口达到10419万人，有老年维权组织7.4万个，老年学校37176所，各类老年福利机构38097个，床位153.5万张，老龄事业健康发展，为构建和谐社会做出了积极贡献。

从某种程度上说，我们现在的老年福利制度还只是补缺型福利，只是针对一部分老年人和特殊老年群体。《关于加强老年人优待工作的意见》要求，贫困老年人要按规定纳入城乡社会救助体系。《城市居民最低生活保障条例》规定，城市"三无"老人均可按当地城市居民最低生活保障标准，全额享受低保救助。目前，全国所有城市贫困老人均已纳入低保救助范围，实现了"应保尽保"，一些地方还对鳏寡老人、贫困老年人给予重点救助，将其享受的低保金在当地规定标准的基础上上浮20%左右，到2007年底全国2272.1万城市低保对象中有60岁以上老年人口298.4万人，占13.13%多。2003年民政部门将农村贫困老年人口列为农村特困户救济的重点，各地在制定特殊困难群体救助政策和办法时，普遍对其给予了照顾；2007年底农村低保制度在全国普遍建立，全国3566.3万农村低保对象中有60岁以上老年人口1017.8万人，约占28.54%。城乡贫困老年人口的基本生活得到了有效保障。

老年人的福利问题已经是一个非常严重的社会问题。既有我国老年人人口规模庞大的原因，也有老年福利的标准逐步提高的原因。

中国有句老话叫"老有所养"，而在老龄化如此严重的当下，这个词却成了一个沉甸甸的

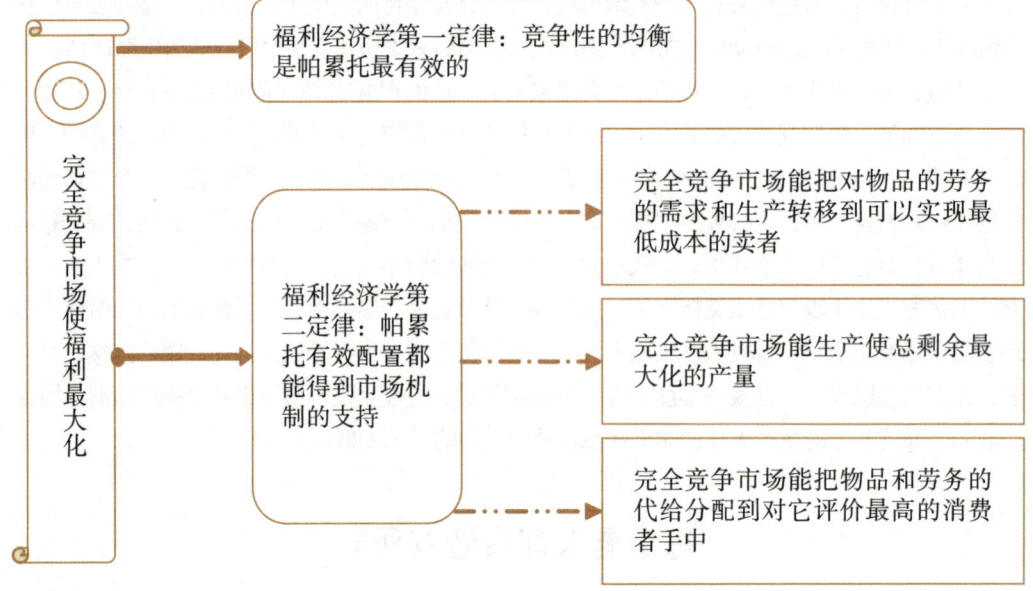

社会课题。截至 2008 年年底，北京市老年人口总数已突破 254 万人，占到人口总数的 15%，且老龄化趋势越来越明显。

1990 年 10 月，我国正式进入老龄社会。目前，全国 60 岁以上老年人口已达 1.6 亿，并以每年 800 万到 900 万的速度增长。据预测，到 2020 年，我国老年人口总数将达 2.48 亿人，老龄化水平将达到 17%；2050 年将达到 4.37 亿人，约占总人口的 30%，达到老龄化的峰值。与发达国家相比，我国老龄化社会不仅来得快、势头猛，而且老年人口规模大、高龄老人比例高，老龄化带来的社会问题将更加突出。

2009 年 1 月 12 日，北京市民政局等联合下发了《关于加快养老服务机构发展的意见》，提出了养老服务以"全面关怀、重点照顾"为理念，努力实现"9064"养老服务新模式。即到 2020 年，90% 的老年人在社会化服务协助下居家养老，6% 通过政府购买社区照顾服务养老，4% 入住养老院集中养老。

《意见》还就养老服务机构扶持政策做出规定：市级政府投资的养老院建设由市发改委立项批准实施；区县级的由区县政府制定规划，市、区县两级政府按照 1∶1 比例投入建设资金。对经民政部门批准、社会力量投资兴办的新建、扩建或改建的养老院，经评审优选，由市政府固定资产投资按照不同标准给予一次性建设资金支持，同时提高社会兴办及公办民营养老院的运营补贴标准。规定征地拆迁费由承建项目开发公司负担；基本建设费主要由区县政府承担，市级公益金按照 30% 比例予以资助。政府投资建设的保障型养老院及具有示范作用的普通型养老院，经审核确认后采取划拨方式供地，其他类型的按土地有偿方式供地。

北京市将逐步建成集中照料与社区居家互为补充的养老服务体系，推动老年福利服务由补缺型向适度普惠型转变，逐步惠及所有的老年人群体。

30 多年的改革开放提高了全社会的物质文化生活水平，大大改善了国民福利。我国的老年福利政策也随之不断改革和完善，老年福利事业发生了重大的历史性变化。老年人享受的社会福利总量显著增加，福利补贴的数量和福利项目的种类不断增加，福利设施的布局愈趋合理，覆盖范围不断从特定老年群体扩大到全体老年人。

从此不再怕看病

江西上栗县东源乡民主村李武元逢人就说："咱农民看病也报销，农村合作医疗真是好，这得感谢党的政策好。"

原来，李武元的爱人因得风湿性心脏病几度危及生命，多次转院，经湖南湘雅医院手术治疗后恢复健康，却用去医药费4万余元，高额的费用已使他们的家庭经济陷入困境。正当李武元夫妻一筹莫展的时候，县农医局人员风尘仆仆来到了这个十分偏僻的村庄，详细地询问病情及目前治疗情况后，亲手把一万元医疗补偿金送到他们手中。李武元接过厚厚的一叠补偿金，捧在胸前哽咽着声音说："想不到只出10元钱就能得到这么多的补偿金，感谢政府处处为老百姓着想，感谢政府又为我们农民办了一件大好事。"说完，激动得流下了热泪。

新型农村合作医疗是由我国农民自己创造的互助共济的医疗保障制度，在保障农民获得基本卫生服务、缓解农民因病致贫和因病返贫方面发挥了重要作用。

它为世界各国，特别是发展中国家所普遍存在的问题提供了一个范例，不仅在国内受到农民群众的欢迎，而且在国际上也得到了好评。

合作医疗在将近50年的发展历程中，先后经历了20世纪40年代的萌芽阶段、50年代的初创阶段、60~70年代的发展与鼎盛阶段、80年代的解体阶段和90年代以来的恢复和发展阶段。面对传统合作医疗中遇到的问题，卫生部组织专家与地方卫生机构进行了一系列的专题研究，为建立新型农村合作医疗打下了坚实的理论基础。在1974年5月的第27届世界卫生大会上，第三世界国家普遍表示出极大兴趣。联合国妇女儿童基金会在1980~1981年年报中指出，中国的"赤脚医生"制度在落后的农村地区提供了初级护理，为不发达国家提高医疗卫生水平提供了样本。世界银行和世界卫生组织把我国农村的合作医疗称为"发展中国家解决卫生经费的唯一典范"。

新型农村合作医疗制度从2003年起在全国部分县（市）试点，到2010年逐步实现基本覆盖全国农村居民。

2002年北京市只有两个区县开展了新农合试点工作。到2004年年底，北京市13个涉农区县全部铺开了新农合工作，在实现以区县为单位100%覆盖的基础上，实现了100%的村覆盖。

北京市13个涉农区县从2007年开始统一人均筹资标准，即2007年220元，2008年320元，2009年420元，2010年520元。在每年增加的100元中，政府投资为主的格局基本形成。2009年北京市新型农村合作医疗共筹资11.9亿元，其中市、区（县）、镇（乡）三级政府筹资占筹资总额的85.7%。

2006年，享受新型农村合作医疗补偿的人次仅为19.8万，到2008年，增加到27.4万人次，截至2009年第三季度，补偿人次突破30.6万。住院补偿受益面由2004年的2.9%扩大到

2008年的6.1%，2009年预计为8%以上。

2004年住院补偿率仅为29%，到2008年提高到48.4%，2009年达到50%以上，这就意味着农民每花100元的住院费能拿回50元补偿，门诊补偿也由2004年的6%增加到2009年前三季度的32%。新农合保障水平的提高，极大地减轻了农民医疗费用负担。

随着国家、省、县财政对参合农民配套资金的增加，全国各县对新农合制度实施办法进行了修订，拓宽了新农合药品目录，增加补偿范围，大幅度提高了补偿比例，提高了乡镇医疗机构补偿比例达到了80%，使参合农民住院诊疗人次不断增加，补偿率明显提高，受益面不断扩大，参合农民真正得到了实惠。

新型农村合作医疗的性质由"互助共济"逐步转变为政府主导的农村居民基本医疗保障；新型农村合作医疗的统筹模式由侧重大病统筹为主逐步向住院与门诊医疗费用统筹兼顾过渡；新型农村合作医疗制度设计定位由侧重减缓"因病致贫、因病返贫"的进程向进一步扩大参合农民医疗补偿受益面过渡。

安得广厦千万间

"民以食为先，家以居为先。"住房，是生活的一项基本需求，住房问题是中国老百姓普遍关心的一个话题。但是，对大多数中低收入群体来说，买开发商提供的商品房实在是生活中的一大负担，房价节节攀高，要想在大城市买房更是黄粱美梦，不少人甚至沦为"房奴"。商品性住房作为一种商品，就不可能把"保障性"作为它的主要作用。保障性住房正是为了弥补这一缺陷而产生的，它覆盖了商品性住房市场中的空白，即为那些购买不起商品房的低收入家庭和贫困家庭给以各种住房保障，属于政府公共福利。

作为保障性住房，不能像商品房那样可以在市场上随意购买，它是一种政府为中低收入住房困难家庭所提供的限定标准、限定价格或租金的住房，由廉租住房、经济适用住房和政策性

繁荣的城镇风光

租赁住房构成。

首先，我们来了解一下经济适用房。经济适用住房是以中低收入家庭为对象、具有社会保障性质的商品住宅，具有经济性和适用性的特点。经济性是指住宅价格比商品房市场价格低，适应中低收入家庭的承受能力；适用性是指在住房设计及其建筑标准上强调住房的使用效果。其低价格是通过土地划拨供应、免除有关税费、规定开发商的利润上限等来实现。

经济适用房政策的实施，对启动内需、平抑房价以及完善住房供应体系均发挥了显著的作用，并受到中低收入者的普遍欢迎。但经济适用房在现阶段也暴露出一些问题，如经济适用房规模过大、销售对象界定不清、区位选择上的局限以及经济适用房面积过大、标准过高，使得经济适用住房政策并未真正惠及中低收入阶层，同时又加重了政府负担。

此外，为建立和完善多层次的住房供应体系，解决城镇最低收入家庭的住房问题，建设部分别于1999年4月22日颁布了《城镇廉租住房管理办法》和2003年11月15日颁布了《城镇最低收入家庭住房管理办法》，向最低收入群体提供租金低廉的廉租住房。廉租住房由于其保障的范围较小，在执行过程中总的情况比较好。

但现今廉租住房还存在着一些问题，最主要的是廉租房适用对象范围过窄。关于廉租房的适用对象，目前只限于具有"非农业常住户口的最低收入家庭和其他需保障的特殊家庭"。从现实情况看，有三类群体未纳入廉租住房政策的适用对象中：收入处于平均收入水平以下、最低收入水平以上的家庭，进城务工的农民工，单亲家庭以及日益增多的老龄群体中的空巢家庭。这些群体既买不起商品房，又不符合廉租住房的申请标准，被称为"夹心层"。

政策性租赁住房即政府为解决这类人群的住房问题而采取的措施。政策性租赁住房主要是通过政府投资建设新房的方式进行。政策性租赁房的租金，按照房屋成本进行测算，通常为成本价再加上适当的管理费，就是成本租金的价格。

2010年，北京市保障性住房所占比例将有所提高。列席2010年"两会"的北京市国土局局长魏成林接受采访时表示，新建小区中保障性住房的配套比例将由过去的15%提高至30%。

魏成林表示，近几年，北京的房价增长速度成为各界关注的焦点，特别是一些低收入家庭更是"望房兴叹"。以前北京市新建小区中配套的保障性住房比例一直都在15%左右，"从今年起，将提高新建小区中配套保障性住房的比例，使这一比例提高至30%，实现翻倍"。

此次提高保障性住房的比例，魏成林表示，主要是为了保障北京市中低端收入人群的利益。而比例提高后，也会对房价起到一些综合调剂的作用。

而对于2010年房价的走势，魏成林称，住房作为商品，价格肯定会有涨有落，只要在合理的范围内涨跌就都算正常。

虽然现在房价一路走高，购房压力越来越大。但了解了政府保障性住房的相关政策，合理选择，还是能实现"居者有其屋"的美好愿望的。

社会保障体系

曾在广东务工8年的四川农民工肖军带着被解职的怨气说："我们没日没夜地干活，为老板赚钱，但金融危机一来，老板就让我们滚蛋，在这样的工作环境中，我们怎么能找到

□图解经济学

'家'的感觉？"肖军是因金融危机而失业回乡的农民工之一，一说起这样的经历，就感觉特别委屈。

曾与妻子双双在广东东莞一家工厂务工的四川省金堂县人罗世彬，自国际金融危机爆发被工厂辞退回到老家后就再也没想过回东莞，尽管他们现在还没有找到一份满意的工作。"在那边打工，什么保障也没有。"他对记者说，"我在广东务工的地方是一个只有十几个人的小厂，在这个厂工作了2年多，一直都是每个月1200元左右，没加过薪、没拿过任何补贴或福利。经济稍不景气，就让我们走人。走的时候，我们真的很伤心。"

这其实是我们社会的一个尴尬，只要企业经济不景气，员工就要被逼着辞职。出现这种问题的原因在于，我们没有完善的社会保障体系。

在金融危机到来之际，2009年春节期间的农民工返乡潮，曾让西部地区大费了一番周折，想了很多办法让这些农民工就近就业和参加技术培训。2008年年底，四川巴中市南江县就多次组织县就业局、建设局、农业局、扶贫开发办和一些技术学校，采取集中培训与送课下乡相结合的办法，对3000多名缺乏技能的返乡农民工进行木工、砖工、电焊工等专业技术培训。后又根据返乡农民工的从业特点、行业分布、劳动技能等状况，以"自愿、对口、就近"的原则，将1万多名具有相当技能的返乡农民工安置到城乡住房、基础设施等灾后恢复重建工程中就业。

这只是一个权宜之计，我们更需要建立一个覆盖全体国民的社会保障体系，只有所有国民都在这张网中，社会才能稳步、有序、健康地发展。

社会保障体系是指社会保障各个有机构成部分系统的相互联系、相辅相成的总体。完善的社会保障体系是社会主义市场经济体制的重要支柱，关系改革、发展、稳定的全局。我国的社会保障体系，包括社会保险、社会福利、社会救助、社会优抚四个方面。这几项社会保障是相互联系，相辅相成的。社会保障体系是社会的"安全网"，它对社会稳定、社会发展有着重要的意义。

社会保险：社会保险在社会保障体系中居于核心地位，它是社会保障体系的重要组成部分，是实现社会保障的基本纲领。一是社会保险目的是保障被给付者的基本生活需要，属于基本性的社会保障；二是社会保险的对象是法定范围内的社会劳动者；三是社会保险的基本特征是补偿劳动者的收入损失；四是社会保险的资金主要来源于用人单位（雇主）、劳动者（雇员）依法缴费及国家资助和社会募集。

社会福利：社会福利是社会保障的最高层次，是实现社会保障的最

美国妇女展示她们的社会保险卡。罗斯福总统为保障美国公民的社会福利，引入了养老保险、失业保险和事故保险。

高纲领和目标。它的目的是增进群众福利，改善国民的物质文化生活，它把社会保障推向最高阶段；社会福利基金的重要来源是国家和社会群体。

社会救助：社会救助属于社会保障体系的最低层次，是实现社会保障的最低纲领和目标。一是社会救助的目的是保障被救助者的最低生活需要；二是社会救助的对象主要是失业者、遭遇不幸者；三是社会救助的基本特征是扶贫；四是社会救助的基金来源主要是国家及社会群体。

社会优抚：社会优抚安置是社会保障的特殊构成部分，属于特殊阶层的社会保障，是实现社会保障的特殊纲领。社会优抚安置目的是优待和抚恤；社会优抚的对象是军人及其家属；社会优抚的基本特征是对军人及其家属的优待；社会优抚的基金来源是国家财政拨款。

社会保障是社会安定的重要保证。要以社会保险、社会救助、社会福利为基础，以基本养老、基本医疗、最低生活保障制度为重点，以慈善事业、商业保险为补充，加快完善社会保障体系。促进企业、机关、事业单位基本养老保险制度改革，探索建立农村养老保险制度。全面推进城镇职工基本医疗保险、城镇居民基本医疗保险、新型农村合作医疗制度建设。

完善的社会保障体系，历来被称为人民生活的"安全网"、社会运行的"稳定器"和收入分配的"调节器"，是维护社会稳定和国家长治久安的重要保障。加快建立覆盖城乡居民的社会保障体系，推动和谐社会建设和经济社会又好又快发展是现阶段的重要任务。

第十六章 就业：民生之本

女大学生为什么会"急嫁"

2009年过完年后，又到了高校毕业生拿着简历奔走于招聘会之时，个别女大学生并不急着找工作，却把精力放到了"找对象"上，她们觉得这样可以避过就业难题，过上舒适的生活，校园中就出现了"急嫁族"。

"急嫁族"的出现，从一个侧面反映出了社会的重要问题：大学生就业难。其实，就业是民生之本，不管人们是否关注生产的减损、战争的痛苦、瘟疫的蔓延，事实上，每个人在关注就业问题。因为，就业问题牵扯到每一个人的切身利益，也牵涉到社会的安定团结。人们都期望社会能实现充分就业而不期待大规模的失业，因为那样会危及自己的生存。

受到2008年金融危机的影响，各大企业都裁员降薪。但另一方面2009年，全国将有超过600万的高校毕业生需要就业。就业形势的严峻，致使在求职旺季，有不少毕业生无法在短时间内找到工作，尤其是在每年的6月至8月，既是求职高峰，也是失业高峰。并且许多毕业生在寻找工作时并没有参考自己的兴趣特长、所求职工作的各项需要，而是为了"找份工作"而"找工作"。

现象一：简历海投

"我投了六家银行和两家证券公司，到目前为止都没有回音。班里大部分同学都在海投简历，没有人收到Offer（录用通知）。"来自某商学院金融专业的大四毕业生小张说。

现象二：备战大型招聘会

"虽然今年就业形势不佳，但我还没有投简历和参加面试。与其将简历投进网络的茫茫大海，我更有兴趣认真准备接下来的几场大型的招聘会。"某师范大学政治学与行政学专业的小蔡说。

现象三：为工作而迷茫

陈雨，来自某大学数学与计算科学学院。"我投了5份简历，参加了1次校园宣传会，还没有收到面试通知，而我们班，55位同学有18个保研，10个拿到Offer，大部分是暑假实习之后留在实习单位的。"陈雨担心自己以后没着落，投了很多简历都没消息，因为身边的人都

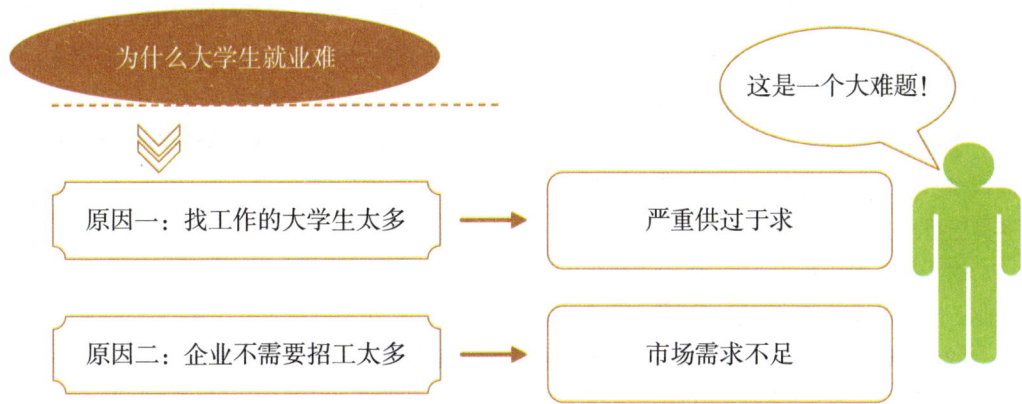

收到了 Offer，自己没收到。

随着我国改革进一步深入展开，就业问题已不仅仅是单纯的经济问题，而更成为不容回避的社会问题。在经济学中，一个人愿意并有能力获取报酬而工作，但尚未找到工作的情况，就被认为是失业。

有劳动能力并愿意工作的人得不到适当的就业机会。没有劳动能力的人不存在失业问题。有劳动能力的人虽然没有职业，但自身也不想就业的人，不称为失业者。

对失业的规定，在不同的国家往往有所不同。在美国，年满16周岁而没有正式工作或正在寻找工作的人都称为失业者。按照国际劳工组织（ILO）的统计标准，凡是在规定年龄内一定期间内（如一周或一天）属于下列情况的均属于失业人口：

（1）没有工作，即在调查期间内没有从事有报酬的劳动或自我雇佣。

（2）当前可以工作，即当前如果有就业机会，就可以工作。

（3）正在寻找工作，即在最近期间采取了具体的寻找工作的步骤，例如通过到公共的或私人的就业服务机构登记、到企业求职或刊登求职广告等方式寻找工作。

美国劳工部表示，2009年7月非农就业人数减少了24.7万人，而经济学家的预期为减少32万人。失业率从6月的9.5%下降至9.4%，而经济学家的预期为上升至9.6%。这是美国失业率15个月来首次下降。

失业是普遍存在的现象，一般来说，人们都不愿意失业。但失业者可领取一定的失业救济金，但其数额少于就业时的工资水平，因而生活相对恶化，促使其重新就业。从这一点上来说，不少西方经济学家认为，一个合理的失业率及其失业现象的存在，是促进社会发展所必需的条件之一。

不过，如何确定具体的失业人员数量是非常困难的。在我国农村，就存在大量的隐性失业人口。造成失业的原因有很多，因此失业的结构与变动情况是观察重点。失业一般可分为以下几种：

（1）摩擦性失业。摩擦性失业是非自愿失业中的第一种重要类型，用通俗的话来说，就是人们在不断地更换工作时造成的失业。所谓摩擦性失业是指人们为了找到最合适自己兴趣和技能的工作而在换工作的过程中发生的失业现象，是因劳动力市场运行机制不完善而造成的。之所以会造成这种失业，主要是因为，在劳动力市场上的信息流通不顺畅的情况下，一方面，新

□ 图解经济学

进入劳动力市场的劳动者在找工作时，缺乏求职经验和信息，不能及时寻找到市场上存在的职位空缺，而造成失业。另一方面，对于那些有工作经验却曾经离职过一段时间的求职者来说，重新的求职过程和花费时间以寻找合适工作，都会带来一定时间段内的失业。

有经济学家认为，这样的失业是劳动力市场里的"润滑剂"，因为它能带来劳动力市场的高效率。不过，生活中，我们常常看到的是，刚刚毕业的大学生由于对劳动力市场不了解，更容易盲目求职，不断更换工作。这样，反而对就业市场不利，极大地提高了失业率。

对于市场本身来说，其需求信息存在在时间、空间的局限性，因此，无法从根本上消除摩擦失业，但可以通过加速信息的流通和提高信息透明度、公开度等来降低此类失业发生的比率。

（2）结构性失业。结构性失业则是指一国或者区域因经济结构变化，产业兴衰转移，导致人们的技能与要招聘的技能不能配合而形成的失业。同摩擦性失业不同，结构性失业是由更宏观的因素造成的，例如，一国或者地区的经济结构调整等重大政策的执行，就会带来结构性失业。此时，失业者虽然能够得到劳动市场有关职位空缺的信息，由于能力与其不符，仍旧无法获得工作。也就是说，在结构性失业的情况下，职位空缺的信息能被劳动者所获得，但由于个人技能同结构性调整时造成的空缺职位不符，从而造成失业。可是，对于一个不断发展的经济体（国家和地区）来说，经济结构的不断调整是不可避免的，所以，此类失业通常也无法彻底解决。

面对结构性失业，政府若想减少其发生的概率，就必须通过加强教育及接受新的职业培训

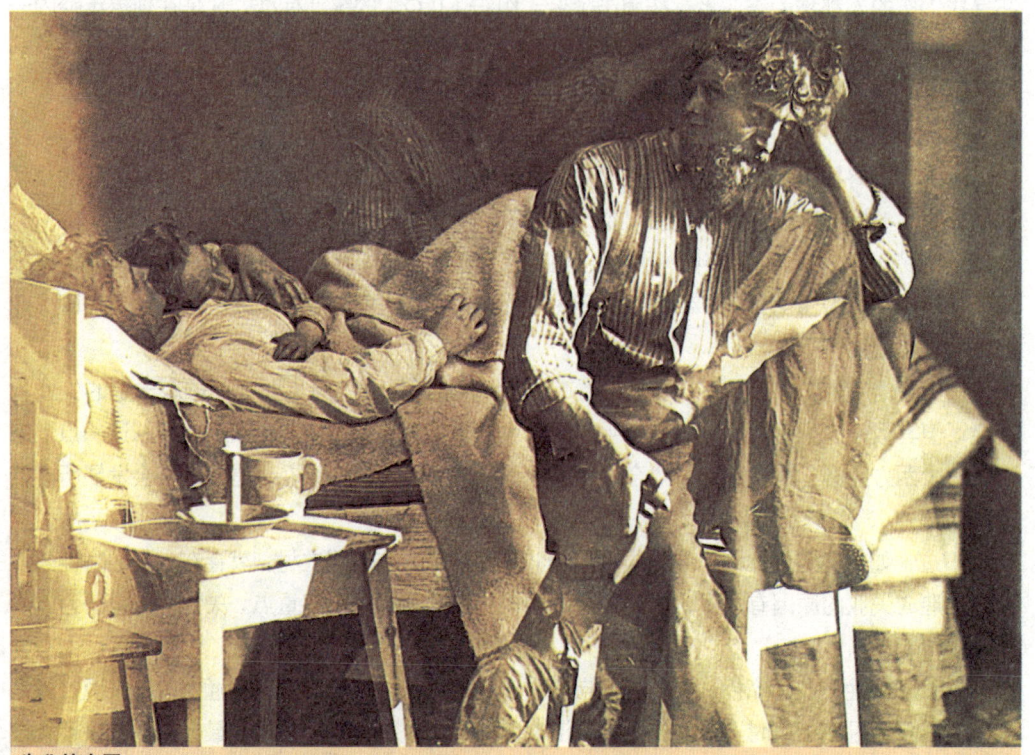

失业的木匠
只有让方式不断和目标适应，诚信才会建立在能够预见的基础之上，这是解决失业问题最有效的办法，这样导致所有经济问题出现的主要原因的信用泛滥才能够得到抑制。

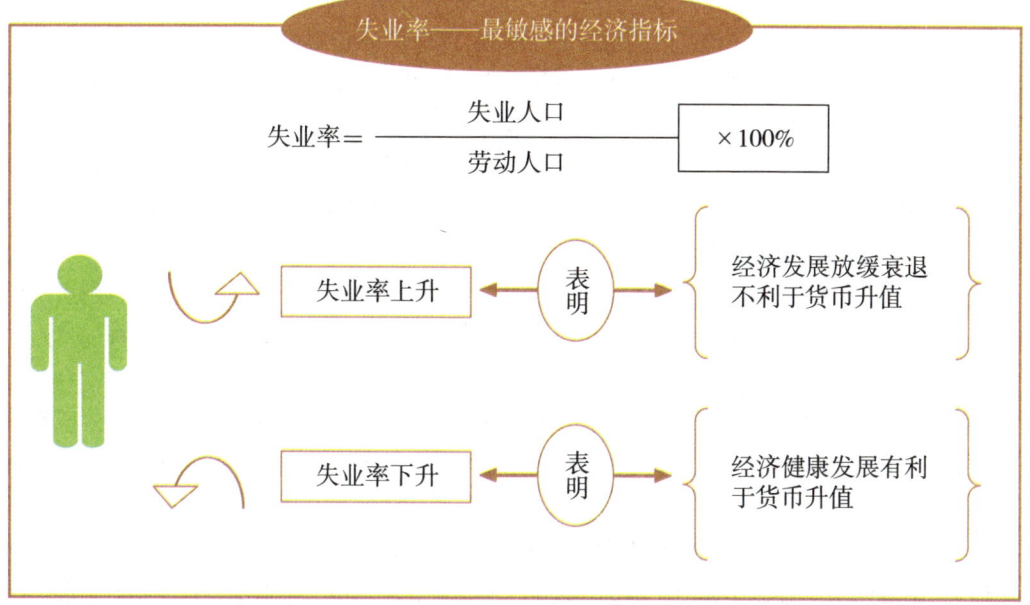

的方式来培养劳动者的相关技能，并且不时地为求职者和就业者提供最新的政策信息，以便让人们有更多的机会进行职业生涯规划和技能调整。相对来说，这一调整过程会比较复杂，但并没有其他有效的应对方法。

（3）周期性失业。它指经济周期中的衰退或萧条阶段因需求下降而造成的失业，循环性失业等，其主要是因经济的周期变动而引起的失业。所以，它也就具有阶段性，通常发生在经济周期衰退的阶段。

详细来说，经济在复苏和繁荣阶段，厂商为了扩充生产，大量增加雇佣人数，结果当经济发展到衰退和谷底时，由于社会需求不足，前景暗淡，厂商又会压缩生产，大量裁减雇员，从而形成员工的失业。

同前两种失业最大的不同就是，由于周期性失业由整体经济水平的衰退而引发，所以，它所造成的失业人口众多且分布广泛，是经济发展最严峻的局面，通常需要较长时间才能有所恢复。

我国《劳动法》对促进就业作了专章的规定。我国政府促进就业的措施主要有：（1）通过促进经济发展，创造就业条件，扩大就业机会。（2）采取措施鼓励企业、事业组织、社会团体在法律、行政法规规定的范围内兴办产业或者拓展经营，增加就业。（3）支持劳动者自愿组织起来就业和从事个体经营实现就业。（4）建立和完善劳动就业的服务体系。

可预知的人口红利枯竭

枯竭——人口红利故事一：一个饭桌上坐着两个老人、一个年轻的女人，还有一个三四岁的小孩，三个人伺候孩子一个人吃饭。很明显，两个老人一个是孩子的外婆，一个是孩子的奶奶，而另一个年轻女人是孩子的母亲。

□ 图解经济学

故事二：早上一个奶奶送孙女上学。孙女走在前面，奶奶在后面拖着一个带轮子的书包。这种书包是博士生们经常用的。因为博士生一般都有特别多的书需要在图书馆、办公室或者家之间转移，这样的书包会很有帮助，因为容量很大，而且可以在地上拖着走，不费力。可是这个小女孩不过三四年级，竟然就需要这么一个包。

这故事反映了中国人口结构的一个侧面：孩子们在享受着"人口红利"（故事一），享受得太多；但同时，孩子们又被要求为未来的"人口负利"做准备（故事二），一个孩子要承担四个老人、两个父母，负担又太重。

经济学中的"人口红利"用大白话来说就是：如果干活的人多，不干活的人少，那这个经济的活力会高一点。而三个大人伺候一个孩子吃饭，三个人干活，一个人吃饭，这样的"人口红利"不知道是好事还是坏事。

经济学中的所谓"人口红利"，是指一个国家的劳动年龄人口占总人口比重较大，抚养率比较低，为经济发展创造了有利的人口条件，整个国家的经济成高储蓄、高投资和高增长的局面。

一国人口生育率的迅速下降在造成人口老龄化加速的同时，少儿抚养比亦迅速下降，劳动年龄人口比例上升，在老年人口比例达到较高水平之前，将形成一个劳动力资源相对丰富、抚养负担轻、于经济发展十分有利的"黄金时期"，人口经济学家称之为"人口红利"。中国目前的人口年龄结构就处在人口红利的阶段，每年供给的劳动力总量约为1000万，劳动人口比例较高，保证了经济增长中的劳动力需求。由于人口老龄化高峰尚未到来，社会保障支出负担轻，财富积累速度比较快。

严格来说，任何完成了人口转变的国家，都会出现这样一种"人口红利"。许多新兴工业化国家尤其是东亚国家因为人口转变的历程较短，往往只用几十年的时间就走完了发达国家上百年才完成的人口转变历程。人口年龄结构变化和经济高速增长之间因而表现出了非常强的关联性，人口转变给经济增长带来的"红利"效应开始被越来越多的人所注意。

日本是亚洲最早实现人口转变和经济腾飞的国家，"人口红利"也出现得最早，大约开始于1930~1935年，结束于1990~1995年，持续了60年左右的时间。其他亚洲国家和地区包括中国、韩国、新加坡、泰国、马来西亚、印度尼西亚、菲律宾和越南等在内，差不多在晚于日本30年后出现"人口红利"，目前这些国家都正处在人口的"红利"期。

"人口红利"必然带来经济增长吗？观察上述处于"人口红利"期的国家，不难发现，这些国家在经济发展水平方面发展差异巨大。最富裕的国家如新加坡人均GDP超过3万美元，而最穷的国家人

人口增长过快，社会的承受能力又有限，这就会给人民的生活造成困难。

均GDP在2005年仅有600多美元。相同的"人口红利"期所导致的经济增长的不同结果意味着"人口红利"并不必然导致经济增长。

事实上,"人口红利"更像一个机会,只有抓住这一机会并加以很好利用才能使"机会"转变为"红利"。从这个意义上说,"人口红利"只是经济增长所面临的一个有利条件:在一定时期内劳动力资源非常丰富。而这一"有利条件"或者说"优势"能否转变为实实在在的经济成果,显然依赖于劳动力资源能否得到充分利用。如果在"人口红利"期,劳动力资源无法得到充分利用,则当人口的"机会窗口"关闭后,"人口红利"也会随之消失。

需要指出的是,"红利"在很多情况下和"债务"是相对应的。"人口红利"也不例外。具体来看,与"人口红利"相对应的"人口负债"就是不断加速的人口老龄化的影响。人口老龄化将会从多个方面影响到我国经济的持续增长能力。首先,老龄化会带来社会抚养比不断提高,劳动力的负担和成本加大。其次,老龄化会加大消费性人口比例,降低生产性人口比例。最后,劳动力年龄结构"老化"将严重影响到劳动生产率。上述三个方面的影响都会在一定程度上削弱经济的竞争能力,并进一步影响到经济可持续增长的活力。

因此,在我们享受"人口红利"丰厚回报的时候,千万不要忘记今后可能会面对的人口"负债"。而要有效地化解将来的"债务",我们必须做好这样两件事:一是必须长时期保持经济又好又快增长;二是必须尽快建立起覆盖全体居民的社会保障体系。

个人的价值有多大

人力资本,即通过教育、培训等方式和手段,在人身上积淀的,具有稀缺性的、能够投入生产中并能产生价值增值的知识、技能、经验和健康等质量因素之和。也有人建议把它解释为就业者的素质和能力,它是未来收入增长的一个源泉。

人力资本是一个多维度的概念。现代经济学已经将人力资本和技术知识作为经济增长的主要解释变量,而技术知识的创新与运用,又是在人力资本的作用下完成的。人力资本同其他资本一样,已成为获取经济收益和非经济收益所凭借的一种手段。

人力资本的价值在古典经济学中虽已被注意到,但直到20世纪60年代知识经济的兴起,美国经济学家、现代人力资本理论的奠基人舒尔茨才开始真正重视人力资本在经济发展中的意义。

1945年"二战"结束以后,战败国德国和日本受到很大的创伤。很多人认为,这两个国家的经济恐怕要很久才能恢复到原有的水平。但实际上,大约只用了15年的时间,德国和日本的经济就奇迹般地恢复了,而且60年代以后,这两个国家继续以强大的发展势头赶超美苏,并最终使经济实力上升为世界第二和第三的位置。这其中的原因让许多人迷惑不解,人们开始探究传统经济学的不足。

一般而言,国民财富的增长与土地、资本等要素的耗费应该是同时进行的,但统计资料却显示,"二战"以后,国民财富增长速度远远大于那些要素的耗费速度,这是一个难解之谜。经济领域中这些难以解释的特殊现象的出现,引起了西方经济理论界的高度重视,经济学家们纷纷提出自己的观点。舒尔茨的人力资本理论就是在这样的背景下应运而生的。他提出了著名

□图解经济学

日本的消费电子产业异军突起，成为日本经济快速发展的领头羊，诸如松下、索尼等品牌的产品已进入世界千千万万的家庭。上图为日本松下电器集团的洗衣机生产流水线。

的观点：在影响经济发展诸因素中，人的因素是最关键的，经济发展主要取决于人的质量的提高，而不是自然资源的丰瘠或资本的多寡。

舒尔茨人力资本理论的基本内涵是，把资本分为物质资本和人力资本两种形式。人力资本是体现在劳动者身上的、以劳动的数量和质量表示的资本。劳动者的知识水平、劳动技能的高低不同，决定了人力资本对经济的生产性作用的不同，结果使国民收入增长的程度也不同。

人力资本，比物质、货币等硬资本具有更大的增值空间，特别是在当今后工业时期和知识经济初期，人力资本将有着更大的增值潜力。因为作为"活资本"的人力资本，具有创新性、创造性，具有有效配置资源、调整企业发展战略等市场应变能力。对人力资本进行投资，对 GDP 的增长具有更高的贡献率，因为人力资本的积累和增加对经济增长与社会发展的贡献远比物质资本、劳动力数量增加重要得多，发达国家是最明显的例子。美国在1990年人均社会总财富大约为42.1万美元，其中24.8万美元为人力资本的形式，占人均社会总财富的59%。其他几个发达国家如加拿大、德国、日本的人均人力资本分别为15.5万美元、31.5万美元、45.8万美元。

随着竞争的加剧，人力资本所表现出来的作用也越来越明显。舒尔茨曾说，人的知识、能力、健康等人力资本的提高对经济增长的贡献远比物质、劳动力数量的增加重要得多。

比如，全美最受尊崇的通用公司CEO（首席执行官）杰克·韦尔奇自1981年入主通用，在短短的20年时间里，通过实施一系列人力资本管理与竞争变革，使通用这个百年老企业重新焕发出新的活力，公司排名也从世界第10位上升到第2位，成为全球最具竞争力的跨国公司。

朋友，你的资本你都发现了吗？年轻、健康、智慧……这些人力资本的重要构成部分是金钱都换不来的，这些资本的存在，就可以帮助你成就你自己。

你拥有的资本不一定是你的长处，有时候也许并不是你希望拥有的东西，但无论如何，它们都是你特有的资本。

希望你能真正清楚自己有哪些资本，要成功就一定要好好利用你的资本。你要不断地发掘自己的内在潜力，并努力使这些潜力发挥出更大的能量，从而使自己的职业生涯更加辉煌。

很多人都知道，在美国想要找一份好工作，在很大程度上会受到你教育水平与经历的影响。受教育的程度越高，个人经历与阅历越丰富，在其他条件相同的情况下，你就会比别人更容易获得一份好工作。

普通员工没有职业律师收入高，主要是因为两者在人力资本投资上的极大差别所致。培养一名律师需要 5～10 年的专业学习时间，而培养一名普通员工最多只要一两个月就够了。用于学习手艺或受培训的时间及货币财富共同构成了人们为进行人力资本投资而支付的全部机会成本。正是由于这种投资，人们在单位时间的生产率才会得到提高，而正是这种生产率的提高使雇主愿意雇用他，并为他付出较高的报酬。

经济增长与失业

美国著名的凯恩斯派经济学家阿瑟·奥肯发现了周期波动中经济增长率和失业率之间的经验关系，即当实际 GDP 增长相对于潜在 GDP 增长（美国一般将之定义为 3%）下降 2% 时，失业率上升大约 1%；当实际 GDP 增长相对于潜在 GDP 增长上升 2% 时，失业率下降大约 1%。若当年实际上的 GDP 增长率超过潜在 GDP 增长率的 2 个百分点，则可以使失业率低于自然失业率 1 个百分点，即失业率与实际 GDP 增长率缺口之间的比例为 1：2。这条经验法则以其发现者为名，称为奥肯定律。

奥肯定律曾经相当准确地预测失业率。例如，美国 1979～1982 年经济滞胀时期，GDP 没有增长，而潜在 GDP 每年增长 3%，3 年共增长 9%。根据奥肯定律，实际 GDP 增长比潜在 GDP 增长低 2%，失业率会上升 1 个百分点。当实际 GDP 增长比潜在 GDP 增长低 9% 时，失业率会上升 4.5%。已知 1979 年失业率为 5.8%，则 1982 年失业率应为 10.3%（5.8%+4.5%）。根据官方统计，1982 年实际失业率为 9.7%。与预测的失业率 10.3% 相当接近。

奥肯定律的一个重要结论是：为防止失业率上升，实际 GDP 增长必须与潜在 GDP 增长同样快。如果想要使失业率下降，实际 GDP 增长必须快于潜在 GDP 增长。因此，摆在政府面前的选择是，一定要保持 GDP 的高速增长，这样一方面能迅速提高我国人民的生活水平，同时也能较好地解决未来的就业压力。

研究实际 GDP 增长与失业率变动的关系，必须根据实际 GDP 增长比潜在 GDP 增长是快还是慢，以及快多少和慢多少，决不能只根据实际 GDP 增长，而置潜在 GDP 增长于不顾。

不过值得注意的是，奥肯所提出经济增长与失业率之间的具体数量关系只是对美国经济所做的描述，而且是特定一段历史时期的描述，不仅其他国家未必与之相同，而且今日美国的经济也未必仍然依照原有轨迹继续运行。因此，奥肯定律的意义在于揭示了经济增长与就业增长之间的关系，而不在于其所提供的具体数值。

经济增长了，就业率就提高了，这是世界各国的普遍规律。然而，这条规律如今在中国似乎不灵了，当中国正在为经济增长欢呼时，却发现失业率也在增长。

国家统计局公布的数据显示，1985～1990 年，全国 GDP 年平均增长率为 7.89%，同期就业人口年平均增长率为 2.61%；1991～1995 年，全国 GDP 年平均增长率为 11.56%，同期就业人口年平均增长率为 1.23%；1996～1999 年，全国 GDP 年平均增长率为 8.30%，同期就业人口年平均增长率为 0.96%。近年来，我国经济增长速度较快，而与此同时，登记失业率依然居高不下。可见，我国就业增长率并没有随 GDP 增长率同步增长，反而出现较大幅度降低现象。被国内外实践普遍证明的"奥肯定律"，为何在中国"失灵"？

□图解经济学

经济增长率与失业率的关系

失业意味着生产要素的非充分利用,失业率的上升会伴随着实际GDP的下降,也就是说两者之间呈反比关系。描述失业率和GDP之间这一关系的经济规律称为奥肯定律。

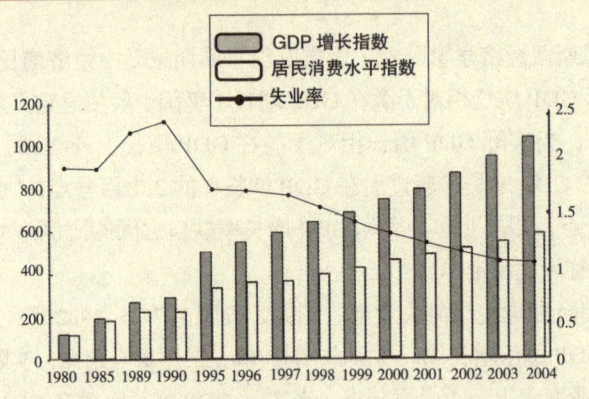

然而,当中国正在为经济增长欢呼时,却发现失业率也在增长。

GDP与失业率

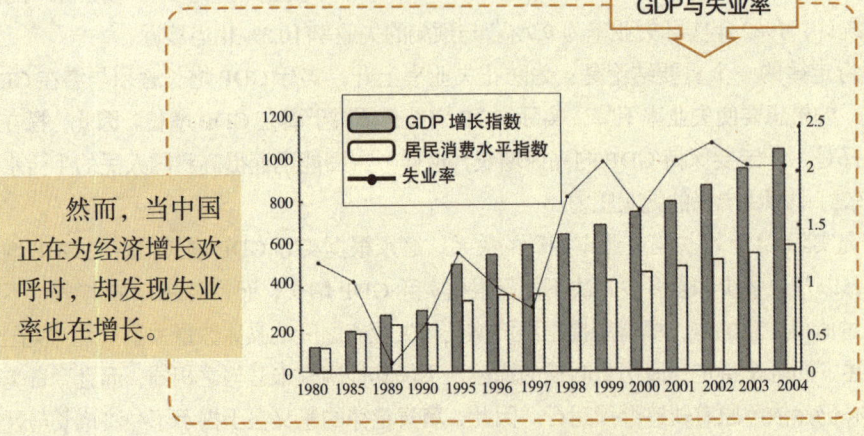

奥肯定律在中国失灵的原因

| 中国经济距离长期的良性发展还有一段距离。 | 中国国有企业改革加大了当前的就业压力。 | 农村剩余劳动力大量向城镇转移。 |

有人认为，很多地方在经济快速增长同时，都在不断优化产业结构，资金、技术密集型企业替代了传统劳动密集型企业。实际上按正常规律，资金和技术密集型产业替代传统的劳动密集型产业，必然会促进另一种劳动密集型产业——第三产业的发展。然而在中国，第三产业并不发达。它只有两种合理的解释：一是虽然经济增长了，但老百姓的收入并没有随之水涨船高，于是内需无法启动，第三产业发展不起来；二是第三产业虽有发展，但是第三产业的劳动条件和劳工权益太差，劳动者的工作时间长、工作强度大，劳动密集型产业变成了"工时超长型产业"，自然吸纳不了太多的员工。

有资料表明，在经济增长过程中，国民工资总额占 GDP 的比重逐年下降，而税收占 GDP 比重逐年上升，这几年政府税收是国民工资总额的 2～3 倍。这种现象产生了十分有害的负面影响：既损害了劳动者的基本权利，也限制了正常的就业机会增加，并损害了民生状况，进而降低了经济发展的内需拉动力。

以往，很多人往往有一个不切实际的幻想，认为经济增长可以一俊遮百丑，只要经济增长了，社会上的许多矛盾和问题都会迎刃而解。于是不惜一切代价招商引资，不惜一切代价维护资本利益。

现在，我们必须重新审视经济增长的目的：经济增长是为了增进民众福利，还是 GDP 和税收的数字攀升？经济增长使人与自然、人与人更和谐，还是有意无意地加剧了贫富差距以及人与资源、环境、人与社会的紧张对立？如果是前者，经济增长的正当性问题就得到了解决；如果是后者，那样的经济增长就是非正义的，不仅不能解决社会发展中遇到的任何问题，反而会制造出更多的环境问题、经济问题、社会问题乃至政治问题。

物价上涨与失业的关系

威廉·菲利普斯 1914 年生于新西兰的一个农民家庭。15 岁那年，他就因为生活所迫到澳大利亚的一个金矿里做工，晚上收工后，他在昏暗的灯光下自学电机工程。1937 年他到了英国，在伦敦电力局找了一份工作，还参加了英国电机工程师协会。"二战"爆发后他投笔从戎，在太平洋战场上作战，还在日本兵的战俘营里度过了一段艰难岁月。一直到战争结束后，32 岁的菲利普斯脱下军装，到伦敦经济学院学习社会学，这时他才在课堂上接触到经济学，并深深为之吸引。

后来，菲利普斯对稳定政策和经济动态系统的关系产生了浓厚的兴趣。1954 年他在《经济学杂志》上发表了一篇《封闭经济中的稳定政策》，其中讨论的就是反应滞后对宏观稳定政策的影响。菲利普斯有工程师特有的根深蒂固的经验主义倾向，他总觉得在做理论之前要先搞计量分析，于是，他开始着手做这方面的研究。1958 年，菲利普斯在《经济学》杂志上发表了那篇著名的《1861～1957 年英国失业率和货币工资变化率之间的关系》，后来所说的菲利普斯曲线就是在这篇文章中首先提出来的。

菲利普斯曲线，就是表明失业与通货膨胀存在一种交替关系的曲线。通货膨胀率高时，失业率低；通货膨胀率低时，失业率高。

菲利普斯根据英国 1861～1957 年间失业率和货币工资变动率的经验统计资料，发现名义

图解经济学

工资的变动率是失业率的递减函数，即使当名义工资的增长率处在最低的正常水平，失业率仍然为正（菲利普斯的统计大约为2%～3%），由此他提出了一条用以表示失业率和货币工资变动率之间交替关系的曲线。这条曲线表明，当失业率较低时，货币工资增长率较高；反之，当失业率较高时，货币工资增长率较低，甚至是负数。根据成本推动的通货膨胀理论，货币工资可以表示通货膨胀率。

右图中，横轴OU代表失业率，纵轴OG代表通货膨胀率，向右下方倾斜的PC即为菲利普斯曲线。这条曲线表明，当失业率（d）高时通货膨胀率（b）就低，当失业率（c）低时通货膨胀率（a）就高。

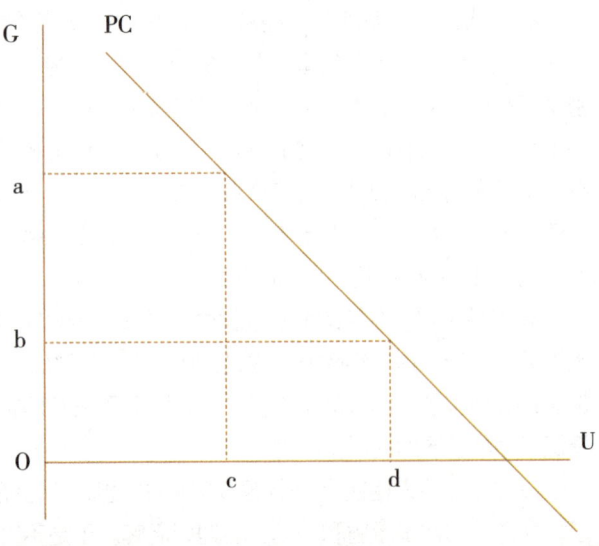

失业率与货币工资变动率交替关系曲线

因此，菲利普斯曲线又成为当代经济学家用以表示失业率和通货膨胀率之间此消彼长、相互交替关系的曲线。即失业率高，表明经济处于萧条阶段，这时工资与物价水平都较低，从而通货膨胀率也就高；失业率低，表明经济处于繁荣阶段，这时工资与物价水平都较高，从而通货膨胀率也低。失业率和通货膨胀率之间存在着反方向变动的关系。

于是，菲利普斯曲线的重要观点可以被归纳为以下几点：失业率和通货膨胀率存在交替关系，两者可以并存；当失业率为自然失业率时，通货膨胀率为0。根据两者的交替关系，可以将其运用到宏观经济政策当中。

在学者们研究失业理论的时候，他们通常会结合社会关注的热点问题来进行剖析，而通货膨胀恰恰就是这样一个被选中的命题。尽管刚开始，人们并没有注意到两者之间有联系，但自从20世纪50年代，菲利普斯曲线被提出后，两者之间被微妙地牵系在一起，并成为众多学者"不倦研究"的对象。

菲利普斯对该曲线的描述，引发了理论界更多学者的兴趣及关注。在20世纪60年代，经济学家萨缪尔森和索洛还曾特意利用美国的现实材料对菲利普斯曲线进行了论证，发现此曲线的确适用。两大权威经济学家的证明，让菲利普斯曲线得到了学界更多人的认可，越来越多的人在研究中开始使用菲利普斯曲线。

当然，任何理论的提出，都会有人发出质疑。菲利普斯曲线也不例外，有些经济学家认为，菲利普斯曲线只是一种可以有限适用的经济模型。他们指出，菲利普斯曲线之所以能被验证，是因为，人们所采用的数据都是短期的。在较短的时间内，通货膨胀和失业之间可能会存在交替关系；然而在长期中，通货膨胀和失业之间却未必会有同样的关系。也就是说，在通货膨胀和失业之间存在一种短期的"交换"关系，但没有长期的"交换"。因为，在长期中，这种关系迟早会随着市场结构的变化而被打破。

于是，因为这条曲线，学术界展开了激烈的讨论。等到20世纪70年代，突如其来的高通货膨胀率与高失业率，让菲利普斯曲线受到了前所未有的挑战。因为，现实中反映的情况，同之前挑战菲利普斯曲线的学者们的观点更加吻合。这一事实的出现，成功地推翻了菲利普斯曲线存在的必然性。最终，绝大多数的经济学家们都不得不承认，菲利普斯曲线的确需要修正。

得到这样的结论无疑将让很多人失望，但这并不能否定菲利普斯曲线的积极意义。至少在短期内，菲利普斯曲线还是适用的。因此，政府仍旧可以根据两者之间的关系，在失业率低而通货膨胀率高时，采用紧缩性财政与货币政策，以较高的失业率换取较低的通货膨胀率；反之，在失业率高而通货膨胀率低时，采用扩张性财政与货币政策，以较高的通货膨胀率换取较低的失业率。也就是说，菲利普斯曲线的提出，为政府应对通货膨胀和失业问题，提供了良好的解决方法，具有较大贡献。

因此，菲利普斯曲线在一定条件下（短期）可以成为政府制定政策的依据。即它作为制定失业率与通货膨胀率的合理政策参考值，与其他的失业率和通货膨胀率相比，可使政府目标达到最优。

换工作之前先算一笔账

小吴即将毕业于东北某名牌大学，所学专业正是时下热门的计算机专业。在人山人海的招聘会上，他信心满满地去求职。然而，在先后交了几十份简历获得了几个面试机会后，却没有了下文。不仅如此，他还发现其他同一专业的学友似乎也遇到了同样的问题。小吴疑惑不解，计算机不是热门专业么吗？为什么会出现求职难的问题？

确实，虽然这两年IT行业看上去非常热门，但是现在很多大学的计算机本科毕业生都不太容易找到工作。这是因为当前人才市场上并不缺乏一般的计算机人才，缺少的是高级顶尖的IT人才。当然，这背后的因素是，前些年计算机人才走俏，人们一窝蜂地选择这个专业，各个学校都开设了计算机专业，造成这方面人才越来越多，庞大的毕业生数量使得整个就业形势受到影响，于是这个曾经热门的专业出现了"热门不热"的现象。

生活中不乏博弈思维的警语。"男怕入错行，女怕嫁错郎"便是这样的警语。它告诫人们在人生的关键点选择要慎之又慎，避免做出错误的决策。一旦发现择业出现失误时，人们往往便会转而"跳槽"。

"跳槽"，即指"换工作""换单位"。如果你跳槽，那就说明你放弃了当前工作的收益，并同时放弃了这个机会可能带来的潜在收益，这些被放弃的所有收益就是你跳槽的机会成本。

跳槽在现代社会已经成为普遍现象，但我们也会发现身边总有一些频繁跳槽的人，他们总是对自己的工作不满意。跳来跳去成"跳蚤"，在跳槽之前，自己有没有算过一笔账呢？

临近年终，视跳槽为家常便饭的许娜又开始考虑跳槽的事了。说起来，许娜的个人资本也算不错：名牌大学财经系毕业，英语六级，口语不错，靓丽的外表。但她的资本使得她总不满

□ 图解经济学

足于现状。于是她每天必做的一件事就是研究人才网的招聘信息,如果哪家公司开出的待遇比现在的公司高,那她一定毫不犹豫地奔向那家公司。有人帮她算了一下,结果吓了一跳:毕业三年,许娜已经换了七八家公司,最夸张的时候她一个月连跳两家,其中一次才上三天班就跟老板说再见了。

许娜对那些好几年都待在一个单位,没有跳槽打算的人总是嗤之以鼻:"每个月拿这么一点工资,不跳槽,这辈子能混出什么来!"

其实,如果我们给许娜算一笔经济账,没准她就会重新考虑跳槽的问题了。对于一般人来讲,跳槽的成本与收益具体体现在哪些方面呢?

第一是时间的机会成本。如果想跳槽成功,就要花费时间搜集并分析招聘信息,对市场上的招聘企业做出正确的判断。这个过程中,跳槽者要付出时间、精力等成本,还要承担等待、焦虑、忧虑等心理压力。当信息不明朗时,还会为如何抉择而感到痛苦。

第二是薪资的机会成本。跳槽意味着你放弃本有的薪资,以及因此而可能获得的潜在薪资、福利等待遇。假如你本有的月薪是5000元,加上奖金、补贴和保险等,可能近8000元。如果你不能在辞职的当月找到工作,那么这8000元即是你跳槽所付出的机会成本。

企业家容易转行
与熟练工人相比,企业家更加无法断定能否通过改变行业来改善自身境遇。然而,企业家却占有观察其他行业的现在与将来的优势。与熟练工人相比,企业家更易于从某一行业转向另一行业。图中是熟练的染布工人染布的场景。

第三是人际关系的机会成本。当你在一个环境里工作，获得的报酬不仅是货币工资，还包括学习锻炼的机会和人际关系。人际关系就是你的资源和钱脉，它同时也是你遇到困难和问题时的活期存折。

第四是升迁的机会成本。当你在一个新的环境里，往往很难一下子得到真正重用，尽管在职务或薪资上可能比原来高，但新的单位需要对你的人品和工作能力有一段时间的考验。

那我们都会为什么跳槽呢？调查显示，与同事沟通不好、太累、离家太远、被领导批评、男（女）朋友不同意、待遇不合理、工作没挑战性、没原因就是不想做，等等，都有可能成为我们跳槽的理由，也让很多企业领导人大伤脑筋。

且不说，这些年轻的朋友没有想到企业为培养自己所付出的代价，自己的离职将给企业带来的损失，他们更没有为自己的职业生涯、事业发展做出铺垫。放弃一次事业机会，或许觉得自己还年轻，或许会认为还能有更好的机会。实际上，随意跳槽，不仅对企业是损失，对个人同样是很大的损失。

虽然跳槽有机会成本，但并不是反对跳槽。能够跳槽和允许跳槽其本身是时代进步的表现，人才只有在不断的双向选择中才能真正实现资源优化配置，才能产生最大效用。古时的韩信就是在一次又一次的"跳槽"中实现了自己的利益最大化。从经济学角度分析一下跳槽可能会产生的机会成本，只是提醒职场人士在跳槽之前要通盘考虑和分析，让自己的职业变动决策更加理性、科学和正确，把成本搞清楚了再作决策也不迟。

第十七章
收入分配：你是否已达到了小康

做大蛋糕与均分蛋糕有矛盾吗

印度《百喻经》中有这样一个故事：古印度有一个贵族得了重病，将不久于人世。他临终前告诫两个儿子："我死之后，要合理分配财务。"两个儿子听从了父亲的教导，在父亲死后，将所有遗产分成两份，但是兄弟二人互相指责分得并不均匀。于是，一个老人给他们出主意说："我教你们分财产，一定是平等的。将所有的物品全部破为两半，就是将衣服、盘子、瓶子、盆、缸从中破为两半，铜钱也从中破为两半，每人各取一半。"如果完全按照数量上的平等来分，就会出现"二子分财"这样的笑话。人们对于公平的理解应该脱离"绝对公平"的桎梏，世界上没有绝对的公平，公平永远是相对的。我们反对那种小生产者的绝对平均主义的平等观，提倡多劳多得。这就涉及公平与效率的问题。

我们有必要首先认识一下什么是公平和效率。公平指人与人的利益关系及利益关系的原则、制度、做法、行为等都合乎社会发展的需要。公平是一个历史范畴，不存在永恒的公平。不同的社会，人们对公平的观念是不同的。效率就是人们在实践活动中的产出与投入的比值，或者叫效益与成本的比值。比值大，效率就高，也就是效率与产出或者收益的大小成正比，而与成本或投入成反比。也就是说，如果

正在制造汽车玩具的工人
效率和公平是经济学中绕不过去的话题。

想提高效率，必须降低成本投入，提高效益或产出。

效率和公平是经济学中绕不过去的话题。有人认为是对立的，有人认为是一致的。该如何处理公平与效率的关系呢？

1. 效率原则

效率优先，对于企业来说，在竞争中，在同一市场条件下，效率是决定企业生存和发展的关键，所以应以效率为先，企业在制定发展战略时要根据市场需求制定切实可行的发展战略，在企业内部，要尽可能降低成本，提高产品质量。充分挖掘人力资源，调动员工的积极性，从而提高效率。企业的效率高，才能在激烈的市场竞争中处于优势。要发展经济，必须追求效率。

2. 公平原则

公平已经受到越来越多人的关注。由于种种原因，社会上存在着弱势群体，对这些弱势群体，政府应当注重公平，通过种种措施，如向高收入者征收个人所得税，把这部分资金转移给弱势群体，如发放失业救济金，帮助下岗职工再就业，帮助失学儿童重返课堂。只有这样，才能使这部分人得到应有的帮助，获得应有的教育机会和参加职位竞争的机会，才能挖掘这部分人的潜力，避免人力资源的浪费，提高效率。

很多人认为，要强调公平，就要牺牲效率；而要强调效率，就难免要付出丧失公平的代价。

其实，在公平与效率之间，既不能只强调效率而忽视公平，也不能因为公平而不要效率，应该寻求一个公平与效率的最佳契合点，实现效率，促进公平。

公平促进效率，有利于效率的实现，效率为公平的实现提供了物质基础，二者是一致的。反对那种小生产者的绝对平均主义的平等观，提倡多劳多得。但要兼顾公平，国家通过各种办法，用政策加以调节，倾斜于弱势群体，给其平等的机会参与竞争，参与国家的经济建设。

把精力放在提高居民收入上

近年来，个人收入的多少被看作是身份的象征，于是出现了各种类型的收入排行榜。不管是哪种排行榜，也无论在排行榜中位居第几，能在榜上留名的人物，他们的个人收入都非常可观。

个人收入作为一项经济指标，是指个人从各种途径所获得的收入的总和。个人收入反映的是个人的实际购买水平，预示了消费者未来对于商品、服务等需求的变化。个人收入指标可以用于预测个人的消费能力，是对未来消费者的购买动向及评估经济情况好坏的一个有效指标。

总体说来，个人收入提升总比下降要好，个人收入提升代表经济景气，下降当然是经济放缓、衰退的征兆，对货币汇率走势的影响不言而喻。如果个人收入上升过急，央行担心通货膨胀，就会考虑加息，加息当然会对货币汇率产生强势的效应。

对于大多数人来说，其个人收入主要由两部分组成，一是工资总额，二是工资外收入。关于工资总额很好理解，就是单位在一定时期内直接支付给本单位全部职工的报酬总额，包括计时工资、计件工资、奖金津贴、补贴、加班工资等。工资外收入则是指职工在工资总额以外在本单位内或单位外获得的现金或实物，主要包括保险性福利费用、财产性收入、转移性收入等。

个人收入主要反映了居民的收入情况。随着全国经济运行质量的提高，人们的个人收入水平也得到了较大幅度的增长。在个人收入的分配与再分配过程中，"个人可支配收入"比单纯的个人收入更有价值，因为它代表每个人可用于消费支出或用来储蓄的货币金额。个人可支配收入指个人收入扣除向政府缴纳的个人所得税、遗产税和赠予税、不动产税、人头税、汽车使用税以及交给政府的非商业性费用等以后的余额。

国家统计局于2009年7月27日公布2009年上半年的居民收入情况，全国城镇居民人均可支配收入实际增长11.2%，全国农村居民人均现金收入实际增长8.1%。调查资料显示，上半年城镇居民人均可支配收入8856元人民币，农村居民人均现金收入2733元。

但是有些人认为国家统计局公布的居民收入，与他们自身的真实收入相比，存在着偏差。其实，制约公众工资增长和消费感觉的，不单是收入和消费的绝对增长幅度，还有住房、养老、医疗、教育、保险等公共产品的供给与保障。

我们的个人收入是在不断增长的，这一点毋庸置疑。在个人收入不断增长的同时，我国的GDP也在不断攀升，只是近些年来个人收入的增长幅度多数年份低于GDP的增长，居民最终对GDP的分享逐年减少，因此，居民个人收入与GDP之间的差距越拉越大。应该把更多的精力放在提高居民收入上，让更多人能从GDP的增长中分得一杯羹。

尽力减少贫富差距

在经济学中有一个社会现象：富者更富，穷者更穷。用经济学术语来说，这就是收入分配中的"马太效应"。在国民收入分配领域，马太效应进一步显现出贫者越贫、富者越富的状态，这种情况对经济的协调发展和社会的和谐进步产生了一定影响。因此，用以测量贫富差异程度的基尼系数应运而生。

基尼系数是意大利经济学家基尼于1912年提出的，定量测定收入分配的差异程度，是国际上用来综合考察居民内部收入分配差异状况的一个重要分析指标。

基尼系数的经济含义是：在全部居民收入中，用于进行不平均分配的那部分收入占总收入的百分比。基尼系数最大为"1"，最小等于"0"。前者表示居民之间的收入分配绝对不平均，即100%的收入被一个单位的人全部占有了；而后者则表示居民之间的收入分配绝对平均，即人与人之间收入完全平等，没有任何差异。但这两种情况都只是在理论上的绝对化形式，在实际生活中一般不会出现。因此，基尼系数的实际数值只能介于0到1之间。

为了研究国民收入在国民之间的分配问题，美国统计学家洛伦兹1907年提出了著名的洛伦兹曲线。它先将一国人口按收入由低到高排队，然后考虑收入最低的任意百分比人口所得到的收入百分比。将这样的人口累计百分比和收入累计

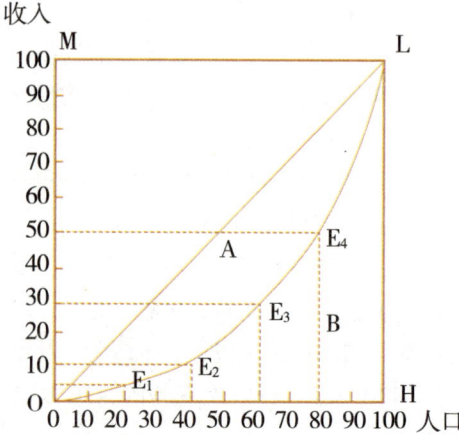

贫富差距

贫富差距也被称为贫富不均、收入不公平等，是指一个群体或社会中个人拥有的财富的差距。

原因
- 国家政策
  - 经济运行机制的不健全
  - 税收制度的不合理
  - 社会保障制度的不完善
  - 不平等竞争存在
- 地理位置 → 比如交通便利、沿海的城市发展好，人们收入高。

影响
- 经济动力发展不足。
- 导致社会的不安定。
- 低收入者失去劳动积极性，降低生产效率。

应对措施
- 完善社会保障
- 加强法制建设
- 降低垄断收入
- 机会平等
- 税收调节

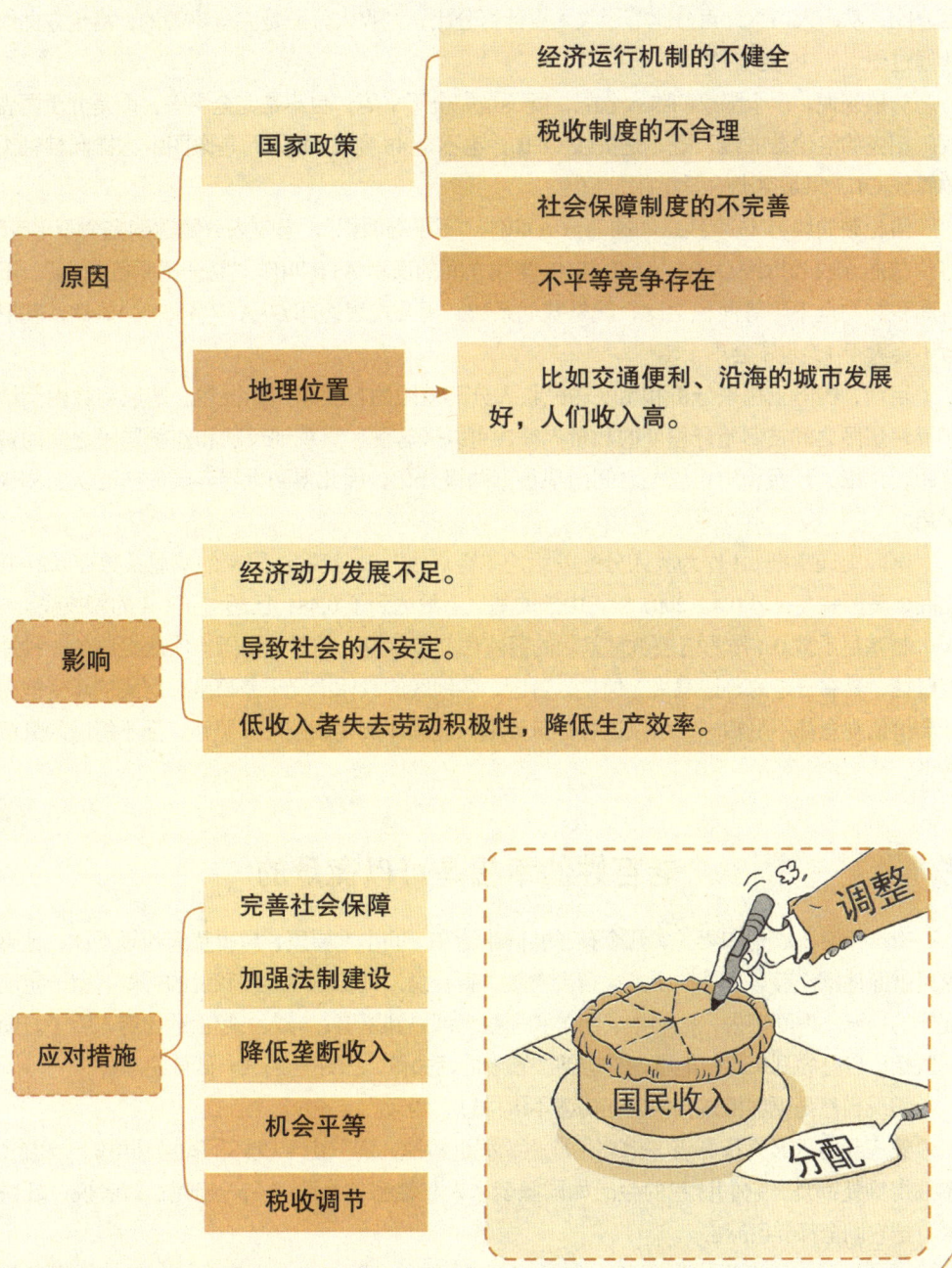

百分比的对应关系描绘在图形上，即得到洛伦兹曲线。

如图所示，横轴 OH 表示人口（按收入由低到高分组）的累积百分比，纵轴 OM 表示收入的累积百分比，弧线 OL 为洛伦兹曲线。

一般来讲，洛伦兹曲线反映了收入分配的不平等程度。弯曲程度越大，收入分配越不平等，反之亦然。特别是，如果所有收入都集中在一人手中，而其余人口均一无所获时，收入分配达到完全不平等，洛伦兹曲线成为折线 OHL。另一方面，若任一人口百分比均等于其收入百分比，从而人口累计百分比等于收入累计百分比，则收入分配是完全平等的，洛伦兹曲线成为通过原点的 45 度线 OL。

一般来说，一个国家的收入分配，既不是完全不平等，也不是完全平等，而是介于两者之间。相应的洛伦兹曲线，既不是折线 OHL，也不是 45 度线 OL，而是像图中这样向横轴突出的弧线 OL，只是突出的程度有所不同。

洛伦兹曲线与 45 度线之间的部分 A 叫作"不平等面积"，当收入分配达到完全不平等时，洛伦兹曲线成为折线 OHL，OHL 与 45 度线之间的面积 A+B 叫作"完全不平等面积"。不平等面积与完全不平等面积之比，就是基尼系数。用公式表达即 $G=A/(A+B)$。显然，基尼系数不会大于 1，也不会小于零。

目前，国际上用来分析和反映居民收入分配差距的方法和指标很多。基尼系数由于给出了反映居民之间贫富差异程度的数量界线，可以较客观、直观地反映和监测居民之间的贫富差距，预报、预警和防止居民之间出现贫富两极分化，因此得到世界各国的广泛认同和普遍采用。

国际上通常把 0.4 作为收入分配差距的"警戒线"。一般发达国家的基尼系数在 0.24~0.36 之间，美国偏高，为 0.4。2007 年，中国的基尼系数达到了 0.48，已超过了 0.4 的警戒线。

将基尼系数 0.4 作为监控贫富差距的警戒线，应该说，是对许多国家实践经验的一种抽象与概括，具有一定的普遍意义。但是，各国、各地区的具体情况千差万别，居民的承受能力及社会价值观念都不尽相同，所以这种数量界限只能用作宏观调控的参照系，而不能成为禁锢和教条。

老百姓的幸福是可以衡量的

有一个穷人，他和妻子、几个孩子共同生活在一间小木屋里，屋里整天吵闹不休，他感到家里就像地狱一般。于是他便去找智者求救。智者说：只要你答应按我说的去做，就一定能改变你的境况。你回家去，把奶牛、山羊和那些鸡都放到屋里，与人一起生活。穷人听了，简直不敢相信自己的耳朵，但他事先答应要按智者的话去做，只好先去试一试再说。

情况自然是更加糟糕，穷人在痛苦不堪中过了两天。

第三天穷人又来找智者。他痛不欲生，哭诉着说，那只山羊咬坏了我房间里的一切东西，鸡飞得到处都是，它们让我的生活如同噩梦，人和牲畜怎么能住在一起呢？智者说，赶快回家，把它们全都弄出屋去。

过了半天，穷人又找到智者。他是一路跑来的，满脸红光，兴奋难抑。他拉住智者的手

下篇　生活中的经济学

欲望的多样化　德·特洛瓦·让－弗朗索瓦　布面油画　1735 年
随着人脑的发达和文明的进步，人类的欲望变得精细和多样。这幅作品是作者受路易十五的委托，为路易十五凡尔赛的私人住所所画的。图中，在华丽而繁复的洛可可式宫殿内，一群富有的贵族及权势人物正在享用牡蛎及香槟盛宴。人类不仅追求稀有的美食，还讲求吃的方法的多样化。

说：谢谢你，我现在觉得我的家就是天堂了！穷人把寻求幸福的方法寄托在智者身上，但智者并没有让穷人的处境有任何改观，只是让他经受了一段时间更严重的痛苦后，感受到了幸福的存在。事实上，一个人的生活幸福与否，从来没有一个恒定的标准，在更多的情况下，幸福是一个人在现实生活中的感受，是与先前的生活、与周围人的生活的一种比较。

美国经济学家保罗·萨缪尔森提出了一个关于幸福的方程式：

幸福 = 效用 / 欲望

简单地说，幸福就是效用和欲望的比较。效用是人消费某一种物品时得到的满足程度，欲望则是对某一种物品效用的强烈需要。比如金钱能够给人带来效用，每个人都有发财的强烈欲望，当一个人赚到了钱后，他就有一种幸福感。根据这个公式，如果两个人的财富欲望水平相等，都是 10 万元，那么赚了 5 万元的人就比赚了 2 万元的人幸福。但是如果赚 5 万元的人的欲望是 10 万，赚 2 万元的人的欲望是 2 万，那么赚了 2 万元的人虽比赚了 5 万元的人穷，却比赚了 5 万元的人幸福。如果欲望超过了效用，幸福感就会消失。

现代经济学认为，财富仅仅是能够给人带来幸福的因素之一，人们是否幸福，很大程度上还取决于许多和财富无关的因素，如感情、健康、精神等。一些社会学家和经济学家通过大量的调查研究，发现美国人拥有的财富比欧洲人多，但是美国人的幸福指数却并不比欧洲人高。

一般来说，人往往是越缺少什么，什么就越能够给他带来幸福。重病中的人恢复健康，游子回到母亲的怀抱，其幸福的感觉是无法比拟的。人的欲望是无穷的，一个欲望满足了，又会产生新的欲望。比如你原来是租房住的，当你住进自己房子的愿望得到满足后，你就会非常幸福。但是这种幸福也许持续不了多久，新的欲望就产生了，比如买车、住更好的房子等，这时又会感到不幸福了。

幸福感和与周围人的比较有关。比如你虽然买了一套自己的房子，和以前租房住相比是有了很大的改观，但是你的朋友住的都是别墅，所以房子给你带来的效用仍然很小，你的欲望满足的程度很小，所以你幸福的指数也小。但是如果你住的是别墅，而你的同事朋友住的都是楼房，你就会感到非常幸福。所以我们常会用"比上不足，比下有余""知足常乐"来安慰自己。

幸福指数是老百姓的个人主观感受，对政府而言，理应发展经济水平，提升生活质量，使老百姓真正感受到幸福。经济发展不是目的，而是手段。

为政之道，以民为本；治国之道，必先富民。从古至今，历来重民生者得民心，得民心者得天下。政府应该切实保障和改善民生，要始终坚持发展为了人民、发展依靠人民、发展成果由人民群众共享。加快发展是保障和改善民生的重要基础，离开发展谈改善民生，无疑是空中楼阁。如果发展的成果不能为广大人民群众共享，同样会脱离群众，甚至失去民心。检验和衡量发展得好不好的最根本标准，是看人民的富裕程度、幸福指数。

第十八章
劳动力市场：供求方的博弈

21世纪最珍贵的是人才

秦末农民战争中，韩信仗剑投奔项梁，项梁兵败后归附项羽。韩信曾多次向项羽献计，但始终不被采纳。苦闷之下，韩信离开项羽投奔了刘邦。

有一天，韩信违反军纪，按规定应当斩首，临刑前看见汉将夏侯婴，就问到："难道汉王不想得到天下吗，为什么要斩杀英雄？"

夏侯婴为韩信之语惊诧，认为此人不凡，看到韩信相貌威武，遂下令释放，并将韩信推荐到刘邦帐下，但未被重用。后来，韩信多次与萧何谈论治国治军之事，很受萧何赏识。

刘邦至南郑的行军途中，韩信思量自己难以受到重用，遂决定中途离去。这一情况被萧何发现，他将韩信追回。这就是小说和戏剧中的"萧何月下追韩信"。此时，刘邦正准备收复关中。萧何就向刘邦推荐韩信，称他是汉王争夺天下不能缺少的大将之才，应重用韩信。

刘邦采纳萧何的建议，七月，择选吉日，斋戒，设坛场，拜韩信为大将。韩信与萧何成为刘邦的左膀右臂，最终帮助汉王夺得天下。

世人往往会问：萧何为什么要追韩信？其实，这个问题很好回答——因为韩信是大将之才，简单地讲，他是个人才。随着时代的发展，在当今社会，对人才的重视已经上升到"人才经济学"的高度。

什么是人才？这里就引出了人才的概念。从经济学的角度来对人才下定义，有助于企业人才决策的选择。

我们先看第一个问题：人才是什么？作为劳动者，人才是其中的一部分，但这一部分不同于一般劳动者，他们具有特殊的、专门的高质量、高素养和高能量，在劳动力这个总体内居于较高或最高层次。因此，在为数众多的劳动力群体中，人才因其不同性能，于是脱颖而出。简而言之，人才就是有特殊工作性能的劳动者。

第二个问题是人才是不是生产要素。人才从一般劳动力中区别出来后，与土地、资本和技术等一样，仍旧是要素之一。只是随着经济的发展和科技的进步，人才这个要素在生产力和经济活动中的作用和位置不断提升。先进生产力主要表现为先进的科技成果，这离不开人才的创

□ 图解经济学

正在砌墙的泥瓦匠
广义上讲，人才是指有特殊工作性能的劳动者。图中的泥瓦匠也是人才的一种。

新劳动。

从供求关系上看，人才又不同于其他要素。其他要素在经济发展和科技进步后，都能先达到供求平衡，然后出现供大于求。但是作为先进科技开发者的人才，精益求精，永远供不应求，是不折不扣的稀缺资源。

第三个问题是人才的流动性和价格。既是商品或稀缺资源，人才商品在供求驱动下，要交易，或者说必须流动，方能实现其人才功能。只有在市场经济体制下，人才通过自由流动，即供求双方的自由选择，才能得到优化配置。所谓"人尽其才""各得其所"，无非是对人才流动这种特殊商品自由交易的结果。

既然是商品，人才自然是有价的，这种价格也取决于供求。在供不应求的情况下，人才价格的总趋势是走高，即高价并且高涨。人才定价的尺度在于实际效益，但在未实现前有不确定性。于是，企业会采取其他方式如技术入股特别是期权，把报酬与效益挂钩于其结果，使买卖双方都不吃亏，防止市场风险。

企业之间市场的竞争、产品的竞争，归根到底是人才的竞争。一切的竞争，都必须讲究成本，讲究"经济"二字。人才是商品，使用人才必有成本，这就需要必须重视"人才经济学"，具体表现为，要经济地开发人才、经济地使用人才。

经济地开发人才，就要注重投入产出比，向人才投资要效益。曾经有很多企业在用人上有一种不正确的倾向，那就是只重文凭不管能力。员工为了评职称、获文凭，出现了不少学非所用，甚至学与用一点都不沾边的现象。这样就会造成投资浪费，企业不仅浪费了物质成本，员工也浪费了时间成本，投资的效用不能在实际工作中表现出来。

要克服这种现象，企业就要注重培养企业建设与发展所需要的人才，在人才培养、考核选用上，都要紧紧围绕企业自身发展的需要，并为优秀人才提供激励方案，鼓励员工围绕实际工作需要进行学习。只有使企业全体人员看到自己也有成长和"想象"的空间，他们才能静下心来提升职业能力，提升工作效率，为企业创造更大的效益。

经济地使用人才，首先是要杜绝人才浪费。不少企业的领导缺乏战略眼光，不能合理地选用人才，不把人才的浪费当成一回事。领导因对某一件事情不满意就全面否定一个员工，轻易调换工作，使之多年积累的技术、技能被搁置，得不到合理的运用和开发。

经济地使用人才，其次是要做到人才高效。要想使人才高效地工作，薪酬是重点考虑因素。企业应结合人才市场价格和企业实力，为人才制定出一套能够产生强大经济效用的薪酬方案。

刘邦平定天下后，曾深有感触地对群臣说："吾所以得天下者何？夫运筹帷幄之中，决胜千里之外，吾不如子房；镇国家，抚百姓，给馈养，不绝粮道，吾不如萧何；连百万之军，战必胜，攻必取，吾不如韩信。此三人者，皆人杰也，吾能用之，此吾所以得天下。项羽有范增而不能用，此其所以为我擒也。"

如何用人，对企业而言，始终是个大学问。选贤任能、杜绝浪费，做到人尽其才，让每一个人都发挥全部的聪明才智和积极性，是一个企业家必须具备的领导才能。企业领导者应该像刘邦那样，不仅能够召集到人才，而且能够用好人才，最终才能实现"一统天下"。

劳动力市场是经济发展的幕后推手

建立劳动力市场是市场经济条件下实现人力资源优化配置的有效手段。劳动力市场的作用是调节劳动力的供求关系，使劳动力与生产资料的比例相适应，实现劳动力合理配置，使企业提高劳动生产率，提高经济效益，保证社会再生产的正常进行。

在劳动力市场上，劳动力作为一种特殊商品存在。既然是商品，就具有商品的基本特点，但劳动力作为特殊商品，与普通商品又有不同：

（1）劳动力供求关系的表现形式不同。工资是劳动力的价格，工资具有刚性，一般情况下只能涨不能降，这是劳动力价格与普通商品价格的重要不同点。因此，当劳动力供不应求时工资就会上涨，供大于求时不是出现工资的下降，而是出现失业。

（2）劳动力与其消费者之间的关系不同。普通商品卖给消费者后，购买者即对该商品拥有所有权和任意处置权。劳动力商品出卖的只是劳动者的劳动，而不是劳动者本人，劳动力商品的主要消费者是法人，法人与劳动者之间的关系是契约关系，法人不拥有对劳动者的所有权和任意处置权，对劳动者的管理必须受到法律的约束。

（3）劳动力之间及劳动力与普通商品之间的需求关系不同。在普通商品之间，同类商品有竞争关系，对A品牌商品需求大了，对B品牌商品的需求就会小；不同类商品之间也存在变相的竞争关系，在购买力一定时，对A类商品需求大了，对B类商品的需求就会小。劳动力商品则不同。劳动力需求增加，会使社会购买力增加，从而使其他商品的需求增加，进而又会使劳动力的需求增加；一种劳动力需求增加会由于互补关系使其他劳动力的需求相应增加。反过来，一般商品需求增加，也会使劳动力的需求增加。只有机器与劳动力存在竞争和替代关系。

（4）劳动力在具有商品属性的同时，还具有人的基本要求，即有生存的权利、劳动的权利、获得尊重的权利，还有发展的权利。劳动力使用价值的发挥与这些权利的满足程度是密切相关的。劳动力的这些权利与企业的要求是一对矛盾的统一体，既有一致的地方，又有矛盾的地方。当这对矛盾处理得比较好时，劳动力的积极性就会高，劳动力的使用价值就会得到比较充分的发挥；反之，劳动力就会消极怠工，甚至会产生对企业和社会的破坏作用。因此，不能像对待普通商品那样简单地对待劳动力，企业必须采取有力措施保证劳动力的基本要求。

（5）劳动力同时具有多种不同的使用价值，既可以服务于多种生产，又可以服务于多种消

□ 图解经济学

英国纺织厂休息的女工
劳动力在具有商品属性的同时,还具有人的基本要求,即有生存的权利、劳动的权利、获得尊重的权利,还有发展的权利。图中是英国工业革命时期在纺织厂外休息的女工。对她们来说,纺织产品产量的增加可能让她们的收入很快增加。但由于利率的降低,工作效率和文化上必要开支的提高,相对来说,她们的收入反而会减少。

费。而且劳动力具有自身价值和使用价值的提升能力,即有学习能力,通过学习和培训可以使劳动力的使用价值不断得到提高,或者获得新的使用价值,从而使劳动力自身主动适应市场供求关系的变化,在不同行业和企业之间进行转移和调整,满足产业结构不断升级的要求。

(6)普通商品供给有弹性,而劳动力的供给无弹性。从总量上说,当普通商品出现供大于求时可以削减供给,供不应求时可以迅速增加供给。而劳动力的供给则具有刚性,供大于求时无法减少供给,供不应求时也很难增加供给。由于这个特点,调节劳动力在各不同行业之间流动的主要是工资水平,劳动生产率和工资水平高的行业和企业,劳动力供给就比较充裕,而工资水平低的行业和企业就经常出现劳动力短缺。

(7)供求关系的调节因素不同。普通商品的供求主要是通过价格调节,而劳动力的供求不完全按照工资调节。决定劳动力流向的除了工资外,还有社会地位、工作条件、工作地点、发展前景等非价格因素,那些高素质而市场上又短缺的劳动力往往还要求参与利润的分配。

劳动力既然是商品,劳动力市场就会出现供大于求的状况,这种状况就是通常所说的失业。从全社会来说,由于企业竞争和结构调整总是不断进行的,因此,失业状态也是经常存在的。一定比例失业人口的存在有助于形成劳动力的买方市场,促进劳动力之间的竞争,对劳动力整体素质的提高有积极意义。对每个失业者来说,通过学习、培训和寻找过程总能找到新的工作岗位,因此,失业总是暂时的。

同样打工，差别为何那么大

按经济学家的说法，工资是劳动的价格，它和任何一种物品与劳动力的价格一样取决于供求关系。劳动市场上，工人提供劳动，这就是劳动的供给；企业雇佣劳动，这就是劳动的需求。当劳动的供给与需求相等时，就决定了市场的工资水平，称为均衡工资。因此，工资水平的高低取决于劳动的供求。

劳动的价格即工资，比较不同国家和不同时期的工资水平具有重要意义。实际上，人们的工资差别很大，普通工资就像普通人一样难以定义。

我们如何解释工资的差异呢？让我们先考虑完全竞争的劳工市场，这个市场上有大量的劳工和雇主，谁也没有力量有效地影响工资水平。如果在一个完全竞争的劳工市场上所有的工作和所有的人都是相同的，竞争使每小时工资水平完全相等，没有一个雇主会为一个劳工的工作支付比与他相同的劳工或具有相同技巧的劳工更高的工资。

在西部某城市的一家面馆，这里生意兴隆，3名年轻的服务生跑前跑后，端盘子、擦桌子、倒茶水、拖地板……忙得不可开交，一张张稚气未脱的脸上流淌着汗水。一位吃面的顾客问一位女服务生："生意这么好，老板一个月发给你多少工资？"女孩低声回答："500元。"顾客吃完面，出门时看到了正在烤羊肉串的一个小伙子，于是又问小伙子："一个月挣多少钱啊？"小伙子回答："不多，就500块。"这位顾客感叹着走了：这么少的工资怎么能维持生活呢？同样的地方，在一家被服厂干活，女工们的工资却仅仅只有400元。

看到这样的情景，很多人都愤愤不平，都以为面馆和被服厂的老板是典型的剥削分子，这么少的工资怎么让这些服务人员维持生活呢？这不是剥削是什么？其实造成这种低工资现象的原因，除了跟老板压低工资有关外，还跟社会对劳动力的总需求有直接关系。

无论是面馆老板支付给服务生的500元，还是被服厂老板每月支付给女工的400元，工资是高还是低，不取决于工资的多少，而取决于供求的状况。在面馆或被服厂所在的地方，农村有大量剩余劳动力，农村的收入也远远低于每月400元的水平，因此会有大量农村劳动力想来此找份工作。在被服厂或在饭馆做服务生是极为简单的工作，任何人都可以胜任。当农村存在大量剩余劳动力时，愿意从事这些单工作的人是很多的，这就是说，劳动的供给远远大于需求。但当地工业并不发达，像面馆或被服厂这样的企业也不多，对这种简单劳动的需求并不大。根据供求规律，供给多而需求少，工资水平低就是正常的。

工资低而产品价格高，企业老板当然利润丰厚。但既然允许私人企业存在与发展，这种丰厚的利润也无可厚非。无论开饭馆还是被服厂，老板们的意图都是赚取高额利润。老板们并不是慈善家，他们办企业的目的是实现利润最大化。

在产品价格既定时，增加利润只有压低成本，所以，老板们只要能雇到工人，尽量压低工资成本是一种理性行为，无可非议。美国有位经济学家曾指出，在发展中国家里，当劳动供给无限时，以低工资雇佣劳动力是利润的主要来源，这种利润可用于投资，对经济发展是有利的。应该说，从整个社会的角度看，老板们赚了钱或用于投资扩大生产，或用于消费刺激需求，都是对社会有利的。

当然，劳动者所获得的工资等报酬，还会因劳动质量、行业、分工等的不同而产生差异。

1. 劳动质量的差异

判断身价高不高、工资少不少，不能单纯看学历高不高，而应该看他创造的劳动价值与工资待遇是否成正比。现在许多大学生的工资常常不如农民工高的一个重要原因是，大学生虽然学历层次较高，但是由于目前大学专业设置与市场需求之间存在结构性失衡的矛盾，大学生往往没有从事与其学历相适应的工作，其工作技术含量并不高，创造的价值并不大。而农民工之所以工资上涨，很大一部分原因是现在的农民工经过社会实践，拥有了一定的工作经验和技术，其工作质量比较高。

2. 行业的差异

在一个完全竞争的劳工市场，任何一个老板都不会愿意为一个劳工的工作支付比与他相同的劳工或具有相同技巧的劳工更高的工资。这就意味着，在解释不同行业的工资差别时，我们必须考虑行业之间的差异。

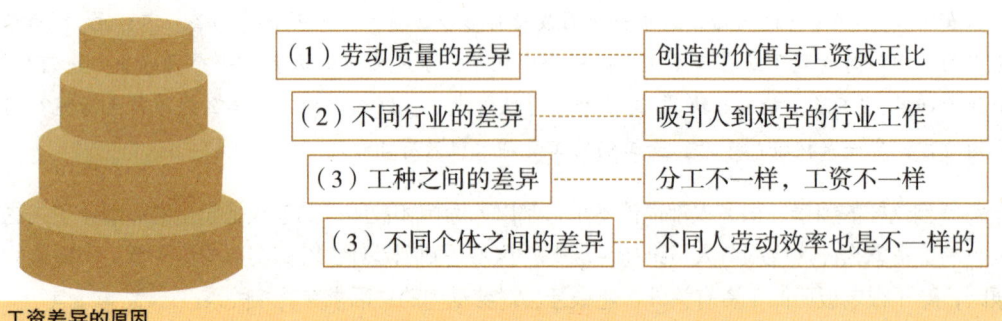

工资差异的原因

3. 工种之间的差异

工作之间的巨大差异有一些是由于工种本身的质量差别造成的，各工种的吸引力不同，因此必须提高工资诱导人们进入那些吸引力较小的工种。例如一个上夜班的人其工资一般比上白班的人工资要高。

4. 不同个体之间的差异

不同劳动者的劳动效率也是不一样的，为了奖勤罚懒，我们需要给劳动效率高的人高工资，以奖励他们努力工作；而给低效率者低工资，促使他们改进工作，提高工作效率。

效率工资的妙处

汽车大王亨利·福特经营企业有一套自己的方法。20世纪初的美国，企业最大的问题之一是工人怠工现象严重。尽管有工头在监工，而且处罚严重，一旦发现怠工马上开除，但工人多，工头少，工人怠工的手段千奇百怪，总是防不胜防。为此，福特发明了自动流水装配线。

这种新生产工艺，无疑可以大大降低成本，提高效率。但如果工人仍然怠工，自动流水装配线不能正常运行，提高效率也是不可能的事。福特绞尽脑汁想找出一种消除工人怠工的方法。监督是难以奏效的，为什么不换一个角度让工人自己不愿怠工呢？于是福特在1914年宣布，把福特汽车公司工人每天的工资由2.34美元提高到5美元。

2.34美元是当时汽车工人的市场工资，即由劳动市场上供求关系自发决定的工资水平。在这种工资水平时，企业可以雇用到自己需要的工人，工人可以找到工作。5美元高于市场工资，称为效率工资，意思是这种高工资能够带来更高的效率。

效率工资为什么能带来高效率呢？

首先，这种工资能吸引最好的工人。在实行2.34美元的市场工资时，可以招到所需要的工人数量，但不能保证工人的质量。市场上汽车工人的素质并不一样，对工资的最低要求也不同。职业道德好、技术水平高、身体强壮的工人要求的最低工资要高一些，比如说，每天4美元；职业道德差、技术水平低、身体不强壮的工人要求的最低工资低，比如说每天2美元。当实行每天2.34美元的工资标准时，素质好的工人不来应聘，来的都是素质差的工人；但在实行每天5美元的工资标准时，素质好与不好的工人都会来应聘。只要用一个简单的测试，就可以把好工人留下。福特公司采用这种效率工资的确吸引了全国各地优秀的汽车工人来应聘。这样，整个工人素质就大大提高了。

其次，实行效率工资时，工人自动消除了怠工。工人是理性人，是否怠工同样取决于成本与收益。在每天2.34美元的工资时，尽管怠工被发现有被开除的风险，但开除并不可怕，无非是换一家工厂，再找份同样工资水平的工作而已。开除对工人来说成本几乎为零，工作时休闲的收益大于成本，怠工自然是有市场的。在这种情况下，工头再多，处罚再严也是没有作用的。但福特公司支付每天5美元的工资时，如果被这家公司开除，在其他企业就找不到工资如此之高的工作了，这时怠工被开除的风险成本就增加了，理性的经济人当然就不会怠工，还会积极工作以保住这个金饭碗。

最后，减少了工人的流动性。一般，新进厂的工人需要一些必要的培训，以适应本企业的生产特点。培训是有成本的，工人流动性大，无疑会增加培训成本，尤其是一些熟练工人的离去对企业造成的损失更大。但市场经济中，工人有自由流动的权利。工人很可能由于各种原因而流动，例如家搬到了离企业远的地方，与工头或其他同事关系不和谐，或者仅仅是工资比较低。实行效率工资前，工人的流动性相当大，反正各个企业的工资一样多，在哪里工作，收入都没什么差别，工人流动考虑的是其他因素。但当实行效率工资时，流动会使自己失去获得高工资的机会，工人的流动性就大大减少了。

效率工资使福特公司工人的素质大大提高，工作勤奋而流动性小。在这种条件下，自动流水装配线充分发挥效率，汽车成本大大下降。汽车价格下降，从而进入家庭，汽车业成为经济中的一个主要行业。

在现代市场经济中，效率工资同样有意义。外企能招到最好的员工，而且效率高，正在于它们愿意支付高于一般工资水平的高工资。东南沿海所谓"民工荒"并不是劳动力供给短缺，而是工资太低。我国人口有3/4以上是农民，越来越多的农民正在进入城市转变为产业工人，

□图解经济学

印刷工人
图中是正在进行印刷工作的工人。在一个印刷厂里,印刷工人、装订工人和搬运工等种类的工作的难易程度是不相同的。

在相当长的时间内劳动力不会短缺。但仍有许多企业招不到工人,究其原因,不是市场上劳动力供给少,而是企业支付的工资太低。

不过在运用效率工资时,要注意以下几点:

一是效率工资针对的是普通工人。用监督惩罚的那种方法对待企业的普通劳动者,吃亏的最终是企业自己。给工人高工资其实是双赢的,当年的亨利·福特如此,今天按这个原则办事的任何人都如此。依靠压低工人工资降低成本来进行价格竞争,仅仅是企业刚刚开始起步时不得不采用的方法。如果不通过提高工资、提高工人技术水平和提高效率来发展,企业的低成本之路不会走得长远,因为任何优秀的工人都不会拿着低工资在这个企业一直工作下去。

二是效率工资是相对而言的。如果企业的工资水平随整个社会工资水平提高而提高,并不是效率工资。效率工资是相对高于本地区、本行业市场工资的工资水平。要维持这种工资水平必须以工资换效率为前提。

三是效率工资不仅指名义工资水平,还包括其他福利及工作条件。比如,尽管你的工资水平与本地区、本行业的市场工资水平一样,但如果企业给员工的福利更好,工作条件更优越,

394

或者向员工提供培训与学习的机会，都可以作为实现效率工资的方式。要把工资理解为广义的收入和工作条件，不要仅仅理解为货币工资。

实际上，实行效率工资对企业和员工来说是一种合作双赢的博弈：员工获得了更多的收入，从而激发了更高的工作热情，而企业也获得了永续发展的动力。

学历是一个优先信号

在某次招聘会现场，一些企业专设"入场资格审核区"，非名牌大学毕业生连入门的资格都没有。审核官们审核的程序非常简单：首先看学校，如果不是名校出身，就会被拒绝。

对此，一位资格审核官明确表示，此次招聘会只是面向名校学生，只接待全国排名前20名的高校的学生……像北大等名牌大学的学生肯定能进场。

企业的这种做法，引起了许多学生的不满，他们对该企业这种只认"牌子"的做法非常气愤，认为是对他们的歧视。

"连面试的机会也不给我，怎么知道我的水平？"一位同学说，自己的成绩很好，而且有丰富的社会实践经验，"但门还没进就给拦下来了，这公平吗？"

这确实不公平，但是企业有自己的道理，而且在一定意义上，这些道理并非完全不正确。

企业这样做也是有苦衷的，因为它们一直被找不到合适的人才困扰着。它们表示，限制名校是无奈之举。这还要从信息不对称说起，因为应聘者往往比企业更清楚自己的能力。设想市场上有两种应聘者：高能者和低能者。二者都积极地向雇主传递自己能力很强的信息，尤其是低能者要想方设法把自己伪装成高能者。这时候，教育程度和受过什么样的教育就成为一种可信的信息传递工具。为减少人才招聘中的失误，提高新人的质量，在考虑企业人力资源结构的情况下，博士优先于硕士，硕士优先于学士，名校毕业生优先于非名校毕业生，毕竟前者的平均质量要高于后者。这时，学历是一个优先信号，即当没有其他信号可以作为对应聘者的合理评价标准时，应当重视学历的作用。

当然，高学历也不一定意味着高能力，名牌大学有时候也会出现一些能力较差的学生，这就是学历所发出的信号因受到一系列因素的影响而不能完全真实地反映一个人的学识、能力和水平。

这些因素包括同一级学历代表的人力资源的质的差异性；授予文凭的机构对人的评价标准与用人机构对人力资源的要求存在差异等。

尽管有这些因素的存在，但企业在招聘时还是会考虑学

牛津大学校园一角

历的问题，毕竟没有其他更好的办法。

企业在招聘时，受信息不足的影响，会以学历作为依据。但是当一名应聘者成为企业的一员，企业就应该掌握该员工的其他信息，借助学历和其他信息对其进行综合考核。这时，衡量企业员工的标准不应过分偏重于学历，而应引入其他的标准。

根据学历考查公司的员工。一般来说，学历高的员工比学历低的员工掌握的知识更丰富，能力相对来说也较高，平均生产率也会较高。但是，如果一个公司在评估员工的时候过多地依据学历，就会产生基于学历平均水平的统计性歧视。因为把一部分人作为一个整体给予特别优待，对其他人来讲是一种歧视。事实上，学历较低的人中也有许多优秀者，统计性歧视会让人们对他们产生成见。对于一个学历较低的人来说，当他知道公司在很大程度上是根据他的学历对他进行判断，而能力、工作经验都可能被忽视，他就会减少那些能提高劳动技能和劳动质量的活动，从而对企业的经营产生负面影响。

白领下岗，保姆天价

在我们的传统认识里，一个人的工资跟一个人的学历是成正比的。但在今天看来，白领的工作并不保险，而保姆也不是工资低廉的代名词。其实这用经济学的原理来解释，一点都不奇怪。我们先看一下吴先生的例子：

技能可被看作财富
一个人的专业技能是他用来满足他人物质欲望，进而间接满足自己的欲望的直接手段。这种技能可以被看作是广义上的财富的一部分。图中的印钞工人正在印制钞票，印钞这种技术对她们来说是一种财富。

添丁是人生中的一件大喜事，但对于大连市民吴先生来说，却成了一件大难事，因为他的妻子快要临产了，可是找了大半年还是没有找到月嫂。

"妻子的预产期是7月初，现在四处托亲朋好友找月嫂，却一直没有消息。"吴先生无奈地说。他咨询了不下10家的家政公司，都说让他等，这一等就是半年多，眼看妻子就要临产了，还没有一家家政公司给他回过话。

无奈之下，吴先生就只有亲自登门去家政公司"抢月嫂"。"我一共去了7家家政公司，都说让我先登记，再回家等回话。"吴先生说，他到每一家家政公司，都向人家解释他的妻子快生了，等不了太久，如果有人愿意，他可以出高价聘请。可没想到的是，这些家政公司的工作人员都告诉他，有很多人比他还要急，现在请月嫂必须提前两三个月就预订。

一家家政公司还拿出了登记表来给他看，他发现，登记在册要找月嫂的人已经有10多位了。

据了解，因预订月嫂的人很多，其收入也跟着水涨船高。某段时期大连一名初级月嫂的工资在1200～1700元，中级月嫂的工资在2100～2300元，高级月嫂的工资在2300～2500元，特级月嫂的工资高达2600～3000元。

随着保姆工资上涨，保姆也成了大学生的择业选择。"从 2008 年 8 月到 12 月，平均一个月就有五六百人前来应聘，其中 90% 以上都是大学生，还有 28 个是硕士。"广州市一家家政公司的副总经理这样说道。川妹子家政公司首都大学生家政事业部，2008 年暑假报名参加大学生高级家政助理培训班并被录用的学员已达 200 人，与往年相比，人数翻了七八倍。这批学员大部分来自北京著名高校，都是在校生，其中不乏硕士研究生，具有素质高、英语水平高的特点。

研究生小张说："我从小就做家务活，也特别喜欢孩子，以前还做过英语老师，在假期中做大学生保姆就想多接触一下社会，锻炼自己与人交往的能力，以后这些人际关系可能会对我找工作有帮助。"

正是因为劳动力供给的变动，造成了"白领下岗，保姆天价"的现象。一方面劳动力供给的增加，超过了经济增长带来的劳动力需求，出现总量型失业，造成白领下岗，大学生工作难找的现象；另一方面是在经济体制改革和产业结构调整过程中，由于劳动力自身素质、技能不适应，出现大量岗位空缺，许多企业和地区技能劳动者短缺、保姆短缺等现象。

你为什么原地踏步

内卷化效应是由美国人类文学学家利福德·盖尔茨在 20 世纪 60 年代末提出的。他曾在爪哇岛长期生活。这位长住风景名胜区的学者，无心观赏诗画般的景致，却潜心研究当地的农耕生活。他眼中看到的都是犁耙收割，日复一日，年复一年，原生态农业在维持着田园景色的同时，长期停留在一种简单重复、没有进步的轮回状态。于是，他把这种现象冠名为"内卷化"。

与利福德·盖尔茨一样，多年前，一位记者也曾听到过一种令人深思的"重复"现象。这名记者到陕北采访一个放羊的男孩，曾留下一段经典对话：

"为什么要放羊？"
"为了卖钱。"
"卖钱做什么？"
"娶媳妇。"
"娶媳妇做什么呢？"
"生孩子。"
"生孩子为什么？"
"放羊。"

这段对话形象地为"内卷化"现象作了令人印象深刻的解释。多少年来，农民的生存状态没有发生什么改进，原因在于他们压根儿没想到过改进。

内卷化效应的概念被广泛应用到了政治、经济、社会、文化及其他学术研究中。"内卷化"作为一个学术概念，是指一种社会或文化模式在某一发展阶段达到一种确定的形式后，便停滞不前或无法转化为另一种高级模式的现象。作为学术概念，其实并不深奥，观察我们的现实生活，"内卷化现象"比比皆是。

□ 图解经济学

缺乏上进心的贫民　梵高　油画　1885年
在大城市的贫民窟中，贫民过着清贫生活的大部分原因是因为他们缺乏上进心，对摆脱贫困的机会视而不见，所以他们不能对造成自己悲惨境况的环境进行改造。图中几个贫民在昏暗的灯光下围坐着吃土豆，他们很多时候只是日复一日地过着日子，而并没想办法去改善不好的生活。

比如在偏远农村，当地的农民现在仍然过着"一亩地一头牛，老婆孩子热炕头"的农耕生活。在一些企业内部，人情重于能力，关系重于业绩，外部的新鲜空气难以吹进来，真正优秀的人才也吸引不进来，措施和办法因循守旧。几年过去了，厂房依旧，机器依旧，规模依旧，各方面都没有多大变化。

思想观念的故步自封，使得打破内卷化模式的第一道关卡就变得非常困难。对于整天忙碌的人们来说，虽然没有站在黄土地上守着羊群，但在思想上是否就是那个放羊的小孩呢？怨天尤人或者安于现状，对职业没有信念，对前途缺乏信心，工作结束就是生活，生活过后接着工作，对内卷化听之任之，人生从此停滞不前。

我们身边随处可以看到陷入内卷化泥沼的人：

老张当了一辈子干事，眼看着身边的人一个一个都升迁了，自己到了退休的年龄还是个干事，心里酸溜溜地难受；作家老李，20出头就以一个短篇获得了全国性大奖，但是20多年过去了，他不再有有影响的东西问世，眼看着和他同时起步的作家已成了全国知名作家；老王，技工一做15年，同辈人已升任高工和主管，自己却还戴着一顶技工的帽子，心情抑郁……

同样的环境和条件，有的人几年一个台阶，无论是专业能力还是岗位，都晋升很快，士别几日就当刮目相看，而另一些人却原地不动，多少年过去了仍然还在原地踏步。为什么会出现这种现象？人为什么会陷入内卷化的泥沼？

分析个人的内卷化情况，根本出发点在于其精神。如果一个人认为这一生只能如此，那么命运基本上也就不会再有改变，生活就此充满自怨自艾；如果相信自己还能有一番作为，并付诸行动，那么便可能大有斩获。

"内卷化"的结果是可怕的，大到一个社会，小到一个企业，微观到一个人，一旦陷入这种状态，就如同车入泥潭，原地踏步，裹足不前，无谓地耗费着有限的资源，重复着简单的脚步，浪费着宝贵的人生。它会让人在一个层面上无休止地内缠、内耗、内旋，既没有突破式的增长，也没有渐进式的积累，让人陷入一种恶性循环之中。

生活陷入内卷化的普通人迫切需要改进观念，而那些成功人士也要更新理念，否则内卷化的后果往往更为严重。为什么有些人一辈子注定只能做一个小老板？并非他不想做大做强，而是思想观念停滞在低的层面。小老板需要精明，而大老板不仅需要精明，更需要气度。20世纪30年代，我国的民营企业纷纷进入多事之秋，很多著名企业一夜之间轰然崩塌，其中一个主要原因就是其思想观念停在原地。面对与国际化接轨、现代化生产的企业，这些企业的老板还在用小农思想进行管理。在市场中竞争如同逆水行舟，不进则退，倒闭是自然的事。

总而言之，一个企业或一个人要摆脱内卷化状态，就要先确信自己是否还有上进的志气。如果有，再看看自己的实力是否坚实。精益求精，发挥极限，这样才能最大限度地提升自己。只有充分发挥自身力量，才能突破和创新，才能在未来的发展中呈现出一片勃勃生机。

补齐个人能力的短板

在德国史诗小说《尼伯龙根的宝藏》中，有一位屠龙英雄齐格飞，他英勇无比，力量过人，经过激烈搏斗，杀死了尼伯龙根岛的恐龙，用龙血沐浴全身后，成了刀枪不入的金刚之身，可是因为当时他的后背粘了一片菩提叶，没有沐浴到龙血，那里就成了他身上唯一的致命之处。

后来，敌人想尽一切办法，终于从他的妻子葛琳诗那里打听到了这一秘密，在交战中用长矛刺入齐格飞的致命之处，夺去了英雄的性命。

无独有偶，在希腊神话中，也有一位著名英雄——战神阿喀琉斯。阿喀琉斯是希腊神话中的头号英雄，他的母亲是海神的女儿忒提斯。传说他出生后，母亲白天用神酒搽他的身体，夜里在神火中煅烧，并且提着他的脚跟把他浸泡在冥界的斯得克斯河中，使他获得了刀枪不入之身。

但是因为在河水中浸泡时他的脚跟被母亲握着，没有被冥河水浸过，所以成了全身唯一可能致命的弱点。阿喀琉斯长大后，在特洛伊战争中屡建功勋，所向无敌。后来特洛伊王子帕里斯知道了阿喀琉斯这个弱点，就从远处向他发射暗箭。帕里斯是位神射手，很多希腊英雄如克勒俄多洛斯等都死于他的箭下，这一箭正好射中阿喀琉斯的脚跟，这位大英雄瞬间毙命。

上面两位大英雄，自身都有一点不足，但正是这一点点的不足却成为导致悲剧的关键因素。这正是经济学中的木桶效应。

木桶效应，又称水桶原理或短板理论。其内容是：一只水桶盛水的多少，并不取决于桶壁上最高的那块木块，而恰恰取决于桶壁上最短的那块。这一理论有两个推论：其一，只有桶壁

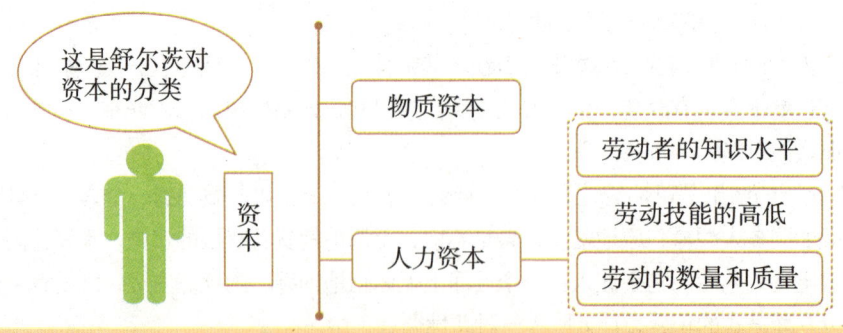

人力资本的内涵

上的所有木板都足够高,水桶才能盛满水。其二,只要这个木桶有一块板不够高度,水桶里的水就不可能是满的。

在我们的职业生涯中,木桶效应的原理照样适用。通常大多数人认为,一个人的成功取决于他的优势、他的专长。比如一个歌唱家的成功,取决于他天生就有一副好嗓子;一个画家的成功,取决于他对造型和色彩的敏感;一个作家的成功,取决于他对生活的洞察力和对文字的感受力;一个企业家的成功,取决于他有过人的才智和胆略……这无可厚非,但从另外一个方面来说,一个人成就的大小,就像木桶盛水的多少一样,往往不是取决于他的长处有多长,而是取决于他的短处有多短,他的短处往往决定他在某方面成就的大小。有一副好嗓子而且想成为歌唱家的人很多,可为什么许多人却成不了呢,就是同样已经成了歌唱家的人,为什么成就与名气的大小也不一样呢?这就是由于受到了自身短板的制约。

一项调查显示,用人单位对大学生基本能力多项选择的要求依次为:环境适应能力占92.9%,实践应用能力占88.1%,接纳新知识、学习能力占76.2%,逻辑判断、分析解决问题能力占73.8%,人际交往能力占66.7%,组织管理能力占42.9%。引人注目的是,环境适应能力被排在了第一位。就业走上工作岗位,大学生面临的是个新环境,如何尽快适应环境、投入到工作中是用人单位最关注的素质,而我们所处的环境每时每刻都在发生变化,适应力已经成为最重要的非专业素质之一。

在人格多项选择中,用人单位的要求依次为:道德品质(如诚信、社会公德)占92.9%,奉献和敬业精神占83.3%,心态、心理素质和身心健康程度占81%,合作意识和团队精神占66.7%,创新和创造力占47.6%,意志和毅力占42.8%。可见,用人单位最看重的还是员工的综合素质。

在资源配置的过程中,由于时间、资源、外部环境等的变化,木桶上的长板和短板并不是一成不变。有人在工作初期,决定他工作业绩大小的短板是他的努力程度。但是到了一定程度,他无论如何努力,业绩也提高不上去了。这时候,学习便成为他新的短板,他工作业绩提高的程度,取决于他学习新知识的多少。有人取得了一定的成绩后,便以为天下第一,骄傲自大,这时傲气便成为他的短板。也有人因锋芒初露后,目前的环境已施展不开他的才能,这样环境便成为他的短板。

看来,一个人要有所作为,不光要看看自己的长处,更要正视自己的短处。木桶效应告诉我们,只有把自身的短板补齐了,长板的作用才能得到发挥,我们人生的木桶才能清澈盈满。

第十九章
公共财政：国家的钱要怎么花

认识政府的钱袋子

自2000年以来，我国农村税费改革，实行"三取消、两调整、一改革"政策。"三取消"即取消统筹费、农村教育集资等专门面向农民征收的行政事业性收费的政府性基金、集资，取消屠宰税，取消农村劳动积累工和义务工；"两调整"即调整农业税政策，调整农业特产税政策；"一改革"即改革村提留征收使用办法。随着上述农村税费改革政策的实行，农民负担显著下降。从2004年开始，我国农村税费改革进入新阶段，实行了"三取消"的政策，即取消烟叶以外的农业特产税，取消农业税，取消牧业税。

对财政困难的县乡政府，增加县乡税收收入，对省市级政府增加对财政困难县乡财力性转移支付的给予奖励，对县乡政府精简机构和人员给予奖励，对产粮大县给予财政奖励，对以前缓解县乡财政困难工作做得好的地区给予补助。2005年中央财政实行上述政策的财力投入共约150亿元，2006年投入210亿元，这对缓解县乡基层困难，起到了积极的作用。

以上这些就是国家财政。国家财政是指国家为了维持其存在和实现其社会管理职能，凭借政权的力量参与国民收入分配的活动。

在旧中国的历史上，中国财政一向是以贫弱的姿态出现在世界面前的。清政府割地赔款的屈辱，可以看到中国财政收入的主要来源——海关被外国人所把持，旧中国民不聊生，恶性通货膨胀的局面。

伴随着1949年新中国的成立，新中国财政也在极其困难的经济环境中、在战争的废墟中建立起来。如果将1949年与抗日战争前比较，农业产值降低了二成以上，工业产值降低了一半以上；上万公里的铁路线路和3200多座桥梁遭到严重破坏，津浦、京汉、粤汉、陇海和浙赣等主要干线，几乎没有一条可以全线通车；恶性通货膨胀与庞大的投资资本，加剧了物价的波动和物资的匮乏。这一切使新中国的财政面临极其困难的局面，国家财政收入远不能满足财政支出的需要，1949年财政收入只有303亿斤小米，赤字达264亿斤小米。

到1952年，在三年经济恢复时期，新中国财政总收入为361.07亿元，总支出为362.19亿元。基本建设支出为86.21亿元，占三年财政总支出的23.8%；经济建设投资、文教卫生科学

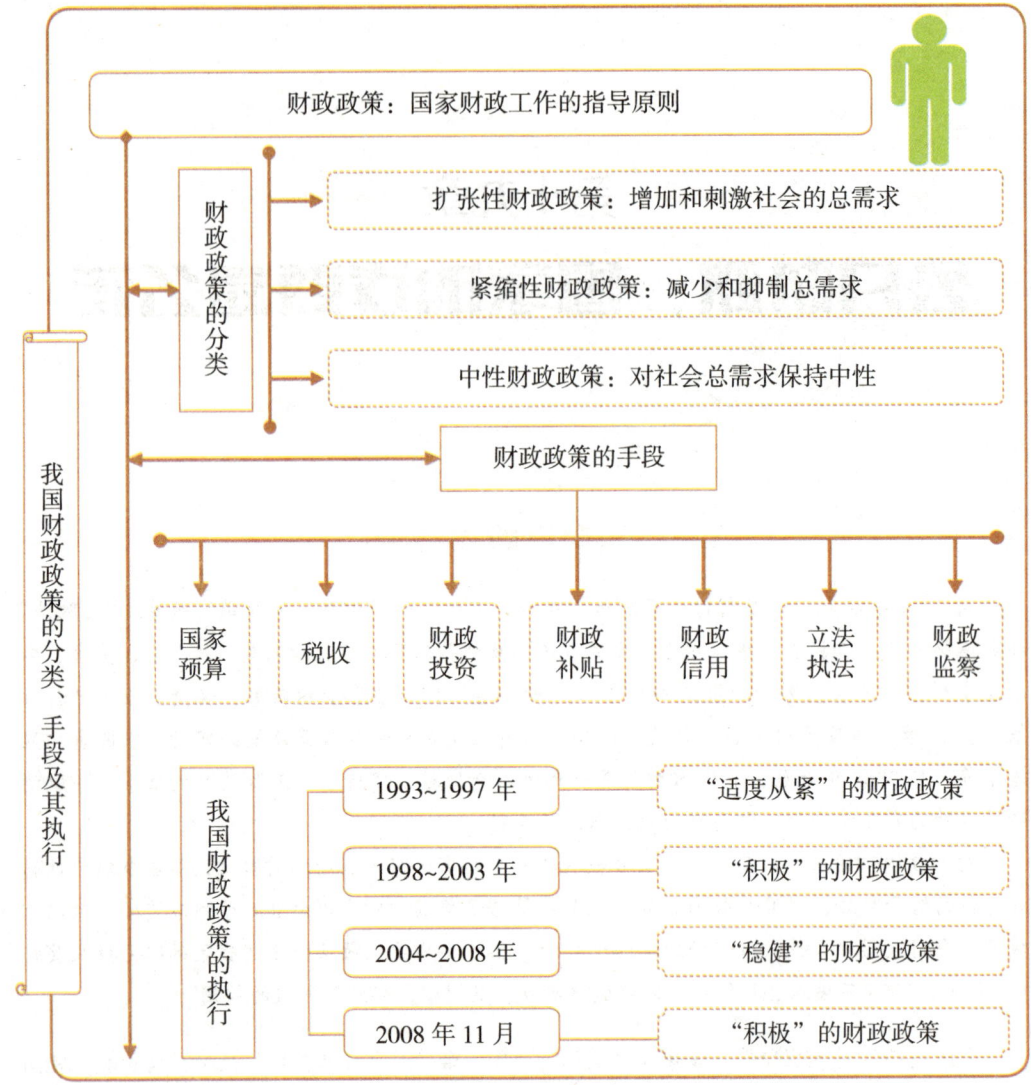

事业投资以及社会救济等投资，占三年财政总支出的 40.5%。这些投资巩固和扩大了国有经济在国民经济中的领导地位，也扩大了国有经济向国家提供财政收入的比重。1950 年国有经济向国家提供了 21.75 亿元的财政收入，占财政收入的 35%；1951 年提供了 59.74 亿元，占财政总收入的 47.8%；1952 年增加到 101.01 亿元，占财政总收入的 58.1%。国有经济上缴国家财政收入的比重增加，进一步巩固了国家的财政基础。

国家财政一般具有三个职能：

1. **资源配置职能**。由于市场调控存在失灵的缺陷，市场自发形成的配置不可能实现最优的效率状态，因而需要政府介入和干预。财政的配置职能是由政府介入或干预所产生的，它的特点和作用是通过本身的收支活动为政府提供公共物品、提供经费和资金，引导资源的配置，弥补市场的失灵和缺陷，最终实现全社会资源配置的最优效率状态。财政配置的机制和手段有：根据政府经济职能确定财政收入占 GDP 的合理比例，从而实现资源配置总体效率；优化财政支出结构，保证重点支出，压缩一般支出，提高资源配置的结构效率；合理安排政府投资的规模和结构，保证国家的重点建设；通过政府投资、税收政策和财政补贴等手段，带动和促进民间投资、吸引外资和对外贸易，提高经济增长率；提高财政资源配置本身的效率。

2. 收入分配职能。在市场经济条件下，由于各经济主体或个人所提供的生产要素不同、资源的稀缺程度不同，以及受各种非竞争因素的干扰，各经济主体或俱获得的收入会出现较大的差距，甚至同要素及劳动投入不相对称，而过分的悬殊将涉及社会公平问题。因此财政的收入分配职能主要是确定显示公平分配的标准和财政调节收入分配的特殊机制和手段。财政实现收入分配职能的机制和主要手段有：划清市场分配与财政分配的界限和范围；规范工资制度；加强税收调节；通过转移性支出，如社会保障支出、救济金、补贴等，使每个社会成员得以维持起码的生活水平和福利水平。

3. 经济稳定与发展职能。经济稳定包含充分就业、物价稳定和收支平衡等多重含义。发展是通过物质生产的不断增长来全面满足人们不断增长的基本需要。财政实现稳定和发展职能的机制和主要手段有：经济稳定的目标集中体现为社会总供给和社会总需求的大体平衡；在财政实践中，可以通过一种制度性安排，发挥某种"自动"稳定作用；政府通过投资补贴和税收等多方面安排，加快公共设施的发展，消除经济增长的瓶颈，并支持第三产业的兴起，加快产业结构的转换，保证国民经济稳定与调整发展的最优结合。

政府的钱应该怎么花

第二次世界大战以后，为了提升欧洲国家的政治和经济地位，欧盟决定实行统一货币——欧元。欧元是自罗马帝国以来欧洲货币改革最为重大的结果。

欧元的推出不仅使欧洲单一市场得以完善，欧元区国家间自由贸易也更加方便，成为欧盟一体化进程的重要组成部分。当然，欧元的推出，需要相应的财政政策做支撑。欧盟早在推出欧元之前，于1991年12月就通过了《欧洲经济和货币联盟条约》，要求加入欧元区的国家政府财政赤字不能超过GDP的3%，政府债务余额不能超过GDP的60%。2003年，时任德国财政部副部长的麦考·威瑟到中国访问时曾表示："这两个数字不是变魔术变出来的，也不能说有什么科学的演算方法，这两个数字是长期讨论的结果。"经过与有关国家的讨论和磋商，欧盟最后才决定采用3%和60%这两个财政趋同标准。

为什么欧盟国家要采用一定的财政政策以支持欧元？因为财政政策可以调节货币总需求。金融学中关于财政政策的明确含义是国家根据一定时期政治、经济、社会发展的任务而规定的财政工作的指导原则，如增加政府支出，可以刺激总需求，从而增加国民收入；反之则压抑总需求，从而减少国民收入。税收对国民收入是一种收缩性力量，因此，增加政府税收，可以抑制总需求从而减少国民收入；反之，则刺激需求增加国民收入。

财政政策的手段主要有以下几种：

（1）国家预算。主要通过预算收支规模及平衡状态的确定、收支结构的安排和调整以实现财政政策目标。

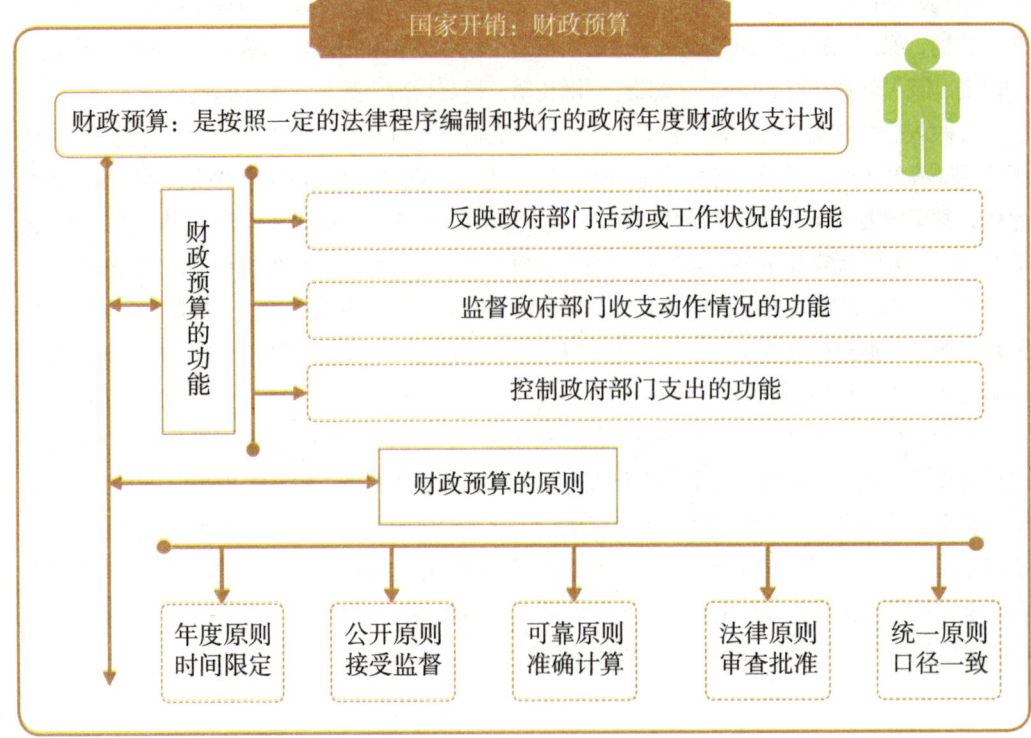

（2）税收。主要通过税种、税率来确定和保证国家财政收入，调节社会经济的分配关系，以满足国家履行政治经济职能的财力需要，促进经济稳定协调发展和社会的公平分配。

（3）财政投资。通过国家预算拨款和引导预算外资金的流向、流量，以实现巩固和壮大经济基础，调节产业结构的目的。

（4）财政补贴。它是国家根据经济发展规律的客观要求和一定时期的政策需要，通过财政转移的形式直接或间接地对农民、企业、职工和城镇居民实行财政补助，以达到经济稳定协调发展和社会安定的目的。

（5）财政信用。是国家按照有偿原则，筹集和使用财政资金的一种再分配手段，包括在国内发行公债和专项债券，在国外发行政府债券，向外国政府或国际金融组织借款，以及对预算内资金实行周转有偿使用等形式。

（6）财政立法和执法。是国家通过立法形式对财政政策予以法律认定，并对各种违反财政法规的行为（如违反税法的偷税抗税行为等），诉诸司法机关，按照法律条文的规定予以审理和制裁，以保证财政政策目标的实现。

（7）财政监察。是实现财政政策目标的重要行政手段。即国家通过财政部门对国有企业事业单位、国家机关团体及其工作人员执行财政政策和财政纪律的情况进行检查和监督。

不同时期，采用不同的财政政策。根据经济建设的任务和世界经济环境的变化，在不同时期，我们国家也采取相应的财政政策：

1993~1997年间，为应对经济过热和通货膨胀，实施了适度从紧的财政政策，并与适度从紧的货币政策相配合，促使国民经济成功地实现了"软着陆"，形成"高增长、低通胀"的良好局面。

1998年，由于受到亚洲金融危机的影响，我国国内出现了有效需求不足和通货紧缩趋势明显的问题。在这种情况下，我国政府果断决定实施积极的财政政策，不仅有效抵御了亚洲金融危机的冲击，而且推动了经济结构调整和持续快速增长。

2004年以来，我国经济开始走出通货紧缩的阴影，呈现出加速发展的态势，但是出现了部分行业和地区投资增长过快等问题，通胀压力不断加大。在这种情况下，从2005年起，积极的财政政策转向稳健的财政政策。

2008年金融危机以前，我国宏观调控的重要任务是促进经济平稳较快发展，防止经济增长由偏快转向过热，防止物价由结构性增长转变为明显的通货膨胀。同时，着力优化经济结构和提高经济增长质量。因此，我们的财政政策采取"有保有压"，实行稳健的财政政策，控制财政支出，从而促进经济协调健康发展。

金融危机发生后，为了应对国际金融危机，保持经济平稳较快发展，从2008年11月起，对财政政策做出重大调整，实行积极的财政政策。这是1998年亚洲经济危机后我国再次转向实施积极的财政政策。

每年一度的财务规划

政府预算是按法定程序编制、审查和批准的国家年度财政收支计划，它是国家为实现其职能而有计划地筹集和分配财政资金的主要工具，是国家的基本财政计划。国家预算由中央预算和地方预算组成，中央预算占主导地位。

财政预算制度最早出现于英国，在14～15世纪，新兴资产阶级的力量逐步壮大，他们充分利用议会同封建统治者争夺财政支配权。他们要求政府的各项支出必须事先作计划，经议会审查通过后才能执行，财政资金的使用要受议会监督，以此限制封建君主的财政权。

美国直到1800年才规定财政部要向国会报告财政收支，但这时的财政收支报告只是一个汇总的情况而已。1865年美国南北战争后，国会成立了一个拨款委员会，主管财政收支问题。1908～1909年，美国联邦财政收支连续出现赤字，促使美国政府考虑建立联邦预算制度。第一次世界大战后，美国国会在1921年通过了《预算审计法案》，正式规定总统每年要向国会提出预算报告。

政府的财政预算主要有以下功能：

（1）反映政府部门活动或工作状况。财政预算反映了政府部门计划开支项目和资金的拟用情况。

（2）监督政府部门收支运作情况。财政预算坚持量入为出的原则，要求国家财政在收支上保持平衡。

（3）控制政府部门支出。通过预算，可以规范政府行为，避免无计划性、盲目性投入。

政府的财政预算遵循以下原则：

（1）年度原则。是指政府必须按照法定的预算年度编制国家预算，这一预算要反映全年的财政收支活动，同时不允许将不属于本年度财政收支的内容列入本年度的国家预算之中。任何

□ 图解经济学

市场 吉瑞特·贝克贺伊德 绘画 1693 年

一个政府预算的编制和实现，都有时间上的界定。

预算年度是指预算收支起讫的有效期限，通常为一年。目前世界各国普遍采用的预算年度有两种：一是历年制预算年度，即从每年 1 月 1 日起至同年 12 月 31 日止，我国即实行历年制预算年度；二是跨年制预算年度，即从每年某月某日开始至次年某月某日止，中间历经 12 个月，但跨越了两个年度，如美国的预算年度是从每年的 10 月 1 日开始，到次年的 9 月 30 日止。

（2）公开原则。政府预算反映政府活动的范围、方向和政策，与全体公民的切身利益息息相关，因此政府预算及其执行情况必须采取一定的形式公之于众，让人民了解财政收支状况，并置于人民的监督之下。

（3）可靠原则。每一收支项目的数字指标必须运用科学的方法，依据充分确实的资料，总结出规律性，进行计算，不能任意编造。

（4）法律原则。政府预算与一般财政经济计划不同，它必须经过规定的合法程序，最终成为一项法律性文件。政府预算的法律性是指政府预算的成立和执行结果都要经过立法机关审查批准。政府预算按照一定的立法程序审批之后，就形成反映国家集中性财政资金来源规模、去向用途的法律性规范。

（5）统一原则。尽管各级政府都设有该级财政部门，也有相应的预算，但这些预算都是政府预算的组成部分，所有的地方政府预算连同中央政府预算一起共同组成统一的政府预算。这就要求统一的预算科目，每个科目都要严格按统一的口径、程序计算和填列。

政府也会入不敷出

2004年，福布斯公布了一项名单——谁是20世纪美国最优秀的总统？在美国前总统里根去世后，这一原本没有定论的问题又再次成为美国人争论的焦点。最后被美国公众认为最会搞经济的克林顿荣居榜首。

克林顿为何被评为20世纪最优秀的美国总统？原因是，美国政府一向以财政赤字而闻名，而克林顿时代赤字却转为盈余。

在克林顿入主白宫的8年时间里（1993~2001），美国国内生产总值（GDP）的增长非常强劲，年均涨幅高达3.5%，高于吉米·卡特和里根两人在任时的水平，只稍逊于肯尼迪和约翰逊时美国经济腾飞时的表现。而且在他的任期内，美国就业形势一片大好，新增加的就业机会远远多于除卡特之外的任何一位"二战"后的美国总统。此外，克林顿也很会抓住时机，他在美国人均收入涨幅停滞多年，刚刚出现上升势头的时候适时决定增税，结果使联邦政府的收入出现了大规模的盈余。最终，克林顿凭着自己手下一个最小规模的政府机构，实现了自约翰逊总统时期以来美国GDP最强劲的涨幅，也使美国政府自杜鲁门总统以来，首次真正地出现了财政盈余的局面。

但小布什上台后，适逢经济衰退，又对外连续用兵，导致再次出现高额赤字。巨大的财政赤字引发贸易赤字，美国成为世界上双赤字最为严重的国家。

财政赤字即预算赤字，一国政府在每一财政年度开始之初，总会制定一个当年的财政预算方案，若实际执行结果收入大于支出，为财政盈余；支出大于收入，即为财政赤字。理论上说，财政收支平衡是财政的最佳情况，在现实中就是财政收支相抵或略有结余。如果国家财政出现入不敷出的局面，那么这种支出差额在进行会计处理时，就需用红字书写，这也正是"赤字"的由来。赤字的出现有两种情况：一是有意安排，被称为"赤字财政"或"赤字预算"，它属于财政政策的一种；另一种情况，即预算并没有设计赤字，但执行到最后却出现了赤字，

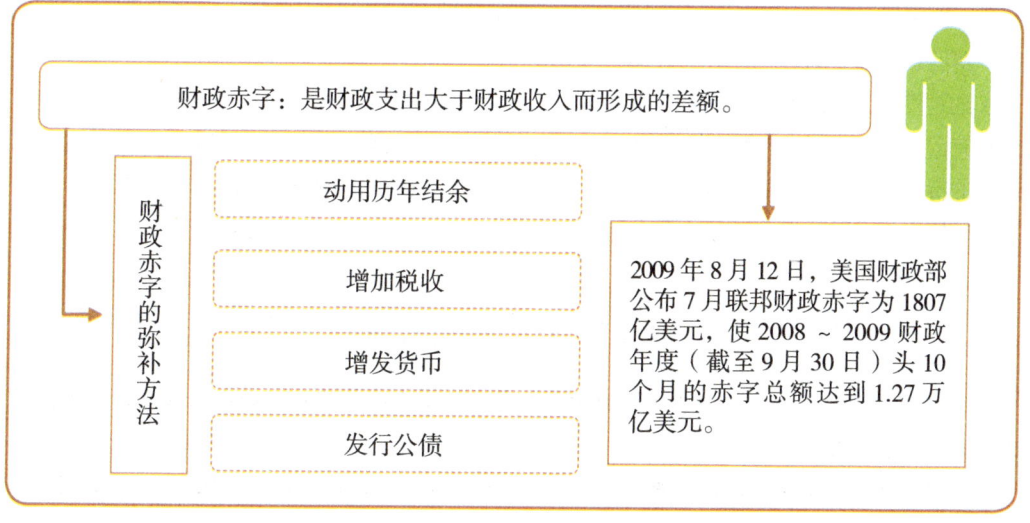

也就是"财政赤字"或"预算赤字"。

在现实中，很多经济处于上升状态的国家都需要大量的财富解决大量的问题，经常会出现入不敷出的局面，因此赤字财政不可避免。在居民消费不足的情况下，政府通常的做法就是加大政府投资，以拉动经济的增长，但是长期的财政赤字会给国民经济造成很大负担，不是长久之计。一般来说，以下几种手段可以控制财政赤字。

第一，动用历年结余。

动用历年结余就是使用以前年度财政收大于支形成的结余来弥补财政赤字。财政出现结余，说明一部分财政收入没有形成现实的购买力。在我国，由于实行银行代理金库制，因此，这部分结余从银行账户上看，表现为财政存款的增加。当动用财政结余时，就表现为银行存款的减少。因此，只要结余是真实的结余，动用结余是不会产生政府财政向银行透支的问题的。但是，财政结余已构成银行的信贷资金的一项来源，随着生产的发展而用于信贷支出。政府财政动用结余，就意味着信贷资金来源的减少，如果银行的准备金不足，又不能及时通过适当地收缩信用规模来保证财政提款，就有可能导致信用膨胀和通货膨胀。因此，政府财政动用上年结余，必须协调好与银行的关系，搞好财政资金与信贷资金的平衡。

第二，增加税收。

增加税收包括开增新税、扩大税基和提高税率。但它具有相当的局限性，并不是弥补财政赤字稳定可靠的方法。首先，由于税收法律的规定性，决定了不管采用哪一种方法增加税收，都必须经过一系列的法律程序，这使增加税收的时间成本增大，难解政府的燃眉之急。其次，由于增加税收必定加重负担，减少纳税人的经济利益。所以，纳税人对税收的增减变化是极为敏感的，这就使得政府依靠增税来弥补财政赤字的尝试往往受到很大的阻力，从而使增税议而不决。拉弗曲线表示增税是受到限制的，不可能无限地增加，否则将给国民经济造成严重的恶果。

第三，增发货币。

增发货币是弥补财政赤字的一个方法，至今许多发展中国家仍采用这种方法。但是从长期来看，通货膨胀在很大程度上取决于货币的增长速度，货币的发行速度过快会引起通货膨胀，引发恶性后果。因此，用增发货币来弥补财政赤字只是一个权宜之计。

第四，发行公债。

通过发行公债来弥补财政赤字是世界各国通行的做法。这是因为从债务人的角度来看，公债具有自愿性、有偿性和灵活性的特点；从债权人的角度来看，公债具有安全性、收益性和流动性的特点。因此，从某种程度上来说，发行公债无论是对政府还是对认购者都有好处，通过发行公债来弥补财政赤字也容易被社会公众接受。

财政补贴的双重作用

2009年2月5日，财政部公布了由该部和科技部出台的《节能与新能源汽车示范推广财政补助资金管理暂行办法》。

办法决定，在北京、上海、重庆、长春、大连、杭州、济南、武汉、深圳、合肥、长沙、昆明、南昌等13个城市开展节能与新能源汽车示范推广试点工作，以财政政策鼓励在公交、出租、公务、环卫和邮政等公共服务领域率先推广使用节能与新能源汽车，对推广使用单位购买节能与新能源汽车给予补助。

其中，中央财政重点对购置节能与新能源汽车给予补助，地方财政重点对相关配套设施建设及维护保养给予补助。

2009年，国家为了拉动经济增长，增加消费，对汽车、彩电、摩托车等多个产品实行了财政补贴政策。财政补贴是一种转移性支出。从政府的角度看，支付是无偿的；从领取补贴者的角度看，意味着实际收入的增加，经济状况较之前有所改善。

财政补贴总是与相对价格的变动联系在一起，它具有改变资源配置结构、供给结构、需求结构的作用。我们可以把财政补贴定义为一种影响相对价格结构，从而可以改变资源配置结构、供给结构和需求结构的政府无偿支出。

财政补贴是指用国家财政资金直接资助企业或居民的国民收入再分配形式。国家为了实现特定的政治经济目标，由财政安排专项基金向国有企业或劳动者个人提供的一种资助。中国现行的财政补贴主要包括价格补贴、企业亏损补贴等。补贴的对象是国有企业和居民等。补贴的

植树造林带来的正外部性

经济学家发现，市场有些经济活动的有益影响超出了买卖双方，而扩大到旁观者身上，这被称为正外部性。为了自己建房子、生产水果或出售木材等目的而进行的植树造林就是这样的经济活动。

阻挡对当地农田的不利风沙，挽回经济利益达200万元。

改善当地空气条件，让当地居民有健身的好去处，其经济利益达到500万元。

改善土质、减少水土流失、改善饮水质量，人们从中得到的利益达500万元。

林场主人如果把这片经济林按林价卖出，可获得经济利益仅为100万元。因此，当地政府应该补贴足够的钱给林场主人以便管理好这片经济林，作为其对经济活动的正外部性补贴。

范围涉及工业、农业、商业、交通运输业、建筑业、外贸等国民经济各部门和生产、流通、消费各环节及居民生活的各个方面。

从补贴的主体划分，财政补贴分为中央财政补贴和地方财政补贴。中央财政补贴列入中央财政预算。中央财政负责对中央所属国有企业由于政策原因发生的亏损予以补贴，同时对一部分主要农副产品和工业品的销售价格低于购价或成本价的部分予以补贴。地方财政补贴列入地方财政预算。地方财政负责对地方所属的国有企业由于政策原因而发生的亏损予以补贴，也对一部分农副产品销售价格低于购价的部分予以补贴。

财政补贴是在特定的条件下，为了发展社会主义经济和保障劳动者的福利而采取的一项财政措施。它具有双重作用：一方面，财政补贴是国家调节国民经济和社会生活的重要杠杆。运用财政补贴特别是价格补贴，能够保持市场销售价格的基本稳定，保证城乡居民的基本生活水平，有利于合理分配国民收入，有利于合理利用和开发资源。另一方面，补贴范围过广，项目过多也会扭曲比价关系，削弱价格作为经济杠杆的作用，妨碍正确核算成本和效益，掩盖企业的经营性亏损，不利于促使企业改善经营管理；如果补贴数额过大，超越国家财力所能，就会成为国家财政的沉重负担，影响经济建设规模，阻碍经济发展。

以国家信用为担保发行的债券

2009年，财政部发布公告，决定于当年12月21日发行2009年记账式贴现（26期）国债，实际发行面值150亿元，期限182天，经招标确定的发行价格为99.355元，折合年收益率为1.32%。本期国债将成为2009年的最后一期国债。

根据财政部公告，本期国债通过全国银行间债券市场和证券交易所面向社会各类投资者发行。2009年12月21日开始发行并计息，12月23日发行结束。12月25日起在各交易场所上市交易，交易方式为现券买卖和回购。

据不完全统计，2009年国债发行规模为2008年的2倍左右，即在1.4万亿和1.6万亿元之间。2008年，实际发行国债为8558亿元。

2009年发行的记账式国债共25期，其中1年期和3年期国债各4期；5年期国债5期；7年期和10年期国债各6期。从期限来看，中长期国债数量明显高于短期国债数量；发行时间相对集中，主要在二三季度，其中5~7月是一个高潮，每月均有3期发行。

众所周知，国债最初属于政府筹集财政资金以弥补财政赤字的一种手段。其实，国债不仅仅是一种政府的筹资手段那么简单，它亦是一个国家调节经济的重要工具。政府发行国债的目的有三个：弥补财政资金的不足；直接调节经济；两者兼而有之。

政府发行国债主要有两种方式，一种是向中央银行发行，还有一种是向社会公众发行。虽然都为国家财政集资的手段，由于发行方式不同，其产生的经济效应也会有所不同。如果是向中央银行发行国债，银行会直接增加货币的供给量，政府通过对新增加货币的运用，最终必然导致整个市场上货币量的增加。因此，政府通过向中央银行发行国债具有货币创造效应。在充分就业的条件下，会导致通货膨胀的发生。而第二种方式则不同，由于国债的发行对象是社会公众，在财政资金增加的同时，使得企业或民众手中的货币量减少，即财富从居民手中转移到政府手中。只是产生一种财富的转移效应，并没有直接增加市场上的货币量。因此从对经济的影响程度上讲，第二种方式更趋于中性。

国债的作用显然可以从政府发行国债的目的上找到答案。具体可以从货币政策和财政政策角度来看，首先把它看作是货币政策，它主要用来调节货币市场上的供需均衡。当货币市场上货币供大于求时卖出国债或新发行国债，反之则买入国债，从而实现货币市场的均衡。其次，从财政政策的角度讲，发行国债使得资金使用权从市场微观主体转移到政府，政府可以将这部分资金有效地用在刀刃上，如一些国家重点项目、因经济结构性失衡而被扭曲的一些产业、突发性事件、社会公共事业等，从而降低市场行为的盲目性。我们不难看出，前者是出于政府直接调节经济的目的，后者则是为了弥补财政资金的不足。

政府购买有什么好处

"政府购买"作为一种新型的政府提供公共服务的方式，近些年来受到了社会各方的关注。《中共中央关于构建社会主义和谐社会若干重大问题的决定》中提出："政府推行政事分开，支持社会组织，参与社会管理和公共服务，加强市场监管，整顿和规范市场经济秩序。"党中央要求各级政府与社会组织之间建立互联、互补、互动的社会组织参与社会管理和公共服务，共同构建公共服务体系。政府向社会组织购买的公共服务，正是政府建立社会管理网络的有效形式，是政府与社会组织互相沟通的纽带。

政府购买大致有两种：从居民那里购买劳务；从企业或公司购买商品。因此，这种公共支出包括工作人员和武装人员的薪资支付和购买各种公用物资的开支。但各种转移支付不能包括在政府购买项目之内，因为它不是政府为了购买目前的商品和劳务而支出的款项。政府将购买的这些商品和所雇用的劳动力组合起来，生产各种各样的公共物品（公共教育、警务和消防、国防等）。

长期以来，公共事业主要由政府直接举办，导致机构重复建设，造成财政资金的低效率和浪费。在当前落实科学发展观、构建社会主义和谐社会的大背景下，政府对公共服务职能的履行有多种实现方式，购买服务是一种创新方式。

从某种意义上说，政府购买和政府采购没有根本上的区别。政府购买是指政府将原来由政府直接举办的、为社会发展和人民生活提供服务的事项

国家财富　1836年
道路、运河、建筑物、公园、煤气厂、自来水厂等都属于国家财富。在这些物质财产中，有些是依靠向公众借款建造的，这些借款即债务，是负财富，在统计国家财富时，需要扣除这些负财富。图为原美国库务署，现为联邦大厅国家纪念馆，它作为建筑物是国家财富的一种。但它究竟是不是负财富就要看建造它的资金是否是借款了。

交给有资质的社会组织来完成，并根据社会组织提供服务的数量和质量，按照一定的标准进行评估后支付服务费用。政府采购是指各级国家机关、实行预算管理的单位和社会团体使用财政预算内资金和预算外资金等财政性资金，以购买、租赁、委托或雇佣等形式获取货物、工程和服务的行为。为维持机构的正常运作而采购一些必备的设备是我们通常所理解的政府采购，但政府为履行职能，必须以税收等形式筹集资金，再用这些资金去采购广大公众需要的公共产品和服务，也是政府采购的内容之一。因此，政府购买只是政府采购的一种表现形式。

在我国，2003年1月1日开始正式实施的《政府采购法》对"政府采购"的定义是：政府采购，是指国家机关、事业单位和团体组织，使用财政性资金采购货物、工程和服务的行为。明确指出了政府采购既购买货物，也购买服务，政府采购是公共财政的一个重要组成部分。

按照WTO的协议，2007年后我国将加入《政府采购协议》的谈判。该协议对政府采购涵盖面的界定更加宽泛，包括所有政府部门、公共组织和事业单位，以及一些非营利的国有企业对货物、工程和服务项目的采购。可见，随着经济开放的进一步扩大，我国的政府采购管理也将越来越规范。

财政资金的无偿转移

转移支付，又称无偿支出，它主要是指各级政府之间为解决财政失衡而通过一定的形式和途径转移财政资金的活动，是用以补充公共物品而提供的一种无偿支出，是政府财政资金的单方面无偿转移，体现的是非市场性的分配关系。

转移支付的模式主要有三种：一是自上而下的纵向转移，二是横向转移，三是纵向与横向转移的混合。规范转移支付制度的原则是：公平原则、效率原则和法治原则。

在1994年实行分税制体制改革前，我国做了大量的财政转移支付的工作，1994年实行分税制体制改革后才从西方引进了转移支付的概念。中央财政从1995年开始正式实施过渡期转移支付办法。根据国际货币基金组织《政府财政统计手册》中的支出分析框架，政府转移支付有两个层次，一是国际间的转移支付，包括对外捐赠、对外提供商品和劳务、向跨国组织交纳会费；二是国内的转移支付，既有政府对家庭的转移支付如养老金、住房补贴等，又有政府对国有企业提供的补贴，还有政府间的财政资金的转移。我们一般意义上称的财政转移支付，是指政府间的财政资金转移，是中央政府支出的一个重要部分，也是地方政府重要的预算收入。

在西方国家，财政支出主要分为购买支出和转移支出。我国的财政转移支付制度是在1994年分税制的基础上建立起来的，是一套由税收返还、财力性转移支付和专项转移支付三部分构成的、以中央对地方的转移支付为主的且具有中国特色的转移支付制度。

转移支付包括政府的转移支付、企业的转移支付和政府间的转移支付。

（1）政府的转移支付。大都具有福利支出的性质，如社会保险福利津贴、抚恤金、养老金、失业补助、救济金以及各种补助费等，农产品价格补贴也是政府的转移支付之一。由于政府的转移支付实际上是把国家的财政收入还给个人，所以有的西方经济学家称之为负税收。

（2）企业的转移支付。通常是指企业对非营利组织的赠款或捐款，以及非企业雇员的人身伤害赔偿等。转移支付在客观上缩小了收入差距，对保持总需求水平稳定，减轻总需求摆动的幅度和强度，稳定社会经济有积极的作用。通常在萧条来临时，总收入下降，失业增加，政府拨付的社会福利支出也必然增加。这样，可以增强购买力，提高有效需求水平，从而可以抑制或缓解萧条。当经济中出现过度需求时，政府减少转移支付量，可以抑制总需求水平的升高。

（3）政府间的转移支付。一般是上级政府对下级政府的补助。确定转移支付的数额，一般是根据一些社会经济指标，如人口、面积等，以及一些由政府承担的社会经济活动，如教育、治安等的统一单位开支标准计算的。政府间的转移支付主要是为了平衡各地区由于地理环境不同或经济发展水平不同而产生的政府收入的差距，以保证各地区的政府能够有效地按照国家统一的标准为社会提供服务。

我国虽未出台转移支付法，但已有转移支付的实践，我国政府间的转移支付形式包括以下几类：

（1）一般转移支付，或称体制转移支付，是在现行财政体制之下所实施的转移支付。它是最基本、最主要的形式。

（2）专项转移支付。即为实现某种特定的政策经济目标或专项任务，由上级财政提供的专项补助。

（3）特殊转移支付。在发生不可抗力或国家进行重大政策调整时，由上级政府支付的特殊补助。

（4）税收返还。中央基于宏观调控的需要，将集中的部分税收收入返还给地方。

第二十章
竞争：生存压力下的商业交锋

没有竞争对手的生活是一种幸福吗

有一则有趣的笑话：一天，Microsoft（微软）、Lotus（莲花公司）、Novell（美国网络产品公司）三家公司的销售经理相约比试枪法。

首先上场的是 Microsoft 的销售经理，他一口气灌下两瓶嘉士伯，随手一扬，两个瓶子飞上天空，只听"乒！乒！"两声枪响，瓶子被打得粉碎，然后说道："NT（New Technology，新技术）遍地开花，Sales 轻松写意！"

Lotus 销售经理也不示弱，两瓶酒下肚，轩尼诗曲线玲珑的瓶子两枪搞定并扬声道："软件所向披靡，莲花开遍全球！"

压轴出场的 Novell 销售经理在郁闷地喝了两瓶二锅头后，疲惫不堪地抛起两个瓶子，颤颤巍巍地举起枪。

两枪响过——Microsoft 和 Lotus 的销售经理应声倒下，Novell 的销售经理这才缓缓吐出一句话："没有竞争对手的生活是一种幸福。"

这个笑话说出一个真理，"没有竞争对手的生活是一种幸福"。但在某种程度上，对消费者来说，没有竞争对手的商家是一个恶魔。实际上，竞争在人们的生活中是非常普遍的现象。很多人都说，在经济领域如果没有竞争，就没有琳琅满目的商品；没有竞争，就没有绚丽多彩的生活。为什么竞争的市场充满生机呢？我们有必要了解究竟什么是竞争。

竞争又称为自由竞争，是指一个市场完全靠价格来调节供求。完全竞争具备两个不可缺少的因素：所提供销售的物品是完全相同的，不存在产品差别；买者和卖者都很多且规模相当，以至于没有一个买者或卖者可以影响市场价格。

例如，小麦市场就是一个很典型的完全竞争市场，有成千上万出售小麦的农民和千百万使用小麦和小麦产品的消费者。由于没有一个买者或卖者能影响小麦价格，所以，每个人只是价格的接受者，竞争地位平等。

完全竞争市场是很多经济学家心目中最完美的资源分配机制。完全竞争市场必须具备一定的条件，这些条件主要有以下几个方面：

（1）市场上有众多的生产者和消费者，任何一个生产者或消费者都不能影响市场价格。由于存在着大量的生产者和消费者，与整个市场的生产量和购买量相比较，任何一个生产者的生产量和任何一个消费者的购买量所占的比重都很小，因而，任何生产者和消费者的单独市场行为都不会引起市场产量和价格的变化。也就是说，所有人都只能是市场既定价格的接受者，而不是市场价格的决定者。

（2）企业生产的产品具有同质性，不存在差别。市场上有许多企业，每个企业在生产某种产品时，在产品的质量、性能等方面是无差别的。对于消费者来说，无论哪一个企业的产品都是同质无差别产品，以至于众多消费者无法根据产品的差别而形成偏好。也就是说，各种商品互相之间具有完全的替代性。

（3）生产者进出市场，不受社会力量的限制。任何一个生产者进入市场或退出市场完全由生产者自己自由决定，不受任何社会法令和其他社会力量的限制。当某个行业市场上有净利润时，就会吸引许多新的生产者进入这个行业市场，从而引起利润的下降，以至于利润逐渐消失。而当行业市场出现亏损时，许多生产者又会退出这个市场，从而引起行业市场利润的出现和增长。因此，在一个较长的时期内，生产者只能获得正常的利润，而不能获得垄断利润。

（4）市场交易活动自由、公开，没有人为的限制。在买卖活动中，无论哪一个商品销售者都能够自由、公开地将商品出售给任何一个购买者，无论哪一个商品购买者也都能够自由、公开地向市场上任何一个商品销售者购买商品，同时，市场价格也随着整个市场的供给与需求的变化而

有着敏锐判断力的企业主
图中是一位坐在马车上看报的企业主，博闻广识使他具有敏锐的判断能力。正是由于有这样有才干而不知疲倦地努力的人，我们的社会生产力才不断提高。但在权衡得失时，他们着眼的几乎都是生产者的利益，而忽略了消费者的利益，所以统计研究才显得重要。

变动。任何市场主体都不能通过权力、关税、补贴、配给或其他任何人为的手段来控制市场供需和市场价格。

（5）市场信息畅通、准确，市场参与者充分了解各种情况。消费者、企业和资源拥有者们，都对有关经济和技术方面的信息有充分和完整的了解。例如，生产者不仅完全了解生产要素价格、自己产品的成本、交易及收入情况，也完全了解其他生产者产品的有关情况；消费者完全了解各种产品的市场价格及其交易的所有情况；劳动者完全了解劳动力资源的作用、价格及其在各种可能的用途中给他们带来的收益。因此，市场是完全按照人家都了解的市场价格进行交易活动，不存在相互欺诈。

以上几个方面是完全竞争市场必须具备的前提条件，实际上也是完全竞争市场所具有的明显特征。

一般来说，在现实经济生活中，只有农业生产等极少数行业比较接近完全竞争市场。因为在农业生产中农户的数量多而且每个农户的生产规模一般都不大，同时，每个农户生产的农产品产量及其在整个农产品总产量中所占的比例都极小，因而，每个农户的生产和销售行为都无法影响农产品的市场价格，只能接受农产品的市场价格。如果有的农户要提高其农产品的出售价格，农产品的市场价格不会因此而提高，其最终结果只能是自己的产品卖不出去。如果农户要降低自己农产品的出售价格，农产品的市场价格也不会因此而下降，虽然该农户的农产品能以比市场价格更低的价格较快地销售出去，但是，他不可避免地要遭受很大的经济损失。这样，农户降低其农产品价格的行为就显得毫无实际意义了。

竞争是进步之源

公元前5~6世纪，希腊和中国之间存在某种相似之处。希腊城邦为了经济利益不断发生战争，特别是在雅典和斯巴达两强之间。中国则处在战国时代，诸侯间也是战火不断。

"百花齐放"恰如其分地形容了当时的知识状况。不过，希腊人和中国人得出的结论却大相径庭。中国朝着和谐的思想演进，认为应通过避免矛盾实现美好的社会，人们彼此应当以"礼"相待。通向和谐的道路是"中庸"，所有人都试图成为中间派——在极端的情况下，人们会变得毫无区别。这些思想都成为统治中国长达2000年的儒家学说的一部分。

但希腊人接受了竞争主义。竞争并不需要什么道德目标，只要取得胜利就行。例如，希腊世界最受欢迎的人是奥林匹克冠军。《荷马史诗》——《伊利亚特》和《奥德赛》深刻地塑造了希腊的这种精神。

亚当·斯密所建立的经济理论的一个基本观点就是——竞争是好的。现在看来，这个观点稀松平常，但在300年前却是革命性的理论。当时，各个帝国、各种宗教、各派哲学都在为限制竞争辩护——竞争意味着混乱，并给每个人的生活带来痛苦。在工业化之前，生产力发展十分缓慢，以至于人一辈子都几乎察觉不到进步。

如果蛋糕不能做大，竞争就变成了蛋糕的再分配，这通常会带来一场负和博弈。希腊城邦间无休止的战争就带来了巨大的破坏，导致了社会对恃强凌弱的认可，虽然这看来不道德，但却可以减少损失。在古代，帝国的兴起可以缓解竞争、减少破坏，所以在帝国建立的早期，经济通常会出现繁荣景象。

不过，尽管是在古代，生产力也还是处于增长之中。也许一代人不能觉察，但几代人之后就会显现出来。缺乏竞争的帝国最终会扼杀新思想，并使经济增长停滞。长年累月，人口的增加就会导致贫困，从而使帝国变得虚弱；在遭遇蛮族入侵时，崩溃也就无法避免。罗马帝国后期就变得极端衰弱，以至于依赖日耳曼人的保护。对于日耳曼人来说，毁灭罗马帝国实在太容易了。

在现代社会中，由于生产力的增长日新月异，竞争带来的成本已经远小于它潜在的效益。今天，所有成功的国家都鼓励竞争。20世纪60~70年代，很多国家都在所谓"战略性行业"推行国有化，并限制竞争，这最后被证明是低效的。多数国家在20世纪80~90年代重新推行私有化并引入竞争，使绩效大大提高，甚至冷战时期的军备竞赛都不是一场浪费。虽然按今天的价格计算，美国可能为冷战付出了10万亿美元，看上去是极大的浪费，但军事技术的竞争带来了开创性的技术，如互联网、半导体和计算机。这些技术都是从美国的国防项目中脱颖而出的，它们给民用产业带来的收益可能远超过军备竞赛的开支。

在人类经济生活中，竞争对人类发展的促进作用是异常明显的。在美国的阿拉斯加自然保护区里，人们为了保护鹿，就消灭了狼。鹿没有了天敌，生活很是悠闲，不再四处奔波，便大量繁衍，引起了一系列的生态问题，致使瘟疫在鹿群中蔓延，个体大量死亡。

后来护养人员及时引进了狼，狼和鹿之间又展开了血腥的生死竞争。在狼的追赶捕食下，鹿群只得紧张地奔跑以逃命。这样一来，除了那些老弱病残者被狼捕食外，其他鹿的体质日益增强，鹿群恢复了往日的生机。完全竞争的市场条件对消费者和生产者都不会有什么不利，因为完全竞争的存在，迫使商品生产者竞相在降低成本、压低售价上做文章，可以使消费者按实际可以达到的最低价格来购买，而生产者按此价格出售也可获得正常利润。从社会角度来看，完全竞争促使社会资源可以有效地分配到每一个部门、每一种商品的生产上，使之得到充分利用。生产效率低的企业在竞争中逐步被打败，就使得它的资金、劳力、设备等社会资源重新组合到生产效率高的企业中，这是社会的一种进步。

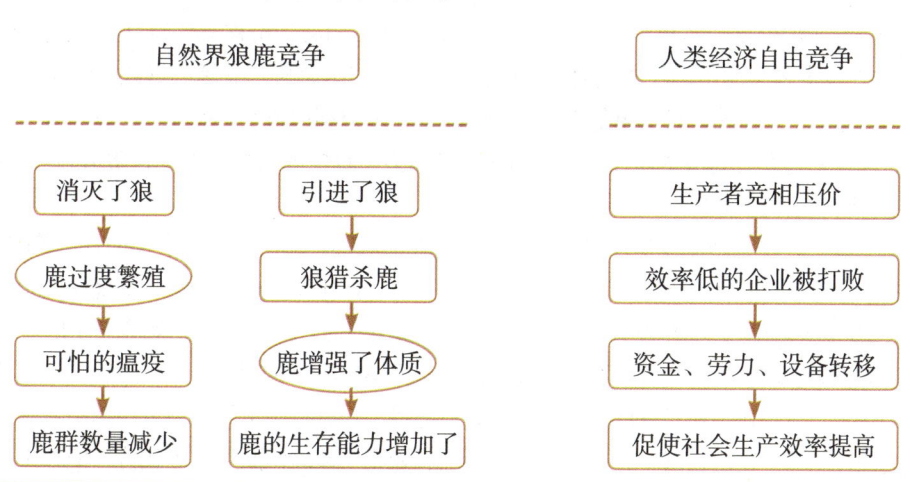

自然界狼鹿竞争与人类经济自由竞争的比较

竞争同时展现了人性中最好的和最坏的一面。人们总是会受到这样那样的诱惑去限制竞争。但是，没有竞争，人类会停止改善世界的努力，这将导致更大的悲剧。没有竞争，结局就是停滞。所以，我们应接受竞争、鼓励竞争，创造公平竞争的环境。

降价是唯一的出路吗

"价格战"三字恐怕任何一个企业的经营人员都不会陌生，它使许多企业谈之色变，人们对由它所导致的市场无序竞争更是深恶痛绝。

很多人认为，价格战对企业来说消极作用是主要的，因为价格战往往以牺牲利润为代价。如果企业长期搞低价销售，利润就会减少，相应会减少在研发、技改、营销、管理等领域的投入，致使发展后劲不足；而发展后劲不足又会反过来进一步影响企业的经营业绩，使得企业陷入恶性循环的泥淖。

降价竞争对有的企业而言是战略决策的需要，对有的企业则是市场环境下的无奈行动。启动消费、抢夺市场是企业生存的关键，生产的产品难以售出则意味着危机，利润一时没了，来日还可以挣回，市场没了，则等于丢了江山，这才是生命攸关的大事。

值得关注的是，在近几年的价格战中，无论是哪个行业，挑起价格战的企业都得到了不小的好处，有的市场份额大幅上升，确立或稳固了行业龙头老大的位置；有的知名度迅速提高，赢得了消费者的青睐，这正是降价策略的魅力所在。

实际上，每个行业在发展之初，由于其技术上的不成熟和资源配置、利用的不合理会导致成本偏高，致使价格居高不下，而一些垄断行业更是在国家的保护之下垄断价格。随着垄断的打破，技术的进步，资源的合理配置利用，规模的扩大，生产成本会逐渐降低，也给降价提供了空间。随着价格逐渐逼近成本，企业无利润可赚时，其他的竞争形式，包括品牌竞争、质量竞争、服务竞争、产品品种竞争以及技术竞争等就成为企业竞争的主体，企业的品牌、服务、质量、技术的提高同时就会促进整个行业的提高和进步。因此，在一定程度上，"价格战"既可以促进行业自身的进步，也可以促进相关行业的发展。

一些行业的价格竞争已到了白热化的地步，许多人担心，价格竞争过度会导致"行业垮台"，但在世界各国的市场经济发展过程中，从来没有过因为价格竞争而导致"行业垮台"的先例。因为价格竞争的一种结果是资源的优化配置和资源利用效率的提高。在资源有限的条件下，提高效率是发展的根本途径，严酷的竞争环境会导致技术的加速进步和质量的大幅提高，同时也会使企业竞争力提高。

由此说明，在激烈的竞争环境下，立足于企业的现实，即使在多种多样的营销策略面前，价格的作用仍不可忽视，价格竞争的环境还没有消失，价格仍是企业掌握的一张竞争的王牌。甚至有人说："很难想象，如果没有价格的竞争手段，企业还能依靠什么在市场竞争中取得优势。"

有人认为，降价，降低了厂家的利润空间，使厂家再投入能力不足，而影响了产品质量，是对消费者、对企业不负责任的表现。诚然，一分钱，一分货，价格同质量在消费者心中存在一定的依存关系。在价格战中，一些不堪重负的企业也可能以低质量作为代价，但如果因价格战中有质量下降的现象出现而否定价格战的话，显然有失偏颇。我们看到，在彩电、汽车、电

下篇　生活中的经济学

倾销与反倾销

倾销是一种不公平竞争行为，会给进口方的经济或生产者的利益造成损害，因此遭遇倾销的国家有权对外国商品在本国市场上的倾销采取相应的抵制措施。

A国鞋在国内售价为300元。

B国同类鞋售价为400元。

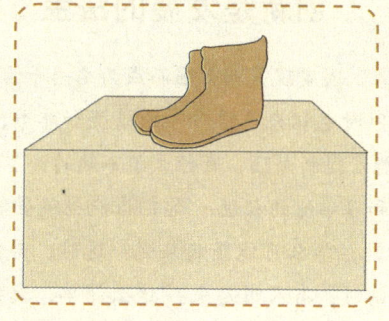

A国将鞋出口B国定价为200元，出口产品低于国内价格出售，因而形成倾销。

B国提出倾销控诉。

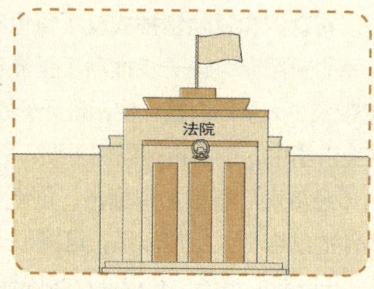

A国出口定价策略受到影响，不得不提高商品价格。

B国法院裁定A国有鞋商品向本国倾销的行为，向A国征收145%的反倾销税。

□ 图解经济学

脑、影碟机等行业，价格在一年一年下调，而产品质量却一年一年提高，而且，哪个行业价格竞争激烈，哪个行业产品质量提升迅速。这种现象与我们价格战的具体形式和特定的竞争环境是不可分的。

各行业的价格战中，挑战者几乎都是本行业中的领先企业，它们拥有良好的产品形象和企业形象，它们的降价借助的是有声望的产品和企业声誉，很难在消费者心中形成低质量心理，而且，若以低质量为代价显然与其企业战略是背道而驰的。技术推动型的价格竞争是伴随产品的升级换代而产生的，旧款产品降价的同时，必然有功能更全、质量更高的新产品上市。在价格战中，一些规模不大、经营不善、资金缺乏、无竞争实力的企业为了暂时的还击，会以降低产品质量为代价，但在市场竞争中，质量的降低无疑意味着自取灭亡，这又正是价格战所要达到的目标之一。

面临市场的严峻挑战和各行业内部结构上的矛盾，价格战是时势所致，不可阻挡，它是国内市场转轨时期的必然，也是企业在市场转型期逐步适应市场，从幼弱走向成熟的必经阶段。它所带来的利是长远的、根本的，带来的弊是暂时的、必要的。

创新是发展的法宝

哥伦布——意大利航海家，因发现美洲大陆而成为名垂千古的航海家。在当时，他也被称为时代的英雄，但这一称谓同时也招来了很多人的猜疑和非难，他们认为："只要给任何人一艘好船，一直往西开，谁都能发现新大陆，有什么了不起的？"

有一天，哥伦布对猜疑和刁难他的人说："你们谁能把鸡蛋竖起来？"周围人都面面相觑，每个鸡蛋的顶部都是椭圆形的，怎么可能竖起来呢？这时，哥伦布把鸡蛋的尖端轻轻敲开一点，鸡蛋就竖在桌子上了。这时，有人叫起来："这么简单，我也会！"哥伦布缓缓地说："是啊，这是很简单的事情。可有人可以发现它，有人却发现不了它，难的是第一个发现它。"

创新意识和冒险精神成就了哥伦布，他的发现成为新大陆开发和殖民的新纪元，进一步推动了世界各地的文化交流，同时为西班牙王室带来了大量的财富，使西班牙一跃成为欧洲最富裕的国家。

在经济学中，创新精神同样重要。经济学家熊彼特在1912年出版的《经济发展概率》中提出，创新是把一种新的生产要素和生产条件的结合引入生产体系，可以引入一种新产品、新的生产方法，开辟新的市场，获得原材料的新的供应来源。利用创新，企业家可以获得新的利润，这种利润大致源自三个方面：

对企业家在创造性破坏活动中负担的风险进行奖赏；

市场不均衡带来的暂时性利润；

哥伦布像
哥伦布是意大利著名的航海家，自幼喜欢冒险，为寻找传说中金银遍地的中国和印度，他四次横渡大西洋，并首次发现了美洲大陆，为以后的殖民掠夺打下了基础。

通过不公平交易获得的不正当利润。

其中，第三种利润最不应当争取，会受到非议，而另外两种方式获得的利润不管多少都不会受到非难，还值得人们大力学习，这也是很多企业家执着于创新的动力来源。

中国人常常说，祸福相依，创新亦然。众所周知，创新研发的成本非常高，而且很多研发在短时间内是看不到收益的，随时面临着"竹篮打水一场空"的危险，所以，有多少人拥有敢于创新的精神呢？

20世纪70年代，当三星集团宣布自己要进行半导体的创新研发时，大多数三星员工、民众甚至政府都对此表示怀疑，因为研发生产半导体需要很大的资金投入，稍有闪失，整个三星集团就会因此全军覆灭。再加上当时半导体的国际市场非常不稳定，即使研发成功，万一半导体的国际市场已成明日黄花，又该怎么办？当时三星集团的会长坚持认为要将三星转型为高附加值、尖端技术产业和节约资源型产业，只有投入半导体行业，三星才会有更好的明天。凭借着不断的创新研发精神，三星终于坐上了全球半导体市场占有率第一的位子，缔造了企业创新的传奇。

不是所有的创新都可以获得成功，所谓冒险，就是从一开始就具备很大的失败的可能性。企业家只有具备高度的创新精神和勇于承担风险的能力，才会审时度势，抓住机遇，投资看起来似乎异常艰难的创新研发。当企业的创新资本打水漂的概率在50%以上时，企业家如果还要选择投资，那就可以说这个企业家是"风险偏好者"；如果企业家在经过仔细调查后，认为回报率在50%以上时才投资，就可以说这个企业家是"风险回避者"。

创新能为个人、企业、社会带来很大的收益，所以，为了保障创新者的利益，很多国家都实施了一系列的制度来保护因创新而破产或者失败的企业家，让其不必因担心后路而退缩，即使企业破产了，企业家个人和企业员工也不会受到很大的损失。越是发达的国家，这种保护创新的制度就越完善。无论在何时何地，敢于冒险和创新的企业越多，为社会创造的财富就会越多。

在"红海"中寻找新的出路

经济学认为，现存的市场由两种海洋所组成，即红海和蓝海。红海代表现今存在的所有产业，也就是我们已知的市场空间；蓝海则代表现在还不存在的产业，这就是未知的市场空间。所谓蓝海战略，就是企业突破红海的残酷竞争，不把主要精力放在打败竞争对手上，而主要放在全力为买方与企业自身创造价值的飞跃上，并由此开创新的市场空间，开创属于自己的一片蓝海。

"红海"是竞争极端激烈的市场，但"蓝海"也不是一个没有竞争的领域，而是一个通过差异化手段得到的崭新市场领域，在这里，企业凭借其创新能力获得更快的增长和更高的利润。蓝海战略要求企业突破传统的血腥竞争所形成的"红海"，拓展新的非竞争性市场空间。与已有的、通常呈收缩趋势的竞争市场需求不同，蓝海战略考虑的是如何创造需求，突破竞争。蓝海的目标是在当前的已知市场空间的红海竞争之外，构筑系统性、可操作的蓝海战略，并加以执行。只有这样，企业才能以明智和负责的方式拓展蓝海领域，同时实现机会的最大化和风险的最小化。

蓝海战略其实就是企业超越传统产业竞争、开创全新的市场的企业战略。如今这个新的经济理念，正得到全球工商企业界的关注。

有人这样理解，我没涉及过的领域就是蓝海；我的产品进入过去没进入的渠道就是蓝海；我用的营销策略过去没用过就是蓝海，这是不正确的。一位营销人士给一个功能性食品做了个营销方案，要把这个产品开发成功能饮料，原因是保健品的竞争太激烈，把它开发成饮料是基于蓝海的思想，开辟新途径，但意料之外的是保健品的红海是避开了，但是产品又进入了快速消费品的竞争领域。这就反映出了问题：如果蓝海与红海只相对于自身的话，根本就没有突出新意，你的蓝海可能早已是别人的红海，实际上你无非是从一个红海跳到另一个红海，从一场战争进入到另一场战争。

那么什么才是蓝海战略呢？有人提出了六项原则：

（1）重建市场边界。①跨越其他产业看市场：一家企业不仅与自身产业对手竞争。如日本电信运营商 NTT DoCoMo（日本电报电话公司）于 1999 年推出 i-mode 手机一键上网，将只使用语音服务的顾客变为使用语音和数据服务（音乐、图片、资讯）的顾客。②跨越产业内不同的战略集团看市场：突破狭窄视野，搞清楚什么因素决定顾客选择，例如高档和低档消费品的选择。如曲线美健身俱乐部专为女性服务，剔除奢华设施，小型化社区布点，会员依次使用一组器械，每周 3 次，每次半小时完成，每月只需 30 美元。③重新界定产业的买方群体：买方是由购买者、使用者和施加影响者共同组成的买方链条。如诺和诺德公司是一家胰岛素厂商，将胰岛素和注射笔整合创造出的注射装置，便于病人随身携带使用。④跨越互补性产品和服务看市场：互补性产品或服务蕴含着未经发掘的需求，简单方法是分析顾客在使用产品之前、之中、之后都有哪些需要。如北客公司发现市政府关注的并非公交车本身的价格而是维护费用，于是通过使用玻璃纤维车身，提高车价却降低维护成本，创造了与市政府的双赢。⑤跨越针对卖方的产业功能与情感导向：市场调查反馈的往往是产业教育的结果，如美发屋针对男性，取消按摩、饮料等情感元素，以"气洗"替代"水洗"，专注剪发，使理发时间减少到 10 分钟，费用从 3000 日元降到 1000 日元。⑥跨越时间参与塑造外部潮流：从商业角度洞悉技术与政策潮流如何改变顾客获取的价值，如何影响商业模式。如苹果公司通过 iPod（苹果公司音乐播放器）和 iTunes（苹果公司开发的与 iPod 搭配在电脑上使用的音乐播放器和音乐管理器）提供正版音乐下载服务，提高海量音乐库、高音质、单曲下载及低费用（0.99 美元/首）。

（2）注重全局而非数字。一个企业永远不应将其眼睛外包给别人，伟大的战略洞察力是走入基层、挑战竞争边界的结果。蓝海战略建议绘制战略布局图，将一家企业在市场中的现有战略定位以视觉形式表现出来，开启企业组织各类人员的创造性，把视线引向蓝海。

（3）超越现有需求。通常，企业为增加自己的市场份额努力保留和拓展现有顾客，常常导致更精微的市场细分，然而，为使蓝海规模最大化，企业需要反其道而行，不应只把视线集中于顾客，还需要关注非顾客。不要一味通过个性化和细分市场来满足顾客差异，应寻找买方共同点，将非顾客置于顾客之前，将共同点置于差异点之前，将合并细分市场置于多层次细分市

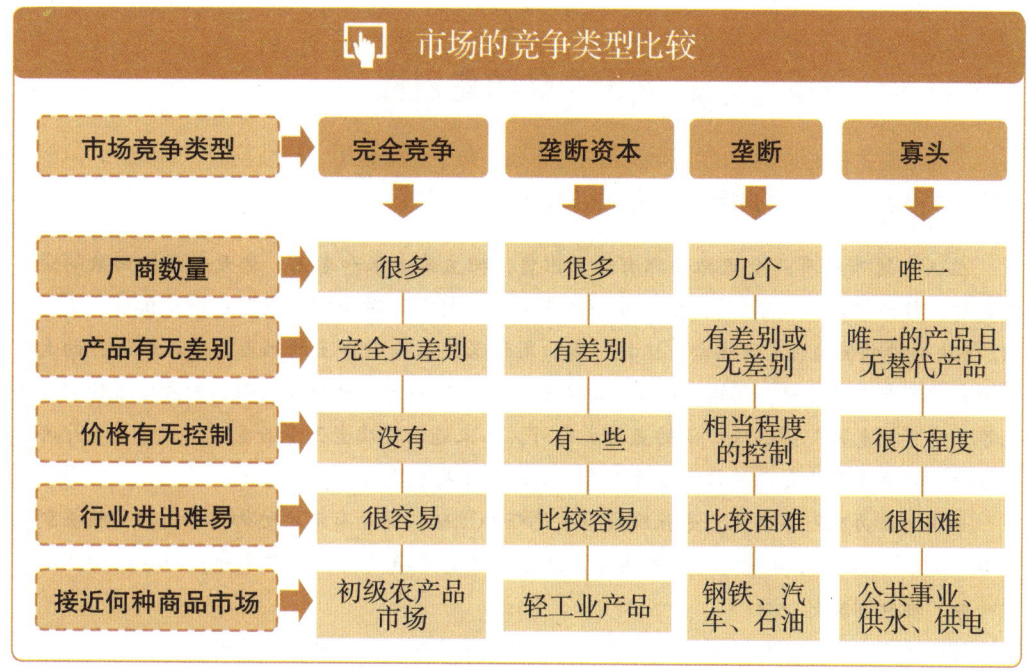

场之前。

（4）遵循合理的战略顺序。遵循合理的战略顺序，建立强劲的商业模式，确保将蓝海创意变为战略执行，从而获得蓝海利润，合理的战略顺序可以分为买方效用、价格、成本、接受四步骤。

（5）克服关键组织障碍。企业经理们证明执行蓝海战略的挑战是严峻的，他们面对四重障碍：一是认知障碍，沉迷于现状的组织；二是有限的资源，执行战略需要大量资源；三是动力障碍，缺乏有干劲的员工；四是组织政治障碍，来自强大既得利益者的反对，"在公司中还没有站起来就被人掠倒了"。

（6）将战略执行建成战略的一部分。执行蓝海战略，企业最终需要求助于最根本的行动基础，即组织基层员工的态度和行为，必须创造一种充满信任和忠诚的文化来鼓舞人们认同战略。当人们被要求走出习惯范围改变工作方式时，恐慌情绪便会增长，他们会猜测这种变化背后的真正理由是什么。

实际上，创造蓝海战略并非那么轻而易举。要创造一种趋势很难，要打造一个行业也很难。这在化妆品和保健品行业就能够看到，20年前，化妆品和保健品的市场规模和消费份额都是很弱小的，即使是现在，中国很多边远地区的人们还不清楚洗面奶是什么东西，更不要说花钱去买所谓的保健品了。

消费者认可化妆品、保健品也是一个漫长的过程，对此，宝洁公司和众多的保健品厂商付出了巨大的财力和时间上的忍耐。企业是否找到了产品或项目的核心竞争力，需要时间的考验和经验的积累。

对于企业而言，蓝海战略提供了崭新的理念，只不过在运用蓝海战略时，还是谨慎一点为好。

突出产品的差别性

下面是发生在两个卖鱼的小摊贩之间的商战，摊主老张运用"产品差别"的概念，从而在竞争中取得了优势。我们来看看他是怎么做的：

在 A 农贸市场有两个鱼摊，都有鲐鱼出售，摊主是老张和老王。这天老王批回来的鱼不甚新鲜，行话就是"口不好"，被老婆一顿痛骂，一怒之下做出惊人决定：进价出货，尽快处理。5 块钱进的鲐鱼，5 块钱卖。这样一来，附近居民疯抢购老王的鲐鱼，连蹒跚而行的老太太都矫健异常。不多时，周围几个小区的人就都知道市场上有两口子打架，鲐鱼非常便宜的事儿了。这可把老张气得够呛：他的鱼的成色好，本来进价就比老王贵 6 毛钱，卖 8 块 1 斤那是行市价，可现在没法卖了。都是鲐鱼，有 5 块的谁还买 8 块的？

老张怎么办呢？事实上，老张既没有去恐吓和死磕，更没有消极防御，而是把价格提到了 12 块 1 斤，也很快售卖一空。不同的是，老王的鱼篓干净了，钱包更干净；而老张的鱼篓每空一分，钱包则鼓起一分。

可能有人不信，8 块都卖不了，12 块怎么能卖出去呢？老张是这样卖的：

路人：多少？12 块？怎么这么贵？

老张：我这独一份，本地鲐鱼，新鲜，进价就贵。那边有便宜的，5 块（指指老王那里）。

路人（看上去确实很新鲜，是不是本地的却不会看）：那就给我来 3 斤吧。

于是光这一个顾客，老张就凭空多赚了 12 块。

老张跟人家说的"本地鲐鱼"突出了他的产品差别，而这个差别就是他跟人要 12 块 1 斤的理由！

产品差别是指同一种产品在质量、包装、牌号或销售条件等方面的差别。其实，拼价格不如拼智慧，采用产品差别化照样可以取得竞争优势。

对于企业而言，产品差异并不是如此简单，企业必须在赋予产品特征方面极富创造精神。日本公司成功的关键因素之一就是它们能不断改进产品。例如日立公司拿出占本公司研究与开发总经费 6% 的资金用于产品创新，1992 年该项资本达到 40 亿美元。这些措施就是为了开发出新的产品，来满足顾客需要。

具体说来，要做到与其他商家的产品有差别，主要在哪些方面做出努力呢？

（1）性能。产品性能是指产品首要特征的运行水平。用户在购买价格昂贵的产品时，通常要比较不同品牌之间的产品性能。只要产品性能好，且价格不高出顾客所预期的范围，顾客一般都愿意接受较高价格。有资料表明，产品质量与投资收益之间存在着较高的正相关关系，产品质量较高的公司要比质量较低的公司多赢利。这是因为高质量保证了高价格。公司能从更多的用户重复购买、顾客对公司的忠诚、社会肯定的舆论中获利。

（2）承诺。是否能保证产品的基本功能和性能与顾客的预期标准相符合。这里涉及顾客对企业的信任问题。承诺是指产品的设计特征和工作性能与预期标准的符合程度。日本制造商拥有很高声誉的主要原因之一就是产品具有很高的一致性。某公司提出了严格的质量和卫生标准，每辆摩托车离开生产线后就立即进行一系列的性能测试，从而让顾客对其现有质量感到放心。

（3）耐用性。耐用性是指产品的预期使用寿命。产品的预期寿命长，顾客愿意为耐用的产品支付高价格。例如沃尔沃宣称自己的汽车具有最长的平均使用寿命保证了其高价格的合理性。但这也并不是绝对的，比如宣传个人电脑或摄像机具有很高的耐用性并不一定具有很大的吸引力，因为这些产品的特征和工作性能变化很快。

（4）可靠性。可靠性是衡量产品在一定时期内不会发生故障或无法工作的指标。如果在一年内 A 汽车不会出现故障的概率为 90%，B 汽车为 60%，显然，A 的可靠性要比 B 高。购买者通常愿意为质量可靠的产品支付高价格。

（5）维修性。易修理性是指当产品失灵或无法工作时，易于修理。最理想的修理性能是指使用者无须成本或时间，自己就可以修理好产品。第二种最佳状态是一些产品有自己的维修咨询部，服务人员通过电话从很远的地方就可检查修理，或者指导用户如何修理，具有这种服务特征的产品有空调、电视机和录像机。最糟糕的情况是当产品发生故障，顾客打完服务电话后，过了很长时间服务人员仍旧不到。

（6）式样。式样是指产品给予购买者的视觉效果和感觉。例如尽管某品牌汽车可靠性不佳，但仍有购买者愿为它支付高价，因为它的外形独特。式样可以创造出其他竞争对手无法模仿的产品特征。

（7）设计。从公司的角度看，设计完美的产品应易于制造和销售；从顾客的角度看，设计完美的产品应赏心悦目，易于打开、安装及了解如何使用，方便使用、修理和处理。遗憾的是，许多公司都没有对完善产品设计进行投资。随着竞争的加剧，设计将成为公司对产品和服务实行差别化以及市场定位的强有力的途径，尤其是在销售耐用设备、服装零售业甚至商品包装方面。设计包括产品设计、工序设计、图案设计、建筑物及内部设计、企业标志设计等。

与发达国家的产品创新相比，我们的差距还相当大。不要埋怨消费者不肯花钱，你有了具有产品差别的东西，还怕消费者不动心吗？

第二十一章
垄断：独占鳌头的诱惑

不用过分痛恨垄断

网上流传着一个笑话：

有一个人出差住进了镇上的一家招待所，经过一天颠簸，便想去澡堂洗个热水澡。

他来到澡堂门口，被一个服务生拦住："先生，您要洗澡的话请先交纳15元的初装费，我们将会为您安装一只喷头。"

这个人交完钱，刚想进去，却又被服务生拦住："先生，对不起，为了便于管理，我们的每只喷头都有编号，请您先交纳10元的选号费，选好的号码只供您一人使用。"

这个人有些生气，但还是交钱选了8号。服务生又说："您选的是个吉利的号码，按规定还得交8元的特别附加费。"这个人压了压火，说："那我改成4号。这不是吉利号码，总用不着交什么特别附加费了吧？"

服务生说："4号是普通号码，当然不用交特别附加费，但您得交5元的改号费。"这个人无奈地摇摇头，交了钱后理直气壮地问："这下我可进去洗澡了吧？"

服务生笑着说："当然可以，您请。"领导瞪了他一眼，踱着步往里走。服务生突然又补充道："对不起，我还得告诉您：由于4号喷头仅供您一人使用，所以不管您是否来洗澡，每月还要交纳7元5角的月租费。此外您每次洗澡要按每30分钟6元的价格收费。每月交费的时间是20日之前，如果您逾期未交，还要交纳一定的滞纳金……"

"够了，够了，我不洗了！"这个人气坏了，扭头就走。

"您真的不洗了吗？"服务生微笑道，"如果您不再使用4号喷头了，那您还得交9元8角的销号费。只有这样，您以后才不用向我们交纳任何费用了。"

这个人实在很生气，和服务生吵了起来。不一会儿，经理赶到，在了解到情况后笑着对他说："先生，对不起，也许您还不知道，洗澡业在我们这里是垄断经营，还好你没有泡池子了，不然还要收你的'漫游'费呢。"

垄断的意思是"唯一的卖主"，它指的是经济中一种特殊的情况，即一家厂商控制了某种产品的市场。比如说，一个城市中只有一家自来水公司，而且它又能够阻止其他竞争对手进入它的势力范围，这就叫作完全垄断。

既然整个行业独此一家，别无分号，显然这个垄断企业便可以成为价格的决定者，而不再为价格所左右。可以肯定的是，完全垄断市场上的商品价格将大大高于完全竞争市场上的商品价格，垄断企业因此可以获得超过正常利润的垄断利润，由于其他企业无法加入该行业进行竞争，所以这种垄断利润将长期存在。

但是，垄断企业是不可能任意地抬高价格的，因为，任何商品都会有一些替代品，如果电费使人负担不起的话，恐怕人们还会用蜡烛来照明。所以，较高的价格必然抑制一部分人的消费，从而使需求量降低，不一定能给企业带来最大的利润。

垄断带来额外收益
在自由竞争的条件下，商品的供给价格包含了正常利润。通常人们把该利润的全部或将用于生产的资本的利息及风险损失费用从利润中减去之后的差额认为是纯收入。带有垄断性质的公司就会产生一些额外收益。

垄断企业成为价格的决定者，也并不意味着垄断企业产品的价格单一。有时候，垄断企业要面对需求状况变动不同的数个消费群体，必须分情况制定出有区别的价格来。对需求价格弹性较大的可采用低价策略，对需求价格弹性较小的可采用高价策略，以便获得较理想的收益。

理论上纯粹的完全垄断市场必须同时满足以下三个条件：市场上只有一家企业；该企业的产品不存在相近的替代品；进入该市场存在着障碍。现实中真正满足这三个条件的市场几乎是没有的，因为人的欲望是无止境的，他们总能找到各种替代品。

然而，要打破垄断绝非轻而易举。通常，完全垄断市场有三座护卫"碉堡"，其一，是垄断企业具有规模经济优势，也就是在生产技术水平不变的情况下，垄断企业能打败其他企业，靠的是生产规模大、产量高，从而总平均成本较低的优势。其二，是垄断企业控制某种资源。像美国可口可乐公司就是长期控制了制造该饮料的配料而独霸世界的，南非的德比公司也是因为控制了世界约85%的钻石供应而形成垄断的。其三，是垄断企业具有法律庇护。例如，许多国家政府对铁路、邮政、供电、供水等公用事业都实行完全垄断，对某些产品的商标、专利权等也会在一定时期内给予法律保护，从而使之形成完全垄断。

经济学家们对于垄断并不一定是全盘否定的，要看这个垄断是怎么形成的，限制了它对技术创新有没有好处。像微软这样的企业是靠技术创新形成的，分拆了它对鼓励创新没有好处，应像专利一样在一定时间内允许它拥有垄断地位。

通常认为，完全垄断对经济是不利的。因为它会使资源无法自由流通，引起资源浪费，而且消费者也由于商品定价过高而得不到实惠。"孤家寡人"的存在也不利于创造性的发挥，还有可能阻碍技术进步。可是话又说回来，这些垄断企业具有雄厚的资金和人力，正是开发高科

□ 图解经济学

技新产品必不可少的条件。另外，由政府垄断的某些公用事业，虽免不了因官僚主义而效率低下，却并不以追求垄断利润为目的，对全社会还是有好处的。

几个人说了算的市场

雷克公司是一个昙花一现的航空公司，但它的知名度却不低。1977年，一个冒失的英国人弗雷迪·雷克闯进航空运输市场，开办了一家名为雷克的航空公司。他经营的是从伦敦飞往纽约的航班，票价135美元，远远低于当时的最低票价382美元。毫无疑问，雷克公司一成立便生意不断，1978年雷克荣获大英帝国爵士头衔。到1981年，"弗雷迪爵士"的年营业额达到5亿美元，简直让他的对手们（包括一些世界知名的老牌公司）气急败坏。但是好景不长，雷克公司于1982年破产，从此消失。

出了什么事？原因很简单，包括泛美、环球、英航和其他公司在内的竞争对手们采取联合行动，一致大幅降低票价，甚至低于雷克。一旦雷克消失，他们的票价马上回升到原来的高水平。更严重的是，这些公司还达成协议，运用各自的影响力阻止各大金融机构向雷克公司贷款，使其难以筹措借以抗争的资金，进一步加速雷克公司的破产。

其实，正是由于航空运输市场已经为泛美、环球、英航等公司所垄断，雷克公司才会昙花一现。这种垄断区别于我们所了解的完全垄断，是寡头垄断。

所谓寡头垄断，是垄断的一种，它是指在一个市场上有少数几家企业供给产品，它们各占较大份额，彼此通过协定或默契制定价格。这些企业被称为寡头，所以这种垄断也就叫寡头垄断。

寡头市场是指少数几家厂商控制整个市场产品的生产和销售的一种市场组织。在这种市场上，几家厂商的产量在该行业的总供给中占了很大的比例，每家厂商的产量都占有相当大的份额，从而每家厂商对整个行业的价格和产量都有举足轻重的影响，它们之间又存在不同形式的竞争。

寡头垄断市场在经济中占有十分重要的地位，这一方面由于进入这些行业所需的资金十分巨大，另一个方面是已有的寡头会运用各种方法阻止其他厂商进入。

在现实当中，寡头垄断常见于重工业部门，比如汽车、钢铁、造船、石化，以及我们正在谈论的航空运输等部门。这些行业的突出特点就是"两大一高"——大规模投入、大规模生产、高科技支撑。这些苛刻的条件使得一般的厂商根本难以进入，再有钱的老板在这些行业门口一站，马上就会发现自己做的只不过是"小本生意"。而且，那些已经历长期发展（动辄几十、

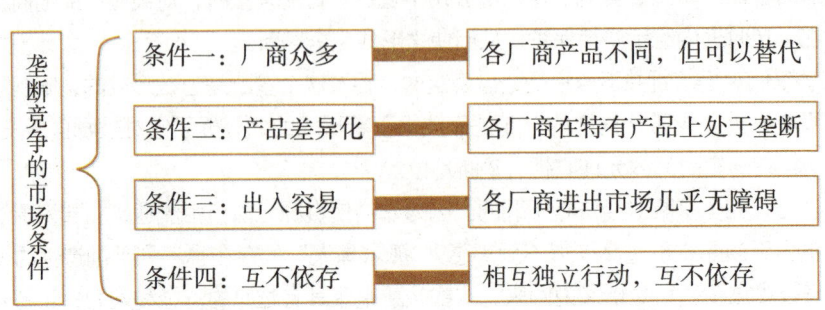

428

上百年），具备垄断地位的"巨无霸"企业，为了保持对技术的垄断和丰厚的利益，也势必要采取种种高压手段打击竞争对手，绝不允许任何后来者与自己分享这一市场。这是现实，也是一种市场竞争的必然。

形成寡头市场的主要原因有：某些产品的生产必须在相当大的生产规模上进行才能达到最好的经济效益；行业中几家企业对生产所需的基本生产资源的供给的控制；政府的扶植和支持等等。由此可见，寡头市场的成因和垄断市场是很相似的，只是在程度上有所差别而已。寡头市场是比较接近垄断市场的一种市场组织。

寡头行业可按不同方式分类。根据产品特征，可分为纯粹寡头行业和差别寡头行业两类。按厂商的行动方式，可分为有勾结行为的（即合作的）和独立行动的（即不合作的）两种类型。

寡头厂商的价格和产量的决定是非常复杂的问题。主要原因在于：在寡头市场上，每个寡头的产量都在全行业的总产量中占较大份额，所以，每个厂商的产量和价格的变动都会对其他竞争对手以致整个行业的产量和价格产生举足轻重的影响。从而每个寡头厂商在采取某项行动之前，必须首先推测或掌握自己这一行动对其他厂商的影响以及其他厂商可能做出的反应，考虑到这些因素之后，才能采取最有利的行动。所以，每个寡头厂商的利润都要受到行业中所有厂商的决策的相互作用的影响。一般而言，不知道竞争对手的反应方式，就无法建立寡头厂商的模型。或者说，有多少关于竞争对手的反映方式的假定，就有多少寡头厂商的模型，就可以得到多少不同的结果。因此在西方经济学中，没有一种寡头市场模型能对寡头市场的价格产量的决定做出一般的理论总结。

欧佩克就是一种寡头垄断形式。在欧佩克诸成员国中，沙特阿拉伯是最大的或最有影响的一位，它的产量一般占欧佩克总产量的1/3，储油量也占欧佩克总储量的40%。通常都是由沙特阿拉伯先制定价格或与其他成员协商后制定价格，其他成员则遵照执行，即使石油销路不好时，他们宁可减少产量也不愿降价，以免引起彼此的纷争，造成两败俱伤。这种寡头垄断我们又称为价格领袖式寡头垄断。

"冰冻三尺，非一日之寒"，寡头市场有着长期发展所形成的优势，也有着明显的劣势。总的来说，就经济效率而言，由于长期以来寡头市场的市场价格高于边际成本，企业利润有着稳定、可靠的保障，加之缺乏竞争者的加入，因此寡头企业在生产经营上缺乏积极性，这会导致其效率降低。但是从另一方面看，由于寡头企业规模较大，往往便于大量使用先进技术，所以又有效率较高的一面。鉴于此，许多国家都在试图扬长避短，在发挥其高效率一面的同时，制定相应政策法规抑制其低效的一面（比如保护与寡头企业密切关联的其他中小企业的权利，打击垄断等），从而促进寡头市场的竞争。

企业扩张的快捷方式

如今在全球一体化的经济背景下，跨国生产经营已经成为一种新的经营战略和资源配置模式。生产经营的跨国化是生产领域中最显著的国际现象，也是国际经济关系向紧密方向发展得更深刻的表现。跨国公司在全球范围组织生产过程，民族、国家的市场障碍不断被跨国公司的

□ 图解经济学

宾夕法尼亚的油井　1859年

垄断者调整供求的目的，不是为了使产品销售价格与其生产成本相抵，而是为了自己能够获得最大限度的纯收入总额。图为1859年的宾夕法尼亚州的油井，当时石油生产企业已成为垄断资本的超级工厂。其经营者如果调整石油的供求，主要是为了使自己获得最大限度的纯收入总额。

全球战略所冲破。

2010年3月28日晚9点，吉利正式与美国福特汽车公司达成协议，以18亿美元收购福特旗下的沃尔沃轿车，获得沃尔沃轿车公司100%的股权以及相关资产（包括知识产权）。专家指出，正处于往高端汽车转型时期的吉利抓住金融危机的机遇，成功收购沃尔沃，这是中国民营汽车企业在走向国际化道路上取得成功的标志性事件，浙江吉利控股集团董事长李书福因而成为人们眼中最幸福的中国人。

吉利收购沃尔沃是国内汽车企业首次完全收购一家具有近百年历史的全球性著名汽车品牌，并首次实现了一家中国企业对一家外国企业的全股权收购、全品牌收购和全体系收购。

吉利收购沃尔沃并非一蹴而就。早在2002年，李书福就动了收购沃尔沃的念头，对其研究已有8年多，首次正式跟福特进行沟通距今也将近3年。在李书福看来，吉利对沃尔沃及汽车行业的理解，以及对于福特的理解等，都是福特选择吉利作为沃尔沃新东家非常重要的元素。

"并不是有钱就能买到全球三大名车之一的沃尔沃，反过来讲，也并不是说钱不多就买不到。"李书福认为，中国在采购与研发方面所蕴含的成本优势，必将增强未来沃尔沃轿车的全球竞争力。

对这起并购事件，商务部对外投资和经济合作司处长对《中国经济周刊》表示，国内整车制造企业去收购境外整车制造企业，吉利虽然不是第一例（2004年上汽收购韩国双龙），但影响却很大。在他看来，中国巨大的市场份额也是吸引沃尔沃的主要因素之一。

"尽管吉利的技术实力不如沃尔沃，但是我们有巨大的国内市场作为支撑，对重振沃尔沃品牌有好处。"他说。他认为，这起并购案对中国制造业振兴会起到示范带动作用。"中国的民营企业已经具有开展跨国经营的视野和能力，我们不能忽视民营企业在'走出去'中的地位和作用。"

跨国并购是更多生产要素的国际流动，包括管理、技术、信息和市场，等等。跨国并购在最终产品上减少了国际贸易，同时又在中间产品上通过市场内部化增加了国际贸易。

在跨国公司的全球生产部署下，产品及其零部件的生产选址主要取决于生产要素的优化配置，国家的差别正在日益淡化。在跨国公司的全球拓展中，产业分布越来越多地成为跨国公司全球战略的结果，而越来越少地继续作为本国产业政策的体现。在本国经济条件基础上形成比较优势的前提下，产品的交换是基本的和首要的形式。要素的国际流动是比商品的国际流动更高级的形式，它可以形成新的比较优势和更优化的资源配置，这就是跨国并购的经济意义。

企业兼并在当今已经屡见不鲜。当优势企业兼并了劣势企业，后者的资源便可以向前者集中，这样一来就会提高资源的利用率，优化产业结构，进而显著提高企业规模、经济效益和市场竞争力。

对于一个国家而言，企业兼并有利于其调整产业结构，在宏观上提高资源的利用效率。对兼并的研究，一直是经济学家的重点课题。不过，在此需要指出，人们提起兼并的时候，往往会把这样几个词混淆："兼并""合并"与"收购"。

它们的共同点在于：这三种行为都是企业产权的有偿转让，即都是企业的买卖，都是企业为了谋求发展而采取的外部扩张措施。但具体来说，合并是指两家以上的公司归并为一个公司。兼并是指把其他企业并入本企业里，被兼并的企业将失去法人资格或改变法人实体。收购在操作程序上与合并相比要相对简单，只要收购到目标公司一定比例的股权，进行董事会、监事会改组就可以达到目的。因此，一般情况下，可以这样认为：收购是兼并中的一种形式，即控股式兼并；而兼并又包含在广义的合并概念中，它是合并中的一种形式，即吸收合并。

价格协议为什么会成为一纸空文

在拉封丹的寓言《鼠盟》里，有一只自称既不怕公猫也不怕母猫，既不怕牙咬也不怕爪挠的鼠爷。在它的带领下，老鼠们签订协议，组成了对抗老猫的联盟，去救一只小老鼠。结果，面对老猫，老鼠不敢再大吵大闹，个个望风而逃，躲进洞里把小命保，谁要不知趣，当心老雄猫。鼠盟就这样瓦解了，协议变成了一纸空文。

寓言故事中使鼠盟难以形成的原因是猫的强大无比。同样，在现实生活中，使价格同盟难以实现的原因是市场供求力量强大无比，不可抗拒。在市场经济中，决定价格的最基本因素是供求关系，供小于求，价格上升；供大于求，价格下降，这是什么力量也抗拒不了的。在不完全竞争的市场（垄断竞争、寡头、垄断）中，企业只能通过控制供给来影响价格，想把自己硬性决定的价格强加给市场是行不通的。在汽车、民航这类寡头市场上，每个企业所考虑的只能是自己的短期利益，而不是整个行业的长期利益，因此，当整个行业供大于求时，不要寄希望于每个企业减少产量来维持一定的价格。

国内企业各种各样的联盟声不绝于耳，屡战屡败，而后又屡败屡战，很多企业乐此不疲。企业搞联盟是想在市场的海洋中寻求一个救生圈，而结果则不然。每次联盟均告失败的事实说明，这种被不少企业看作制胜法宝的价格联盟是靠不住的。

我国如今的经济时代好像成了联盟时代，在种种共同利益的驱动下，一些企业动不动就扛起联盟大旗，或是抬价压价，或是限产保价，或是联合起来一致对外。仔细分析，这些企业联盟大致分为两种模式：一是企业之间自愿建立的松散联盟；二是主管部门主导、企业参加的联盟。

价格联盟的明显特征是：它是两个或两个以上的经营者自愿采取的联合行动；是处于同一

经营层次或环节上的竞争者之间的联合行动；联合行动是通过合同、协议或其他方式进行的；协议的内容是固定价格或限定价格；其共同目的是通过限制竞争以获取高额利润。

由于行业协会制定的是行业自律价格，没有强制效力，行业协会也不可能对违反自律价格的商家进行处罚，因此这个自律价格其实只是一个空架子，没有什么实际意义。在利益面前，这种基于行业压力及商家道德的"盟誓"究竟有多少约束力可想而知。

早在18世纪初，亚当·斯密就说过这样一句话："同业中的人即使为了娱乐和消遣也很少聚在一起，但他们的对话不是策划出一个对付公众的阴谋，便是炮制出一个抬高价格的计划。"事实也一再证明，这种非寡头垄断同盟缺乏有效的约束机制，具有相当的不确定性。

价格联盟被称为"卡特尔"，任何价格卡特尔一经形成必然走向它的反面。联盟一经形成，价格便富有极大的弹性，只要其中的某一个成员降低价格，必将从中获利。为追逐利益，联盟成员之间的价格斗争不可避免，这就必然导致卡特尔机制的瓦解。

即使价格联盟在短期内取得一定收效，缓解了联盟企业的燃眉之急，但其潜在的和长期的危害却不可忽视。首先，制约了企业竞争。自由竞争是市场经济的基本属性，离开了竞争，市场就成为死水一潭。不同企业，经营成本不同，却执行相同的价格，形成大家平均瓜分市场份额的局面，无形中保护了落后，鼓励了不思进取，严重挫伤了企业发展的积极性。其次，损害了消费者的知情权和选择权，以及消费者的利益，并且不利于培养消费者成熟的消费理念。俗话说，没有成熟的消费者就不会有成熟的市场，因此，最终结果还是累及整个行业的长期发展。

垄断竞争市场的竞争与垄断

垄断竞争市场是一种处在完全竞争和完全垄断之间的，既有垄断又有竞争的市场结构。引起垄断竞争的基本条件是产品差别的存在，它是指同一种产品在质量、包装、牌号、配方或销售条件等方面的差别。一种产品不仅要满足人们的实际生活需要，还要满足人们的心理需要。于是，每一种有差别的产品都可以以自己的产品特点在一部分消费者中形成垄断地位。

但是产品差别是同一种产品的差别，而各种有差别的产品之间又存在替代性，就引起了这些产品之间的竞争。

竞争分纯粹竞争和垄断竞争两种。在纯粹竞争中，大量的小卖主向同一市场供应同类产品，其中无一人能影响市场价格，必须接受由所有卖主提供产品的总供给量和所有买主对产品的总需求量所决定的市场价格。各个卖主都趋向于按现时市场价格将其产品调整到能够给他带来最大利润，而不至于发生市场价格变动的数量，但所有卖主如此调整的结果，使得总供给量发生变化，因而市场价格随之上升或下降。当经营者供应不同类的产品，即存在产品差异时，则发生垄断竞争。

20世纪80年代，可口可乐与百事可乐之间竞争十分激烈。可口可乐为了赢得竞争，对20万13～59岁的消费者进行了调查，结果表明，55%的被调查者认为可口可乐不够甜。本来不够甜加点糖就可以了，但可口可乐公司花了两年时间耗资4000万美元，研制出了一种新的更

垄断竞争市场

垄断竞争市场有3个特点：许多企业、有差别的产品和自由进入

凉茶　冰红茶　冰绿茶　菊花茶

以饮料市场为例，在三伏天凉茶市场销量非常好，其市场进入的门槛非常低。这时有许多企业进行凉茶生产，并且生产的凉茶品质是有差异的，不同的品质拥有不同的消费群体。

垄断竞争与完全竞争

垄断竞争市场也存在一定的无效率，它不能像完全竞争市场那样带来完全的福利最大化。但这种无效率很模糊，也难以衡量和解决。但由于其企业生产少于完全竞争市场的有效规模，因此垄断竞争市场存在过剩的生产能力，其价格总是高于其边际成本。

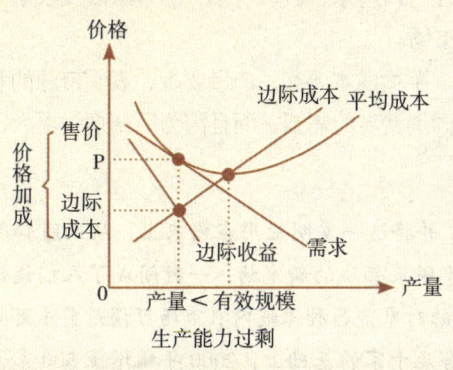
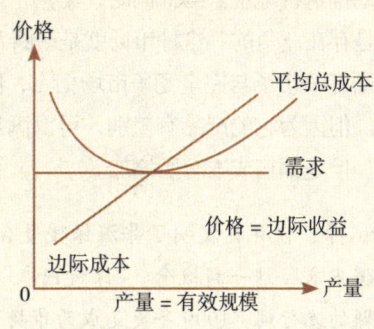

左图表示的是垄断竞争市场的长期均衡，右图表示的是完全竞争市场的长期均衡。其中完全竞争市场的生产能达到有效规模，平均总成本可以达到最小，而垄断竞争企业均不能达到这一标准。此外，和完全竞争市场不同的是，垄断竞争下的价格高于边际成本。

◻ 图解经济学

可口可乐的广告

科学、更合理的配方。1985年5月1日,董事长戈苏塔发布消息说,可口可乐将中止使用99年历史的老配方,代之而起的是"新可口可乐"。当时记者招待会上约有200家报纸、杂志和电视台的记者,大家对新的可口可乐并不看好。

24小时后,消费者的反应果然印证了记者们的猜测。很多电话打到可口可乐公司,也有很多信件寄到可口可乐公司,人们纷纷表示对这一改动的愤怒,认为它大大伤害了消费者对可口可乐的忠诚和感情。旧金山还成立了一个"全国可口可乐饮户协会",举行了抗议新可口可乐活动,还有一些人倒卖老可口可乐以获利,更有人扬言要改喝茶水。

此时百事可乐火上浇油。百事可乐总裁斯蒂文在报上公开发表了一封致可口可乐的信,声称可口可乐这一行动表明,可口可乐公司正从市场上撤回产品,并改变配方,使其更像百事可乐公司的产品。这是百事可乐的胜利,为庆祝这一胜利,百事可乐公司放假一天。

面对这种形势,1985年7月11日,可口可乐公司董事长戈苏塔不得不宣布:恢复可口可乐本来面目,更名"古典可口可乐",并在商标上特别注明"原配方",与此同时,新配方的可口可乐继续生产。消息传开,可口可乐的股票一下子就飙升了。

这个案例说明,老的可口可乐已在部分消费者中形成了垄断地位,哪怕可口可乐公司总裁也不能动摇这种地位。与此同时,案例也说明在可口可乐、百事可乐、矿泉水以及茶水等饮料之间还是存在竞争的。这种市场就是垄断竞争市场。

垄断竞争市场与完全竞争市场相比,价格、平均成本要高,产量要少,表明资源的利用程度要低。但因为它的产品有差别,可以满足不同消费者的需要,而且因为厂商规模更大,有利于创新。但是销售成本有所增加。

1996年,俞兆林发明了导湿保暖复合绒,并将这一发明应用在内衣上,从此服饰领域多了"保暖内衣"这一新概念。"保暖内衣"这个服装领域的新宠物,一时间成了人们谈论冬季保暖话题的流行词。1999年更是成为市场追捧的对象,各种保暖内衣市场可谓是炙手可热、尽占春色。于是乎,这一新生行业在1999年只有几十家的基础上,2000年猛增至500家,总销量由1999年的不足700万套,到2000年度上升至3000多万套!同时,伴随激烈竞争而推出的各种行销手段更是层出不穷。有报道说:"南极人"送袜、"南极棉"送被、"白熊"保暖内衣卖最低价、"俞兆林"买两套送一套、买一套送单件、买单件送手套等等;各种广告宣传更是充斥大街小巷、报端电视。而当行业内厂商激战正酣时,市场上消费者、行业管理人士的反映又怎样呢?根据市场调查发现,尽管价格较1999年已有明显下降,但2000年度市场反应仍十

434

分冷淡，1999年度那种排长队提货的情景没有了，而产品专卖区更是十分萧条。有营业员说，与1999年的火爆场面相比，这里常常是数十分钟无人光顾。

保暖内衣何以面对如此"冰火两重天"的景象呢？这是因为保暖内衣从产品开发到市场化经历了从垄断到垄断竞争的市场结构变化过程。首先是行业的垄断利润使得其他厂商有了进入该行业的动力，同时各厂商为了有效地进入和占有应有的市场份额，除了采取"价格战"以外，他们还通过宣传各种保暖新概念，来加强自己的品牌优势以确立其市场竞争地位。

中国保暖内衣市场的形成过程经历了两个阶段。首先，各厂商通过价格和非价格竞争来争取一个较大的市场份额和垄断利润；其次，垄断超额利润的存在使得新厂商的进入成为可能，使得垄断利润逐渐消失。特别是当保暖技术不再成为行业进入的主要障碍时，大量差异产品充斥市场，使得行业生产规模超出市场需求，表现在单个厂商身上则是市场的萎缩。

总的来说，产品差别是垄断竞争市场的本质特征。这些差别有可能来自各个方面，因此，消费者在享受产品差别所带来的多样化的同时，不得不提防虚假差异甚至是伪劣产品所带来的侵害。这样，一个垄断竞争市场的形成必然需要一个严格的市场管理，要有一个严格的行业标准来规范市场，以防不法厂商借制造假差异来垄断市场，从而危害消费者利益。

与对手竞争不如结盟

在美国费城西部有两家布料商店——纽约贸易商店和美洲贸易商店。这两家店只隔一条街，由于同是卖布料的，两家的老板常常争吵，而爆发价格战更是家常便饭。

有一天，纽约贸易商店窗口突然挂出一个木牌，上面写着："出售爱尔兰亚麻被单，质量上乘，完美无缺，价格低廉，每床价格6美元。"见此情景，美洲贸易商店的窗口也挂出了一块木牌："本店被单世界一流，绝对物超所值，定价仅为5.95美元！"

接着，纽约贸易商店立即换上新木牌："本店出售全球质量最好的被单！惊爆最低价5.8美元！"

很快，对面的美洲贸易商店也换上新木牌……

两个老板互不相让，不断降价，直到最后，他们其中有一个愿意认输。

每次价格战，输掉的老板都会当街大骂，说获胜的老板是疯子，在他那里买东西的人都是神经病。不过，人们可不这么认为，他们都竞相跑到竞争获胜的商店买床单。

不久，两个老板的"事迹"被宣扬了出去，越来越多的人跑到这一带来买东西。因为，每次在他们的价格大战结束时，人们就能买到各式各样物美价廉的商品。

垄断不是绝对的

这样的日子一直持续了 30 多年……

后来，两人中的一位去世了，一周后，另一家店的老板也以年纪大为由退休了。两家店铺先后被卖了。

很凑巧，这两个店面被同一个人买了下来，当这位新主人进行大清理时，发现两位老板的住房有一条暗道相通，而他们的库房就在其房子下面。除此之外，更让他感到惊讶的是，这两个平日相互咒骂的老板竟然是兄弟！

真是天才般的两兄弟，他们展开的价格战争，表面上互相残杀，实际上却是在演戏！最后无论是谁获得了胜利，都能将商品销售出去。

两家老板的合作，再次证明了在商场，竞争双方的合作会带来更好的效益。

"只要有强大的、难以抗拒的共同利益，昨天的对手，今天就可能是朋友。"这是西方的一句名言，同时也是商场中商家们最好的选择。越来越多的人发现，只要转换角度，就可以获得双赢的结果。2000 年冬天，中国西北的省会城市兰州，两个相距不远的新开的日用品商场之间，爆发了一场轰动全国的"鸡蛋大战"，一家商场以低于当地市场价 20% 的价格打出了"全市鸡蛋最低价"的广告，商场门前很快排起了购蛋长队；另一个以比对方低 5 毛的价格也挂出了一张广告牌，长队很快挪到了这家商场的门口。接下来，第一家把鸡蛋价格也降了 5 毛钱，第二家随之跟进又降 5 毛……最后，顾客只要花 3 毛钱，就可以买到 1 斤鸡蛋。这场激烈的商战最后演变成了一场儿戏，事后调查证明，这是两家商场为了吸引人气合谋上演的一出戏。通过鸡蛋价格战，它们以蛋价上的小小牺牲，换取了大量的客流量和商品销售业绩，很多顾客都冲着"便宜鸡蛋"的口碑而来，当他们来后，很多人觉得既然大老远来一趟，只买鸡蛋太划不来，于是就买了很多其他物品，"鸡蛋这么便宜，其他东西肯定也贵不到哪里去"。于是，两家商场通过"便宜鸡蛋"，获得了更多的利益，变个赢为共赢。

事实上，敌对和竞争的双方，如果既竞争又合作，往往会带来更大的利益。日益激烈的市场竞争，对任何个体都是巨大的考验。当与对手狭路相逢，倘若一味拼死对决，搞得两败俱伤，还不如尽释前嫌通力合作，获得最佳效益，这是从商的一种大智慧。

第二十二章
市场失灵：信息不对称下的副作用

一不留神，市场失灵了

有这样一个寓言故事：

有个财主有一妻一妾，妻子比他的年纪大，而妾比他的年纪小。

妾觉得自己和财主不般配，因为两人在一起的时候，总是显得自己比财主小很多，犹如父女俩。怎么办呢？她想到一个妙招儿：她每天都把财主头上的白发拔去几根。她这么想：只要头上的白发少了，不就显得年轻了吗？这样才会使双方般配一些。

妻也觉得自己和财主不般配，因为两人在一起的时候，总是显得自己比财主老，犹如母子俩。怎么办呢？她也想到一个妙招儿：她每天都把财主头上的黑发拔去几根。她这么想：只有头上的黑发少了，才能显得年老点，这样才会使双方般配一些。

就这样，财主在妾那里，妾就给他拔白头发；财主在妻那里，妻就给他拔黑头发。没过多久，财主便成了秃头！

无论是妻还是妾，她们拔头发的动机都无可非议，最终却造成了大家不愿意看到的结果。这是因为她们都是从利己的角度出发，可以说是由于妻妾的利己性造成了财主"秃头"的结局。

在经济学中，古典经济学家认为，每个人从利己的目的出发，就能达到市场优化的效果。但事实证明，如果人人利己，放任自由，也会造成"市场失灵"的悲剧。

市场可对资源进行有效配置，但市场机制不是万能的，它不可能有效地调节人们经济生活的所有领域，于是就有了市场失灵。所谓市场失灵，是指市场本身不能有效配置资源的情况，或者说市场机制的某种障碍造成配置失误或生产要素浪费性使用。

20世纪20年代末，一场经济危机宣告了古典经济学"市场神话"的终结，"市场失灵"这一经济术语在西方经济学界被广泛使用。市场失灵是由于某些因素的存在使得价格机制在调节经济的同时也会带来许多副作用，使市场不能发挥其应有的作用，这些导致市场失灵的因素主要有：外部性、公共物品、收入分配不均等。

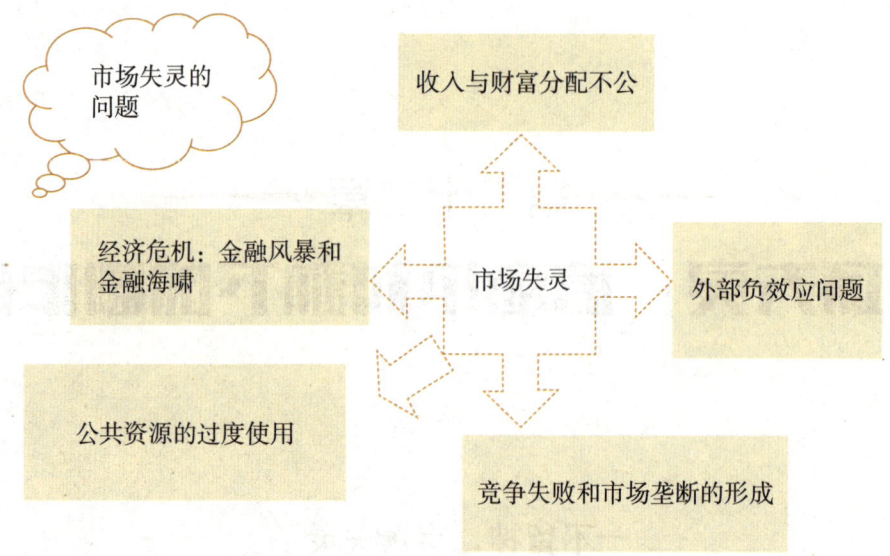

1. 市场不能保持经济的综合平衡和稳定协调的发展

市场调节实现的经济均衡是一种事后调节并通过分散决策而完成的均衡，它往往具有相当程度的自发性和盲目性，由此产生周期性的经济波动和经济总量的失衡。在粮食生产、牲畜养殖等生产周期较长的产业部门更会发生典型的"蛛网波动"。此外，市场经济中个人的理性选择在个别产业、个别市场中可以有效地调节供求关系，但个人的理性选择的综合效果却可能导致集体性的非理性行为，如当经济发生通货膨胀时，作为理性的个人自然会做出理性的选择——增加支出购买商品，而每个人的理性选择所产生的效果便是集体的非理性选择——维持乃至加剧通货膨胀；同样，经济萧条时，也会因每个个体的理性选择——减少支出而导致集体的非理性行为——维持乃至加剧经济萧条。市场主体在激烈的竞争中，为了谋求最大的利润，往往把资金投向周期短、收效快、风险小的产业，导致产业结构不合理。

2. 自由放任的市场竞争最终必然会走向垄断

因为生产的边际成本决定市场价格，生产成本的水平使市场主体在市场的竞争中处于不同地位，进而导致某些处于有利形势的企业逐渐占据垄断地位。同时，为了获得规模经济效益，一些市场主体往往通过联合、合并、兼并的手段，形成对市场的垄断，从而导致对市场竞争机制的扭曲。

3. 市场机制无法补偿和纠正经济外部性

外在效应是独立于市场机制之外的客观存在，它不能通过市场机制自动削弱或消除，往往需要借助市场机制之外的力量予以纠正和弥补。显然，经济外在效应，意味着有些市场主体可以无偿地取得外部经济性，而有些当事人蒙受外部经济性造成的损失却得不到补偿。前者常见于经济生活中的"搭便车"现象，即消费公共教育、公用基础设施、国防建设等公共产品而不分担其成本；后者如工厂排放污染物会对附近居民或者企业造成损失，对自然资源的掠夺性开发和对生态环境的严重破坏以及司空见惯的随处抽烟等。

4. 市场机制无力组织与实现公共产品的供给

所谓公共产品，是指那些能够同时供许多人共同享用的产品和劳务，并且供给它的成本与享用它的效果，并不随着用它的人数规模的变化而变化，如公共设施、环境保护、文化科学教育、医药、卫生、外交、国防等。一个人对公共产品的消费不会导致别人对该产品的减少，于是只要有公共产品存在，大家都可以消费。这样，一方面，公共产品的供给固然需要成本，这种费用理应由受益者分摊；另一方面，它一旦被生产出来，生产者就无法决策谁来得到它，即公共产品的供给一经形成，就无法排斥不为其付费的消费者，于是不可避免地会产生如前所述的经济外在效应，以及由此而出现的"搭便车者"。更严重的是，既然如此，人人都希望由别人来提供公共产品，而自己坐享其成，其结果便很可能是大家都不提供公共产品。

5. 市场分配机制会造成收入分配不公和贫富两极分化

20世纪二三十年代，危机来临，许多美国人只能靠领救济金维持生活。

一般说来，市场能促进经济效率的提高和生产力的发展，但不能自动带来社会分配结构的均衡和公正。奉行等价交换、公平竞争原则的市场分配机制却由于各地区、各部门（行业）、各单位发展的不平衡以及各人的自然禀赋、教养素质及其所处社会条件的不同，造成其收入水平的差别，产生事实上的不平等，而竞争规律往往具有强者愈强，弱者愈弱，财富越来越集中的"马太效应"，导致收入在贫富之间、发达与落后地区之间的差距越来越大。

市场失灵所造成的破坏作用是巨大的，甚至会引起经济危机，如1929～1932年金融大危机就是一次典型的市场失灵。1933年，整个资本主义世界工业生产下降40%，各国工业产量倒退到19世纪末的水平，资本主义世界贸易总额减少2/3，美、德、法、英共有29万家企业破产。资本主义世界失业工人达3000多万，美国失业人口1700多万，几百万小农破产。

由于市场失灵的存在，要优化资源配置，必须由政府进行干预。也正因为市场会失灵，才需要政府的干预或调节。市场规律和政府调控相结合，才能有效遏制"市场失灵"现象。

劣币驱逐良币的背后

阿克洛夫在1970年发表了一篇名为《柠檬市场：质量不确定性和市场机制》的论文，他本人也于2002年获得诺贝尔经济学奖。"柠檬"在美国俚语中表示"次品"或"不中用的东西"，"柠檬市场"是次品市场的意思。当产品的卖方对产品质量比买方掌握更多信息时，柠檬市场就会出现，低质量产品就会不断驱逐高质量产品。

"劣币驱逐良币"是柠檬市场的一个重要应用，也是经济学中的一个著名定律。金属货币作为主货币有较长的历史。由于直接地使用金属做货币有不便之处，人们将金属铸造成便于携带和交易，也便于计算的"钱"。人为铸造的"金属货币"，有了一个"面值"，或称为名义价

□ 图解经济学

图为刻有黑太子爱德华雕像的金币。在各种金属铸币的法定价值比例持续不变的情况下，所有铸币的价值都由其中最贵重的那种金属的价值来支配。

值。这一点变化，使得铸币内在的某种金属含量（如黄金含量）产生了与面值不同的可能，如面值1克黄金的铸币，实际黄金含量可能并不是1克，人们可以加入一些其他低价值的金属混合铸制，但它仍然作为1克黄金进入交易流通中。

16世纪的英国，商业贸易已经很发达，玛丽女王时代铸制了一些成色不足（即价值不足）的铸币投入流通中。当时在英国很受王室看重的金融家兼商人托马斯·格雷欣发现，当面值相同而实际价值不同的铸币同时进入流通时，人们会将足值的货币储藏起来，或是熔化或是流通到国外，最后回到英国偿付贸易和流通的，则是那些不足值的"劣币"，英国由此受到巨大损失。鉴于此，格雷欣对伊丽莎白一世建议，恢复英国铸币的足够成色，以恢复英国女王的信誉和英国商人的信誉，以免在贸易中受到不足价值铸币的"驱逐"。

这就是劣币驱逐良币效应，产生这种现象的根源在于当事人的信息不对称。因为如果交易双方对货币的成色或者真伪都十分了解，劣币持有者就很难将手中的劣币花出去，或者，即使能够用出去也只能按照劣币的"实际"而非"法定"价值与对方进行交易。

"劣币驱逐良币"的现象在市场上是普遍存在的。在信息不对称的市场中，因为产品的卖方对产品的质量拥有比买方更多的信息。在极端情况下，市场会止步萎缩和不存在，从而产生柠檬市场效应。柠檬市场效应则是指在信息不对称的情况下，往往好的商品遭受淘汰，而劣等品会逐渐占领市场，从而取代好的商品，导致市场中都是劣等品。本来按常规，降低商品的价格，该商品的需求量就会增加；提高商品的价格，该商品的供给量就会增加。但是，由于信息的不完全性和机会主义行为，有时候，降低商品的价格，消费者也不会做出增加购买的选择；提高价格，生产者也不会增加供给。"二手车市场模型"可以形象地解释这种现象。

假设有一个二手车市场，买车人和卖车人对汽车质量信息的掌握是不对称的。买家只能通过车的外观、介绍和简单的现场试验来验证汽车质量的信息，而这却很难准确判断出车本身质量的好坏。因此，对于买家来说，在买下二手车之前，并不知道哪辆汽车是高质量的，他只知道市场上汽车的平均质量。当然，买家是知道市场里面的好车至少要卖6万元，坏车最少要卖2万元。那么，买车的人在不知道车的质量的前提下，愿意出多少钱购买他所选的车呢？所有典型的买家只愿意根据平均质量出价，也就是4万元。但是，那些质量很好的二手车卖主就不愿意了，他们的汽车将会撤出这个二手车市场，市场上只留下质量低的卖家。如此反复，二手车市场上的好车将会越来越少，最终将瓦解。

由传统的市场竞争机制得出来的结论是"优胜劣汰"，可是，在信息不对称的情况下，市场的运行可能是无效率的，并且会得出"劣币驱逐良币"的结论。产品的质量与价格有关，较高的价格诱导出较高的质量，较低的价格导致较低的质量。"劣币驱逐良币"使得市场上出现价格决定质量的现象，因为买者无法掌握产品质量的真实信息，这就出现了低价格导致低质量的现象。

其实我们可以发现，柠檬市场无处不在。比如人才市场，由于信息不对称，雇主愿意开出的是较低的工资，这根本不能满足精英人才的需要。信贷市场也是个柠檬市场，信息不对称使贷款人只好确定一个较高的利率，结果好企业退避三舍，资金困难甚至不想还贷的企业却蜂拥而至。认识了柠檬现象，在很多时候可以使我们免受其害。

保险的道理：委托代理的风险

《克雷洛夫寓言》中有一则"狐狸建筑师"的故事：

一头狮子特别喜欢养鸡，但鸡舍不好，总是丢鸡。狮子决定请最好的建筑师狐狸来建一个坚固的鸡舍。鸡舍建得极为精美，看起来固若金汤，围墙又高又严密，但鸡仍然在一天天减少。原来狐狸就是偷鸡贼，它把鸡舍盖得非常严密，谁也进不去，但却把一个秘密通道留给了自己。

狮子委托狐狸建鸡舍是出于它的无知，用经济学术语说是狮子和狐狸之间的信息不对称。一旦狮子知道了狐狸的偷鸡本性，就会从维护自己的利益出发，炒掉狐狸。假设狐狸没有偷鸡的动机，鸡舍也不一定能盖好，比如偷鸡的黄鼠狼有可能给狐狸贿赂，让狐狸留下通道。

在以分工为基础的现代社会中，委托代理关系是普遍存在的。委托代理关系形成以后，由于信息不对称，就可能出现代理人的道德风险。

道德风险是20世纪80年代西方经济学家提出的一个经济哲学范畴的概念，即"从事经济活动的人在最大限度地增进自身效用的同时做出不利于他人的行动"。或者说是，当签约一方不完全承担风险后果时所采取的自身效用最大化的自私行为。道德风险亦称道德危机，但道德风险并不等同于道德败坏。

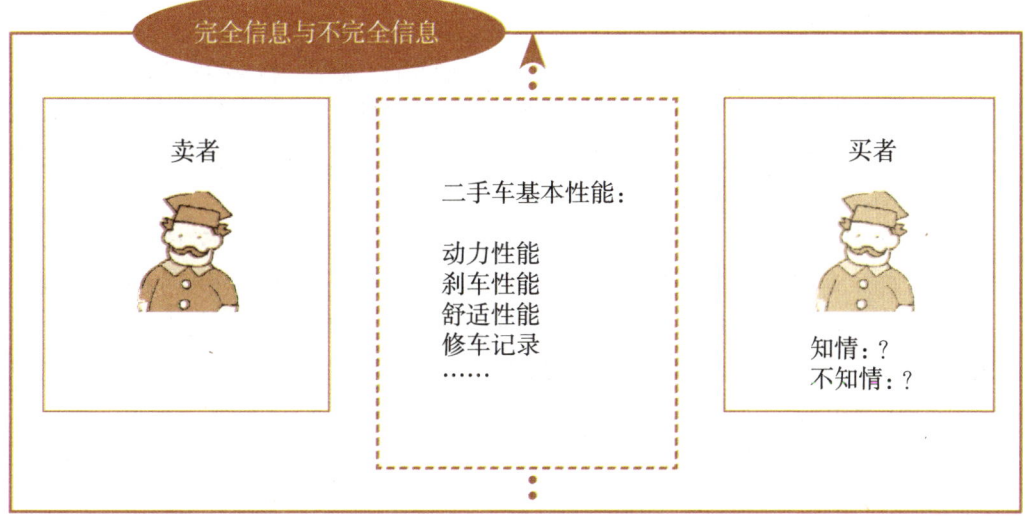

关于十二生肖的来历有个传说：

天帝交给猫一个任务，让它挑选12种动物作为人的生肖，条件是它可以在12生肖中位列第一。猫因为要忙自己的事情，就将这个任务交给了它认为能力最强、最可信赖的老鼠。老鼠将属于猫的第一把交椅留了下来，然后认真履行职责。由于动物们都想被选中，所以对老鼠行贿，老鼠把握不住自己，将这些动物一一拉进来。当它发现11个座位都已经排定时，自己还没有地方呢，于是干脆一不做二不休，把留给猫的第一把交椅自己坐了。这也就是猫要抓老鼠的原因。

猫委托老鼠办事，这是一种委托代理关系。而老鼠在接受委托后采用了隐藏行为，由于代理人和委托人信息不对称，最终给委托人带来了损失。

在经济活动中，道德风险问题相当普遍。可以说，只要市场经济存在，道德风险就不可避免。诺贝尔经济学奖获得者斯蒂格里茨在研究保险市场时，发现了一个经典的例子：

美国一所大学的学生自行车被盗比率约为10%，有几个有经营头脑的学生发起了一个对自行车的保险，保费为保险标的的15%。按常理，这几个有经营头脑的学生能获得5%左右的利润。但该保险运作一段时间后，这几个学生发现自行车被盗比率迅速提高到15%以上。何以如此？这是因为自行车投保后，学生们对自行车的安全防范措施明显减少了。

在这个例子中，投保的学生由于不完全承担自行车被盗的风险后果，因而采取了对自行车安全防范的不作为行为。而这种不作为的行为，就是道德风险。

保险就是典型的委托代理关系。基于理性人假设，个人努力追求自己的效用最大化，因为任何预防性措施的采取都有代价，同时保险公司承担了保险的全部风险，所以理性的投保人不会在预防措施上投资，这样就增加了风险发生的可能，给保险公司带来了损失。更为极端的是，个人会促使损失的发生，从而获得保险公司的理赔。保险公司预测投保人投保后的这种行为，就会要求投保人交纳更多的保险金，这样降低了保险市场的效率。投保人相对采取预防措施下的收益也会降低。此外，保险公司为了激励投保人采取预防措施，可以采用设置免赔额，并且要求投保者也承担一定比例损失的方式保护自己的利益，能够收到一定的效果。

如何控制代理人的道德风险行为呢？有人说要加强审计、监督、检查和惩戒，但是问题在于：第一，代理人的很多行为并不涉及法律和纪律，比如他的工作热情不高、偷懒，你就没法用法律和纪律约束他；第二，检查和监督是有成本的，如果检查和监督很细致、很频繁，监督成本就会很高，很可能得不偿失。

其实，为有效防止代理人的道德风险，可以将代理人的报酬与他的绩效挂钩，这样就能激励他的工作热情。还有一些其他机制控制代理人的道德风险行为，比如用相对业绩来确定代理人的报酬，即代理人的报酬不仅依赖于自己的业绩，而且依赖于相同行业的其他代理人的业绩。又比如市场声誉也能起到一定作用，具有良好市场声誉的代理人在今后能获得较高的报酬，而不良经营记录甚至破产记录则会给代理人的职业生涯带来不利的影响。

身边的正外部性与负外部性

在现代经济学理论体系中,所谓"外部性"也称外在效应或溢出效应,主要是指一个经济主体的活动对旁观者福利的影响,这种影响并不是在有关各方以价格为基础的交换中发生的,因此其影响是外在的。如果给旁观者带来的是福利损失(成本),可称之为"负外部性";反之,如果给旁观者带来的是福利增加(收益),则可称之为"正外部性"。全体社会成员都可以无偿享受的公共物品,可以说是正外部性的特例。

经济生活中的外部性是广泛存在的。生产中养蜂人放蜂使果农收成增加,企业的技术发明被其他企业无偿引用等等,都会产生正外部性;而化工厂向江河排放污水就会有负外部性。私人消费也会产生负外部性,如吸烟、开车都会造成对空气的污染,半夜放音响给邻居带来的噪声等,都产生负外部性。

前几年在营养保健品市场上,风行"人体补钙",各种各样的补钙品琳琅满目,报纸杂志和电视广播里也充斥着补钙的广告。当"补钙大战"如火如荼、难分高下的时候,人们却吃惊地发现,由于竞争商家太多,营养品销量并不见得有多好,倒是农贸市场里的肉骨头大为旺销。原来,根据"吃什么补什么"的老话,吃肉骨头也是相当补钙的。特别是猪的脚筒骨,骨髓多,味道好,在市场上大受欢迎。供给有限导致了价格上涨,最后它的价格甚至逼平了肋条肉。与此同时,饭店里的骨头煲汤也备受欢迎。直到这时,那些在媒体上花大钱做广告的厂商才发现,自己为肉骨头作了免费宣传。

在经济生活中,这种"正外部性"现象非常常见,例如,对于一些弱势产品,搭强势品牌"广告便车"就是一条切实可行的策略。在强势品牌大肆宣传时,弱势产品就大力"铺货",最大限度地减少自己新产品进入市场的阻力,可以使产品迅速地进入终端销售市场,更快与消费者见面。

然而,生活中同样存在着"负外部性"。某小区附近因为常有偷盗现象发生,家家户户纷

小汽车的外部效应

小汽车

| 正外部效应:
舒适
便利
有地位 | 负外部效应:
交通拥堵加剧
行车难,停车更难
环境进一步恶化
噪声污染 |

纷将自家门窗装上了防盗门和钢条笼子，结果路人从街上经过，抬头望去满目全是黑灰铁条，整个小区简直就是一片监狱牢房，大煞风景，这就是负外部性了。有个地方在架桥时，对山体进行爆破作业，不料附近有一个养牛场，许多怀孕的母牛听到爆炸后受到惊吓，整夜整夜地不敢休息，结果纷纷流产，造成了经济损失，这也是负外部性。

许多事物都有着"一分为二"的特点，同样，许多活动也兼有正和负两种外部性。比如商场促销时放着好听的歌曲，如果音量适中，顾客就会觉得这是一种享受；然而如果音量开得震耳欲聋，顾客们就会心烦意乱。在这里，音乐随着音量的变化，表现出正负两种外部性。

上面举的例子都具有这样一种特点：外部性并不是在相关各方以价格为基础的交换中发生的。如果说个体所付出的成本和得到的收益可以称作个体成本和个体收益，那么个体活动给他人带来的额外成本或者额外收益，就构成了社会成本（负外部性）和社会收益（正外部性）。比如对于公共物品，全体社会成员都可以无偿享受，可以说它们是社会收益的特例。而最典型的社会成本便是污染问题。有的工厂浓烟滚滚，粉尘弥漫；有的工厂把污水直接排入河流，造成鱼虾死亡，农作物歉收，人们的健康受到威胁，这就是极其严重的负外部性了。

一般说来，外部性并非当事的经济主体的本意，即他本来只是为了自己的利益而这么做，并非有意要帮助别人，或者损害别人，只是这种行为产生的效果影响了别人。比如"凿壁借光"，在这个过程中邻家并没有多付出什么，而可以借光读书、得到收益的匡衡也不必为之付费。但是，假设本来该熄灯入睡，却因为邻家的灯光干扰而造成失眠，那么灯光就具有负外部性了。

外部性的广泛存在使得人们在做事时不能只考虑自己，也要考虑他人。有时候对于某些正外部性可以设法加以利用，常见的就是在商场里开设餐馆。当一家大型商场建成以后，它周围小吃店的生意相对就要好些。这时商场往往会在顶层开设餐馆，使得顾客在购物的同时顺势上楼吃饭，这种做法就将正外部性"内部化"了。这也可以用来理解现在流行的多元化经营，在其项目之间就常常会有正外部性。

"己所不欲，勿施于人。"对于负外部性，我们最好及时避免。当损害他人利益的时候，就可能会引起诉讼纠纷；当影响的是公共利益时，法律就要对其进行直接干预。对于负外部性，尤其要防微杜渐。这是因为，当负外部性的积累达到一定程度时，造成的问题将很难在朝夕之间得到解决。以环境污染为例，经过多年的污染积聚，现在已经出现了酸雨、臭氧空洞、温室效应等严重问题，已经极大地威胁到人类的生存。在这样的局面下，尤其需要法律来约束人类的行为，严格减少负外部性的发生，以保护人类社会的和谐发展。

市场并不能解决所有问题

在自由市场上，商品价格总是要波动的。一旦商品减少，不能满足供给，同时也意味着价格上涨，利润增加，生产者的积极性被调动起来，于是商品逐渐增多，能够满足供给；但此后，往往又会因商品过多，利润下降，生产者的积极性受到打击，于是商品减少，不能满足供给……这就是市场本身的逻辑。

一般意义上的市场失灵是指成熟市场经济体制下市场运行所存在的缺陷，是对市场不灵敏或完全不起作用的描述。从西方国家的实践历程来看，这包括两个层次：一个是指在国家安全、公共秩序与法律、公共工程与设施以及公共服务等领域"天然"存在的"市场失灵"；另一个层次主要是指与市场经济的外部性、垄断、分配不公、经济波动、信息不对称等相关的"市场失灵"。这些缺陷导致市场机制运行出现低效率、两极分化、盲目竞争与浪费、对环境的破坏等市场经济成本，使得市场经济不能正常、有效地运转。

在垄断、外部性、公共品、信息不对称等方面，市场机制本身存在失效的缺陷。由于我国尚处于"旧体制尚存约束、新体制尚待完善"的阶段，与成熟的市场经济体制相比，不完全竞争的程度更大，市场机制在这些领域失去效率的情况更加严重。

以医疗为例，霍乱、鼠疫、非典型性肺炎等具有极强传染能力和很高死亡率的恶性传染病，能够在相互接触的人中间很快流传。这样，任何人感染这一类传染病并受其伤害，就不仅仅使他个人的福利受到损失，而且会给其他人带来极其严重的威胁和伤害。用经济学的术语来说，即个人"感染传染病"这一事件具有极强的"外部性"，只不过个人"感染传染病"这一事件并不是对个人有好处的一种"物品"，而是对个人造成极大伤害的"坏东西"。

个人"感染传染病"这一事件的严重外部性，使对传染病的预防和医治成了一个公共物品。像任何公共物品一样，对"传染病的预防和医治"这种物品的"消费"是非争夺性的和非排他的：受到各种预防和医治传染病措施保护的绝不是单个的个人，而是全体居民中的每一个人；每一个居民受这种措施保护不妨碍其他居民受同一措施保护，而且每一个居民受这种措施保护时也不能不让其他居民受同一措施保护。在提供公共物品方面，市场通常是没有效率的：让每一个人仅仅为自己去"生产"或"购买""传染病的预防和医治"这种"物品"，不仅效率极低，有时甚至根本就不可能。

市场经济的逻辑是：对任何物品，个人如果不愿意消费或没有能力购买和消费，他就不应消费这种物品。但是这种逻辑不应使用于"传染病的预防和医治"这种"物品"上。这是因为，一个人感染非典型性肺炎这样的恶性传染病并因此而死亡，绝不仅仅是他一个人的健康和生命问题，而是涉及全体居民健康和生命安全的全社会性的问题。因此，听任任何一个不愿或不能购买"传染病的预防和医治"这种"物品"的人死于恶性传染病，这不仅是对个人不人道，而且是对整个社会的犯罪，因为一个由于无钱医治而死亡的传染病人会在整个地区传播恶性传染病。

很显然，传染病的预防和医治问题不能交给市场去解决。"世界卫生组织"这个国际性组织的主要任务之一，就是组织和协调各国政府防范和医治各种恶性传染病的工作。由此看来，市场并不是万能的。

既然市场机制本身不能保证在一切场合都能导致资源有效配置的结果，政府在这些场合进行某种干预就是必要的。但是，市场机制失效并不等于政府干预就有效，政府干预也同样存在一些缺陷，也可能出现非但不能有效克服市场的内在缺陷和不足，反而导致资源配置效率下降、社会资源浪费严重的情况。

□ 图解经济学

科斯定理的引入

广东省一家陶瓷厂捐资修建新中学。这是为什么呢？当年，该陶瓷厂在当地刚投产，就因该厂排放的气体严重影响附近中学而引发纠纷。学校与工厂仅一路之隔，南风使工厂排出的废气弥漫校园，师生深受其害，学生家长联合到陶瓷厂堵住厂门禁止开工，一度造成企业和学校群众之间的严重对立。后来，经各方努力，该厂出资200万元购买原校区，还捐资100多万元资助新校区建设，同时也投资兴建设备完善的治污设施。

看到这个案例，很多人应该会立刻想起一个词：科斯定理。在诺贝尔经济学奖史上因两篇文章而得奖是"奇迹"，"奇迹"的创造者为罗纳德·H.科斯。两篇文章中的一篇是《社会成本问题》(1960)，其核心思想以"科斯定理"著称于世。这一"定理"的影响非同小可，其在《新帕尔格雷夫经济学大辞典》和美国版主流经济学教科书中占有一席之地便是明证。

科斯定理的起因，是对于一些带"外部性"的市场行为，例如污染、无线电干扰，以庇古为代表的经济学家倾向于用课税的办法解决，而法学家则倾向于认为这是侵权行为，应该由侵害人向被侵害人在分清过错的基础上赔偿。对此，科斯撰文评论说："有人会认为无线电业管制的目标应该是把干扰减少到最小，但这种认识是错误的，目标应该是使产出最大化。所有的财产权都有干扰人们利用资源的能力，必须保证的是从干扰中获得的收益应大于所产生的危害。没有理由认为最佳的状况就是无干扰权。"

科斯定理告诉我们，在无交易成本的情况下，任何一种权利的起始配置都会产生高效率资源配置。因此，权利的初始界定是无关紧要的，重要的是能够允许双方通过交易来调整配置结构和权利。一般人会认为，因为企业无污染的权利，要对污染企业课以重税，甚至查封。那么，这种污染税的多少又由谁来确定？而什么程度的污染才应该交税？显然，答案是模糊的，同时这也会为权力的寻租创造了更大的空间。

如文中开头的案例，因为学校是早就存在的，工厂是后来建造的。按照传统思路，认为是工厂的污染侵害了学校利益，因此，应该对其罚款，甚至勒令它停产整顿。科斯定理的思路告诉我们，这样不一定是最好的办法。如果法律对权利有明确的界定，并且企业可以和受污染者谈判，达成相互契约，可以使效率最优。

必须知道，只有交易双方才真正知道他们所需要的是什么。陶瓷厂污染事件提供了解释科斯定理的一个现实案例，工厂通过和学校磋商，使外部性事件内部化，达致总效益最高。"如果禁止排放烟雾，伦敦到今天仍然是一个小山村。"科斯曾这样说过。

446

下篇　生活中的经济学

　　显然，工厂捐资建造新校区，不是因为它的爱心，而是它知道，这比停产整顿要好得多。该中学已经有数十年的历史了，当地规划工业区，恰好位于中学旁边，随着当地工业的快速发展，学校的原址已越来越不适合教学。经各方沟通，该厂也意识到学校搬迁对工厂发展有利，于是出资买下了学校，作为扩充工厂的用地，并且捐资修建新学校。这个"捐资"其实就是工厂支付给学校的费用，用来购买它污染的权利。这可以看作是外部事件内部化的一个很好的例子。

　　当然，过重的污染会对自然环境造成很大的损害，并且如果污染企业要和被污染人达成协议，交易费用将是不可估量的。这也是为什么科斯定理中存在交易费用为零的前提的原因。所以在环保部门的督促下，该厂还是应该逐步投入资金，完善治污设备。

　　执法部门对民间这种契约应该保持足够的谦恭，不应该按固定的法律条文去死板执行，要从重罚款，要工厂停业。想一下吧，在陶瓷厂污染事件中，如果学校把工厂告上法庭，而法院判定工厂的污染损害了学校利益，要停业整顿，这样的结果使工厂利益受到损害，而学校也未必得益，因为它位于工业区边缘，工业区不断增加的工厂或多或少都会对其产生影响。

　　由企业出资搬迁学校，学校容貌得到改观，这是双赢。双赢的前提是允许交易。世界的多姿多彩正是因为各式各样的交易而存在。

科斯定理认为在某些条件下，经济的外部性可以通过当事人的谈判而得到纠正，从而达到社会效益最大化。